THE SOCIAL MEDIA BIBLE

소셜미디어 바이블

THE SOCIAL MEDIA BIBLE

제3판

론 사프코 | 지음
배선종·김태호·김민섭 | 옮김

성공적인 비즈니스로
이끄는 소셜미디어의
기술·전략·TOOL

소셜미디어 바이블

연암사

소셜미디어 바이블 제3판

초판 발행 2011년 1월 15일 | 제3판 발행 2014년 3월 5일 | 지은이 론 사프코
옮긴이 배선종 · 김태호 · 김민섭 | 발행인 권윤삼 | 발행처 도서출판 연암사 | 등록번호 제10-2339호
주소 서울시 마포구 망원동 472-19호 | 전화 (02)3142-7594 | 팩스 (02)3142-9784

ISBN 979-11-5558-002-8   03320

책값은 뒤표지에 있습니다.

이 도서의 국립중앙도서관 출판시도서목록(CIP)은 서지정보유통지원시스템 홈페이지(http://seoji.nl.go.kr)와
국가자료공동목록시스템(http://www.nl.go.kr/kolisnet)에서 이용하실 수 있습니다.
(CIP 제어번호:CIP2013021612)

연암사의 책은 독자가 만듭니다. 독자 여러분의 소중한 의견을 기다립니다.
Twitter : @yeonamsa
E-mail : yeonamsa@gmail.com

감사의 글

이 책은 내 경력 중에서 가장 규모가 클 뿐만 아니라 가장 열정적인 일이었다. 또한 소셜미디어를 사용하여 소셜미디어에 관한 책을 집필하는 것은 많은 것을 배울 수 있는 경험이었다.

소셜미디어에 관한 책을 처음 기획했을 때는 전형적인 비즈니스 책의 형식인 250페이지, 20장 이상, 그리고 5만 단어 정도를 예상했었다. 하지만 나는 소셜미디어를 사용하는 것이 자신을 위해 좋을 뿐만 아니라 소셜미디어를 사용하여 이 책을 집필해야만 한다고 생각하게 되었다. 이 책에서 어떤 것을 얻고 싶은지 비즈니스 커뮤니티에 물어보고 그 대답을 토대로 집필한다면 성공할 수 있다는 확신이 들었다. 그러나 그 당시 내가 알지 못했던 것은 이 책의 규모였다.

우리는 1,000명 이상으로부터 소셜미디어에 대한 이 책의 초기 개념을 제공받았다. 그들 중 대부분은 십만 달러가 넘는 고액 연봉자이자 전문직에 종사하는 사람들이었다. 그들은 대부분 학사 학위자이며 박사 학위 소지자까지 다양한 사람들로 구성되어 있었다.

1,000개 이상의 설문 조사 중에서 66.4퍼센트는 소셜미디어가 어떤 것인지 정의할 수 없다고 대답한 반면, 99.1퍼센트는 소셜미디어가 자신뿐만 아니라 비즈니스에 상당한 영향을 주었다는 사실을 알고 있다고 답했다. 이 말은 다음과 같이 고칠 수 있다. 전문직에 종사하는 사람들의 2/3는 소셜미디어가 어떤 것인지 모르지만 100퍼센트에 해당하는 거의 모든 사람들은 소셜미디어가 자신들에게 영향을 주었다는 사실을 알고 있다. 이 책은 바로 이런 사람들을 위한 것이다.

그리고 나는 사용자 생성 콘텐츠와 피드백을 통해 비즈니스 커뮤니티에서 또 다른 축의 비즈니스 책이 아니라 포괄적인 내용을 담고 있는 것을 원한다는 사실도 알게 되었다. 비즈니스 커뮤니티에서는 다음과 같은 내용을 우선적으로 설명하는 책을 찾았다.

우리가 지속적으로 주의를 기울여야 하는 것들은 무엇인가? 블로그, 동영상 블로그vlog, 그리고 팟캐스트란 무엇인가? 신뢰 네트워크trusted network와 대중의 지혜wisdom of the crowds란 무엇인가? 링크드인LinkedIn, 마이스페이스MySpace, 플리커Flickr, 그리고 유튜브YouTube란 무엇인가? 따라서 여기서 언급된 질문들은 내용 자체만으로도 소셜미디어 전술에 대한 비즈니스 책으로 출판 가능한 파트 I – 전술과 도구의 청사진이 되었다.

마지막으로, 비즈니스 커뮤니티에서는 다음과 같은 질문에 대한 대답을 동시에 들을 수 있는 책을 원했다. 소셜미디어를 비즈니스에 어떻게 사용할 수 있을까? 소셜미디어를 사업 계획에 어떻게 포함시킬 수 있을까? 소셜미디어를 사용하여 어떻게 수익을 창출할 수 있을까? ROI를 찾을 수 있는 위치는? 소셜미디어는 비즈니스를 운영하는 방법을 어떻게 변경할까?

그리고 여기서 언급된 질문들은 이 책의 파트 II – 전략에 사용되었다.

나는 작년에 NCO, 레비 스트로스Levi Strauss, 나이키Nike, 유나이티드 항공United Airlines, 펩시코PepsiCo, 코카콜라Coca-Cola, 다이얼Dial, 인텔Intel, 스콧즈Scott's, 프리토레이Frito-Lay, 제너럴 밀스General Mills, 로레알L' Oreal, 크래프트Kraft, 다논Dannon, 오마하 스테이크Omaha Steaks, 유니시스Unisys, 라 퀸타La Quinta, 릴리Lilly, 수십 명의 기업가, 정부 기관들, 그리고 비영리 단체 등의 회사와 이야기를 나눌 수 있는 기회가 있었다. 이들이 공통으로 했던 질문은 다음과 같다. "전통적인 미디어를 포함한 전략을 만드는 방법, 소셜미디어를 통합하는 방법, 사용해야 하는 소셜미디어 도구를 결정하는 방법, 재원을 찾는 방법, 그리고 성공을 판단하는 방법에는 어떤 것들이 있나요?"

이런 이유로 이 책의 파트 II - 전략 부분을 다시 집필했다. 그리고 새롭게 쓴 파트 II는 "소셜미디어 성공을 위한 다섯 단계"라는 제목 아래 위에서 언급했던 다섯 단계에 대한 모든 질문을 담았다. 정성들여 파트 II를 새롭게 집필한 만큼 여러분이 얻고 싶어 했던 것을 얻을 수 있을 것이다.

나는 여러분이 고위 경영진, 홍보, 그리고 마케팅에 관해 사람들이 절대로 의논하지 않는 것들, 즉 현재 사용되는 마케팅 캠페인 및 노력에 대한 각각의 실제 ROI와 신규 고객 유치에 드는 비용을 자세하게 살펴볼 것을 당부한다. 현재 사용되는 마케팅에서 신규 고객 유치에 드는 비용과 ROI를 결정한다면, 인적 자원과 재정 자원을 상당히 효과적인 마케팅, 즉 소셜미디어 마케팅에 재분배할 수 있다.

나는 존 와일리 앤드 선즈John Wiley & Sons, Inc.에 두 가지 내용을 한 권에 묶은 복합적인 개념의 비즈니스 책을 제안했다. 존 와일리 앤드 선즈는 대중의 지혜를 신뢰했고 그 결과 〈소셜미디어 바이블〉이 탄생했다.

마지막으로 〈소셜미디어 바이블〉 3판은 사람들이 소셜미디어의 핵심 사항에 대해 이해하고 있기 때문에 소셜미디어를 사용하는 최신 방법에 초점을 맞추어 모든 기술의 내력을 제공하는 대신 책의 분량이 조금 축소되었다.

〈소셜미디어 바이블〉은 아이디어, 사고, 블로그, 동영상 블로그, 팟캐스트, 동영상, 서적, 위키wikis, 이메일, 대화 등으로부터 얻은 경험, 사고, 아이디어의 집합체다. 이중 나선 구조를 발견하여 노벨상을 받은 프랜시스 크릭Francis Crick은 뉴턴Isaac Newton을 인용하며 다음과 같이 수상 연설을 했다. "제가 다른 사람들보다 멀리 봤다면, 그것은 다른 사람의 업적을 이용해 더 많이 발전시켰기 때문입니다."

위키피디아wikipedia와 위키피디아 재단Wikipedia foundation을 설립할 수 있게 해준 지미 웨일즈Jimmy Wales와 전 세계에서 인류의 지식에 대한 귀중한 자원을 위키피디아에 제공해 준 모든 사람들에게도 감사의 말을 전한다.

그리고 26개의 ROI를 만든 소셜미디어 작가들, 23명의 편집 기술자들, 그리고 www.the-

SocialMediaBible.com에 올린 운영진과의 대화와 이 책에 수록된 전문가 의견을 함께 나눈 모든 기업 파트너에게 개인적으로 감사드린다.

또한 〈초보자를 위한 팟캐스팅Podcasting for Dummies〉의 저자인 에보 테라Evo Terra에게도 감사하며, 상위 50개의 블로그 팁을 제공해 준 블로거 데이비드 리슬리David Risley, 그리고 www.theSocialMediaBible.com에서 이용할 수 있는 운영진과의 인터뷰에 세심하게 주의를 기울여 주고 인터뷰 기록을 글로 옮기는 엄청난 기술을 보여 준 동료 잔 요안 지마카스Joanne Zimakas와 친구에게도 감사한다.

www.theSocialMediaBible.com

www.theSocialMediaBible.com

그리고 이번 책의 프로젝트 매니저였던 티파니 코티스Tiffanny Coates에게 진심으로 감사의 말을 전하고 싶다. 세부적인 내용에 주의를 기울이고 뛰어난 대인 관계 기술 덕분에 굉장히 짧은 시간에 80명이 넘는 공헌자들로부터 제공받은 매우 전문적이며 민감한 최신 정보를 모을 수 있었다. 티파니, 당신의 노고와 헌신에 감사해요.

대중의 지혜를 알려준 존 와일리 앤드 선즈의 직원들에게도 개인적으로 감사의 말을 하고 싶다. 특히, 피터 부스 윌리Peter Booth Wiley는 전폭적인 지원을 해주었고, 이들이 없었다면 이 책은 출판되지 못했을 것이다. 보통의 책과는 다른 이 책을 믿어주고 출판할 수 있도록 해준 맷 홀트Matt Holt, 디자인을 세련되게 다듬어준 김 데이맨Kim Dayman, 탁월한 설득력을 보여주며 책을 출판할 수 있도록 도와준 샤논 바르고Shannon Vargo, 사려 깊고 세심한 편집 재능으로 이해하기 쉽게 만들어 준 크리스틴 무어Christine Moore, 책을 완성할 수 있도록 모든 내용을 종합한 엘라나 슐먼Elana Schulman, 그리고 보기 좋게 만들어 준 로렌 프리스톤lauren Freestone에게도 감사한다.

직장과 집에서 열심히 수고해준 헌신적인 아내, 셰리Sherrie에게 감사의 말을 전하고 싶다. 아내가 데크를 칠하고, 정원을 다듬고, 수영장의 기름을 걷어내고, 회사 업무에 집중하지 않았다면, 이 책을 완성할 수 없었을 것이다. 셰리에게는 언제나, 그리고 영원히 감사하다.

오케스트라의 연주가 이제 내게 주어진 시간이 끝났다고 알려주는 것 같다. 마지막으로 이 책을 출판할 수 있도록 도움을 준 모든 분들에게 감사의 말을 전한다. 그리고 모든 독자가 이 책의 모든 내용을 거울삼아 성공하기를 진심으로 바란다.

– 론 사프코Lon Safko

PS: 나는 1980년대와 1990년대에 수백만 명에게 강렬한 영향을 준 것처럼 나에게도 강한 영향을 준 매우 특별한 사람에 의해 영감을 받았으며, 함께 일한 것을 매우 기쁘게 생각한다. 잡스에게 인사를 하고 싶다.

"감사해요, 스티브 잡스!"

www.LonSafko.com/TSMB3_Videos/Introduction.mov

〈소셜미디어 바이블〉 제3판에서 여러분을 만나게 된 것을 기쁘게 생각한다. 이 책의 크기에서 알 수 있듯이, 나는 소셜미디어 세계 전체에서 사용된 모든 도구와 최신 정보를 포함시키도록 가능한 모든 조취를 취했다. 하지만 솔직하게 말해서 벅찬 일이었다.

만약 여러분이 소셜미디어가 끊임없이 스스로를 다른 모습으로 보여주기 때문에 이 책의 콘텐츠가 새롭지 않거나 적절하지 않다고 생각한다면, 그것이 사실이 아님을 알게 될 것이다. 참고로, 이 책에서는 소셜 도구가 매우 효과적인 이유에 대해 소개하면서 소셜미디어에서 제공하는 모든 기술과 도구를 보여주고 있다.

동영상 블로그동영상가 마케팅의 가장 효과적인 형태라는 것은 결코 변하지 않을 것이다. 동영상을 통해 보고 듣는 고객 및 잠재고객에 대한 심리적 영향은 인간 본성의 핵심이다. 여러분이 팟캐스트를 만들기 위해 사용하는 기술은 지금부터 5년이 지나도 동일할 것이다. 하지만 판매를 이끌어낼 수 있는 신뢰 관계를 쌓는 중요성은 여러분이 은퇴를 한 후에도 동일할 것이다. 물론 몇몇 도구는 변경될지 모르지만, 나머지 콘텐츠는 몇 십 년이 지나도 사용할 것이다.

엄밀히 말하자면, 이 책은 소셜미디어, 사용자 생성 콘텐츠, 그리고 대중의 지혜의 성과라고 할 수 있다. 문자 그대로, 수백 명의 사람들이 본문을 만드는데 직접 참여했다. 몇몇 사람들은 편집했고, 몇몇은 원본 콘텐츠를 생성했다. 그리고 다른 사람들은 위키, 블로그, 웹페이지, 그리고 뉴스 사설에 생성된 콘텐츠를 추가했고, 또 다른 사람들은 새로운 기술과 다른 관점으로 콘텐츠를 편집했다. 따라서 이런 작업은 전 세계의 전문가들에 의한 공동의 노력으로 이루어졌다.

그리고 이 책의 실제 디자인도 사용자에 의해 제작되었다. 이 프로젝트를 시작하기 전, 나는 마케팅 대상자인 독자에게 소셜미디어 비즈니스 책에서 원하는 것이 무엇인지 간단하게 물었다. 1,000명을 조사한 결과, 소셜미디어에 대한 진부한 책 대신에 세 개의 다른 비즈니스 책을 원하고 있었다. 정확하게 말하자면, 비즈니스 성공을 위한 전략, 도구, 그리고 전술 등 세 가지 내용을 하나의 책에서 다루기를 원했다.

파트 I – 전략 및 도구

첫 번째로 동영상 블로그, 팟캐스트, 블로그, 라이프캐스팅, 팔로어follower, 플레이밍flaming, 태그, SEO 및 SEM, 그리고 회람pass along 등의 의미를 설명한 소셜미디어의 도구와 전략에 대한 책을 원했다. 또한 이런 단어가 어디에서 유래되고 사용되는지, 기술이 어디로 나아가는지에 대해 설명해 달라고 요청했다. 그리고 모든 종류의 소셜미디어 마케팅에 대한 기능과 이점, 어떤 도구를 사용해야만 하는지, 콘텐츠 종류, 그리고 각각에 대한 심리적 이점에 대해서도 물었다.

두 번째로 그 방면에 대한 모든 리스트나, 가이드, 혹은 도구에 대한 책을 원했다. 또한 소프트웨어, 앱, 웹사이트, 문자 메시지, 가상 세계, 게임 플랫폼, 모바일 마케팅 통찰력, 이메일 마케팅 제공 업체, 콘텐츠-공유 사이트 등을 제공하는 회사의 리스트를 원했다.

세 번째로 전략에 대한 책을 찾았다. 두 번째로 언급했던 책, 즉 최고의 기술과 서비스 제공 업체에 대해 소개한 책을 읽고 소셜미디어 마케팅을 시행할 수 있었던 다양한 방법을 이해한 여러분은 새롭게 얻은 지식을 적용하여 성공적인 소셜미디어 마케팅 전략을 세우는 방법에 대해 알고 싶어 했다. 그리고 세 번째로 언급한 책에서 포괄적이지만 시행하기 쉬운, 성공적인 소셜미디어 마케팅 계획을 세우는 단계별 과정을 소개하고 있는지에 대해 물었다. 이 과정은 이해하고 시행하기 쉽기 때문에 〈포천〉지에서 선정한 상위 500대 기업뿐만 아니라 1인 기업에게도 적용할 수 있다. 그리고 이 과정은 B2C_{Business-to-Consumer}뿐만 아니라 B2B_{Business-to-Business}에 적용할 때도 효과적이다. 또한, 개인 사업자와 법인 회사를 위한 전략적 마케팅 계획을 세울 때 적절하다. 이 과정은 정부 기관들을 포함하여 영리 단체 및 비영리 단체에 동일하게 적용된다. 마지막으로 소셜미디어 마케팅 계획은 마케팅과 홍보뿐만 아니라 고객 서비스와 내부 고객, 즉 직원들을 위한 것이기도 하다.

위에 언급한 내용이 이 책에서 전달하려는 것으로 각 장 속에 모두 담았다.

파트 II – 전략

〈소셜미디어 바이블〉 초판의 경우, 파트 II – 전략에서는 여러분과 회사를 위해 전략적 마케팅 계획을 세우기 위한 비현실적인 접근 방법을 소개했었다. 그리고 소셜미디어 애플리케이션의 네 가지 특징을 이용하는 아주 오래된 SWOT 분석에 대해 소개하고 연습할 수 있는 문제들을 독자들에게 제공했다. 이런 종류의 접근법과 제공된 모든 정보가 효과적이며 유용했지만 여러분은 공을 들인 만큼 성공적인 전략 계획을 세우는데 필요한 것을 정확하게 소개했는지에 대해 물었다. 그 이상도, 그 이하도 아니었다. 하지만 3판에서는 세 번째 부분 전체를 "소셜미디어 성공을 위한 다섯 단계"로 교체했다. 제목만 봐서는 성공적인 전략을 세우는데 다섯 단계만 있으면 되는 것 같지만, 전략 계획이 성공하려면 여러분이 해야 할 과제가 몇 가지 있다. 계획을 세우는데 필요한 업무 양은 성공 수준을 결정한다. 대부분 경우처럼 뿌린 대로 거둘 것이다.

소셜미디어 성공을 위한 다섯 단계

소셜미디어 성공을 위한 다섯 단계는 상호 의존적으로 전체가 일부의 합보다 크거나 여러분이 알게 될 성공이 계획을 완성하기 위해 필요한 업무보다 큰 것을 의미한다. 이 계획이 포괄적일 뿐만 아니라 소셜미디어는 믿을 수 없을 정도로 효과적이기 때문에 위에서 언급한 말은 사실이다.

소셜미디어 성공을 위한 다섯 단계는 다음을 포함하고 있다.

1단계 : 현재 사용되는 미디어를 분석하자 — 1단계에서는 현재 시행되고 있는 모든 캠페인, 전략, 마케팅 계획에 대한 리스트를 작성한다. 그리고 해당 전략에서 발생되는 신규 고객의 수와 비용을 자세히 살펴본다. 그리고는 "신규 고객 유치에 드는 비용"을 산출할 수 있도록 나눈다.

2단계 : 소셜미디어 삼위일체 — 2단계에서는 모든 소셜미디어 잡음과 과장 광고에 대한 생각을 밀어내고 소셜미디어에서 가장 중요한 세 가지인 블로깅, 마이크로블로깅, 소셜네트워크에 중점을 둔다. 이 삼위일체를 이용하여 처음부터 다시 시작하자. 2단계에서는 이것과 관련하여 성과를 보여줄 것이다.

3단계 : 전략을 통합하자 — 3단계에서는 2단계에서 언급한 소셜미디어 삼위일체를 현재 사용되는 마케팅 전략과 완벽하게 통합하는 방법을 자세하게 소개하고 있다.

4단계 : 자원 — "새로운 전략을 세우는데 필요한 재원을 어디서 찾을 수 있을까?" 는 개인 상점부터 〈포천〉 지에서 선정한 상위 500대 기업에 이르기까지 주안점에 대해 가장 많이 하는 질문이다. 4단계에서는 이 질문에 대한 답을 소개할 것이다.

5단계 : 시행하고 측정하자 — 마지막 5단계에서는 성공적인 소셜미디어 전략 계획을 시행하는 방법에 대해 소개한다. 게다가 5단계는 가장 많이 건너뛰는 측정에 대하여 중요한 부분을 포함하고 있다. "측정할 수 없는 것은 이용할 수 없다"라고들 말한다. 이 말은 사실이다.

마케팅 캠페인에 대한 성공을 판단하지 못한 경우, 여러분은 ROIReturn On Investment가 어떤지, 혹은 CCACost of Customer Acquisition가 어떤지 어떻게 알 수 있을까? 그리고 어떤 것을 계속 진행할지 그리고 어떤 것을 그만 두어야 하는지를 어떻게 알 수 있을까? 마지막으로 제한된 재원을 가장 효과적으로 사용할 수 있는 장소를 어떻게 알 수 있을까? 여기서는 이 질문에 대한 답변도 소개할 것이다.

소셜미디어 전문가

〈소셜미디어 바이블〉 초판이 출판된 이후, 나는 스스로 "소셜미디어 전문가" 혹은 "소셜미디어 권위자"라고 부르는 수많은 사람들 때문에 놀랐을 뿐만 아니라 커다란 충격을 받았다. 부디, 스스로 "전문가"라 칭하는 사람들을 조심하자. 참고로, 나는 소셜미디어란 어떤 것인가에 대해 종합적인 개요를 600페이지 이상 작성하는데 수년이 걸렸다.

물론 이것은 나 못지않게 소셜미디어를 이해할 수 있도록 포괄적으로 집필하는데 필요했다. 책만 아니었다면, 나는 소셜미디어에서 제공하는 수백 가지 도구들 중에서 두세 가지 도구에 중점을 두고 스스로 전문가라 칭했을 것이다.

이 책을 집필하기 시작했을 때, 나는 스스로 전문가가 아니라는 사실과 소셜미디어 마케팅의 모든 카테고리에서 그 누구도 전문가가 될 수 없다는 사실을 곧바로 깨달았다. 그때가 바로 소셜미디어 커뮤니티에 접근하여, 각각의 분야에서 활동하는 모든 수직 전문가vertical experts를 검색해서 전문 기술 및 지식을 공유하고, 정보를 알려달라고 요청할 시기였다.

그 당시, 나는 소셜미디어의 모든 장르에서 활동하고 있는 50명의 다양한 전문가들을 발견했다. 내가 찾은 전문가들 중에는 트위터를 고안한 비즈 스톤Biz Stone, 워드프레스WordPress의 창립자인 매트 뮬렌웨그Matt Mullenweg, 탁월한 소셜미디어 마케터인 게리 "V"Gary 'v', 그리고 유튜브, 마이스페이스MySpace, 플리커Flickr, 구글Google, 마이크로소프트Microsoft, 야후!Yahoo!의 부사장들뿐만 아니라 심지어 존 와일리 앤드 선즈의 현직 회장인 피터 월리와 인터넷의 실제 개발자인 빈트 서프Vint Cerf도 포함되어 있었다.

나는 지금 언급한 비범한 전문가들에게 통화로 기술을 개발한 이유, 자신들이 하고 있는 일에 열정을 품은 이유, 그리고 소셜미디어 도구를 사용하여 비즈니스에서 수익을 창출하는 방법 등에 대하여 들었다. 이 책에서는 이들과의 통화 내용을 편집하여 "전문가 의견Expert Insight"으로 소개하고 있다.

그리고 나는 이 분야에서 뛰어난 업적을 남긴 사람들과의 대화를 발췌하여 파트 I과 파트 II의 각 장에 수록했다. 이 책에 수록된 내용보다 더 많은 대화를 나누었기 때문에 www.theSocialMediaBible. com을 방문하면, 대화 전문을 볼 수 있다.

만약 여러분이 오디오를 선호한다면, 아이팟iPod으로 다운로드하여 듣거나 CD로 구워 집이나 자동차 안에서 들을 수 있도록 실제 대화를 녹음했다. 이것은 전체 인터뷰를 연속해서 들으면 24시간을 훌쩍 넘을 정도로 방대하다. 나는 이 책의 소유권자로써 여러분에게 무료로 제공하고 있다.

소셜미디어의 ROI

두 번째로 자주 듣는 질문은 "소셜미디어 마케팅에서 ROI는 어디에 있습니까?" 그리고 "소셜미디어 마케팅에 얼마를 투자해야 합니까?" 등이다. 그러면 나는 항상 질문에서 소셜미디어를 빼고 다시 질문하라고 대답한다. 즉, "마케팅에서 ROI는 어디에 있습니까?" 그리고 "마케팅에 얼마를 투자해야 합니까?"

소셜미디어는 외계인이 우리에게 준 마법의 약이 아니다. 이것은 현재 사용되는 마케팅 전략에 추가하고 통합해야 하는 개념과 기술의 새로운 방안일 뿐이다. 그리고 ROI는 항상 마케팅에 있다.

〈소셜미디어 바이블〉 제3판에서는 여러분, 즉 독자에게 다시 돌아가 사용자 생성 콘텐츠에 대해 질문했다. 나는 소셜미디어를 사용한 방법에 대해 물었고 확실히 주목할 만한 ROI를 알게 되었다.

파트 I과 파트 II의 장마다 가벼운 읽을거리로 500단어로 구성된 "소셜미디어의 ROI"가 있다. 이것은 여러분과 나와 같이 소셜미디어를 효과적으로 사용한 실재 인물들의 이야기로 소셜미디어 마케팅의 힘을 보여주고 있다. 그들 중에는 돈을 마련하려고 노력하는 소규모 비영리 조직이 있는가 하면, 오피스맥OfficeMax의 홍보팀도 있다. 이것이야말로 소셜미디어 효과를 실제로 증명하는 것이다.

국제적인 견해

소셜미디어는 전 세계에 걸쳐 일어나고 있는 현상이다. 전 세계의 사람들과 회사들은 자신들의 성공을 경험하고 있다. 그들은 우리에게 친숙한 도구뿐만 아니라 여러분이 지금까지 들어본 적이 없는 도구와 소셜네트워크도 사용하고 있다.

파트 I의 대부분은 미국 외곽에 위치한 회사들이 소셜미디어를 사용한 사례, 에세이, 이야기 등을 포함하고 있다. 이런 글들은 위에서 언급했던 ROI와 비슷하지만 대부분 "국제적인" 견해를 가진 실재 사례들이다.

해야 할 일 리스트

파트 I의 각 장은 적절한 카테고리에 대해 해야 할 일 리스트를 포함하고 있다. 해야 할 일 리스트에는 해당 카테고리의 마케팅 도구를 사용할 때 해야 할 일과 하지 말아야 할 일, 입문서, 그리고 정보를 포함하고 있다. 이 리스트는 유용할 뿐만 아니라 빠르게 작성할 수 있기 때문에 소셜미디어를 보다 능숙하게 사용하고, 사용하기 어려운 형태의 마케팅을 피할 수 있도록 도움을 줄 것이다.

앞에서 소개한 것처럼, 이 책에서 언급하고 있는 개념, 전략, 그리고 기술은 결코 구식이 되거나 쓸모가 없어지지 않을 것이다. 물론 몇몇 도구와 이런 도구를 제공하는 회사는 그렇게 될 가능성이 있다. 그리고 내가 언급했듯이, 한 권의 책으로 더 많은 정보를 전달할 수 없다. 800페이지로 구성된 3개의 장이 한계다. 하지만 나는 이런 한계 속에서도 전달할 수 있는 것보다 더 많은 것을 주고 싶었기 때문에 여러분의 뇌가 허용할 수 있는 만큼의 정보를 이용할 수 있도록 TheSocialMediaBible.com을 디자인하였다.

TheSocialMediaBible.com

이 책의 소유권자로써, 여러분은 이 책에서 소개하고 있는 예제에 위치한 클릭 가능한 링크를 통해 앞에서 언급한 팟캐스트와 글로 옮긴 기록뿐만 아니라 예제에 대한 웹 링크도 이용할 수 있다. 참고로, 직접 링크 주소를 입력하거나 웹사이트로 가서 장을 선택하면 책에 인쇄된 모든 링크를 찾을 수 있다.

또한 여기에서 언급한 모든 책을 찾을 수 있는 주요 서점과 이 책에서 언급한 수많은 회사와 직접 링크direct link할 수 있고, 할인 혜택도 제공하고 있다. 웹사이트는 여러분이 소셜미디어 세계에 대한 재원, 서비스, 제품, 그리고 최근 뉴스를 이용할 수 있도록 늘 변화하고 진화하고 있다.

이 책에서 소개하는 모든 콘텐츠는 궁극적으로 판매로 이어지는 관계를 조성하고, 관계와 신뢰를 쌓을 수 있는 대화가 발생하는 장소를 확인하고, 발생한 대화를 들으며, 대화에 참여하여 자사 서비스, 자사 제품, 회사, 그리고 여러분을 광고할 수 있도록 소셜미디어를 사용하는 데 중점을 두고 있다.

〈소셜미디어 바이블〉 제3판은 여러분의 요구사항을 반영하여 디자인되었다. 내 철학은 고객들이 원하는 것을 묻고, 원하는 것을 전달하고, 제품을 판매하는 것이다. 즉, 나는 묻고, 듣고, 여러분은 말하고, 나는 전달한다. 마음껏 즐기고, 성장하고, 수익을 창출하자!

– 론 사프코Lon Safko

www.theSocialMediaBible.com

www.ExtremeDigitalMarketing.com

www.LonSafko.com

이 책은 비즈니스, 고객, 직장 동료, 모든 관계자에게 영향을 줄 수 있는 중요한 주제인 '소셜 미디어'를 포괄하여 설명하는 안내서다. 이 책을 통해 중요한 비즈니스 목적 세 가지를 달성할 수 있기를 바란다.

1. 매출 증가
2. 수익성 향상
3. 업계에서 적합한 지위 유지, 경쟁력 확보 및 활발한 비즈니스 전개

이 책은 비즈니스 종류에 관계없이 참여하고 있는 경영자, 관리자, 실무자, 투자자를 위한 것이다. 동료와 함께 문제를 해결하고, 조직의 경쟁력을 확보하고, 주주의 이익을 증대시켜주는 시

스템, 서비스, 제품을 만드는 사람들에게 적합하다. 또한 고객 수를 늘리고, 판매량을 늘리는 것을 중요하게 여기는 사람이라면 반드시 봐야 할 책이다.

이 책에서 제시된 조직적인 방법을 활용하면 다음과 같은 성과를 올릴 수 있다.

- 새로운 형태의 커뮤니케이션, 협력, 교육, 엔터테인먼트에 사람들을 참여하도록 유도함으로써 회사와 브랜드 가치를 높일 수 있다.
- 고객과 직원에게 사용해야 할 소셜미디어 전술을 결정할 수 있다.
- 빠르게 진화하는 소셜미디어 에코시스템Social Media Ecosystem을 구성하는 도구와 애플리케이션을 평가하고 분류할 수 있다.
- 페이스북Facebook, 마이스페이스MySpace, 유튜브YouTube, 트위터Twitter, 블로깅Blogging, 팟캐스팅 Podcasting 같은 소셜미디어 도구를 통해 다양한 비즈니스 전략을 만들 수 있다.
- 회사 내에서 소셜미디어 SWOT 분석을 실행하여 내부 운영을 개선하고 회사 외부에서 고객 및 잠재고객과의 관계를 창출하여 금전적인 가치로 바꿀 수 있다.
- 소셜미디어 미시 전략과 거시 전략을 실행하여 생존하고 번영하기 위한 비즈니스의 경쟁력을 확보할 수 있다.

전문가와 권위자

새로운 업체와 애플리케이션이 등장하는 속도를 고려할 때 '소셜미디어의 모든 것' 에 대한 절대 권위를 가진 사람은 없다. 그러나 소셜미디어의 특정한 면에 관해서는 전문 지식과 통찰력을 갖춘 전문가 그룹이 존재하며, 이 책을 위해 그들이 뭉쳤다. 이 책의 곳곳에서 해당 주제에 대한 관점을 제시한 전문가 의견 코너를 볼 수 있다. 전문가 의견 코너는 긴 인터뷰 내용을 요약하고 편집한 것이다. 독자가 원한다면 인터뷰 내용 전문은 이 책의 웹사이트에서 들을 수 있다 www.TheSocialMediaBible.com.

우리는 독자가 소셜미디어에 대해 알고 싶어 하는 것을 찾아냄으로써 실제적인 도움을 줄 수 있었다고 생각한다. 우리도 독자와 비슷한 점이 많은 사람들이다. 따라서 우리도 사람을 관리하고 제품을 출시하고 급여를 지급하고 고객이 놀랄 만한 제품과 서비스를 제공해야 한다.

우리는 이 책의 자료를 모으면서 "왜 이 책이 꼭 필요한가?"라고 자문해 보았다. 새로운 장이 시작할 때에는 인상적인 이야기로 시작하거나, "이 장을 통해 어떤 이익을 얻을 수 있는가"에 대해 숙고했다. 그래서 확실히 도움이 되는 이야기나 인상적인 제공 이익을 주지 못한다고 판단된 장은 과감히 빼버렸다. 독자들은 바쁜 사람일 뿐만 아니라 시간은 소중하기 때문이다.

이 책의 독자

이 책의 독자층은 넓다. 영업, 마케팅, 경영 관리자이거나 인사 담당자일 수 있고, 대기업이나 중소기업의 경영자일 수도 있다. 교육 분야나 교육 기관 관리자일 수도 있다 소셜미디어는 교육 방식과 교육 소비의 방식을 바꾸고 있으며, 교육 기관이 효과적인 전략을 개발하는 데 유용하다. 투자자이거나 특정 회사나 업계의 리서치를 수행하는 사람일 수도 있다. 또한 여러 분야에 중복되어 속해 있을 수도 있다. 이 책에서는 이처럼 다양한 독자층을 고려하여 세 가지 핵심 비즈니스 목표를 집중적으로 다루려고 한다.

소셜미디어를 통한 매출 증가

비즈니스의 기본 목표는 돈을 버는 것이며, 상품이나 서비스를 더 많은 고객층에게 판매하는 것이다. 따라서 비즈니스 성공의 핵심인 판매와 광고, 홍보 분야에 필요한 유용한 팁이나 간단한 전술, 전문가 조언을 구할 수 있다. 그러나 돈을 벌려면 새로운 문제를 해결하거나 이전 문제를 새로운 방식으로 해결하는 혁신적인 제품과 감동적인 서비스를 제공해야 한다. 그런 제품과 서비스를 개발하고 포지셔닝하려면 영업이나 광고와는 차원이 다른 무엇인가가 필요한데 그것이 바로 마케팅이다. 흔히 마케팅을 광고나 영업으로 혼동하는데, 마케팅은 그 이상의 것이다.

고객을 협력자로 인식하는 새로운 사고방식

애리조나 대학교의 로버트 러쉬Robert Lusch 박사는 존경하는 인물이다. 지난 1990대 이후로 러쉬 박사는 고객을 제품과 서비스의 '공동 생산자'로 보는 새로운 사고방식을 주창했다. 러쉬 박사는 제품과 서비스를 '제공물offering'이라고 표현했다. 제공물이란 전체 고객 경험complete customer experience을 구성하는 제품과 서비스가 결합된 것이다. 고객 및 잠재고객을 협력자로 바꾸는 것은 곧 수익을 늘릴 수 있는 최적의 환경을 만드는 일이 된다. 소셜미디어는 이런 새로운 사고방식을 실현시킨다.

소셜미디어를 통한 수익성 향상

돈을 버는 것과 견주어 봤을 때 아끼는 것은 그리 유쾌한 일이 아니다. 그러나 수익성 극대화 전략을 채택했다면 돈을 절약하는 것이 비즈니스를 성공적으로 운영하는 방법이 된다. 운영비용을 절감하는 방안을 시행한다면 유입되는 자금을 더 많이 보유할 수 있다.

소셜미디어가 돈을 절약하는 데 도움이 될까? 그렇다! 우리의 회사 중 한 곳에서 위키wiki를 설립하여 여러 지역으로 흩어져 있는 팀이 의견과 모범 업무 사례를 공유할 수 있도록 했다. 위키는 신입 사원과 계약 직원을 위한 교육 도구가 되었을 뿐만 아니라, 사람들이 만나고 의견을 나눌 수 있는 가상 휴게실 역할도 하게 되었다.

이를 통해 회사 비용이 절감되었을까? 당연히 그렇다! 적은 인력으로 많은 고객을 확보할 수 있었고, 초기 교육비용이 50퍼센트 절감되었으며, 직원들이 서로 협력하는 분위기가 조성되어 사기가 높아지는 등 긍정적인 결과가 나타났다. 재능이 있는 사람들이 협력하여 시간과 비용이 낭비되는 문제를 찾아내고 해결한다는 것은 멋진 일이다. 소셜미디어는 조직을 구성하는 모든 기능적인 그룹에 긍정적인 영향을 준다.

적합한 지위 유지, 경쟁력 확보 및 활발한 비즈니스 전개

소셜미디어는 비즈니스 용어 중에서 다소 새로운 표현이다. 특수 용어에서 일상적인 용어로 발전하는 과정이 1990년대 중반의 e커머스란 용어와 같다고 볼 수 있다.

세계 최고의 비즈니스 스쿨 대부분은 e커머스가 비즈니스 세계에 큰 영향을 미친다고 생각하여 커리큘럼뿐만 아니라 학교명까지 바꾸었다. e커머스의 능력을 활용하는 방법을 이해하려는 쟁탈전도 있었다. 대기업들은 새로운 분야를 향해 앞다투어 나아갔다. 그와 반대로 전통적인 산업 분야에 종사하는 사람들은 두려움을 느꼈다. 이런 변화를 현명하게 받아들인 사람도 있었고 냉소적인 사람도 있었다. 그때는 분명 흥미진진한 시기였다. 이들에게는 어떤 공통점이 있었을까? 모두 자신의 조직이 적합한 지위를 유지하고, 규칙이 바뀌고 있는 세상에서 경쟁력을 확보하기를 바랐다.

소셜미디어가 등장한 오늘날도 당시와 유사한 상황이며 같은 일이 벌어지고 있다. 모두 이를 이해하고자 애쓰고 있다. 그런데 소셜미디어는 e커머스보다 참여자, 활동, 규칙의 범위가 훨씬 더 넓다. 콘텐트 커넥션Content Connections이 시행한 2008년 설문 조사에 따르면 참여자 664명 중 67퍼센트가 소셜미디어에 대해 정확하고 의미 있는 정의를 내리지 못한다고 답했다. 그러나 참여자 중 99퍼센트는 소셜미디어가 자신의 삶과 비즈니스 수행 방식에 영향을 줄 것이라고 생각했다.

정확하게 꼬집어서 그것이 무엇이라고 정의하지는 못하지만 자신의 삶과 비즈니스 환경에 영향을 준다는 것을 인식하고 이해하는 것이야말로 성공의 핵심 요인이다. MBA나 수년간의 비즈니스 경험이 없더라도 충분히 이러한 결론을 내릴 수 있다. 그렇다면 어떻게 독자에게 관점을 제공할 수 있을까? 이 책과 웹사이트를 구성한 목적이 바로 이것이다. 독자가 소셜미디어의 기본 개념, 용어, 역사, 애플리케이션을 요약정리하고, 조직에 적합한 소셜미디어 전략을 개발하고 실행하는 데 도움을 주기 위함이다.

이 책의 구성

이 책을 모두 읽기 바란다. 하지만 독자가 어떤 정보를 찾는지, 얼마나 빨리 찾아야 하는지에 따라 방법을 달리할 수 있다. 이 책은 전략과 도구, 비즈니스 전략 파트로 구성되어 있기 때문에 필요한 파트를 먼저 읽고 나서 자연스럽게 연결된 다른 파트의 해당 장을 읽어도 된다. 그러나 소셜미디어를 처음 접하는 독자라면 순서대로 각 파트를 읽어나갈 것을 권한다.

웹사이트 – 독자 참여를 통해 발전해 가는 이 책의 확장판

이 책과 웹사이트www.theSocialMediaBible.com는 자료를 확장하는 유용한 정보를 함께 정리하고 제공하기 위해 고안되었다. 중요한 것은 이 웹사이트가 독자 커뮤니티 간의 정보를 경험하고 공유할 수 있는 효과적인 방안이라는 점이다. 여기에서 볼 수 있는 정보는 다음과 같다.

첫째, 소셜미디어 에코시스템을 경험한 사람과 조직의 모범 실행 사례가 있다. 다른 여러 가지 소셜미디어 애플리케이션과 전략에서 경험한 성공과 실패를 강조하고 직접 전달해주는 보고서보다 더 값진 것은 없다. 일부는 사례 연구 형태이며, 일부는 평범하다.

둘째, 여러분이 간편하게 캡처하여 새로운 전략과 전술에 채택할 수 있는 블로그, 팟캐스트, 기타 자료에 대한 링크, 해당 장에서 언급한 인물과의 인터뷰가 있다. 디지털 오디오 또는 동영상을 통해 다수의 리서치 인터뷰를 녹음했으며, 이를 편집해서 관련 장에 게시했다. 일부는 이미 팟캐스트로 나와 있지만 여러분이 사용할 수 있도록 적어두었다. 가능하면 사용자가 만든 콘텐츠도 그렇게 처리할 것이다. 다시 말해 우리는 소셜미디어 바이블 커뮤니티 구성원이 만든 인터뷰를 환영하며, 이를 심사하여 게시할 것이다.

셋째, 다운로드할 수 있는 양식과 템플릿이 있다. 조직의 다른 구성원을 이 책의 활동에 참여시켰을 때 다운로드할 수 있는 것들을 유용하게 사용할 수 있다.

탐색과 실험

소셜미디어를 직접 탐색하고 실험해야 한다. 창의적이고 협력하는 마음가짐으로 나아가는 것이 좋다. 각자의 경험을 다른 이들과 나누고 공유하기를 바란다. 새롭게 발전해 가는 이 세계를 탐색하는 과정에 참여하는 것은 바람직한 일이다.

마지막으로 언급하고 싶은 말은 이 책이 완벽할 수 없다는 점이다. 소셜미디어처럼 급속히 발전해 가는 주제에 대한 종합 안내서를 작성하는 일은 오류와 누락이 발생하기 마련이다. 이 책의 내용으로 독자와 전문가 사이에 논쟁이 벌어지고 대화가 이어진다면 환영할 일이다. 소셜미디어는 대화와 관련되어 있다. 다수의 지혜가 소수의 지혜보다 위대하다. 많은 사람들이 이 책의 내용을 리뷰하고 의견을 제시했지만 우리가 환영하는 것은 독자의 의견이다. www.theSocial-MediaBible.com에 특별히 이 책에 대한 온라인 리뷰를 마련했다. 소셜미디어라는 새로운 세계를 향해 떠나는 흥미진진한 여정에 동승한 여러분께 감사드린다.

– 론 사프코Lon Safko

| 차례 |

Part Ⅱ 전략

THE SOCIAL MEDIA BIBLE

파트 I에서는 소셜미디어에 관한 모든 전술과 도구를 제공한다. 이 파트에서는 소셜네트워킹, 팟캐스트, 게시, 사진, 오디오, 동영상, 마이크로블로깅, 라이브캐스팅, 가상세계, 게임, 생산성 애플리케이션, RSS, 검색, 모바일, 대인관계 등을 소개하고 있다.

또한 도구를 사용하는 데 실질적이고 전술적인 팁을 제공하며, 여러분의 비즈니스에 적합한 소셜미디어 전략을 고안하고 실행할 수 있는 과정으로 안내한다. 따라서 소셜미디어를 통해 대중의 지혜와 전문가의 힘을 충분히 활용하여 경쟁에서 앞서갈 수 있는 방법을 배울 수 있을 것이다. 오늘날 마음을 움직이며 영향력을 행사하는 글, 사진, 비디오, 오디오를 통해 정보를 전달하고 나눌 수 있는 영역은 늘어났다. 괄목할 만한 사실은 사람들이 정보를 만들어서 가족, 친구, 동료에게 전달하는 과정에 직접 참여할 수 있게 되었다는 점이다. 자, 소셜미디어가 무엇인지 여행을 떠나보자.

THE SOCIAL MEDIA BIBLE

소셜미디어란 무엇인가?

What Is Social Media?

CHAPTER 001

www.LonSafko.com/TSMB3_Videos/01WhatIsSM.mov

소셜미디어란 우리가 사회적으로 살아가기 위해 사용하는 미디어를 의미한다. 이 의미가 전부다. 간단한 설명이지만 이 말 속에는 수백 가지 기술에 대한 전술, 고객 및 잠재고객과 관계를 조성하게 만드는 모든 도구, 그리고 이런 전술과 도구를 효율적으로 사용하기 위해 필요한 전략 등이 담겨져 있다.

고객에게 질문하라

이 책을 집필하기 시작했을 때, 나는 독자들이 이 책을 통해 어떤 것을 얻고 싶은지 알고 싶었다. 물론 나는 6권을 집필한 경험이 있기 때문에 일반적인 비즈니스 책을 집필할 때 사용되는 공식, 즉 250페이지, 20장, 장별 3,000단어에 대해 알고 있었다. 하지만 이 공식에 맞춰 이 책을 집필해야 하는지 확신이 서지 않았다. 과연 소셜미디어에 대한 바이블을 원하는 독자들이 일반적인 비즈니스 책을 원할까? 그 당시 확신이 서지 않았기 때문에 직접 독자들에게 물었다.

나는 독자들에게 질문하고 그들이 원하는 것을 들려주면 성공할 수 있다는 사실을 이미 알고 있었다. 이해가 안 된다면, 제품에서 무엇을 원하는지 고객에게 직접 물어보자. 독자들에게 물어보고 난 다음 나는 몇 가지 흥미로운 사실을 알게 되었다. 첫 번째로 독자들은 소셜미디어에 대한 일반적인 비즈니스 책을 더 이상 원하지 않았다. 독자들은 모든 것이 설명되어 있는 전술, 소셜미디어 서비스를 제공하는 모든 회사의 리스트를 찾을 수 있는 도구, 그리고 앞으로 여러분이 파트 I과 파트 II에서 배울 모든 것을 적용시킬 수 있는 전략 등 세 가지 내용을 담은 한 권의 책을 원했다.

이렇게 고객의 의견을 청취하는 방법은 확실히 효과가 있었다. 〈소셜미디어 바이블〉 초판은 미국 전역에 판매된 지 나흘 만에 품절되었을 뿐만 아니라 미국 내 베스트셀러 상위 10위 안에 들었다. 그뿐만 아니라, 아마존에서 "비즈니스"와 "마케팅" 카테고리에서 모두 최고의 베스트셀러를 기록했다.

그리고 설문 조사 질문 중 처음 두 가지, "여러분은 소셜미디어를 정의할 수 있습니까?"와 "소셜미디어가 여러분과 비즈니스에 중요한 영향을 끼칠 것이라고 생각하고 있습니까?"에 대한 답변에서 두 번째 사실을 알게 되었다.

이 질문에 대답한 독자들 가운데 66.4퍼센트는 소셜미디어를 정의하지 못한다고 응답했으며 3분의 1은 거짓말을 했다. 소셜미디어를 정의하는데 거의 26장에 걸쳐 600페이지 이상의 분량이 소요된다면, 독자뿐만 아니라 소셜미디어 전문가나 권위자도 이해하지 못했을 것이다.

그리고 두 번째 질문에 대한 답변이 정말로 흥미로웠는데 99.1퍼센트, 즉 거의 모든 독자들이 소셜미디어가 자신과 비즈니스에 중요한 영향을 미치게 될 것이라고 응답했다. 우리는 이 두 가지 통계 자료로 인터뷰했던 독자들의 3분의 2가 소셜미디어가 어떤 것인지 모르지만 자신들에게 다가오고 있다는 것을 안다는 사실을 인지하게 되었다.

소셜미디어란 무엇인가?

소셜미디어의 첫 번째 단어, 소셜social은 다른 사람과 관계를 갖고자 하는 본능적인 욕구를 의미한다. 우리는 인류가 출현한 이래로 여러 가지 형태로 이런 관계를 맺고 있다. 우리는 뜻이 맞는 사람들과 그룹을 이루고 편안하게 사고, 생각, 그리고 경험 등을 공유하고 싶고 이런 사람들 사이에 있고 싶은 욕구를 가지고 있다.

두 번째 단어인 미디어media는 이런 관계를 다른 사람과 맺고 싶을 때 사용하는 미디어를 나타낸다. 드럼, 종, 문자, 전보, 전화, 라디오, 텔레비전, 이메일, 웹사이트, 사진, 오디오, 동영상, 휴대폰, 혹은 문자 메시지 등 어떤 것이든 상관없이 미디어는 관계를 맺을 때 사용하는 기술을 의미한다.

이 책에서는 소셜미디어란 용어를 이용하여 다른 사람과 만나서 관계를 조성하고 관계와 신뢰를 쌓은 다음 이런 관계 속에 있는 사람들이 제품을 구매할 준비가 되어 있을 때 그 자리에 있을 수 있도록 모든 기술을 사용하는 방법에 대하여 소개할 것이다.

물론 소셜미디어는 짧은 시간에, 관련된 모든 사람들을 위해 부를 창출하고, 모든 마케팅 문제를 즉시 해결할 수 있는 외계인이 우리에게 준 마법의 약이 아니다. 하지만 너무나 많은 사람들이 소셜미디어를 이질적으로 보고 있을 뿐만 아니라 자사 서비스, 자사 제품, 회사, 그리고 자신을 홍보하기 위해 사용하고 싶거나 사용하고 싶지 않은 이상한 기술로 여기는 경향도 있다.

"소셜미디어 마케팅을 해야 할까요?"란 질문은 기조연설에서 항상 받는 두 가지 질문 중 하나다. 그러면 나는 "소셜미디어란 단어를 제외하고 다시 질문해 보세요"라고 대답한다.

"마케팅을 해야 할까요?" 이 얼마나 말도 안 되는 질문인가. 두 번째 질문은 "소셜미디어 마케팅에 얼마를 투자해야 할까요?"다. 나는 "역시 이 질문도 소셜미디어란 단어를 제외하겠습니다. 마케팅에 얼마를 투자해야 할까요?"라고 대답한다. 물론 두 가지 질문에 대해 나는 "해야 합니다. 그리고 여러분이 투자할 수 있을 만큼 투자하세요!"라고 대답한다.

소셜미디어는 고객 및 잠재고객과 보다 효율적으로 관계를 조성하고 쌓을 수 있는 새로운 기술이자 새로운 도구일 뿐이다. 이것은 여러분이 전화, 광고용 우편물, 광고용 인쇄물, 라디오, 텔레비전, 그리고 광고판을 통해 지금까지 해왔던 것이다. 물론 소셜미디어가 훨씬 더 효율적이다.

왜 소셜미디어인가?

소셜미디어가 지난 6,000년 동안 해왔던 전통적인 마케팅보다 훨씬 효율적인 이유는 거만한 한 방향 의사소통이 아닌 양방향 의사소통을 사용하기 때문이다. 사막에서 염소를 팔 때부터, 우리는 바위에 올라가 염소를 구매함으로써 발생하는 이득과 특징에 대해 큰 소리로 말했다. 따라서 어휘 선택을 올바르게 하고 독자의 심리적 핫 버튼hot button을 충분히 건드린다면, 잠재고객은 고객이 될 것이다. 이런 면에서, 6,000년 동안 변한 것은 하나도 없다. 지금까지도.

나는 이 책에서 "파워의 근본적인 변화A Fundamental Shift in Power"란 말을 사용하고 있다. 이 말은 거만한 한 방향 의사소통에서 양방향 의사소통으로의 전환과 기업 메시지를 더 이상 제어할 수 없는 방향으로 이동했음을 의미한다. 소비자는 더 이상 기업 메시지를 신뢰하지 않는다. 그리고 소비자는 더 이상 광고를 신뢰하지 않을 뿐만 아니라 듣지도 않는다. 소비자는 신뢰를 통해 유대감을 얻는 사람, 관계를 맺고 있는 사람, 그리고 지인을 통해 정보를 얻고 싶어 한다. 그뿐만 아니라 소비자는 자신들이 믿고 신뢰하는 사람들로부터 제품 리뷰를 얻고, 새로운 소식을 듣고, 그리고 배운다. 무엇보다 소비자는 자신을 신뢰하는 사람들과 좋은 경험 및 나쁜 경험을 모두 공유하고 싶어 한다.

근본적인 변화는 새로운 의사소통 수단으로 자리 잡을 것이다. 판매를 위한 새로운 방법은 판매를 하지 않는 것이다. 사실, 소셜미디어를 사용하여 판매를 한다면 비난받을 것이다. 소셜미디어 마케팅은 우선 듣고 대화를 이해한 다음 마지막으로 말하는 것이다.

소셜미디어 마케팅은 네트워킹 이벤트나, 파티, 시사회, 스포츠 경기, 혹은 교회 등과 같이 많은 사람들이 모이는 장소에 참여하는 것과 같다. 일단 여러분이 이런 장소에 들어가면, 사람들이 삼삼오오 모여 있는 광경을 보게 될 것이다. 그렇다면 여기서 전통적인 마케팅 접근방법을 사용한다고 가정해 보자.

여러분은 앞에서 본 그룹에 다가가서 잠시 실례한다는 말과 함께 이름을 밝히고 직업이 무엇인지, 어떤 물건을 파는지, 그리고 자신을 통해 제품을 살 수 있다고 이야기할 것이다. 이것은 마치 반향실echo chamber에서 "일요일! 일요일! 일요일!"이라고 외치는 자동차 라디오 방송처럼 들릴 것이다. 여러분도 이런 소리를 들어봤을 것이다. 그렇다면 이제 어떤 일이 일어날까?

여러분은 사람들이 화가 났다는 것을 알게 될 것이다. 화가 난 사람들은 그 자리를 곧 떠날 것이고 여러분은 자신의 입술을 때리며 후회하게 될 것이다. 왜냐하면 위와 같은 사회적 상황에서 여러분이 한 행동은 매우 부적절하기 때문이다. 그럼 다시 처음 상황으로 돌아가서 새로운 마케팅 접근 방법을 시도해 보자.

먼저 방에 들어가면 그룹을 선택한다. 그리고 선택한 그룹에 다가간 여러분은 어떤 말도 하지 않는다. 우선 대화를 경청하며 그룹에서 어떤 이야기가 오고갔는지 이해한다. 그리고 대화에 참여할 만한 귀중한 의견이 있다면, 휴식 시간까지 기다렸다가 거기에 있는 사람들과 품위 있게 나눈다. 이런 접근 방법이 훨씬 반응이 좋을 것이다. 이제 여러분은 그룹의 일원이 되어 인적 네트워크를 형성함과 동시에 곧바로 신용과 믿음을 얻게 될 것이다.

계속해서 대화를 이어간다면, 결국 누군가는 여러분에게 "그래서, 어떤 일을 하세요?"라고 물어올 것이다. 빙고! 이제 여러분은 자신의 직업을 밝히며 판매하는 제품이나 서비스에 대해 조금만 이야기한 후 잠시 멈춘다. 그러면, 십중팔구 그룹의 다른 일원이 여러분에게 회사나 제품에 대해 다른 질문을 할 것이다. 그룹의 다른 일원이 판매 깔때기sales funnel에서 구매 부분에 있다면, 그 사람은 여러분에게 명함을 요청할 것이고 그 후에는 여러분의 영업 능력에 달려 있다. 그리고 그 사람이 판매 깔때기에서 구매 부분에 있지 않더라도 구매 부분에 있게 될 시점에 당신을 기억할 것이다. 이것은 여러분이 네트워킹 이벤트에 참여해야 하는 이유로 충분하지 않을까? 소셜미디어를 사용한 마케팅은 분명히 동일하다. 판매 깔때기에 대해서는 추후에 자세히 알아보자.

페이스북이나 링크드인과 같은 소셜네트워크를 이용하든, 아니면 트위터나 블로깅blogging과 같은 소셜네트워크를 이용하든, 여러분은 대화에 참여하고 잠재고객이 구매할 준비가 되어 있을 때 관계를 유지한 채 그 자리에 있어야 한다.

보다시피, 소셜미디어는 바위에 올라가서 소리치는 것과 다르지만 보다 자연스럽고 보다 편안한 판매 방법이다. 이렇듯 소셜미디어를 통해 관계를 쌓는다면, 여러분은 더 많은 판매로 이어지는 지속적인 신뢰 관계를 쌓게 될 것이다. 반품률이 적어질수록 입소문은 커진다.

고객 중심 101 프레젠테이션customer concentric 101 presentation의 통계 자료를 기억할 것이다. 이 통계에 따르면, 화가 난 고객은 나쁜 경험을 최대 20명에게 말한다. 반면에 만족한 고객은 9~12명과 함께 좋은 경험을 나눈다. 새로운 고객을 유치하는데 필요한 비용은 기존 고객을 유지하는데 필요한 비용의 5배다. 그리고 관계가 지속되는 한 소비자는 10퍼센트 정도의 비용이 더 들더라도 동일한 제품을 구매할 것이다.

발 없는 말이 천 리 간다

위에서 언급한 "화가 난 고객은 나쁜 경험을 최대 20명에게 말한다…"에 대한 통계 자료는 직접 대면에 의한 결과다. 하지만 블로그, 트위터, 그리고 페이스북 등과 같은 소셜미디어를 사용할 경우, 20명은 빠르게 2만 명, 더 나아가 20만 명도 될 수 있다.

유나이티드 항공에 대한 불쾌한 경험을 한 컨트리 뮤직 가수 겸 작곡가인 데이브 캐럴Dave Carroll에 대한 사례를 살펴보자. 캐럴은 유튜브를 통해 "몇몇 사람들"에게 직접 겪은 경험을 이야기했다. 그 당시 나는 1장을 집필하던 중이었는데 소셜미디어를 통해 "몇몇 사람들"에게 전해진 캐럴의 이야기는 무려 838만 명에게 퍼졌다.

2008년 3월 31일, 데이브 캐럴과 그의 밴드, 선즈 오브 맥스웰Sons of Maxwell은 유나이티드 항공을 이용하여 노바스코샤Nova Scotia에서 네브래스카Nebraska로 향하고 있었다. 시카고 오헤어 국제공항Chicago O' Hare International Airport에 착륙했을 때, 캐럴 뒤에 앉은 승객이 수하물 담당자가 캐럴의 기타를 활주로에 던지는 것을 목격하게 되었다. 캐럴은 즉시 3명의 승무원에게 알렸지만, 그들은 무관심했다. 캐럴이 오마하에 도착했을 때, 3,500달러짜리 710테일러 어쿠스틱 기타는 박살나 있었다.

몇 달 후, 캐럴은 시카고와 인디아에 위치한 유나이티드 항공사 관계자를 찾아갔지만 항공사의 책임이 아니기 때문에 배상해 줄 수 없다는 말만 들었다. 캐럴은 1,200달러를 들여 간신히 연주할 수 있는 상태로 만들었지만 기타가 가지고 있던 독특한 음색을 잃어버렸다.

캐럴은 유나이티드 항공사 관계자인 이를웨그Irlweg가 기타를 적절한 장소에 보관하지 않았기 때문에 캐럴의 주장을 인정하지 않는다는 이메일을 보내왔을 때 더 이상 참을 수가 없었다. 게다가 유나이티드 항공사는 보상으로 1,200달러짜리 여행 바우처를 주는 것도 거절했다.

결국 캐럴은 이를웨그에게 뮤직 비디오를 만든 다음 소셜미디어에 올려서 많은 사람들이 볼 수 있게 하겠다고 말했다. 그리고 캐럴은 4분 37초짜리 "유나이티드가 기타를 박살냈어United Breaks Guitars"란 제목의 항의 동영상을 제작했지만 이를웨그는 별 반응을 보이지 않았다. 2009년 7월 6일, 유튜브에 올라온 이 비디오는 24시간 만에 500건 이상의 댓글과 2만 4,000명의 조회를 기록했다. 지금까지 838만 명 이상이 캐럴이 만든 세 개의 뮤직 비디오 중 첫 번째 것을 봤으며, 세 개의 뮤직 비디오는 950만 명 이상이 시청했다.

www.davecarrollmusic.com는 데이브 캐럴의 웹 사이트 주소로, 여기에 접속하면 앞에서 언급했던 세 가지 뮤직 비디오를 볼 수 있을 뿐만 아니라 캐럴의 음성으로 이야기도 들을 수 있다.

이것이야말로 바로 내가 "발 없는 말이 천 리 간다"라고 말하려는 것이다. 물론 모든 소셜미디어가 불평에 사용되는 것은 아니다. 다음은 내가 직접 경험한 항공사 이용 고객 서비스에 대한 개인적인 이야기를 들려주겠다.

이 책이 출판되기 전에 나는 프로모션 투어를 마치고 홍보 조교와 함께 뉴욕으로 돌아오는 길이었다. 우리는 같은 날에 출발했지만 출발 시간이 달랐다.

내가 탑승한 비행기는 정시에 출발했지만 조교가 탑승할 비행기는 출발이 지체되었다. 게이트에 있던 콘티넨탈 항공 승무원은 비행기가 15분 정도 연착할 것이며 준비되는 대로 탑승할 것이라고 방송했다. 그러자 조교는 곧바로 핸드폰을 꺼내 트위터에 글을 올렸다. "콘티넨탈 항공, 15

분 연착. 그 밖에 새로운 것 없어?"

곧 비행기가 준비되었고 사람들은 탑승하기 시작했다. 조교가 비행기에 탑승했을 때, 승무원이 다가와 "혹시 베가 양이세요?"라고 물었다. 조교가 그렇다고 대답하자 승무원은 샴페인 한 잔을 손에 쥐어주면서 불편함을 드려서 죄송하다고 사과했다. 이럴 수가! 이것이 바로 고객 서비스다.

이 이야기를 뮤직 비디오로 만들지는 않았지만 나는 1만 명 이상에게 알렸다. 물론 이 사람들도 다른 사람에게 알렸을 것이고 그 사람들도 또 다른 사람에게 알렸을 것이 분명하다. 트위터에 글이 올라가고 이 글을 다른 고객이 보는 것만으로도 콘티넨탈 항공은 샴페인 한 잔 비용으로 호평을 받았다.

지금 언급한 이야기는 양방향 의사소통, 고객 의견 청취, P2P~Peer-To-Peer~의 힘, 발 없는 말이 천리 간다, 파워의 근본적인 변화의 좋은 예라고 할 수 있다.

다른 고객

마케팅, 판매, 홍보, 그리고 의사소통에 소셜미디어를 사용하는 것이 가장 좋다. 소셜미디어는 고객과의 의사소통이라는 점을 기억해 두자. 소셜미디어는 고객 서비스, B2B~Business-to-business~, 그리고 사내 커뮤니케이션을 위한 매우 효과적인 수단이다.

마케팅과 판매는 고객으로 전환 중인 잠재고객에 대한 책임이 일부 있다. 하지만 대부분의 경우, 기존 고객이 다시 구매할 수 있고, 앞에서 언급한 것처럼, 잠재고객이 고객으로 전환될 수 있는 분위기를 조성하는 판매가 이루어진 후에 이런 일이 생긴다. 화가 난 고객은 나쁜 경험을 최대 20명에게 이야기할 것이다. 만족한 고객은 9~12명과 함께 좋은 경험을 공유할 것이다. 만약 여러분이 고객 관리부에서 일을 한다면, 소셜미디어는 필수조건이다. 왜냐하면 소셜미디어는 제품을 판매한 후에도 고객과 연결해 주는 완벽한 도구이기 때문이다.

B2B

만약 B2B를 판매하는 회사라면, 소셜미디어는 회사 전략에 있어서 핵심적인 부분이 될 것이다. 나는 거의 30년 동안 마케팅 분야에서 일하면서 B2B가 B2C business-to-consumer와는 상당히 다르다고 주장하는 사람을 많이 봐왔다. 물론 난 이 말에 동의하지 않는다. 둘 사이에는 미묘한 차이점이 존재하지만 B2B에서 두 번째 B는 여전히 C를 의미한다. 왜냐하면 판매 대행업체는 여전히 소비자나 고객이기 때문이다.

가격 책정, 교육, 그리고 고객 지원 등과 같은 판매 대행업체와 여러분 사이에는 몇 가지 정보가 존재하지만 최종 사용자 end user는 대부분의 대화를 유용하게 사용할 것이다. 이런 콘텐트를 보호할 수 있도록 웹사이트 및 다이렉트 SMS 문자 메시지에 비밀 번호를 설정해 두고 나머지 콘텐츠를 자유롭게 공유하자.

내부 고객

내부 고객, 즉 직원을 잊어서는 안 된다. 직원은 회사와 연결되어 있으며 회사의 일원이라는 느낌을 받고 싶어 한다. 소셜미디어는 직원들과 연락하거나 직접 의사소통을 할 수 있는 놀라운 도구다.

방화벽을 사용하고 있다면, 트위터 대신 직원만 읽을 수 있는 문자 메시지를 위한 야머 Yammer를 사용하고 팀 협업을 위해서는 조트 Jott를 사용하자. 전망 좋은 고급 사무실에 근무하는 임원들이 보내는 메시지를 위해 동영상 공유를, 그리고 모든 직원들이 공동체 의식, 추억, 아이디어, 그리고 사진 등을 교환할 수 있도록 사진 공유를 사용하자. 인사과에서는 직원들에게 수당, 퇴직, 그리고 401K 미국의 기업연금제도에 대한 정보를 알려줄 수 있도록 오디오 팟캐스트를 사용하자.

15가지의 소셜미디어 카테고리

인간이 가지고 있는 또 다른 선천적인 특성은 항목을 카테고리별로 정리하는 것이다. 항목이 많아질수록, 항목을 정리하려는 욕구도 커진다. [그림 1.1]에서는 전 세계의 소셜미디어를 카테고리별로 정리하고 있다. 이런 방법으로 정리하는 것은 결코 쉽지 않지만 효과가 있다는 데 동의할 것이다.

[그림 1.1] 15가지 소셜미디어 카테고리	
카테고리 제목	전략 및 도구
소셜네트워크	2장
사진 공유	8장
오디오	9장 및 10장
동영상	11장 및 12장
마이크로블로깅	13장
라이브캐스팅	14장
가상 세계	15장
게이밍	16장
RSS 및 애그리게이터	17장
검색	18장 및 19장
모바일	20장
대인 관련	21장

소셜네트워크

소셜네트워크는 인류가 출현한 시기만큼이나 오래되었다. 인류는 다른 종들처럼 일상생활에 대한 감정, 아이디어, 그리고 생각을 공유하려는 욕구, 연락하려는 욕구, 그리고 함께 있으려는 욕구를 본능적으로 가지고 있다. 우리가 의사소통을 하는데 사용된 도구만 1,000년에 걸쳐 변화되었다.

소셜네트워크 카테고리에서는 관계를 조성하고, 공유하고, 교육하고, 그리고 신뢰를 쌓기 위해 소셜미디어에서 사용하는 수많은 플랫폼에 대해 소개하고 있다.

사진 공유

나폴레옹 보나파르트Napoleon Bonaparte는 "천 마디 말보다 한 번 보는 게 더 낫다A picture is worth a thousand words"등과 같은 명언을 남겼다. 이 말이 사실이라면, 플리커의 사진은 4,000,000,000,000 * 1,000 … 정도의 가치를 갖고 있다. 나로서는 상상할 수는 없는 수치다. 현재 플리커에 올라간 사진은 40억 장 이상이다. 참고로, 이것은 피카사Picasa나, 스머그머그SmugMug, 포토스웜Photoswarm, 혹은 수많은 다른 사진 공유 사이트에 있는 사진의 개수를 포함하지 않은 수치다.

사진이 나타난 이후로 줄곧, 사람들은 서로의 사진을 공유했다. 사진을 공유하는 것은 지금의 순간을 담아내는 방법으로 다른 사람과 서로의 감정을 공유할 수 있다. 우리는 사진을 바라보는 것만으로도 그 순간에 대한 기억, 추억, 그리고 감정을 간단히 공유할 수 있다.

오디오

오디오는 매우 강력한 매체로 문자보다 쉽게 이해할 수 있을 뿐만 아니라 동영상에서 불가능한 심상mental image을 쉽게 떠올릴 수 있다. 여러분은 라디오를 들어 본 적 있을 것이다. 그리고 CD로 녹음된 책을 들어 본 적도 있을 것이다. 그렇다면, 혹시 에드거 앨런 포Edgar Allan Poe의 작품을 소리 내서 읽은 것을 들어 본 적 있는가?

오디오를 듣고 있으면 여러분은 편안히 앉아서 마치 방 안에서 여러분에게 직접 이야기하는 듯 억양, 극적인 효과를 위한 침묵, 그리고 뉘앙스 등과 함께 작가나 연설가가 여러분에게 책의 내용을 하나하나 꼼꼼히 가르쳐 주는 기분이 들 것이다. 문장과 사고를 이루고 있는 단어의 운율을 듣는 동안, 우리는 관련된 이미지를 상상하고 작가가 전달하려는 이야기를 구현할 수 있도록 상상한 이미지들이 머릿속에서 돌아다니는 것을 느낄 수 있을 것이다.

동영상

"천 마디 말보다 한 번 보는 게 더 낫다"는 말이 사실이라면, 초당 25프레임인 동영상은 최대 분당 150만 단어를 보여주고 있는 셈이다. 모든 사람들이 동영상을 사랑하는 것도 이런 이유 때문일 것이다.

동영상은 정보전달용으로 선호되는 매체다. 힘든 하루를 보냈다면, 여러분은 책을 집어들 것인가? 아니면 라디오를 켤 것인가? 혹은 텔레비전 앞에 앉아서 재미있는 영화나 행복감을 주는 시트콤을 볼 것인가? 아마도 대부분의 사람들은 매일 밤 상영되는 가벼운 오락물을 보기 위해 텔레비전을 켤 것이다.

사람들은 동영상을 사랑한다. 왜냐하면 동영상은 지식과 경험을 공유하고 있는 누군가와 한 방에 있을 수 있는 차선책이기 때문이다. 여러분은 동영상 속 대화를 듣고 전달하려는 이미지를 상상할 수 있다. 그리고 이미지를 상상하는 순간 여러분은 동영상 화면을 보고 있기 때문에 해당 장면에 몰입하게 된다. 우리는 작가가 설명하려는 것을 볼 수 있기 때문에 해당 장면을 정서적으로 받아들일 수 있다. 게다가 우리는 배우의 표정과 몸짓을 보면서 억양도 함께 들을 수 있다. 참고로, 모든 의사소통의 55퍼센트는 몸짓에서 비롯되는 반면, 38퍼센트는 목소리, 그리고 겨우 7퍼센트만이 단어 자체에서 비롯된다고 추정되고 있다.

마이크로블로깅

마이크로블로깅은 단지 문자 메시지에 지나지 않는다. 파운스Pownce의 시대가 가고 개방형 문자 통신 서비스를 위한 트위터 그리고 내부 혹은 폐쇄적인 통신 서비스를 위한 야머에 대해 이야기하고 있다. 트위터가 성공한 이유는 마크 트웨인Mark Twain이란 필명을 가진 사무엘 클레멘스 Samuel Clemens 덕분이었다. 사무엘 클레멘스가 19세기 말에 다음과 같은 명언을 남겼다. "답장을 짧게 드려서 죄송합니다. 하지만 시간이 더 있었다면, 더 짧아졌을 것입니다."

우리는 140자의 문자 메시지를 사랑한다. 왜냐하면 5초 안에 메시지를 읽고 이해할 수 있기 때문이다. 즉, 우리는 5초 안에 보낸 사람이 전달하려는 내용을 완벽하게 이해할 수 있다. 문자 메시지를 사용하면, 이메일을 보낼 때처럼 이런저런 내용을 적을 필요가 없다. 트위터를 이용하면,

메시지를 읽는 동시에 이해하고 바로 다음 동작으로 넘어갈 수 있다.

라이브캐스팅

라이브캐스팅은 모든 사람이 아닌 라이브캐스트의 열렬한 팬을 위한 것이다. 내 친구인 조디 그난트Jody Gnant는 9개월 동안 24시간 내내 자신의 삶을 실시간으로 방송했다. 그리고 크리스 피렐로Chris Pirello도 수년 동안 유스트림Ustream에 자신에 대해 실시간으로 방송했다. 방송을 하고 난 뒤, 두 명 모두에게 엄청난 팬들이 생겼고 그들의 음악은 폭발적인 인기를 얻었다.

라이브캐스팅은 동영상을 실시간으로 방송하는 것이다. 따라서 라이브캐스팅은 하루 24시간이나 간단하게 1시간짜리 텔레비전 쇼가 될 수도 있다. 라이브캐스팅은 리얼 TV의 궁극적인 형태이며 모든 사람들이 무료로 이용할 수 있다. 따라서 여러분이 자신만의 텔레비전 쇼를 만들어서 주연을 맡고 싶다면 이 장에서 소개하는 회사들을 통해 꿈을 실현시킬 수 있을 것이다.

가상 세계

미국 암학회ACS, American Cancer Society, CNN, 델Dell, 디즈니Disney, 하버드Harvard, IBM, MTV, 로이터Reuters, 스타우드 호텔Starwood Hotel, 썬마이크로시스템즈Sun Microsystems, 도요타Toyota, 웰스 파고Wells Fargo 등과 같은 단체들이 모두 가상 세계에 참여하는 것으로 보아 가상 세계에 무언가가 있는 것이 틀림없다.

미국 암학회는 실제로 가상 세계에 참여하는 기간 중에 65만 달러만큼 기부금을 더 냈다. 그리고 IBM은 세컨드 라이프Second life 안에 본부를 두고 매월 기술자 회의를 개최하고 있다. 전 세계의 기술자들은 여기에 모여 이야기하고 아이디어를 교환할 뿐만 아니라 발표도 한다.

물론 나도 세컨드 라이프에서 바다와 가까운 곳에 2층짜리 지중해 스타일의 저택을 소유하고 있다 http://slurl.

http://slurl.com/secondlife/pinastri/246/4/22

저택 1층에는 3D 인터넷 광고_{논문 모델}를 구매할 수 있는 가상 가게가 있다. 그리고 이따금 3명의 개발자들이 거기서 만나 프로젝트에 대해 논의하고 아이디어를 교환한다. 이들은 우크라이나 Ukraine에 살고 있으며 세컨드 라이프 안에서 본 것을 제외하고는 직접 만난 적이 한 번도 없다.

게이밍

온라인 게이밍은 〈소셜미디어 바이블〉에서 언급하기에 약간 독특한 카테고리라고 생각하겠지만 실제로는 그렇지 않다. 1,700만 명이 헤일로 3Halo 3을 즐기고 있다는 사실이나 또 다른 1,700만 명이 월드 오브 워크래프트World of Warcraft를 즐기고 있다는 사실을 몰랐을 것이다. 광고 타깃이 수백만 명에 이른다면, 언제든 여러분은 거기에 있어야 한다.

〈포천〉 지에서 선정한 상위 1,000 기업에 드는 많은 기업들이 브랜드 인지도를 쌓는 방법으로 게이밍을 이용한다. 휴렛패커드Hewlett-Packard는 게시판에 자동차 경주 게임을 설치해 놓았다. 작가인 내 친구는 신간 출시를 홍보할 목적으로 수천 달러의 비용을 들여 웹사이트용 게임을 개발했다. 하지만 웹사이트를 방문한 사람이 책을 구매하는 비율, 즉 전환율conversion rate이 18퍼센트나 된다. 그리고 휴대폰 게임 앱은 스마트폰에서 가장 빠르게 성장하는 앱 카테고리 중 하나다.

RSS 및 애그리게이터

RSSReally Simple Syndication는 기술의 이름을 의미하며 기술 제공업체의 이름이기도 하다. 블로그나 웹사이트에서 RSS 기능을 사용하면, 여러분은 새로운 블로그나 뉴스를 포함하여 해당 사이트가 업데이트될 때마다 자동으로 연락 받을 수 있다. 매일 사이트마다 돌아다니며 새로운 내용이 업데이트됐는지 확인하는 대신, RSS는 이런 상황이 발생할 때마다 여러분에게 알려준다. RSS는 여러분이 보고 싶어 하는 사이트에서만 그리고 새로운 콘텐츠가 업데이트될 때만 새로운 콘텐츠를 가져온다.

여러분이 좋아하는 블로그 사이트에 있는 RSS 버튼을 클릭하여 RSS를 사용하거나 블로그나,

웹페이지, 항공, 혹은 날씨 등과 같이 관심을 갖고 있는 정보로부터 RSS 피드feed를 종합하는 구글의 랜딩 페이지landing page를 사용해 보자.

또한 17장에서는 보고 싶은 콘텐츠의 종류와 콘텐츠의 출처를 선택하고 정리된 페이지에 해당 내용을 보여줄 뿐만 아니라 항상 이런 동작을 자동으로 하는 웹사이트인 애그리게이터aggregator에 대해 자세히 소개하고 있다.

여러분은 애그리게이터를 사용하여 새로운 블로그, 웹페이지, 뉴스, 오디오, 사진, 그리고 동영상 등에 대한 모든 업데이트를 웹페이지의 원하는 위치에서 확인할 수 있다. 다시 말하면, 자동화된 범세계 통신망 클리핑 서비스 및 통신사를 손가락만으로 이용할 수 있다. 게다가 무료다.

검색

인터넷 검색은 인터넷의 가장 중요한 기능 중 하나라고 할 수 있다. 그렇다면 어떤 방법을 이용하면 상상할 수조차 없을 정도로 엄청나게 많은 구글 색인 웹페이지 중에서 여러분이 기대하는 단 하나의 페이지를 찾을 수 있을까? 여기에서 검색 엔진 최적화Search engine optimization, 즉 SEO가 중요한 역할을 한다. 그리고 웹과 블로그 페이지의 수가 증가하기 때문에 검색은 인터넷 경험뿐 아니라 고객과 잠재고객에게도 보다 중요해질 것이다.

만약 고객과 잠재고객이 여러분과 회사를 찾기 원한다면, 그들이 찾기 쉽게 만들어야 한다. 따라서 SEO, 태그, 새로운 콘텐츠, 외부 평판이 좋은 링크Link love, 그리고 키워드 밀도keyword density 등을 모두 여러분의 회사 웹사이트와 블로그 페이지의 구글 주스Google Juice에 추가하자.

모바일

모바일 마케팅은 기술 주도형 마케팅에서 급성장하고 있는 부분이다. 플리커의 총괄 관리를 맡고 있는 카쿨 스리바스타바Kakul Srivastava는 지구상에 남자, 여자, 그리고 어린이를 위한 세 가지 휴대폰이 존재한다고 말한 적이 있다. 여러분과 회사는 이런 종류의 기술 보급률을 가지고 참여해야 한다.

휴대폰은 랩톱 컴퓨터, 데스크톱 컴퓨터, 그리고 브로드밴드보다 저렴하고 휴대하기 간편하다.

제3세계의 사람들 중에는 인터넷이 연결된 PC를 가질 수 있는 사람이 많지 않지만 그들도 휴대폰은 살 수 있다. 전 세계 사람들은 이 기술을 통해 다른 사람들과 연락하고 이메일을 주고받을 뿐만 아니라 사진, 오디오, 동영상 등을 교환하고 블로그를 방문하며 웹 서핑을 즐길 수도 있다.

대인 관련

대인 관련은 외견상으로 관련 없는 기술에 대한 다른 카테고리라고 할 수 있지만 공통된 맥락에서 보면 고객 및 잠재고객과 의사소통하고 연결시켜주는 도구라고 할 수 있다. 어떤 회사는 직원 미팅을 개최하기 위한 수단이나 1,000명을 위한 웨빙webbing을 시행하기 위해 대인 관련 수단을 제공한다. 예를 들어, 무료 전화 서비스처럼 인터넷을 사용할 수 있는 대인 관련 수단이 있으며 목소리를 문자 메시지로 전환하여 이메일이나 팀원에게 전송할 수 있는 대인 관련 수단도 있다.

소셜미디어 ROI

휴일 판촉에서 열광적인 자동차 팬을 겨냥한 포럼을 이용하여
60퍼센트 CTR을 달성한 파이오니어 일렉트로닉스

http://bit.ly/xyiu6p

배경

광고 회사들은 매 휴가 시즌마다 똑같은 딜레마를 겪는다: 소비자가 몰려들 때 관심을 끌 수 있는 방법

전략

파이오니어 일렉트로닉스Pioneer Electronics(USA) Inc.는 남는 방을 사용하여 이러한 난관을 극복했다. 온라인 포럼을 이용하는 열광적인 자동차 팬을 겨냥할 수 있도록 포스트릴리즈PostRelease를 이용하여 파이오니어 인-대시형 내비게이션Pioneer In-Dash Navigation 모델에 대해 휴일 테마 할인을 제공한 결과, 60퍼센트 CTRClick-Through Rate을 달성했다.

시행

포스트릴리즈에서는 스폰서드 게시물을 적절한 포럼 토론 주제에 끼워 넣는 자동화된 방법을 제공하고 있다.

파이오니어 일렉트로닉스는 포스트릴리즈를 이용하여 새로운 주력 상품인 AVIC-Z110BT와 AVIC-X910BT 내비게이션 시스템의 휴일 할인을 홍보했다. 그리고 이 두 회사는 제품 이미지, 제품 웹페이지에 대한 링크, 그리고 파이오니어 웹사이트에 있는 할인 페이지 등을 포함하고 있는 스폰서드 포럼 게시물을 공들여 제작했다.

캠페인은 2009년 11월 2일부터 9일까지 개최한 55 자동차 테마 포럼에서 오디오 관련 토론 카테고리에 있는 스티키 포스트sticky post로 운영되었다. 참고로, 스티키 포스트란 리드 포지션lead position에 남아 있는 게시물을 의미한다. 포스트릴리즈와 파이오니어로부터 등록된 이 포스트는, 한 번 떨어지면 일반 포럼 포스트처럼 해당 페이지를 강등시킨다. 하지만 포럼이 진행되는 동안에는 포럼 콘텐츠의 일부로 남는다.

기회

제품 관련 온라인 포럼에 참석한 사람들은 특정 제품 쇼핑과 할인에 익숙한 고객이다. 소비자는 제품에 대해 논의하기 위해 이런 종류의 포럼을 방문하기 때문에 관련 스폰서드 메시지sponsored message에 대해 열린 마음을 가지고 있으며 반응을 보일 가능성이 많다.

결과

일주일 동안 개최된 이 캠페인은 종료된 후에도 트래픽을 지속적으로 발생시켰다. 이런 상황이 가능했던 이유는 포스트릴리즈의 게시물이 보관되어 있어서 포럼이 진행되는 동안 게시물에 접속할 수 있었기 때문이다.

사실, 광고라고 불리는 스폰서드 포럼 게시물은 시간이 흐를수록 반응을 발생시키는 능력을 증대시킨다. 포스트릴리즈에서 주최한 분석에 따르면 유료 캠페인paid campaign이 종료되고 일 년 동안 평균 100퍼센트 이상 증가했다. 참고로, 60일 후에는 사용자 클릭의 총계는 평균 40퍼센트 증가했으며, 180일 후에는 평균 77퍼센트 증가했다.

잔여 트래픽이 발생하는 이유: 포럼 게시물은 검색 엔진에서 발견될 수 있는 콘텐츠를 포함하고 있기 때문에 포럼을 방문하는 사람들뿐만 아니라 자연스러운 검색 리스트로부터도 해당 광고에 대한 트래픽을 발생시킨다.

고객은 특정 포럼을 둘러보며 광고 회사의 메시지를 찾을 필요가 없다. 만약 게시물에서 유용한 콘텐츠를 제공한다면, 고객이 검색하는 정보와 관련이 있을 때 검색 결과에서 해당 게시물이 나타나기 때문에 광고 및 포럼에 대한 트래픽이 증가하게 된다. 이런 콘텐츠를 적극적으로 검색하고 클릭하려는 의욕에 가득 찬 사람들이 게시물을 발견하기 때문에 CTR은 시간이 흐를수록 증가할 수밖에 없다.

다음 링크는 파이오니어의 게시물 중 하나를 소개한 것이다: http://g35driver.com/forums/g35sedan-v36-2007-08/313580-200-rebate-pioneer-navigation-holiday-rebate.html#post4671215http://bit.ly/xyju6p

http://bit.ly/xyju6p

다음은 파이오니어의 휴일 캠페인 중에서 가장 많은 방문자를 기록했을 뿐만 아니라 클릭수도 가장 많은 상위 5개의 포럼이다.

ClubFrontier.com

CamaroZ28.com

DuraMaxForum.com

Z06Vette.com

300CForums.com

어떤 온라인 매체도 포럼에서 제공하는 것만큼 자세히 광고 회사에 대한 정보를 고객에게 제공하지 않는다.

– 저스틴 초이Justin Choi

저스틴 초이는 포스트릴리즈www.PostRelease.com의 사장이며 〈온라인 포럼: 입증된 결과로 소개하는 소셜 마케팅Online Forums: social Marketing with Proven Results〉 백서의 작가이기도 하다. justin@post-release.com으로 저스틴 초이와 연락할 수 있다.

www.PostRelease.com

전문가 의견

피터 부스 윌리Peter Booth Wiley, John Wiley & Son, Inc. Publishing 이사장, www.wiley.com

www.wiley.com

피터 부스 월리

이 책은 소셜미디어에 관한 내용일 뿐만 아니라 집필 과정도 소셜미디어 형태로 진행되었습니다. 선구적인 작업의 산물로 탄생한 이 책은 일 년 넘는 작업 과정을 거쳤습니다. 그리고 그 시간 안에 많은 것들이 근본적으로 변화되었습니다. 우리가 킨들 이전에 대해서 이야기를 했듯이, 지금은 킨들 이후와 아이패드 이후에 대해서 이야기합니다. 와일리는 우리가 몇 년 전이나 몇 개월 전에 이야기해 왔던 많은 것들에 대해서 작업하고 있는 중입니다.

저는 203년 동안 출판업을 이어온 Wiley 가문의 6대 손입니다. 7대 손인 두 아들도 현재 소셜미디어 분야에서 활발하게 활동하고 있습니다. 저는 2002년부터 John Wiley & Sons, Inc.에서 회장으로 일하고 있습니다. 1984년 이사회에 들어오기 전에는 잡지발행인 겸 신문 리포터, 잡지 기고 작가였으며 다섯 권의 책을 저술했습니다.

아주 오래 전에 소셜미디어란, 날씨가 좋아 땅이 말라 있을 때에는 말이나 마차를 탄 사람을 통해 편지를 전달하는 것이었습니다. 날씨가 나빠서 길이 진창일 때에는 편지를 배로 보냈을 겁니다. 또한 버지니아에서 뉴욕까지 상당한 시간이 걸렸지요. 그러나 이제는 다양한 정보와 창의적인 아이디어가 아주 빠른 속도로 공중에 날아다니고 있습니다.

… 다시 옛 시절로 되돌아가 봅시다. 25년 전에 우리는 매우 적극적으로 컴퓨터와 네트워크를 이해하고 여러 가지 실험을 해보았습니다. 작가들에게서 사업의 아이디어가 나왔습니다. 미래의 일에 대해 그들의 이야기를 주의 깊게 경청했습니다. Wiley는 작가와 전문가들의 의견에 귀를 기울이면서도 내부적으로 정보를 수집하고 회사, 작가, 고객에게 도움이 되는 사회적 경험^{더 이상 '플랫폼'이란 말을 사용하지 않을 계획입니다}을 개발하기 위한 문화를 만들고 있었습니다.

우리가 했던 일 중에서 흥미로웠던 것은 소셜네트워크^{지금은 전자적인 의미로 사용되지만 이전에는 대인관계란 관점에서 사용되었습니다}를 사용해서 상대가 누구이고 어떤 일을 할 수 있는지를 알아본 일이었습니다. 상대가 기술 분야의 약력을 들려주면 우리는 그 사람에 대해 좋은 인상을 갖게 되었지요. 1단계에서는 그의 경력을 검토했습니다. "좋군, 이 사람은 첨단 분야에서 입지를 다진 사람이야." 그리고 2단계에서는 상대의 능력과 전문성을 평가했습니다. 우리의 소셜네트워크를 사용해서 우리가 만들어서 판매할 책을 집필할 만한 능력이 있는지 여부를 판단하기 위해서였습니다. 작가와 출판사 관계가 소셜미디어를 통해 발전해 가는 방식은 아주 흥미롭습니다.

… 그렇습니다. 우리는 세컨드라이프에 서점을 개설했으며 해당 분야의 책도 여러 권 출판했습니다. 그래서 마케팅과 마케팅 방법에 대해 더 깊이 생각해 보게 되었습니다. 전통적인 방식에서는 작

가에 대해 사용하는 '플랫폼'이라는 용어는 익히 알려진 것입니다. "론의 플랫폼은 무엇인가"라는 질문은 "그가 정기적으로 컨퍼런스에서 연설을 하고, 청중 규모는 얼마나 되고, 오프라 쇼에 출연하고, Good Morning America에 출연하고, 그가 쓴 책에 대한 서평이 주목을 받을 것인가?"라는 뜻입니다.

마케팅을 하기 위해 전통적 인쇄 양식을 사용하는 것은 효과가 없어졌습니다. 특히 서평의 경우에는 더 그렇지요. 인쇄된 형태의 신문을 보는 사람이 많이 줄었으니까요. 그래서 우리는 서평의 규모를 줄이거나 완전히 없애버렸습니다. 마케팅에서 TV는 어느 정도 도움이 되고 때로는 효과적이라고 봅니다. 작가들이 오프라 윈프리쇼와 같은 시청률이 높은 TV 프로그램에 출연한 뒤로 책이 많이 팔렸던 적이 있으니까 말입니다.

물론 시청률 높은 TV 프로그램에 출연했지만 책이 별로 안 팔린 작가들도 있습니다. 이제 우리는 작가가 가지고 있는 소셜미디어 네트워크에 더 많은 주의를 기울입니다. 다시 말해 작가가 어떻게 디지털로 자신의 커뮤니티를 구축하였는지, 또한 작가의 해당 커뮤니티를 통해 어떻게 책 내용을 사람들에게 설명하는지 이해하고자 노력하고 있습니다. 그 무엇보다도 흥미로운 것은 우리가 책을 '저작'하는 방식이 플랫폼을 만들고 있다는 점입니다.

... 물론 우리는 상업적인 출판사로서 측정 방법에 관심이 있습니다. 그래서 마케팅의 효용성과 네트워크의 효과가 어떻게 발전하고 있는지 확인하는 일에 관심을 둡니다. 아직은 초기 단계에 있지만 도서관과 출판사의 상호작용에 대해서도 살펴보고 있습니다. 도서관에 대해서는 이용도를 측정할 수 있기 때문입니다. 도서관에 100개의 정기간행물을 들여놓고 어떤 것이 자주 이용되는지를 살펴볼 수 있습니다. 우리는 우선 두 가지에 주의를 기울입니다. 첫 번째는 콘텐츠가 독자에게 미치는 영향을 나타내는 요인으로, 정기간행물이 이에 따라 등급이 매겨집니다. 두 번째는 이용도입니다. 그에 따라 사서가 이렇게 말할 수도 있습니다. "정기간행물 100개 중에서 실제로 사용되는 것은 98개입니다. 나머지 2개를 제외할지, 다른 것으로 대체할지, 아니면 보관용으로 남겨둬야 할지 살펴보시죠."

이러한 측정 방법은 계속 개발되기 때문에 작가의 작품과 특정한 소셜네트워크의 영향도를 더 정확하게 측정할 수 있게 될 것입니다 당장 구글에 가서 '론 사프코'를 검색해서 대략적인 측정 방법을 얻을 수도 있습니다.

... 현재 출판이 어느 정도의 위치에 와 있는지, 미래의 모습을 전망해볼 수 있는 과거 시대와 책을 만드는 방식에 대한 이야기로 다시 돌아가겠습니다. 제가 마지막으로 책을 쓴 때는 2000년이었는데, 편집자의 요청에 응한 것이었습니다. 저는 원고를 편집부로 보냈습니다. 편집부에서 내용을 검토하고 편집하여 생산부로 보냈습니다. 생산부는 디자인과 레이아웃 작업을 했습니다. 그 후 책

은 마케팅과 영업 부서로 보내졌습니다. 그리고 모든 과정이 끝난 후 책은 고객의 손에 들어가게 되었습니다.

이상의 연속 과정이 종이에 인쇄해서 책을 만드는 정통적인 방식입니다. 이 그래픽은 Frommer.com에서 가져온 것으로 우리의 미팅에 자주 사용합니다. 우리는 선도적인 여행 관련 출판사로서 여행 주기를 만들었습니다. 우리가 주기를 거치면서 어떤 일을 하는지 살펴보면 다음과 같습니다. 첫 번째 단계는 무엇을 할 것인지 상상해봅니다. 그리고 나서 여행 신문, 잡지, 온라인 포럼, 블로그를 살펴봅니다. 이를 위해 여행 뉴스레터, 온라인 포럼, 여행에 대한 블로그 작업을 하고 있습니다.

다음으로 계획을 세우는 것입니다. 이를 위해 가이드북, 텍스트, 사진, 동영상, 팟캐스트, 추천기, 대화형 지도, 맞춤형 PDF 가이드가 포함된 여행 웹사이트 작업을 하고 있습니다.

우리가 이 모든 작업을 끝내면 사용자는 여행을 떠납니다. 사용자가 움직일 때마다 우리는 오디오 안내 투어로 그와 계속 상호작용할 겁니다. 우리는 공항 안내와 함께 아이팟에 들어갈 지도를 이제 막 출시했습니다. 여행에서 돌아오면 우리는 고객과 여행자 온라인 여행 저널과 함께 온라인 사진 앨범, 리뷰, 평가를 공유합니다. 또한 그들과 계속해서 상호작용을 합니다. 이상의 방법은 앞서 언급한 전통적인 출판 방식과는 다릅니다. 현재 이러한 상호작용을 하면서 콘텐츠를 개발하고 검토하고 다듬기 위한 커뮤니티 작업을 덧붙이는 새로운 출판 방식으로 일하고 있습니다.

www.theSocialMediaBible.com을 방문하면 피터 부스 윌리와 나눈 경영진 대화 전체를 들을 수 있다.

www.theSocialMediaBible.com

다운로드 : 〈소셜미디어 바이블〉과 관련된 무료 다운
로드를 받으려면 www.theSocialMeidaBile.com을
방문하고 책 뒷면 바코드 위에 있는 ISBN을 입력하면
된다. ISBN 978-1-118-26974-9

www.theSocialMeidaBile.com

Say Hello to Social Networking

소셜네트워킹 소개

CHAPTER
002

www.LonSafko.com/TSMB3_Videos/02SocialNetworking.mov

제공 이익

신뢰 네트워크는 생각이 비슷한 사람들이 공통된 장
소에 모여서 아이디어나 정보를 공유하는 그룹을 말한
다. 소셜네트워킹 사이트인 페이스북처럼 사용자가
100억 장 이상의 사진을 호스팅하는 그룹도 있다
www.facebook.com.

신뢰 네트워크는 영향력이 있는 1명의 개인일 수도
있다. 이런 소셜네트워크는 신뢰를 구축하여 결국은

www.facebook.com

소비자 간의 영향력을 만들어낸다. 네트워크를 구축하고 관리하며 조직에서 신뢰를 발전시킬 수 있는 기회를 만들면 판매를 늘릴 수 있다.

미디어소스MediaSauce는 대화에 참여해 잠재고객에게 영향을 주려고 크리에이티브 서비스를 제공하는 회사다. 이곳의 개발과 전략 및 인터넷 전략 담당 부사장인 제임스 번스James Burnes는 포춘 500대 고객을 위한 '영업 선언문'을 작성했다. 다음은 발췌문으로 비즈니스를 발전시키려면 왜 네트워크를 수용해야 하는지 그 필요성을 잘 보여준다.

우리는 왜 늘 해 오던 방식으로 영업을 하는가? 이미 잘 알고 있고 안전하며 신뢰할 만하다는 생각 때문이다. 잘 알고 있는 방법이기 때문이다. 우리가 말하려는 것을 고객이 듣고 싶어 한다는 생각이 지배적이기 때문이다. 과거 수년 간 효과가 있었기 때문이다.

그러나 세상은 급속도로 발전하고 있다. 광고, 메시지 전달, 의사소통 방법은 우리가 일상적으로 대화하는 방법보다 더 빨리 변하고 있다. 그보다 더 나쁜 소식은 우리가 전달하는 메시지가 고객의 삶에 압도적으로 들려오는 타사의 메시지와 매일, 시간, 분, 초 단위로 경쟁을 벌이게 된다는 점이다. 고객은 우리가 전달하는 구식 메시지에 귀를 막아버린다. 그리고는 우리가 비싼 비용을 들여서 만든 마케팅 커뮤니케이션 전략을 제쳐두고 소셜미디어와 인터넷의 정보를 받아들인다.

멋지게 만든 DM 쪽지, 업계 소식지에 실린 기발한 광고, 엄청난 돈을 들여 보기 좋게 만든 브로슈어와 같이 지난 몇 년 잘 써먹은 검증된 전술을 가지고는 더 이상 어필할 수 없다. 더 심각한 일은 사람들이 그것들을 쳐다보지도 않는다는 점이다. 다시 말해 완전히 무시해버린다. 그것들은 더 이상 아무런 효과가 없으며 오히려 소음의 일부가 되어버렸다.

이러한 문제를 해결할 수 있는 방법이 없을까? 물론 있다! 단, 이제는 새로운 방식으로 고객에게 이야기해야 한다. 차별화된 방식으로 고객에게 신선한 흥미를 주어야 한다. 이를 위해서는 고객과 접촉하는 방식을 개선하고 그들의 일상에 참여해야 한다.

소셜네트워크, 디지털 인맥, 온라인을 사용하는 환경을 갖추고 활발한 대화를 나누며 투명성을 추구하는 조직이 되어야 한다.

또한 새로운 영업 방식을 활용해야 하는데, 이를 위해서는 문제 해결자 역할을 하고 효과를 낼 수 있는 프로젝트를 만들고 그 즉시 잠재고객에게 '달려가는' 팀을 구성해야 한다. 모든 업체가 '제품'을 판매하고 있는 상황에서 선전하려면 우리가 '제품'보다 큰 역할을 해야 한다. 이를 테면 고객의 고충을 해결해 주는 것이 한 가지 방법이다.

그리고 디지털과 소셜미디어 도구를 활용해서 새로운 경로를 개척해야 하며, 고객과의 대화를 통해 비즈니스 문제가 무엇인지 파악하고 해결해야 한다. 고객에게 갑작스럽게 말을 거는 방식이 아니라 함께 참여하면서, 그들에게 이야기를 들려주려는 이유를 알려줘야 한다. 우리는 보다 역동적이고 혁신적이며 현대적이고 적극적인 방법으로 새로운 비즈니스를 창조해야 한다.

어떻게 하면 될까? 소셜미디어가 제공하는 기회를 통해 고객과 연결되어야 한다. 고객과의 의사소통, 고객 참여, 고객 피드백을 유도하는 문화를 만들어야 한다. 그 내용이 긍정적이든 부정적이든지 간에 말이다.

번스의 영업 선언문을 보면 변화의 필요성과 소셜네트워크를 통한 연결이 비즈니스에서 얼마나 중요한지 잘 알 수 있다.

이 책의 전 장에서는 사람들이 정보를 교환하기 위해 인터넷을 중심으로 모여드는 경향과 인터넷이 신뢰 네트워크로 성장해가는 현상을 논의하고 있다. 이것이 바로 이 책의 주제다. 인터넷의 정의를 고려해볼 때 인터넷은 그 자체가 첫 번째 형태의 신뢰 네트워크였다. 아르파넷ARPAnet, 1969년 미국 국방부의 고등연구계획국에 따라 개발된 컴퓨터 네트워크로 인터넷의 시초-역주이 첫 번째 컴퓨터 그룹을 연결해서 파일을 공유했을 때 사람들은 동료 사용자가 프로토콜protocol, 컴퓨터와 컴퓨터 사이, 또는 한 장치와 다른 장치 사이에서 데이터를 원활히 주고받기 위해 약속한 여러 가지 규약-역주을 준수하고 다른 사용자의 파일을 존중하며 공통된 관심사를 공유할 것이라고 예상했다.

소셜네트워킹 사이트가 개인이나 전문가의 인맥으로서 등장하자 사람들이 상호작용하는 방식이 급변했다. 한 장소에서 동시에 수백만 명의 사람들이 공통 관심사를 가지고 앞다투어 사용하는 도구가 있다면, 사업가는 마땅히 그것에 참여하고 면밀하게 이해해야만 한다.

처음으로 돌아가서

소셜네트워크는 이를 형성할 수 있는 인류만큼이나 역사가 오래되었다. 인류는 동굴 생활을 할 때나 종족별로 이주할 때 무리를 이루어 함께 일하고 생활하고 서로를 보호해 주는 신뢰 소셜네트워크를 형성했다. 그렇게 하는 것이 안전했기 때문이다. 사회society, 부족tribe, 종족clan, 팀team, 그룹group, 물개 떼pod, 물고기 떼school, 양 떼flock, 군생colony, 무리troop, 소 떼drove, 분규clash, 대상caravan, 군중mob, 급습pounce, 무리band, 대가족quiver, 이리 떼pack, 회중congregation, 강아지 떼litter, 작은새 떼bevy, 거위 떼gaggle, 가축 떼herd, 미국인Americans, 유럽인Europeans, 라틴계Latinas, 가문family, 간부회의caucus, 프로 농구 팀pro ball teams, 뉴요커New Yorkers, 가톨릭Catholics, 장로교Presbyterians, 보험 영업인business of ferrets은 모두 비슷한 관심사와 유대 관계, 그리고 가장 중요한 신뢰를 공유하는 소셜네트워크다.

이런 그룹들은 사람들이 어떤 일을 결정하는 데 도움이 된다. 그 일이 중요하든 그렇지 않든 간에 말이다. 우리는 영화를 보거나 식당에 가기 전에 친구나 웹사이트를 통해 정보를 찾아본다. 여러분은 직장을 구할 때 가장 먼저 누구를 찾는가? 아마도 믿을 수 있는 친구나 동료일 것이다. 새로 차를 구입할 때에는 운전하는 친구나 자동차 정보를 제공하는 웹사이트를 찾을 것이다.

사업가라면 비슷한 관심사와 협력할 수 있는 신뢰를 형성한 사람들이 모이는 장소에 참여해야 한다. 사실 사업가가 제품 또는 서비스에 대한 신뢰 네트워크를 제공하거나 직접 신뢰 네트워크를 만들어야 한다. 소셜네트워크를 이해하는 일은 두 가지 과정으로 이루어지는데, 하나는 다른 네트워크에 참여하는 것이고, 다른 하나는 고객과 잠재고객을 위한 네트워크를 만드는 것이다. 무엇보다도 우선 네트워크에 참여해봄으로써 소셜네트워크를 이해할 수 있다. 온라인과 오프라인에서 무료로 가입할 수 있는 소셜네트워크는 수천 가지가 있다. 소셜미디어의 초점은 온라인이기 때문에 이번 장에서는 주로 이런 그룹들에 대해 다룬다. 여기에는 앞서 언급한 대형 사이트인 페이스북과 트위터, 그리고 최대의 전문가 네트워크 링크드인LinkedIn이 포함되어 있다. 이런 사이트에는 공통된 관심사와 목표를 가진 엄청난 수의 구성원들이 모여 있다. 그 목적은 바로 교류다.

부상하는 소셜미디어 컨셉인 포스퀘어Foursquare는 먼저 온 이용자들이 '체크인' 버튼을 눌러 인증을 하거나 리뷰를 남기는 것 등 모바일 디바이스를 이용하여 상호작용하는 위치 기반 소셜미디어를 말한다.

알아야 할 사항

소셜네트워크, 신뢰 네트워크, 가상 커뮤니티, e커뮤니티, 온라인 커뮤니티는 뉴스레터, 블로그, 댓글, 전화, 이메일, 인스턴트 메시지를 통해 상호작용하고 사교적, 직업적, 교육적 목적으로 텍스트, 사진, 동영상을 사용하는 사람들의 그룹이다. 소셜네트워크의 목적은 해당 커뮤니티에서 신뢰를 구축하는 것이다.

모든 소셜네트워크에서 구성원들은 다양하게 상호작용하고 참여한다. 블로그에 댓글을 달거나 태그 추가와 페이스북, 트윗6장 '유비쿼터스 블로그' 참조과 스마트폰으로 당신이 있었던 곳을 동료들과 나누고, 누구와 함께 있는지부터 유튜브에서 재미있는 고양이를 구경하는 것에 이르기까지 다양하다.

생명주기

온라인 소셜네트워크에서 구성원의 생명주기는 방문자visitor, 잠복자lurker, 배회자troll로서 커뮤니티를 개시할 때 시작된다자세한 내용은 5장 '인터넷 포럼' 참조. 구성원은 익숙해지면 초보자로 커뮤니티 대화에 참여한다. 그리고 일정 기간 기여하고 나면 정회원이 되는데, 보통은 이후에 진입 장벽을 허물고 리더로 자리매김한다.

한편 원로는 상당 기간 동안 해당 네트워크에 참여했다가 떠나간 구성원을 일컫는다. 원로가

되기까지 걸리는 시간은 사이트의 문화에 따라 다양하다. 수개월에 불과할 수도 있고 일 년 이상일 수도 있다. 이런 생명주기는 위키 기반 커뮤니티, 예컨대 게시판, 블로그, 위키피디아 등과 같은 여러 가지 소셜네트워크에서 적용할 수 있다.

플리커Flickr와 같은 사진 공유 사이트에서는 구성원의 생명주기에 대해 다음과 같이 표현한다.

- 잠복자Lurkers는 커뮤니티를 관찰하고 사진 콘텐츠를 감상한다. 커뮤니티 콘텐츠나 댓글을 추가하지 않는다. 가끔 사이트를 방문하여 다른 사람이 추천한 사진을 살펴본다.
- 초보자Novices는 커뮤니티에 새로 참여하기 시작한다. 콘텐츠를 제공하고 시험 삼아 댓글에 참여한다. 이런 사용자는 몇 번 의견을 제시하고, 참여를 늘리면서 자신이 찍은 사진을 몇 장 게시하기도 한다.
- 내부자Insiders는 지속적으로 커뮤니티 토론에 의견과 콘텐츠를 추가한다. 다른 구성원과 상호작용하고 정기적으로 사진을 게시한다. 다른 구성원의 자료에 대해 의견을 제시하고, 평가하고, 함께 참여하는 일치된 노력을 한다.
- 리더Leaders는 베테랑 참여자로 인정된다. 그들은 정회원과 교류하며 '주목할 만한 기고자'로 인정받는다. 리더는 다른 구성원의 사진을 볼 때 꼭 의견을 남기고, 구성원들이 부적절한 행동을 할 경우 이를 바로 잡는다. 콘텐츠를 크로스 링크하기 위한 방편으로 의견을 적을 때 다른 구성원의 사진을 참고로 인용한다.
- 원로Elders는 다양한 이유로 해당 네트워크를 떠난다. 본인의 관심사가 바뀌었거나, 해당 커뮤니티가 변해서 자신과는 맞지 않는다고 판단했기 때문일 수도 있다. 혹은 커뮤니티에 관심이 떨어졌거나 시간이 없는 등 여러 가지 요인이 있다.

기여

사람들이 블로그, 소셜미디어, 위키와 같은 소셜 및 지식 공유 네트워크에 기여하려는 데에는 여러 가지 이유가 있다 7장 '위키의 지혜' 참조. 또한 개인마다 웹사이트에 기여하는 데 소비하는 시간은 놀라울 정도로 많다. 대부분의 사람들은 다른 이에게 유익한 정보나 도움을 제공함으로써 인정받을 거라는 기대를 가지고 있다. 이는 중요한 정보로 그룹에 기여하려는 동기가 된다. 온라인 기여자들 대부분은 인정받고 있다는 보답을 중시한다. 일부는 자신이 그룹에 기여하고 있으며 또한 영향을 미치고 있다는 느낌을 즐기면서 가치 있는 정보를 대가 없이 제공한다. 사회심리학적 측면에서 이들은 자신이 정보를 입력하는 것에 대해 직접적인 반응을 얻는다는 사실에 만족감을 느끼는 사회적 존재다. 독자들이 실시간 댓글을 달고 라이브 콘텐츠에 참여할 수 있는 블로그에서는 독자들의 반응을 즉시 확인할 수 있다.

던바의 숫자

1993년, 런던 대학교 인류학과의 인간 발달 생물 연구 그룹의 발달심리학자인 던바Robin I. M. Dunbar 박사는 소셜네트워크의 작용과 인간 상호작용에서 중요한 발견을 했다. 그는 한 개인이 안정적으로 사교 관계를 유지할 수 있는 최대 인원은 150명이라고 주장했다. 다시 말해 개인은 150명 내에서 각 사람과 그와의 관계에 대해 잘 알 수 있다는 것이다. 덧붙여서 그는 사람의 커뮤니케이션 채널 용량이 제한적이기 때문에 일반 소셜네트워크의 구성원 수 역시 150명 이상이 될 수 없다고 했다.

그러나 소셜미디어 도구와 소셜네트워킹을 사용하면 이 숫자를 수백 명까지 늘릴 수 있다. 연락처가 저장된 사람과 네트워크와 연결하면 실질적으로 사용할 수 있는 연락처 수는 수백만 명이 될 수도 있다.

소셜네트워킹은 연결을 요청하는 모든 사람이 서로 연결될 수 있도록 한다. 하지만 연락처 수보다는 각 연락처가 제공하는 가치가 무엇보다 중요하다. 당신은 보다 중요한 것이 무엇이라 생각하는가?

소셜네트워크 사례

소셜네트워크가 동작하는 방법을 설명하는 가장 좋은 방법은 몇 가지 특정 소셜네트워크를 소개하는 것이다. 8억 명 이상의 회원을 보유한 페이스북, 2억 명이 넘는 회원을 보유한 트위터, 마지막으로 1억 2,000만 명의 사용자를 가지고 있는 링크드인을 3대 소셜네트워크로 꼽을 수 있다. 페이스북은 단연코 가장 인기 있으며 널리 사용되는 소셜네트워크다.

다음은 페이스북에 대한 통계 자료를 몇 가지 소개한 것이다.

- 페이스북 사용자의 50퍼센트 이상은 매일 로그인한다.
- 미국에 거주하고 있는 2억 620만 명의 인터넷 사용자들이 페이스북 계정을 가지고 있다.
- 페이스북 사용자는 평균 130명의 친구를 가지고 있다.
- 사용자는 평균 80개의 커뮤니티 페이지, 그룹, 그리고 이벤트와 연관되어 있다.
- 평균적으로, 매일 2억 5,000만 장 이상의 사진이 업로드되고 있다.
- 매 분마다 51만 개의 페이스 게시물이 생성되고 있다.
- 400만 곳 이상의 회사가 라이크 페이지Like Page를 가지고 있다.

페이스북

페이스북은 현재 인터넷상에서 가장 규모가 크고 가장 인기 있는 소셜네트워크로 활동하는 회원 수만 8억 명이 넘는다.

그림 2.1 페이스북

2004년 2월, 하버드 대학의 한 기숙사 방에서 마크 주커버그Mark Zuckerberg, 크리스 휴즈Chris Hughes, 더스틴 모스코비츠Dustin Moskovitz, 그리고 왈도 세브린Eduardo Saverin 등은 캠퍼스 내 학생들을 상대로 캠퍼스 주위에 있는 친구들에게 연락하고, 공유하고, 교류할 수 있는 수단으로 페이스북을 시작했다.

대학생들을 위해 처음 만들어졌던 페이스북은 이메일 주소를 가지고 있는 12살 이상이면 누구나 사용할 수 있도록 현재 70가지 이상의 언어로 제공되고 있다. 이 소셜 플랫폼은 온라인 환경 속에서 현실 세계의 사회적 관계를 디지털 방식으로 연결하고 있다.

수익 모델 : 다른 소셜네트워크 사이트와 소셜미디어 도구에서 봐왔던 것처럼, 수익 모델은 유료 구독, 광고 활용, 그리고 프리미엄freemium으로 알려진 유료 업그레이드 활용 등과 같이 굉장히 간단하다. 페이스북은 유료 서비스 없이 광고를 활용한 수익 모델을 선택했다. 페이스북 광고는 개인을 광고 대상으로 삼을 수 있도록 개인 프로파일에서 사용자들이 제공한 정보를 이용한다.

클릭하는 횟수마다 광고료를 지불하는 모델pay-per-click model을 사용하는 회사는 서비스나, 이벤트, 라이크 페이지, 혹은 외부 링크를 관심이 있는 사람들에게 광고할 수 있도록 제공된 정보를 사용할 수 있다.

운영 방법 : 계정을 생성하고 설정한 페이스북 사용자는 콘텐츠나 정보를 공유할 수 있도록 친구를 추가하는 것으로 페이스북을 시작한다. 정보를 공유하는 것은 개개인의 사용자에게 정말로 중요한 문제다. 사람들은 보통 마음속에 있는 것, 그날 발생한 일, 재미있는 링크, 신문 기사, 동영상, 그리고 우연히 발견한 사진 등을 공유한다. 게다가 페이스북 사용자는 도움을 주고, 게시물에 "좋아요"를 달고, 페이스북 친구와 함께 게시물의 내용을 공유하고, 신문 기사, 사진, 그리고 동영상을 읽거나 봄으로써 페이스북 친구가 하는 일에 댓글을 달 수 있다.

그뿐만 아니라 페이스북 사용자는 좋아하는 기업과 단체와 교류할 수도 있다. 페이스북 사용자는 페이스북 페이지에 "좋아요"를 달아줌으로써 기업과 단체에서 제공된 정보를 얻고 그들과 교류한다. 게다가 페이스북 사용자는 질문이나 이야기, 혹은 댓글을 페이지에 남길 수도 있다.

게이밍, 음악, 애플리케이션, 이벤트, 그리고 메시지 등과 같이 페이스북에서 할 수 있는 많은 활동들이 있다. 페이스북은 현재 일어나고 있는 일, 여러분이 하고 있는 일, 여러분 삶에 일어나고 있는 일, 그리고 관심 있고 알고 싶은 사람들과 이런 것들을 공유하는 것이다.

사용자를 위한 기능은 무엇인가?

페이스북 사용자는 자신만의 온라인 소셜 커뮤니티를 생성할 수 있다. 그리고 페이스북 사용자는 커뮤니티를 이용하여 옛 친구들과 다시 연락하고, 가족을 찾고, 새로운 친구를 만들고, 그리고 삶에 대한 이야기를 할 수 있기 때문에 사람들은 이 온라인 커뮤니티를 통해 정보를 공유하고 알리며 사람들과의 관계를 유지하고 있다.

비즈니스를 위한 기능은 무엇인가?

8억 명이 넘는 사람들의 눈에 띄고 어쩌면 그 사람들 사이에 소문이 날 수 있는 기회를 거절하는 비즈니스는 이 세상에 없을 것이다. 매일 수십만 명은 쇼핑, 지출, 조언, 불평, 칭찬, 그리고 권유 등을 포함하여 비즈니스나 특정 분야에 대하여 자신들의 삶에 일어나고 있는 것에 대해 이야기한다. 그렇다면 이런 대화 속의 일부가 되지 말아야 할 이유가 있을까?

비즈니스 페이지혹은 라이크 페이지를 사용할 경우, 비즈니스는 현재 고객 및 잠재 손님과 관계를 맺고 전문적인 정보를 공유할 수 있다. 라이크 페이지는 고객 서비스, 홍보, 판매, 마케팅, 그리고 판촉 등을 하기에 최적의 장소다. 우리는 여러분에게 "좋아요"를 다는 사람들을 위해 페이지의 85퍼센트를 유익하고 풍부하게 유지해야 하며 나머지 15퍼센트는 비즈니스와 관련된 내용으로 사용하라고 권한다.

온라인 커뮤니티는 만드는데 시간이 소요되지만 정보에 관심을 갖고 있으며 실제로 그 정보를 원하는 사람들이 소중하고 힘이 되는 네트워크를 형성하게 되면 여러분에게 도움이 될 것이다.

일반 용어

- **친구**Friend ― 페이스북에서 연락하는 사람을 친구라고 부른다. 친구는 사용자가 개인적으로 알고 있거나, 함께 비즈니스를 했거나, 가족이거나, 혹은 단순히 연락을 하고 싶은 사람을 의미한다. 친구로 등록된 사용자는 여러분의 게시물을 볼 수 있고 게시물 및 활동에 대한 댓글을 달 수 있을 뿐만 아니라 사진이나 게시물에 태그를 달수도 있고 여러분을 이벤트나 그룹에 초대할 수도 있다. 물론 반대로도 가능하다.

- **좋아요**Like ― 각 포스트에 위치한 버튼으로 페이스북 사용자가 페이스북 친구의 게시물이나, 링크, 동영상, 혹은 사진을 재미있게 봤다는 것을 나타낸다.

- **라이크 페이지**Like page / **팬페이지**Fan page ― 비즈니스나 제품, 회사, 단체, 조직, 환경, 밴드, 혹은 예술가 등이 자신만의 커뮤니티를 만들고 싶을 때 페이지를 이용한다. 이런 페이지들은 제한 없이 "좋아요"를 모을 수 있다는 점에서 5,000명까지 친구를 등록할 수 있는 프로파일과 구별된다. 특정 페이지가 마음에 들 경우, 페이스북 사용자는 해당 페이지를 지지하고, 해당 페이지로부터 보다 많은 정보를 원하며, 해당 커뮤니티의 일원이 되고 싶어 한다.

- **태그**Tag ― 태그를 사용하면, 게시물이나, 사진, 혹은 동영상에서 사람을 구별할 수 있다. 게시물에 태그가 달리면, 여러분은 페이지에 "좋아요"를 달거나 그 사람과 친구가 되어야만 한다. @기호를 입력한 다음 페이지나 사람을 입력하면, 이름이 나타나는데 표시된 이름 중에서 원하는 것을 선택하면 된다. 사진에 태그를 달려면, 여러분은 그 사람과 반드시 친구 사이여야 한다. 그리고 사진에 태그가 달려 있으면, 마우스를 사용하여 사진에 있는 사람을 선택한 다음 이름을 입력하여 선택할 수 있다. 이렇게 태그가 달린 사람은 태그가 달렸다는 사실을 통보받기 때문에 그 사람도 참여할 수 있다.

- **알림**notification ― 여러분이 페이스북에서 하는 모든 행동은 알림으로 돌아온다. 사용자가 댓글을 달거나, 댓글에 "좋아요"를 클릭하거나, 링크나 사진을 공유하거나, 혹은 친구 요청을 할 때마다, 이런 행동에 의해 알림이 발생된다. 여러분은 이런 알림을 통해 여러분이 교류하는 것에 대해 다른 사람들의 동참 시기를 알 수 있다. 게시물이나 사진, 혹은 댓글에 "좋아

요"를 클릭할 경우, 게시물이나 사진에 있는 여러분을 태그할 경우, 여러분이 만든 게시물에 댓글을 달거나 댓글을 단 게시물에 댓글이 달린 경우, 여러분이 이벤트에 초대될 경우, 페이지를 권유할 경우, 친구 요청을 수락할 경우, 그룹에 댓글이 달릴 경우 등등과 같은 상황에서 알림이 발생한다.

- **댓글**comment — 페이스북에 올라간 각 게시물이나 상태가 업데이트되면, 다른 사용자들은 댓글을 달고 싶어 한다. 댓글은 게시물에 올린 글에 대한 반응이다.

- **친구 요청**Friend Request — 친구가 되려면, 반드시 상대방 허락을 받아야 한다. 사용자는 이름으로 검색한 다음 "친구 추가" 버튼을 이용하여 페이스북 네트워크의 일원이 되고 싶은지 상대방에게 요청해야 한다. 누군가가 여러분에게 "친구 요청"을 보내면, 여러분은 수락하거나 "나중에 하기Not now"로 응답할 수 있다.

- **받아보기**subscribe/subscription — "받아보기" 기능을 사용하면, 페이스북 사용자는 관심 있는 사람들을 팔로잉할 수 있지만 반드시 친구로 등록할 필요는 없다. 따라서 페이스북 사용자는 "받아보기" 기능을 사용하여 관심 있는 사람들과 정보를 공유할 수 있을 뿐만 아니라 뉴스 피드에서 이런 사람들이 페이스북 활동을 하지 않아도 정보를 공유할 수 있다. 게다가 페이스북에서 친구로 등록할 수 있는 사용자는 5,000명으로 제한되어 있기 때문에 "받아보기" 기능을 사용하면 공유와 교류를 더 많이 할 수 있다. 다른 사람들에게 "받아보기"를 할 수 있도록 허락한 페이스북 사용자들은 "지금 무슨 생각을 하고 계신가요?what's on your mind?" 박스의 우측 하단에 있는 "업데이트 상태Update Status"를 설정하여 페이스북 친구들 및 "받아보기" 기능을 사용한 사용자들과의 정보 공유를 제한할 수 있다.

- **월/타임라인**wall/timeline — 월혹은 타임라인(이 장이 집필될 당시, 타임라인은 모든 사용자들이 이용할 수 없었다.)은 페이스북 사용자의 개인 페이지혹은 프로파일 페이지다. 따라서 월은 각각의 페이스북 사용자의 게시물이나 활동을 모두 볼 수 있는 곳이다. 이전에 뉴스 피드도 월로 언급되었다.

- **뉴스 피드**News Feed — 뉴스 피드는 페이스북 친구들에 의해 끊임없이 업데이트되는 모든 페이스북 활동, 댓글, 사진, 링크, 이벤트, 활동, 그리고 체크인 등의 연장선이다. 뉴스 피드는 페이스북을 위한 홈페이지처럼 동작한다.

- **콕 찔러보기**poke — "콕 찔러보기" 기능은 "너를 생각하고 있어"처럼 동작한다. 그리고 "콕 찔러보기"를 당한 사용자는 상대방에게 되돌려주는 기능인 "나도 콕 찔러보기"를 할 수 있다.

프로파일

기본Basic

- **상태**Status — 이것은 페이스북 사용자가 "지금 무슨 생각을 하고 계신가요?"를 공유하는 곳으로 게시물을 작성하는 장소이기도 하다.
- **사진**Photo — 사진을 공유하는 것은 페이스북의 가장 큰 기능 중 하나다. 여러분은 한 장의 사진을 공유하거나 여러 장의 사진으로 앨범을 제작할 수 있다.
- **장소**Place — 이곳은 페이스북 장소를 위한 곳이다. 자세한 내용은 이 장의 "위치 기반 소셜미디어"를 참고하자.

정보About

- **기본 정보** — 기본 정보에서는 성별, 생일, 관심사여성 혹은 남성, 언어, 종교 및 정치관 등과 같이 페이스북 사용자에 대한 일반적인 정보를 보여준다.
- **연락처 정보** — 연락처 정보에서는 전화번호, 대화명, 웹사이트, 이메일, 페이스북 URL/vanity URL 등 페이스북 사용자나 친구가 여러분에게 연락하기 위한 연락처를 보여준다.
- **가족**혹은 결혼/연애, Relationship and Family — 페이스북 사용자는 일반적으로 페이스북에서 가족 구성원과 친구를 가지고 있다. 따라서 가족 정보를 통해 어머니, 아버지, 동생이나 고모 등이 누구인지 확인할 수 있다. 게다가 여러분은 관계에서 싱글인지, 약혼을 했는지, 결혼을 했는지, 미망인인지, 혹은 이혼했는지 등 관계 상태를 보여줄 수 있다.
- **경력 및 학력**Work and Education — 이곳에서는 출신 고등학교 및 출신 대학교를 확인할 수 있다.
- **소개**about you — 소개는 페이스북 사용자가 자신에 대해 소개하는 곳이다. 따라서 이곳에는

개인 소개나 시, 혹은 리스트를 적을 수 있다. 즉, 이곳은 페이스북 사용자가 자신이 누구인지를 정의하는 곳이다.

- **거주지**living — 이곳은 현재 거주지가 어딘지 그리고 출신지가 어딘지를 알려주는 곳이다.

- **좋아하는 인용구**favorite Quotations — 페이스북 사용자는 역사상 위인들이 말했던 격언에 영감을 받을 때가 있다. 페이스북 사용자는 자신의 감정을 움직이거나 드러내고 싶은 문구를 사용하여 자신이 느끼는 감정을 보관할 수 있다.

- **커버**cover — 웹사이트 배너처럼 동작하는 페이스북 커버는 페이스북 프로파일의 상단에 위치한 이미지로 자신에게 중요하다고 생각되는 이미지를 사용한다. 크기가 851픽셀×315픽셀인 이 공간에서 페이스북 사용자는 자신을 자랑하고 과시할 뿐만 아니라 스스로를 브랜드화하고 중요한 순간을 공유한다.

- **기능**feature — 페이스북 사용자의 타임라인에서 만들어진 각 게시물은 페이스북 타임라인에 초점을 맞추거나 강조하기 위해 기능을 추가할 수 있다. 이것은 페이스북 사용자에게 의미 있거나 중요한 것을 강조하는 기능이다.

- **중요 이벤트**Life Event — 중요 이벤트란 여러분의 삶에서 남기고 싶은 소중한 순간을 의미한다. 페이스북 사용자는 직업&학업, 가족&관계, 가정&생활, 건강&웰빙, 그리고 여행&경험 등 다섯 가지 옵션으로 개인의 중요 이벤트를 공유할 수 있을 뿐만 아니라 사람들이 페이스북 타임라인에서 확인할 수 있도록 하이라이트 기능을 이용하여 강조할 수도 있다. 타임라인이 다른 게시물로 도배되더라도 페이스북 사용자가 중요 이벤트를 맨 위에 보일 수 있도록 게시물을 올릴 수 있다는 사실에 주목하자.

페이스북 인터페이스

- **메시지**messages — 메시지는 페이스북 내부에서 이메일처럼 동작한다. 페이스북 친구와 사용자는 페이스북 사용자의 월에서 비공개로 다른 사람에게 메시지를 보낼 수 있다.

- **이벤트**events — 페이스북 이벤트를 이용하면, 모임이나 단체, 혹은 정보 공유에 대한 계획을 공유할 수 있다. 페이스북 사용자가 장소, 시간, 그리고 이유 등과 같은 모든 상세 정보를 제공하고 응답이나 RSVP를 위한 참석, 불확실, 그리고 거절 등 세 가지 옵션과 함께 페이스북 친구를 초대할 수 있다. 만약 페이스북 페이지에 페이스북 이벤트를 만들었다면, 페이지에 "좋아요"를 단 사람들을 제외하고 페이스북 친구들만 초대할 수 있다.

- **그룹**group — 그룹은 공통 관심사, 소속, 그리고 장소 등에 맞춰 소셜네트워크를 구축하고 관계를 갖고 싶은 페이스북 사용자들을 위한 것이다. 그룹 멤버라면 누구나 누가 그룹에 속한 멤버인지 알 수 있기 때문에 그룹은 페이스북 페이지와 다르다. 그룹을 만들면, 그룹, 그룹 멤버, 게시물을 누구나 볼 수 있는 공개, 그룹과 그룹 멤버는 누구나 볼 수 있지만 멤버만 게시물을 작성할 수 있는 비공개, 그리고 그룹, 그룹 멤버, 게시물을 멤버만 볼 수 있는 비밀 등 세 가지 설정을 할 수 있다.

- **알 수도 있는 사람**people you may know — 소셜네트워킹은 전부 여러분이 알고 있는 사람 그리고 이런 사람이 알고 있는 사람에 대한 것이다. 알 수도 있는 사람들의 리스트는 여러분이 체크인했던 장소, "좋아요"를 달았던 페이지, 그리고 현재 페이스북 친구들에 등록되어 있는 사람들 등을 기반으로 페이스북 알고리즘에 의해 생성된다. 페이스북 사용자는 이 기능을 이용하여 이미 알고 있는 사람들과 연락하거나 새로운 사람을 만날 수 있다.

- **지금 이 순간**ticker — 뉴스 피드라고도 알려진 페이스북 홈페이지의 왼편에 위치한 "지금 이 순간" 기능을 이용하면, 페이스북 친구들이 현재 페이스북에서 하고 있는 모든 행동을 알 수 있다. 뉴스 피드와는 달리 업데이트 상태를 보여주는 "지금 이 순간"에서는 페이스북 친구들의 모든 활동을 보여준다. 페이스북 친구가 새로운 페이지를 "좋아요"를 클릭하면, 다른 친구의 게시물에 댓글이 달리거나 새로운 사람과 친구가 된다.

- **채팅**chat — 여러분이 페이스북에 접속한 시점에 이미 페이스북에 접속한 친구들이 있을 것이다. 이처럼 페이스북 친구들과 여러분이 함께 온라인 상태에 있을 때 채팅을 이용하면, 페이스북에서 친구들과 대화를 나눌 수 있다. 오른편 하단을 보면, 녹색 원 안에 "채팅"이라고 적혀 있는 박스가 있으며 녹색 원은 페이스북 친구들이 온라인 상태라는 것을 의미한다. 페이

스북 친구들이 오프라인이라면, 채팅은 메시지로 전환되는 것에 주의하자.

- **계정명**username — 페이스북 사용자는 페이스북 계정명, 혹은 페이스북 URL이나 vanity를 사용하여 페이스북에서 사람과 페이지를 쉽게 찾을 수 있다. www.Facebook.com/username에서 계정명을 설정할 수 있다. 참고로, 페이스북 페이지 URL을 설정하려면 반드시 25개 이상의 "좋아요"를 받아야 한다.

- **앱** — 페이스북에서 앱을 사용하면, 보다 상호적인 경험을 할 수 있다. 앱에 대한 사용 방법이 다양하기 때문에 앱이 미치는 범위는 믿을 수 없을 정도로 넓다. 도구에 도움을 줄 수 있는 게임부터 페이스북 라이크 페이지 도구에 대한 신문에 이르기까지 페이스북 앱이 사용되는 장소는 엄청나게 많다.

사생활 보호를 위한 공개 범위 설정

페이스북에서는 엄청나게 많은 정보가 공유되기 때문에 반드시 페이스북 사용자의 사생활은 자신들이 원하는 만큼 보호되어져야 한다. 따라서 페이스북 사용자는 사생활 보호를 할 수 있도록 공개 범위를 설정하여 장소, 연락처, 그리고 사진, 동영상, 게시물 등과 같은 퍼스널 브랜드personal brand 등을 보호할 수 있다.

공개 범위를 설정할 때, 사생활 보호를 위해 개인 사용자, 즉 사용자 자신만 볼 수 있도록 설정할 수도 있다. 기본적으로 페이스북은 계정을 [전체 공개]로 설정해 놓기 때문에 보여주고 싶은 정보만 공개할 수 있도록 페이스북 사용자가 직접 관련 설정을 변경해야 한다. 물론 페이스북에서는 사용자가 입맛에 맞게 설정할 수 있도록 다양한 설정을 제공하고 있다.

설정에 따라, 페이스북 사용자는 사용자에 대한 정보, 페이스북 월, 그리고 친구 등에 접근하지 못하도록 사람들을 차단하고 게시물이나 사진에 있는 여러분을 태그하고 앱을 공유하는 것을 막을 수 있을 뿐만 아니라 심지어 원하지 않은 사람들이나 귀찮게 하는 사람들도 차단할 수 있다. 하지만 사용자들이 사생활에 대해 안심할 수 있을 정도로 공개 범위를 설정할 것을 권장한다.

페이스북 인터페이스의 우측 상단에 위치한 자물쇠 모양의 아이콘 옆에 있는 바퀴 모양의 아이콘을 선택한 다음 [공개 범위 설정]을 선택하면, 사생활 보호를 위해 공개 범위를 설정할 수 있다. 참고로, 페이스북 개인 정보 보호에 대한 보다 자세한 내용은 www.facebook.com/about/privacy에서 확인할 수 있다.

www.facebook.com/about/privacy

미성년자의 안전Child Safety

페이스북에서는 미성년자의 안전을 최우선시하고 있다. 페이스북에서는 미성년자를 보호하기 위해 세이프가드를 실행하고 있으며 스스로를 보호할 수 있도록 사이트에서 할 수 있는 행동을 제한하고 있다. 게다가 페이스북 사용자는 적어도 만 13살이 되어야 가입할 수 있다. 페이스북에서는 안전을 위해 매우 다양한 옵션, 기능, 그리고 도구 등을 제공하고 있으며 www.facebook.com/safety에서는 부모님, 청소년, 선생님, 그리고 법 집행자 등을 위한 페이스북 안전에 대해 자세하고 재미있게 설명하고 있다.

www.facebook.com/safety

트위터

문자를 140자로 제한한 트위터는 마이크로블로깅을 정보 공유의 핵심으로 자리 잡게 만들었다. 2006년 3월, 잭 도시Jack Dorsey, 노아 글래스Noah Glass, 에반 윌리엄스Evan Williams, 그리고 비즈 스톤Biz Stone 등에 의해 시작된 트위터는 매일 16억 건의 검색과 2억 건 이상을 트윗하는 2억 명 이상의 사용자로 전 세계적으로 인기를 얻었다. 서비스를 시작한지 얼마 되지 않았지만 애쉬튼 커쳐Ashton Kutcher와 레이디 가가Lady Gaga 등과 같은 유명 인사부터 애플이나 구글 등과 같은 대기업에 이르기까지 거의 모든 사람들이 트위터를 사용하고 있는 것처럼 보인다. 심지어 미국 대통령도 트위터 계정을 가지고 있다.

운영 방법

트위터를 떠올리는 가장 좋은 방법은 여러분이 언급하는 내용에 대해 관심을 갖는 사람들에게 문자 메시지를 보내는 것과 같다고 생각하면 된다. 트위터를 시작하려면, www.twitter.com에 방문하여 등록해야 한다. 이때, 여러분의 이메일 주소가 필요하다. 등록했다면 간단한 단계를 거쳐 사용해 보자.

www.twitter.com

여러분은 컴퓨터를 이용하거나, 스마트폰에서 모바일 앱을 이용하거나, 아니면 간단한 문자 메시지를 보내는 등 세 가지 방법을 이용하여 트위터를 사용할 수 있다. 데스크톱 컴퓨터의 웹사이트와 트위터 앱을 이용하면 여러분은 트윗하고, 정보를 읽고 리트윗하고, 나만의 트위터스피어Twittersphere나 커뮤니티를 구축할 수 있다. 문자 메시지를 통해 트위터를 사용할 경우에는 문자 메시지를 통해서만 트윗할 수 있다. 문자 메시

http://support.twitter.com

지로 트위터를 이용하는 방법에 대한 자세한 내용은 http://support.twitter.com을 방문하여 "모바일&앱" 탭에서 확인할 수 있다.

사용자를 위한 기능은 무엇인가?

트위터는 지금 일어나고 있는 일에 대한 것이다. 트윗은 기억에서 사라지기까지 약 24시간이 걸린다. 게다가 140자로만 메시지를 보낼 수 있기 때문에 약어, 해시태그hashtag, 그리고 SMS 용어text speak를 사용하여 빠르고, 간결하며, 간단명료하게 메시지를 전달해야 한다.

이런 이유에서 철자를 틀리는 것은 예사고 단어를 예를 들면, for는 4, 그리고 you는 u 등과 같이 문자나 숫자로 대신 사용하는 것이 일반적이지만 이곳에서도 온라인 평판이 존재한다는 사실을 기억하자.

트위플tweeple은 트위터를 사용하여 자신들이 찾은 의미 있고 중요한 일과 관련하여 혼자 힘으로 창조한 세계에서 일어난 일을 알린다. 그리고 누구나 정보, 비즈니스, 주제, 그리고 사람 등에 따라 트위터 계정을 만들 수 있다. 여러분은 뉴스를 보기 위해 월스트리트저널을 팔로잉하고 광팬인 텔레비전 드라마 빅뱅이론The Big Bang Theory을 팔로잉할 수 있을 뿐만 아니라 최신 기술 정보를 소개하는 테크크런치TechCrunch를 팔로잉할 수도 있다. 그 밖에 좋아하는 작가, 영화, 그리고 음악가 등에 대해서도 팔로잉할 수 있다. 이처럼 가능성은 무한하지만 모두 여러분이 좋아하는 것이 팔로잉의 전부다.

그뿐만 아니라 사용자는 트위터를 사용하여 기존에 경험할 수 없었던 비즈니스와 사람들과 관계를 맺을 수도 있다. 예를 들면, 트위터 사용자는 아메리칸 익스프레스American Express나, 타깃Target, 제트블루 항공JetBlue, 혹은 펩시Pepsi 등과 같은 회사에 직접 연락하여 질문을 하거나, 고객 서비스를 지원받거나, 거래에 대해 묻거나, 혹은 경험을 공유할 수 있다. 트위터를 사용하는 일반적인 방법은 @Comcast로 가장 잘 알려진 고객 서비스를 이용하는 것이다. 인터넷이나 케이블 서비스를 사용할 수 없을 경우, 트위터 사용자는 트위터를 통해 컴캐스트에 연락하여 지원 여부를 확인하고 어떤 문제가 있는지 아니면 해당 문제에 대해 컴캐스트와 직접 대화할 수도 있다.

트위플이 중요하다고 느끼는 것과 이야기하고 싶은 것이 트위터의 전부라고 할 수 있다. 어떤 의도도 없이 순수한 대화와 공유만이 존재한다.

비즈니스를 위한 기능은 무엇인가?

마케팅 노력의 일환으로 트위터를 포함하지 않고 비즈니스를 하는 것은 오븐 없이 케이크를 굽는 것과 마찬가지다. 즉, 여러분은 모든 재료를 구비하고 있지만 구비된 재료를 구울 방법이 없다. 이것은 트위터와 마찬가지다. 만약 여러분이 세상에 알리고 싶은 비영리 단체나, 비즈니스, 제품, 혹은 서비스를 가지고 있다면, 트위터에서 이런 일들이 벌어지고 있다는 사실을 기억하자.

비즈니스를 할 때 트위터를 사용하여 주요 전문가를 팔로잉하면, 전문가로부터 배우고 정보를 공유할 수 있고, 관련 분야에 대해 대화할 수 있고, 질문에 대답할 수 있고, 여러분의 정보를 공유할 수 있고, 화제를 이끌어 내고, 전 세계 혹은 도시에서 키워드로 검색할 수 있다.

트위터 커뮤니티를 생성하는 것은 시간은 걸리지만 여러분에게 상당한 도움을 줄 것이다. 물론 페이스북에서 커뮤니티를 생성하는 것보다는 빠르고 쉽다. 예를 들면, 중대 발표나, 판매, 혹은 제품 세일 등을 할 때 여러분이 구축해 놓은 커뮤니티에서 구매나, 리트윗 등과 같이 반응할 것이다. 비즈니스를 할 때 스팸 트윗spammy을 보내거나, 지나치게 밀어붙이거나, 상술salesy에 의존할 것이 아니라 트위터 관계를 쌓는 데 충분한 시간을 들여 양질의 커뮤니티를 구축해야만 한다는 점을 기억하자. 그 누구도 압력을 받는 것을 원하지 않는다. 다만 여러분과 관계를 쌓은 후 여러분과 비즈니스에 대해 알고 싶을 것이다.

일반 용어

- **트윗**Tweet — 트윗이란 트위터에 게시되거나 공유된 실제 정보를 의미하며 140자나 그 이하로만 작성된다.
- **비아**Via — 비아는 RT 대신 트윗에 사용된다.

- **해시태그**#hashtag — 대화를 리트윗할 때 강조하고 싶은 부분에 # 기호를 사용하면, 다른 트위터 사용자들은 해당 해시태그를 검색이나 팔로잉할 수 있다. 예를 들면, 감정#excited이나, 이벤트#SDCC, 혹은 표현#BestMovieEver 등에 자주 사용된다. 앞에서 보는 것처럼, 해시태그를 사용할 때는 # 기호를 입력한 다음 공란 없이 연속된 단어나 한 단어를 입력한다.

- **트렌딩 토픽 또는 트렌드**Trending topics or Trends — 트렌딩이란 트위터에서 사용자들이 가장 많이 이야기한 주제를 의미한다. 이런 화제들은 전 세계나 나라, 혹은 도시에서 인기 있는 것에 기반을 두고 있으며 사람들은 이런 화제들을 통해 전 세계로부터 새로운 소식을 접할 수 있다. 예를 들면, 정치#occupy, 인물저스틴 비버, 대화 주제#BestOfBothWorlds, 관심#MyWeddingSon, 혹은 이벤트#VMAs 등이 트렌드로 사용될 수 있다. 물론 트렌드는 끊임없이 변화한다.

- **트위플/트윕**Tweeple/Tweeps — 트위플이나 트윕은 일반적인 대화, 공유, 그리고 리트윗을 통해 친구가 된 트위터 팔로어를 지칭하는 단어다.

- **트위터스피어**Twittersphere — 트위터스피어란 하나의 집단으로 트윗하는 사람들의 모임을 의미한다.

- **트위텁**Tweetup — 트위텁이란 트위터를 사용하거나 트윗하는 사람들이 오프라인에서 정기적으로 모이는 이벤트를 의미한다. 예를 들면, 정상적으로 만날 수 없는 사람들을 만나기 위한 사람들을 위한 이벤트나 얼굴을 연상시키는 트위터 아이디혹은 트위터 핸들, Twitter handle를 사용하는 사람들을 위한 이벤트를 의미한다. 이벤트는 정기적으로 발생하며 일반적으로 트위터에서 해시태그를 사용하여 이벤트를 계획한다. 예를 들면, #buzzcation 등과 같다.

도구의 이해

- **프로파일**@TwitterHandle — 이것은 사용자가 누구인지를 알려주는 기능이다. 프로파일은 다음과 같이 4부분으로 구분된다.

  1. 이름 – 이것은 실제 이름예를 들면, 론 사프코이거나 조직 이름예를 들면, 월그린(Walgreens)이 될 수 있다.

2. 트위터 핸들 – 트위터에서 트위터 핸들을 통해 여러분을 인식한다. @ 기호를 시작으로 공백 없이 일련의 단어나 한 단어를 입력하면 트위터는 여러분을 알아볼 것이다. 하지만 트위터 핸들에 입력되는 글자는 15자를 넘을 수 없다. 예를 들면, @LonSafko 등이 있다.

3. 웹사이트 링크 – 여러분에 관한 것이나, 비즈니스, 혹은 여러분에 대해 알 수 있도록 웹사이트나 블로그 등 트윕이 좋아할 만한 방법을 사용한다. 예를 들면, www.LonSafko.com 등과 같다. 이 부분은 공란으로 비워둘 수 있다.

4. 140자 설명 – 이 부분은 여러분에 대해 설명하는 곳으로 자신에 대해 간략하게 소개한다. "〈소셜미디어 바이블〉의 저자이자 혁신자innovator & author of The Social Media Bible" 등과 같이 여러분이 누구인지 설명하기 위해 완전한 문장, 링크, 그리고 해시태그 등과 같이 어떤 것을 사용하든 상관없다.

- **팔로어**follwer — 팔로어란 여러분이 누구인지 그리고 여러분이 공유하는 것을 기반으로 팔로잉을 선택한 트위플을 의미한다. 이런 사람들은 여러분의 트윗을 읽고 정보를 리트윗한다.

- **팔로우/팔로잉**follow/following — 그들이 누구인지 그리고 어떤 말을 하는지를 기반으로 여러분이 팔로우할 것을 선택한 트위플이 있다. 트위터 프로파일에 있는 "팔로우follow" 버튼을 누르면, 타임라인에서 이런 사람들의 트윗을 확인할 수 있다.

- **리트윗 또는 RT**Retweet — 리트윗이란 여러분의 트위터 타임라인에서 정보를 다른 사람의 타임라인으로 트윗하는 것을 의미한다.

- **타임라인**Timeline — 타임라인은 트위터 홈페이지로 여기서 팔로우를 선택한 트위플에 있는 모든 트윗을 볼 수 있다.

- **쪽지 또는 DM**direct message — 쪽지란 트위터 사용자들 사이에 직접 전송되는 메시지를 의미한다. 참고로, 두 명의 트위터 사용자가 모두 팔로우를 했을 때만 DM를 서로 주고받을 수 있다. 따라서 트위터 팔로어는 다른 트위터 팔로어끼리 주고받은 쪽지를 볼 수 없다. 참고로, 트위터 인터페이스 "쪽지"에서 확인할 수 있다.

- **친구 추천**who to follow — 이 기능은 트위터에서 팔로우한 사람을 기반으로 팔로우하고 싶을 수도 있는 사람을 추천한다.

- **액티비티**activity — 여러분은 액티비티를 사용하여 팔로우한 트위플이 누구를 팔로어했는지, 가지고 있는 리스트, 그리고 관심글 등과 같이 트위터에서 어떤 활동을 하고 있는지 알 수 있다.
- **관심글**favorites — 관심글 기능은 좋아하는 트윗이 생겨서 추후에 다시 볼 수 있도록 저장하고 싶을 때 사용한다. 트윗 옆에 있는 별을 클릭하면 관심글로 저장할 수 있다.
- **리스트**list — 리스트는 페이스북 리스트와 비슷하며 트위터 팔로잉을 카테고리별로 정리할 때 이 기능을 사용한다. 예를 들면, 소셜 미디어, 가족, 친구, 쿠폰, 그리고 회사 등으로 정리할 수 있다.

기타 도구

- Bit.ly — 트위터는 140자만 사용할 수 있기 때문에 URL 링크는 글자 공간을 많이 잡아먹을 수 있다. 따라서 Bit.ly를 이용한 사용자는 URL을 도구에 삽입하여 글자 수를 압축할 수 있다.
- TwitPic.com — 트위터 계정으로 이용할 수 있는 트위픽TwitPic을 이용하면, 트위터 사용자는 트위터에서 실시간으로 미디어를 공유할 수 있다.
- **인스타그램**Instagram — 아이폰 전용앱이 장을 집필할 당시 아이폰에서만 가능했다인 인스타그램을 사용하여 사진을 찍고 필터를 사용하여 찍은 사진을 복고풍으로 보정한 다음 보정된 사진을 트위터나 다른 소셜네트워크에 게시할 수 있다. 인스타그램로 인해 사람들이 사진을 공유하는 방법, 쇼핑하는 방법, 그리고 홍보하는 방법 등에 변화가 생겼다.
- **오토리스판서/오토팔로어**Auto-Responders/Auto-Followers — 많은 사람들이 소셜네트워크에서 팔로어의 수가 가장 중요하다고 생각한다. 오토팔로어 및 오토리스판서는 팔로어가 어디에 있던지 그들을 찾을 수 있도록 디자인되었다. 일반적으로 이런 도구들은 무료로 제공되지만 엉터리인 경우가 많기 때문에 사용하지 않는 편이 좋다. 차라리 여러분이 제공하는 정보를 다른 사람들이 팔로잉을 할 정도로 가치 있게 만드는 것에 치중하자. 온라인 커뮤니티를 구축하는 일은 시간이 걸리지만 그럴만한 가치가 있다.

위치 기반 소셜미디어

의사소통과 업무에 휴대폰을 사용하는 사람들이 점점 더 많아지고 있다. 사실, 소셜미디어 사용자의 40퍼센트가 휴대폰으로 소셜미디어에 접속하고 있다. LBS위치 기반 소셜미디어, Location-Based Social media는 현재 일어나는 상황을 공유하는 최근에 생겨난 소셜미디어로 체크인하고, 활동을 공유하고, 보상reward을 받고, 친구들과 연락하기 위해 스마트폰에서 LBS 서비스를 사용하는 소셜미디어 사용자의 5퍼센트와 함께 기하급수적으로 성장하고 있다.

운영 방법

LBS는 휴대폰 제공 업체의 앱 마켓플레이스에서 다운로드한 애플리케이션앱으로 사용 가능하다. 설치된그리고 설치된 앱을 열고 앱에서 스마트폰의 GPS 하드웨어를 사용하면, LBS는 인근에 있는 장소의 리스트에 접속한다. 그리고 여러분이 있는 장소를 선택하여 체크인한다. 체크인을 하면, 거기에 있는 이유나, 누구랑 같이 있는지, 혹은 지금 장소에서 여러분이 추천하는 것 등과 같이 간단한 의견을 공유할 수 있다. 게다가 여러분은 페이스북과 트위터처럼 다른 소셜네트워크와도 공유할 수 있다.

사용자를 위한 기능은 무엇인가?

사용자는 대개 다양한 삶을 영위하게 위해 LBS를 사용하지만 주된 이유는 보상과 혜택incentive 때문이다. 이벤트에 참여하기 위해 체크인하면, LBS 사용자는 출석 인사와 함께 홍보에 대한 보상을 받게 된다. 예를 들면, 구매할 때 이용할 수 있는 할인이나, 커피나 애피타이저 등과 같은 무료 상품, 혹은 기부 등을 혜택과 보상으로 받을 수 있다. 이런 혜택은 가장 많이 체크인한 사용자보통 "메이어(mayor)" 등급이나 "듀크(duke/duchess)" 등급나, 잦은 방문을 한 사용자세 번 체크인, 혹은 특별한 인사예를 들면, #SuperBowl!를 한 사용자에게 보상으로 주어진다.

비즈니스를 위한 기능은 무엇인가?

경영자는 회사를 홍보하기 위해 항상 간단하고 비용 효율이 높은 방법을 찾는다. LBS 플랫폼은 무료로 사용할 수 있고 설치하기 쉬울 뿐만 아니라 인쇄 광고와 동일한 효과를 회사에게 제공한다. LBS를 사용하면, 인쇄 광고에서는 불가능한 소문을 이용할 수 있게 된다. 모든 회사 경영자는 마케팅과 광고가 비즈니스에 필요하지만 입소문 마케팅word of mouth marketing은 사람들을 다시 되돌아오게 만든다고 이구동성으로 말한다. 소문, 공유, 그리고 다른 사람들과 이런 활동을 함께 할 수 있는 것이 소셜미디어의 전부라고 할 수 있다.

그뿐만 아니라, 회사 경영자는 LBS를 사용하여 상점을 찾아준 고객에 감사하고 고객이 다시 찾아올 수 있도록 홍보할 수 있다. LBS를 항상 사용하는 단골손님을 가지고 있는 모든 회사 경영자들은 LBS를 사용하는 단골손님이 누구인지, 언제 접속했는지, 그리고 어떤 의견을 말하고 있는지 알 수 있다. 감사하다는 말과 함께 할인이나 무료 상품을 제공하는 것이 정말로 힘든 일일까?

일반 용어

- **체크인**check-in/checking in ── 체크인은 사용자가 친구나 팔로어에게 자신의 물리적 위치를 공유하거나 물리적으로 알리는 시점을 의미한다. 따라서 체크인은 도착이나 출발할 때 할 수 있다.
- **배지**badges ── 배지는 사용자가 체크인에 대해 받을 수 있는 디지털 보상을 의미한다. 다양한 위치에서 체크인하고, 다양한 활동을 하고, 슈퍼볼, 포스퀘어 데이4sq Day, 투표 등과 같이 여러 가지 이벤트에 참여하고, 할로윈, 투표, 그리고 새해 등과 같이 특별한 날에 체크인을 하고, 자주 체크인하고, 특별한 체크인을 할 때 배지를 받을 수 있다. 예를 들어, 우주 비행사 더글라스 H. 휠럭Douglas H. Wheelock이 국제 우주 정거장에서 포스퀘어Foursquare에 체크인하여 NASA 익스플로어 배지NASA Explorer badge를 받았던 특별한 체크인도 있다.

- **포인트**Points — 포인트도 역시 체크인에 대한 보상을 의미한다. 참고로, "메이어가 집에 있을 때" 체크인을 하거나, 새로운 위치를 추가하거나, 커피숍이나, 영화관, 혹은 클럽 등과 같은 장소에 첫 번째로 방문하거나, 혹은 배지를 받을 때 등처럼 색다른 체크인에 대해 많은 포인트를 받을 수 있다.

- **보상/혜택**Rewards/Incentives — 사용자가 체크인을 통해 해당 위치를 공유할 때 비즈니스에 참여한 것에 대해 보상이나 혜택이 주어진다. 예를 들면, 구매를 할 때 할인을 받거나 무료 상품을 제공받을 수 있다. 참고로, 메이어가 되거나, 매우 자주 체크인을 하거나, 혹은 간단히 체크인을 하는 것만으로도 이런 보상들을 받을 수 있다.

- **지오로케이션**geolocation — 지오로케이션이란 사용자의 실제 지리학적 위치를 휴대폰과 같은 기기를 통해 공유하는 것을 의미한다. 거의 모든 스마트폰에서 GPS를 사용하여 지오로케이션 서비스를 이용할 수 있다.

- **인사**shout-outs — 인사란 사용자가 체크인한 장소에서 자신이 한 행동을 공유할 때 사용하는 말을 의미한다.

포스퀘어

포스퀘어는 가장 큰 LBS이 장이 집필될 당시로 1,500만 명 이상의 사용자가 포스퀘어를 이용하여 매일 300번 이상의 체크인을 하고 있다. 데니스 크로울리Dennise Crowley와 나빈 셀바두라이Naveen Selvadurai에 의해 창립된 뉴욕 시에 위치한 LBS사는 2009년 3월 11일에 개최한 사우스 바이 사우스웨스트SXSW, South By Southwest에서 포스퀘어를 출시했다. 포스퀘어를 통해 현재 위치에서 체크인하면, 여러분은 현재 있는 장소와 무엇을 하고 있는지 등을 트위터 팔로어, 페이스북 친구, 그리고 포스퀘어 친구 등과 공유할 수 있다.

포스퀘어는 사용하기 쉬운 인터페이스를 가지고 있으며 트위터처럼 140자 이내로 글을 써야 한다. 사용자는 포스퀘어를 사용하여 지오로케이션을 기반으로 여러분 주위에 어떤 특별한 것이 있는지 확인하고, 현재 활동을 공유할 수 있도록 장소를 확인하고, 팁을 공유하고, 친구들이 어디서 무엇을 하는지 알 수 있으며, 음식, 예술품, 그리고 공연 등과 같이 여러분이 있는 장소와 관련된 체크인한 곳의 사진을 공유하고, 새로운 장소를 추가하고, 여러분과 가까운 지역에 있는 다양한 종류의 장소를 찾을 수 있는 등 자신 주위의 세계를 확인할 수 있다.

용어 이해

- **액티비티**activity — 액티비티는 페이스북 뉴스 피드나 트위터 타임라인과 비교될 수 있다. 이곳에서 친구들이 현재 하는 일을 바라보고 있는 장소나 친구들이 그 일을 어디서 하고 있는지, 혹은 그 일을 언제 했는지 등에 대해 볼 수 있다.

- **데일리 딜**daily deals — 데일리 딜이란 그루폰Groupon과 리빙 소셜Living social 등과 같이 데일리 딜 회사와 파트너가 된 포스퀘어에서 근처에 할인 서비스를 제공하는 업체가 있을 때 사용자에게 할인 혜택을 제공하는 것을 의미한다.

- **이벤트**events — 영화, 콘서트, 그리고 파티 등과 같은 새로운 이벤트를 만드는 업체를 위해 포스퀘어는 사용자가 체크인할 수 있는 특정 위치에 있을 때 발생하는 이벤트 옵션을 제공하고 있다. 즉, 업체는 이벤트를 위해 포스퀘어에 새로운 장소를 생성하는 대신 이미 생성된 위치에 이벤트를 추가할 수 있다. 이것은 포스퀘어 인터페이스의 레드 티켓으로 볼 수 있다.

- **탐색**explore — 포스퀘어는 지오로케이션을 이용하여 특정 마일 반경 안기본 2마일에 있는 특별한 장소, 레스토랑, 상점, 이벤트, 그리고 야외 활동 등을 찾을 수 있다.

- **친구**friends — 친구란 위치를 공유하기로 동의한 사용자를 의미한다. 포스퀘어 인터페이스의 "액티비티"에서 친구의 액티비트를 확인할 수 있다.

- **팔로잉**following — 사용자는 기업, 조직, 그리고 다른 단체 등을 팔로우하여 스폰서드 배지와 홍보뿐만 아니라 다양한 위치에 대한 정보도 알 수 있다. 예를 들어, 코난 오브라이언 쇼The Conan O' Brien show, 월스트리트저널, 월그린 등이 있다.

- **히스토리**history — 히스토리를 이용하면, 사용자가 체크인한 장소를 가장 최근부터 마지막까지 볼 수 있다.

- **리스트**lists — 사용자는 다른 사용자와 팔로어한 회사가 남긴 정보를 이용하여 하고 싶은 것을 기반으로 "To-Do List"를 작성할 수 있다.
- **메이어** — 메이어란 60일 동안 가장 많은 체크인을 기록한 사용자를 의미한다.
- **슈퍼유저**SuperUser — 포스퀘어는 포스퀘어 인터페이스에서 장소를 편집하고 보고할 수 있는 특권을 파워 유저에게 주고 있다. 이런 사용자들은 중복된 장소, 리포트 문제, 남용, 그리고 다른 포스퀘어 유지보수를 삭제하고 제거할 수 있기 때문에 지역 커뮤니티에 도움을 줄 수 있다.

다른 LBS

- **페이스북 플레이스**Facebook Places — 경쟁 업체인 포스퀘어에 대항하기 위해 2010년 8월 18일에 출시된 페이스북 플레이스는 사용자들이 페이스북 앱을 사용하여 체크인할 수 있다. 그리고 사용자는 페이스북 플레이스를 설치한 페이스북 친구에 체크인할 수 있을 뿐만 아니라 페이스북 딜Facebook Deal에 접속할 수도 있다. 이 기능은 페이스북에서 참가 회사에 체크인을 할 수 있는 디지털 쿠폰이나 포인트 카드loyalty card로 배포되고 있다. 페이스북 딜에서는 할인이나, 쿠폰, 혹은 무료 상품을 제공하고 있다.
- **고왈라**Gowalla — 이 LBS는 포스퀘어와 매우 비슷한 기능을 가지고 있지만 보다 예술적인 스타일을 포함하고 있다. 가장 큰 차이는 여행 기능이다. 사용자는 이 기능을 사용하여 최대 20곳의 경로나 여행을 계획할 수 있으며 자신의 여행이나 다른 사용자의 여행이 완료되면 배지와 동일한 핀pin을 상으로 받을 수 있다. 이런 여행은 술집 순례나, 자연탐사 도보여행, 혹은 식도락 여행이 될 수 있다. 그리고 고왈라에서는 장소에서 체크인할 때 스탬프를 보상으로 주고 있다. 고왈라에서 지급하는 핀과 스탬프는 포스퀘어 배지를 획득하는 것보다 쉬울 뿐만 아니라 종류도 다양하다. 2011년 4월에 있었던 세기의 결혼royal wedding과 디즈니랜드 Disney Parks를 위한 로얄 고왈라비Royal Gowallabies는 특별 핀과 스탬프를 제공했다. 참고로, 디즈니랜드의 모든 탑승물에서 체크인할 수 있기 때문에 디즈니 여행을 완료했을 때 스탬프나 핀을 받을 수 있다.
- **옐프**Yelp — 2004년 10월에 창립한 옐프는 지역 온라인 커뮤니티를 생성할 수 있도록 소셜네

트워크와 비즈니스에 대한 현지 리뷰를 결합했다. 옐프를 사용하면, 레스토랑이나, 소매점, 혹은 클럽 등과 같이 서비스 기반 비즈니스에 대해 리뷰를 읽고 남길 수 있었다. 사용자는 데스크톱 컴퓨터나 스마트폰에서 옐프에 접속하여 방문할 장소를 찾고, 리뷰를 읽고, 체크인을 할 수 있다. 또한 옐프는 그루폰 딜Groupon Deals과 비슷한 옐프 딜Yelp Deals을 제공하지만 구매하는데 시간제한이 없는 것이 특징이다. 그뿐만 아니라 옐프에서는 포스퀘어의 메이어쉽Mayorships과 비슷한 옐프 로얄티Yelp Royalty 및 체크인 딜check-in deal을 제공하고 있으며 옐프 스마트폰 앱에서도 접속할 수 있다.

소셜미디어 ROI

소셜미디어를 사용하여 웹사이트 트래픽 데이Website Traffic Days 및 톱 세일즈Top SaleS를 달성한 사우스웨스트 항공Southwest Airline

배경

트위터에 가입한 사우스웨스트 항공사가 곧바로 트윗을 통해 공유했던 모든 링크에 대해 정보원 부호화source coding를 시작하자 엄청난 일이 발생했다. 사우스웨스트 항공사의 이머징 미디어 매니저Emerging Media Manager인 바울라 버그Paula Berg와 크리스티 데이Christi Day는 7명의 고객이 트위터를 통해 southwest.com에 접속했고, 접속한 주에 구매를 한 사실을 발견했다. 무려 7명이나! 하지만 한 동료가 구매 숫자가 너무 적기 때문에 이런 결과를 보고하지 않겠다고 말하자 흥분은 가라앉았다. 엄밀히 말하면, 동료

southwest.com

가 말한 것이 맞다. 매년 southwest.com을 통해 여행을 예약하는 수백만 명의 사람들에 비하면 7명이란 숫자는 인상적이지 않다. 하지만 숫자는 적었지만 잠재력은 엄청났다.

전략

트위터에서 지속적으로 고객과 관계를 맺으려면, 팔로우하고 관계를 쌓아야 할 뿐만 아니라 활동도 모니터해야 한다. 그러는 동안에 트위터와 다른 소셜미디어의 잠재적인 소득을 동료들에게 이해시키고, 보다 많은 재원과 인력을 항공사의 소셜미디어 노력에 쏟아부으며, 앞에서 언급한 소셜미디어에서 테스트할 수 있도록 적절한 판매 기회를 잡도록 내부에 있는 문을 열어야 한다.

시행

1년도 채 안 돼서 사우스웨스트 항공사는 소셜미디어와 홍보광고비를 들이지 않고를 통해 48시간 가격 할인을 시작했다. 그 결과, 항공사 38년 역사상 처음으로 웹사이트 트래픽 데이뿐만 아니라 톱 세일즈 2위도 달성했다. 이것이 이례적인 일이라고 생각하는 사람을 위해, 3개월 후에 동일한 성과를 또 달성했다.

기회

구조적인 변화를 격려하고 소셜미디어에 대한 투자를 늘림과 동시에 수익이 증가했다.

결과

소셜미디어에 종사하는 사람이라면 소셜미디어의 힘과 가능성을 매일 보게 될 것이다. 궁극적인 변화는 위험을 감수하고, 새로운 기회를 추구하며, 성공에 필요한 장기적인 투자를 할 수 있도록 동료와 경영자를 설득할 수 있는 방법을 찾아야 한다. 평가 및 보고는 자원과 지원을 얻을 수 있는 강력한 도구지만 차트와 그래프는 페이지에 나타난 단순한 숫자일 뿐이다. 따라서 이런 숫자로는 미래를 예측할 수 없다. 소셜미디어를 평가하고 보고할 때, 단순히 과거 활동을 보고하는 것뿐만 아니라 트렌드, 패턴, 그리고 가능성을 발견할 수 있도록 숫자 간극을 읽는 것도 중요하다. 때로는 소셜미디어를 보고하는 것이 날씨를 보고하는 것과 같아야 한다. 즉, 어제의 숫자가 나타내는 것을 무시하고 대신 내일의 숫자가 의미하는 것에 집중해야 한다. 그리고 이런 정보를 활용하여 변화하는 미디어 풍경의 가능성과 필요성에 맞추는데 필요한 구조적인 변화를 이끌어 내고, 격려하고, 교육해야 한다.

– 바울라 버그Paula Berg, www.Southwest.com

International Perspective

국제적인 견해

중국

현재 중국 정세와 상관없이 13억 명의 인구를 가진 중국은 계속 늘어나고 있는 소셜미디어의 영역 속에서 자신의 존재를 지속적으로 확장하고 있다.

그렇다면 그들은 무엇을 하고 있을까? 여러분도 알다시피, 페이스북과 같은 많은 사이트들은 "그레이트 파이어월 오브 차이나Great Firewall of China"에 의해 막혀 있지만 이런 장점을 이용해 중국 내 거대 집단을 만드는 지역 사이트들이 많다. 현재 중국에는 여러 개의 계정을 가진 대략 4억 명의 온라인 사용자들이 있는 것으로 추정하고 있다. 통계는 다음과 같다.

네트워크	회원 수
텐센트Tencent	10억 명
큐존Qzone	3억 1,100만 명
런런RenRen	2억 명 + 5,000만 명휴대폰
카이신왕Kaixin001	7,500만 명
51.com	1억 6,000만 명

하지만 이들이 무엇을 하고 있을까? 비즈니스 세계에 통합된 소셜미디어에 있는 그 사회는 어떨까?

중국에서 가장 인기 있는 사이트는 큐존이다. 2005년에 거대 집단인 텐센트중국의 가장 큰 인터넷 포털 사이트에 의해 생겨난 소셜네트워크 사이트인 큐존은 음악 듣기용, 블로그, 다이어리, 그리고 사진 공유 등과 같은 목적으로 사용되고 있다. 여기서 주목해야 할 흥미로운 점은 미국에서 대략 인구의 25퍼센트가 오리지널 콘텐츠original content를 생성하지만 중국에서는 이 수치가 무려 40퍼센트가 넘는다는 사실이다. 이 사실은 마케팅 입점을 흥미롭게 만든다. 이것은 중국이 소셜미디어 사용이 사람들이 영향을 받지 않고 믿음과 견해를 퍼트릴 수 있는 좋은 방법으로 작용할 수 있도록 상당히 많은 규제를 실시하고 있었기 때문일 수도 있다. 그리고 심지어 온라인 화폐인 QQ가 널리 사용되고 있다. 물론 이에 대한 세금을 내고 있다.

IM Chat 서비스IM and Chat를 많이 사용하지만, 이런 사이트에서 논의되는 주요 화제는 다음과 같다.

건강관리

소비자 상품

자동차

컴퓨터

휴대폰

<u>스포츠</u>

중국은 웹을 사용하여 조사를 하는데 주도적인 역할을 하고 있으며 이런 사실을 무시한 회사들은 위험에 처해 있다. 특히, 평균 중국 사용자들은 적어도 주당 5시간 동안 소셜미디어 사이트를 이용하고 있다.

게다가 중국 사용자들이 미국 사용자들보다 온라인 생활에 훨씬 더 많이 참여한다는 사실에 주목해야 한다. 일반적으로 미국 사용자가 온라인에서 하루의 40퍼센트를 보내는 것에 비해 중국 사용자는 80퍼센트를 보내고 있다.

많은 중국인들은 인쇄물이나 텔레비전보다 온라인에서 브랜드에 대해 가장 먼저 듣는다. 이것은 현재 소셜미디어 사용자에 영향을 미치려면 온라인에서의 평판이 대단히 중요하다는 것을 의미한다.

그렇다면 중국에서 회사가 해야 하는 일을 어떤 것일까? 조사하고 또 조사해야 한다. 여러분이 중국에서 벌어지는 상황을 이해하려면, 온라인에서 사용되는 모든 수단, 온라인에서 평판을 얻기 위해 할 수 있는 것뿐만 아니라 여러분의 회사 및 경쟁 업체에 대해 사람들이 언급하는 것도 이해해야 한다.

게다가 여러분은 소셜미디어 사용자가 다른 사용자와 관계를 맺는 방법과 가장 인기 있는 사이트를 사용하는 이유도 이해해야 한다. 이것을 위해, 여러분은 올바른 방법을 통해 자신의 모습을 알려야 할 필요가 있다.

나는 평생에 한 번 있을까 말까한 혁명을 경험할 수 있어서 매우 기쁘다. 중국에는 현재 5억 명의 사용자가 있으며 계속 늘어나는 추세다. 앞으로 게임, 사용자들 간의 쌍방향 통신, 위치기반 마케팅, 회사 할인 및 홍보, 그리고 물론 정보 공유까지도 포함되기를 기대하고 있다.

하지만 이런 활동들이 성공하기 위해서는 여전히 다음과 같은 세 가지 요소가 필요하다. 신뢰, 편의, 그리고 믿음… 나는 5년 전에 세일즈적인 관점에서 이것에 관한 책을 썼지만 지금까지도 이 사실은 유효하다. 소셜미디어는 신뢰를 쌓고, 사용자가 다시 돌아올 수 있을 정도로 편안한 사용자 경험을 제공하고, 마지막으로 장기적으로 사용자에게 지속적으로 혁신할 것이라는 믿음을 주고 브랜

드를 만들기 위해 필요하다.

따라서 지속적으로 조사하면서 고객과 사용자의 목소리를 들어야 한다. 여러분이 이 글을 다 읽을 때쯤이면, 풍경은 변화했을 것이다.

– 앤서니 솔리미니Anthony Solimini, 시미트리 그룹

www.simitrigroup.com

www.simitrigroup.com

Expert
Insight

전문가 의견

그레첸 하워드Gretchen Howard, 구글 애드워즈 온라인 영업 및 운영 담당 이사, www.google.com/corporate/execs.html

www.google.com/
corporate/execs.html

저는 구글사에서 온라인 영업과 운영 부문 담당 임원으로 약 2년 반 넘게 일하고 있습니다. 구글에 정착하기 전에는 다양한 분야에서 일했습니다. 금융 회사에서 일을 했었고, 그전에는 컨설팅 분야의 경력이 있습니다…

여러분이 처음부터 언급하셨던 단어 약어인, 검색 엔진 마케팅Search Engine Marketing, 다시 말해 SEM부터 설명하겠습니다. 검색 엔진 마케팅은 온라인 광고와 다릅니다. 검색 엔진 마케팅은 광고

그레첸 하워드

자들이 검색 결과 옆에 관련 광고를 게재하도록 연결시켜주는 프로그램입니다. 이런 방식으로 구글과 같은 검색 엔진에 검색어를 입력하면, 온라인 광고가 뜨는 것입니다...

이런 온라인 사이트가 바로 여러분이 말씀하신 특집 광고이며 이것이 바로 구글의 온라인 광고 프로그램인 애드워즈입니다. 좀 진부하게 들릴 수도 있겠지만 우리는 애드워즈를 비즈니스 고객을 연결시켜주는 중매 서비스라고 합니다. 애드워즈는 실질적으로 비즈니스를 판매하려는 상품, 서비스, 그리고 온라인에서 특정 제품과 서비스를 찾는 고객을 연결시키는 도구입니다. 그리고 이러한 과정은 관련 제품과 서비스를 고객의 검색 요청에 따라 표시하는 방식으로 진행되고, 제가 애드워즈에서 가장 흥미롭다고 생각하는 부분이 바로 이렇게 뚜렷한 대상층을 형성하고, 비용 면에서 효율적이라는 것입니다. 그러므로 애드워즈는 대규모 및 소규모의 광고주들이 온라인에서 고객을 찾는 것을 지원하는 탁월한 시스템입니다.

... 타당성이 가장 중요하기 때문에 정말 간편하게 설정할 수 있습니다. 먼저, 준비 작업이 어떻게 진행되는지 간단히 보여드리겠습니다. http://www.google.com/adwords를 방문하여 일일 예산을 선택하여 광고를 제작합니다. 그리고 키워드와 지역을 선택하여 광고의 대상을 정한 후, 광고를 게시합니다. 이때, 클릭당 광고비cost-per-click 모델을 사용하게 되는데, 이것은 광고가 클릭될 경우에만 광고주가 비용을 지불한다는 뜻입니다. 그러면 잠재고객이 광고주의 웹사이트로 안내됩니다. 그래서 광고는 100원만큼만 클릭될 수도 있고, 일일 예산은 언제라도 변경될 수 있습니다. 그러므로 광고주는 막대한 광고비용에 신경 쓸 필요가 없습니다.

우리의 사업 철학은 모든 광고는 검색에 강하고, 소비자층을 효율적으로 형성하며, 비용을 절감시켜야 한다는 것입니다. 그래서 클릭당 광고비 모델을 사용합니다. 그리고 클릭당 광고비 모델의 책임이 광고주나 고객에게 있는 것이 아니라 우리에게 있기 때문에 이 모델이 환영 받는 것입니다.

클릭당 광고비 모델의 다른 역할은 공평한 경쟁의 장을 연다는 것입니다. 그리고 최고 브랜드의 광고주들과 마찬가지로 소규모 혹은 틈새 사업자들에게도 분명한 해결책을 제공합니다. 그래서 여러 가지 점으로 볼 때, 클릭당 광고비 모델은 새로 시작되는 웹 시장을 대중화합니다.

그리고 얼마든지 구체적일 수 있습니다. 다시 말해 사용자가 찾는 제품을 더 구체적으로 설명할수록, 그 물건을 더 정확하고 쉽게 찾을 수 있습니다. 그리고 사용자 경험과 고객 경험은 비즈니스에 중요하며, 구글이나 온라인 광고주들에게도 마찬가지입니다. 이런 식으로 모두에게 윈윈 상황이 연출되는 것입니다...

... 우리 회사에는 광고 거래 품질 팀이 있고, 이 팀은 지속적인 서비스 교육을 받고 있습니다. 우리는 유효하지 않은 클릭을 추적하는 3단계 시스템을 보유하고 있습니다. 그 시스템의 세 가지 특징은 (1) 고성능 실시간 필터, (2) 고성능 오프라인 분석, (3) 민첩한 조사 능력입니다. 이렇게 결합된 방법을 통해 클릭과 관련된 부정행위를 막을 수 있습니다. 이러한 운영 방식의 목적은 실제 클릭 관련 부정행위를 효과적으로 막을 수 있는 강력한 안정성을 유지하여, 유효하지 않은 클릭 수를 정확하게 제거하는 것입니다.

그래서 우리는 매년 수억 원에 달하는 유효하지 않은 클릭들을 사전 예방 차원에서 걸러내어 부정행위를 방지하는 매우 효과적인 보호 장치를 제공하며, 이 사안을 매우 중요하게 보고 있습니다...

구글은 광고주들이 요청하기 이전에, 상당한 재원과 전문 지식을 투자하여 유효하지 않은 클릭을 걸러내기 위한 능동적이고 정교한 방책을 개발했습니다. 우리는 광고주들의 만족감이 상당히 중요하다는 것을 인식하고 있습니다. 그래서 매번 클릭 부정행위에 관한 신고가 들어올 때마다 이것을 조사할 뿐더러, 적합하고 시기적절하게 대처하기 위해 최선을 다하고 있습니다.

만일 우리가 이러한 요청들을 능동적으로 받아들이지 않는다면 우리는 대부분의 요청을 능동적으로 받아들이고 있습니다 광고주를 중시하지 않는다는 의미가 될 것입니다. 우리는 광고주들이 어떠한 방식으로든 클릭과 관련된 부정행위로 인해 악영향을 받게 되는 것을 원하지 않습니다.

저는 이러한 완전성이 고객 경험과 광고주 경험을 최우선으로 두는 우리 사업의 핵심 요소라고 생각합니다...

애드워즈는 준비 작업이 매우 쉽습니다. 이것을 중요한 세 단계로 나누어서 설명해 드리겠습니다. 첫째로, 광고를 만들 때마다 온라인 마케팅 활동과 관련하여, 제가 항상 사람들에게 말씀드리는 것은 "여러분의 잠재고객을 알고, 광고의 목적을 이해하십시오"입니다. 정확도가 검색 광고의 핵심 요소입니다. 여러분은 적합한 광고주와 적시에 연락하셔야 합니다.

여러분이 파는 상품, 서비스와 그것을 구입하는 고객들을 주의 깊게 살펴보십시오. 꽤 많은 판매자가 자신의 잠재고객이 누구인지 모른다는 사실에 깜짝 놀라실 겁니다. 자신의 고객을 아는 것은 첫 번째 필수 단계입니다. 그리고 자신의 비즈니스에 관해 올바로 인식하기 시작하면, 그 고객층과 어떻게 만나는지 초점을 맞출 필요가 있습니다. 성공 여부를 측정하기 위해서는 최종 목표가 무엇인지 이해하고 분석해야 합니다.

그리고 나서 비즈니스와 관련된 특정 언어나 지역에 눈을 돌릴 수 있게 되고, 이에 따라 비즈니스 영역이 지역이 될 수도 있고, 전 세계가 될 수도 있습니다.

그것이 온라인 광고가 매력적인 이유입니다. 언제라도 비즈니스 지역을 변경할 수 있습니다. 이러한 방식으로 지역의 변화에 따라 비즈니스를 확장 혹은 계약하거나, 실제로 계절적 변화에 맞추어 운영할 수도 있습니다.

만일 여러분이 캘리포니아 북쪽에서 스노보드를 판다면 겨울 동안 막대한 수익을 얻을 수 있습니다. 하지만 여름에는 매출이 부진할 것입니다. 그렇다면 캘리포니아가 여름일 때, 뉴질랜드 사람들에게 스노보드를 판매하는 것은 어떨까요? 계절에 따른 손실을 감소시킬 수 있는 좋은 방법이 될 것입니다...

그리고 두 번째 준비 단계에 대해서 알려드리겠습니다. 제가 말씀드리는 두 번째 조언은 "반드시 효과적인 광고 활동을 하라"는 것입니다. 그래서 첫 번째 단계는 강력한 키워드를 선택하는 것입니다. 브레인스토밍을 시작하고, 광고 목록을 가능한 한 넓게 확장하고 나서 초점을 좁히십시오. 고객층을 예상하고 일반적인 단어 대신에 고객들이 검색하고 사용할 만한 두 개에서 네 개 사이의 단어를 조합할 수 있습니다.

또 다른 조언은 '클릭을 하게 만드는' 광고를 해야 합니다. 이것은 잠재고객들이 클릭을 하여 광고 내용을 더 이해하고 싶은 기분이 들게 만드는 광고를 말합니다. 요점을 정확하게 집어내고, 무료 배송이나 프로모션 같은 제품과 관련된 주요 혜택을 알리십시오. 그리고 나서, "지금 구입하세요" 혹은 "오늘 가입하세요"와 같은 '행동을 취하게' 만드는 문구를 사용하십시오. 여러분의 광고와 연관이 있는 랜딩 사이트로 사용자를 안내하십시오. 첫 광고 화면에서만이 아니라 가능한 한 전체에서 자세하게 설명하여, 사람들이 찾고 있는 정보를 얻을 수 있게 하십시오. 그래서 여러분의 웹사이트를 찾아 온 방문객이 계속해서 정보를 찾는 수고가 없어야 합니다.

인터액션을 간단하게 유지시킨다면, 꿈에서 그리던 것보다 훨씬 많은 제품을 판매하게 될 것입니다. 저는 그것이 가장 중요한 점이라고 생각합니다.

세 번째 단계는 '추적하고, 실험하고, 도입하고, 번창하라' 입니다. 온라인 광고가 제공하는 자료를 지속적으로 관찰하는 자세를 가질 필요가 있습니다. 그리고 계속해서 실험해 보아야 합니다. 온라인 광고 환경은 매우 역동적이고, 마케팅 결과를 보면서 통계 자료를 주의 깊게 지켜볼 수 있습니다. 다시 한 번 말씀드리자면, 이렇듯 온라인 광고는 다른 형태의 광고와 다릅니다.

여러분이 대화 추적 소프트웨어를 활용할 수 있습니다. 많은 사람들이 무료 소프트웨어를 제공하고, 구글 사이트에는 구글 분석 제품이 있습니다. 구글 분석 제품처럼 웹사이트의 정보 수집을 지원하고, 사이트를 개선하고 변경시키는 방법에 관한 자료를 제공하는 많은 도구가 있습니다. 이러한 방식들을 이용하여 여러분의 목표를 달성할 수 있습니다.

... 일반적인 단어 대신에 두 개에서 네 개 사이의 단어를 조합해서 사용해야 특정 잠재고객에게 보다 효과적으로 접근할 수 있습니다. 또한 이러한 단어들을 사용하는 것이 보통 일반적인 키워드

를 사용하는 것보다 비용이 훨씬 절감됩니다.

우리는 다른 종류의 광고들도 다루고 있습니다. 광고 활동을 인쇄하거나 텔레비전 광고를 진행할 수도 있습니다. 오디오 광고도 있지만, 이것에 관해서는 시간을 다시 내어 설명하겠습니다. 하지만 우리는 항상 일반적인 광고에 혁신적이고, 효과적인 접근 방식을 적용시킬 수 있는 방법을 연구하고 있습니다...

우리 회사와 광고 발행자의 관계를 관리하는 팀은 애드센스입니다. 그래서 그들은 '콘텐츠 네트워크'를 관리합니다. 가장 좋은 예로 〈뉴욕타임스〉를 들 수 있습니다. 〈뉴욕타임스〉의 온라인 사이트에는 애드센스가 가동되어, 화면에서 다양한 발행자들이 올린 기사 내용과 관련된 광고들을 볼 수 있습니다.

그래서 〈뉴욕타임스〉 웹사이트를 방문하여 개에 대한 기사를 읽고 있다면, 다양한 애완동물 식품 제조업체에서 올린 광고가 보일 것입니다. 이것이 바로 우리가 〈뉴욕타임스〉와 같은 발행자를 애드센스 발행자라고 부르는 이유입니다.

여러분이 블로그에 애드워즈나 애드센스 광고를 올려놓고, 누군가가 여러분의 사이트를 통해 광고를 클릭한다면, 이로부터 발생하는 이윤은 광고 발행자와 공유하게 됩니다.

블로그나 모든 형태의 발행자가 실질적으로 구글과 연결성을 가지고 있다는 것은 중요한 일입니다. 그리고 구글에 기재된 글의 주제에 근거하여 사용자들에게 가치 있는 광고를 제공할 수도 있는 것입니다.

먼저 Google.com/Adword을 방문하고, 일일 예산을 선택합니다. 그러면 하루에 쓰게 될 비용이 표시됩니다. 직접 광고를 제작하고 광고 문구를 적고 난 후, 키워드와 지역을 기재하면 그것으로 끝입니다! 그리고 실행하면 됩니다. 이것은 정말로 쉬운 작업입니다. 기술 전문가가 아니라도 할 수 있습니다. 단계별로 작업을 알려주는 마법사도 있습니다. 하지만 가입할 때 일반적으로 하는 실수가 있는데, 관심이 있다면 이 부분에 대해 설명해 드리겠습니다.

www.theSocialMediaBible.com을 방문하면 그레첸 하워드와 나눈 경영진 대화 전체를 듣거나 읽을 수 있다.

www.theSocialMediaBible.com

해야 할 일 리스트

1. 프로필과 그룹을 만들어라.

가장 유명한 소셜네트워킹 사이트인 페이스북, 트위터, 링크드인, 포스퀘어foursquare를 방문하여 다른 사람이 먼저 사용하기 전에 프로필과 그룹을 만든다. 그런 다음 덜 알려진 사이트에서 프로필을 더 만든다.

2. 참여하라.

선정한 몇 개 사이트에서 의견을 읽는 것으로 시작해서 대화의 맥락이 무엇인지 경청한다. 그리고 올바른 답변을 할 수 있는 방법을 알고 난 다음에 참여한다.

3. 자신만의 네트워크를 형성하라.

블로그 팬을 만들기 시작한다. 다른 블로그에 의견을 달고 대화에 참여한다. 그런 다음 닝 또는 워드프레스 그룹 플랫폼을 사용하여 자신만의 그룹이나 소셜네트워크 구축을 고려해 본다. .

4. 체크인하라.

스마트폰을 사용한다면 좋아하고, 사용하기 쉽고, 체크인을 시작할 수 있는 LBS를 찾고 다운로드하라. 그리고 친구들과 온라인에서 어떤 경험을 했는지 나누라. 만약 개인적인 용도로 사용한다면 전문적인 소셜미디어 전략으로 활용하라.

결론

모든 소셜미디어 도구와 마찬가지로 네트워킹의 핵심은 참여다. 이 장에서 언급한 사이트 링크드인, 페이스북, 트위터, 플리커, 유튜브, 그리고 기억나는 기타 소셜네트워크 플랫폼에 가서 프로필과 그룹을 만들어야 한다. 다른 누군가가 해당 이름이나 업계 그룹을 선점하여 사용하면 영원히 사용할 기회를 잃게 된다. 유명 블로거인 로버트 스코블Robert Scoble은 네트워킹에 성공하려면 먼저 경청한 다음 참여해야 한다고 강조한다. 그것은 사교 모임에 참여하는 것과 비슷하다.

파티에 어울리게 행동해야 한다! 무턱대고 사람들에게 다가가 끼어드는 식으로 이야기를 해서는 안 된다. 물론 이미 그런 경험이 있을 것이다. 오늘날 이런 식으로 마케팅을 하면 성과를 낼 수 없다. 먼저 파티에 참석해야 한다. 그리고 사람들에게 다가가서 이야기를 경청한 다음, 도움이 되거나 적당히 덧붙일 만한 의견을 전달하면서 대화에 참여한다. 비즈니스 목적의 소셜미디어 마케팅도 마찬가지다. 이는 중요한 내용으로 거듭 강조하건대, 우선 파티에 참석하고 그룹을 선택해서 이야기를 경청한 다음 가치 있는 의견으로 대화에 가담해야 한다. 그것이 바로 커뮤니티를 구축하는 방법이며, 이렇게 해야 오프라인과 온라인에서 모두 신뢰를 구축할 수 있다.

www.theSocialMediaBible.com을 방문하면 구글의 기술 주창자인 케빈 마크Kevin Marks가 오픈 소셜에 대해 이야기한 내용과 크리스 호이어와 로버트 스코블이 네트워킹에 대해 이야기한 내용을 들을 수 있다.

www.theSocialMediaBible.com

다운로드 : 〈소셜미디어 바이블〉과 관련된 무료 다운로드를 받으려면 www.theSocialMeidaBile.com을 방문하고 책 뒷면 바코드 위에 있는 ISBN을 입력하면 된다. ISBN 978-1-118-26974-9

www.theSocialMeidaBile.com

THE SOCIAL MEDIA BIBLE

It's Not Your Father's E-Mail

이전 세대와 다른 이메일

CHAPTER
003

www.LonSafko.com/TSMB3_Videos/03Email.mov

제공 이익

여러분은 이메일에 대해 잘 알고 있다고 생각하는가? 대부분은 지금까지 15년 정도 이메일을 사용해 왔기 때문에 잘 안다고 생각할지도 모르겠다. 그런데 이메일이 등장하기 전에도 기업은 다른 신뢰 네트워크에 속한 사람들에게 자사의 웹사이트를 보거나 제품을 구매하도록 홍보했다. 게시판에는 분명 스팸 '정크 메일'이나 '쓰레기'라고도 한다이 존재했다4장 '웹페이지의 세계', 5장 '인터넷 포럼' 참조. 하지만 스팸과 기타 광고 마케팅 메시지가 비로소 확고한 성과를 거두게 된 것은 이메일이 탄생한 덕분이었다. 요컨대 이메일보다 더 신뢰할 만한 투자 수익ROI을 제공해 주는 것은 없다. 거의 공짜로 또는 이메일 서비스의 도움으로 정말 싼 가격에 5,000명에서 5만 명의 잠재고객에게 연락할 수 있도록 하는 마케팅 매체가 이메일 외에 또 무엇이 있단 말인가?

이메일을 제대로 활용하면 잠재고객이 실제 고객이 되는 비율, 즉 전환비율을 경이적인 수치로 기록할 수 있다. 이는 전통적인 우편 광고, 신문, 잡지, 비용 때문에 제한적으로 사용하는 라디오와 TV 광고 효과를 기하급수적으로 뛰어넘는다. 인터넷은 자사의 광고가 산출하는 효과, 반응, 전환 및 회람을 산정함으로써 각 이메일 캠페인이 정확히 얼마나 많은 매출에 기여했는지 확인할 수 있도록 하는 매체 중 하나다.

이메일은 가장 오래된 형태의 디지털 소셜미디어로서 고객과 연락하여 거래하고 문제를 해결하고 새로운 고객을 모집하고 신뢰 네트워크를 구축할 수 있는 가장 효과적인 방법이다. 게다가 실질적으로 공짜다.

그것이야말로 인터넷의 놀라운 가치다. 요컨대 인터넷으로 모든 것을 측정할 수 있다. 회사는 어느 이미지가 가장 효과가 좋은지, 어떤 헤드라인이 더 효과가 있는지, 어떤 제안을 통해 판매를 늘릴 수 있는지 테스트하고 완벽을 기할 수 있다. 바로 이 때문에 주요 업체들이 자사의 광고 예산 대부분을 온라인 벤처로 옮기고 있다. 실리콘 밸리 인사이더Silicon Valley Insider에 따르면, 신문 광고 매출은 놀라우리만큼 급감하고 있다. 신문 광고의 매출은 2007년에는 420억 달러에 그쳤고, 2017년에는 100억 달러에 불과할 것으로 추산되고 있다. 오프라인 광고에서 거두던 320억 달러 상당의 매출이 영원히 사라지게 되는 셈이다.

처음으로 돌아가서

이메일의 역사는 1960년대 초로 거슬러 올라간다. SNDMSG[1])와 같은 단일 컴퓨터 전자 메일은 동일한 컴퓨터에 있는 기존 파일에 내용을 추가하는 형태였다. 그런 다음 해당 파일을 열면 다른 사람이 추가한 내용을 읽을 수 있었다.

오늘날 이메일과 비슷한 형태로 된 최초는 프로그래밍 엔지니어 레이 톰린슨Ray Tomlinson이 1971년 오후 7시 경에 테스트로 만들어 발송한 것이다. 그는 미 국무성에서 최초의 컴퓨터 네트워크이자 오늘날 인터넷의 전신인 아르파넷을 구축하려는 목적으로 볼트Bolt, 베라넥Beranek과 뉴만Newman에 의해 채용되었다. 톰린슨은 매사추세츠의 캠브리지에서 TENEX와 CPYNET라는 시간 공유 시스템을 위한 NCPNetwork Control Protocol 작업을 하고 있었으며, 두 대의 병렬 PDP-10 컴퓨터 간에 최초의 이메일을 보냈다. 그는 자신을 수신자로 했고 메시지에는 대부분 컴퓨터 키보드의 첫 번째 줄을 입력한 'QWERTYUIOP'와 같은 텍스트가 포함되어 있었던 것으로 기억한다.

1972년 말까지 톰린슨이 만든 2개의 이메일 소프트웨어 패키지SNDMSG와 READMAIL는 업계 표준이 되었다. 톰린슨은 또한 이메일 주소에 @를 최초로 사용했다. 왜 @ 기호를 선택했는지 물었을 때 '~엣at' 기호가 메일에 적합하다고 생각했기 때문이라고 대답했다. "'at' 기호는 원래 기본 가격을 표시하기 위한 것입니다예: 1.95달러에 10개 항목. 저는 사용자가 로컬이 아닌 다른 호스트에at 있었다는 것을 표시하려고 사용했습니다." 스팸에 관한 질문을 하자 그는 그것에 대해서는 전혀 예상하지 못했다고 답했다.

알아야 할 사항

앞서 언급한 대로 이메일이 인기를 얻고 널리 사용되는 가장 중요한 이유는 ROI와 효율성 때문이다. 물론 거의 공짜라는 사실도 그 이유가 된다. 포레스터Forrester DMA 가트너 그룹Gartner Group에 따르면 이메일 마케팅은 우편 광고 마케팅보다 훨씬 효과가 크다고 한다. 구체적으로 확인된 사항은 도표 3.1과 같다.

도표 3.2는 2,700명의 마케터가 마케팅 프로그램에 이메일을 사용하는 기본 목적을 설명한 업계 설문을 통해 얻은 추가 통계 자료다. 이 수치를 통해 알게 된

www.MarketingProfs.com

사실은 이메일 마케팅을 가장 많이 활용하는 목적은 영업뿐만 아니라 기존 고객과의 관계를 구축하기 위한 것도 있다는 점이다. 다음으로는 새로운 고객을 얻기 위해 사용한다는 것이다. 여기서 마케터는 주로 신뢰 네트워크를 구축하고 유지하기 위해 이메일을 사용한다.

도표 3.1 우편 광고와 이메일 마케팅 비교[a]

측정 기준	우편 광고	이메일
개발 시간	3~6주	2일
단위당 비용	1.25달러	0.10달러
응답률	0.1~2%[b]	5~15%[c]

a) 모든 사람이 우편 광고를 완전히 포기하는 것이 올바른 선택이라는 의미는 아니다. 예를 들어 RV를 판매할 경우 전형적인 구매 계층이 연령이 높고 반드시 이메일을 선호하는 것은 아니기 때문에 우편 광고물을 계속 보내는 편이 낫다(그러나 흥미로운 참고 사항이 있다. 미국 통계청에서는 향후 몇 년 동안 인구 노령화에 있어서 중요한 변화가 있을 것이라고 보고했다. 65세 이상 인구가 현재 9명 당 1명꼴인 것이 2050년까지는 5명 당 1명이 된다는 것이다. 어떤 소셜미디어 도구가 회사, 제품, 계층에 가장 적합한지 확인하려면 이 책의 파트 Ⅱ를 참조하면 된다).
b) 이것은 우편 광고물 1,000장을 받으면 그중에서 하나를 선택하고 나머지 999장을 휴지통에 버리는 것과 같다.
c) 내가 잘 알고 있는 일부 이메일 캠페인의 경우 개봉률이 34퍼센트에 이르렀다.

도표 3.2 이메일 마케팅 프로그램의 기본 목표

기존 고객과의 관계 구축	60%
새로운 고객 획득	41%
제품 및 서비스 판매	32%
정보 제공	31%
브랜드 형성	25%
웹사이트 방문 유도	21%
기존 고객에게 판촉 및 교차 판매	18%

출처: www.MarketingProfs.com 이메일 마케팅 벤치마크 설문 조사.

이메일 용어

이메일 마케팅 캠페인을 극대화하려면 다음과 같은 중요한 용어를 익혀야 한다.

- **발신자 행**From Line : 수신자가 가장 먼저 살펴보는 것은 이메일 발신자다. 받은 편지함Inbox에 표시되는 내용, 그리고 이메일을 열었을 때 표시되는 내용, 이렇게 두 가지 구성 요소가 있다 그림 3.1 참조.

- **제목 행**Subject line : 메시지를 열기 전에 보이는 제목은 이메일의 주제를 간단히 설명해 준다. 수신자는 제목 행을 보고 이메일을 열 것인지 결정한다그림 3.2 참조.

- **미리보기 창**Preview pane : 여러 이메일 프로그램에 있는 이 요소는 수신자가 메시지의 첫 번째 행을 볼 수 있도록 한다. 이 역시 수신자가 메시지를 열도록 하는 중요한 요소가 된다그림 3.3 참조.

- **개봉률**Open rate : 이메일 메시지를 열어보거나 이미지를 확인하거나 링크를 클릭한 수신자 수를 측정하는 통계다. 텍스트 전용 메시지에는 이미지가 없기 때문에그럴 가능성은 거의 없지만, 텍스트 기반 메시지를 보내고 고객에게 '수신'을 클릭하도록 요청하는 경우가 아니라면 이것은 HTML 이메일에만 해당된다. 이는 이메일 메시지 독자를 웹사이트 방문자로 바꾸고 결국은 제품을 구매하도록 하기 위해 취해야 하는 몇 가지 필수 단계 중 첫 번째 단계다.

- **클릭스루**Click-throughs : 수신자가 이메일 내에 있는 링크나 이미지를 클릭하여 추가 콘텐츠가 있는 하이퍼링크로 연결된 웹페이지를 열어본 것을 측정한다. 이메일에 있는 각각의 링크는 보통 별도로 추적할 수 있다.

- **회람율**Pass-alongs : 보낸 메시지를 친구나 동료에게 전달한 수신자 수다.

- **바운스**Bounces : 대상에게 도착되지 못하고 발송자에게 반송되어 돌아온 이메일은 바운스로 분류된다.

- **하드 바운스**Hard bounces : 더 이상 존재하지 않는또는 존재한 적이 없었던 도메인이나 이메일 주소로 보낸 이메일이다. 하드 바운스를 즉시 삭제하는 시스템이 있어야 한다.

- **소프트 바운스**Soft bounces : 하드 바운스와 반대로 이메일을 전달할 수 없는 잠정적인 상황이

Inbox	E-mail
The Wall Street Journal Online	WSJ@listserv.punchline.net [on behalf of Wall Street Journal]
Sony Electronics	sonyelectronics@sony.m0.net
E-nnouncements from T. ...	noReply@rps-updates.troweprice.com
Hewlett-Packard	[Hewlett-Packard] us-specials@your.HP.com

그림 3.1 발신자 행

From	Subject Line
JCPenney	Home Sale: Redecorate with Savings
Quill.com	Look inside for sale offers selected just for you
Staples Newsletter	Regina, here's your July newsletter
Lands' End	DESIGN YOUR OWN JEANS

그림 3.2 제목 행

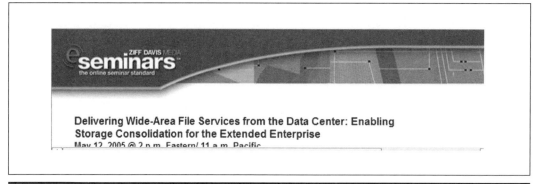

그림 3.3 미리보기 창

다. 메일함이 꽉 찬 경우와 서버가 다운된 경우에 이런 현상이 발생한다. 소프트 바운스의 이메일은 4회 재전송한 다음 이메일 목록에서 삭제해야 한다.

- **옵트아웃**Opt-outs **또는 구독 중단**unsubscribes: 사용자가 이메일 목록에서 제외해 달라고 요청할 경우에 발생한다. 다시 말해 이메일을 수신한 이후에 설정한 경우이거나, 수신 여부를 미리 설정한 경우다. 이메일 주소를 이메일 배포 목록에서 제거해 달라고 요청하는 수신자 수가 옵트아웃 수이다.

- **옵트인**Opt-ins: 사용자가 사전에 체크할 수도 있는 옵트인 상자를 체크하여 능동적으로 이메일이나 홍보 메시지를 수신하기로 선택한 경우다. 유의할 점은 보통 5퍼센트 미만이 옵트아웃하고 10퍼센트 미만이 옵트인한다는 것이다. 방명록은 예외인데, 보통 옵트인 비율이 57퍼센트이며 이메일에 대한 반응에 크게 차이가 생길 수 있다.

- **더블 옵트인**Double opt-in **또는 명시적 허용**: 사용자가 크게 용기를 낸 것으로 생각하면 된다. 처음 등록하고 나면 사용자에게 확인 이메일이 전송되며, 이때 사용자가 다시 답변을 해야응답을 누르거나 이메일 내에 포함된 URL을 클릭 이메일 목록에 추가된다.

SPAM으로 스팸을?

이메일 사용자가 편지함에서 스팸정크 이메일 메시지를 걸러내고 삭제하는 데 보내는 시간이 매년 대략 52시간, 그러니까 매주 1시간을 소요하는 것으로 추산되고 있다. 미국 내에서 일곱 번째로 큰 이메일 공급업체인 콕스 커뮤니케이션Cox Communication은 2007년에만 36억 개에 달하는 스팸 메시지가 전달된 것으로 추정했으며, 2011년에 2,000억 개를 넘어섰다. 이처럼 엄청난 통계치를 나타내는 스팸 메일 때문에 스팸 메일 방지 법안Can Spam Act이 제정되었다.

스팸 메일 방지 법안은 2004년 1월 1일 미국 내에서 시행되었다. 이 법은 상업용 이메일을 관장하는 모든 주 법률에 우선하고, 기업 대 기업과 기업 대 소비자 마케터 모두에게 적용된다주 법률은 아직 사기와 관련된 것에만 효력을 갖는다. 이 법률은 구체적으로 대부분의 상업용 이메일 메시지대부분의 마케팅 메시지가 해당에 적용된다. 반면에 거래를 종결하기 위한 메시지나 보증, 제품 업데이트, 업그레이드, 리콜 정보를 제공하는 메시지, 가입 조건 변경이나 서비스 혹은 계정 잔고 정보를 통지하는 메시지에는 적용되지 않는다.

스팸은 원래 1937년 미네소타 오스틴에 있는 호멜 미트 패킹 회사Hormel Meat Packing Company가 생산한 고기에서 유래된 용어다. 당시 사장인 호멜J. C. Hormel은 손이 들어갈 정도의 크기인 12온스 캔그림 3.4에 양념한 햄을 넣음으로써 작지만 놀라운 레시피를 개발했다. 그는 그 맛에 어울리는 특별한 제품 이름을 짓는 공모전을 열었는데, 양념한 햄SPiced hAM을 뜻하는 SPAM이 선정되었다. 생산된 첫 해

그림 3.4 SPAM

에 스팸은 시장 점유율 18퍼센트를 달성했고, 2002년까지 60억 개가 판매되었다. 현재에도 호멜 사에서 시간당 4만 4,000개의 캔이 생산되고, 미국 내에서 3.1초에 하나 꼴로 소비되고 있다.

그런데 어떻게 해서 이 스팸이 온라인을 어지럽히는 용어로 변하게 되었을까? 인터넷에서는 스팸과 더불어 누군가 가치가 없거나 내용이 없는 메시지를 보냈다는 뜻의 UCE요청하지 않은 상업용 이메일를 보내는 행위를 가리키는 '스패밍' 이란 용어가 익숙할 것이다.

자사 제품이 가치가 없거나 내용이 없는 것과 연관되는 일에 대해 회사는 어떻게 생각할까? 스팸에 대한 호멜의 공식 입장은 다음과 같다. "우리는 '스팸' 이란 단어를 상표로 사용하고 우리 제품 이미지를 그 용어와 관련하여 사용하는 것은 반대하지만 UCE를 설명하는 속어로 사용하는 데는 반대하지 않습니다. 단, 모두 대문자로 된 우리 상표 SPAM과 구분할 수 있도록 모두 소문자로 사용해야 합니다."

스팸 메일 방지 법안의 핵심은 이메일 발신자의 정직성을 명시하는 것이다. 허위 머리글 정보를 사용하는 것을 금지하고, '발신자' 행에 실제 정보를 넣도록 요구하고, 속이거나 오해하도록 하는 제목을 쓰지 못하게 한다. 모든 메시지에 수신자가 웹사이트에 대한 링크나 이메일 주소에 유효한 답장을 보내서 구독을 중단할 수 있는 기능을 제공하도록 규정하고 있다. 또한 옵트아웃 링크가 분명하게 눈에 잘 띄도록 하고 메시지를 보낸 이후 30일 간 동작해야 한다. 옵트아웃이 영업일 기준 10일 내에 처리되도록 각각의 이메일에는 유효한 실제 우편 주소를 포함해야 한다스

팸 메일 방지 법안 원안은 우편 주소만으로는 충분하지 않다고 했지만, 2007년 개정된 법안에서는 이를 합법화함. 회사가 수신자의 명시적인 허가를 받지 않은 경우라면확약 동의 ADV[2] 경고 라벨이 제목 행에 포함되어야 한다. 해당 메일 서버에는 오픈 릴레이가 없어야 하고, 다른 사람이 허가 없이 해당 서버를 통해 이메일을 보내지 못하게 해야 한다.

유의해야 할 중요한 기술 사항은 이 법률에서 발신자를 이메일 콘텐츠를 제공하는 측으로 정의하고 목록 대여자나 목록 소유주로 보지 않는다는 것이다. 그러므로 옵트아웃은 발신자에게만 해당하는 것이므로 목록 소유자에게서 구독 중단 목록을 얻어야 하고, 해당 이름을 내부 억제 파일에 추가해야 한다. 또한 옵트아웃을 처리할 수 있는 시간은 영업일 기준 10일이라는 사실을 기억해야 한다.

이 법률은 또한 사전 공격dictionary attack, 이메일 수집 또는 무작위 생성 이메일 주소로 목록을 구성하는 행위를 금한다고 명시한다. 사전 공격은 스팸 행위자가 서버에 연결하여 'A' 메일함에 메일 전달을 요청할 때 발생한다. 서버가 요구를 이행하면 해당 주소가 스팸 행위자의 목록으로 간다. 그러면 'AA' 또는 'B'나 자동화된 사전에 있는 다른 문자 조합으로 계속 진행된다. 무작위로 생성된 이메일도 동일한 방식으로 동작한다. 이메일 수집은 누군가 수동으로든 자동으로든 웹사이트를 검색해서 수신자의 허가 없이 이메일을 수집하는 것이다. 이런 기술 모두 불법적이며 블랙리스트에 올라갈 수 있다.[3]

연방 거래 위원회와 주 법무장관 사무실에서 민사 소송 위반을 적용하여 메시지 당 250달러에서 최대 200만 달러에 이르는 벌금과 함께 징역형을 선고할 수 있다. 또한 인터넷 서비스 공급업체ISP에서 손해 배상 민사 소송으로 법을 집행하거나 메시지 당 250달러에서 100만 달러의 벌금을 부과할 수 있다. 사기의 경우에는 상한선이 없다.

스팸 필터 또는 내용 필터

스팸 필터 또는 내용 필터는 지속적으로 감시하면서 스팸을 식별하고 발견할 경우 스팸 차단기를 트리거하기 위해 사용하는 온라인 도구다.

이런 스팸 필터가 자주 트리거하는 몇 가지 문구는 다음과 같다. '무료____' '$$$' '!!!' '현금

보너스' '전부 대문자ALL CAPS' '투자 필요 없음' '만족 보장' '수상자로 선정되었습니다' '구입할 필요 없음' '사회보장번호' '부대조건 없음' 등이다. 실질적으로 아무런 가치도 제공하지 않으면서 제목 행에 이런 문구를 넣은 이메일을 얼마나 받아보았는가? 미국의 법률이 그렇게 확실하다면 아직도 이처럼 많은 스팸을 받는 것이 이상하게 생각될 수도 있을 것이다. 그 이유는 2004년 1월 1일 스팸 메일 방지 법안이 시행되기는 했지만 이미 2003년 12월에 대부분의 스팸 행위자가 해외로 옮겨가서 이제 대부분이 아시아 국가에서 활동하고 있기 때문이다.

그러나 www.programmersheaven.com/webtools /Spam-Checker/spamchecker.aspx와 같이 이메일을 보내기 전에 이메일 제목 행에 대한 스팸 검사를 할 수 있는 다양한 웹사이트 자원이 있다.

www.programmersheaven.com/webtools/
Spam-Checker/spamchecker.aspx

그림 3.5 스팸 제출

콘텐츠가 진정한 왕이다

웹페이지, 브로슈어, 우편 광고자에 있어 콘텐츠는 왕이고 이메일의 가장 기초가 된다. 그러므로 당연히 콘텐츠에 가장 많은 주의를 기울여야 한다. 모든 마케팅에 있어 가장 중요한 원칙은 'WIIFM: 나에게 무슨 이익이 있는가?What's In It for Me' 다. 모든 마케팅 메시지, 이메일, 고객과의 커뮤니케이션에서 제공 이익WIIFM을 분명하고 신속하게 전달하지 못한다면 모든 노력은 헛일이 된다.

고객이 여러분 회사의 커뮤니케이션을 어떻게 인식할 것인지 생각해야 한다. 고객이 이메일을 살펴보고, 웹사이트를 방문하거나 우편 광고물을 개봉해 주기를 바라는 순간마다 거래가 존재한다. 그것은 고객에게 서비스나 제품을 제공하는 대가로 일정 금액또는 관심을 달라고 요청한다는 점에서 판매 과정과 아주 비슷하다. 고객은 제안 사항을 평가하고 제품과 서비스를 거래의 총비용과 비교하는데, 여기에는 고객이 웹사이트를 방문하고, 운전해서 매장을 방문하고, 무엇인가를 우편으로 발송하고, 제안 사항을 읽고 이해하고, 등록 양식을 기입하고, 구입할 항목에 대해 실제로 지불하기 전에 신용카드 정보를 기입하는 행위가 포함된다.

잠재고객은 무의식적으로 이런 불편함을 감수하는 데 따르는 모든 비용을 계산하고 제품의 가격과 합산해서 전체 비용을 생각한 후에 제품이나 서비스가 그만한 가치가 있는지 판단한다. 잠재고객이 실제로 구매 결정을 하기 전에 불편을 감수하는 비용을 투자하도록 유인하려면 그들이 얻게 될 제공 이익에 대하여 확신을 주어야 한다. 그렇지 않으면 그들을 놓치고 판매 기회를 잃게 된다.

고객을 유인하는 것은 일시적인 이벤트가 아니다. 고객에게 제품이나 서비스가 불편함을 감수하고 지불한 전 비용만큼의 가치가 있다는 확신을 주는 과정에서 상당히 많은 기회가 생긴다. 그러나 많은 회사들은 이런 사실을 망각한 채 고객을 끌어들이는 일을 일회적 거래라고 생각하기 때문에 전환비율이 형편없는 것이다. 이런 마음 자세로는 고객이 이메일을 열어보게 만들 수 없다. 클릭스루, 회람 또는 홈페이지를 넘어오는 방문이 뒤따르지 않고, 그 결과 장바구니는 버려진 상태가 될 것이다. 그와 달리 지속적으로 고객의 마음을 얻으려고 노력해야 한다는 점을 이해한다면, 이메일로 수행하는 일뿐만 아니라 마케팅 전체가 획기적으로 향상될 것이다.

기술 및 전술

1.54초 법칙/5.0초 법칙

제공 이익을 더 분명히 이해하려면 이런 가치 제안을 사람들이 어떻게 생각하고, 읽고, 평가하는지 집중적으로 살펴보아야 한다. 몇 가지 이유로 오늘 신문 광고를 제대로 읽으려 한다고 가정해 보자. 광고가 많은 페이지를 훑어보다가 눈에 들어오는 것을 하나 발견한다. 그러면 페이지를 넘기지 않고 그 광고의 제목을 살펴보기로 한다. 제공 이익이 가치가 있어서 잠시 더 읽어보기로 결정하기까지 얼마나 오랜 시간을 사용하려고 할까? 연구 결과 사람들이 그런 결정을 하기까지 투자하거나 소비하는 시간은 1.54초인 것으로 밝혀졌다.

그 제목이 1.54초 이내에 독자에게 중요한 제공 이익이 있다는 확신을 주고 그 가치를 전달하지 못한다면, 독자는 다른 광고나 다른 페이지로 넘어간다. 그 점을 생각해야 한다. 여러분도 그럴 것이다. 광고나 잡지를 읽을 경우 다른 것을 보거나 페이지를 넘기는 데 1, 2초 이상의 시간이 걸리는가? 또한 라디오에서 광고를 듣거나 TV를 볼 때는 어떤가? 1.54초가 맞는 것 같은가? 구글 검색 결과 목록을 살펴볼 때에는 어떤가? 여전히 1.54초가 정확한가? 이것은 TV, 라디오, 잡지, 신문, 검색 결과 웹페이지, 이메일 메시지 등 그 무엇이든지 간에 시작 문장이 중요하다는 점을 강조한다.

이 시작 문장을 뉴스에서는 헤드라인, 웹사이트에서는 헤더, 이메일에서는 제목 행이라고 한다. 제목 행은 고객이 다음 단계로 넘어가기 전 1.54초 이내에 확신을 주어야 한다. 이것이 제목 행이 그토록 중요한 이유이고, 또한 다음 섹션에서 논의할 세분화가 중요한 이유다.

이 거래 또는 제공 이익의 가치 제안에서 성공을 거두어야 독자로 하여금 신문 광고를 읽게 만들 수 있다. 헤드라인에 눈길이 가서 무의식적으로 이 거래의 다음 내용을 읽고 싶은 마음이 든다면, 독자가 다음 내용에 투자하는 시간은 얼마일까? 그 답은 5초다. 1.54초에 비하면 긴 시간인 것 같지만 두 번째 제공 이익을 전달하는 데 그리 넉넉한 시간은 아니다. 사실 한 문장을 읽기에 적당한 시간일 뿐이다.

이메일 마케팅에서 거래의 2단계는 메시지의 시작 행이다. 내용을 읽는 첫 순간에 강력한 제공 이익 메시지를 전달해서 고객을 계속 붙잡아둬야 하는데, 이에 주어진 시간은 단 5초다. 제공 이익 거래의 처음 1, 2단계에서 성공을 거두면 고객으로 하여금 계속 메시지를 읽게 함으로써 가치 제안을 완전히 이해하고 제품을 구매하게 만들 수 있다.

이제 3단계는 전환이다. 고객에게 제공하는 이익이 있다는 확신을 주면, 그들은 이메일 메시지의 행동 요청을 따를 것이다. 이메일 대부분의 기본 목적은 메시지를 클릭스루로 바꿔 고객으로 하여금 웹페이지를 방문하도록 만드는 것이다. 회람, 등록, 전화 걸기, 고객에게 정보를 전달하는 것이 전환이라고 정의할 수도 있다. 또한 전환이란 항상 제공 이익을 제공하는 이메일 메시지를 통해 신뢰 네트워크를 유지하고 구축하는 것일 수도 있다. 또는 메시지 전환이 단순한 정보 전달일 수도 있는데, 이 경우에도 해당 정보의 가치는 고객이 그 정보를 얻는 데 소비하는 시간과 맞아떨어져야 한다.

전환 극대화를 위한 세분화

이제는 1.54초와 5초 규칙의 중요성을 이해했을 것이다. 다시 말해 고객을 유인하고 가치 제안을 보여줄 수 있는 시간은 결코 많지 않다. 이 중요한 단계에 도움이 되도록 전문가들은 세분화 segmenting라는 작업을 수행한다.

세분화는 전체 이메일 목록을 부분으로 나누고, 각 이메일 구성 요소의 성공 가능성을 고객을 통해 테스트하는 것이다. 한 가지 방법은 전체 목록을 같은 크기의 부분으로 나누는 것이며, 메시지를 테스트하기 위해 목록에서 무작위로 샘플을 추출할 수도 있다.

전체 그룹을 같은 크기의 부분으로 나누면 성격이 동일한 무작위 샘플링으로 전체 그룹을 테스트할 수 있다. 다음과 같은 시나리오를 생각해 보자. 전체 메일 발송 목록에 5,000명의 고객이 있고, 이를 1,000명이 포함된 이메일 부분 5개로 나눈다고 가정해 보자. 각 부분에 다섯 개의 다른 제목 행을 고안해 낸다. 여기서 시간과 노력을 들여 제목 행을 만드는데, 세심한 주의를 기울여서 명사, 동사, 형용사를 사용한다. 그래서 '고안'이라는 말이 중요한 것이다. 시간을 들여야 한다. 정성을 들여 이런 제목 행을 5개 작성한다.

이제 5개 부분을 모두 발송한다. 중요한 것은 전체 이메일을 나눌 때 각 부분들을 변경하지 않고 동일하게 만드는 것이 중요하다. 메시지는 구성 요소를 동일하게 함으로써 다섯 개의 다른 제목 행의 효과만을 테스트하는 것이다. 고객이 이메일에 어떻게 반응했는지에 따라 이메일을 보내고 1주 또는 그 이상의 시간을 둔 다음 측정 기준을 살펴본다. 전환비율이 현저히 높은 제목 행이 있다면 그 이유를 살펴보고 다시 실행해 본다. 그와 달리 전환비율이 저조한 제목 행은 중단한다. 간단하지 않은가?

다음 이메일에서는 제목 행을 동일하게 하고 시작 문장을 테스트해 본다. 그리고 적당한 시간을 기다린 다음 통계치를 살펴본다. 그런 다음 행동 요청과 이미지 사용을 세분화해서 테스트한다. 이때 여자 대신 남자가 등장하는는또는 여자가 등장하는 스톡 포토Stock-Photo, 광고, 출판물에 사용되는 이미지와 라이선스를 확보, 정당한 저작권료를 받고 대여, 판매하는 배경 이미지 서비스-옮긴이를 통해 이메일 전환비율이 20퍼센트 증가한다는 사실이 놀라울 수도 있을 것이다.

약 6개월 동안 위 단계를 따른다면 이메일 메시지 제공 이익, 제목 행, 시작 문장, 행동 요청, 이미지, 레이아웃, 색상표, HTML과 텍스트 효과 비교까지 테스트하고 완벽하게 다듬을 수 있다. 예컨대 이메일 캠페인에서 30퍼센트 전환비율을 기록할 수 있을 것인지 확인할 수 있다. 전통적인 우편 광고의 0.1퍼센트 전환비율과 비교할 때 이는 놀라운 결과다. 게다가 이 모든 것을 신뢰 네트워크를 구축하고 강화하면서 수행할 수 있다.

방송 시간 구분으로 가독성 확보

이메일 마케팅의 또 다른 중요 구성 요소는 방송 시간 구분day parting을 실천하는 것이다. 이것이 무슨 의미인지 모른다고 해서 염려할 필요는 없다. 모르는 사람들이 더 많기 때문이다.

다음 예는 누구에게나 익숙한 방송 시간 구분이다. 모든 주요 네트워크에서 특정한 프로그램을 보여주는 일정 시간대가 있는데, 그것은 월요일에서 금요일까지 오후 1시에서 3시 사이다. 무엇일까?

'연속극soap opera' 이라고 답을 했다면 정답이다. 어째서 그것을 soap opera라고 부를까? 비누를 자주 보게 되는 것도 아니고쓸데없이 섹시 스타가 샤워하면서 비누를 사용하지 않는다면 오페라를 부르는 사람도 없다. 그보다는 낮 시간대 드라마라고 하는 것이 맞다. 무슨 연유로 그런 이름을 붙였을까?

그렇다, 빨래 비누 때문이다. 연속극의 시청자는 거의 50년 동안 가정주부였다요즘은 남자일 수도 있다. 그렇다면 오후 1시에서 3시가 왜 중요한가? 어린 자녀들이 낮잠을 자기 때문에 잠시 눈을 떼고서 몇 가지 일을 다 마친 시간이기 때문이다. 아이를 양육해 본 적이 있다면 세탁이 너무도 일상적인 일임을 금방 알아차리게 될 것이다.

또 다른 방송 시간 구분도 있는데 예를 들면 뉴스 시간대, 황금 시간대, 심야 시간대 등을 생각해 볼 수 있다. 라디오에도 청취자들 대부분이 출퇴근하는 시간을 일컫는 운전 시간대가 있다. 다시 말해 월요일에서 금요일까지 오전 6시에서 10시, 그리고 오후 3시에서 7시로, 라디오 청취율이 가장 높은 시간대다. 이 시간대에는 광고비도 비싸다.

모든 미디어는 최대의 마케팅 효과를 얻기 위해 방송 시간 구분을 사용한다. 신문도 그렇다. 수요일은 어떤 특징이 있을까? 쿠폰과 요리와 관련되어 있다더 많은 쿠폰 제품을 판매하기 위해. 무슨 말인가 하면, 독자들이 수요일 저녁과 목요일 동안 금요일에 쇼핑할지 여부를 결정한다금요일에 주급을 받는 사람들은 당일에 쇼핑을 한다. 목요일은? 유흥이다. 금요일은 계획을 세우기에는 너무 늦고 수요일은 너무 이르기 때문에 그렇다. 토요일에는? 부동산과 집수리다. 일요일은? 계속되는 광고다! 독자들이 광고를 읽고 쇼핑하는 데 대부분의 시간을 사용한다.

월 단위의 방송 시간 구분은 어떤가? 고객은 언제 자금 여력이 있는가? 월초일까 아니면 월말일까? 일 년에 방송 시간 구분을 적용하는 것을 흔히 계절성seasonality이라고 한다. 모든 회사에는 계절성이 있다. 예를 들어 건설회사는 한가한 시간이 언제일까? 스키 리조트의 성수기와 같은 겨울이다.

고객의 심리, 일간 시간 구분과 계절성을 이해하면 전환비율을 획기적으로 높일 수 있다. 언제 이메일을 보내는지 살펴보자. 밤에 보내는가? 주말에 보내는가? 이메일이 도착할 때 고객은 무엇을 하고 있는가? 인터넷이메일 트래픽이 최고조에 달하는 때는 언제인가? 월요일에서 금요일까지 오전 8시에서 오후 5시 사이, 그리고 오후 8시 30분에서 자정까지, 토요일과 일요일 하루 종일이다. 놀라울 것도 없지 않는가?

이메일을 밤에 보내면 고객은 아침에 확인할 가능성이 높다. 이것이 과연 효과적일까? 그 시간은 전날 밤에 온 스팸으로 메일함이 가득 차 있을 것이다. 게다가 출근한 직후 회의를 준비하느라 분주한 시간이 아닌가? 이 시간에 여러분이 보낸 이메일을 삭제할지 여부를 결정하는 데 고객이 얼마나 신경을 쓸 것이라고 생각하는가? 차라리 오전 11시에 이메일을 보내는 편이 낫지 않을까? 이른 아침 고객에게는 회의에 참석하고, 스팸을 비롯해 원하지 않는 모든 이메일을 삭제할 시간이 필요하지 않을까?

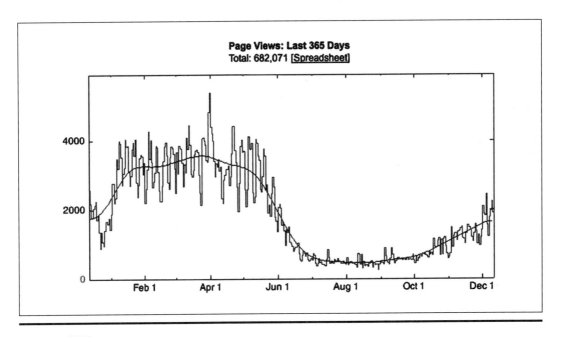

그림 3.6 계절성

주말에 보내는 것은 어떨까? 고객이 가치 제안을 읽을 것인지 삭제할 것인지를 결정하는 데 1.54초 이내의 시간을 사용하기에 가장 좋은 시간은 과연 언제일까? 월요일 아침일까?

특정 고객에게는 맞지 않을 수 있지만 통계적으로 볼 때 이메일을 보내기에 가장 적합한 시간은 화요일에서 목요일, 오전 11시에서 오후 3시 사이다. 직접 테스트해 보면 된다. 이미 세분화에 대해서 알고 있으니, 이메일 메시지를 다른 시간대와 주중 다른 날에 나누어서 보내보는 것이다. 따라서 어느 시간대의 결과가 가장 좋은지 확인하여 계속 그렇게 하면 된다!

컨퍼런스 참석자에게서 이런 질문을 받은 적이 있었다. "카누를 판매할 경우에는 어떤가요? 이메일을 보내기에 가장 좋은 시기는 언제일까요?" 이에 대해 "3월 21일, 목요일 오후 9시입니다"라고 대답했다. 왜 그런지 궁금하지 않은가?

카누를 판매할 경우 사람들이 집에서 사용하는 이메일 주소를 알아야 할 것이다. 직장에서 개인적인 용무로 인터넷을 사용하는 것에 대해 좋아하는 회사는 별로 없을 테니까 말이다. 여가용품을 구입하는 고객은 주중에는 오후 8시 30분 정도에 컴퓨터 앞에 앉게 된다. 30분 정도는 정크 이메일을 정리하고 받은 편지함을 비우는 데 사용한다. 그렇다면 카누 이메일을 보내기에 적합한 시간은 오후 9시다. 그때라면 메시지를 자세히 살펴볼 시간이 충분하기 때문에 이메일을 곧장 삭제하지는 않을 것이다.

카누를 찾는 고객은 젊고 건강할 테니 금요일 밤에는 컴퓨터 앞에 있기보다는 외출을 할 것이다. 따라서 주중에는 목요일에 메일을 보내는 것이 가장 좋다. 가능한 한 주말 무렵에 이메일을 보내야 하는데, 이는 고객이 그 메시지를 기억했다가 토요일 아침에 카누를 구입할 것이기 때문이다.

캠핑이나 기타 야외 활동과 관련된 제품을 광고하는 이메일은 계절성을 고려할 때 3월 말에 보내야 한다. 사람들이 봄철과 여름철 활동에 대해 생각하고 있는 시기이기 때문이다. 만약 가을에 이메일을 보낸다면 그들은 "이보세요, 어떻게 겨울 내내 이 모든 물건을 보관해두라는 말인가요?"라고 대꾸할 것이다.

이제 어떻게 하면 몇 가지 원칙과 상식을 활용하여 이메일 마케팅을 흥미롭게 수행하고 만족스러운 결과를 얻을 수 있는지 알았을 것이다. 게다가 이메일 마케팅은 거의 공짜로 실행할 수 있다.

소셜미디어 ROI

브랜드 온라인 커뮤니티를 통해 브랜드 활동을 구축하기 위해
파워드Powered와 손을 잡은 앳킨스Atkins

배경

앳킨스는 2008년 초까지 앳킨스 단골 고객들 사이에 상호작용이 이루어질 수 있도록 간단한 포럼 솔루션을 제공했지만 업무 효과는 미미했다. 그리고 커뮤니티와 연계된 브랜드를 가지지 못한 사용자는 답을 얻지 못한 질문을 가진 채 웹에서 교감할 수 있는 다른 장소를 찾게 되었다.

전략

사용자들이 온라인에서 앳킨스와 직접 소통할 수 없었기 때문에 앳킨스는 파워드와 함께 팀을 구성하여 앳킨스 영양nutrition 부서의 부사장이 만든 블로그를 포함하여 전문적인 콘텐츠를 갖춘 무료 오픈 커뮤니티그 당시 다른 경쟁 회사에서는 온라인 커뮤니티 접속에 대한 요금을 받았다를 제공한다는 야심찬 전략을 세웠다. 파워드는 이 전략의 일환으로 브랜드를 위한 전도사가 될 수 있을 정도의 앳킨스 고객을 양성할 수 있는 온라인 커뮤니티를 구축했다. 다음은 커뮤니티를 구축할 때 고려하는 첫 번째 전략이다.

- Atkins.com 데이터베이스에 대한 사전 동의opt-in 및 신규 고객 유치
- 앳킨스 제품에 대한 심의 약속
- 브랜드 로열티 및 유지를 이끌어냄
- Atkins.com 전자 게시판을 전체 커뮤니티 솔루션으로 대체

시행

앳킨스와 파워드는 앳킨스에 대해 배우고 싶고 영양 식단으로 시작하는 방법에 관심 있는 사람들임을 보여주는 잠재고객으로부터 앱킨스 뉴스레터에 대한 사전 동의를 받으며 일을 시작했다. 기존 포럼 이외에 개발된 온라인 커뮤니티 기능을 구축하였고 다음과 같은 사용자들이 참여할 수 있는 아울렛을 제공했다.

- 방문자가 다른 회원으로부터의 도움과 충고를 받을 수 있을 뿐만 아니라 도구와 재원도 제공받을 수 있는 커뮤니티
- 앳킨스 제품을 평가하거나 보고하고, 프로세스를 기록하며, 자격증을 소지한 영양학자와 교류할 수 있는 회원들을 위한 장소
- 강의, 노트북, 체크리스트, 그리고 동영상 등을 포함한 전문적이며 편리한 콘텐츠
- 새로운 회원에 연락하고 질문에 대답할 수 있는 "앳킨스 지지자Atkins advocates" 장려

기회

회원들은 커뮤니티를 통해 동료 회원들과 앳킨스 영양학자로부터 조언을 얻고 이야기를 공유할 수 있을 뿐만 아니라 체중 감소 및 체중 관리에 대한 회사에서 제공하는 방법에서도 배울 수 있었다. 커뮤니티 회원들은 이런 것을 통해 앳킨스가 체중 감소라는 목표를 달성할 수 있도록 헌신적으로 돕고 있다는 사실을 빠르게 인지했다. 결과적으로 파워드와 앳킨스는 지원받은 단골 고객이 지지자로 바뀔 수 있는 장소를 제공했을 뿐만 아니라 앳킨스 제품에 대해 실시간으로 심의하여 브랜드 로열티를 유지하고 신규 고객도 유치할 수 있었다.

결과

이처럼 풍부한 커뮤니티의 영향으로 등록한 회원의 수는 기하급수로 늘었다. 그뿐만 아니라, 사용자의 브랜드에 대한 관심도 높아졌다. 다음은 2008년 출시로부터 나온 초기 통계 자료다.

- 지금까지 등록된 회원 수가 50만 명이 넘었다.
- 전자 게시판에 비해 커뮤니티 등록이 78퍼센트 증가.
- 전자 게시판 및 포럼의 전체 게시물이 70퍼센트 증가.

현재 앳킨스는 사용자들과 커뮤니티를 직접 연결시킬 수 있는 접점으로 페이스북www.facebook.com/atkinsdiet과 트위터http://Twitter.com/atkinsinsider를 사용하고 있다.

www.facebook.com/atkinsdiet

http://Twitter.com/atkinsinsider

대중적인 소셜미디어 아울렛을 통해 사용자와 소통하는 것도 중요하지만 고객을 흥미의 다음 단계로 끌어들이는 부가적인 접점과 관문으로 이런 아울렛을 사용할 수 있어야 한다. 고객과의 관계 구축을 위한 브랜드 홈 커뮤니티는 브랜드 확대를 위한 목소리가 될 수 있다. 이런 접근 방법은 인상적인 성장 결과를 만들어 냈을 뿐만 아니라 앳킨스와 커뮤니티 회원들 사이의 관계도 계속 강화시키고 있다.

http://community.atkins.com

- 커뮤니티 출시 이후, 첫 해 동안 가입 비율은 전년도 동일한 기간에 비해 400퍼센트 이상 증가되었다.
- 커뮤니티 가입은 97퍼센트 증가했다.

– 아론 스트라우트Aaron Strout, 파워드의 CMO

http://community.atkins.com

전문가 의견

에릭 그로브Eric Groves, 컨스턴트 컨택 전 세계 전략 및 시장 개발 담당 수석 부사장, www.ConstantContact.com

www.ConstantContact.com

에릭 그로브

우리는 다양한 고객들로부터 메일을 받는 사람이라면 회사에서 보낸 이메일만을 위해 별도의 보관 폴더를 만들 만큼 가치 있는 콘텐츠를 제공하라는 도전을 줍니다. 고객이 따로 보관할 정도로 가치 있는 콘텐츠를 제공한다면 이메일 마케팅 활용 방식을 진정으로 혁신했다는 증거가 됩니다. 이제는 "시작과 동시에 결과를 얻는 비즈니스를 하려 한다"는 말만 해서는 안 됩니다. "어떻게 하면 고객이 다시 돌아올 수 있는 소식지를 보낼 수 있을까?"라고 질문해야 합니다.

대부분의 사람들이 너무 많은 이메일을 받고 있기 때문에 불필요하게 널린 다른 메일과 차별화되도록 수준을 높여야 합니다. 정말로 좋은 콘텐츠를 작성하고 지식을 잘 보여주면 됩니다. 소규모 비즈니스 소유자는 자신이 전문가이기 때문에 사업에 뛰어들고 있습니다. 그래서 그들의 전문 지식을 고객과 공유함으로써 실제로 강력하게 자신의 비즈니스를 마케팅할 수 있습니다.

가령 여러분이 "고객이 자주 묻는 질문 세 가지는 무엇인가요?"라고 비즈니스 경영자에게 물었을 때, 그들이 그 내용을 적었다면 "좋습니다, 그것은 바로 콘텐츠입니다!" "네, 좋습니다. 저도 할 수 있습니다"라고 말합니다.

그리고 재미있는 일은 누군가가 흥미로운 질문을 하고, 답을 적은 후 그 내용을 뉴스레터에 사용하고 그들의 공으로 돌리면서 이렇게 말합니다. "이봐요 조이, 새로운 고객이 이런 질문을 던져서 답을 여기에 적었습니다. 또 질문할 내용이 있으면 이 이메일 주소로 제출해 주세요."

이제 한순간에 캠페인 내용을 읽을 뿐만 아니라 콘텐츠 아이디어를 제공하는 데에도 관심을 가진 독자를 얻게 됩니다. 따라서 정말로 사람을 끌어들이고 재미있는 콘텐츠를 찾아낼 수 있는 다양한 방법이 있습니다...

사람들이 소규모 비즈니스 소유자에게 향하는 이유는 그들과 관계가 있고, 무엇보다 신뢰하기 때문입니다. 어느 관계에서나 신뢰는 가치 있는 정보를 공유함으로서 시간을 두고 형성되는 것이며 그것이 바로 여러분이 수행하고 있는 일의 전부입니다. 즉 음식점을 경영하는 경우라면 간단하게 몇 가지 레시피를 공유하는 것일 수 있습니다...

스팸에 대하여

스팸 메일 방지 법안이 시행되어 법률 집행자들은 사기 이메일 발송자들을 마음 편히 추적할 수 있게 되었습니다. 그리고 합법적으로 이메일을 발송하는 사람들이 알고 있어야 할 여러 가지 사항들이 생겨났습니다.

그런 사항에는 발신 주소를 허위로 기재하거나 유령 이메일 주소를 사용하여 보낼 수 없다는 것입니다. 그것이 바로 컨스턴트 컨택을 사용할 때 메일을 보내는 발신 이메일 주소를 확인해서 그 규정에 부합하는지 확인해야 하는 이유 중 하나입니다.

여러분이 우선 실행해야 할 사항이 있습니다. 메시지 본문에 실제 주소를 넣어야 합니다. 그것이 바로 우리가 기본으로 여러분 대신 입력해 주는 사항입니다. 수신자에게 제공해야 하는 기타 사항 중 하나는 구독 중단 기능입니다. 우리에게는 누구나 한 번 클릭으로 목록에서 제거할 수 있는 '안전 구동 중지'라는 도구가 있습니다. 이제 10일 이내에 목록에서 이런 이름을 제거해야 하지만 컨스턴트 컨택을 사용하면 그런 염려가 사라집니다. 저희가 알아서 처리해 드립니다. 스팸 메일 방지 법안에는 다른 여러 규정이 있지만 이런 것들이 중요 사항입니다.

허가 부여에 대하여

무엇보다 허가에 대해서 여러 가지를 알고 있어야 합니다. 허가는 소멸하기 쉽습니다. 메일링 목록에 가입하겠다고 했다가 6개월 동안 아무 소식을 듣지 못하면 메일을 보내줄 목록에 가입하여 허가하는 것을 잊어버리게 됩니다. 그러므로 이메일 마케팅을 수행할 의향이 있다면 최소한 분기별로 연락할 고객 목록을 만드는 것이 중요합니다.

www.theSocialMediaBible.com

www.theSocialMediaBible.com을 방문하면 에릭 그로브와 나눈 경영진 대화 전체를 들을 수 있다.

해야 할 일 리스트

1. 스팸을 보내지 마라.

전혀 그럴 필요가 없다. 정직해야 하고 스팸 메일 방지 법안을 이해하면 된다! 이메일 목록을 사용해서 신뢰 네트워크와 신뢰 커뮤니티를 형성했다면 고객이 여러분을 신뢰해야 하는 이유를 충분히 갖추고 있는 것이다. 고객에게 그 사실을 전달하라. 또한 다음과 같이 자문해 보자. "나는 고객에게 꼭 전달하고 싶은 유익한 제안이 있다는 사실을 네트워크에 속한 사람들에게 알려주고 있는가?" 그렇다고 답을 할 수 있을 때 메일을 보내야 한다.

2. 의미 있는 제공 이익을 제공하라.

종이, 전자, 이메일, 웹사이트 텍스트, 브로슈어, 표지 등 어떤 형태로든지 간에 강력한 제공 이익을 전달해서 고객이 가치 제안으로 읽게 되는 비율이 높아야 한다는 점을 항상 기억해야 한다.

3. 1.54초와 5초 원칙을 기억하라.

고객의 마음을 사로잡고 확신을 줄 수 있는 제목 행을 통해 그들이 시간과 노력을 들여 여러분의 가치 제안을 읽고 이해하게 만들 수 있는 시간은 1.54초밖에 되지 않는다. 첫 번째 문장에서 잠재고객으로 하여금 다음 내용을 계속 읽고 싶은 마음이 들도록 확신을 주었다고 해도, 삭제 버튼을 누르지 않고 나머지 내용을 계속 읽게 할 수 있는 시간이 5초에 불과하다는 점도 명심해야 한다. 이처럼 제한된 시간에 효과를 거두려면 메시지는 분명하고 간결하며 이해하기 쉬운 것이어야 한다.

4. 전환을 극대화하기 위해 세분화하라.

이는 테스트에 관한 것이다. 제공 이익, 1.54초와 5초에 전달할 내용, 이미지, 레이아웃을 테스트하여 고객에게 효과가 있는 것과 없는 것을 파악해야 한다. 신뢰 네트워크에서 고객이 어떻게 생각하는지 이해하고, 동기를 부여할 수 있는 것이 무엇인지 알아내는 것이다. 세분화는 짧은 시간에 시행착오를 거쳐 정답을 찾아내는 과정이다. 불과 몇 년 전까지만 해도 마케터들이 그 정답을 찾아내는 데 수년의 시간과 수백만 달러의 비용이 소비되었다.

5. 방송 시간 구분을 통해 독자로 하여금 메시지를 읽게 만들어라.

고객의 생각과 더불어 하루, 일주일, 한 달, 일 년이란 시간에 고객이 하는 일을 이해하면 효과적인 이메일을 보낼 수 있다. 고객의 월간 및 연간 주기를 이해하면 이메일과 검색 엔진 마케팅 예산을 잘 할당할 수 있다. 방송 시간 구분은 메시지를 고객이 보기에 가장 적합한 시간에 전달하기 위한 것이다.

결론

그렇다면 이메일 마케팅과 소셜미디어는 무슨 관련이 있을까? 모든 면에서 관련이 있다. 이메일은 오리지널 소셜미디어였다. 페이스북, 트위트, 플리크, 유튜브 등의 사이트가 있기 이전에 사람들은 이메일 메시지를 통해 콘텐츠를 공유했다. 지금도 여전히 소셜미디어의 수단으로 이메일을 사용한다.

소셜미디어는 독자와 고객 간의 양방향 의사소통이다. 효과적으로 의사소통하지 않을 경우 또는 스팸 필터로 이메일이 중단된 경우 마케팅은 불가능하다. 소셜미디어는 네트워크에서 신뢰를 구축하고 고객의 의견을 경청하고 가치와 강력한 제공 이익을 요구한다. 그것은 이메일도 같다.

이메일을 통해 가장 효과적으로 커뮤니케이션하는 방법을 이해할수록 고객과의 관계가 견고해질 것이다. 고객에게 이메일을 보냈을 때 그들이 옵트아웃을 선택하지 않았다면 그것은 해당 네트워크에 계속 남아 있기로 결정했다는 의미다. 지식, 정보, 자료, 할인, 헤드라인, 사례, 백서, 엔터테인먼트라는 형태로 지속적으로 가치를 제공하면 고객은 계속 반응할 것이다. 그리고 다른 여느 관계와 마찬가지로, 대화가 늘어날수록 관계는 강화된다. 옛 격언을 기억하자. "고객이 해줄 수 있는 최고의 찬사는 추천이다." 여러분을 신뢰하고 제품이나 서비스를 구매하는 고객은 다른 사람에게도 그렇게 하라고 권유할 것이다.

전문가 의견을 듣고 싶으면 www.theSocialMeida-Bile.com을 방문하라.

다운로드 : 〈소셜미디어 바이블〉과 관련된 무료 다운로드를 받으려면 www.theSocialMeidaBile.com을

www.theSocialMeidaBile.com

www.theSocialMeidaBile.com

방문하고 책 뒷면 바코드 위에 있는 ISBN을 입력하면 된다. ISBN 978-1-118-26974-9

Notes

1) 메시지 보내기SNDMSG 명령은 레이 톰린슨이 만들고 1971년 TENEX에 처음 사용된 메일 프로그램의 명령이자 기능이었다. 다른 구성 요소로는 REAMAIL이 있었다. 한 사용자에서 다른 사용자로 전자 메일을 보내는 데 SNDMSG를 사용했다.

2) ADV는 수신자에게 이메일이 원하지 않은 광고advertisement라는 것을 알려주는 라벨이다.

3) 블랙리스트blacklist 또는 차단 목록blocklist은 인터넷 서비스 제공업체ISP가 스팸을 전송하는 것으로 의심되는 서버를 통해 전송된 이메일을 차단하고 방지하기 위해 만든 IP 주소 목록 또는 일련의 IP 주소다. 블랙리스트란 용어는 1619년에 최초로 사용되었고, 승인되지 않거나 징계를 받거나 보이콧을 당한 사람의 목록을 가리킨다. 스팸 메일 방지 법안에 대한 자세한 내용은 www.ftc.gov/bcp/con-line/pubs/buspubs/can-spam.shtm에서 구할 수 있다.

THE SOCIAL MEDIA BIBLE

The World of Web Pages
웹페이지의 세계

CHAPTER
004

www.LonSafko.com/TSMB3_Videos/04WebPages.mov

제공 이익

인터넷 월드 스탯츠 미니와트 마케팅 그룹Internet World Stats Miniwatts Marketing Group에 따르면 전 세계 인터넷 사용자는 18억 233만 457명으로 추정된다. 각 대륙별로 살펴보면 아시아 7억 6,443만 5,900명, 유럽 4억 2,577만 3,571명, 북미 2억 5,956만 1,000명, 남미 및 캐러비안 1억 8,692만 2,050명, 아프리카 8,621만 7,900명, 중동 5,830만 9,546명, 오세아니아 오스트레일리아 2,111만 490명이다. 이는 월드와이드웹에 참여하고 있는 사람들을 나타내는 경이로운 수치다. 이 때문에 모든 기업이 월드와이드웹에 참여하고 있는 것이다.

인터넷 통계 보고 웹사이트인 넷크래프트Netcraft에 따르면, 도메인 이름 또는 대중에게 더 알려진 웹사이트는 매월 2,200만 개씩 증가하고 있으며 사이트 당 평균 239페이지로 2011년 11월 5만 2,600만 개의 웹페이지가 존재한다. 웹페이지 수에 대해서는 정확히 알거나 짐작할 수 있는 사람이 없지만, 2011년을 기준으로 126조 개로 추정된다그림 4.1 참조.

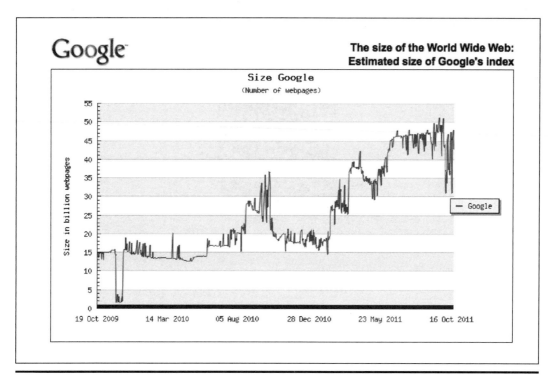

그림 4.1 전체 도메인 사이트 합계, 2009년 10월–2011년 10월

출처: www.netcraft.com.

이렇게 숫자가 많다는 것은 그만큼 e커머스를 추진하는 원동력이 강하며, 자연스럽게 경쟁도 치열해진다는 의미다. 웹페이지가 효과를 발휘하는 방법을 이해한다면 경쟁업체보다 제품이나 서비스를 더 많이 판매할 수 있으며 오프라인에서 얻기 힘든 매출과 투자 수

www.netcraft.com

익ROI을 실현할 수 있다.

다른 과정과 마찬가지로 몇 가지 전술과 도구와 전략을 알면 생각보다 쉽게 눈에 잘 띄고 전환 비율이 높은, 흡입력 있는 웹페이지를 만들 수 있다. 흡입력이 있다sticky는 것은 사람들이 '이전 페이지' 또는 '닫기'를 클릭하기까지 평균 이상의 시간을 머문다는 뜻이다. 전술은 이해하기 쉽고, 도구는 사용하기 편하며, 전략은 실행하기 쉽다. 그러나 이런 도구와 전략을 논의하기에 앞서 웹에 대한 간략한 역사를 살펴보자.

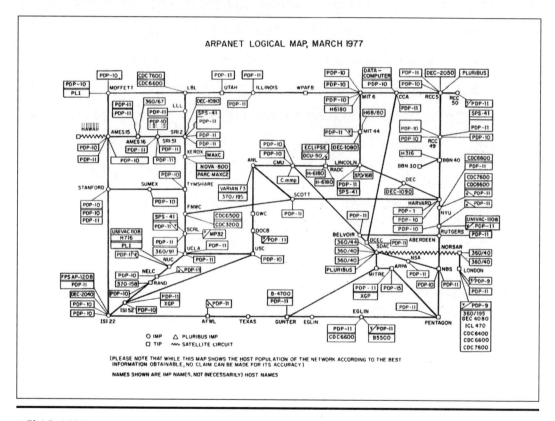

그림 4.2 ARPAnet

처음으로 돌아가서

월드와이드웹World Wide Web에서 최초의 웹사이트, 웹페이지, 웹서버는 1990년 후반에 등장했다. 글로벌 컴퓨터 커뮤니케이션의 도래는 물리학자 팀 버너스-리Time Berners-Lee의 꿈이었다. 버너스-리는 1989년 3월에 스위스 제네바에서 원자력 연구를 위해 유럽기구CERN에서 일하는 동안 인터넷과 HTTP또는 1945년 반네바르 부시Vannervar Bush의 작업을 기초로 한 Hypertext Protocol, 그리고 이전에 빈트 서프가 만든 TCP/IP를 사용해서 컴퓨터를 연결해 전 세계에서 쉽게 정보를 공유할 수 있는 청사진을 작성했다. HTTP와 TCP/IP는 웹사이트와 웹페이지를 탐색하기 위해 사용하는 시스템이다.

1990년 로버트 카일리오Reobert Cailiau[1]가 시스템 엔지니어로 버너스-리와 서프의 팀에 합류했다. 카일리오는 곧 지구상에서 가장 큰 단일 정보 네트워크를 만들고 인터넷, HTTP, TCP/IP, 개인 컴퓨터를 연결하는 데 있어서 믿음직한 지원자가 되었다. 그의 목표는 물리학자들이 CERN 실험실에 있는 각자의 컴퓨터에 저장되어 있는 모든 정보를 공유하도록 돕는 것이었다. 그는 하이퍼텍스트를 통해 각 사용자가 HTTP 링크를 사용하여 웹페이지에 있는 텍스트를 간편하게 찾아볼 수 있다고 생각했다. 이런 방식의 첫 번째 예가 스티브 잡스의 NeXT 개인용 컴퓨터에서 개발되었다자세한 내용은 사이드바 참조.

Next Computer

스티브 잡스는 1985년 애플 컴퓨터를 떠나서 NeXT 컴퓨터 회사를 만들고, 가능한 한 모든 기능을 갖춘 컴퓨터를 설계했다. 1988년에 출시된 첫 번째 컴퓨터 워크스테이션은 특히 대학생을 염두에 두고 개발한 것이다애플이 초기에 교육 분야, 특히 고등 교육 분야에서 성공을 거두었던 것이 가장 큰 요인이 되었을 것이다. 잡스는 대학생들로 하여금 NeXT 컴퓨터를 사용하게 하면 그들이 나중에 입사를 해서도 비슷한 모델을 원할 것이고, 그로써 비즈니스 시장에서 서서히 IBM과 Windows를 밀어낼 수 있을 것이라고 기대했다. 그러나 기본 모델에 지나치게 많은 추가 기능을 번들로 넣었기 때문에 현금이 넉넉하지 않은 대학생이 구입하기에는 너무 비싼 제품이 되고 말았다. NeXT는 애플이 1996년에 인수했다. 오늘날의 Mac OS X의 대부분은 NeXT OS 운영 체제를 기반으로 하고 있다.

버너스-리는 사용자가 정보를 공유할 공간을 구성할 수 있는 도구를 만들기 위해 브라우저 편집기를 개발했다. 세계 최초의 URL 주소, 웹사이트, 웹서버는 info.cern.ch였다.

제작자는 새로 만든 공유 도구에 어떤 이름을 붙일까 고심하다가 1990년 5월 월드와이드웹 또는 WWW로 명명했다. 당시 웹을 최초로 서핑한 사람은 로버트 카일리오였다서핑이란 용어는 웹을 함께 만든 빈트 서프Cerf의 이름에서 유래되었는데, 그의 공로를 인정하는 뜻에서 만들어졌다.

세계 최초의 웹 주소는 info.cern.ch/hypertext/WWW/TheProject.html였다.

이 페이지는 이 새로운 인터넷이 동작하는 방법, 하이퍼텍스트의 정의, 인터넷 검색 방법을 설명하기 위해 개설되었고, 웹페이지를 만드는 방법에 대한 기술 데이터도 들어 있다.

새로 만든 웹이 동작하도록 하기 위해 당시에 널리 사용되었고, 정교한 NeXT 컴퓨터에 비해 무색해 보이는 DOS 기반 IBM, Compaq, Tandy에서 실행할 수 있는 브라우저 소프트웨어를 만들어야 했다. 1991년 초에 이 팀은 모든 Tandy나 터미널에서 동작하는 DOS 스타일 브라우저를 테스트하기 시작했다. Microsoft의 DOS는 그래픽 인터페이스나 마우스 기능을 인식하지 못했기 때문에, DOS에서 실행하기 위해 모든 그래픽과 마우스 기능을 제거하고 대신 일반 텍스트로만 동작하는 브라우저가 필요했다.

1991년 말까지 유럽 전역의 다른 기관에서 웹서버가 우후죽순처럼 등장하기 시작했다. 미국의 첫 번째 웹서버는 스탠포드 선형 가속기 센터SLAC에 있었다. 웹이 시작된 지 1년 이내에 전 세계에 모두 26개의 서버가 생겨났다. 다음 해까지 그 수는 200개 이상으로 증가했다.

1993년까지 PC와 Macintosh 사용자는 어바나–샴페인Urbana-Champaign에 있는 일리노이 대학교의 국립 슈퍼컴퓨팅 애플리케이션 센터NCSA가 발표한 프로그램 Mosaic을 통해 웹에 액세스하기 시작했다. 2년 이내에 인터넷은 컴퓨서브CompuServe와 아메리카 온라인AOL 같은 회사가 다이얼업 연결을 사용하는 주류 서비스로 자리를 잡았다. 그리고 이제는 18억 233만 457명의 인터넷 사용자가, 297억 개추산의 웹페이지가 포함된 2억 667만 5,938개의 웹사이트를 서핑하고 있다. 월드 와이드웹은 이런 긴 여정을 지나왔다.

알아야 할 사항

효과적인 웹페이지를 만드는 방법과 그 이유를 이해하려면 먼저 기본적인 마케팅과 심리학적인 개념을 몇 가지 논의해야 한다. 물론 이 책으로 〈Marketing For Dummies〉를 대체할 생각은 없다. 그러나 판매에 대한 일부 심리학적인 이해가 있어야 효과적인 웹페이지를 개발하는 방법을 제대로 이해할 수 있다. 먼저 논의할 첫 번째 개념은 판매 또는 구매 깔때기다그림 4.3 참조.

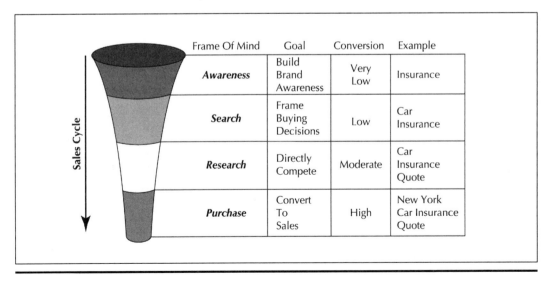

그림 4.3 판매 깔대기

판매 깔때기는 판매 주기에서 잠재고객과 고객이 제품이나 서비스가 필요하다는 것을 인식한 때부터 실제로 구매할 때까지 그들의 생각을 상상하기 위해 마케팅 담당자가 사용하는 비유다. 이 주기는 단지 홈페이지의 디자인에 대한 요건을 알려주는 것이 아니기 때문에 웹페이지의 경우 특히 중요하다. 이 주기는 잠재고객이 구매 주기의 특정 순간에 가지고 있는 질문을 수용하고 처리하기 위해 특정 웹페이지를 고안해야 한다는 점을 알려준다.

잠재고객이 판매 깔때기에서 거치는 단계는 인식Awareness, 검색Search, 조사Research, 구매Buy다. 애리조나 피닉스에 있는 자동차 보험 영업 사원의 예를 들어 이 단계를 살펴보자.

인식Awareness

잠재고객이 자동차 보험이 필요하다는 것을 인식한다. 자신이 거주하는 지역에서 자동차 보험에 대한 자세한 정보를 얻는 방법, 물어보고 싶은 내용, 검색할 때 검색 엔진에 무엇을 입력할 것인지 생각하기 시작한다.

검색Search

그런 다음 고객은 자동차 보험에 대한 정보를 찾아서 웹 검색을 시작한다. 이 시점에서는 어떤 회사가 보험을 취급하고 자신이 어떤 종류의 보험을 찾고자 하는지도 모르기 때문에 일반적인 검색을 수행한다. 검색어에 입력하는 단어는 고작해야 '자동차 보험'이나 '차량 보험' 등일 것이다. 그러나 이미 검색어를 선택하면서 자신이 찾고자 하는 내용을 생각하기 때문에 인식 단계에서보다는 구체적으로 생각하고 있다.

조사Research

고객이 자동차 보험을 제공하는 회사에 대해 열심히 찾아서 확인한 다음에는 '자동차 보험 견적'과 같은 용어로 좀 더 상세하게 검색할 것이다. 잠재고객의 지식이 늘어나고 더 구체적으로 검색하게 된다.

구매Buy

이 주기의 마지막 시점에서 잠재고객은 구매할 준비가 되었다. 어느 회사를 선택할 것인지, 찾고 있는 정책의 유형이 무엇인지 등 검색 수준에서도 큰 차이를 보인다. 이제는 '여행자 자동차 보험 견적 피닉스' 같은 용어를 입력해서 검색한다. 그럴 것 같지 않은가? 보험, 신발, 휴가에 대해 검색할 때 온라인 고객이라면 모두 한두 번쯤은 이 과정을 거치기 마련이다.

이런 특정 구매 주기는 하룻밤에 끝날 수도 있고 1년 이상 걸릴 수도 있다. 고객은 보험을 다음 해까지 갱신하지 않아도 될 경우 지금부터 검색하기 시작하고, 프리미엄 계약 비용을 지불할 때 더 자세히 찾아보고, 갱신 만기가 되기 전까지도 계속해서 조사를 한다.

이제 잠재고객의 입장에서 생각해 보도록 하자. 검색 모드에 있는 이 시점에서 자동차 보험을 제공하는 회사만 찾으려고 올스테이트Allstate의 페이지를 방문했는데, 견적을 받고 영업사원이 전화를 걸 수 있도록 개인 정보를 입력하라면 어떨까? 그 페이지에서 제공된 정보는 현재 구매 주기의 '검색 모드'에서 찾는 것에 적합하지 않기 때문에 고객은 그곳을 떠날 것이다.

반면에 보험 회사를 선택하기 위해 필요한 모든 조사를 마쳤다면 어떨까? 자신이 어떤 유형을 원하는지, 할인분은 어떻게 되는지 다 알고 있으며 이제 구매할 준비가 되었다. 검색하고 클릭하여 특정 보험 회사의 홈페이지를 방문했다고 하자. 네 번이나 클릭했는데도 견적을 받아볼 수 있는 페이지를 찾지 못했다면 어떨까? 페이지를 닫아버릴 것이다.

회사에서 사이트를 만들고 홈페이지 최적화를 위해 들인 노력과 방문자를 끌어오기 위한 클릭-당-지불 광고에도 불구하고 고객은 잠시 머물다가 떠나버린다. 잠재고객이 개인적인 판매 주기에 있어서 적절한 시점에 찾고 있는 구체적인 정보를 제공할 때 이상적인 웹페이지라고 할 수 있다. 중요한 것은 홈페이지가 아니라 그 다음 웹페이지들이 실행하는 모든 일이다. 이 사실을 명심해야 한다.

손해가 되는 홈페이지

사람들은 종종 겉표지로 책을 판단하는 경향이 있다. 3년 동안 4,500명이 참여한 스탠포드 연구Stanford study는 사용자들이 웹사이트의 신뢰성을 결정하는 방법에 초점을 맞춰 진행됐다. 이 연구는 새롭지 않지만 오늘날 요령 있는 소비자들이 기존보다 웹사이트를 평가하는데 시간을 덜 투자한다. 이 연구 결과를 바탕으로, 지금 사용할 수 있는 아이디어를 소개하겠다.

사람들과 함께 실제 혜택을 제공하는 회사임을 보여준다.
- 누구나 웹사이트를 만들 수 있다. 소규모 기업의 웹사이트가 대기업의 웹사이트와 어깨를 나란히 할 수 있다는 점에서 대단히 좋은 기회이며, 이것은 마치 여러분의 합법적인 회사가 현실 속 회사를 그대로 보여주지 못해 신뢰받지 못한 웹사이트와 매치되는 것과 같다. 웹사이트에서는 실제 빌딩이나, 직원, 혹은 비즈니스 경험에 대해 보장하지 않는다. 믿을 수 있는 회사로써 자신을 소개하려면, 물리적인 주소를 정확하게 기재해야 할 뿐만 아니라 지역 경영 조직과 함께 멤버십 특징이나 사무실 사진을 제시해야 한다.

실제 회사에서 근무하는 실제 사람들이 신뢰받아야 하는 이유에 대해 설명하자.
- 방문자를 위한 자격증을 제공한다. 이런 정보는 현재 고객으로부터의 추천장이나 경험을 가진 직원 약력, 혹은 비즈니스 승인이나 비즈니스 어워드의 형태가 될 수 있다.

그리고 방문자가 쉽게 연락할 수 있도록 만들자.
- 실제 회사라는 것을 표시하는 것 이외에, 여러분은 이 전략을 이용하여 웹사이트에서 찾는 단서를 발견할 수 있을 것이다. 방문자들에게 연락할 수 있는 물리적 주소, 이메일, 그리고 전화 번호 등과 같이 여러 가지 방법을 알려주면, 방문자들이 원하는 것을 선택할 것이다. 회사 규모가 크기 때문에 다양한 연락처를 가지고 있다면, 특정 문의에 대한 특정 연락처를 남기자. 연락처 페이지나 페이지 하단에 조그마한 글씨체로 남기지 말고 사이트 전반에 걸쳐 이 정보를 표시하도록 하자.

여전히 그 자리에 있다는 사실을 자주 알리자.
- 웹사이트의 업데이트를 유지하자. 여러분이 웹사이트를 확인하지 않는다면, 다른 사람도 확인하지 않기 때문이다. 규칙적으로 업데이트를 하면, 아직 비즈니스를 하고 있으며 즉각적으로 대응할 수 있다는 점을 보여줄 수 있다. 그리고 업데이트는 검색 엔진의 랭킹에 도움을 줄 수 있다.

그리고 아마도 편견 없는 의견이 가장 중요할 것이다.

> 마지막으로 사용자의 마음을 사로잡을 수 있도록 사이트 외향을 적절하게 디자인하자.
> - 이 연구로 알게 된 중요한 사실은 사람들이 디자인만 보고 웹사이트를 빠르게 평가한다는 점이다. 레이아웃, 내용, 그리고 이미지뿐만 아니라 회사의 목적에 맞는 디자인도 디자인의 신뢰성을 평가하는데 중요 요소가 된다.

대부분의 사람들이 홈페이지가 전부라는 잘못된 믿음을 가지고 있다. 홈페이지가 최적화되어서 광고해야 할 유일한 페이지며 방문자 트래픽을 유도해야 할 유일한 장소라고 전제하고 운영한다. 이것은 잘못된 개념이다. 잠재고객을 홈페이지로 유도하려고 하지만 결과적으로 가장 큰 손해를 입을 수도 있다. 홈페이지는 책의 겉표지에 불과하며, 잠재고객이 찾고 있는 그 어떤 정보도 제공하지 못한다.

이 책을 읽고 나서 동료에게 이렇게 물었다고 치자. "홈페이지가 나쁜 결과를 초래하는 이유에 대한 정보는 그 책 어디에서 찾을 수 있지?" 이때 동료가 책의 표지만 가리키고 있다면 어떤 느낌이 들겠는가? 당연히 어리둥절할 것이다. 어쩌면 화가 날지도 모른다. 여러분은 동료가 책을 펼쳐서 해당 장과 페이지를 찾아 지금 이 단락을 알려주길 기대했을 것이다. 고객이 웹사이트에서 정보를 찾을 때에도 이런 기대를 한다. 그런데도 잠재고객과 고객에게 겉표지만 소개할 것인가? 홈페이지는 브랜드를 구축하기 위한 용도일 뿐이다. 온라인에서든 오프라인에서든 광고를 할 때 다른 모든 것이 실패하더라도 브랜드만큼은 확실히 알려야 하기 때문이다.

중요한 것은 잠재고객의 생각에 대응하고 그들이 구매 주기의 각 단계에서 찾는 것을 발견하도록 웹페이지를 개발하는 일이다. 각 페이지는 만들기도 쉽고 이해하기도 쉬워야 한다. 인식 페이지로는 홈페이지가 적당할 수 있다. 그러나 하나 이상의 제품을 보유한 경우라면 일반적인 용어와 정보를 갖춘 최상위 수준의 페이지가 필요하다. 검색 페이지는 좀 더 구체적이어야 하고, 제품 전체에 대해 설명하고 또한 각각이 제공하는 이익을 언급해야 한다. 조사 페이지는 제품이나 서비스의 뛰어난 품질을 설명하여 잠재고객이 제공 사항의 가치를 다른 모든 경쟁업체의 그것과 비교할 수 있도록 해야 한다. 또한 구매 페이지는 잠재고객에게 주문을 검토하고 구입할 수 있는 기회만 제공해야 한다. 고객이 준비되었을 때 사로잡아야 한다.

웹페이지를 설계하는 것은 다른 형태의 광고와는 다르다. 웹사이트는 잠재고객과 고객이 실제로 특정 정보를 원하는 바로 그 순간에 마음을 사로잡아야 한다. 다른 광고에서는 이렇게 하지 않는다. 또 다른 차이점은 잠재고객이 항상 웹페이지에서 구체적인 주제에 대한 구체적인 질문을 자발적으로 한다는 점이다.

고객은 수많은 광고에 비자발적으로 참여한다. 예를 들어 우편함을 열었을 때 정크 메일, 카탈로그, 쿠폰이 가득 들어 있다면 어떤 느낌이 들겠는가? 저녁식사를 하는 동안 텔레마케터가 전화를 하면 어떤 반응을 하는가? 시장을 보고 있는데 설문 조사 요원이 다가온다면? 사생활을 침해당한 듯하고 불쾌한 기분이 들지는 않을까? 어쩌면 화를 낼지도 모른다. 그와 달리, 어떤 정보가 필요할 때 누군가가 도움을 준 내용을 찾아본다면 어떤 느낌을 들까? 당연히 만족스럽다. 효과적으로 설계된 웹페이지 역시 그런 만족감을 안겨준다.

웹페이지 설계와 우편 광고를 비교한다면 웹페이지는 마음을 읽는 우편배달부와 같다. 그리고 잠재고객이 사용하는 키워드는 우편 주소와 같다. 이는 그들이 구매 주기의 어느 단계에 있는지를 정확히 말해 준다. 또한 검색 엔진 결과 문구는 봉투와 같고, 잠재고객을 유도하는 정확한 웹페이지는 편지 내용물과 같다. 웹페이지 콘텐츠는 잠재고객이 찾고 있는 내용에 맞게 특별히 설계되었으며 요청한 정확한 순간에 배달되었다. 이처럼 잘 설계된 웹페이지 모음은 잠재고객을 실제 고객으로 전환할 수 있다.

이런 개념은 블로그 페이지, 공유하는 사진, 동영상 업로드, 팟캐스트에도 확실하게 적용할 수 있다. 요컨대 모든 단계에서 사람들이 원하는 그 무엇을 갖춰야 한다.

이 판매 주기 깔때기에는 판매 이후Post-Sale 단계라는 추가 단계가 있다. 잠재고객이 실제로 고객 생명 주기의 판매 이후 단계에서 지원을 원하거나 고객 우대 활동, 블로그에 참여하고, 제품에 대한 동영상을 업로드하고, 기타 관련 활동에 참여할 수 있다. 이를 위해서는 어렵게 얻은 고객의 마음을 사로잡고 유지하기 위한 메커니즘을 갖춰야 한다. 게다가 더욱 중요한 사실은 고객이 자신의 신뢰 네트워크에 있는 사람들에게 회사를 추천함으로써 새로운 고객을 만들 수 있다는 점이다. 블로그는 고객과 회사가 꾸준히 의사결정에 참여하도록 하는 가장 효율적인 방법이다. 따라서 블로그에 관한 장을 반드시 읽기 바란다.

웹페이지의 호소력을 높이려면 대상 청중의 범위를 더 넓게 보고 집중적으로 노력해야 한다. 잠재고객, 고객, 리셀러, 대리점, 언론, 업계 분석가, 투자자, 웹사이트를 자료나 판매 도구로 사용할 고객 등 중요한 대상 모두의 수요와 행동을 고려해야 한다. 그들 각자를 위해 설계된 특정한 웹페이지가 있어야 그들은 자신의 판매사고 주기를 진행해 갈 수 있다.

고려해야 할 설계 요소

웹페이지를 설계할 때 명심해야 할 가장 기본적인 개념은 사람들이 회사나 조직에 대한 정보를 처음으로 찾아본다는 점이다. 그런 설계는 본질적으로 과학이 된다. 〈뉴욕타임스〉와 다른 여러 주요 신문은 페이지가 왼쪽과 오른쪽으로 나누어지고 각각에는 6개의 섹션이 있다. 〈타임스〉는 고객의 행동을 잘 이해하고서 전체 신문의 모든 기사를 우선순위에 따라 특별히 배치했다. 눈에 가장 먼저 들어오는 곳에 중요한 정보를 배치하기 위해 페이지를 구분해서 고안했고, 게다가 독자가 기차나 좁은 공간에서 신문을 읽을 때 접는 방식까지도 고려했다.

http://people.dsv.su.se/~jpalme/layout/

'NYC; 손에 들고 접는 예술 방법'에 대한 기사는 http://people.dsv.su.se/~jpalme /layout/에서 볼 수 있다.

메디슨 애비뉴 광고업자들은 결코 잠들지 않는다이것은 뉴욕에 메디슨 애비뉴가 존재한 이후로 그리 놀라운 일도 아니다. 광고업자들은 랜딩 페이지 시선추적 연구Landing Page Eyetracking Study 그림 6.4에서 자원자가 페이지를 볼 때 저전력 레이저 빔을 통해 망막의 움직임을 추적한 결과 사람들이 페이지의 왼쪽 상단을 먼저 보는 경향이 있다는 사실을 밝혔다. 그런데 이 사실이 그리 놀랍지 않은 것은 학교에서도 아이들에게 문서를 읽을 때 왼쪽 페이지의 맨 위에서부터 시작하라고 가르치고 있기 때문이다. 이것이 웹 설계에 시사하는 의미는 무엇일까? 그것은 가장 중요한 메시지, 이미지나 로고는 왼쪽 상단에 배치하는 것이 좋다는 것이다.

그림 4.4 시선추적 연구

출처 : www.theSocialMedia.com   http://www.marketingsherpa.com/exs/SMBGExcerpt_07.pdf

이 연구는 또한 랜딩 웹페이지를 읽기 쉽게 만든 소매업자들이 제공 이익을 확실하게 제공했고, 웹페이지 왼쪽 상단 부분을 선호한 결과 전환비율을 64퍼센트까지 올렸다고 한다.

다음으로 접었을 때 메시지가 위에 보이도록 해야 한다. 이는 원래 신문에 해당하는 것이었는데, 웹페이지에서도 중요한 메시지를 브라우저의 상단 창에 두어야 한다. 방문자가 콘텐츠가 마음에 들어서 페이지 아래쪽으로 스크롤해서 읽고 전환에 이를 것이라고 기대하지 말아야 한다.

심리학을 활용한 마케팅

인터넷 마케팅을 위한 또 하나의 효과적인 도구는 심리학이다. 심리학을 활용한 마케팅은 고객의 구성비를 연구하고서 고객의 이성에 호소하려는 전통적인 기법을 넘어서야 한다. "고객이 내가 만든 웹페이지에 왔을 때 무엇을 생각하고 있을까? 바로 지금 무엇을 하고 있을까? 이 페이지에서 제품을 설명하기 위해 어떤 형용사를 사용해야 할까? 전환이 늘어나도록 하는 단어는 무엇일까?" 이렇게 자문해 보라.

이 책이 심리학이나 마케팅 도서가 아니기 때문에 여기서 이 주제를 길게 다루지는 못한다. 대신 www.theSocialMedia.com을 방문하면 비밀 번호를 사용하여 'Psychological Hot Buttons' 문서를 다운로드할 수 있다.

www.theSocialMedia.com

중요한 것은 전환

특정 웹페이지 각각에 몰리는 트래픽을 어떻게 할 계획인가? 어느 것 하나라도 허비하지 않도록 해야 한다. 지금까지 잠재고객의 이목을 끌기 위해 열심히 노력해 왔다. 고려할 수 있는 가장 중요한 설계 요소는 전환 메시지다. 이제 잠재고객의 관심을 끌었다면 여러분은 그들이 다음으로 무엇을 하기 원하는가? 당연히 전환하기를 바랄 것이다.

웹 설계라는 맥락에서 전환이란 다양한 의미를 가지고 있다. 사실 이전의 규칙을 근거로 설계하는 다양한 페이지는 모두 전환에 대한 다양한 의미를 담고 있다. 가장 쉽게 이해할 수 있는 것은 "구매하려면 여기를 클릭하세요"라는 문구다. 다른 것도 많다. 위키피디아는 '전환conversion'을 "마케팅에서 잠재고객이 마케팅 담당자가 의도한 행동을 취할 때 전환이 발생한다. 잠재고객이 마케팅 담당자가 만든 웹사이트를 방문했을 경우, 온라인 구매를 하거나 추가 정보를 요청하는 양식을 제출하는 것이 전환 행위일 수 있다. 전환비율은 방문자가 전환 액션을 취하는 퍼센트다"라고 정의했다.

홈페이지에 눈 한 쌍이 그려진 아이콘을 두었다면, "메시지를 읽고 나서 클릭하여 다른 페이지를 보세요"라는 전환의 의미다. 방문자가 추가 정보가 포함되어 있고 판매 깔때기 과정을 통과해 가는 데 도움을 제공하는 다음 페이지를 클릭했다면, 전환에 성공한 것이다. 네트워크에 가입할 것을 요청하는 페이지에 누군가가 방문하여 등록했다면, 전환에 성공한 것이다. "친구에게 이 내용을 알려주세요"추천 요청을 했을 때 그렇게 한다면, 웹페이지와 실행 요청이 효과를 거두고 성공한 것이다.

정확하게 대상을 지정한 트래픽은 그것이 판매 리드이든, 많은 페이지 뷰페이지를 본 방문자 수이든, 페이지 또는 사이트에 머문 시간이든상호작용하고 읽느라고 보낸 시간, 밀착 정도, 브랜드 인지이든사이트와 마케팅 메시지에 몰입, 오프라인 연락이든소비자가 매장을 방문하거나 오프라인 연락처로 전화를 거는 경우, 전달친구에게 추천이든지 간에 전환으로 이어진다. 웹페이지의 콘텐츠를 설계하기 전에 먼저 전환의 정의를 고려해야 한다.

전환하도록 하는 가장 효과적인 방법은 강력한 제공 이익을 제공하는 것이다. 3장 '이전 세대와 다른 이메일'에서 제공 이익을 자세히 다루었다. 제공 이익의 1.54초 법칙과 5초 법칙에 따라 잠재고객의 전환 여부가 결정된다. 제공 이익 메시지를 전달하는 데 도움이 되는 적합한 이미지를 선택하는 것이 중요하다. 이번 섹션의 내용을 읽으면서 이 사실을 이해하기 바란다.

각 페이지에서는 제공 이익 메시지를 통해 한 가지 전환만을 목표로 해야 한다. 잠재고객이 페이지를 찾았을 때 원하는 정확한 정보를 제공하고 강력한 제공 이익 메시지를 통해 마음을 사로잡아서 전환을 유도해야 한다. 홈페이지가 해가 되거나 효과가 없는 이유는 전환이 너무 다양하고 사이트에서 모든 전환을 제공하려고 하기 때문이다. 이는 잠재고객을 혼란스럽게 만들 뿐이다.

이 책의 파트 Ⅰ에서는 전략보다 전술을 중심으로 서술되어 있다_{전략은 파트 Ⅱ에서 설명할 것이다}. 그래서 이 섹션에서 측정 기준에 대해 많은 시간을 할애할 수 없다. 여러분이 알아야 할 것은 각 페이지에 따른 전환의 정의가 무엇이든지 측정할 수 있는 페이지를 설계해야 한다는 점이다. 전환을 측정할 수 없다면 관리할 수도 없다. 구글 분석기나 기타 웹사이트 트래픽을 평가할 수 있는 방법을 설치하지 않았다면 열심히 작업한 것이 성공적인지 어떤지 전혀 알 수 없다. 무엇을 측정할 것인지 결정하는 것은 간단하다. 얼마나 많은 방문자가 해당 페이지에 왔고, 얼마나 많은 수가 전환했고_{클릭스루}, 얼마나 많은 수가 떠나갔는가 하는 것이다.

전환을 통해 다음 단계로 넘어간 사람보다 사이트를 떠나간 사람이 많다면, 메시지가 너무 약했거나 방문자가 기대하고 있던 실행 요청을 제공하지 못했기 때문이다. 따라서 지속적으로 전환 메시지를 조정하고 다듬어야 한다. 테스트하고, 측정하고, 다듬어야 한다. 세탁할 때 비누를 칠하고, 헹구고, 반복하는 것처럼 말이다.

전환을 측정할 때 고려해야 할 몇 가지 샘플 기준은 다음과 같다.

- 1년 이내에 주문 수를 30퍼센트 늘린다.
- 다음 분기까지 페이지 클릭스루를 50퍼센트 늘린다.
- 떠나가기 전에 6페이지를 보는 방문자가 25퍼센트 늘어난다.
- 언론에서 우리의 성공 사례를 다루고 올해 네 개의 기사에 노출된다.
- 올해 온라인 지원 포럼으로 전환해서 전화 기술 지원을 20퍼센트 줄인다.

경우에 따라서는 측정하기 어렵거나 불가능한 기준도 있을 것이다. 그러나 노력을 통해 얻는 혜택은 여전히 많다. 바로 주문하는 경우_{e커머스}에는 추적이 쉽다. 그러나 주문이 지연되는 경우_{잠재고객이 나중에 다시 와서 구매}에는 잠재고객이 소매점을 방문하도록 하거나_{B2B 및 B2C 소비자 모두에 해당} 전화 주문으로 유도해야 한다_{델컴퓨터는 구분된 5,000개의 800번호를 보유하고 있다}. 이런 것을 '혼합 성공 매트릭스_{blended success metrics}'라고 한다. 이를 측정하는 방법으로 쿠폰, 독특하면서 결과를 추적할 수 있는 특별 제안, 질문, 현금출납원 질문, 고유한 전화번호 및 내선번호, 홍보 코드 및 고유 URL과 같은 추가 항목 등이 있다.

B2B 성공 매트릭스

B2B_{Business-to-Business} 마케터는 매트릭스를 측정하기가 더 어렵다. 즉각적인 리드 생성, 전화를 통한 즉각적인 주문, 리드 또는 기타 전화 연락처, 사이트를 방문하고 한참 지나서 하는 지연된 주문구매 주기를 고려해 보라. 사이트에서 습득한 정보를 기반으로 해서 팩스로 보낸 RFP/RFQ, 카탈로그 또는 브로슈어 요청, 백서 다운로드 또는 요청, 뉴스레터, 이메일 또는 기타 등록 및 판매 미팅 요청과 같은 추적 데이터를 고려해야 한다.

다양한 랜딩 페이지 테스트

테스트할 때 판매 깔때기 범주 당 하나의 랜딩 페이지나 전환 정의 페이지로 제한할 필요가 없다는 것을 기억해야 한다. 사실 다른 이미지, 색상, 배경, 글꼴, 제목, 글꼴 크기, 레이아웃, 제공 이익을 테스트할 수 있는 다양한 페이지를 만들 수 있다_{그림 4.5}.

동일한 전환을 위해 고안된 여러 페이지를 테스트하면, 페이지를 바로 비교하고 어느 것이 가장 효과적으로 전환하는지 확인할 수 있다. 이것은 3장 '이전 세대와 다른 이메일'에서 자세히 다룬 세분화 전략 실행과 비슷하다.

- 전환
- 남성일 경우: 판매 33건, 7만 2,795달러
- 그림이 없을 경우: 판매 32건, 6만 7,435달러
- 여성일 경우: 판매 25건, 5만 4,120달러

'남성' 사진은 그림이 '없는' 경우보다 8퍼센트, '여성' 사진일 경우보다 25퍼센트 판매가 많았다. 항상 고려해야 할 설계 요소는 콘텐츠다. 검색 엔진은 잠재고객과 고객이 그런 것처럼 양질의 콘텐츠를 좋아한다. 콘텐츠는 다른 무엇보다도 웹페이지에서 잠재고객의 수요와 욕구를 충

족시켜야 하고, 항상 만족할 만한 가치와 함께 강력한 실행 요청을 제공해야 한다. 저자의 팟캐스트 중 하나에 인터뷰한 전문가 대부분은_{모두 www.theSocialMediaBible.com 에서 찾을 수 있음} 동일한 조언을 했다. 2007 SEO 세계 챔피언 벤지 아리올라_{Benj Arriola}의 표현을 인용하자면 '콘텐츠가 왕' 이다.

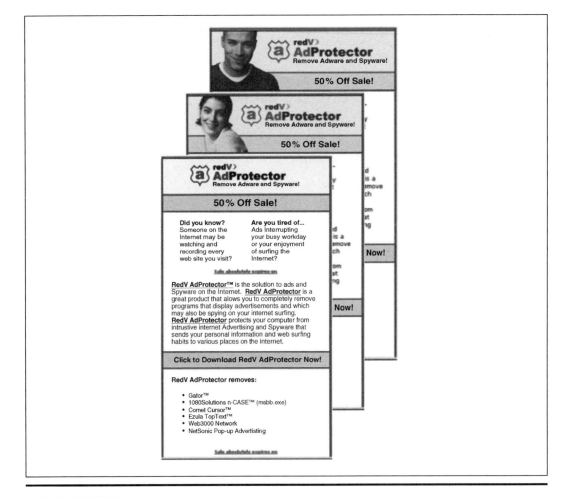

그림 4.5 랜딩 페이지

기술 및 전술

효과적으로 웹페이지를 설계하기 위해 알고 있어야 하는 모든 방법을 알려주는 것이 이 책의 의도는 아니다. 그보다는 큰 그림을 이해하도록 하고, 그 과정에서 선별한 잘 알려지지 않은 팁을 공유하는 데 초점을 맞추고 있다. 웹페이지 프로그래밍에 대한 기술적인 면을 속속들이 알고 싶다면 버드 스미스Bud E. Smith와 아서 비박Arthur Bebak이 지은 〈Creating Web Pages For Dummies〉를 보면 된다.

그런 경우라도 일부 기술과 전술을 통해 대부분이 범하는 공통적인 오류를 피할 수 있다. 사이트에서 가장 심각한 피해를 주는 것은 글꼴과 관련된 것이다. serif 글꼴은 절대로 사용하지 말아야 한다.

serif란 때로 획의 발과 모자feet and hats라는 개방된 끝부분에 지나가는 선이 있는 문자를 일컫는다그림 4.6과 4.7 참조. 이런 스타일의 활자는 로마인들이 개발한 것으로 추정된다. 이것은 인쇄물에서 가장 흔히 사용되고 가독성이 좋은 스타일 중 하나이지만 웹에서는 그렇지 않다. 이 폰트는 글꼴 크기가 9포인트 미만인 신문에서 사용되면서 널리 보급되었다. 본문 구역이 넓어서 읽기 어렵기 때문에 serif 글꼴 또는 짧은 선이 지나가는 부분을 추가하면, 글자의 맨 위와 맨 아래 선을 따라 읽을 수 있게 된다. 학교에 입학했을 때 선생님이 글씨 쓰기를 가르쳐주면서 희미한 파란색 선에 쓰게 한 것을 기억하는가?

이런 보조 방법은 신문 업계에 아주 유용했고 특히 〈뉴욕타임스〉는 대부분의 인쇄 문구를 serif로 처리했다. 가장 일반적인 serif 글꼴의 이름이 Times와 Times New Roman인 이유도 바로 이 때문이다. 신문에서 serif 글꼴을 사용하지 않는 유일한 경우는 기사의 제목에서처럼 본문의 가독성을 높이기 위해 큰 글꼴을 사용하는 것이다이런 경우 흔히 Helvetica를 사용한다.

다음과 같은 흥미로운 테스트가 있다. 영자 신문 한 페이지를 가져다가 본문을 자세히 살펴보자. serif 글꼴이

그림 4.6 serif 글꼴

그림 4.7 sans serif 글꼴

본문의 맨 위와 아래에 어떻게 선을 형성하는지 확인할 수 있는가? 이제 신문 페이지를 천천히 멀리 이동시켜 가장자리만 시야에 들어오도록 해도 본문은 볼 수가 있다. serif 글꼴이 한데 모이면 확실한 선이 만들어진다.

보통 dpi인치당 도트 수가 300 이상인 인쇄물이라면 이런 효과가 긍정적이다. 신문은 600dpi 이상으로 인쇄할 수 있으며, 대부분의 잡지는 3,000dpi까지 인쇄할 수 있다. 인치당 도트 수가 아주 많다. 그러나 컴퓨터 모니터로 볼 경우에는 전혀 다른 상황이 된다.

인터넷은 컴퓨터 모니터더 나쁜 경우에는 휴대폰 화면를 통해 본다. 아무리 비싼 고해상도 평면 모니터를 사용하더라도 인터넷의 최대 해상도는 72dpi이다. 프린터와 비교하면 형편없는 품질이다. 사람의 눈은 컴퓨터 화면에 있는 것과 같이 인치당 많은 수의 작은 빛만을 볼 수 있기 때문이다. 72dpi에서 serif는 잘 읽히지 않으며 주의를 분산시킨다. 우리가 사용하는 모니터의 해상도는 serif 글꼴의 미세한 것을 제대로 처리할 수 없다. 오히려 뭉개지기만 한다.

HD 동영상, ClearType 글꼴, 고해상도 모니터 덕분에 웹페이지와 화면 해상도가 급속도로 좋아지고 있지만 당분간 웹페이지를 설계할 때에는 항상 serif 이외의 글꼴을 사용하거나 Arial, Geneva, Monaco, Tahoma와 같은 sans serif 글꼴을 사용해야 한다.

빨아들이는 상표

카피 문구에 상표를 사용하는 것도 효과적이다. 상표는 아주 효과적으로 경쟁자에게 향하는 트래픽을 빨아들이거나 중간에 가로채서 자신의 웹사이트로 향하게 한다. 그래서 이 섹션의 제목이 '빨아들이는 상표' 다.

다른 제품이나 서비스와 비교하거나 대비시킬 경우에는 일반적으로 카피 문구에 다른 회사의 등록 상표를 사용한다. 미국에서 비교 페이지는 일반적으로 공정한 사용으로 인정되지만, 유럽에서는 이를 달리 본다. 미국 밖에서는 상표 공유가 환영받지 못하지만 콘텐츠, 편집, 블로그 사이트에서는 콘텐츠에서 브랜드를 자주 활용할 수 있다. 그래도 조심해야 한다. 숨겨진 카피 문구나 메타 태그에 상표를 사용하는 것 때문에 소송을 당한 경우가 있기 때문에 언제나 해당 규정을 점검해 봐야 한다.

키워드 배치

질문: 자사 브랜드를 검색하면 누가 보이는가? 독자 자신인가, 아니면 경쟁업체인가? 검색하고 확인해 봐야 한다.

18장 '검색 엔진 최적화'에 자세히 설명한 것처럼 키워드 배치를 통해 검색 엔진 등급을 유리하게 하고 잠재고객에게 제공하는 내용을 정확하게 보여줄 수 있다. 잠재고객과 검색 엔진 모두가 이해할 수 있는 키워드로 콘텐츠 문단을 시작해야 한다. 제품이나 서비스를 정확하게 설명하는 명사를 사용하고 앞부분에 배치해야 한다. 사람들이 검색어로 자주 사용할 만한 문구를 카피에 넣어야 한다. 모든 페이지의 카피 문구는 고유해야 하고 고유한 제공 이익이 있어야 한다.

프레임

프레임은 프레임셋_{frameset}이라는 구분 격자를 만드는 프로그래밍 기술이다. 프레임셋은 다른 웹페이지의 텍스트 블록을 삽입하여 시각적으로 멋진 페이지 하나를 만든다. 그러나 이렇게 해서는 안 된다. 프레임은 여러 웹페이지에서 텍스트를 모으기 때문에 내부적으로 프레임이 적용된 페이지로 연결하게 되면 결국 막다른 끝에 다다르거나 자체 텍스트가 없는 페이지가 된다. 프레임을 사용하면 사이트가 색인에 등록되더라도 검색하는 사람이 형편없는 결과를 경험하기 때문에 검색 엔진과의 친화도가 낮아진다. 프레임을 없애야 한다는 점을 기억해야 한다. 프레임에 대한 자세한 내용은 www.useit.com/alertbox/9612.html을 방문하거나 클릭 가능한 링크를 찾으려면 www.theSocialMedia Bible.com을 방문하면 된다.

www.useit.com/alertbox/9612.html

www.theSocialMedia Bible.com

플래시

다른 곳에 HTML 코드로 된 탐색 기능과 콘텐츠를 사용하고 있다면 사이트에 플래시를 넣어도 된다. 플래시는 웹사이트의 홈페이지 소개 부분에서 흔히 볼 수 있다. 이것은 어도비 플래시_{Adobe Flash} 애니메이션 소프트웨어를 사용하여 만든 애니메이션 또는 영화로 .swf 파일 형식으로 되어 있다. 플래시는 코드가 아니라 HTML 코드가 전혀 없는 컴파일된 코드라서 검색 엔진이 읽지 못한다. 따라서 사이트 전체가 플래시라면 색인으로 추가하는 것이 불가능하다. 구글과 패스트_{FAST} 모두 플래시 파일의 색인을 만들 수 있다고 주장하지만, 플래시에 대한 순위를 높이는 것 같지 않다. 디자이너와 마케팅 담당자에게는 멋지게 보이겠지만 플래시를 잘못 사용하면 검색 엔진에서 최적화될 수 없고 잠재고객의 분노를 초래할 수 있다. 홈페이지 플래시 데모에 붙잡혔다가 서둘러 '소개 건너뛰기_{Skip Intro}'를 클릭했던 경험이 많지 않은가? 잠재고객도 똑같이 느낀다. 플래시는 아주 가끔, 그것도 적절하게 사용해야 한다.

페이지 제목

어느 페이지나 골라서 페이지 제목을 살펴보자. 프로그래머가 페이지 제목을 지정하지 않아서 여전히 '제목 없음'으로 되어 있거나, 다른 웹페이지와 이름이 같은 경우도 있을 것이다. 회사 이름과 같을 수도 있다. 사이트의 각 페이지에 고유한 서술적 제목을 붙여야 한다. 이는 우선은 검색 엔진 때문이고, 다음으로는 잠재고객을 위해서다. 설명해 주는 제목을 사용해야 한다. 이것이 바로 각 페이지의 핵심인 제공 이익이다. 검색하는 사람이 볼 때 고유하고 인상적인 제목을 사용해야 한다. 검색하는 사람이 검색창에 입력할 만한 문구를 포함해야 한다. 페이지 콘텐츠에 대한 정확한 설명을 하는 것이 스터핑_{keyword suffing}, 다시 말해 무작위 키워드를 추가하기만 하는 것보다는 훨씬 낫다. 제목은 90에서 100글자까지 길게 쓸 수 있지만 사이트나 회사 이름이 아니라 가장 차별화되는 키워드로 시작하는 것이 좋다. 웹페이지 제목을 지정할 때는 항상 키워드의 단수와 복수를 고려해야 한다.

지역 및 현지 캠페인 수립

해당 지역에서 검색하는 사람이 질의하는 동기를 이해해야 한다. 지역에서 운영하는 회사라면 지역과 위치를 기준으로 웹페이지를 구분하고 차별화해야 한다. 전국망을 가진 회사지만 다른 여러 지역에서 판매하고 경쟁하는 경우라면 현지 시, 군, 구와 지역 이름을 사용하여 랜딩 페이지를 현지화해야 한다. 이렇게 하면 잠재고객이 자신의 지역에서 수백 킬로미터 떨어져 있더라도 검색 목록에서 해당 회사를 찾을 수 있다.

오프라인 마케팅 전략

웹페이지를 만들기 전에 전통적인 마케팅 전략을 가지고 있었을 것이다. 그 전략의 목적은 무엇이었는가? 그리고 이 마케팅 전략을 세우기 이전에 보다 기본적인 수준에서 판매하려고 한 제품이나 서비스는 무엇이었는가? 웹페이지의 목적과 목표가 전체적인 비즈니스 목적과 목표와 일치해야 한다. 온라인 광고 및 웹페이지 콘텐츠를 만들면서 원래 세운 목표와 오프라인 전략을 얼마나 달성할 수 있겠는가? 전략에 대한 자세한 내용은 이 책의 파트 Ⅱ에서 살펴보기로 하자.

제휴 마케팅

마케팅 담당자 대부분은 브랜딩 및 마케팅에서 제휴 또는 파트너에 의존하여 커미션 기반으로 판매를 창출해 낸다. 그러나 제휴 마케팅 문제가 발생할 수 있다. 이런 유형의 판매 프로그램을 사용하면 근본적으로 웹페이지 트래픽을 놓고 경쟁하는 다른 사람을 지원해 주고 있는 셈이다. 브랜드가 어떻게 묘사되고, 얼마나 많은 트래픽이 제휴업체로 가는지, 경쟁업체와 싸워야 자체 트래픽을 얻을 수 있는지, 그리고 본질적으로 제휴업체를 사용하는 것이 정말 좋은 전략인지 자문해 봐야 한다. 일부 회사의 경우에는 제휴 마케팅이 성공적일 수 있지만 모두가 그런 것은 아니다. 제휴 마케팅에 대한 추가 정보는 이 장의 마지막에 있는 참고 자료를 살펴보면 된다.

웹사이트 플랫폼

이 책에서는 웹과 소셜미디어와 관련된 개념을 설명하는 것이 목적이다. 자세한 강의식 지침서를 만들려는 것이 아니다. 웹사이트를 구축할 수 있는 다양한 플랫폼은 날마다 늘어나고 있다. 가장 인기 있는 것으로는 10년 이상 사용되어 왔고 언제든 사용할 준비가 된 HTML, 사용하기 쉽고 오픈 소스 플랫폼인 줌라Joomla, 사용하기 쉽고 커뮤니티를 구성할 수 있는 플랫폼인 닝Ning, 굉장히 사용하기 쉽고 오픈 소스이고 견고한 플랫폼인 워드프레스WordPress가 있다. 새로운 제품이 매일 온라인으로 출시되고 있으므로 선택 사항에 대해 조사해야 한다.

사내/사외

직접 웹사이트를 프로그래밍하는 방법을 배울 생각이 아니라면 프로그래밍은 웹 개발자에게 맡겨야 한다. 줌라나 워드프레스와 같은 '상위 수준' 플랫폼을 선택할 경우 웹페이지와 블로그를 만들고 수정하는 방법 정도는 배워야 한다. 이는 생각보다 간편하고, 약간의 변경을 위해 매번 개발자에게 부탁하는 시간과 비용을 절감할 수 있으며, 재미있게 수행할 수 있다.

소셜미디어 ROI

십대를 타깃으로 한 코즈마케팅cause marketing 캠페인의 가치를 향상시키는 소셜미디어 지원 활동

배경

세계에서 가장 큰 사무용품 판매 업체이자 신학기 용품의 전문가인 스테이플스Staples는 십대들이 커뮤니티에서 활동할 수 있도록 지원하는 비영리 자원 봉사 단체인 두섬싱DoSomething.org과 손을 잡고 국립학교 학용품 운동인 "두섬싱 101Do Something 101"을 조직했다. 첫 캠페인에서 지역 자선 단체를 위한 기금으로 15만 달러 이상을 모금하여 신학기 학용품이 필요한 학생들에게 학용품을 제공했을 뿐만 아니라 소셜미디어를 통해 2억 1,180만 건 이상의 매체 노출도

DoSomething.org

이끌어 냈다. 스테이플스는 2009년에 두 번째 두섬싱 101 국립학교 학용품 운동을 첫 캠페인 때보다 더 크게 개최하고 더 잘할 것을 목표로 했다. 스테이플스와 두섬싱은 이런 캠페인을 통해 혜택을 받지 못하는 아이들을 위해 새로운 학용품을 모으고, 특별하고 의미 있는 방법으로 십대들과 연락을 하며, 작년보다 노출과 기부를 늘려 더 많은 십대들이 "무엇인가를 할 수 있기를_{do something}" 희망했다.

전략

두섬싱 101 캠페인이 도울 수 있는 방법과 혜택을 받지 못하는 청소년들에게 필요한 학용품에 대해 대화를 나누는 것을 전략으로 세웠다. 매장 내 신호 체계, 고객 이메일, 공익 광고, 그리고 매체 종사자와의 인간적 관계 등과 같은 전통적인 마케팅 전략 이외에, 스테이플스는 십대들이 가장 많은 시간을 보내는 장소인 페이스북에 소셜미디어 캠페인을 시작했다. 최근 스테이플스는 핵심 고객인 소규모 기업에 맞춰 자체 법인 페이스북 페이지를 시작했다. 스테이플스는 십대를 위한 스테이플스 회사 페이지를 새로 제공하는 대신 두섬싱 101 학용품 운동에 대한 관심이 많아질 수 있도록 십대 고객에 맞춘 팬페이지뿐만 아니라 새로운 페이스북 애플리케이션도 개발했다.

시행

스테이플스는 두섬싱 101을 위한 페이스북 팬페이지를 개발할 수 있도록 소셜미디어 에이전시인 미스터 유스_{Mr. Youth}와 손을 잡고 새로운 "어답트–에이–팩_{Adopt-a-Pack}" 애플리케이션을 개발했다. 십대들은 원인과 결과에 대한 인식을 높일 수 있도록 어답트–에이–팩 애플리케이션을 이용하여 가상의 가방에 학용품을 채워 친구에게 선물할 수 있었다. 학용품으로 가득 찬 가방을 가진 십대들은 캠페인 대변인이자 그래미상을 받은 시애라_{Ciara}와 함께 백–스터핑_{back-stuffing} 이벤트에 참여하기 위해 뉴욕 여행을 포함한 다양한 상품 추첨이벤트에 참여할 수 있었다. 그리고 스테이플스는 십대에 중점을 둔 캠페인형 블로그의 애플리케이션과 팬페이지를 퍼뜨렸다. 그뿐만 아니라 기존 온라인 네트워크를 통해 이것을 전 세계로 퍼뜨릴 수 있도록 미스터 유스의 렙네이션_{RepNation} 네트워크와 손을 잡고 학생 전담반을 조직했다.

기회

이미 온라인에서 활동하고 있는 십대와 교류를 하려면, 재미있고 특별한 방법으로 가치 있는 일에 지원하는 모습을 보여야 하며 미래에 십대들이 캠페인에 참여할 수 있도록 초석을 쌓아야 한다.

Seventeen.com

www.staples.com

결과

    2008년도에 모였던 12만 5,000달러에 비해, 두 번째 두섬싱 101 국립학교 학용품 운동에서는 63만 달러 이상의 현금이 모금되었다. 그리고 스테이플스 고객들은 노트북, 계산기, 그리고 기타 학용품 등 수천 가지 용품을 기부했다. 이 프로그램은 뉴욕타임부터 Seventeen.com에 이르기까지 다양한 매체를 통해 보도되었다. 결과적으로 2008년에 소셜미디어를 통해 2억 1,180만 건의 매체 노출의 두 배 이상인 4억 8,480만 건의 매체 노출을 이끌어 냈다. 그뿐만 아니라 2009년도 캠페인이 종료된 후에도 두섬싱 101 페이스북 팬페이지에 지속적으로 접속하는 팬이 6,000명 이상이었기 때문에 2010년에 학용품 운동 개최를 위한 밑거름이 되었다. 게다가 2008년도 십대 마케팅 프로그램에서는 1억 3,000만 건의 십대 노출을 기록한 것과 비교하여 스테이플스는 페이스북 애플리케이션을 통해 2억 1,100만 건의 십대 노출을 기록했다.

– 스테이플스Staples, Inc., 홍보기획 팀,

www.staples.com

전문가 의견

빈트 서프Vint Cerf, 인터넷의 아버지, 구글 부사장, www.google.com/corporate/execs.html

www.google.com/
corporate/execs.html

빈트 서프

… 우선 사람들이 저를 '인터넷의 아버지'라고 부르는 것은 여러 사람들에게 공평하지 않다고 생각합니다. 밥 칸Bob Kahn의 경우에 특히 그렇습니다. 그는 1972년 국방성에 근무할 때 먼저 프로그램을 시작했습니다. 1973년 초 그는 스탠포드에 있던 제게 찾아와서 "이런 문제가 있는데, 어떻게 하면 다른 망을 서로 연결할 수 있겠나?"라고 물었습니다.

그렇게 해서 우리 둘이 기본적인 인터넷 설계를 하게 되었습니다. 바로 이것이 TCP/IP 프로토콜 설계의 시작이었습니다. 또한 이 시기를 전후해서 오늘날의 네트워크를 만드는 데 기여한 사람들이 아주 많습니다. 따라서 그런 전체 과정에 제가 참여하면서 즐거움을 누렸다는 것만으로도 그저 기쁩니다.

정보 소비자인 인터넷 사용자가 이제는 네트워크에서 정보 생산자가 되었다는 것은 확실히 놀라운 일입니다. 이제 인터넷이 널리 보급되어서 다양한 형태로 표출되고 있습니다. 블로그, 유튜브와 이와 비슷한 서비스에 동영상을 업로드하는 것, 소셜 게임 사이트로 표현됩니다. 월드오브워크 맵World-of-Work Map이나 세컨드라이프도 있습니다. 사람들은 직접 웹페이지, 이메일 및 메일 수신 목록 등을 가지고 있습니다.

이런 것 중 일부는 상당한 기간 동안 사용되었습니다. 물론 이메일은 1971년에 발명되었으니 어떤 점에서 오래된 미디어지만 여전히 메일 수신 목록과 같이 여러 곳에서 사용되고 있습니다. 채팅과 기타 비디오와 같은 '실시간'에 가까운 것들도 있습니다.

대중은 이런 다양한 상호작용 방법을 신속하게 받아들였습니다. 최근 등장한 휴대폰은 인터넷이 아닌 휴대폰 환경에 있는 30억 가량의 사람들이 이용하고 있습니다. 그러나 인터넷은 모바일 환경과 접촉하는 부분이 많아서 사람들이 휴대폰에서 텍스트를 작성하고, 인스턴트 메시징을 하고, 이메일을 교환하고, 휴대폰에서 웹을 검색하기 시작했습니다.

저는 지금 사람들이 일대일과 그룹으로 관계를 유지하고 상호작용하는 데 있어 다양한 선택을 할 수 있다는 것에 주목하고 있습니다. 앞으로도 계속 그럴 것이라고 생각합니다. 분명 인터넷에서 정보를 공유하는 것은 극적인 일이었습니다. 과학 분야에서도 같은 일이 벌어집니다. 과학자들이 인간 게놈 데이터베이스나 천문학 정보나 지구물리학 정보와 같이 참조할 수 있는 공통 데이터베이스를 구축하기 시작하면서, 공유 데이터베이스에 코드화되었고, 그 때문에 일부 특정 현상에 대해 알려진 거의 모든 정보를 사람들이 참조할 수 있게 되어서 신속하게 과학적인 결과를 얻을 수 있습니다.

이렇게 지금 우리는 온라인 환경에서 협업의 양이 늘어나는 것을 목격하고 있습니다. 구글은 바로 이점에 지대한 관심을 기울이고 있습니다.

저는 이런 매체가 악용될 소지가 있다고 생각하며, 사이버 왕따와 같은 행위의 부작용에 대해 심히 우려하고 있습니다. 인터넷에서는 정확하건 정확하지 않건 관계없이 부정적인 정보를 포함하여 어떤 것이든 모든 것을 표현할 수 있으며, 가끔 그런 부정적인 영향이 발생한다는 점을 우려하는 사람들도 있습니다.

이런 매체는 긍정적이고 건설적인 잠재력을 가지고 있는 동시에 부정적인 상호작용을 할 수도 있습니다. 우리는 일부 사람이 매체를 악용하는 행위로부터 자신을 보호하려면 어떻게 미디어를 다루어야 하는지 훈련하고 노력하는 과정에 있다고 생각합니다.

이것은 단지 소셜미디어에 대해서만 고려한 것이 아닙니다. 바이러스, 웜, 사용자 이름과 암호 또는 계좌 번호와 같은 것을 찾아내려는 '키로거'와 같은 더 일반적인 이야기를 포함합니다.

그런 것들이 온라인 매체를 심각하게 악용하는 사례입니다. 우리는 사회적이고 법적으로, 그리고 법 집행 측면에서 어떻게 대응해야 하는지 배워가는 중입니다...

FCC는 미국 내에서 발생하는 모든 커뮤니케이션에 대해 책임이 있다고 생각합니다. 미국 밖의 커뮤니케이션에 책임이 있는 것은 아니지만 '인터넷'을 타이틀 I 정보 서비스로 취급하는 방안을 선택했습니다.

저의 관심사이지만 이 토론에는 썩 적합하지 않은 몇 가지 부작용도 있습니다. '보편적 정보 전달 원칙Common Carriage'과 같은 문제지만, 불공정 경쟁 사례라고 판단되는 경우를 제외하고는 규제 하지 않기로 결정했습니다. 비트토렌트BitTorrent와 기타 P2P 파일 공유 애플리케이션에 대한 조치로 컴캐스트Comcast가 네트워크 사용을 관리하려는 시도에 대해 최근 FCC가 결정을 내린 것을 알 수 있습니다. FCC는 비트토렌트의 그런 관리 시도에 대해 징계 조치했습니다. 세계 다른 곳에서는 보다 적극적으로 인터넷에 대한 액세스와 사용을 통제하려는 경우가 있습니다. 이런 현상은 어디에서나 찾아볼 수 있습니다. 인터넷의 범위는 전 세계적입니다. 대부분의 국가에서 운영되며 국가별로 국민들이 이 매체를 사용하여 할 수 있는 일과 해서는 안 되는 일에 대하여 다양한 관점을 가지고 있습니다.

여러분이 인터넷의 용도와 관련하여 어떤 입장을 가지건 우리가 직면한 큰 난제가 있습니다. 그중 하나는 다른 국가의 관점과 상충될 경우 서로에게 자신의 관점을 강제하기 위해 아무 것도 할 수 없다는 것입니다. 그래서 '우리나라 규칙에 따르면 시민이 다른 국가의 개인으로부터 공격을 받았고 그에 대한 적절한 대응 조치를 모색하고 있다'는 문제점에 봉착하게 됩니다. 인터넷에서 수용할 만한 행위가 무엇인지에 대한 공통적인 합의가 없다면 그런 문제를 다룰 수 없을 것입니다. 국가별로 사회적인 견해가 다르기 때문에 전 세계적인 합의에 도달하기는 힘듭니다. 그러나 공통적인 일부 합의는 가능하다고 생각합니다.

예를 들어 모든 국가에서 인터넷이든 오프라인이든 아동 포르노는 용납할 수 없는 것으로 인식되고 있습니다. 그러므로 몇 가지 사항을 공동으로 용납하지 않는 것으로 합의했다면 그런 행위가 발견될 때 금지하거나 처벌할 수 있을 것입니다. 그것이 실현되려면 국제적으로 해야 할 일이 많을 것입니다...

다른 한편 저는 중국에 대한 이야기도 해야겠습니다. 거리에서 만나는 중국인들과 이야기하면 상당수가 실제로 검열을 찬성하고 있습니다. 검열을 좋아하고 그것이 자신들을 보호한다고 생각하며, 진실여부는 그들이 그것을 어떻게 느끼는지, 그리고 표현하는지와는 별개입니다. 그리고 미국에서는 강력한 힘을 발휘하는 미국 수정 헌법 제1항First Amendment, 언론, 신문, 종교의 자유를 보장-역자이 반드시 보편적으로 옳은 것으로 인정된다고 전제해서도 안 됩니다.

시민들이 그런 종류의 통제를 원하는 문화도 있기 때문입니다...

1980년대 말 발생한 흥미로운 현상이 기억납니다. 저는 상업용 이메일 서비스인 MCI를 인터넷에 연결하기 위해 미국 연방정부의 허가를 신청했습니다. 정부에서는 마지못해서 허용해 주었는데 그것은 정부가 보조해 주는 백본에서 상업적인 이메일 트래픽이 전송된다는 것을 우려했기 때문입니다.

제가 MCI 메일 시스템을 인터넷에 올리자 즉시 다른 이메일 서비스 공급업체들이 "MCI 관계자들만 독점적인 특혜를 받을 수는 없다"고 했습니다. 그래서 인터넷에 컴퓨서브CompuServe, 온타임OnTime, 다른 상업용 서버가 올라오게 되었습니다.

이에 따른 부산물로 이전에는 할 수 없었던 일인, 인터넷을 통한 상호 이메일 교환이 가능하게 되었습니다. 그래서 상호운영성을 가능하게 하는 표준이 나왔습니다. 그리고 바로 이점 때문에 소셜네트워크 영역에서 상호운영성을 확보하는 오픈소셜OpenSocial이 중요하다고 생각합니다.

그런 네트워크 사용자가 자신이 등록한 소셜네트워크 시스템과 무관하게 상호작용할 수 있다는 것은 아주 매력적일 것입니다. 사람들이 적응하기 시작하면 상호연결성을 통해 아주 재미있는 결과들이 생겨나는 것을 보게 될 것입니다. 그런 표준을 통해 지원된다고 예상하지 못한 상호작용이 생겨날 것입니다.

... 당연히 저는 새로운 개발 대부분에 대해서 긍정적인 기대를 가지고 있습니다. 인터넷은 특정 미디어에 둔감하도록 설계되어서 디지털 이미지, 음성, 동영상, 다른 디지털화된 개체, 프로그램의 일부 또는 웹페이지 일부를 전송할 경우 그것이 무엇인지 전혀 알지 못하도록 의도되었습니다. 디지털 결과물을 생성하는 모든 장치는 인터넷과 연결될 가능성이 있으며 이런 결과물은 널리 전파되고 다른 장소로 전해집니다. 인터넷에 연결하여 인터넷에 있는 다른 장치와 상호작용할 수 있는 장치의 수가 더 늘어날 것입니다.

인터넷 초기 단계에서 '모든 사람을 위한 인터넷' 이란 논의가 있었지만 이제는 '모든 것을 위한 인터넷' 이 되어 가고 있습니다. 저는 정말 그렇게 되고 있다고 믿습니다. 센서 네트워크, 어플라이언스, 가정과 사무실, 자동차에 있는 물건과 휴대하는 물건이 모두 '인터넷을 지원하게' 되어 더 편하게 관리할 수 있게 될 것입니다. 이런 장치에서 상태 정보를 보고해 줄 수 있고, 타사의 장치에 호환되고, 명령을 받고, 제어가 가능합니다. 타사 엔터테인먼트 관리자가 인터넷을 통해 엔터테인먼트 시스템을 관리하여, 이런 저런 영화와 노래를 원하면 '클릭' 만하면 되고, 자동차의 CD 플레이어를 대체한 하드 디스크나 아이팟이나 기타 DVR과 같은 장치로 전달되고, 세부 사항이 자동으로 처리되는 것을 상상할 수있습니다. 장치가 인터넷의 일부가 되고나면 이런

www.theSocialMediaBible.com

모든 일들이 가능해집니다.

　물론 인터넷 기능이 포함된 휴대폰도 널리 보급되면서 그런 기능에 기여하고 있으며 다양한 장치의 리모컨 역할을 하게 될 것입니다…

www.theSocialMediaBible.com을 방문하면 빈스 서프와 나눈 경영진 대화 전체를 들을 수 있다.

해야 할 일 리스트

1. 잠재고객과 고객을 이해하라.

그들에게 무엇이 중요하고, 찾는 것이 무엇이며, 사이트에서 얻어 가기를 기대하는 것이 무엇인지 확실하게 파악해야 한다. 그런 다음에라야 정말로 그들을 끌어들일 수 있는 콘텐츠를 만드는 방법을 이해하게 된다.

2. 다양한 판매 깔때기 단계를 이해하라.

잠재고객, 고객이 거치는 다양한 단계를 인식하여 그들의 특정 수요에 부합하는 구체적인 웹 페이지와 해당 제목을 만들 수 있다.

3. 측정 기준을 적용하라.

측정할 수 없다면 관리할 수 없는 것은 사실이다. 숫자를 살펴보지 않고서는 결코 어떤 것이 효과적인지, 아니면 시간을 낭비하고 있는 것인지 알 수 없다. 몇 가지 분석 장치를 마련해두고 다양한 아이디어, 레이아웃, 태그라인, 제목, 글머리 기호, 이미지, 색상, 카피 문구를 테스트해야 한다. 잘되는 것은 계속하면서 이 과정을 지속적으로 수행해야 한다는 점을 기억해야 한다.

4. 전환에 대한 다양한 정의를 이해하라.

각각의 페이지나 모든 페이지와 관련된 전환의 다양한 정의를 이해하고, 원하는 전환을 얻을 수 있도록 각 페이지를 특별하게 설계해야 한다.

5. 구체적으로 측정할 수 있는 목표를 설정하라.

웹페이지에 대한 실제적이고 측정 가능한 목표를 수립해야 한다. 그 목표의 수치를 추적하면 성공적인 단계를 파악할 수 있게 된다.

6. 콘텐츠가 왕이라는 점을 기억하라.

검색 엔진 최적화든, 페이지에 대한 밀착도든 페이지의 전환 능력이든 결국은 콘텐츠가 가장 중요하다. 콘텐츠가 가치 있고 잠재고객의 기대에 부응한다면, 그들이 적극적으로 참여하고 구매자로 전환될 가능성이 높다.

7. serif 글꼴을 사용하지 마라.

모니터 해상도 때문에 serif가 포함된 글꼴은 뭉개져 보이고 sans serif 글꼴보다 부적합하다.

8. 프레임과 플래시를 조심해서 사용하라.

프레임과 플래시로 인해 검색 엔진과 고객이 사이트를 찾기가 어렵게 된다. 플래시는 사용자의 불편을 초래할 수 있으므로 조심해서 사용해야 한다.

결론

잘 설계된 웹페이지를 보유하는 것이야말로 비즈니스를 위해 할 수 있는 가장 현명한 일이다. 이는 가장 큰 투자수익을 확실히 안겨줄 것이다. 정교하게 설계된 사이트와 페이지는 모든 검색 엔진에서 높은 순위에 오를 것이다. 그리고 잠재고객과 고객이 쉽게 찾을 수 있으며, 그들에게 가치 있는 콘텐츠를 제공하고, 사이트에 오래 머물도록 해서 메시지를 전달할 수 있는 기회가 늘어나게 된다. 또한 고객 서비스 비용을 줄이고, 계약 체결 목록이 늘어나고, 신뢰를 구축하고 결국에는 그들을 전환하여 판매를 달성할 수

www.theSocialMeidaBile.com

있다.

전문가 의견을 듣고 싶으면 www.theSocialMeida
Bile.com을 방문하라.

다운로드 : 〈소셜미디어 바이블〉과 관련된 무료 다운
로드를 받으려면 www.theSocialMeidaBile.com을
방문하고 책 뒷면 바코드 위에 있는 ISBN을 입력하면
된다. ISBN 978-1-118-26974-9

Notes

1) CERN에서 일한 로버트 카일리우는 독자적으로 하이퍼텍스트 시스템을 개발하는 프로젝트를 제안했고, 웹을 출범하기 위한 희망을 가지고 버너스—리와 협력했다. 그는 프로젝트 제안서를 다시 작성하고, 자금 조달을 위해 경영진을 설득하고, 프로그래머를 채용하고 버너스—리와 협력하여 논문과 프레젠테이션 작업을 했다. 카일리우는 첫 번째 WWW 컨퍼런스 개최를 지원했으며 국제 월드와이드웹 컨퍼런스 위원회(W3C) 의장이 되었다.

2) B. J. Fogg, "웹사이트 신뢰도를 위한 스텐포드 가이드라인" A Research Summary from the Stanford Persuasive Technology Lab, Stanford University, May 2002.

THE SOCIAL MEDIA BIBLE

www.LonSafko.com/TSMB3_Videos/05Forum.mov

제공 이익

포럼forum이나 메시지 보드는 최초로 등장했던 인터넷 기반 네트워킹 및 온라인 커뮤니케이션 도구 중 하나다. 또한 여전히 사람들이 특정 주제를 놓고 지속적으로 인터랙티브interactive한 대화에 참여할 수 있는 좋은 방법이다. 토론을 시작하거나, 조언을 구하거나, 아이디어를 공유하거나, 투표를 하거나, 관심 주제를 선택해 대화에 참여하고 싶다면 포럼이나 메시지 보드또는 흔히 말하는 채팅방를 방문하면 된다. 채팅방과 포럼은 약간 차이가 있다. 채팅방은 참여자가 실시간 대화 내용을 적극적으로 읽고 답해야 하는 반면에, 포럼은 며칠 후에 답을 할 수도 있다. 사용자는 채팅방이나 포럼에서 로그인하고, 관심 주제를 선택하고, 텍스트 파일에 의견을 입력한 뒤 발송한다.

또한 그 생각또는 게시물을 본 다른 사람이 그에 대한 의견이전 의견에 대한 의견을 적는다.

포럼은 강력한 커뮤니티 유대 관계, 충성도를 형성하며 신뢰 네트워크란 개념을 제대로 보여준다. 이런 경향을 비즈니스에 쉽게 적용하여 회사 포럼을 만들어 해당 주제에 관심을 가진 전 세계 사람들이 글을 읽고, 참여하고, 아이디어와 우려 사항을 공유하고, 신뢰할 수 있는 커뮤니티를 구성할 수 있다. 다른 사람의 포럼에 참여하여 자신에 대한 신뢰도와 해당 커뮤니티와의 강력한 유대 관계를 발전시킬 수 있다. 다른 모든 소셜미디어와 마찬가지로 포럼은 신뢰, 참여, 양방향 커뮤니케이션, 사용자 생성 콘텐츠가 중요한 요소이며 공짜로 사용할 수 있다.

그 한 가지 예로 2004년도에 만들었고 그 이름이 잘 어울리는 포럼 웹사이트인 포럼 사이트www.theforumsite.com는 다음과 같은 통계 수치를 통해 그 활동 단면을 보여준다. 포럼 3,210개, 구성원 6만 188명, 온라인 47명, 오늘 새로 가입한 회원 96명, 주제 19만 4,731가지, 게시물 297만 1,801개, 오늘 게시물 1,519개, 저널 3만 7,738개와 그 응답 23만 8,520건, 사진 5만 262장과 그 응답 11만 3,500건 및 평가 9만 7,272건, 리뷰 565개와 투표 4,738건.

www.theforumsite.com

처음으로 돌아가서

흔히 채팅방, 메시지 보드, 게시판이라고 하는 포럼의 역사는 1970년대 사설 유즈넷Usenet을 처음 사용할 때로 거슬러 올라간다. 일부 초기 공개 인터넷 포럼은 1995년 웹을 처음으로 공개하여 사용하면서 시작되었다.

포럼은 블로그의 조상 격이다자세한 내용은 6장 '유비쿼터스 블로그' 참조. 내가 포럼에 처음 참여한 것은 1986년 Apple에서 VARValue Added Resellers[1]과 교류하기 위한 자체 온라인 서비스로 eWorld를 발표했을 때였다그림 5.1 참조. VAR 또는 총판은 기존 제품을 가져다가 보통 제품에 대한 특별한 애플리케이션의 형태로예: 특별한 컴퓨터 응용 프로그램 가치를 추가하여 새로운 제품이나 패키지로 재판매하는 회사다.

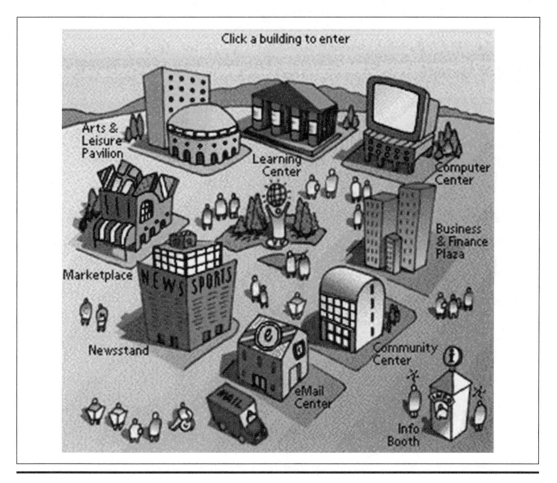

그림 5.1 1987년 무렵의 Apple eWorld

　구성원들 대부분이 공통의 관심을 가지고 있는 주제나 대화가 있는 포럼을 중심으로 공동체 또는 신뢰 네트워크라는 의식이 강하게 발전한다. 포럼의 주제로는 컴퓨터, 고양이, 강아지, 기타 애완동물, 스포츠, 특정 팀, 종교, 패션, 비디오 게임, 정치, 취미, 자동차, 질문, 비교, 토론,

투표 등과 같이 사람들이 이야기한다고 생각하는 대부분이 포함된다. 포럼은 특정 주제에 대해 지속적인 대화를 증진하는 것이 목적이기 때문에 블로그 주인이 어떤 생각을 게시하고 의견을 달 수 있게 한 다음 또 다른 생각을 게시하는 것과는 차이가 있다.

알아야 할 사항

포럼은 특정 주제에 대해 지속적인 온라인 토론을 관리하고 그 매체를 제공하는 웹사이트 애플리케이션이다그림 5.2 참조. 사용자는 기고자 또는 회원과 함께 대화에 참여하는 조정자가 모인 그룹이다. 조정자는 대화를 모니터링하여 포럼 소유자가 설정한 규칙과 규정을 준수하는지 확인한다. 회원은 주제를 두고 대화를 시작할 수 있으며 다른 사람이 의견을 추가하고 토론 내용을 이전 게시물이나 의견에 추가할 수 있다. 이런 양방향 커뮤니케이션을 스레드thread라고 한다. 대부분의 포럼에서 참여자는 등록하고 회원가입을 해야 대화나 스레드에 참여할 수 있는 반면에, 포럼 내용은 누구나 볼 수 있다. 그러나 보통 익명 방문자는 참여가 제한된다.

포럼 규칙과 규정

포럼은 관리자administrator라고 하는 개인이나 개인의 그룹이 만들고 관리하고 유지한다. 모든 포럼에 대한 지침을 만들고 참여 회원은 모두 이를 따라야 한다. 이런 규정은 포럼의 자주 묻는 질문FAQ 섹션에서 찾아볼 수 있으며 규칙은 기본으로서 일반 예절에 준한다. 모욕, 욕설, 인신공격, 부적절한 언어, 광고, 영업, 스팸, 개인 정보 게시, 성적인 콘텐츠, 이중 계정, 워레즈warez, 기타 저작권 침해 등의 행위는 금지되어 있다워레즈는 상업용 소프트웨어에 대한 크랙이나 해적판 버전과 같이 저작권 법률을 위반하고서 거래되는 저작물을 가리킨다.

포럼 조정자

조정자는 게시물/스레드를 읽고 편집할 권한을 갖는다. 회원 중에서 등급이 올라간 사람이 조정자의 위치를 갖는 것이 통상적이며, 스레드 금지, 금지 해제, 분할, 이름 변경, 종결, 병합, 삭제에 대한 통제권을 갖는다. 조정자는 회원의 대화에서 심판 역할을 하여 규칙 위반과 스팸을 방지한다. 조정자는 회원에게서 지침 침해에 대한 보고를 받고 위반자에게 규칙 위반 사실을 통보하여 규칙을 강제하고 가끔 징계 조치를 내리기도 한다. 해당 회원에 대한 조치, 경고나 추방을 시행할지 여부는 조정자가 결정한다. 처음 위반한 경우에는 보통 경고를 하지만 반복적으로 위반한 회원은 며칠 동안 추방 내지 사용 금지하거나 영구적으로 제명할 경우도 있다. 위반 콘텐츠는 항상 삭제한다.

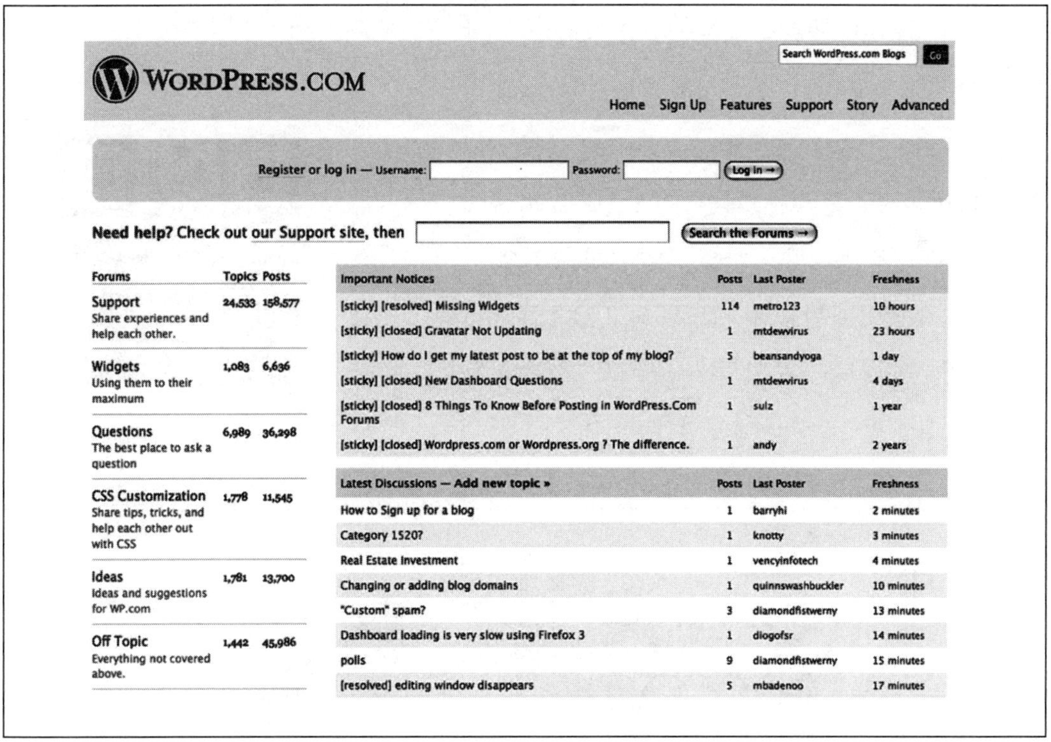

그림 5.2 워드프레스 포럼 예제

포럼 관리자

관리자또는 어드민는 포럼 웹사이트의 기술적인 요건을 관리한다. 관리자는 회원을 조정자로 승급하거나 조정자에서 등급을 내리고, 사이트가 제대로 실행되도록 하며, 가끔은 직접 조정자의 역할을 하기도 한다. 보통 포럼의 소유자이거나 소유자에게 임명되어 포럼의 운영에 관한 최종 결정권을 가지고 있다.

포럼 등록

포럼에 참여하려면 대부분 등록해야 한다. 등록한 후 포럼의 회원이 되어 스레드에 참여하거나 자신의 그룹이나 토론 주제를 개설할 수 있다. 대부분의 포럼은 13세 이상으로 규정하고 있으며, 13세 미만의 아동에게서 정보를 수집하는 사이트는 연방거래위원회FTC 아동 온라인 개인 정보 보호법COPPA; www.coppa.org 참조을 준수해야 한다. 대부분의 포럼은 사용자 이름과 암호를 만들 수 있도록 하고 유효한 이메일 주소를 묻고 사용자가 캡차CAPTCHA 코드를 통해 등록의 유효성을 확인할 것을 요구한다그림 5.3 참조.

www.coppa.org

[captcha]

그림 5.3 CAPTCHA

다른 로그인 및 등록 사이트에서 이런 확인 코드를 본 적이 있을 것이다. 블로그에서는 자동 스팸을 방지하기 위해 사용하고 있다.

포럼 게시

게시물은 회원이 입력하고 제출한 텍스트 메시지 또는 의견이다. 이전 게시 상자 바로 위에 표시되는 상자에 배치되며 회원의 사용자 이름, 아이콘, 제출 날짜 및 시간, 의견이 포함된다. 대부분의 포럼에서 회원은 언제라도 자신이 올린 게시물을 편집할 수 있다. 최근에 올린 게시물이 시간 순으로 위에 표시되도록 하는 박스 위의 박스 구성을 스레드라고 한다. 원래 게시물을 올리고 난 이후 다음 게시물은 이전 것 위에 배치되면서 대화가 계속된다. 대부분의 포럼 사이트는 게시물의 최소 및 최대 문자수를 제한한다. 최소의 경우에는 10문자, 최대의 경우에는 관리자의 결정에 따라 1만, 3만, 또는 5만 문자로 제한한다.

포럼 회원

포럼에 등록하고 나면 회원_{게시자}이 되고 선택한 사용자 이름_{또는 별명}으로 인식된다. 게시된 스레드에서 계속되는 대화에 참여하고, 메시지를 제출하고 포럼 사이트 전체에서 제공되는 기타 기능을 모두 액세스할 수 있다. 회원은 서명, 사진, 아이콘, 아바타_{15장 '가상세계–실제 효과' 참조} 또는 기타 자신이나 자신의 게시물을 나타내는 이미지를 사용할 수 있다_{그림 5.4 참조}.

포럼 구독

회원은 블로그와 마찬가지로 포럼을 구독할 수 있다. 구독은 즐겨찾는 포럼 스레드에 새로운 의견이 추가될 경우 자동으로 알려주는 알림 기능이다. RSS_{Really Simple Syndication} 또는 Atom[2] 피드를 통해 수행된다_{RSS에 대한 자세한 내용은 17장 '간편해진 RSS' 참조}. 이것은 자동으로 이루어지며 포럼 웹페이지를 방문해서 확인하지 않고서도 새로운 게시물이나 의견이 있을 때마다 알 수 있다.

그림 5.4 아바타 : 론 사프코, 존 아담, 린 탕, 크리스 브로건, 제르미하 우양, 조디 그난트

포럼 트롤

에티켓또는 네티켓에 어긋나는 행동을 자주하는 포럼 회원을 트롤troll이라고 한다. 이들은 격앙된 반응을 유도하려고 일부러 선동적인 의견을 게시한다. 트롤이 올린 부정적인 의견에 다른 회원이 반응하게 되면 분노에 찬 의견이 폭주하면서 상호 공격flame war 플레이밍flaming이 벌어진다. 이런 활동은 포럼, 트위터13장 '마이크로블로깅 선호' 참조 및 마이스페이스와 페이스북 같은 소셜네트워킹 사이트에서도 자주 발생한다. 대화가 과열되고 참여자가 논쟁적이거나 선동적인 의견을 계속 게시할 때 생각보다 자주 상호 공격이 발생한다. 정치와 종교와 같이 논쟁적인 성격이 강한 그룹과 주제와 관련될 때 특히 자주 발생한다. 상호 공격이 발발하면 포럼 조정자는 참여자에게 상대를 자극하는 의견을 중단하라고 경고한다. 대화가 통제되지 않고 원상태로 회복되지 않으면 조정자는 참여자들이 마음을 가라앉힐 충분한 시간을 주기 위해 해당 대화 스레드를 일정한 기간 동안 폐쇄한다. 과도한 스팸 역시 상호 공격과 프레이밍의 원인이 될 수 있다.

포럼 스팸

상호 공격과 마찬가지로 스팸 역시 포럼 환경에서 부적절하며, 용인될 수 없는 네티켓 위반 행위다. 스팸 메시지나 게시물은 '거래를 완료하고, 보증, 제품 업데이트, 업그레이드 또는 리콜 정보, 서비스 조건 변경 또는 잔고 정보를 알려주는 메시지 등 거래와 관련된 내용이 아니라, 요청하지 않은 커뮤니케이션'으로 정의한다스팸의 전체 역사와 정보를 보려면 3장 '이전 세대와 다른 이메일' 참조. 포럼 스팸에는 같은 단어나 구절을 계속 반복하여 부정적이고 공격적인 반응을 유도하는 악의적인 게시물도 포함된다.

링크드인에서 어떤 여성이 네트워크에 있는 모든 사람에게 명백한 스팸 메시지를 보낸 적이 있다. 그 메시지는 "안녕하세요, 제 이름은 아무개이고 이런 분야의 컨설팅을 하고 있습니다. 무료 견적을 원하시면 연락주세요"란 내용이었다. 결국 그녀에게는 수백 통의 반박 이메일과 부적절한 이메일을 비난하는 메시지가 폭주했다.

포럼 사용자 그룹

사용자 그룹user group은 토론의 특정 주제에서 발전한 포럼 회원 그룹이다. 이 그룹은 해당 그룹에서 토론하기 원하는 내용으로 대화의 주제를 유지한다. 이런 유형의 아이디어 및 의견 공유 유형에 참여하면 특정 주제에 대한 그룹 회원의 열정은 그 자체로 강한 연대를 형성하며 효과적이고 충성도 높은 신뢰 네트워크를 구성한다.

예를 들어 여러분이 구형 자동차 수집가 포럼에 참여한다고 가정해 보자. 잠시 후에 회원들은 포럼에 올린 여러 게시물과 기고문을 통해 여러분이 누구인지 알게 된다. 누군가가 구하기 힘든 부품 구입처를 추천해 달라고 했을 때 제안한다면 해당 포럼의 회원은 여러분과 여러분이 제안한 내용을 신뢰하게 된다. 참여하기만 해도 그들의 신뢰와 우정의 관계를 만들게 된다. 전문가 조직, 교회 그룹, 야구 리그의 경우에도 동일하다.

포럼 게스트

게스트는 등록하지 않고 포럼을 방문하는 사람이다. 게스트는 전체 사이트를 액세스하고 스레드를 읽을 수 있지만 토론에 참여하거나 의견을 게시할 수 없다. 참여하려면 등록을 해야 한다. 등록하지 않고 자주 포럼이나 그룹을 방문하는 게스트를 잠복자lurker라고 한다. 그런 행위가 반드시 나쁜 것은 아니다. 어떤 사람들이 참여하고 싶어서 취하는 방법일 수도 있다. 블로그와 비슷하다. 블로그를 방문하고 구독하면서 읽기는 하지만 의견을 남기지 않는 사람도 많다.

텍스트 메시지 바로가기

포럼 커뮤니케이션 대부분은 텍스트 메시지 슬랭이나 단축기로 이루어진다. 특히 휴대폰 텍스트 메시징에서 인기가 있지만 키보드 입력을 절약하려고 텍스트를 입력할 때에도 사용한다영어 사용 예: I'm no G9(Genius), but @TEOTD (At The End Of The Day), ALCON(All Concerned), whether it's your BF (Boyfriend) or just K8T (Katie), BM&Y (Between Me and You), there's always a BDN(Big Damn Number) of people texting, but DQMOT(Don't Quote Me on This). 텍스트 입력과 텍스트 단축키에 대한 자세한 내용은 20장 '모바일'을 참고하고 해당 장에서 전체를 다운로드하면 된다.

이모티콘

이메일, 웹페이지나 의견 텍스트에서 누구나 자주 볼 수 있는 작은 웃는 얼굴이다. 이모티콘 Emoticon은 '감정을 표현하는 아이콘emotional icon'으로 텍스트 메시지에 감정을 전달하기 위해 사용하는 하나의 기호나 기호를 결합한 것이다. 포럼에서는 일련의 문자와 기호를 입력하면 자동으로 작은 그래픽이나 아이콘으로 바꾸어서 화면에 표시해 준다. ':-)'는 자동으로 '😀'로 변환되고 ':-('는 '😞'와 같은 모습이 된다. Word와 Outlook 같은 Microsoft Office 프로그램에서도 이렇게 동작한다. Microsoft 메신저는 친구와 메시지를 주고받을 때 감정을 표현할 수 있는 70가지의 다양한 이모티콘을 제공한다. 이모티콘은 말로는 충분히 표현할 수 없는 감정을 시각적으로 표현한다. 다음에 텍스트 메시지, 이메일, Word 문서를 작성할 때 이모티콘을 사용해보도록 하자그림 5.5참조.

Smile	:-) or :)			Open-mouthed	:-D or :d	
Surprised	:-O or :o			Tongue out	:-P or :p	
Wink	;-) or ;)			Sad	:-(or :(	
Confused	:-S or :s			Disappointed	:-I or :I	
Crying	:'(			Embarrassed	:-$ or :$	
Hot	(H) or (h)			Angry	:-@ or :@	
Angel	(A) or (a)			Devil	(6)	
Don't tell anyone	:-#			Baring teeth	8oI	
Nerd	8-I			Sarcastic	^o)	
Secret telling	:-*			Sick	+o(	
I don't know	:^)			Thinking	*-)	
Party	<:o)			Eye-rolling	8-)	
Sleepy	I-)			Coffee cup	(C) or (c)	
Thumbs up	(Y) or (y)			Thumbs down	(N) or (n)	
Beer mug	(B) or (b)			Martini glass	(D) or (d)	
Girl	(X) or (x)			Boy	(Z) or (z)	
Left hug	({)			Right hug	(})	
Vampire bat	:-[or :[			Birthday cake	(^)	
Red heart	(L) or (l)			Broken heart	(U) or (u)	
Red lips	(K) or (k)			Gift with a bow	(G) or (g)	
Red rose	(F) or (f)			Wilted rose	(W) or (w)	
Camera	(P) or (p)			Filmstrip	(~)	
Cat face	(@)			Dog face	(&)	
Telephone receiver	(T) or (t)			Light bulb	(I) or (i)	
Note	(8)			Sleeping half-moon	(S)	
Star	(*)			E-mail	(E) or (e)	
Clock	(O) or (o)			MSN Messenger icon	(M) or (m)	
Snail	(sn)			Black Sheep	(bah)	
Plate	(pl)			Bowl	(ll)	
Pizza	(pi)			Soccer ball	(so)	
Auto	(au)			Airplane	(ap)	
Umbrella	(um)			Island with a palm tree	(ip)	
Computer	(co)			Mobile Phone	(mp)	
Stormy cloud	(st)			Lightning	(li)	
Money	(mo)					

그림 5.5 이모티콘

포럼 소셜네트워킹

사진, 오디오, 음악, 동영상과 함께 링크드인과 마이스페이스와 같은 소셜네트워킹 사이트와 플리커 및 포토버켓Photobucket 같은 사진 공유 사이트 등 모든 것이 디지털로 융합되면서 포럼에도 더욱 다양한 기능이 추가되었다. 이제 대부분의 포럼 플랫폼에서는 회원이 사진 갤러리, 개인 페이지, 실시간 회원 간 채팅 등의 기능을 이용할 수 있다.

자신만의 포럼 소프트웨어 만들기

www.ektron.com

Ektron.com www.ektron.com: Ektron CMS400.net은 개발자와 기술 지식이 없는 비즈니스 사용자 모두가 직접 웹사이트를 만들고 배포하고 관리하기 위해 필요한 모든 기능이 포함된 전체 플랫폼을 제공하는 리소스다. 개발자는 내장 서버 제어 기능을 사용하여 바로 사이트를 개설하거나 CMS400.NET의 문서로 잘 설명된 API를 사용하여 초기 상태를 사용자 정의할 수 있다. 비즈니스에서는 사이트 콘텐츠와 메시징을 관리하는 데 매우 유용한 직관적인 사용자 인터페이스를 활용할 수 있다. 종합적인 SEO검색 엔진 최적화 툴킷을 통해 예상 방문자가 사이트를 찾을 수 있다. 회원 관리, 개인화 설정, 구독, 지도 매핑, 웹 알림 등을 통해 사이트 방문자가 다시 찾아올 수 있으며 소셜네트워킹 및 웹 2.0 도구위키, 블로깅, 투표, 포럼를 통해 온라인 커뮤니티를 발전시킬 수 있다.

포럼 웹사이트

www.yuku.com

Yuku.com www.yuku.com: 유쿠KickApps.com의 일부[3]는 사용자가 프로필, 이미지 공유, 블로그, 토론 게시판을 한 곳에서 만들고 참여할 수 있도록 한다. 항상 같은 프로필을 사용하고 싶지는 않지만 계정은 하나만 사용하고 싶은 경우가 있는데, 유쿠 계정에서는 최대 5개의 프로필을 설정할 수 있다. 유쿠는 가능하면 사람들이 편하고 안전하게 온라인에서 교류하고 의사소통을 목표로 한다. 유쿠를 사용하기 위해 아무 것도 다운로드할 필요가 없다. 계정과 프로필, 즐겨 사용하는 인터넷 브라우저만 있으면 된다.

KickApp.com www.kickapps.com: 킥앱스는 웹사이트에 다양한 소셜 기능을 간편하게 추가할 수 있는 웹 기반 플랫폼이다. 1인 매장을 운영하든 글로벌 기업을 운영하든지 간에 킥앱스닷컴 애플리케이션 패키지를 웹사이트나 브랜드와 매끄럽게 통합될 수 있도록 설계되었다.

http://en.wikipedia.org/wiki/Yuku

KickApps is now owned by KIT Digital:

http://www.kitd.com/kickapps

킥앱스가 여전히 포럼 소프트웨어로 간주되는 동안 닝과 비슷한 소셜네트워크 커뮤니티 사이트 빌더가 되었다.

www.kickapps.com

http://en.wikipedia.org/wiki/Yuku

http://www.kitd.com/kickapps

긍정적인 브랜드 경험을 페이스북 친구들과 공유할 수 있게 하는 브랜드 전도사

배경

멀티유닛 업체들은 "넷 프로모션net promotion" 혹은 "추천 인터넷internet to recommend"을 이끌어 내는 것에 관심을 가지고 있지만 정작 이런 고객의 의사를 실제 브랜드 권고로 옮기는 방법에 대해서는 알지 못한다. 엠패시카Empathica는 대규모 소매업자, 레스토랑, 그리고 금융 기관 등에 자주 다니는 고객이 온라인에서 친구와 가족에게 브랜드에 대한 만족도를 표현하지만 권고를 위한 쉽고 편리한 프로세스의 부재로 브랜드를 권고하지 않는 사실을 알았다. 브랜드에 대한 "넷 프로모션"을 생각하는 비율을 이해하는 것뿐만 아니라 고객의 목소리를 적극적인 브랜드 전도사로 모으는 것도 대단히 중요하다.

결국 우리는 온라인에서 브랜드에 대한 권고를 쉽게 공유할 수 있게 만드는 도구의 필요성을 인정했고 이런 소비자 및 비즈니스의 요구 사항을 처리할 수 있는 고레코멘드Gorecommend라고 불리는 페이스북 애플리케이션을 개발했다.

전략

조사에 따르면, 소비자는 구매 결정을 할 때 온라인 리뷰와 권고에 갈수록 더 의지하는 경향을 보이고 있다. 페이스북과 같은 소셜네트워크 사이트의 출현으로 사용자는 소셜네트워크를 통해 가족, 동료, 그리고 친구들과 권고와 리뷰를 쉽게 공유할 수 있게 되었다. 권고와 리뷰가 신뢰할 만한 사람으로부터 제공되었기 때문에 이런 관계 속에서 제공된 권고에 훨씬 더 많은 가치를 부가하게 되었다. 그리고 익명의 리뷰와 권고의 경우, 비록 풍부하더라도 소비자가 믿는 사람으로부터 얻는 리뷰와 권고보다 가치가 떨어질 수밖에 없었다. 페이스북의 사회적 특성은 이것을 고레코멘드를 위한 이상적인 플랫폼을 만들었다.

만약 1,000명의 만족한 소비자가 고레코멘드를 사용하여 브랜드 경험을 권고했다면, 페이스북 사용자는 평균 130명의 친구를 가지고 있기 때문에 친구들의 권고는 13만 명과 공유하게 될 것이다.

시행

고객이 엠패시카가 주최한 업체 경험에 대한 설문 조사를 작성하면, 고레코멘드 엔진을 통해 페이스북에서 친구들과 권고를 공유할 것 같은 사람들을 선택한다. 페이스북 뉴스피드를 통해 사용자의 모든 친구에게 공개되는 페이스북 프로파일 페이지에 게시물로 특정 위치에 대한 권고를 작성할 수 있다. 그뿐만 아니라 브랜드의 페이스북 팬페이지에 권고에 대한 게시물을 마음대로 작성할 수도 있다.

그리고 브랜드에서 주최하는 이메일 클럽에 참가하거나 브랜드의 페이스북 팬페이지의 팬이 될 수 있도록 추천인과 친구들에게 가치 있는 권고의 일환으로 쿠폰이나 초청장이 제공될 수 있다. 이런 업무 도구를 사용하면, 권고를 브랜드와 소비자 사이의 관계를 확대하며 트래픽을 이끌어 낼 수 있는 효과적인 마케팅 도구로 쉽게 전환할 수 있다. 최근 60일 만에 1만 5,000명의 만족한 고객들이 고레코멘드를 사용하여 친구들에게 대형 레스토랑 체인점을 권유한 사례가 있었다. 그뿐만 아니라 이 프로그램으로 1만개 이상의 이메일 클럽 옵션과 브랜드에 대해 1,000명 이상의 페이스북 팬이 생겼다.

기회

고레코멘드는 브랜드에 대해 긍정적인 경험을 가진 고객들에게 권유를 하도록 장려하여 브랜드 인지도를 지속적으로 발전시킬 수 있는 일괄 공급 체계의 소셜 마케팅 솔루션이다. 그리고 이것은 브랜드가 소셜 그래프를 사용하여 브랜드와 관련된 긍정적이고, 정확하고, 시기적절한, 의미 있는 의사소통을 자동적으로 만들어 낼 수 있는 방법이다.

고레코멘드는 브랜드 자체의 노력이 거의 필요 없는 자동화된 위탁 프로세스를 사용하기 때문에 비용 효율이 좋을 뿐만 아니라 배포도 매우 쉽다.

www.empathica.com

결과

고레코멘드는 여전히 배포 초기 단계에 있지만, 지금까지 페이스북에서 770만 명 이상의 친구들과의 공유에 만족한 고객이 고레코멘드를 사용하여 약 5만 건을 권유했다.

−게리 에드워드Gary Edwards, EVP Client Services

줄리아 스테판Julia Staffen,

프로덕트 매니지먼트 디렉터Director Product Management,

고레코멘드GoRecommend

Empathica, Inc.

Web: www.empathica.com
Twitter: @EmpathicaCEM
Facebook: www.facebook.com/EmpathicaCEM

www.facebook.com/EmpathicaCEM

Expert
Insight

전문가 의견

스테파니 이치노스Stephanie Ichinose, 옐프 커뮤니케이션 담당 이사, www.yelp.com

스테파니 이치노스

... 저는 이곳에서 커뮤니케이션 담당 이사로 일하고 있으며 여러 기능을 관리하고 있습니다. 기본적으로 미디어 관계, 분석 관계 등입니다. 2006년 4월 입사한 이래 관리 팀과 긴밀하게 협조하고 있습니다. 그 전에는 야후에서 주로 지역 분야의 홍보 팀 관리를 담당했습니다.

여기는 멋진 회사입니다. 저는 우연히 경쟁력 있는 전망을 살펴보기 시작했습니다. 이전과 달리 사용자 생성 콘텐츠가 점차 사람들의 관심을 끌기 시작하는 것을 알았고 과거 2005년 말에서 2006년 사이에 옐프를 발견했을 때 자세히 살펴보고는 흥미로운 기회라고 생각했습니다.

옐프의 흥미로운 점은 현지 검색에서 오래된 '구전 효과word-of-mouth, 입소문 효과' 모델이 존재한다는 것을 인정했다는 것입니다. 이것은 하나의 모델이기보다 태초부터 존재했던 것입니다. 개인들은 개인 간의 대화를 통해 재미있고 가치 있는 정보를 공유합니다. "어디 가면 좋은 의사를 만날 수 있을까?" "소형차를 수리해야 하는데 이 마을에서 가장 기술이 좋은 정비공은 누구일까?"와 같은 질문입니다. 그 점에서 '우리는 어떻게 이런 대화를 포착하여 온라인으로 가져올 수 있을까?' 하는 것이 관심사였습니다.

우리는 그 문제를 해결하려고 시도하다가 특정 도시의 개인들로 커뮤니티를 구성하면 대화가 잘된다는 사실을 발견했습니다. 그들은 정보를 공유하는 열의가 높았습니다. 옐프는 샌프란시스코에서 시작했습니다. 운영을 하면서 사이트를 구축하고, 베이 지역의 커뮤니티를 지원하는 데 집중하면서 잘되는 일과 그렇지 않은 일을 찾아내기 위해 노력했습니다. 그런 다음 2006~2007년에는 "동일한 대화 주제를 시카고, 뉴욕, 보스턴 등으로 복제할 수 있을까?"라는 점에 집중했습니다. 사람에게는 마음에 숨겨둔 보물을 나누고, 지지하는 '가족형 자영업체Mom and Pops'에 대해서는 극찬을 아끼지 않는 성향이 있음을 발견했습니다. 또한 나라 전역에 걸쳐 같은 소리를 내는 역동적인 지역 커뮤니티가 존재했습니다…

… 활발하게 활동하는 일부 옐퍼들을 관찰하면 블로거에게또는 샌프란시스코에 있는 이 커뮤니티 또는 댈러스, 오스틴, 시카고 등 그들이 거주하는 특정 지역의 커뮤니티에 있는 직접 도움을 주고 있었습니다. 지역 비즈니스를 지원하고, 정보를 공유하여 다른 사람들이 유용하게 사용할 수 있도록 지원한다는 개념입니다. 자신의 경험을 열심히 공유하는 개인이 모인 지역 커뮤니티의 일부가 됩니다.

네트워크 부분도 옐프에 등록하면 비슷한 생각을 가진 사람들이 모인 커뮤니티에 소속됩니다. 그런 다음 더 많은 개인들이 정보를 볼 수 있는 파급 효과가 생깁니다. 30일 동안 1,400만 명이 우리 사이트를 방문했습니다. 그 수는 계속 증가하고 있습니다. 현재 사이트에는 옐퍼가 작성한 350만 건 이상의 리뷰가 있습니다. 이것은 정보를 찾는 엄청난 청중이 있으며 이 자료를 활용하는 것이 유익한 일임을 알려줍니다. 또한 커뮤니티에서 개인들이 들려주는 목소리를 활용하여 가공할 수도 있습니다.

실제로 공동 창업자들은 크레이그리스트Craigslist 모델을 관찰하고 "좋아, 그들이 무엇을 했지? 그들이 실행한 내용의 일부는 무엇이고, 어떻게 그들이 성공을 이룰 수 있었을까?"를 알아냈습니다. 우리는 깊이 있는 내용이 담긴 개별 시장을 집중해서 살펴보는 일을 2005년에 주로 했습니다.

우리는 시장에서 성공을 거두고 활성화된 결과를 관찰하고 있습니다. 현재 미국 전역에서 활발하게 관리하고 있는 21개의 커뮤니티가 있습니다. 각 도시가 어떻게 활성화되었고, 다양한 커뮤니티가 서로 다른 문화적 특징을 띄고 있는지 신기할 뿐입니다. 그러나 그 밑바탕에는 "와, 여기서 내 주장을 펼치고 좋아하는 것들을 모두 공유할 수 있게 되었네"라는 공통점이 있습니다. 두 번째 부분은 다른 사람에게 알리기 위해 커뮤니티에 기여하는 것입니다...

"아, 소셜네트워크인가요?"라고 옐프를 비유하는 것은 흥미로운 일입니다. 우리는 실제로 지역 커뮤니티에 가깝다고 봅니다. 왜냐하면 여러분이 소셜네트워크에 로그인할 때에는 효율적으로 계정을 생성하고 자신의 소셜네트워크가 참여하고 교류하도록 초대하고, 이미 특정 플랫폼에 있던 사람들을 찾기 때문입니다.

이와 달리 옐프에서는 거주 지역, 도시 내에 살고 있는 생각이 비슷한 개인들의 커뮤니티에 가입하는 것이며, 모두가 공통의 관심사를 가지고 있습니다. 옐프에서 중요한 것은 바로 지역 비즈니스와 서비스입니다. 그래서 우리는 커뮤니티 토론이 무엇인지 정의하며, 여러분은 다른 사람을 만나기 위해 참여합니다. "옐퍼들은 오프라인에서 만나나요?"라고 묻습니다. 그렇습니다. 같은 도시에 살면서, 아주 가까운 사람이 친분이나 이해관계를 맺기 때문입니다.

가령 이탈리아 음식이나 특정 종류의 와인을 즐기는 사람들처럼 특정 비즈니스 유형이 있습니다. 옐퍼들이 그룹을 조직하여 오프라인에서 만나는 것을 종종 발견합니다. 흥미로운 사회적인 요소입니다. 이런 현상들은 커뮤니티라는 개념을 강하게 대변하며 우리는 그것을 지원하려고 합니다.

그리고 바로 그것이 돋보이는 점입니다. 옐퍼들은 '보다 편하게 정보를 발견하기 위해 사이트를 방문하는 사람'이라는 이야기를 자주 듣습니다. 특정 도시에서 평생을 살 수도 있습니다. 존재를 몰랐던 업체를 찾기도 합니다. 또한 옐프옐프에서 찾을 수 있는 리뷰는 직접 찾아가서 무엇인가를 시도하게 하고, 파스타로 저녁 식사를 하기 위해 평소 운전 거리보다 조금 더 수고하도록 마음을 움직입니다. 이것은 미리 볼 수 있기 때문에 새로운 업체를 탐색하고 찾아내게 됩니다. 옐프 커뮤니티는 "와, 이곳은 30분 운전옆 마을로 넘어가서할 만한 곳입니다. 직접 확인해 보시면 그 가치를 알 수 있어요"라고 말하는 겁니다.

그래서 옐퍼가 다시 찾아와서 "좋은 업체를 찾는 데 아주 유용했어요. 지역에서 소비하는 것을 좋아하며, 지지하는 업체에 영향을 줄 수 있고, 새로운 것을 시도해 볼 수 있다는 확신을 가지게 되었습니다"라고 말하는 것을 보게 됩니다. 그런 것은 흥미로운 현상입니다.

... 옐프 커뮤니티는 넓은 의미에서 한 업체가 무엇에 도움이 되는지 식별할 수 있다는 것을 알게 합니다. 시간이 지나면서 상대방의 프로필을 자세히 살펴본다면 선택한 내용과 관점을 좀 더 다듬을 수 있습니다.

옐프는 커뮤니티와 개인에 대한 생각들을 근거로 합니다. 그래서 프로필 페이지에는 자신에 대한 일반적인 정보, 소소한 것좋아하는 영화, 책, 자란 곳, 일반적인 관심사가 있습니다. 거기에서 바로 스테파니란 개인이 어떤 부류의 사람인지 간략한 스냅샷을 얻을 수 있습니다. 그런 다음 라이프스타일 블로그로 게시된 제가 쓴 모든 리뷰를 살펴볼 수 있습니다. 사람은 서로 다른 기호와 취향을 가졌기 때문에 내 블로그를 보다가 어느 시점에 "와, 이런 유형의 사람과 내가 공통점이 있고 비슷하게 극찬하고 리뷰를 하고 있군"이라고 결정을 하게 됩니다. 좋아하는 것을 선택하기 원할 것이고 시간이 지날수록 그 사람을 추종하게 될 것입니다.

그래서 이제는 사용자가 옐프에서 선호도 모음을 만들고 있습니다. 여러분이 로그인 후 검색을 할 때 비슷한 부류의 사람이 먼저 시도하고 안내해 준 내용을 분별할 수 있게 될 것입니다.

프로필이나 개인의 관심사를 이해하면 그들이 제공하는 정보에서 추가적인 신뢰와 가치 층을 넣을 수 있습니다. 바로 이 점이 중요합니다.

제 경우에는 두 가지 방식으로 이 사이트를 이용합니다. [15:37.3]과 연락할 때에만 사용하는 방식이 있고, 개인적으로 검색할 때에는 '로그인' 한 프로필을 사용합니다. 가령 여성 재봉사를 찾으려 할 때는 사람들이 평가하고 리뷰한 비즈니스가 있을 경우 한동안 제가 봤던 대중의 리뷰가 팝업됩니다. 따라서 그것은 분명히 도움이 됩니다.

그리고 우리는 옐프 전반에서 모든 리뷰의 범주와 함께 세부 범주를 살펴봅니다. 음식점은 옐프에서 리뷰한 전체 업체의 34퍼센트 미만입니다. 34퍼센트라면 대부분의 사람들이 예상한 것보다는 훨씬 적은 숫자입니다.

다음으로는 쇼핑 범주가 있는데, 리뷰한 업체의 23퍼센트입니다. 미용 및 건강 분야는 약 8퍼센트로 낮아지고, 엔터테인먼트는 7퍼센트, 지역 서비스도 약 7퍼센트입니다.

따라서 이런 유형의 리뷰가 배포되는 것은 다양하고 넓은 범주에 걸쳐있습니다. 대부분은 우리가 식당에 대해서만 평가한다고 생각하는 데 실제로는 더 많은 것을 제공하고 있습니다...

우리는 옐퍼 이용자들이 지역에서 소비하는 모든 것을 보여주려는 열정을 가졌다는 것을 알게 되었습니다. 모든 지역 서비스, 스파, 미용실, 매니큐어, 페

www.theSocialMediaBible.com

디큐어 등이 있습니다. 기타 범주로 마무리하기에 적당한 내용입니다.

바로 그것이 우리의 진정한 목표입니다. 사람과 우수한 지역 업체를 연결해 주는 것 말입니다.

www.theSocialMediaBible.com을 방문하면 스테파니 이치노스와 나눈 경영진 대화 전체를 들을 수 있다.

국제적인 견해

영국

영국의 마케터들이 가장 많이 사용하는 소셜네트워크는 페이스북이다. 어떻게 보면 타당한 결과다. 왜냐하면 "물고기가 있는 곳에서 낚시를 하라fish where the fish are"란 속담이 있듯이 페이스북은 영국에서 가장 많이 사용할 뿐만 아니라 가장 많이 보급되었기 때문이다. 이것이 소셜네트워크의 실질 화폐가 사용자 기반인 이유다. 만약 여러분이 사용자 기반을 잃는다면, 브랜드와 광고 회사도 잃게 될 것이다. 다른 플랫폼으로는 트위터, 구글 플러스, 그리고 유튜브 등이 있다. 그리고 B2B 마케터를 위한 링크드인이나 트위터 등과 같이 독립된 소셜 플랫폼은 보다 널리 보급되었다. 그루폰과 같은 소셜 커머스 네트워크는 직접 대화를 이끌어 내는데 믿을 수 없는 능력을 발휘하기 때문에 커다란 관심을 받고 있다.

전략은 "발견해서 관여하자Discover and Engage"로 설명될 수 있다. 나는 제3의 소셜네트워크의 혜택을 사용자 관여 및 콘텐츠 확대라는 두 가지 측면으로 나누었다.

전략	확대	사용자 관여
전술	트윗에서 '좋아요Like/공유Share' '+1'	경쟁, 팬과 팔로어와의 교류, NPD에 대한 조언
혜택	사회적 증명, 트래픽, 발견, SEO 순위 및 발견 가능성	비용 절감, 지지, 충성, NPD 통찰력, 브랜드 수준의 사회적 증명홍보

소셜 플랫폼의 기능이 점점 다양해짐에 따라, 기회도 다양해지고 있다. 이제 사용자가 하나의 콘텐츠를 공유하는 것만으로 더 이상 충분하지 않지만 우리는 사용자가 소셜 프로파일의 질을 높이게 만들 수 있다. 예를 들면, 브랜드의 허가를 받아 브랜드에 대한 많은 정보를 가지고 있는 "디지털 자서전"인 페이스북 타임라인의 경우를 들 수 있다. 그리고 어떤 차를 갖고 싶어하는지 그리고 어떤 음악을 듣고 있는지 등과 같은 정보는 인터넷에서 단결시켜주는 접착제 역할을 하는 소셜네트워크의 다음 단계다.

www.TraderMediaGroup.com

페이스북이나 트위터에 공유되는 모든 콘텐츠에 대해, 우리는 해당 링크를 통해 평균 5.4명의 특별한 사용자로부터 회답을 받고 있다. 우리가 모집한 모든 팬이나 팔로어는 조사비용으로 매년 5~10파운드씩 받았으며 이들의 방문 빈도는 팬이 아닌 일반 사용자보다 3배 증가했다.

– 이안 맥도날드Ian MacDonald 소비자 마케팅 팀장, 트레이더 미디어 그룹Trader Media Group
www.TraderMediaGroup.com

해야 할 일 리스트

1. 검색하고 참여하라.

좋아하는 주제를 선택하여 해당 주제에 대한 토론이 지속되는 그룹이 있는 포럼을 검색한다. 게스트로 시작해서 익숙해진 다음에는 등록하여 무엇을 배울 수 있는지 한동안 확인한다. 이 포럼에서 제공하는 신뢰 네트워크와 충성도에 대해 생각하고 자신의 회사나 브랜드를 중심으로 동일한 유형의 신뢰를 구축할 수 있는 방법에 대해 생각해 보자.

2. 자신만의 포럼을 설정하라.

일부 포럼에 참여하여 이런 유형의 강력한 유대 관계를 구축하는 것이 어떤 것인지 경험해 보앞다면 다음으로 자신의 회사, 제품 또는 서비스를 중심으로 이런 유형의 커뮤니티를 만들고 싶을 것이다. 직접 시도해 봐야 한다. 유쿠는 무료로 사용할 수 있으며 이를 통해 간편하게 포럼을 만드는 것이 적합한지 확인할 수 있다.

결론

포럼은 웹상에서 가장 오래된 기술 중 하나이면서도 여전히 회사, 제품, 브랜드, 서비스, 주제를 중심으로 한 신뢰 커뮤니티를 쉽게 만들 수 있는 좋은 방법이다. 직접 시도해 보는 것이 좋다! 직접 포럼을 설정하고 친구, 직원, 고객, 잠재고객을 초대하여 자신의 관심 분야와 수행하는 일에 관련된 계속되는 대화에 참여하도록 초대해야 한다. 다른 여러 가지 소셜미디어 도구와 마찬가지로 공짜라서 그 투자 수익ROI은 상상을 초월한다.

www.theSocialMeidaBile.com을 방문하면 전문가 의견을 들을 수 있다.

www.theSocialMeidaBile.com

다운로드 : 〈소셜미디어 바이블〉과 관련된 무료 다운로드를 받으려면 www.theSocialMeidaBile.com을 방문하고 책 뒷면 바코드 위에 있는 ISBN을 입력하면 된다. ISBN 978-1-118-26974-9

www.theSocialMeidaBile.com

Notes

1) 캡차CAPTCHA: 컴퓨터와 인간을 구분하는 완전 자동화된 공개 튜링 테스트Completely Automated Public Turing

Test To Tell Computers and Humans Apart www.captcha.net는 현재 컴퓨터 프로그램으로는 통과할 수 없고 사람만 통과할 수 있는 테스트를 통해 평가하여 웹사이트를 보트bot로부터 보호하는 프로그램이다.

이 용어는 2000년 카네기 멜론 대학교의 루이스 폰 안Luis von Ahn, 마뉴엘 블룸Manuel Blum, 니콜라스 호퍼Nicolas Hopper, 존 랭포드John Langford가 만들었다. 당시 그들은 야후에서 사용한 최초의 CAPTCHA를 개발했다. 사람은 그림 7.3에 있는 것과 같은 굴절된 텍스트를 읽을 수 있지만 현재 컴퓨터 기술로는 판독할 수 없다.

www.captcha.net

2) 아톰Atom은 피드라고 알려진 파일의 속성을 설명하는 XML 기반 문서 형식이다. 피드는 엔트리entry라는 여러 개의 항목으로 구성된다. 블로그, 팟캐스트 및 뉴스와 같은 웹 콘텐츠를 웹사이트 및 집계 페이지에 신디케이션하기 위해 아톰을 사용한다.

3) 킥앱스에서 호스팅한 흰색 레이블이 붙은 플랫폼은 미디어 고수를 꿈꾸는 모든 웹 게시자에게 소셜미디어 및 온라인 동영상 기능을 제공하며, 이를 통해 모든 웹 디자이너와 개발자가 소셜미디어 락스타가 될 수 있다! 이제 킥앱스를 통해 웹 게시자들은 소셜미디어와 풍부한 미디어 사용 환경에서 제공하는 강력한 기능을 활용하여 웹사이트를 방문자와 청중의 참여도를 높일 수 있다.

THE SOCIAL MEDIA BIBLE

The Ubiquitous Blog

유비쿼터스 블로그

CHAPTER 006

www.LonSafko.com/TSMB3_Videos/06Blog.mov

제공 이익

과학자, 정신병리학자, 심리학자, 카운슬러는 개인이 경험한 내용을 일기나 일지로 기록하면 치료 효과가 있다는 사실을 오래 전부터 알고 있었다. 블로그는 개인의 생각과 활동을 편하게 기록할 수 있는 도구를 제공한다. 일지를 기록하면 기억력과 수면이 개선될 뿐만 아니라 이제는 손익에까지 영향을 미치게 된다.

20세기에 뉴스를 정의하고 대중이 뉴스를 보는 방식을 결정한 이들은 전문 리포터와 출판업자였다. 21세기에도 이런 결정을 하는 일부 전문가들이 있다. 그런데 한편으로는 셀 수 없을 정도로 많은 개인 리포터와 게시자들이 우리에게 매일매일 뉴스를 전해 주고 있다.

지금까지 커뮤니케이션은 양방향 과정이었으나, 최근 몇 년 간 잠재고객과 고객에 대한 커뮤니케이션 방법이 극적으로 달라졌다. 소셜미디어 디지털 도구를 사용하면서 리포팅이 줄어들고 대화가 늘어났다. 웹로그 또는 블로그는 이런 유형의 커뮤니케이션을 가장 간편하고 효과적으로 수행하는 통로다. 블로그는 커뮤니케이션을 형성하고, 커뮤니케이션은 신뢰를 구축한다. 블로그를 만들고 액세스하는 데에는 돈이 들지 않는다. 〈타임〉 지는 '2006년 올해의 인물'로 '여러분'을 선정했는데, 2006년에 블로거와 기타 사용자 생성 콘텐츠에 기여한 사람들이 바로 그들이다.

처음으로 돌아가서

블로그blog란 용어는 온라인 일지를 나타내는 다른 표현인 웹로그web log에서 유래되었다. 미국인 블로거이며 저자인 존 바거Jorn Barger가 1997년 12월 처음 이 구절을 만들어 냈고, 이어서 1999년 5월 피터 머홀즈Peter Merholz가 WeBLOG란 말을 We Blog로 분리하여 자신의 웹페이지www.Peterme.com 사이드 바에 사용했다.

www.Peterme.com

기업가인 에반 윌리엄스Evan Williams는 웹로그에 게시하는 것을 지칭하면서 처음으로 블로그란 단어를 동사와 명사 형태로 모두 사용했으며 공식적으로 블로거blogger란 용어를 만들었다. 전 세계 최대의 블로깅 플랫폼인 피라 랩Pyra Lab의 블로거닷컴Blogger.com 개발자 윌리엄스 외에 누가 이 일을 더 잘할 수 있겠는가?

HTTP가 널리 사용되기 전인 1983년에서 1990년까지라는 유즈넷Usenet이란 서비스가 월드와이드웹을 통해 통신하는 기본 매체였다. 유즈넷에는 그룹이나 개인이 통제하는 조정자가 있는 뉴스그룹 기능이 있었다. 사실 이런 뉴스그룹은 간단한 포럼에 불과했다. 이 무렵에 최초의 개인 블로거로 알려진 브라이언 레드만Brian E. Redman은 인터넷에서 찾아낸 재미있는 정보에 대한 요약

을 게시하기 시작했으며 그렇게 해서 mod.ber그의 이름 머
리글자 B.E.R.을 따서란 자신의 블로그를 만들었다.

개인 블로그가 오늘날처럼 대중화되기 전인 1990년
중반으로 거슬러 올라가면 초기 ISP인터넷 서비스 공급자이며
전자게시판BBS과 포럼 서비스를 제공했던 지니GEnie, 비
아이엑스BiX, 어스링크EarthLink, 프로디지Prodigy, 컴퓨서
브CompuServe와 같은 온라인 커뮤니티가 있었다. 이후에
사람들은 이런 유형의 인터넷 소프트웨어를 사용하여
온라인 일기나 일지에 개인적인 일상 활동을 기록했다. 이들은 스스로를 다이어리스트diarist, 저널
러journaler, 저널리스트journalist라고 불렀다. 1994년 스와트모어 대학생인 저스틴 홀Justine Hall은 최초
의 블로거로 인정받았다. 제리 퍼넬리Jerry Pournelle와 소프트웨어 엔지니어 데이브 위너Dave Winer는
가장 오래 운영되고 있는 웹로그인 '스크립팅 뉴스scripting.com'를 설립했다.

1994년 착용 가능한 컴퓨터와 아이탭EyeTap을 사용하여 실시간으로 방송한 텍스트, 사진, 동영
상이 포함된 Wearable Wireless Webcam이란 온라인 다이어리 역시 초기 블로그 중 하나로 인
정되고 있다14장 '라이브캐스팅' 참조. 이런 활동은 오늘날에는 구체적으로 라이브캐스팅livecasting이라 부
르지만 당시에는 동영상 저널의 형태로 개인 생활을 반자동으로 블로깅한 초기의 한 형태로 보았다. 이런 유형의 라이브캐스팅은 현장을 목격한 참여자의 관점에서 활동을 녹화했다는 의미에서 감시sousveillance라고도 한다.

1990년대 중반에 다른 온라인 저널이 인터넷에 등장하기 시작했다. 컴퓨터 프로그래머인 존 카맥John Carmack은 이 시기에 자신의 'idSoftware' 웹사이트에 여러 사람이

Blogger.com

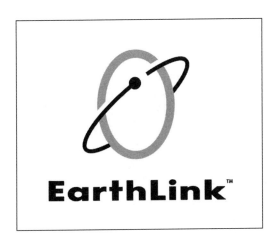

그림 6.1 EarthLink

읽을 수 있는 일지를 기록했다. Cary의 QuakeholioShacknews 비디오 게임 개발자인 스티브 깁슨Steve Gibson과 Blue's News의 스테판 히슬립Stephen Heaslip은 1995년부터 온라인에서 활동했다. 1997년 2월 8일 깁슨은 리츄얼 엔터테인먼트Ritual Entertainment에서 블로그를 담당하는 전임 직원으로 고용되었으며, 처음으로 월급을 받는 블로거가 되었다.

생물학자이며 환경학자인 글렌 베리Glen Barry 박사는 1993년 1월에 정치 블로그를 시작했으며 이것은 역사상 가장 오래되고 가장 규모가 큰 정치 블로그가 되었다. 원래 가이아 숲 보존 아카이브Gaia's Forest Conservation Archives라고 부르던 것이 이제는 숲 보호 블로그forests.org/blog가 되었으며, 베리는 이 블로그를 숲을 보호하려는 열정을 발산하는 통로이자 자신의 박사학위 취득 프로젝트로 시작했다. Forests.org는 세계에서 가장 큰 환경 관련 웹사이트 포털로 발전했다.

초기 블로그는 HTML 코드를 유지 관리할 수 있을 정도의 기술 지식이 가능한 표준 HTML 웹사이트를 지속적으로 업데이트한 어려운 과정이었다. 그러나 최근에 브라우저 기반 블로그 플랫폼이 개발되면서 시간의 역순으로 기사를 간편하게 게시할 수 있고 퍼머링크permalink, 블로그롤blogroll, 트랙백TrackBack과 같은 원클릭 편집 기능을 통해 다른 블로그나 웹페이지에 간편하게 링크할 수 있다그림 6.2. 결국 기술 지식이 없는 보통 컴퓨터 사용자도 블로그 기능을 액세스할 수 있게 되었다.

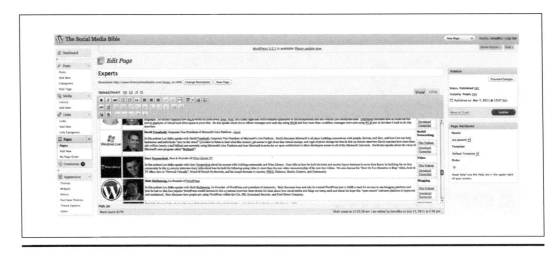

그림 6.2 TSMB Dashboard

블로거닷컴Blogger.com이나 고잉온닷컴GoingOn.com과 같은 호스팅된 서비스에서 사용하거나 워드프레스WordPress, 블로거Blogger, 무버블타이프MovableType, 라이브저널LiveJournal과 같은 소프트웨어를 설치한 서버에 호스팅할 수 있다.

Blogger.com

GoingOn.com

1990년대 중반에는 개인이든 회사든 대부분의 웹사이트에 날짜별로 정렬되는 새로운 내용 또는 뉴스 섹션이 있었다. 본질상 이것이 가장 초기 형태의 뉴스 기반 블로그였다. 그런 웹페이지 중 하나인 맷 드러지Matt Drudge가 만든 인기 있는 드러지 리포트Drudge Report는 친구들에게 보낸 이메일로 아주 간단하게 구성되었다. 1998년에는 공정성 위원회Institute for Public Accuracy가 일주일에 여러 차례 1문단으로 된 뉴스 자료를 게시했다. 1999년까지는 블로그 사용이 서서히 증가했다가 2006~2008년 사이에 급속도로 확대되었다. 이 책을 쓰는 시점에 전 세계 블로그의 수는 2억 개에 육박하고 있다.

1998년 10월 독자가 블로거의 게시물에 피드백을 제공할 수 있는 독자 의견을 개발하고 도입한 서비스인 오픈 다이어리Open Diary가 출시되었다. 1999년 8월 〈샤롯데 옵저버〉Charlotte Observer의 리포터 조나단 두비 Jonathan Dube는 최초로 뉴스 사이트에 블로그를 사용한

Blogger.com

것으로 알려진 자신의 블로그에 허리케인 보니Bonnie를 연대순으로 게시했다.

1999년 3월 저명한 블로거이며 프로그래머이고 소프트웨어 저자인 브래드 피츠패트릭Brad Fitzpatrick은 사용자가 블로그나 저널을 방문할 수 있는 가상 커뮤니티인 라이브저널LiveJournal을, 같은 해 7월 블로거 앤드류 스메일스Andrew Smales는 기존의 웹사이트에 뉴스 페이지를 유지하는 것보다 간편한 블로그 버전인 파이타스닷컴Pitas.com을 만들었다. 1999년 8월 피라 랩Pyra Labs의 에반 윌리엄스Evan Williams와 메그 허리한Meg Hourihan은 블로그 게시 시스템인 블로거닷컴Blogger.com을 시작했으며 2003년 2월 구글이 인수했다. 1999년 9월 개인 일기 커뮤니티에 치중한 다이어리랜드Diaryland라는 사이트가 시작되었다.

그러나 사람들이 개인적인 삶과 일상에 대해서만 블로깅한 것은 아니었다. 2001년 미국에서는 일부 인기 있는 정치 블로그가 등장했다. 영국의 정치 논평가이며 연설자인 앤드류 설리반Andrew Sullivan은 앤드류설리반닷컴AndrewSullivan.com을, 변호사이며 저널리스트인 론 군츠버거Ron Gunzburger는 자신의 폴리틱스원닷컴Politics1.com을 만들었고, 정치 관련 수필가이며 저자인 태간 고다드Taegan Goddard는 폴리티컬 와이어Political Wire를 시작했다. 그리고 테네시 대학교 법학 교수이며 〈파퓰러메카닉〉 편집자인 글렌 레이놀드Glenn Reynold는 인스타펀딧Instapundit을 설립했고, 전 재즈기타 연주자이며 소프트웨어 개발자인 찰스 존슨Charles Johnson은 리틀 그린 풋볼Little Green gootballs을 세웠고, 공화당 정치 전략가인 제롬 암스트롱Jerome Armstrong은 마이디디myDD를 시작했다. 블로깅은 주류가 되기 시작했으며 사용 방법 안내서가 인기를 끌게 되었고, 언론학과에서는 블로깅과 전통적인 유형의 저널리즘을 비교 연구하기 시작했다.

AndrewSullivan.com

Politics1.com

2002년에 미국 상원 주류 지도자인 트렌트 롯Trent Lott이 미국 상원의원 스트롬 터몬드Strom Thurmond를 기념하는 파티에서 한 논평은 블로거들의 관심을 끄는 이야깃거리가 되었다. 롯은 가장 오랜 기간 상원 의원으로 활동한 터몬드가 대통령이 되었다면 미국이 좀 더 나은 나라가 되었을 것이라고 칭송했다. 롯을 비판하는 사람들은 그의 논평이 1948년 대통령 선거운동에서 터몬드가 종교적 차별을 지지했던 입장에 동조한 것이라고 해석했다. 이런 견해는 조시 마샬Josh Marshall 토킹포인트Talking Points www.talkingpointsmemo.com와 같은 블로거가 찾아낸 녹음된 인터뷰에서 재확인되었다. 이 사건에서 가장 흥미로운 점은 롯의 논평이 미디어가 참석한 공개 석상에서 이루어진 것이었지만, 주요 미디어 기관은 블로그가 이 이야기를 터뜨리기 전까지는 논란의 여지가 많은 논평을 보도하지 않았다는 것이다. 결국 이런 블로깅 때문에 정치적인 위기감이 고조되었고, 그 결과 롯은 주류파 지도 직에서 물러났다. 이 이야기의 파급 효과는 뉴스 배포의 수단으로서의 블로그에 대한 신뢰도를 높여주었다.

블로깅은 연설이나 TV 이벤트에 표시되는 자막 기록 또는 편집 완료를 뜻하는 경우도 있기 때문에 시대에 잘 맞는 간단한 용어인 셈이다. 예를 들어 "저는 TV에서 진행되는 연설에 대한 반응을 블로깅하고 있습니다"라는 표현으로 라이브블로깅에 대해 말할 수 있다. 대부분의 프레젠테이션은 트위터 마이크로블로깅을 사용하여 라이브로 트윗된다트위터에 대한 자세한 내용은 13장 '마이크로블로깅 선호' 참조. 구할 수 있는 가장 생생한 최신 정보를 사용하여 이런 정보 단편을 발표자의 추종자나 사용자의 블로그로 트윗할 수 있다.

실제로 최근 주말 팟캠프PodCamp에서 소셜미디어에 대해 프레젠테이션하는 동안 청중 사이에서 키득거리는 소리가 퍼졌다. 발표자는 잠시 중단하고서 왜 웃는지를 물었다. 어떤 사람이 다른 청중이 발표 내용에 오타가 있다고 트윗으로 알려주었다고 털어놓았다. 발표자는 잠시 중단하고 오류를 수정한 다음에 블로깅한 청중에게 고맙다고 말했다. 아주 참신하지 않은가?

그림 6.3 Blooker Award

2004년에 블로그는 더 널리 보급되었다. 뉴스 서비스, 정치 자문, 정치 후보자는 유권자에게 다가가고 선거 운동을 위한 의견을 조사하기 위해 블로그를 사용했고 지원자의 유대를 강화했다. 2004년 여름 블로그는 민주당과 공화당의 전당대회에서 표준 홍보 전략 도구가 되었다. 크리스 매튜Chris Matthew의 MSNBC 프로그램 하드볼Hardball과 기타 주류 TV 프로그램은 블로그를 만들었다. 같은 해 미리엄 웹스터 사전Merriam-Webster' s Dictionay은 '블로그'를 올해의 단어로 선정 발표했다.

2004년 쓰나미 이후 블로그는 특히 중요한 뉴스 자료가 되었다. 메데신스 산 프로터어스 Medecins Sans Frontieres 같은 사이트는 SMS 텍스트 메시지를 사용하여 스리랑카와 남부 인도의 피해 지역에서 보도 자료를 전송했다. 그리고 2005년 8월 허리케인 카트리나가 발생한 이후에 뉴올리언스New Orleans에 있던 몇몇의 블로거가 간신히 전기와 인터넷을 연결하고서 피해 상황에 대해 블로깅했다. 인터딕터Interdictor와 걸프세일Gulfsails과 같은 블로그는 주류 미디어가 다루지 않은 정보를 배급할 수 있었다.

2005년 1월 〈포춘〉 지는 사업가들이 '무시할 수 없는' 여덟 명의 블로거를 선정했다. 피터 로자스Peter Rojas, www.crunchbase.com/person/peter-rojas, 세니 자르딘Xeni Jardin, www.boingboing.net, 메나Mena, 벤 트로트Ben Trott, www.sixapart.com, 조나단 슈워츠Jonathan Schwartz, www.blogs.sun.com/jonathan, 제이슨 골드만Jason Goldman, www.goldtoe.net, 로버트 스코블Robert Scoble, www.scobleizer.com, 제이슨 칼라카니스Jason Calacanis, www.calacanis.com.

www.crunchbase.com/person/peter-rojas

www.boingboing.net

www.sixapart.com

www.goldtoe.net

www.scobleizer.com

www.calacanis.com

2007년 미디어 전문가인 팀 오렐리Tim O' Reilly는 예절을 강화하자는 블로거 행동 강령Blogger' s Code of Conduct을 제안했다. 이 강령은 '블로거 캐티 시에라'에 대한 협박의 결과로 제안된 것이다. 팀 오렐리는 "용인되는 행위에 대한 행동 강령이 필요하다고 생각하고, 자율 규정으로 정착되기 바라며 강제 규정이 되는 것은 원하지는 않는다"라고 했다.

http://oreil.ly/AfULt

http://radar.oreilly.com/2007/04/code-of-conduct-lessons-learne.html; http://oreil.ly/AfULt.

이런 클릭 가능한 링크 전체는 www.theSocialMedia-Bible.com에서 액세스할 수 있다.

알아야 할 사항

블로그 또는 웹로그는 의견, 생각, 아이디어를 포함한 게시물을 주기적으로 올리는 개인이 유지하는 웹사이트다. 여기에는 사진, 그래픽, 오디오, 동영상을 포함할 수 있다. 흔히 게시물은 최신 것이 먼저 표시된다. 대부분의 블로그는 특정 주제에 대한 뉴스와 콘텐츠를 제공하는 한편 개인 일지로 운영되는 것도 있다. 블로그에는 보통 텍스트, 이미지, 동영상, 해당 블로그의 주제와 관련된 다른 블로그 및 웹사이트에 대한 링크가 있다. 블로그의 가장 중요한 기능은 사용자가 의견을 통해 저자와 상호작용할 수 있다는 것이다. 대부분의 블로그가 텍스트로 구성되지만 다수의 블로거들은 아트아트블로그, 사진포토블로그, 스케치스케치블로그, 음악뮤직블로그, 오디오오디오블로그, 이상 9장 '팟캐스트-오디오 생성' 참조 또는 팟캐스트 블로그를 선호한다. 팟캐스트가 오디오와 동영상 모두를 의미하는 것처럼 블로깅도 어떤 것에 대한 의견을 작성하는 모든 사람을 지칭한다.

블로그는 개인적일 수도 있고 비즈니스와 관련될 수도 있다. 비즈니스 블로그는 직원 간의 내부 커뮤니케이션을 위해 사용하거나 일반 사람들이 볼 수 있도록 디자인할 수도 있다. 판매, 마케팅, 브랜딩, PR, 고객 및 잠재고객과의 커뮤니케이션에 사용되는 블로그를 흔히 회사 블로그corporate blog라고 한다.

블로그는 다양한 범주로 구분될 수 있다. 그중 한 가지는 독자가 의견, 제출 양식이나 이메일을 통해 질의를 제출할 수 있는 질문 블로그Q로그라는 기능을 제공한다. 블로그 작가나 관리자가 이런 질문에 답변을 담당한다. 주로 동영상을 게시하는 블로그 사이트를 V로그비디오 블로그 웹사이트라고 하며, 다른 블로그에 대한 링크만 게시하는 블로그를 링크로그linklog라고 한다. 짧은 게시물과 여러 가지 리치 미디어를 게시하는 블로그를 텀블블로그tumbleblog라고 하며, 법률문제와 정보를 다루는 블로그를 blawg라고 한다. 물론 적법하지 않은 스팸 블로그를 스플로그Splog라고 한다. 인터넷상에 있는 모든 블로그 전체를 블로고스피어blogosphere라고 하며, 동일한 지역에 위치한 블로그 집합을 블로그후드bloghood라고 한다.

대부분의 블로그가 재미삼아 만들고 유지되는 한편, 광고의 도움을 받는 것도 많다. 사이트에서는 구글의 애드센스AdSense와 같은 콘텐츠별 배너와 기타 유형의 광고 배치와 같은 자원을 활용한다. 월간 트래픽이 많은, 보다 규모가 크고 유명한 블로그는 광고로 막대한 수입을 올리기 쉽다. 전 세계에는 이러한 다양한 블로그가 있기 때문에 블로그를 전문으로 하는 검색 엔진에 기회가 주어진다. 일반적인 구글과 야후 검색 엔진 이외에도 다른 유형의 검색 엔진은 블로그에만 해당하는 옵션을 가지고 있다. 블로그카탈로그BlogCatalog, 마이블로그로그MyBlogLog와 같이 독자가 특정 관심 영역에 대한 블로그를 찾을 수 있도록 지원하는 온라인 커뮤니티가 있다. 또한 블로그라인Blogline, 블로그스코프BlogScope, 이 책을 저술하는 시점에서 가장 인기가 높은 블로그 검색 사이트인 테크노라티Technorati가 있다. 테크노라티 www.Technorati.com는 실제로 게시물에서 사용되는 가장 인기 있는 검색어 및 태그 목록을 제공한다태그에 대한 자세한 내용은 4장 '웹페이지의 세계' 참조.

www.Technorati.com

온라인 글로벌 대화와 관련된 정보를 수집, 강조, 배포하여 블로거가 성공을 거두도록 지원하기 위해 설립된 사이트인 테크노라티에서 높은 등급을 받으면 블로그의 인기도가 크게 올라간다. 테크노라티는 수신 링크LinkLove의 수와 알렉사Alexa 사용자 히트를 기준으로 각 블로그의 등급을 결정하고 지정한다. 선도적인 블로그 검색 엔진이고 블로고스피어에서 가장 포괄적인 정보 소스인 테크노라티는 150만 개 이상의 새로운 블로그에 대한 색인을 실시간으로 만들고, 수백만 명의 독자에게 블로그와 소셜미디어 콘텐츠를 소개한다.

블로그를 유지하는 작업에는 상당한 노력이 필요하다이 책을 저술하는 동안 여섯 번 정도밖에 업데이트를 하지 못했고 자주 트윗하지 못했다. 그 결과 애독자 중 한 명에게서 거센 항의를 받았다.

가트너 리서치 그룹Gartner Research Group은 많은 사람들이 단지 블로그가 어떤 것인지 확인하려고 만들기 때문에, 블로그가 지닌 참신함이 결국에는 사라질 것이라고 예측했다. 가트너는 새로 블로그를 만드는 사람의 수가 블로그에 지루함을 느껴서 그만두는 사람의 수를 앞설 것이며, 약 200만 명 이상의 블로거가 이미 블로그 게시를 중단함으로써 인터넷 쓰레기dotsam and netsam, flotsam and jetsam의 단어 유희 또는 웹상의 필요 없는 개체 수가 엄청나게 늘어나게 되었다고 추산한다.

사이버 저널 리스트 닷넷CyberJournalist.net의 J−blog 목록에 따르면, 현재 300명 이상의 주류 저널 리스트가 블로그를 작성하고 있다.

기존의 블로거 중 많은 사람들이 이제 전통적인 미디어로 옮겼으며, 그중에 진보적인 미디어 학자인 던칸 블랙Duncan Black, 가명 아트리오스(Atrios)로 유명, www.eschatonblog. com, 인스타펀딧Instapundit's의 글렌 레이놀드Glenn Reynolds, www.pajamasmedia,com/instapundit, 분석자이며 현재 데일리 코스의 이벤트 리포터인 마르코스 물리차스 주니가Markos Moulitsa Zuniga, www.dailykos.com, 미국 작가이며 미래학자인 월드체인징 Worldchanging의 알렉스 스테펜Alex Steffen, www.worldchanging.com, 타임닷컴Time.com, 다임닷컴의 편집자이며 저자인 마리 콕스Marie Cox, www.wonkette.com, 등은 모두 라디오와 TV에 출연했다.

CyberJournalist.net

www.eschatonblog.com

www.pajamasmedia.com/instapundit

www.dailykos.com

www.worldchanging.com

Time.com

www.wonkette.com

washingtoniennearchive.blogspot.com

다수의 블로거는 처음 블로그에 게시한 내용을 기반으로 해서 책을 출판했다. 이런 블로그 기반의 도서를 블룩_{blook}이라고 한다. 여기에는 바그다드_{Baghdad} 블로그의 살람 팍스_{Salam Pax}가 쓴 〈The Clandestine Diary of an Ordinary Iraqi〉, 엘렌 시모네티_{Ellen Simonetti}의 〈Diary of a Dys-functional Flight Attendant: The Queen of Sky Blog〉, 제시카 커틀러_{Jessica Cutler}의 〈The Washingtonienne: A Novel〉 washingtoniennearchive.blogspot.com, 스캇 오트_{Scott Ott}의 〈ScrappleFace〉 www.scrappleface.com이 있다.

www.scrapple-face.com

2005년에는 최고의 블로그 기반 도서를 시상하는 룰루 블루커 상_{Lulu Blooker Prize}이 제정되었다. 지금까지 〈뉴욕타임스〉 베스트셀러 목록에 들어간 유일한 수상자는 〈I Hope They Server Beer in Hell〉을 저술한 터커 맥스_{Tucker Max}다. 그는 "저는 터커 맥스입니다. 정말 보잘것없는 사람입니다"라고 말했다.

저가가 된 블로거의 또 다른 예는 2009년에 줄리에 앤 줄리아_{Julie & Julia}라는 영화로 만들어졌던 줄리에 파월의 '줄리에/줄리아 프로젝트'다. 노라 에프론_{Nora Ephron} 감독이 각색하고 만든 이 영화는 매릴 스트립과 에이미 아담스가 주연을 맡았고, 여주인공인 매릴 스트립은 여우주연상에 노미네이트되었다. 이 영화는 1년 동안에 어린이 요리책 레시피를 이용해 524가지의 요리를 만든 줄리아 차일드와 줄리에 파월의 인생을 기초로 만들었다. 이것은 파월이 2004년에 블로그에 자신의 삶을 기록한 것이다_{http://en.wikipedia.org/wiki/ Julie_%26_ Julia}.

http://en.wikipedia.org/wiki/Julie_%26_Julia

관심, 평판, 관리, 그리고 수익을 위해 트윗하는 비스타프린트

배경

비스타프린트Vistaprint 홍보팀은 다양한 소셜네트워크에서 회사의 브랜드에 대한 다양한 의견들이 돌아다니는 것을 발견했다. 전반적으로 긍정적인 분위기였지만, 홍보팀은 게시물이 긍정적인 내용부터 부정적인 내용까지 온갖 감정과 그 사이사이에 모든 감정을 표현하고 있는 게시물들이 있다는 사실을 알게 되었다. 그리고 소셜미디어가 분명히 영역을 확장하고 있는 마케팅 매체였기 때문에 어디에 영향을 주는지, 어디로 연결되는지, 그리고 어떻게 연결하는지 등을 조사하기로 결정했다.

전략

회사가 개입하든 안하든 비스타프린트사에 대한 이야기를 나누고 있기 때문에 홍보팀은 긍정적이든 부정적이든 간에 모든 댓글은 반응을 이끌어 내고 있다고 판단했다. 원래 트위터와의 상호작용은 고객 및 잠재고객과의 소통 수준을 높이는 것을 초기 목표로 계획한 동시에 홍보팀은 트위터에서 고객 서비스를 제공하고 수익을 창출할 수 있을 것으로 기대했다. 그리고 수익을 창출하기 위해 적극적인 할인보다는 우회적인 방법을 사용했다. 예를 들면, "@jeffespo는 관심을 가져준 것에 대해 @jaykeith에게 감사하고 있습니다" 등이 있다. 만약 관심이 있다면, www.vistaprint.com/twitter에서 확인할 수 있다. 기준을 정하여 진짜로 고객 서비스 부서와의 관련 여부를 판단할 수 있도록 홍보팀에서 처음 고객 서비스 문의를 처리했다.

www.vistaprint.com/twitter

시행

시행 전, 비스타프린트 홍보팀은 3개월에 걸쳐 대화가 발생하는 장소를 모니터했다. 트위터빌Twitterville의 모든 주민들이 말하는 의견들을 살펴본 홍보팀은 대응을 위한 틀을 마련했다. 홍보팀은 특정 상황에 대해 정해 놓은 메시지를 사용했지만 트윗에 대한 메시지는 정하지 않았다. 이렇게 대응하는 방법은 브랜드에 개성을 부가했을 뿐만 아니라 자동화된 도구나 봇에 의해 운영되는 계정이라는 느낌도 피하게 되었다.

비스타프린트사는 @Vistaprint 계정을 사용하여 트위터에서 소통하기 시작했는데 홍보팀에서 이것을 전담했다.

12개월 후, 홍보팀은 고객 서비스 문제가 증가하고 있다는 사실에 주목하고 두 번째 계정을 만들었다. 비스타프린트사의 고객 서비스 팀은 새로운 계정인 @VistaprointHelp를 담당하며 모든 고객 서비스관련 질문을 처리하고 있다.

홍보팀은 대화를 모니터링할 수 있는 도구로 코-트윗Co-Tweet을 선택했다. 코-트윗은 여러 사용자들은 웹-기반 애플리케이션인 코-트윗을 사용하여 회사 계정에 접속할 수 있고 작업의 흐름workflow을 할당할 수 있을 뿐만 아니라 사용자들과 함께 전체 대화 스레드conversation thread도 볼 수 있다.

기회

e-소매 업체e-retailer로서 비스타프린트사는 인터넷의 변화무쌍한 풍경에 대해 알고 있으며, 오프라인 거래 장소가 없기 때문에 고객층을 확대하고 고객과 닿을 수 있는 새로운 장소를 끊임없이 찾고 있다. 트위터의 지속적인 성장과 주류 사회와의 통합과 함께 비스타프린트사의 상호작용으로 인해 회사 브랜드에 대한 인식을 높이며 새로운 고객을 끌어드릴 것이다.

www.vistaprint.com

결과

시간을 투자한 홍보팀의 전략은 회사의 주요 계정 @Vistaprint와 @Vistaprinthelp을 통해 1만2,300건 이상의 대화를 관리하는 것이다. 2009년 회계 연도 동안, 회사는 목표로 했던 소프트 판매 URL에서 2만5,000달러의 주문을 받았다.

– 제프 에스포시토Jeff Esposito

www.vistaprint.com

전문가 의견

맷 물렌베그Matt Mullenweg, 워드프레스 공동 설립자, www.WordPress.com

맷 물렌베그

저는 항상 자신만의 표현 방법을 갖고 싶었습니다. 언제나 글을 쓰고 게시하는 것을 좋아했습니다. 그런 활동이 정말 즐거웠으며 스스로 독자들과의 진정한 상호작용을 할 수 있기 때문입니다. 블로깅 자체도 멋있지만, 제가 블로그를 운영하는 이유는 사람들의 의견을 듣고 싶어서입니다. 설사 제가 뭔가 잘못된 이야기를 하더라도 독자들이 틀린 점을 지적해줄 것이라고 믿습니다.

전 세계 사람들에게 다가간다는 것은 정말 멋진 일입니다. 이런 방법이 아니라면 그들을 결코 만나지 못했을 것입니다. 제 블로그가 개인적이기 때문에 관심 분야가 같은 사람들이 모입니다. 재즈나 경제학, 사진, 워드프레스에 대한 관심일 수 있습니다. 제가 블로깅을 시작한 이유는 얻는 대가가 아주 많았기 때문입니다...

사람들은 대부분 검색 엔진을 잘 활용합니다. 실제로 워드프레스를 찾기 위해 아주 많은 기술을 동원하거나 특별한 일을 하지는 않습니다. 콘텐츠를 잘 정리하고 블로그 게시물에 대한 영구적인 위치를 확보하면 됩니다흔히 퍼머링크permalink라고 하는 것. 제목이나 게시물에 대하여 HTML 제목, 태그 또는 제목 태그에 적합한 제목을 바르게 사용하는 것입니다. 이런 것들은 다소 기이해 보일 수 있지만 의미를 중심으로 하여 좋은 구조를 가진, 자주 업데이트되는 콘텐츠를 만들면 검색 엔진에서 이런 콘텐츠를 알아서 웹상의 좋은 자료로 제시하려고 할 것입니다.

사용자의 95퍼센트 이상이 다양한 계층이라는 것은 개발 과정에서 인지하고 있었습니다. 그래서 새로운 버전을 출시하기 일 년 전에 미리 일정을 계획합니다. 그러나 사용자가 요구하는 기능을 중심으로 새로 발표할 기능을 정의하게 됩니다. 가령, 최근 버전을 발표할 때 위키와 비슷한 추적 기능을 추가했습니다. 덕분에 게시물의 모든 버전을 영구히 저장하게 되었습니다. 사용자가 실수를 했거나, 그냥 편집할 경우라도 이전에 변경된 내용을 정확하게 확인할 수 있습니다. 물론 그런 기능이 있는지조차 모르는 사용자도 있을 것입니다. 그러나 이것은 경쟁업체에서는 생각하지도 못한 강력한 기능입니다. 이런 것을 초기에 준비할 수 있었던 것은 우리가 커뮤니티의 목소리를 경청했기 때문입니다...

오픈 소스의 과정에서 주도적인 역할을 하려면 사람들에게 감동을 주어야 합니다. 돈을 지불하지 않더라도 사람들이 모여들어서 즐겁게 일할 수 있는 구심점이 되어야 한다는 말입니다. 유인책에는 당근만 있으면 됩니다. 그러므로 즐겁게 참여할 수 있는 환경을 조성하면 사람들이 모여들고 알아서 상호 영향을 주면서 작업을 조정하는 놀라운 방식이 정착될 것입니다.

www.theSocialMediaBible.com

www.theSocialMediaBible.com을 방문하면 맷 물렌베그와 나눈 경영진 대화 전체를 들을 수 있다.

국제적인 견해

아일랜드

"아일랜드는 소셜미디어를 받아들였다"라고 말하는 것은 절제된 표현일 것이다. 최근에 조사한 데이터에 의하면, 아일랜드는 유럽 내 소셜미디어 사이트의 사용자가 네 번째로 많았고 국제적으로는 비즈니스 사용자가 가장 많았다. 그리고 글로벌 사무실 임대 전문 업체인 리저스Regus의 조사에 따르면, 아일랜드의 비즈니스의 64퍼센트는 블로그, 게시판, 온라인 포럼, 그리고 소셜네트워크 사이트 등을 활용하여 고객 충성도 및 평판을 쌓을 뿐만 아니라 기존 고객과 교류 및 관계를 맺고 있다. 현재 세계 평균이 52퍼센트라는 것을 고려할 때, 절제된 표현이라고 했던 말의 의미를 이해할 수 있을 것이다여기서 흥미로운 점은 아일랜드 비영리 기관의 90퍼센트가 사내 연락 수단으로 소셜미디어를 활용한다는 점이다.

아일랜드 비즈니스 분야의 44퍼센트가 고객을 유치하기 위해 소셜미디어를 활용하고 있기 때문에 우리는 소셜미디어를 비즈니스 전략에 꾸준히 포함시켰다. 이것은 조사했던 회사의 52퍼센트가 직원들에게 링크드인과 같은 온라인 네트워크 그룹에 참여하도록 적극적으로 격려한다는 사실을 뒷받침할 수 있다. 사실 아일랜드는 링크드인의 보급률이 가장 높은 나라 중 하나다.

아일랜드의 활발한 비즈니스 소셜미디어 활동을 조사한 결과, 비즈니스 분야의 53퍼센트에서 정보의 중요 재원으로 소셜미디어를 활용하고 있었다. 그리고 비즈니스의 48퍼센트는 나머지 나라와 동일한 전략인 고객 관심, 이익, 참여, 평판, 그리고 온라인 판매 등을 따랐다.

온라인 의사소통을 위한 주요 플랫폼은 일관되고 창조적인 콘텐츠로 시장에서 승리한 페이스북, 유튜브, 그리고 트위터 등 소셜미디어의 삼위일체다.

성공의 주요 요인은 비즈니스 마케팅 전략 안에서의 소셜미디어 병합과 신속한 인도다. 이것은 적극적인 온라인 고객 참여를 이용하면 도움이 된다. 개인 비즈니스 분야의 대다수는 온라인에서 적극적으로 경쟁하고 있으며 SME 아일랜드 비즈니스 분야에서 소셜미디어가 성장 중이다. 소셜미디어를 성공적으로 사용하고 있는 대다수의 회사들은 내부 리뷰와 온라인 소셜미디어 브랜드에 헌신적인 직원을 갖춘 일관된 콘텐츠 계획을 가지고 있다. 스마트폰을 이용하여 사진 및 동영상을 게시하고 온라인 커뮤니티에 접속할 수 있는 접근 용이성과 독특한 맞춤형 실제 디지털 포스팅에 대한 열망으로 이런 교류가 양쪽 모두의 마음에 들게 되었다. 소규모 기업의 44퍼센트가 소셜미디어 플랫폼을 통해 새로운 고객을 유치하는 반면 중규모 회사는 36퍼센트 그리고 대기업은 28퍼센트라고 봤을 때 소규모 기업은 소셜미디어에 대해 흥미가 높다.

페이스북은 아일랜드 비즈니스에서 가장 많이 사용되는 통신 미디어다. 최근 도입한 "페이스북 인사이트FaceBook Insights"는 내부 경영을 콘텐츠와 온라인 포스팅에 대한 전문적이며 균일한 접근 방법으로 이끌어가려는 적극적인 조치였다.

비즈니스가 성장할 수 있도록 소셜미디어에 의지하는 아일랜드 비즈니스의 75퍼센트와 온라인에서

www.judetorley.com

고객과 적극적으로 교류하는 비즈니스를 따라 고객 서비스와 전문적인 경험을 통한 새로운 원동력으로의 변화가 적극적으로 이루어졌다.

– 쥬드 토레이_{Jude Torley}

www.judetorley.com

출처: 정보와 참고

EU's Eurobarometer: ec.europa.eu/public_opinion/index_en.htm

www.regus.presscentre.com/Resource-Library/SocialMedia-1cf.aspx

www.wheel.ie/news.new-research-shows-non-profit-sector-leading-way-social-media

ec.europa.eu/public_opinion/
index_en.htm

www.regus.presscentre.com/
Resource-Library/SocialMedia-1cf.aspx

www.wheel.ie/news.new-research-
shows-non-profit-sector-leading-way-
social-media

해야 할 일 리스트

이 장에 대해 조사하면서 데이비드 리슬리_{David Risley}의 〈50 Rapid Fire Tips for Power Blogging〉에 있는 몇 가지 항목을 추려서 '해야 할 일 리스트'의 형태로 바꾸어서 제시하려고 했다. 그러나 데이비드의 목록에 좋은 내용이 너무 많아서 골라내는 것보다 모두 싣는 게 독자에게 유익하다는 결론을 내렸다.

파워 블로깅을 위한 50가지 팁

나는 지금까지 몇 년 간 직업으로 블로깅을 해 왔으며 그동안 배운 점이 많아서 오늘은 신속한 팁을 한꺼번에 전달하려고 한다. 여기에서 다루는 목적은 (1) 블로그를 찾아오는 트래픽을 늘리고 (2) 돈을 버는 것이다. 그럼 시작해 보자특별히 순서가 정해진 것은 아니다.

1. 워드프레스를 사용한다. 다른 플랫폼은 이렇게 유연하게 모든 플러그인을 제공하지는 않는다.

2. 자주 게시한다. 보통 기본으로 하루에 하나를 게시해야 한다. 주말을 제외하고는 하루에 한 번은 블로그에 게시하는 것이 좋다.

3. 눈에 띄는 블로그 게시물 제목을 사용한다. 편하게 인터넷을 서핑하다가 다른 사람이 올린 수백 가지 게시물을 보는 사람의 입장에서 생각해야 한다. 블로그 제목이 눈에 띄는가? 카피블로거Copyblogger에서 글쓰기에 대한 아주 좋은 정보를 얻을 수 있다.

4. 개방형 질문을 사용한다. 게시물에 대한 의견을 유도하는 가장 좋은 방법은 질문을 하는 것이다. 독자들에게 질문하고 의견 형식으로 답을 해달라고 요청한다.

5. 다른 블로그에 자주 의견을 남긴다. 구글 리더Google Reader에 자주 읽는 블로그에는 별도의 폴더를 유지하는 것이 좋다. 그리고 해당 블로그에 말할 내용이 생길 때마다 정기적으로 의견을 남긴다.

6. 트위터를 사용한다. 밖으로 나가서 사교적으로 활동해야 한다. 프렌드피드FriendFeed도 사용한다.

7. 트위터피드Twitterfeed를 사용하여 최신 게시물을 트위터에 연결한다. 그렇다고 트위터피드만 사용해서는 안 된다. 트위터에서 실제 인물로 존재하면서 활동하는 것이 우선이다. 트위터가 RSS를 대체해서는 안 된다.

8. RSS 피드가 잘 보이도록 한다. 눈에 잘 띄는 곳에 주황색 RSS 아이콘을 사용하는 것이 좋다.

9. RSS-to-E-mail 옵션을 제공한다. 그래서 사람들이 RSS 리더를 억지로 사용하지 않고서도 최신 게시물을 구독할 수 있도록 한다. 아직 RSS를 사용하지 않는 사람들이 대부분이다. 피드

버너FeedBurner는 무료 RSS-to-E-mail 서비스를 제공한다.

10. 게시물에 이미지를 사용한다. 이미지는 말로는 할 수 없는 미적인 파장을 전달한다.

11. 헤더 태그를 사용한다. 해당될 경우 H1, H2, H3 태그를 사용하여 블로그 게시물의 섹션을 구분한다. 가능하면 헤더에 검색 엔진에 적합한 키워드를 사용한다.

12. 쉽게 훑어볼 수 있는 구조로 블로그 게시물을 작성한다. 헤더 태그, 목록 등을 사용한다. 긴 문장이나 문단 사용을 피한다.

13. 마이스페이스 스타일의 블로그 디자인을 피한다. 화면, 애니메이션 그래픽 등이 너무 많이 들어간 아주 복잡한 디자인을 의미한다. 이런 것들 때문에 블로그가 엉망이 되고 독자가 콘텐츠에 주의를 집중할 수 없게 된다.

14. 가능하면 사용자가 지정한 워드프레스 테마를 사용한다. 이제 사람들은 판에 박힌 테마를 금방 알아차린다. 헤더 디자인은 남들과 다르게 수정하는 것이 좋다.

15. 가능하면 초기에 블로그 메일링 목록을 시작한다. 일찍 시작할수록 더 많은 목록을 만들 수 있고, 나중에 정말로 돈을 버는 데 사용할 수 있다. 그런 점에서 제레미 쇼머니Jeremy Shoemoney는 실수를 했다. 목록을 만들라는 론 지스John Reese의 독촉이 있은 후에야 비로소 그것이 얼마나 중요한지 알게 되었다.

16. 조사를 한 후 메일링 목록 옵션을 올바로 선택한다. 오버Aweber를 추천한다. 선택은 여러분에게 달려 있지만, 나중에 메일링 목록을 옮기는 데에는 큰 고통이 따른다. 경험에서 우러난 권고다.

17. 주제를 선택할 때 블로그에 대해 (1) 주제에 대한 관심 (2) 주제의 마케팅 가능성을 모두 고려해야 한다.

18. 판매 방법을 배워야 한다. 블로깅을 통해 정규 수입을 얻으려면 블로그를 사용하여 마케팅하고 판매하는 방법을 배워야 한다. 예를 들어 야로 스타락Yaro Stark은 블로그를 통해 판매해서 성공을 거두었다.

19. 페이스북을 무시하지 말아야 한다. 강력한 네트워킹 도구다. 트위터와 마찬가지로 시간을 들여서 네트워크를 구축해야 한다.

20. 페이스북 페이지를 만든다. 페이스북에서 블로그나 자신에 대한 페이지를 만들고 독자들과 페이스북 친구를 초대하여 팬이 되도록 한다. 이 페이지는 페이스북에 있는 블로그의 전초 지점이 될 수 있다. 블로그 포스트를 참고 자료로 가져온다.

21. 모방 블로거가 되지 말아야 한다. 포화된 시장에서 벌어지는 일을 다루는 뉴스 스타일을 그대로 모방해서 뉴스 블로그를 만들어서는 안 된다. 사실 이런 일은 기술 분야에서 비일비재하게 일어난다. 그러나 시장 어디에서도 찾을 수 없는 독특한 관점을 제공해야 한다.

22. 블로그를 비즈니스로 생각해야 한다. 블로그는 궁극적인 제품 또는 서비스를 홍보하고 전달하는 메커니즘이다.

23. 정보 페이지를 작성할 때 작성 내용에 주의해야 한다. 지루하고 진부한 사실을 나열하지 말아야 한다. 정보 페이지에서 자신이 누구이며, 블로그가 읽을 가치가 있는 이유를 들려주어야 한다.

24. 동영상을 많이 사용한다. 튜브모굴TubeMogul을 사용하여 가능한 한 여러 곳에 게시한다. 블로그 URL을 동영상에 한정할 필요는 없다. 동영상과 함께 제공되는 텍스트 설명에도 블로그 URL을 넣어야 한다.

25. 동영상을 만들 때 실제적이고 개인적인 느낌을 주어야 한다. 동영상은 블로그의 브랜드를 구성하는 중요한 요소다. 그 기회를 허비하지 말아야 한다.

26. 자신의 게시물에 있는 다른 관련 게시물과 주기적으로 링크한다. 자신의 게시물만이 아니라 다른 사람의 게시물에 대해서도 그렇게 해야 한다.

27. 블로깅은 소셜 비즈니스란 점을 기억한다. 독자가 다가올 수 있도록 하고 밖으로 적극적으로 나가서 틈새시장에 있는 다른 사람들과 대화해야 한다.

28. 블로깅 컨퍼런스에 참석한다. 컨퍼런스를 통해 배울 점이 많을 뿐만 아니라 성공적인 사람들과 사귀면서 말로 표현할 수 없을 정도로 동기부여를 받고 성공에 대한 자신감을 얻게 된다.

29. e북을 만들고 동영상을 만든다. 다루는 주제에 대해 독자에게 가치가 있는 것을 만들어서 블로그에서 판매가 가능하도록 한다.

30. 제휴업체로 참여한다. 제휴 링크를 사용하여 게시물과 관련된 제품에 링크한다. 독자에게 가치 있는 관련 링크를 제공하면서 돈도 벌 수 있다.

31. 피드버너FeedBurner 카운트가 적으면 게시하지 말아야 하고, RSS 구독자 수가 많지 않으면최소한 수백 표시하지 않은 게 좋다. 적은 숫자는 블로그에 독자가 없으며 내용이 좋지 않다는 사회적인 증거가 된다.

32. 인기도 콘테스트 프로그램을 설치한다. 또는 인기도를 기준으로 게시물의 등급을 매기는 플러그인을 설치한다. 블로그에 이 정보를 공개로 표시할 것인지 여부에 관계없이 어느 게시물이 가장 인기가 있는지 알 수 있으며 효과가 좋다. 더 많은 노력을 기울여야 하는 특정 주제를 찾아낼 수 있다.

33. 블로그 제목으로 적합한 키워드를 넣는다. 올인원 SEO를 사용하여 블로그 전체의 제목을 조정할 수 있다.

34. 사진 갤러리를 사용한다. 사람들은 사진에 몰두한다. 따라서 사진 갤러리는 블로그의 중요한 구성 요소가 될 수 있다. 플리커를 사용한다면 워드프레스용 플리커 사진 앨범 플러그인을 확인해 본다.

35. RSS 위젯을 만든다. 위젯박스WidgetBox에서 블로그에 대한 RSS 위젯을 만들어서 독자들이 원할 경우 자신의 블로그에 임베드할 수 있도록 한다.

36. 시간을 들여서 블로그의 킬러 게시물을 만든다. 그리고 나서 새로 방문하는 사람이 신속하게 가장 좋은 작품을 볼 수 있도록 다른 곳에 링크한다. 그들을 구독자로 만드는 최고의 게시물이어야 한다.

37. 쉽게 공유할 수 있도록 한다. 독자들이 게시물을 소셜미디어 전체에서 공유할 수 있는 옵션을 블로그에 추가한다. 쉐어디스ShareThis는 좋은 옵션이다.

38. 자신의 것과 다른 사람의 것을 모두 공유한다. 게시물을 디그Digg 또는 스텀블어폰StumbleUpon과 같은 사이트에 제출할 때 다른 게시물도 제출해야 한다. 다른 사람의 게시물과 자신의 게시물 비율은 10대 1을 권장한다. 이런 사이트에서 자기 콘텐츠만 제출하는 사람이란 평판을 얻고 싶지 않다면 그렇게 해야 한다.

39. 블로그에 게시물을 작성할 때 유용한 것이 되도록 목표한다. 방문자가 안고 왔던 문제에 대하여 해결책을 가지고 돌아갈 수 있도록 해야 한다. 크리스 브로간Chris Brogan의 게시물은 아주 유용하기 때문에 이런 기능을 잘 수행한다.

40. 다른 블로그를 자주 읽는다. 글을 쓸 아이디어가 고갈되었을 때에는 RSS 독자를 방문하여 관련 블로그를 읽는다. 다른 블로그에 게시된 글에 대한 응답을 게시하는 경우도 흔하다. 그것도 좋은 생각이다.

41. 필요할 경우 자신이 원하는 일을 하도록 독자들을 교육한다. 사람들이 소셜미디어, RSS, 블로그 홍보에 도움이 되는 기타 사항을 전혀 모르는 분야에 있는 경우, 그들에게 교육을 제공해야 한다. 방문자에게 게시물을 디그에 올리고, 스텀블어폰을 사용하고, RSS를 사용하는 방법에 대해 알려주는 게시물을 작성하거나 동영상을 만든다. 그렇게 교육받은 사람들은 나중에 블로그를 홍보하는 병력의 일부가 될 수도 있다.

42. 블로그를 시작할 때 그 미션을 결정해야 한다. 블로그가 실제로 도약하기 위해서는 게시물이 대부분 특정 주제를 중심으로 작성되어야 한다. 개인 일기와 같은 블로그를 운영한다면 떠오르는 생각대로, 마음대로 글을 써도 된다. 하지만 그렇게 되면 특정 부류의 사람들을 끌어들일 수 없어서 블로그 트래픽이 제한된 상태에 머문다. 주제를 유지해야 한다. 특정 주제가 없어도 무방하겠지만 그럴 경우 그 블로그는 비즈니스가 아닌 취미에 가깝다는 사실을 인식해야 한다.

43. 블로그에 자바스크립트 위젯을 과도하게 사용하지 말아야 한다. 이런 것을 사용하면 사이트를 로딩하는 속도가 느려진다. 최근에 나는 페이지 로딩 시간에 영향을 미치는 MyBlogLog 위젯을 제거했다.

44. 분석기를 사용한다. 구글 Analytics와 워드프레스 Stats 플러그인을 추천한다.

45. Windows Live Writer를 사용한다. 시중에 있는 가장 좋은 블로깅 클라이언트 프로그램이다. Microsoft 제품으로 Windows 전용이지만 사용해 본 어떤 Mac 블로깅 클라이언트보다 좋다. 그리고 무료다.

46. 개성을 유지한다. 블로그에서 개성을 드러내는 편이 좋다. 단, 꾸미려고 하지 말자. 사람들

이 바로 알아차린다. 크리스 피릴로Chris Pirillo가 자신의 블로그와 유스트림 피드에 사람을 끌어 모을 수 있었던 유일한 이유는 바로 개성個性이었다.

47. 백과사전을 작성하듯이 글을 쓰지 말아야 한다. 철자와 문법을 정확하게 하고 싶겠지만 구어체를 사용해야 한다. 박사학위 논문이 아니라 사람들에게 이야기하는 것처럼 해야 한다.

48. 블로그에 소셜 프로필을 링크한다. 다양한 소셜미디어 프로필을 블로그에 직접 링크하여 독자들이 블로그 밖에서도 연락할 수 있도록 해야 한다.

49. 독자들이 모이는 곳을 방문한다. 모든 시장은 다르다. 블로깅에 대한 블로그를 만들면 독자 대부분이 온라인에 익숙하고 소셜미디어 공간에 자주 방문한다는 것을 알 수 있다. 독자들이 어리다면 마이스페이스에 모일 것이다. 리눅스 마니아라면 유분투Ubuntu 포럼에 있을 것이다. 독자들이 모이는 공간에 자주 머물러 있어야 한다. 해당 분야 권위자가 되어서 도움을 주면 블로그에 사람들이 몰려올 것이다.

www.davidrisley.com

50. 읽고 쓰는 데 균등하게 시간을 할애한다. 블로그에 글을 쓰는 시간만큼 글을 읽고 배워야 한다. 그렇게 해야 지식이 넓어진다. 더 나은 블로거가 되려면 사이트에 대한 새로운 아이디어가 필요하다. 아는 만큼만 블로깅이 가능하다는 사실을 잊지 말아야 한다. www.davidrisley.com에서 본래의 목록을 볼 수 있다.

클릭 가능한 링크는 www.theSocialMediaBible.com을 방문하면 된다.

www.theSocialMediaBible.com

결론

블로깅은 가장 간편하고 효과적으로 고객이나 잠재고객과 커뮤니케이션할 수 있는 방법이다. 워드프레스를 방문하여 계정을 만들고 새로 게시 버튼을 선택하여 생각한 내용을 입력하고 게시 버튼을 누르기만 하면 간단하게 블로그를 시작할 수 있다. 정말로 그것이 전부다. 블로깅을 시도해 보자. 일주일에 15분에서 20분 정도만 시간을 내면 되고, 표준 워드 프로세서의 반 페이지 분량이면 되기 때문에 간편하다. 블로깅을 통해 잠재고객이 여러분을 찾아올 수 있는 링크를 만들 수 있으며 '구글 주스Google Juice[1]'를 생성하고, 해당 분야에 대한 최신 정보를 제공하면, 업계 선도자로 자리매김하면서 양방향 대화를 통해 신뢰를 구축할 수 있다.

일단 몇 가지 게시물을 만들고 나면, 다른 여러 형태의 커뮤니케이션을 사용하여 고객과 잠재고객에게 새로운 정보 소스를 널리 알려야 한다. 그러면 머지않아 방문자와 애독자가 늘어날 것이며 해당 업계에서는 여러분이 다음번 통찰력을 들려주길 기대하고 기다릴 것이다.

www.theSocialMediaBible.com

인터뷰는 www.theSocialMediaBible.com을 방문하면 들을 수 있다.

다운로드 : 〈소셜미디어 바이블〉과 관련된 무료 다운로드를 받으려면 www.theSocialMeidaBile.com을 방문하라. 책 뒷면 바코드 위에 있는 ISBN을 입력하면 된다. ISBN 978-1-118-26974-9

www.theSocialMeidaBile.com

Note

1) 구글 주스Google Juice는 구글 검색 결과에서 상위에 랭크될 수 있도록 만드는 웹사이트의 품질, 힘, 장점을 가리킨다. 구글 주스는 구글이나 다른 검색 엔진에서 당신의 이름이나 당신의 회사명, 상품 등을 찾을 때 사용하는 검색 조건이다. 더 많은 목록과 더 많은 페이지들을 검색 엔진이 보여줄수록 더 많은 구글 주스를 가질 수 있다. 이 책의 목표는 소셜미디어 마케팅과 소셜 커뮤니티로부터 구글 주스를 짜내는 것이다.

The Wisdon of the Wiki

위키의 지혜

CHAPTER
007

www.LonSafko.com/TSMB3_Videos/07Wiki.mov

제공 이익

위키wiki란 말은 하와이의 '빠른' 또는 '신속한' 이란 단어에서 유래되었다. 이것은 위키 콘텐츠가 생성되는 속도를 암시한다. 처음 의미에 이어 위키 사이트는 흔히 '내가 알고 있는 것What I Know Is'을 지칭한다. 위키는 사람들이 아는 내용을 아무 때나 한 곳에서 수집하고 편집할 수 있는 웹사이트다. 정말로 사용자 생성 콘텐츠와 대중의 지혜를 기초로 하는 소셜미디어인 것이다.

위키는 브라우저 기반의 웹 플랫폼으로 자원자들이 자신의 전문성과 지식에 기초한 정보를 기고하고, 특정 주제에 대해 작성된 콘텐츠 기사를 편집할 수 있다. 이런 자료가 함께 모여서 기고자가 추가한 진정성에 기초한 백과사전과 같은 지식 기반을 형성한다. 위키는 공개된 형태이거나 회원과 직원만 사용할 수 있도록 제한된 형태다. 오늘날 여러 회사에서 위키를 활용하여 협업과 교육 목적의 회사 정보를 보관하기 위한 지식 관리 시스템을 만든다. 회사 위키를 통합하여 여러 업체에서는 정책 및 절차, 생산 및 영업, 회사 연혁, 제품, 심지어는 팩스 기기의 용지 걸림 문제를 해결하는 방법과 같은 주제에 대한 직원 전체의 지식을 수집할 수 있다.

위키 발명자이며 컴퓨터 프로그래머인 워드 커닝햄_{Ward Cunningham}이 말한 대로 "위키 개념은 이제 '소셜 소프트웨어'라는 연구 주제가 되었다. 위키를 통해 씨앗과 같은 아이디어를 기록해 두었다가 일주일 후에 돌아와 얼마나 자랐는지 확인할 수 있다."

위키는 가치 있고, 사용이 편리하며, 무료로 이용할 수 있는 자원 도구가 되었다. 간단하게 편집, 작성, 저장하면 된다.

처음으로 돌아가서

워드 커닝햄은 1994년 위키에 대한 개념을 착안했다. 그는 사용자가 끌어 놓기, 클릭만으로 간편하게 편집할 수 있는 환경을 제공하는 객체 지향 프로그래밍 방식으로 소프트웨어를 개발하는 프로그래머를 위한 온라인 사이트를 만들려고 했다. 처음 위키라고 제목을 붙인 웹사이트는 커닝햄의 위키위키웹_{WikiWikiWeb} www.wikiwikiweb.com으로 원래는 '동작 가능하고 가장 간단한 온라인 데이터베이스'로 설명되었다.

www.wikiwikiweb.com

커닝햄은 호놀룰루 국제공항 카운터 직원이 공항 터미널에서 다른 장소로 이동하기 위해 '위키-위키_{wiki-wiki}' 셔틀 버스를 타라고 말해 주었던 것을 기억하면서, 사이트에 WikiWikiWeb이란 이름을 붙였다. 커닝햄은 "퀵웹_{quick-web}과 같은 이름을 피하기 위해 '빠른_{quick}'의 대체어로 위키위키를 선택했습니다"라고 말했다.

그림 7.1 Wiki-Wiki Bus

이 웹사이트에 대한 커닝햄의 초기 설계 개념은 1980년 후반과 1990년 초에 매킨토시 컴퓨터용으로 교육 기관에서 널리 채택한 사용하기 쉬운 프로그래밍 언어인 Apple의 하이퍼카드HyperCard에서 유래되었다. 하이퍼카드는 다른 카드의 링크가 포함된 색인 카드가 쌓여 있는 모습을 그래픽으로 표현한 형태였다.

2007년 3월 15일 위키란 단어는 온라인 옥스포드 영어 사전에 등재되었다.

Apple이 소프트웨어 라이브러리에서 하이퍼카드를 단계적으로 폐기하면서 소프트웨어 회사인 실리콘 비치Silicon Beach는 수퍼카드라는 대체 프로그래밍 언어를 개발했다. 1990년대 초반에서 중반까지 사프코 인터내셔널Safko International Inc.은 150개 이상의 프로그램과 100만 라인 이상의 코드를 개발한, 미국 내에서 가장 규모가 큰 수퍼카드/하이퍼카드 프로그래밍 회사로 알려졌다.

알아야 할 사항

커닝햄과 〈The Wiki Way: Quick Collaboration on the Web〉의 공동 저자인 보 르프Bo Leuf는 위키를 다음과 같이 묘사했다.

• 위키는 모든 사용자가 추가 기능을 설치하지 않은 일반 바닐라 웹브라우저를 사용하여 위키 웹사이트 내에서 모든 페이지를 편집하거나 새 페이지를 만들도록 초청한다.
• 위키는 아주 쉽게 직관적으로 페이지 링크를 생성할 수 있으며 의도한 대상 페이지가 존재하

는지 여부를 보여줌으로써 다른 페이지들을 의미 있는 주제로 연결할 수 있도록 지원한다.

- 위키는 가끔 방문하는 사람들을 위해 잘 고안된 사이트가 아니다. 대신 방문자가 웹사이트의 지평을 계속 바꾸어가는 장착과 협업이 계속되는 과정에 참여하도록 한다.

웹브라우저를 사용하여 협력 작업으로 문서를 작성할 수 있기 때문에 위키를 쉽게 사용할 수 있다. 위키 웹사이트를 위키라고 하는 한편, 사용자 생성 콘텐츠와 다른 기사, 위키 페이지, 외부 웹사이트에 대한 하이퍼링크로 구성된 단일 페이지를 위키 페이지라고 한다.

편집 및 생성

위키는 사용자가 버튼 하나를 클릭하여 모든 웹브라우저에서 간편하게 페이지를 생성할 수 있다. 위키란 이름은 공백과 일부 특수 문자가 제거된 페이지 제목으로 축약된다. 이런 제목 유형을 카멜 케이스Camel Case라고 한다. 소셜미디어 바이블 웹사이트에 있는 워드프레스의 공동 저자 맷 물렌베그가 지칭한 위키 페이지의 카멜 케이스 제목을 보려면 www. thesocialmediabible.com/2008/08/29/matt-mullenweg-fonder-ceo-of-wordpress에 있는 클릭 가능한 링크로 이동하면 된다.

www. thesocialmediabible.com/2008/08/29/ matt-mullenweg-fonder-ceo-of-wordpress

샘플 마크업 언어 도구

위키 페이지를 작성하고 편집하기 위한 시스템을 SMLSimple Markup Language 또는 간단하게 위키텍스트wikitext라고 한다. 블로그를 만들어본 경험이 있다면 이것이 무엇인지 알 것이다블로그를 만든 적이 없다면 6장 '유비쿼터스 블로그'에서 만들어야 할 이유를 발견해야 한다. SML은 사용하기 쉽고 굵은 글꼴, 기울임꼴, 밑줄, 사진 및 동영상 편집, 가운데 정렬, 오른쪽 정렬, 왼쪽 정렬, 들여쓰기 등 일반적인 워드 프로세싱 소프트웨어에 있는 '위지위그WYSIWYG' 화면에 보이는 것이 그대로 출력 편집 기능을 가지고 있다. 대부분의 위키는 실수나 고의적인 파괴 행위를 방지하고자, 콘텐츠의 버전을 추적하는 기능을 통해 누군가 편집했을 때 편집한 사람이 누구인지 표시한다.

보안

위키는 공개된 문서 세트이며 일반인이 액세스할 수 있거나 전체 직원이 사용하기 때문에 오류나 고의적인 파괴에 취약하다. 위키는 오류를 간편하게 수정할 수 있도록 설계되어 있으며 유용한 최근 변경 사항 페이지 기능이 있다. 이 페이지는 최근의 모든 편집 내역, 편집한 시간과 편집한 사람을 나열한다. 또한 위키는 이전의 변경되지 않은 버전과 페이지 개정 간의 차이점이나 변경 사항을 강조 표시하는 도구인 '차이 확인diff' 이란 기능을 제공한다. 이렇게 해서 편집자는 변경되기 이전의 문서를 보고 이전 페이지와 비교하고 필요할 경우에는 개정되기 이전의 위키 페이지로 복구할 수도 있다.

악의적인 파괴 행위가 발생할 수 있고 실제로 발생하기도 하지만, 위키의 편집자가 이런 사실을 쉽게 알아채고 이전에 저장된 버전으로 되돌릴 수 있다. 따라서 변경 사항이 바람직하지 않을 경우 이를 제거할 수 있다. 라스 에릭 아론슨Lars Erik Aronsson은 스웨덴의 컴퓨터 프로그래머이자 컨설턴트이며, 무료 전자 도서 아카이브인 프로젝트 루네버그와 스웨덴어 위키인 http://en.wikipedia.org/wiki/Project_Runeberg 를 설립했다.

http://en.wikipedia.org/wiki/Project_Runeberg

그는 위 논쟁을 다음과 같이 요약했다.

"대부분의 사람들은 처음 위키란 개념을 배울 때, 누구나 편집할 수 있는 웹사이트라면 파괴적인 입력 때문에 얼마가지 않아서 쓸모없게 될 것이라고 가정한다. 회색 콘크리트 벽 옆에서 무료로 스프레이 캔을 나누어주는 것처럼 보인다. 곧 낙서투성이가

되어서 예술적인 노력이 오래 가지 못하는 것이 필연적인 결과처럼 보인다. 그러나 대체로 잘 운영되고 있는 것으로 보인다."

위키를 개방형으로 설계하면 의도적인 파괴에 취약할 수 있다. 이 때문에 여러 위키에서 등록 회원이 되거나 기사의 콘텐츠를 편집할 수 있으려면 허가를 받아야 하는 경우가 많다. 의도적인 파괴는 트롤링trolling 또는 트롤이 가한 파괴라고 한다트롤에 대한 자세한 내용은 5장 '인터넷 포럼' 참조.

위키를 개방형 또는 폐쇄형으로 할지에 대해서는 찬반으로 갈린다. 폐쇄형 위키는 파괴 행위에서 안전한 편이지만 콘텐츠 증가가 매우 느리다. 위키피디아와 시티즌디엄Citizendium의 차이가 그 예다. 시티즌디엄은 사용자의 실명 제출을 요구하며 편집을 하기 전에 개인 이력까지 요구한다. 이렇게 해서 파괴 행위가 거의 없는 위키가 되었지만 위키의 성장에는 방해가 된다. 반면에 위키피디아는 개방형 포럼으로 인터넷을 액세스할 수 있으면 누구나 기사를 편집할 수 있기 때문에 매우 빨리 성장했다. 사실 위키피디아의 영어 버전en.Wikipedia.org 은 인터넷에서 사용자 기반이 가장 큰 위키 중 하나다.

en.Wikipedia.org

en.wikipedia.org는 전체 웹사이트 중 트래픽 상위 10위 안에 든다위키피디아에 대한 자세한 내용은 아래 참조. 기타 인기 있는 위키 웹사이트로는 위키위키웹WikiWikiWeb, 위키트 래블Wikitrave, Wiki Answers, wikiHow, Uncyclopedia, Memory Alpha, Erik Aronsson's Wiki, 스웨덴어 지식 기반인 WikiHow.com이 있다.

위키의 인기가 높아져서 저명한 연간 위키 컨퍼런스 두 개가 개최되고 있다. 일반적인 위키 연구에 집중하는 위키 국제 심포지움International Symposium on Wikis WikiSym 컨퍼런스와 위키피디아와 같은 위키미디어 재단 Wikimedia Foundation의 프로젝트에 대한 연구와 사례를 주

WikiHow.com

로 다루는 위키매니아Wikimania 컨퍼런스가 있다.

http://en.wikipedia.org/wiki/wikipedia

위키피디아

위키피디아는 세계 최대의 온라인 사용자 생성 콘텐츠 백과사전을 위한 플랫폼을 제공하는 비영리 기관이다. 이 사이트에는 2,000만 개 이상의 기사가 있고 3억 6,500만 명이 방문하며이 책을 쓰는 시점 기준 현재까지 가장 규모가 크고 성공한 위키다.

다음은 www.Wikipedia.org에 있는 Wikipedia에 항목을 직접 발췌한 내용이다http://en.wikipedia.org/wiki/wikipedia.

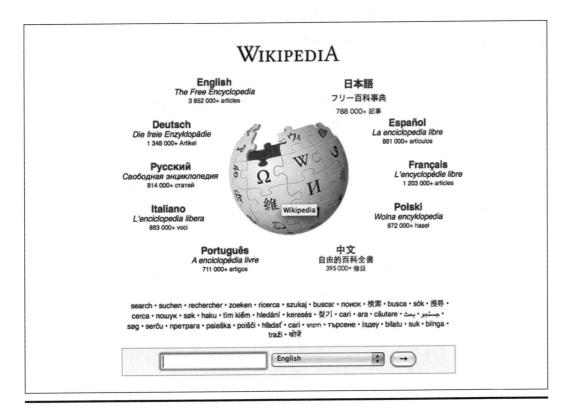

그림 7.2 위키피디아

'위키피디아는 비영리 위키미디어 재단에서 지원하는 무료 다국어 백과사전 프로젝트다. 이 이름은 위키란 단어협업 웹사이트를 만드는 기술와 백과사전encyclopedia의 합성어다. 위키피디아의 문서 1,500만 건330만 건이 영어은 전 세계 자원자들이 협력하여 작성한 것이다. 위키피디아 웹사이트를 액세스하는 누구나 대부분의 문서를 편집할 수 있다. 위키피디아는 2001년 지미 웨일즈Jimmy Wales와 래리 생거Larry Sanger가 시작했고, 현재는 인터넷 상에서 가장 규모가 크고 인기가 높은 일반 참고 자료가 되었다.

위키피디아에 대한 비판도 있는데 이는 대부분 시스템적인 편향, 일관성 부족, 편집 과정에서 적격성에 대한 합의를 선호하는 정책 때문이다. 그리고 위키피디아의 신뢰성과 정확성 역시 논란이 된다. 또 다른 비판은 파괴 행위에 대한 취약성과 허위 내지 확인되지 않은 정보가 추가되는 현상에 집중된다. 학자들의 연구 결과에 따르면, 지식 파괴 행위가 그리 오래 계속되지는 않는다. 백과사전으로 참고되는 것 이외에도 위키피디아는 지속적으로 업데이트되기 때문에 온라인 속보 출처로 주목을 받고 있다.

〈타임〉지가 "여러분"을 2006년 올해의 인물로 선정한다는 의미는 지구상의 수많은 사용자들과의 온라인 협업뿐만 아니라 상호작용과 빠른 성공을 인정하는 것이다. 또한 웹 2.0 서비스의 중요한 예로서 유튜브, 마이페이스, 페이스북과 더불어 위키피디아를 타임지는 인용했다.

일부는 매우 빨리 업데이트되는 최신 아티클 때문에 백과사전뿐만 아니라 매일 업데이트되는 뉴스 소스로서의 위키피디아의 중요성을 주목하게 되었다.

도표 7.3의 자료는 2001년 이후 급성장한 위키피디아의 영문 자료를 보여준다.

위키피디아의 편향 가능성과 사실 관계의 부정확성에 대한 비판에도 불구하고, 이 사이트 비판자 대부분은 위키피디아에 포함된 정보가 실제로 매우 정확하다는 점에 동의한다. 위키피디아 재단에서 거듭 이 책에 직접 참여하는 것을 거절했지만 웹 사용자들이 위키피디아와 같은 자원에 대해 고마움을 가지고 있다는 점에 저자들도 생각을 같이한다. 이 사이트에는 소셜미디어의 다양한 측면을 보여주는 많은 도구가 포함되어 있다. 위키피디아는 이 책에 있는 정보를 수집하는 데 있어 귀중한 자료원이 되었다.

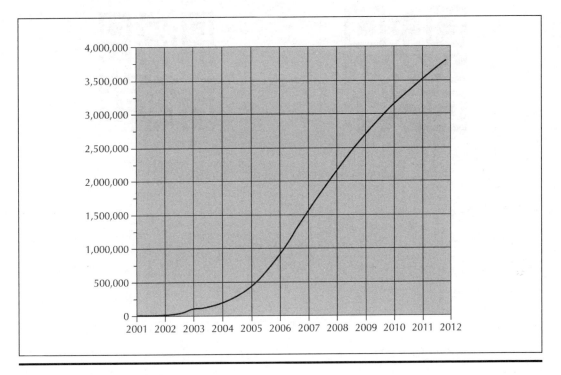

그림 7.3 Wikipedia.org의 문서 숫자 추이

출처: http://en.wikipedia.org/wiki/Wikipedia:Modelling_Wikipedia%27s_growth;
http://bit.ly/ysMX4q.

마이가즈

마이가즈www.MyGads.com는 아주 간단하고 사용이 편리
한 무료 미니 위키를 보여주는 좋은 예다.

멋지고, 간단하고, 이해하기 쉬운 설명 동영상을 만
드는 회사인 커먼크래프트닷컴www.commoncraft.com은 각
경기에 누가 간식 담당인지 확인할 필요가 있는 축구
팀 학부모를 위해 마이가즈용 동영상 하나를 만들었다.

http://bit.ly/ysMX4q.

www.MyGads.com

www.commoncraft.com

해당 팀 코치는 페이지미니 위키 또는 가드Gad를 마이가즈 웹사이트에 올려서 학부모가 클릭하고 입력하여 해당 페이지에 정보를 추가할 수 있도록 했다. 이 페이지에는 경기일정, 시간, 학부모, 간식에 대한 정보가 모두 포함되어 있다. 마이가즈 페이지이기 때문에 사용자는 테스트 메시지, 인스턴트 메시지나 마이가즈 웹사이트를 통해 해당 페이지를 액세스할 수 있다. 예를 들어 축구 팀 학부모인 셰리Sherrie는 식료품 가게에 있을 때 자신이 간식 당번인지 알고 싶으면 마이가즈에 '6월 26일 간식'이라고 텍스트 메시지를 보낸다. 그녀가 해당 주의 당번이면 몇 초 후에 '셰리'라는 메시지를 받고, 간식을 구입하면 된다. 이처럼 간단한 마이가즈는 안전하고 항상 최신 정보가 유지된다.

그런 마이가즈 사이트의 모습은 다음과 같다.

경기 일정		간식	
날짜	시간	날짜	간식
6월 12일	오후 6시	6월 12일	쉴라
6월 19일	오후 6시	6월 19일	제니
6월 26일	오후 6시	6월 26일	셰리
7월 3일	오후 6시	7월 3일	비키

마이가즈는 업무용으로도 유용한 자원이다. 예를 들어 여러분이 이동 중에 재고, 가격, 판매

숫자에 대한 최신 정보를 필요로 하는 판매 관리자라고 하자. 마이가즈는 대부분의 회사 데이터 베이스와 호환되어서 추가 작업 없이도 마이가즈 페이지에 최신 정보를 유지할 수 있다. 마이가 즈 페이지에 '빨간색 셔츠 M 사이즈' 라고 텍스트 메시지를 보내기만 하면, 바로 재고 '247' 이란 메시지를 받게 된다. 다시 말하지만 이런 모든 정보를 텍스트 메시지나 인스턴트 메시지 또는 웹 사이트에서 얻을 수 있다. 유튜브에 있는 커먼크래프트 데모 동영상을 감상하려면 www.youtube.com/watch?v=0S-WkhDygTA를 방문하면 된다.

클릭 가능한 링크는 www.theSocialMediaBible.com을 방문하면 된다.

www.youtube.com/watch?v=0S-WkhDygTA

www.theSocialMediaBible.com

소셜미디어 ROI

셀프-서비스 이메일 마케팅

소개

버티컬리스판스VerticalResponse, Inc.는 소규모 기업이 다이렉트 마케팅 캠페인을 계획하고, 관리하고, 분석할 수 있도록 광고용 우편물 서비스, 온라인 조사, 셀프-서비스 이메일 마케팅을 제공하고 있다. 2001년에 창립한 버티컬리스판스는 소규모 기업에 초점을 맞추고 있기 때문에 기술적인 전문 지식 없이도 누구나 몇 분 이내에 이메일 마케팅 캠페인을 계획하여 운영할 수 있다.

배경

버티컬리스판스에서 목표로 하는 고객은 직원 규모가 100명 이하인 소규모 기업이다. 일반 고객에 대한 직원 수가 적기 때문에 대부분 회사에 전담 이메일 마케팅 전문가를 두지 않는다. 게다가 소규모 기업은 소셜미디어 도구 사용을 두려워하거나 블로깅, 트위터, 그리고 페이스북 등과 같은 도구를 사용하는 방법을 알고 있는 경우에만 이런 도구를 실행하는데 관심을 갖는다.

전략

버티컬리스판스는 소셜미디어와 이메일 마케팅이 상호 보완적인 기술이며 마케팅 목적으로 사용할 경우 비슷한 기본 원칙을 가지고 있다고 믿고 있다. 또한 고객에게 이메일 마케팅과 더불어 소셜미디어를 사용하는 방법에 대해 교육하여 고객이 성공할 수 있도록 돕고 있다. 궁극적으로, 고객의 비즈니스가 커지면 버티컬리스판스에도 도움이 된다.

그리고 버티컬리스판스는 온라인 회의를 활용하여 소규모 기업을 교육한 경험을 바탕으로 소셜미디어 시리즈 온라인 회의 캠페인을 계획했다. 이 온라인 회의 시리즈를 통해 고객이 이메일 마케팅과 소셜미디어를 함께 사용하는 방법을 배울수록 버티컬리스판스의 고객과 예상 판매의 증가로 이어진다.

시행

이메일 서비스 제공 업체라는 사항을 고려하여 버티컬리스판스는 시간을 들여 목표 고객을 분석하고 특정 요구 조건에 맞춰 이메일 콘텐츠를 조정했다. 수천 명의 사람들에게 이 온라인 회의 시리즈에 대한 7가지의 다양한 이메일을 보냈다. 물론 최근 소셜미디어 선호도와 고객이 신청한 온라인 회의에 따라 각 이메일을 분리하여 보냈다.

기회

이메일에서 버티컬리스판스의 고객들이 사용할 기회가 없었던 무료 소셜미디어 온라인 회의 시리즈를 소개했기 때문에 콘텐츠적인 관점에서 보면 이 캠페인은 특별했다. 소규모 기업은 마케팅 전문가처럼 보일 수 있도록 소셜미디어 등과 관련된 다른 도구를 사용하는 방법을 초심자도 배울 수 있는 맞춤형 교육 자료를 간절히 원한다. 이런 의미에서 버티컬리스판스는 이메일 마케팅과 소셜미디어 분야에서 생각의 리더로서의 우위를 점했다.

결과

버티컬리스판스는 소셜미디어 시리즈 온라인 회의 캠페인을 사용할 경우 소셜미디어와 이메일 마케팅 노력을 통합하여 얻을 수 있는 뛰어난 결과를 강조하고 있다. 7가지의 시리즈에 참석한 사람과 등록한 사람은 수천 명에 달했으며 이들은 고객과 잠재고객으로 구성되었다. 이 그룹 중 약 50퍼센트는 예상 고객으로 이 수치를 통해 버티컬리스판스에 대한 판매 및 마케팅 기회를 예상할 수 있다. 한 개 이상의 소셜미디어 온라인 회의를 들은 예상 고객들은 현재 회사에 대해 홍보하고 있다.

그리고 이런 시리즈들은 기존 고객들의 평판을 위한 핵심 계획이었다. 고객에게 소셜미디어와 이메일 마케팅을 결합에 따른 혜택을 알려준 버티컬리스판스는 대부분 고객에 문제가 되는 소규모 기업 마케팅 주제에 대한 재원뿐만 아니라 양쪽 공간에서 생각의 리더로서 자리를 잡았다. 이 캠페인이 마케팅셰르파MarketingSherpa에서 5번째로 주최한 이메일 마케팅 어워드에서 수백 개의 경쟁 제품을 제치고 상을 받음으로써 버티컬리스판스는 소셜미디어 시리즈의 성공을 입증했고, B2B 카테고리인 "Best Dynamic Content or Personalized E-Mail"에서 "골드Gold"를 취득했다. 그리고 캠페인의 일환으로 전달된 이메일에 대해 일반 고객용 뉴스레터에 대한 오픈율과 클릭률이 두 배로 증가했다. 예를 들면, 소셜미디어 시리즈에 대한 이메일 중 하나는 53.9퍼센트의 오픈율과 51.16퍼센트의 클릭률을 기록했다. 이것은 소규모 기업들의 참여율이 높다는 것을 보여주고 있다.

www.VerticalResponse.com

– 자닌 파픽Janine Popick, CEO이자 창립자,
www.VerticalResponse.com

전문가 의견

잭 헤릭Jack Herrick, 위키하우WikiHow 설립자, www.WikiHow.com

잭 헤릭

정말 흥미롭지 않습니까? 우리가 위키 방식을 통해 얻을 수 있는 정보의 다양성과 종류와 품질은 놀라울 따름입니다. 정말 눈이 번쩍 떠지는 일입니다. 우리가 이 서비스를 처음 시작할 때에는 어떤 일이 벌어질지 정확하게 확신할 수 없었습니다. 다만 이런 다양한 주제에 대한 사용 방법 설명서를 구성해 보려고 시도한 것이었습니다. 위키 방식은 놀랍습니다. 사람들이 작성하는 정보의 종류를 보십시오. 이 점에서 전통적인 사용 방법 설명서와는 분명히 다른 길을 가고 있습니다.

대인관계 문제, 자동차 수리 방법, 컴퓨터 문제 해결 방법 등 여러분이 기대하는 모든 주제가 있습니다. 그러나 우리는 정말로 대단한 전혀 다른 유형의 주제를 얻었습니다. 사용 방법 설명서의 정의를 확장하게 되었습니다.

저는 항상 사용 설명서를 구성하는데 관심이 많았는데 그 긴 이력을 소개해 드리겠습니다. 웹 1.0 버전의 사용 설명서의 일종인 사이키 e하우Psych e-How가 있었습니다. e하우는 1999년 닷컴 붐과 함께 시작되었으며 벤처 캐피탈에서 많은 자금을 확보했습니다. 이 회사는 200명의 직원을 두고 방대한 사용 설명서를 작성했고 당시에는 제가 그 회사에 대해 할 수 있는 것이 아무 것도 없었습니다. 그때 저는 다른 일을 하고 있었습니다. 저는 e하우의 설립자를 알고 있었으며 항상 그 회사를 동경하면서 좋은 아이디어라고 생각했습니다. 하지만 첫 번째 인터넷 침체기가 왔을 때 그 회사는 파산하면서 직원을 모두 해고했고, 오랜 기간 운영이 중단되었습니다. IT-Exchange라는 다른 벤처 캐피탈 업체가 이 회사를 인수하고 해당 사이트를 관리하면서 성공적인 비즈니스 모델을 찾으려고 노력했지만 결국 실패했습니다. 수익성이 없어서 성공하지 못했습니다. 그래서 사이트가 폐쇄 직전이라는 이야기를 들었을 때 제가 인수하고 싶었습니다. 그 사이트가 문을 닫는 것을 보고 싶지 않았기 때문입니다. 당시 다른 회사에서 일하고 있었지만 사용 방법How 사이트가 사멸하는 것을 두고 볼 수 없어서 친구와 함께 그 사이트를 매입했습니다. 우리들은 다른 회사에서 전임으로 일하고 있었지만 사이트를 다시 살렸습니다.

우리는 작가 몇 명을 고용하고 이전 사이트의 수많은 버그를 고쳤습니다. 그러자 효과가 나타나기 시작했습니다. 비록 적은 비용이었지만 사이트에서 수익이 나면서 운영이 정상화되었습니다. 정말 기쁜 일이었습니다. 그러나 그 일을 하면서 제가 사용 방법에 대해 가지고 있던 환상이 깨졌습니다. 작가를 고용했지만 모든 언어로 세상의 모든 주제를 다룰 수 없다는 것입니다. 예를 들어 뮤추얼 펀드, 비아그라 등과 같은 중요한 키워드 주제에 대한 글을 쓰도록 사람을 고용할 수도 있었고, 그렇게 하면 상당한 수익성이 있었을 것입니다. 그러나 정말로 알려지지 않은 주제에 대해 글을 쓰는 비즈니스 모델은 전무했습니다. 사람들이 몰리는 주제만 다루는 사용 방법을 작성하는 것은 제가 원하는 비전이 아니었습니다. 상상할 수 있는 모든 사용 방법 주제를 다루는 설명서를 다국어로 만들고 싶었습니다. 그러나 전문 작가 모델로는 그 목표에 도달할 수 없었습니다. 적어도 높은 품질을 유지하면서 그 목표를 달성하는 것은 불가능했습니다. 대충 작업한 것을 모아서 올릴 수는 있지만 그것 역시 원하는 바가 아니었습니다...

어떻게 이 목적을 달성할 수 있을지 혼란스러웠습니다. 그 과정에서 인터넷을 둘러보다가 저 역시 다른 사람들처럼 위키피디아를 만나고서 양질의 폭넓은 정보에 놀랐습니다. 그것이 작성된 방식에 대해 알아갈수록 그들이 수행하고 있는 일에 더 깊은 감명을 받았습니다. 그래서 우리가 동일한 위키 모델을 사용 방법 설명서에 적용할 수 있다면 어떨지 생각하고서 시도해 보았습니다. 엔지니어인 트레비스 데릴Travis Daryl과 저는 묘안을 내서 2004년 후반에 미디어 위키 소프트웨어를 가져다가 사용 방법 설명서에 맞게 변형했습니다. 그러고서 위키피디아가 10주년 기념일인 2005년 1월 15일 위키하우를 발표했습니다.

말하자면 모든 것을 통제하는 데 아주 특별할 것이 없는 것이 바로 위키입니다. 무엇인가 일을 하고 싶어 하는 사람들이 아주 많은데, 위키를 통해 그런 사람들이 만든 정보를 한 곳에 모을 수 있습니다. 위키하우는 대규모의 공유되는 사용 방법 설명서를 만드는 일에 열정을 가진 사람들을 끌어들였기 때문에 그 일이 가능해진 것입니다. 그런 바람직한 과정이 계속 진행되었습니다. 2005년 1월 제가 처음 위키하우를 시작하자 첫 번째 달에 2,000명이 사이트를 방문하는 놀라운 일이 생겼습니다.

그런 2,000명 중에서 실제로 기사를 쓰거나 편집한 사람은 5명에서 10명밖에 되지 않았을 겁니다. 그래서 초기 사이트에서 많은 일이 진행되지는 않았지만 다음 달에는 같은 과정을 거치면서 5개나 10개의 기사가 있어서 검색 엔진을 통해 사람들이 찾아오게 되었습니다. 그 기사를 읽은 사람들 중 일부는 "이 기사는 그렇게 좋지 않은 것 같아. 내가 더 잘 쓸 수 있겠는데"라고 했습니다. 그래서 그들이 '편집' 버튼을 누르고 콘텐츠의 내용을 개선했습니다. 덕분에 콘텐츠 품질이 나아져서 검색 엔진의 순위가 올랐고, 더 많은 사람들이 찾아왔습니다. 그들도 "내가 더 잘 할 수 있겠네!"라고 말하고 '편집' 버튼을 눌러서 콘텐츠를 향상시키는 과정을 반복했습니다. 이런 방식으로 지금까지 위키하우가 잘 돌아가고 있습니다. 시너지 효과입니다! 바로 그것이 위키하우에 해당하는 일입니다. 분명히 위키피디아에도 그런 일이 벌어졌을 것이며, 제가 포춘지 선정 500대 회사에서 일하는 사람들에게 이야기했던 내용이며 여러분도 비슷한 이야기를 들었을 겁니다.

기업체 내에 있는 사람들도 위키를 사용하고는 최고 경영진에서 생각한 것보다 훨씬 많은 정보를 조직 내에서 발견하게 됩니다. 위키에서는 이처럼 아래로부터의 협업이 가능하며 지식을 창출해 내기 때문에 더 많은 조직에서 시도해 보고 보호하려고 할 것입니다. 제가 이야기했던 업체 중 하나는 미 국무부입니다. 여기에는 내부적으로 위키하우와 위키피디아와 동일하게 위키피디아 소프트웨어에서 실행되는 디플로피디아Diplopeida라는 위키를 사용하고 있습니다. 이것은 국무부에서 훌륭한 자료 역할을 하고 있습니다...

위키 커뮤니티에는 한 달에 수천 명이 위키하우에 기고하고 있습니다. 그런 그룹 내에는 수백 명 정도 되는 '하드코어 위키하우 기고자'라는 소수 정예 그룹이 있습니다. 그들은 높은 품질을 유지하는 역할을 하고 있습니다. 위키하우에서 편집된 내용은 다른 사람이 검토합니다. 자원자가 '편집물'을 살펴보고서 '좋음' 또는 '나쁨' 또는 '확인이 필요함, 발표 예정 또는 이 편집물은 품질 향상을 위해서 편집 예정임'과 같이 의견을 표시합니다. 항상 그런 일이 실시간으로 진행되고 있습니다. 전 세계 수백 명의 사람들이 우리에게 도움을 주고 있습니다. 그것이 우리의 일차 방어선입니다. 가끔 우리가 실수로 뭔가를 놓치더라도 자원 편집자또는 '하드 코어 기고자'가 잡아냅니다. 오류나 잘못된 내용이 실수로 들어가더라도 독자들이 찾아냅니다.

위키가 정말 멋있는 점 중 하나는 우리가 품질을 향상할 수 있는 방법을 더욱 다양하게 찾아낼 수 있다는 것입니다. 모든 위키 페이지 맨 아래에는 사람들이 투표할 수 있는 '이 기사가 정확합니까? [예/아니요 버튼]'이 있습니다. 이를 통해 정확성에 문제가 있는 페이지를 걸러내고 개선할 수 있습니다. 누구나 편집할 수 있게 허용하면 사이트가 완전히 엉망으로 될 것이라고 생각할 수 있겠지만,

이런 방식으로 상황을 개선할 수 있습니다. 우리는 사람들이 로그인해야 편집할 수 있도록 하거나, 사용자의 개인 정보를 제시하라고 요구하지도 않습니다. 누구나 편집할 수 있도록 해도 고품질의 위키를 유지할 수 있습니다.

www.theSocialMediaBible.com을 방문하면 잭 헤릭과 나눈 경영진 대화 전체를 들을 수 있다.

www.theSocialMediaBible.com

국제적인 견해

프랑스

프랑스의 넘버원 소셜네트워크 사이트인 비브 라 스카이락Vive le Skyrock!

스카이락은 파리에서 프랑스의 독립 라디오 방송국인 스카이락SKYROCK 라디오주파수 96.0 FM에서 제공한 스카이블로그Skyblog라는 블로그 사이트로 시작했다. 인기가 많아지자, 스카이락 사이트는 필요한 자격을 다 갖춘 소셜네트워크 사이트로 점차 진화했다.

스카이락 사이트는 다른 소셜네트워크 사이트에서 제공하는 모든 부가 기능을 갖추고 있어 회원들은 프로파일을 생성하고 블로그 엔트리를 작성할 수 있을 뿐만 아니라 대화방에서 채팅을 하고 다른 회원과 메시지를 주고받을 수도 있다.

그리고 회원들은 친구를 사귀고 다른 사람들의 활동도 볼 수 있다. 기능을 갖춘 키네틱 웹 환경kinetic web environment에서 이 모든 일을 할 수 있기 때문에 사진이나, 프로파일, 애니메이션, 혹은 동영상 등이 보이지 않으면 스카이락이라고 할 수 없다.

스카이락 사이트는 프랑스에 기반을 두고 있지만 영어, 스페인어, 이탈리아어, 독일어, 그리고 포르투갈어를 포함한 여러 가지 언어로 이용할 수 있는 다양한 버전의 스카이락이 있다. 시장 조사 업체인 컴스코어comScore에 따르면, 스카이락 사이트는 세계 톱10 소셜네트워크 사이트에 랭크되었다. 그리고 2009년 7월, 3,900만 명 이상의 회원이 스카이락에 가입했다.

그림 7.5 스카이락

– 원로 작가 조나단 스트릭런드Jonathan Strickland,
하우스태프워크스닷컴HowStuffWorks.com,
디스커버리 커뮤니케이션즈Discovery Communications

해야 할 일 리스트

1. 위키를 방문하라.

가장 유명한 위키 사이트를 방문하여 살펴본다. 예를 들어 위키피디아를 방문하여 직접 검색해 보고 자신이 열정을 가지고 있는 주제를 찾아본다. 기사를 몇 가지 읽어보고 의견을 기록한다. 몇 가지 사실을 추가한다. 잘못된 정보는 수정한다. 다른 위키를 구글링하고 확인해 본다. 가장 중요한 것은 참여하고 기여해야 한다는 것이다. wikiindex.org를 방문하라.

wikiindex.org

2. 회사 내부 위키를 만들어라.

회사 내부 위키를 개발해 본다. 공급업체 중 하나를 방문하여 계정을 등록하고 위키를 만든다. 다른 직원이 참여하도록 권장하고 항목 페이지를 만들도록 한다. 다른 사람들이 콘텐츠를 기고하도록 한다. 신뢰 네트워크 내에서 콘텐츠와 충성도가 늘어가는 속도에 놀랄 것이다.

결론

위키는 그 내용이 스포츠, 취미, 기타 관심 영역을 다루는 공개 위키이든, 직원의 지식을 한데 모아서 축적하는 회원 전용인 회사 위키이든지 대중의 지혜를 하나로 모을 수 있다. 위키를 통해 자신만의 정보 관리 시스템을 만드는 과정은 재미있고 간편하며 비용이 전혀 들지 않는다.

www.theSocialMediaBible.com

위키피디아와 같은 위키가 없다면 이 책에 있는 콘텐츠 조사와 수집이 훨씬 더 어려웠을 것이다. 위키피디아에 기고한 모든 사람과 인터넷에 존재하는 수많은 블로그 사이트에 대해 감사한다!

www.theSocialMediaBible.com을 방문하면 전문가 인터뷰를 들을 수 있다.

www.theSocialMeidaBile.com

다운로드 : 〈소셜미디어 바이블〉과 관련된 무료 다운로드를 받으려면 www.theSocialMeidaBile.com을 방문하라. 책 뒷면 바코드 위에 있는 ISBN을 입력하면 된다. ISBN 978-1-118-26974-9

www.LonSafko.com/TSMB3_Videos/08Picture.mov

제공 이익

사진 공유에서 가장 중요한 기능은 즐거움이다. 다른 사람에게 사진을 보여준다는 것은 가족, 친구, 동료와 기억을 공유한다는 의미다. 크리스마스 파티에 손님이 찾아온 모습, 승진 축하 회식에 동료들이 참석한 모습, 자녀의 학교 연극 장면, 아기가 태어난 순간을 보여주면서 기억한다는 것은 즐거운 일이다. 친구와 가족이 세계 어디에 있든지 함께 그 순간을 회상하는 것은 기쁜 일이다. 사진을 그룹, 세트, 범주, 이벤트별로 정리하고, 옷장의 신발 상자나 침대 밑에 추억거리를 보관하는 대신 원하는 아무 때에나 살펴볼 수 있는 온라인 앨범을 가지고 있다면 정말 좋다.

그러나 이 책은 즐거움보다는 비즈니스 목적으로 소셜미디어를 활용하는 것에 관심을 둔다. 따라서 다음과 같이 가정해 보자. 접촉하려는 잠재고객이 여러분의 제품에 대해 조사하고 구글 이미지, 플리커 또는 포토버킷Photobucket에 가서 상표 이름이나 제품에 대한 일반적인 설명을 찾았을 때, 계속 이어지는 사진을 발견한다면 어떨까? 잠재고객이 예산 프레젠테이션을 준비하면서 자금 조달을 확보하기 위해 여러분이 취급하는 제품 유형에 대한 사진이 필요했고 검색해 본 결과 여러분의 웹사이트나 사진 공유 사이트를 방문하게 된다면 어떨까? 여러분의 회사가 해당 분야 최고의 전문 업체로 인식되지 않을까?

그림 8.1 애리조나의 세도나

이제 잠재고객이 판매 깔때기의 조사 단계에 있으면서 일반적인 검색을 수행하고 있다고 할 때 여러분의 회사 제품 사진이 계속 보인다고 가정하자판매 깔때기에 대한 자세한 내용은 4장 '웹페이지의 세계' 참조. 잠재고객이 여러분의 회사와 제품에 대해 어떻게 생각할까? 이제 스스로 질문해 보자. 이런 유형의 마케팅 기회가 완전히 공짜라면 어떨까?

이런 고품질, 저비용인 노출 효과가 바로, 사진 공유가 비즈니스 마케팅과 커뮤니케이션 계획에 가져다주는 결과다. 회사의 제품 사진을 무료로 업로드하기만 해도 대상을 지정한 경쟁 우위를 확보한 인터넷 마케팅 영역에 참여하게 되며, 더구나 완전히 공짜로 하게 된다.

사진 공유 웹사이트에 회사 제품이나 서비스의 스냅샷을 업로드할 때 회사가 소개하는 다른 항목도 잊지 말아야 한다. 잠재고객이 만족하는 고객의 사진이나 디자인이나 영업 팀의 이미지를 보게 된다면 어떨까? 본사의 멋진 장면, 고객 서비스 설치 또는 진행 중인 수리 과정은 어떨까? 이미 가지고 있는 자료는 여러분의 회사가 고객에게 최선을 다하고 있다는 증거로 자주 활용해야 한다. 분기 당 한 명의 잠재고객이 마침내 고객이 된다면 무료로 게시한 보람이 있지 않을까?

처음으로 돌아가서

사진 공유 웹사이트가 본격적으로 증가하기 시작한 것은 1990년대 말 디지털 카메라가 보급되면서부터였다. 디지털 카메라가 등장하기 전에는 인쇄물에서 웹으로 전환하는 과정은 평판 스캐너와 소프트웨어가 필요한 지루한 작업이었다. 그러나 디지털 카메라의 등장으로 카메라에서 단번에 웹으로 직접 전환을 할 수 있게 되었다. 사진 공유는 자연스럽게 이메일을 통해 다음 분야에 적용되었다. 동생에게 졸업식 사진을 보내거나 자녀의 사진을 할머니에게 보내는 게 인기를 끌었으며, 사용자가 이메일을 만드는 수요가 크게 늘어났다. 개인 사진을 항상 사용할 수 있는 원스톱 사진 갤러리는 가장 매력적인 개념이 되었다.

사진 공유 열풍에 편승하여 빠르게 유행으로 자리를 잡은 것이 있다. 코닥갤러리닷컴KodakGallery.com 등 고객이 업로드한 디지털 사진으로 인쇄물을 주문할 수 있는 웹사이트가 탄생한 것이다.

KodakGallery.com

이런 사이트는 고품질 사진^{대용량 파일 크기}, 썸네일, 슬라이드쇼를 저장하고 볼 수 있도록 늘어난 용량을 개발했기 때문에, 사진을 앨범으로 분류하는 기능이 크게 인기를 얻었다. 디지털사진 공유를 지원하기 위해 사진 인화점^{지역 편의점 포함}은 사진 인화와 디지털 CD 형식으로 되돌려 줄 수 있는 서비스를 제공했다.

사진 공유 기능과 직접 사진 업로드, 이메일 및 미리 디자인된 템플릿을 통한 끌어서 놓기 기능을 포함한 iPhoto와 같은 데스크톱 사진 관리 애플리케이션이 등장하면서 사진을 정리하고, 업로드하고 공유하는 것이 이전보다 더욱 간편해졌다. 현재 온라인 사진 편집, 구독 기반 공유, 피어-투-피어, 피어-투-서버-투-피어, 피어-투-브라우저, 웹 사진 앨범 생성기를 포함한 수많은 온라인 사진 공유 웹사이트가 존재한다.

사진을 공유하는 가장 간단한 방법은 당신이 이미 사용하고 있는 소셜미디어 사이트, 즉 페이스북을 이용하는 것이다. 또한 사진을 공유하는 과정은 고화질의 영상을 만드는 핸드폰과 스마트폰을 포함한 디지털 카메라와 개인 컴퓨터를 능가하여 성장해 왔다. 오늘날 개인 블로그나 포토갤러리, 페이스북 페이지 등 다양한 모바일 디바이스는 사진을 찍게 하고, 스크랩하고, 톤을 조정하고, 이메일로 보내고, 즉시 포스트하도록 한다.

알아야 할 사항

이 과정의 첫 단계는 명확하다. 실제로 사진을 촬영하는 것이다. 오늘날 가장 대중적인 방법은 디지털 카메라를 사용하는 것이다. 자동카메라가 대세여서, 누구나 좋은 사진을 촬영할 수 있다. 디지털 카메라는 필름이 필요 없기 때문에 비용을 들이지 않고 원하는 만큼 촬영할 수 있다. 따라서 밖으로 나가서 셔터를 누르고 연습하고 다양한 아이디어를 실행에 옮기면서 많이 찍어야 한다. 공짜니까!

디지털 카메라 대신 핸드폰이나 스마트폰을 사용하라. 애플 아이폰과 안드로이드 스마트폰들은 훌륭한 디지털 카메라 대용이 된다. 그리고 대부분의 스마트폰은 10M 픽셀의 높은 고화질의 화상을 갖고 있지만 줌zoom, 마이크로모드 기능은 부족하다. 또한 디지털 비디오카메라를 포토그래프 모드로 조정해서 사용할 수 있다.

다음 단계는 사진을 카메라에서 컴퓨터로 전송하는 것이다. 필요한 케이블보통 USB과 소프트웨어는 카메라 제조업체에서 제공한다. 필름 카메라를 사용할 경우에는 사진을 디지털 형식으로 처리하거나 CD에 저장해야 한다. 사진이 오래되었거나 이미 인화지에 인쇄한 경우에는 평판 스캐너와 관련 소프트웨어를 사용하여 디지털로 변환해야 한다. 사진의 음화를 가지고 있는 경우에는 디지털 CD로 인쇄만 하면 되기 때문에 수고를 덜 수 있다. 전송을 마치면 다양한 소프트웨어를 사용하여 자르고, 밝기를 조정하고, 선명도를 조정하고, 적목 현상을 수정하고, 이미지를 향상시켜서 사진 공유 웹사이트에 업로드할 수 있다. 오늘날 Windows와 Macintosh 컴퓨터 모두에서 가장 인기 있는 사진 편집 애플리케이션은 어도비의 Photoshop이다. 그러나 Photoshop이 가장 많은 기능을 제공하는 최고의 사진 편집 애플리케이션이기는 하지만 29.99달러 이상의 비용이 든다.

대부분의 카메라 제조업체는 사진 편집 소프트웨어를 함께 제공하기 때문에 CD를 확인하면 된다. 인터넷에서 구글의 Picasa와 같은 무료 사진 편집 소프트웨어를 다운로드하여 흠이 있거나 얼룩지거나 긁힌 자국이 있는 오래된 사진을 좋은 상태로 복원하거나, 텍스트나 워크마크를 추가할 수도 있다. 그리고 대부분의 사진 편집 애플리케이션에서는 사용자가 버튼을 클릭하여 사진을 바로 웹 기반 사진 공유 사이트에 업로드할 수 있다.

모든 사진을 완벽하게 편집했다면 다음 단계로 좋아하는 사진 공유 웹사이트에 업로드해야 한다. 계정을 만들었다면 사용 안내에 따라 진행하기만 하면 된다. 업로드, 찾아보기를 선택하고 이미지 위치를 찾아서 확인 버튼을 누르면 되는 간단한 일이다. 이런 사이트 대부분은 자체 업로드용 소프트웨어가 있어서 사진을 해당 애플리케이션에 끌어다 놓기만 하면 자동으로 웹사이트에 업로드된다. 이메일을 통해 사진을 전송할 수도 있다.

이미지를 사진 공유 사이트에 업로드한 다음에는 세트와 앨범으로 정리하고 캡션, 제목, 설명, 메타 태그키워드를 추가하면 된다. 이런 키워드는 사이트에서 사진을 검색할 때 사용한다메타 태그, 키워드에 대한 자세한 내용은 18장 '검색 엔진 최적화' 참조. 친구, 가족, 잠재고객, 고객이 사진에 대한 의견을 남기도록 하고, 다른 사람의 사진에도 의견을 남기면 된다. 대부분의 사진 공유 사이트는 사진 인화 주문을 할 수 있고, 사진첩이나 앨범, 맞춤 캘린더를 만드는 서비스를 제공한다. 사진을 구글 어스에 올리는 것도 잊지 말아야 한다. 사용자 사진 레이어를 선택하면 사진을 업로드하고 지역 위치를 기준으로 볼 수 있다.

개인정보 보호와 도용

일반적인 인터넷 커뮤니티에서는 상업적인 목적으로 자신의 사진을 사용하는 것을 원하지 않는다. 온라인 사진 공유 사이트와 회원에게 있어서 온라인 사진 절도와 사기는 중요한 문제가 되었다. 이런 사이트는 대부분의 사용자가 자신의 사진에 저작권 보호 수준을 지정할 수 있는 크리에이티브 커먼스 라이선스Creative Commons License를 지원한다. 모든 사이트에서 절도를 심각하게 여긴다크리에이티브 커먼스 라이선스에 대한 자세한 내용은 9장 '팟캐

www.creativecommons.org

스트-오디오 생성'을 참조하거나 www.creativecommons.org를 방문하면 된다.

크리에이티브 커먼스 라이선스는 여러 사진 공유 웹사이트에서 저작권으로 보호된 사진을 판매할 수 있도록 허용한다. 이는 사진작가들을 보호할 뿐만 아니라 사진을 통해 돈을 벌 수 있는 시스템을 제공하는 것이다.

기술 및 전술

대부분의 사진 업로드가 친구와 가족의 생일 파티, 성인식, 아기, 결혼식에 대한 이미지를 공유하기 위한 것은 사실이지만, 이번 장에서는 독자들에게 사진 공유 웹사이트를 사용하여 추가 매출을 얻는 방법을 보여주려고 한다. 비즈니스는 이런 기술을 사용하여 자사 제품, 기술 지원,

직원, 조립 라인, 재고, 만족해 하는 고객에 대한 이미지를 공유할 수 있다.

가능한 한 많은 사진을 업로드하고 가장 적합한 메타 태그를 입력하여 이 과정이 원활하게 되도록 할 수 있다. 제품 이름, 애플리케이션, 일련/부품 번호를 사용하도록 한다. 또한 회사 이름, 지역적 위치, 서비스 설명이 메타 태그, 캡션, 사진 파일 이름의 일부가 되도록 해야 한다. 사이트에서 여러분의 회사와 제품 또는 서비스를 검색하고 있는 잠재고객이나 고객 입장에서 이 과정에 접근해야 한다. 그들이라면 어떤 단어를 사용할까? 보고 싶거나 유용하다고 생각할 만한 이미지는 어떤 종류일까?

대부분의 사진 공유 웹사이트에서 사용자가 그룹을 만들고 참여할 수 있다. 사진 공유 사이트에서 사진을 적합한 그룹 및 커뮤니티에 링크할 수 있다. 예를 들어 나는 워드프레스의 공동 설립자인 맷 물렌베그와 함께 애리조나 기업가정신 컨퍼런스에서 발표를 한 적이 있었는데, 그때 행사와 관련해서 스물한 장의 보도사진을 촬영했다. 이 사진은 www.flickr.com/photos/lonsafko에 #AZEC란 이름이 붙은 그룹과 함께 표시되어 있다.

www.flickr.com/photos/ lonsafko

컨퍼런스 설립자는 2008년 애리조나 기업가정신 컨퍼런스란 대규모 그룹을 만들었다. 그룹 풀에는 참석자의 사진 190장을 모았다. 그러므로 행사의 소그룹에 대한 사진만 보거나 190장 전체를 살펴볼 수 있다.

회사 웹사이트 또는 블로그 사이트에 무료 위젯, 도구, 또는 플러그인을 설치하여 사진 공유 웹사이트에서 사진을 가져오도록 하고, 웹페이지에 클릭 가능한 썸네일 이미지를 배치하도록 해야 한다. 이 단계를 통해 잠재고객에게 사진 공유 웹사이트에서 볼 수 있는 사진이 있다는 것을 소개한다.

그림 8.2 Flickr

PI 소셜미디어 네트워크의 벌집/타화 수분Hive/Cross pollination

소개

PI 소셜미디어 네크워크는 프러큐어먼트 인사이트Procurement Insights 블로그 및 PI 윈도우 온 비즈니스PI window on Business 블로그, 블로그토크라디오BlogTalk Radio의 PI 윈도우 온 비즈니스 쇼PI Window on Business Show, 그리고 PI 인퀴저티브 아이 앤드 TV2 영 안트러프러나즈 TV 채널PI Inquisitive Eye and TV2 Young Entrepreneurs Internet TV Channels 등을 포함하고 있다. 참고로, PI 윈도우 온 비즈니스는 블로그 토크라디오의 메인 프로다.

PI 소셜미디어는 다양한 소셜네트워크 그룹 및 포럼뿐만 아니라 매달 700만 명 이상의 청취자를 보유하고 있는 블로그토크라디오, 그리고 매달 50만 명의 방문자가 있는 에반 카마이클Evan Carmichael 등과 같은 소셜미디어 사이트와의 제휴를 통해 독자, 청취자, 그리고 시청자 등 지속적으로 확대되는 고객들과 연결됐다.

배경

PI 소셜미디어 네트워크의 기원은 2007년 5월 프러큐어먼트 인사이트 블로그에서 비롯됐다. 프러큐어먼트 인사이트 블로그는 글과 보고서에 접근할 수 있는 단일 사이트를 갖춘 매거진과 출판물을 제공하는 수단으로 제작되었다.프러큐어먼트 인사이트는 현재 전체 스폰서 수에서 관련 분야에서도 손꼽히는 최고의 스폰서드 블로그다. 2009년 3월 PI 윈도우 온 비즈니스 쇼는 프러큐어먼트 인사이트 블로그의 범위를 확대하고 구축하기 위해 시작됐지만 3개월 만에 전체 블로그토크라디오 네트워크에서 메인 프로로 자리 잡았다. 그리고 2009년 6월, PI 윈도우 온 비즈니스 쇼를 지원하기 위해 PI 윈도우 온 비즈니스 블로그를 시작했다. PI 윈도우 온 비즈니스 블로그를 시작한지 6개월 만에, 사이트의 총 방문자 수는 매월 1만 명을 넘었다.

PI 윈도우 온 비즈니스 쇼와 블로그가 동일하게 인상적인 성장을 보여준 반면, 프러큐어먼트 인사이트 블로그 방문자는 PI 소셜미디어 네트워크의 내부와 외부 장소 사이의 교류를 통해 지난 30일 동안 1,100퍼센트 증가했다.

PI 소셜미디어 네트워크는 두 개의 인터넷 TV 채널뿐만 아니라 최근 인터넷 TV 채널에 해당하는 블로그도 시작했다.

전략

벌집 이론이나, 혹은 교류 개념은 개인이 선호하는 플랫폼으로 하나 혹은 두 개의 주요 소셜네트워크를 선택할 것이라는 관찰에 기반하고 있다. 따라서 개인은 대부분의 소셜네트워크 시간을 주요 벌집 내에서 소통하는데 사용할 것이다.

개인이 마치 꿀벌처럼, 셀 수 없을 만큼 많은 다른 네트워크에 연결되어 있는 방대한 소셜미디어/소셜네트워크 세계에 위험을 무릅쓰고 나가는 동안, 이와 같은 시도는 궁극적으로 커뮤니티의 연락처를 공유할 수 있도록 벌집으로 되돌아가기 위해 정보와 통찰력을 모으는 것에 맞춰질 것이다.

간단히 말해서, 정지되어 있는 동안 다소 수동적인 링크를 다른 비슷한 근시안적인 단일 사이트 블로그나 웹사이트에 제공하는 교류 활동을 제한하는 단일 사이트_{블로그, 웹사이트, 기타 등등}는 시장의 역동적인 변화를 알아채는데 실패했기 때문에 선호하는 장소를 통해 고객과 연락해야 한다.

시행

고객은 PI 소셜미디어와 여기서 제공하는 서비스를 통해 전통적이며 주로 효과적이지 못한 구식 방송 모델에서 소셜미디어의 관계 중심적이며 대화형 마케팅 세계로 이행할 수 있는 능력을 발휘할 수 있다.

기회

예측할 수 있는 미래뿐만 아니라 현재도 서비스를 통해 PI 소셜미디어 네트워크를 제공했던 기회는 리더십, 청취자, 시청자 기반에서 꾸준하고 한결같은 성장으로 증명되었다.

블로그, 인터넷 라디오, 인터넷 TV, 그리고 소셜네트워크 등과 같은 장소에 영향을 주는 확장되고 다양한 범위를 통해 느린 경제 성장 동안에도 증가하고 있는 수익 기반은 모델의 효율성을 반영한다.

결론

다음 링크를 방문하여 PI 소셜미디어 네트워크에 대하여 더 알아보자.

Procurement Insights
http://procureinsights.wordpress.com/

PI Window on Business
http://bit.ly/9yJlmP

http://bit.ly/mUex9b

전문가 의견

타라 키르히너Tara Kirchner, 야후 플리커Yahoo!'s Flickr 마케팅 본부장, www.flickr.com

플리커의 핵심은 두 가지입니다. 첫 번째로 중요한 핵심은 친구들이나, 가족, 혹은 세계와 더불어 자신의 삶에 일어나고 있는 일을 쉽게 공유할 수 있게 만드는 사진 공유 사이트라는 점입니다. 그리고 플리커의 두 번째 핵심이자 마지막 부분은 소셜미디어 사이트란 점입니다.

전통적인 미디어 비즈니스를 고려할 때, 여러분은 뉴스와 정보를 찾을 수 있는 장소를 생각할 것입니다. 근본적으로 플리커가 바로 여러분이 원하는 장소입니다. 오늘날 우리가 살고 있는 세상에서 매일 300만 장의 사진과 동영상이 업로드되고 있습니다. 이것은 하루에 전 세계적으로 300만 번의

타라 키르히너

셔터 소리가 나는 것을 상상하면 됩니다. 사실 우리는 전 세계에서 일어나는 일과 사람들의 개인적인 삶에서 일어나는 일을 정확히 담아내고 있습니다. 전 세계의 눈이 되는 것이 우리의 비전이며 이것은 현실화되고 있습니다...

이 사이트는 정말로 사용하기 쉽습니다. 먼저, 사진을 찍으면 됩니다. 요즘에는 어떤 장비로도 사진을 찍을 수 있습니다. 모든 사람들이 가지고 있는 카메라 폰으로도 가능합니다. 지금 지구상의 모든 사람들은 세 대의 카메라 폰을 평균적으로 사용하고 있습니다. 이것은 정말로 믿을 수 없는 수치입니다. 그리고 대부분의 디지털 카메라는 말할 것도 없고 거의 모든 사람들이 가지고 있는 카메라 폰에는 사진 공유 기능이 있습니다.

이런 이유에서 사진을 찍는 일은 매우 쉽습니다. 그리고 다음은 찍은 사진을 공유하는 단계입니다. 인터넷 연결을 통해, PC와 같은 전통적인 장비뿐만 아니라 휴대폰과 다른 장비들을 통해서도 사진을 공유할 수 있습니다. 따라서 실제로 매우 간단히 시작할 수 있습니다. 플리커로 예를 들어보겠습니다. 카메라 폰으로 사진을 찍은 다음 플리커를 사용하여 이메일 주소로 사진을 전송시키면 플리커 페이지에 업로드됩니다. 이제 친구와 가족은 그 순간 여러분이 어떤 일을 했는지 볼 수 있습니다...

정말로 놀라운 일이 아닐 수 없습니다. 물론, 이것은 휴대폰 측면에서 본 플리커로 아이폰 전용 플리커 앱을 이용하는 것을 포함하여 어떤 카메라 폰으로도 사진을 찍고 곧바로 공유할 수 있는 널리 퍼져 있는 플랫폼입니다. 그밖에 우리는 거의 모든 데스크톱용 사진 애플리케이션과 통합했기 때문에 여러분은 사람들이 좋아하는 애플리케이션을 살펴본 다음 해당 애플리케이션에서 플리커로 업로드할 수 있습니다. 물론, 웹사이트와 업로드용 애플리케이션에서 플리커를 사용하는 것이 가장 흔한 방법입니다. 여러분은 끌어놓기 기능을 이용하여 여러 장의 사진이나 동영상을 친구들과 가족들에게 공유할 수 있습니다...

이렇게 공유하는 것은 "내 삶의 일부로 이것을 공유하고 싶다"는 매우 기본적인 바람에서 시작했습니다. 그리고 사진 기법이 발명되고 얼마 되지 않아서 사람들이 정말로 남기고 싶었던 것은 바로 추억이었습니다. 예를 들면, 중요하게 생각하는 생일에는 사진을 찍고 사람들과 공유합니다.

디지털 사진을 이용하면 이런 순간을 포착하기 쉬울 뿐만 아니라 공유하기도 쉽기 때문에 "난 특별한 순간을 기억하고 싶어"를 넘어 "나는 삶에서 나에게 의미 있는 모든 것을 기록하고 싶어"로 확장되었습니다. 이것은 "버스를 타려고 기다리고 있던 정류장에서 본 흥미로운 그래피티야"나, "젠장, 사무실 근처 거리에서 시위 중이네. 찍어야지!", 혹은 "나는 현재 텍사스 주에 위치한 갤버스턴에 살고 있는데 허리케인이 왔어. 허리케인을 보고 싶은 사람이 많을 것 같아" 등과 같이 모든 것을 포함합니다.

이렇듯 사람들이 자신이 보는 것을 찍어서 공유하는 것은 정말로, 정말로, 놀라운 일입니다. 하지만 플리커와 같은 사이트콘텐츠 자체에 대해서 뿐만 아니라, 콘텐츠를 중심으로 커뮤니티가 형성되는 방법도 포함에 대해 흥미로운 점은 사람들이 매우 흥미로운 방법으로 콘텐츠를 교류하기 시작했다는 것입니다. 즉, 2차 커뮤니티 효과가 나타나기 시작했습니다. 플리커에서 가장 큰 그룹 중 하나인 "Squared Circle"이라고 불리는 그룹을 예로 들어보겠습니다. 이 그룹의 전제는 정말로 간단합니다. 사람들이 원 모양의 사물을 찍으면 그 사진을 사각형으로 편집해서 특정 그룹에게 업로드하는 것입니다...

회원들이 이런 콘텐츠의 일부에서 많은 메타 데이터와 의미를 찾아낼 수 있다는 것은 그저 놀라울 따름입니다. 제가 즐겨 사용하는 예 중 하나는 오후에 조선소를 떠나는 항만 근로자들의 사진입니다. 사진에 달린 댓글 중 하나는 플리커 회원이 단 것으로 "나는 어린 시절을 기억합니다. 이 조선소에 있는 거리 아래에 살았기 때문에 밤이면 용접 토치의 불빛을 볼 수 있었습니다"라고 언급했습니다. 도서관에 앉아서는 결코 경험할 수 없는 생생함을 사진에 불어넣는 가슴이 뭉클한 순간이었습니다. 다시 언급하지만, 사람들이 사진 공유와 함께 시작한 이런 종류의 일들은 정말로 엄청납니다. "내가 점심에 먹은 것들이야!" 등의 지극히 평범한 것들부터 우리 주위의 세계에 대한 가슴 뭉클한 해석까지 모든 것을 포함합니다. 정말로 강력합니다.

비즈니스에서 플리커를 사용하게 된 첫 번째 이유는 실제로 자사 제품을 사용하는 고객과 교류할 수 있기 때문이다. 만약 여러분이 플리커에서 특정 브랜드 이름을 검색한다면, 수백 개까지는 아니더라도 수십 개의 그룹을 찾을 수 있습니다. 이런 그룹에서의 회원들은 제품이나 브랜드에 대해 이야기할 뿐만 아니라 자신들에게 도움이 되는 이유나 관심을 갖는 이유 혹은 도움이 되지 않는 이유에 대해서도 이야기하고 있습니다. 이렇게 고객과 양방향 소통을 할 수 있다는 것은 놀라운 일입니다...

두 번째 이유는 전통적인 미디어에서 사랑받은 광고 때문입니다. 소셜미디어 측면에서 보면, 고객을 대상으로 하는 점과 우리가 언급했던 양방향으로 대화한다는 점에서 매우 중요한 의미를 가지고 있습니다.

세 번째 이유는 소셜미디어적인 측면보다 사진 공유와 밀접한 관련이 있기 때문입니다. 자신의 사진을 인화하거나 사진첩 또는 캔버스 인화를 하든 아니면 다른 사람들의 사진으로 캔버스 인화를 하든, 사람들이 사진을 이용하여 하고 싶은 다양한 서비스가 있습니다. 이렇게 수많은 작품들이 공유되어지고 있기 때문에 그에 해당하는 비즈니스가 활발해질 수밖에 없습니다.

마지막으로 네 번째 이유는, 플리커 관점에서 볼 때 가장 최근에 생긴 라이선싱 비즈니스 때문입니다. 여러분은 플리커 회원들이 이미지 라이선싱으로 이미지를 상품화할 수 있도록 게티 이미지 Getty images와 손을 잡은 소식을 들었을 것입니다. 또한, 이미 앞에서 언급했던 커먼스 프로젝트 Commons Project가 있습니다. 미국 의회 도서관 등과 같은 단체는 이 프로젝트를 이용하여 플리커에서 이미지를 보여줄 수 있습니다. 이것은 사용자가 자신의 콘텐츠 사용 방식에 대한 라이선스를 이미지에 적용할 수 있는 크리에이티브 커먼스Creative Commons와는 완전히 다른 별도의 프로젝트입니다. 게티 이미지와의 파트너십은 크리에이티브 커먼스에 대한 대단히 강력한 지원과 조화를 이루고 있습니다. 이것은 사람들이 이미지를 라이선스 방식을 선택할 수 있는 또 다른 기회가 됩니다...

　이런 엄청난 분야에 참여하고 있다는 것은 정말로 멋진 일입니다. 그리고 가장 흥미로운 일이 진행되는 중심에 있는 야후의 계열사인 플리커에서 근무하는 것을 자랑스럽게 생각합니다. 야후는 인터넷상에서 소셜미디어를 통해 사람들이 힘을 갖고 대단한 일을 할 수 있도록 능력을 부여하는 일에 최선을 다하고 있습니다. 아마도 여러분은 야후의 오픈 스트래티지Open Strategy와 사회적 전략에 대해 많이 들었을 것입니다. 여기서 소셜미디어가 가장 중요한 부분입니다. 그렇기 때문에 우리는 이것에 많은 기대를 하고 있습니다. 우리는 사진 공유에 대해 이야기하며 많은 시간을 보내지만 우리 입장에서는 동영상도 중요한 부분입니다. 2년 전 동영상 공유를 시작한 플리커는 우리 커뮤니티에서 매우 중요한 사이트가 되었습니다.

　전반적으로 우리가 소셜미디어를 선도해 가고 있다는 점을 기쁘게 생각합니다. 앞으로도 이 업계에 혁신을 가져올 수 있기를 희망합니다.

www.theSocialMediaBible.com

　www.theSocialMediaBible.com을 방문하면 타라 키르히너와 나눈 경영진 대화 전체를 들을 수 있다.

국제적인 견해

캐나다

캐나다 사람은 친절하기로 유명한데 소셜미디어 속에서도 이런 평판을 이어가고 있다. 전 세계의 페이스북 사용자는 평균 130명의 친구를 가지고 있는데 전형적인 캐나다 사람은 190명을 가지고 있다.

캐나다 기업은 아직도 국경 남쪽에 위치한 회사와 기술적인 상식이 풍부한 캐나다 소비자보다도 소셜미디어 사용을 망설이고 있다. 온라인에서 캐나다 사람의 45퍼센트는 적어도 일주일에 한 번씩 소셜미디어 사이트에 접속하지만 캐나다 회사의 17퍼센트만이 소셜미디어 사이트를 정기적으로 모니터하고 게시물을 올린다. 설문 조사에 참여한 회사의 절반가량은 참여가 저조한 이유를 자원 부족 탓으로 돌렸다.

이런 회사들은 소셜미디어에서 가장 인기 있는 플랫폼으로 페이스북70퍼센트, 링크드인32퍼센트, 그리고 트위터31퍼센트를 꼽았다. 비록 링크드인과 트위터 멤버십이 지속적으로 성장하고는 있지만, 브랜드 사이에 페이스북의 인기는 소비자의 인기와 일치한다. 이 세 가지 네트워크가 항상 선두에 있지만 구글 플러스도 선호되고 있다.

많은 캐나다 기업들이 공용어인 영어와 불어 모두를 사용해야 한다는 문제에 직면하고 있다. 몇몇 기업은 별도의 계정을 관리하지만 몽크턴 공립 도서관Moncton Public Library과 같이 2개 국어를 할 줄 아는 직원을 고용하여 공용어로 게시물을 올리고 응답하는 단체도 있다.

다음은 온라인에서 주의를 끌기 위해 다양한 전략을 사용한 회사를 소개한 것이다.

크라우드소싱Crowdsourcing. ING 다이렉트 캐나다ING direct canada가 스라이브 체킹THRiVE Chequing을 시작하기 전, CEO인 피터 아세토Peter Aceto는 자사 제품을 소개하고 피드백을 받을 수 있도록 고객을 초대하는 동영상을 유튜브에 올렸다. 22,000명의 팬들이 소중한 아이디어로 응답했으며, ING사는 가장 좋은 아이디어를 선택하여 자사 제품에 반영했다.

고객 서비스 Customer Service. 거대한 눈보라로 항공기가 연착되자, 에어 캐나다Air Canada는 트위터를 통해 수천 명의 고객에게 대체 여행과 비행기 정보를 제공했다. 에어 캐나다는 실시간으로 응답하며 고객에게 도움을 주었을 뿐만 아니라 험악한 날씨로 인해 비행기 여행에 어떤 영향을 주는지에 대한 최신 정보도 공유했다.

직원 성과 Employee Performance. 토론토에 위치한 리플Rypple사는 웹 기반 소셜 성능 관리 플랫폼을 만들었다. 기업들은 이 플랫폼을 사용하여 사회적 목표, 지속적인 피드백, 그리고 중요한 인식을 통해 직원 성과를 개선할 수 있다.

여론 주도층 홍보 Influencer Outreach. 퀘벡에 본사를 둔 엔터테인먼트 회사인 태양의 서커스Cirque de Soleil는 자사의 온라인 커뮤니티를 통해서 내부 정보를 볼 수 있을 뿐만 아니라, 특별 판촉 및 할인 그리고 쇼에 대한 티켓에 대한 정보도 공유할 수 있게 했다. 최근 십여 명의 라스베가스 블로거는 회사의 초대를 받아 쥬메니티Zumanity 쇼를 관람하고 리뷰를 게시물에 올렸다.

–바트 바이엘Bart Byl

www.Radian6.com

www.techvibes.com/blog/are-canadians-the-worlds-most-extreme-users-of-facebook-2011-05-23

http://bit.ly/nnDhvk

http://bit.ly/ruvQPG

http://yahoo.it/spxDIT

해야 할 일 리스트

1. 사진을 많이 찍어라.

디지털 카메라나 카메라 폰으로 사진을 찍기 시작해야 한다. 디지털이기 때문에 관련 개발비용이 전혀 없다. 사진 결과가 마음에 들지 않으면 삭제 버튼을 누르면 된다. 마음에 드는 사진은 하드 드라이브에 저장한다. 다른 것과 마찬가지로 연습하면 할수록 잘할 수 있다.

2. 사진을 편집하라.

사진 편집 소프트웨어 애플리케이션에는 원클릭 사진 향상 기능이 있지만 수동 조정 슬라이더와 효과를 사용하는 것도 좋다. 이 작업은 재미있을 뿐만 아니라 언제라도 실행 취소 기능을 사용할 수 있다. 안전을 위해 항상 원본 사진의 복사본을 만들어 둔다.

3. 업로드하라.

기존에 보유한 사진을 가능한 한 많이 찾아 둔다. 촬영하는 새로운 사진과 함께 사진 공유 사이트에 업로드한다. 10분 정도만 시간을 들이면 간단하게 사진 공유 사이트에서 계정을 만들 수 있다. 그것도 무료다.

4. 메타 태그와 설명을 사용하라.

각각의 사진을 설명하기 위해 사용할 단어, 고객이 제품과 서비스를 검색할 때 사용할 만한 단어에 대해 잠시 생각해 본다.

5. 그룹을 만들고 참여하라.

사진 공유 사이트에서 자신이 판매하는 제품이나 서비스 유형과 비슷하거나 적합한 그룹을 검색해 본다. 그룹이나 커뮤니티에 참여할 때 판매를 우선 목적으로 하지 않는 것이 바람직할 경우가 많다. 신뢰 네트워크에서는 신뢰가 중요하기 때문이다. 먼저 관찰하고 참여하고, 그러고 나서 판매해도 늦지 않다.

6. 의견을 남겨라.

참여하려면 의견을 남겨야 한다. 다른 사람의 사진에 의견을 남기고 다른 사람이 자신의 사진에 의견을 남기도록 부탁하자. 의사소통을 늘릴수록 더 많은 사람이 사진을 볼 수 있게 된다.

결론

　전 세계의 커뮤니티, 친구, 가족, 동료, 잠재고객, 고객과 사진을 공유하고 사진에 대한 의견과 느낌을 남겨 달라고 부탁하는 행위는 소셜미디어의 핵심이다. 소셜미디어는 양방향 커뮤니케이션이 가장 중요하다. 사진을 업로드하고, 커뮤니티를 만들고 고객이나 잠재고객과 신용과 신뢰를 구축해야 한다.

　전문가 의견을 듣고 싶으면 www.theSocialMeida-Bile.com을 방문하라.

www.theSocialMeida-Bile.com

　다운로드 : 〈소셜미디어 바이블〉과 관련된 무료 다운로드를 받으려면 www.theSocialMeidaBile.com을 방문하고 책 뒷면 바코드 위에 있는 ISBN을 입력하면 된다. ISBN 978-1-118-26974-9

www.theSocialMeidaBile.com

Talking about the Podcast(Audio Create)

CHAPTER 009

팟캐스트-오디오 생성

www.LonSafko.com/TSMB3_Videos/09Podcast.mov

왜 여러 자동차 업체에서 아이팟과 호환되는 자동차를 출시하려고 서두르는 것일까? 그 이유는 운전자들이 많은 시간을 자동차 안에서 보내면서 음악, 뉴스, 스포츠, 일기 예보, 기타 오디오로 들려주는 정보를 즐겨 듣기 때문이다. 역사적으로 라디오라는 독자적인 영역이 존재해 왔으며, 해당 업계에서는 청취자에게 오락 거리와 정보를 제공하고 황금 운전 시간대[1]에 물건을 판매하는 방법을 찾아냈다. 그러나 이제는 다 지난 이야기가 되었다.

오늘날 자동차 업체는 아이팟이 어디에서나 사용하는 필수품이 되었으며 사람들이 자동차에서도 휴대하기 원한다는 사실을 알고 있다. 팟캐스팅을 회사 비즈니스 전략의 일부로 채택해야 하는 이유, 실행 시기와 방법을 알기만 한다면 여러분의 회사도 자동차만이 아니라 사람들이 아이팟을 휴대하는 다른 모든 장소에 진출할 수 있다.

제공 이익

팟캐스팅은 여러분의 비즈니스를 효과적으로 알려서 고객, 잠재고객, 직원의 관심을 이끌어 인지도를 높일 수 있는 방법이다. 에코시스템에 있는 대부분의 소셜미디어 도구처럼 이것도 무료다. 팟캐스팅은 아주 간편하며, 고객과 추종자가 정서적으로 더 매력적인 것으로 받아들인다. 전체 저널리스트의 75퍼센트가 리치 미디어를 선호한다는 사실4장 '웹페이지의 세계' 참조과 리치 미디어의 효과가 더 낫다는 연구를 비롯해서 모든 종류의 일화도 이 주장을 뒷받침한다. 대부분의 SEO18장 '검색 엔진 최적화' 참조 직원들은 10년 전부터 이 사실을 알고 있었다. 공자기원전 551~479 역시 백문이 불여일견이라고 했다. 사진이 말보다 천 배의 가치가 있다면 오디오 팟캐스트는 사진보다 천 배의 가치가 있고, 동영상은 오디오보다 천 배의 가치가 있다.

처음으로 돌아가서

디지털화된 오디오 녹음은 인터넷이 출현한 시기만큼이나 오래전부터 여러 가지 형태로 배포되고 있었다. 인터넷 초기에 사용되었던 첫 번째 오디오 파일은 RIFFResource Interchange File Format, 자원 교환 파일 포맷를 기반으로 만들어졌다. 그 당시 매킨토시 컴퓨터는 .aiffAudio Interchange File Format, 오디오 교환 파일 포맷를 사용했고 윈도우 컴퓨터는 .wavWaveForm Audio Fomat, 웨이브 오디오 포맷을 사용했다. 일반적으로 3분30초 정도의 CD 음원은 압축하지 않을 경우 크기가 35MB 정도다. 파일 용량이 적을수록 다운로드가 빠르기 때문에 MP3로 불리는 고압축 오디오 포맷이 출시되었고 곧 인터넷 오디오의 표준이 되었다. MP3은 MPEGMotion Picture Experts Group 표준 MPEG-1 Audio Layer 3을 의미하며 이 포맷을 사용하면 3분 30초짜리 노래를 손실 없이 품질을 그대로 크기만 약 1/10로 줄여 3.5MB로 전환할 수 있다. 대부분의 경우, MP3 포맷은 팟캐스팅에 사용된다.

참고: 팟캐스트를 만들 때 음질을 유지할 경우 파일 크기가 커지기 때문에 다운로드가 느리다는 점을 염두에 두자. CD 음질로 20분짜리 연주는 30MB가 넘을 수 있다. 다행히, 대부분의 팟

캐스트 리코딩 소프트웨어에서 비트 전송률bit rate을 선택할 수 있기 때문에 비트 전송률을 낮추고 모노로 인코딩하면 음질을 유지한 채 다른 4가지 요소로 음성 언어 팟캐스트의 크기를 줄일 수 있다.

아이팟의 탄생

2001년 10월 23일, 애플의 공동 창립자인 스티브 잡스는 세계 최초로 아이팟을 소개했다. 사실 첫 번째 휴대용 디지털 뮤직 플레이어는 아이팟이 아니다. 1998년 초, 새한 인포메이션 시스템즈SaeHan Information Systems사와 다이아몬드 멀티미디어Diamond Multimedia사는 MP맨MPMan 및 리오Rio를 출시했다. 하지만 아이팟은 세련된 디자인과 참신한 스크롤 휠 인터페이스를 갖췄기 때문에 가장 매력적인 MP3 플레이어로 소비자의 관심을 샀다. 추후에 다이아몬드 멀티미디어사의 마케팅 이사는 AAC 인코딩 및 아이튠즈(iTunes) 뮤직 서비스만을 사용해야 하는 호환성 문제에도 불구하고 옆 사람이 가지고 있던 아이팟이 너무나도 매력적으로 보였기 때문에 신제품 출시 프레젠테이션 행사장에 가는 도중에 함께 탄 탑승객이 볼까봐 최신 모델인 리오를 꺼낼 수가 없었다고 밝혔다.

그뿐만 아니라 다른 경쟁사의 제품은 용량이 적은 플래시 메모리 시스템을 사용하는 것에 비해 아이팟은 작은 하드 드라이브를 사용하기 때문에 효율적이다. 그리고 RIAARecording Industry Association of America, 미국 음반 산업 협회가 제품 제공에 관련하여 다이아몬드 멀티미디어를 고소한데 반하여, 애플의 아이팟은 애플의 합법적인 다운로드 서비스인 IMSiTunes Music Store, 아이튠즈 뮤직 스토어를 이용했다. 그리고 IMS는 여전히 세계에서 가장 잘 팔리는 디지털 뮤직 서비스다현재 합법적인 MP3 다운로드를 제공하고 있다. 2011년 10월 4일, 애플은 3억 대의 아이팟을 판매했고 아이튠즈를 통해 160억 건의 음원이 다운로드 되었다고 언급했다. 애플의 CFO인 피터 오펜하이머Peter Oppenheimer에 따르면, 2010년에 IMS는 미국에서 판매각 1달러되는 모든 디지털 뮤직의 85퍼센트를 차지했다.

차세대 아이팟은 MP3, AAC/M4A, Protected AAC, AIFF, WAV, Audible 오디오북, Apple Lossless 포맷 등을 사용할 수 있도록 개발되었다. 그리고 JPEG, BMP, GIF, TIFF, PNG 이미지 파일 포맷을 표시할 수 있을 뿐만 아니라 MPEG-4H.264/MPEG-4 AVC와 퀵타임QuickTime 비디오 포맷도 재생할 수 있다. 3세대 동영상–재생 아이팟 출시로 애플은 아이튠즈를 통해 동영상 콘텐츠도 판매하기 시작했다. 팟캐스트podcast란 용어는 오디오와 비디오 리코딩에 모두 적용했지만 동영상 방송이란 용어 대신 보드케스팅vodcasting이란 용어가 인기를 얻게 되면서 우리는 오디오에만 팟캐스트란 단어를 사용하고 있다.

팟캐스팅의 탄생

팟캐스팅은 아이팟에서 이용할 수 있는 재미있는 애플리케이션이다. 팟캐스팅이란 용어는 아이팟iPod과 방송broadcasting이 결합하여 탄생했다. 에피소드 형식의 오디오 콘텐츠를 휴대용 기기에 다운로드할 수 있는 시스템은 2000년도에 이미 출시되었지만 누구나 오디오 콘텐츠를 팟캐스트로 만들 수 있게 된 계기는 소프트웨어 개발자인 데이브 와이너Dave Winer와 친구들이 2003년 10월에 조직한 첫 번째 블로거콘 웹로그Bloggercon weblogger 학회에서부터였다. 와이너는 블로그 엔트리와 같이 업데이트된 미디어와 뉴스 헤드라인을 게시할 때 사용되는 웹 피드 포맷인 RSS의 입안자다17장 – 간편해진 RSS를 참조.

첫 번째 블로거콘 학회에서 케빈 막스Kevin Makrs는 RSS enclosure를 다운로드하고 다운로드한 RSS enclosure를 아이튠즈에 전송한 다음 다시 아이팟에 넣는 동작을 시연했다. 그 뒤 막스와 초기 오디오블로거인 케빈 커리Kevin Curry는 공동 작업에 대해 논의했고 다음 학회에서 커리는 아이포더iPodder라고 불리는 RSS-to-iPod 스크립트를 블로그 독자에게 제공했다. 아이포더는 MP3 파일을 와이너의 웹블로깅 제품인 라디오 유저랜드Radio Userland에서 iTunes로 이동시켰다. 커리가 다른 개발자들이 자신의 아이디어를 사용하도록 한 결과, 여러분과 내가 사용하고 있는 팟캐스팅이 탄생하게 되었다.

핏캐스팅과 당신

팟캐스트는 평범한 오디오 파일이며 아이팟이나 아이튠즈 스토어로 제한되지 않는다. 모든 MP3 플레이어를 이용하거나 팟캐스트를 제공하는 웹사이트를 방문하여 브라우저에서 바로 팟캐스트를 들을 수 있다. www.theSocialMediaBible.com을 방문하면 50명에

www.theSocialMediaBible.com

달하는 소셜미디어 업계 지도자인 경영진과의 대화 팟캐스트를 들을 수 있다.

오디오 플레이어에 스트리밍하여 라이브로 오디오 녹음을 듣거나 파일을 PC에 다운로드하여 저장할 수 있다. PC에 파일을 저장하고 난 다음 MP3 휴대용 플레이어로 변환하거나 MP3 플레이어나 브라우저에서 언제라도 바로 감상할 수 있다.

팟캐스트를 통해 누구라도 자신의 토크쇼, 인터뷰, 교육 세미나, 설교, 강연, 프레젠테이션, 음악 파일을 만들 수 있다. 또한 문자 그대로 전 세계 수십, 수백, 수천 명의 사람들에게 배포하여 들려주고 싶은 이야기를, 그들이 재생하거나 다운로드하여 듣게 할 수 있다. 그것도 공짜로 그렇게 할 수 있다. 이야기하는 내용에 관심을 가진 동료, 친구, 고객 중에서 추종자를 만들 수 있으며, 팟캐스팅을 통해 하고 싶은 이야기를 전해 주는 구전 효과가 좋고, 즐거움을 주고, 유익한 정보를 제공하는 매체를 만든다.

알아야 할 사항

이 장에서는 팟캐스트를 오디오 파일로 정의한다.

텍스트 이외의 파일을 '리치 미디어'라고 하며 동영상, 오디오, 플래시와 같은 애니메이션이 여기에 해당된다. 사람들은 오디오보다는 동영상을, 텍스트보다는 오디오를 선호한다. 그러나 가장 바람직한 형태인 동영상을 만들려면 많은 노력을 기울여야 하고 초기 자본도 많이 든다. 적어도 컴퓨터, 디지털 비디오카메라, 동영상 편집 소프트웨어는 있어야 한다.

반면에 오디오 팟캐스팅은 훨씬 간단하게 사용자 생성 콘텐츠를 만들 수 있다. 이미 컴퓨터 안에는 팟캐스트를 만드는 데 필요한 모든 도구가 들어 있다. 컴퓨터또는 스마트폰, 내장 마이크컴퓨터에 내장되지 않은 경우에는 외장형 마이크, 컴퓨터와 함께 제공된 무료 오디오 녹음 및 편집 소프트웨어, 그리고 약간의 창의성만 있으면 팟캐스트를 만들 수 있다. 녹음 버튼을 누르고 메시지를 읽고, 저장을 누른 다음 인터넷 배포를 위한 팟빈닷컴PodBean.com과 같은 웹사이트에 업로드하면 팟캐스팅이 진행된다. 이와 같이 오디오 팟캐스팅은 대다수의 사람들이 개인적인 메시지를 방송할 수 있는 가장 편하고 효과적인 방법이다.

오디오 팟캐스트를 생성하기 위해 필요한 것은 마이
크로폰이 내장_{만약 컴퓨터에 마이크로폰이 내장되어 있지 않으면 외부장치를}
_{이용하라}되어 있고, 무료 오디오 레코딩과 편집 기능이 내
장되어 있는 컴퓨터와 약간의 창의성이다. 레코드 시
스템을 켜고 녹음하고, 저장하고, PodBean.com에 업
로드하라.

PodBean.com

팟캐스트 구성 요소

오디오 팟캐스트는 콘텐츠에 따라 전체 길이가 1분 미만에서 1시간 이상인 것까지 다양하다.
팟캐스트는 전문적으로 만든 것처럼 매끄러울 수도 있고 투박하게 직접 만든 느낌이 들 수도 있
다. 콘텐츠와 연설자에 대한 소개로 시작하거나 음악 도입부로 시작할 수도 있다. 대부분의 팟캐
스트에는 한 사람 이상이 말을 하며, 라디오 인터뷰나 토론 같은 느낌이 든다. 어떤 콘텐츠를 선
택하든지 팟캐스트는 효과적이며, 휴대가 가능하고, 재미있다.

팟캐스팅의 가치

특정 주제에 대해 성공적인 팟캐스트를 만들면 여러분에게 헌신적으로 추종하는 사람들을 얻
을 수 있다. 또한 청중들에게 여러분이 해당 업계나 분야에서 전문가라는 생각을 심어줄 수 있
다. 해당 주제에 관심을 가진 사람들이거나 여러분의 일을 따라 하려는 사람들이 청중이 될 수
있다. 중요한 것은 그들이 제품이나 서비스를 이미 구입한 고객이거나 잠재고객일 수 있다.

이 책의 다른 장과 같이 여기서도 강력한 '제공 이익'은 필수 사항이다. 청취자가 얻어갈 만한
가치가 있는 팟캐스트라면 사람들이 계속 찾아올 것이다. 사용자가 의견을 제공한다는 또 다른
이점도 있다. 청취자가 여러분의 팟캐스트에 대해 제공한 의견을 통해, 잘하고 있는 분야와 개선
이 필요한 분야를 직접 청중에게서 들을 수 있다.

팟캐스트는 RSS 피드가 가능하다는 점에서_{RSS에 대한 자세한 내용은 17장 '간편해진 RSS' 참조} 블로그와 유사하

다. 기본적으로 팟캐스트는 신디케이션되거나 배포될 수 있으며 무료로 전 세계에서 이용할 수 있다. 새로운 팟캐스트를 게시할 때마다 해당 팟캐스트를 좋아하고, 공유하기 원하고, 새로 추가된 콘텐츠에 대한 알림을 받기 원하는 사람들이 그 정보를 알게 된다. 페이스북, 링크드인이나 다른 무료 서비스 매체에 자동으로 자료를 올리기 위한 새로운 팟케스트 에피소드를 추가하여 셋업할 수 있다.

기술 및 전술

직접 팟캐스트를 만드는 방법

직접 팟캐스트를 만드는 것은 아주 간단하다. 기획, 녹음, 편집, 게시의 네 단계가 있다. 팟캐스트 생성 및 배포에 좋은 자료는 티 모리스Tee Morris, 에보 테라Evo Terra, 돈 미첼리Dawn Miceli의 〈Podcasting For Dummies〉가 있다.

www.theSocialMediaBible.com을 방문하면 〈Podcasting For Dummies〉 입문서 e북을 다운로드 할 수 있다. 물론 무료다.

www.theSocialMediaBible.com

기획

미리 정보를 수집하고 나서 스크립트를 작성하는 등 팟캐스트 작업 계획을 세우는 것이 가장 좋다. 팟캐스트를 만들 때 전문가적인 느낌을 주면 좋지만 완벽하게 다듬을 필요는 없다. 청중과 팟캐스트를 만드는 방식에 따라 다르겠지만 대부분은 편안하고 평범한 느낌을 주는 한편, 어떤 프로듀서는 라디오 쇼, 오디오북, 기타 녹음을 일반적인 미디어 소스에서 얻을 수 있는 것보다 더 나은 품질로 만든다. 완벽에 조금 못 미치는 것은 괜찮지만 오디오 품질이 좋아야 고객이 끝까지 청취할 가능성이 높다. 청중이 팟케스트를 만든 이유를 알아차리지 않도록 지나치게 완벽하지 않아야 된다는 것은 모든 소셜미디어에 적용된다.

오디오나 동영상을 메디슨 애비뉴의 네트워크에서 만든 것처럼 하면, 대부분이 상당한 비용을 투자했다고 확신한다. 누군가 제작비로 거액을 들였고, 배후 의도가 있다고 추정하는 근거가 된다. 공익 서비스 광고PSA를 제외하고서는 상업적으로 만든 미디어 배후에는 광고 메시지가 있다는 의미다.

그림 9.1 Podcasting For Dummies

소셜미디어는 대중을 위해 대중이 만든 콘텐츠다. 편견이나 광고 목적이 없이 수시로, 참신하게, 즉흥적으로 만드는 것이다. 대부분의 상업용 제품과 회사는 전문가 품질에 미달하는 상태로 보여주는 것을 원하지 않는다. 그러므로 제작 품질에 크게 신경 쓰지 않으면 직접 만들었고, 솔직해서 신뢰할 만하다는 인상을 준다.

이 개념을 기억하고서 완벽하려고 애쓰지 않는 편이 안전하며, 소셜미디어가 홍보적이고 상업적인 느낌을 주지 않도록 신중해야 한다. 블로그, V로그, 팟캐스트, 기타 형태의 미디어를 제작할 때에도 마찬가지다회사 웹페이지는 예외. 제품을 언급하거나 V로그를 시작할 때 후원업체, 회사, 자신에 대해 간단하게 소개할 수 있지만 최소한으로 적당하게 해야 한다. 그렇지 않으면 청취자의 신뢰를 잃어버린다.

팟캐스트 소개

기획 이후의 다음 단계는 어떻게 소개할 것인지 밑그림을 그리는 것이다. 자신이 누구이고, 주제가 무엇이며 해당 에피소드에서 무엇을 이야기할 것인지 도입부에 말로 설명할 필요가 있다. 다음 팟캐스트를 소개할 때 사용할 수 있도록 저장해 두어도 된다. 소개 부분은 개성을 나타내는 오디오 이미지이며, 자신과 콘텐츠에 대한 브랜드 역할을 한다는 점을 기억해야 한다.

소개 부분에 음악 악절이나 소절을 넣을 수도 있다. 비즈니스, 오락, 교육, 기타 스타일 중에서 팟캐스트를 어떤 느낌으로 할 것인지 미리 생각해야 한다. 그런 다음 청취자에게 그런 느낌을 전달하는 5초 길이의 음악을 선택한다. 애플의 GrageBandMacintosh 컴퓨터가 있을 경우에는 좋은 도구가 된다. 몇 분 만에 몇 가지 악기 악절몇 초 길이의 악절 또는 화음을 선택하고 트랙을 깔아서짧은 음악 작곡 청취자의 주의를 끌 수 있다. Mac이 없다면 인터넷에서 저작권료 없이 사용할 수 있는 음악을 찾아서 사용할 수 있다.

GarageBand로 생성된 것은 저작권이나 로열티 비용이 없다. 저작권은 늘 유념해야 하는 사항으로 음악이 인터넷이나 CD에 있다고 해서 무료로 사용할 수 있는 것은 아니다. 다른 사람이 만들었다면 그 사람에게 소유권이 있는 것이다. 음악이나 사운드를 사용하려면 서면 허가를 받아야 한다. 그렇지 않으면 넵스터Napster 처지가 될 수 있다. 악기를 연주하고 USB를 통해 직접 PC

에 녹음하거나 재생하면 좋다는 점을 항상 기억해야 한다.

저작권으로 보호된 음악과 관련해서 크리에이티브 커먼스 Creative Commons, CC 프로젝트가 있다. 크리에이티브 커먼스는 비영리 기관으로 저작권으로 보호되는 자료 소유자가 자신의 자료를 다른 사람이 이용할 수 있도록 권리를 포기하여 대중에게 특정 권리를 허가하는 저작권 라이선스를 개발했다. 크리에이티브 커먼스 라이선스는 다양하며 저작권으로 보호되는 자료를 공공 영역이나 개방 콘텐츠로 기부하기도 한다. http://creativecommons.org/를 방문하면 크리에이티브 커먼스 프로젝트에 대한 자세한 내용을 볼 수 있다. 미국 저작권에 대한 자세한 내용은 http://www.uspto.gov를

http://creativecommons.org

방문, '저작권copyrights'을 선택하거나 http://www.TheSocialMediaBible.com을 방문하여 클릭 가능한 링크를 보면 된다.

http://www.uspto.gov

http://www.TheSocialMediaBible.com

녹음

팟캐스트를 만들 때 요점이나 슬라이드 쇼를 사용하여 주요 아이디어를 전달한다. 연습을 많이 하거나 꽉 짜여진 느낌을 주지 말아야 한다. 요점을 읽거나 주제에 대해 즉석에서 이야기하면 된다. 팟캐스트에 대해 미리 준비하고 싶지 않다면 즉흥적으로 해도 된다.

말할 내용이 준비되었다면 이제는 녹음할 차례다. 컴퓨터에 내장된 마이크가 있어야 시작할 수 있으며, 더 좋은 품질을 얻으려면 외장형 마이크를 연결해야 한다. 오디오 녹음 및 편집 소프트웨어도 필요하다. 고가의 정교한 소프트웨어를 사용해도 좋지만, Audacity, Sound Studio, GarageBand나 기타 저가/무료 사운드 편집 소프트웨어를 사용해도 된다. 팟캐스트를 만드는 사람의 절반 정도가 Audacity를 사용하여 쇼를 녹음하고 편집한다는 통계가 있다. 이는 간편하게 사용할 수 있는 고품질 도구이며 게다가 무료다. 새로운 오픈 소스무료 녹음 및 편집 소프트웨어로 코블로닷컴Koblo.com이 있다.

최근에 발표된 애플의 퀵타임 플레이어맥과 윈도우를 위한 프리 다운로드 프로그램도 기록할 수 있고, 오디오를 .mov, .m4p, .m4v 형태로 편집하고 저장할 수 있고, 비싸고 정교한 소프트웨어를 사용할 수도 있다.

소프트웨어 편집 프로그램을 통해 .wav, .aiff, .wma, MP3와 같은 사운드 파일을 가져올 수 있다. 마이크와 컴퓨터 사운드 카드와 보조 장치를 통해 녹음할 수 있다. VoIPVoice over Internet Protocol 인터뷰를 녹음할 수 있는 보니지Vonage 및 스카이프Skype와 같은 전화 소프트웨어도 있다.

애플은 최근 스노우 레오파드Snow Leopard와 라이언Lion 버전의 네오파드Leopard OS 시스템을 발표하면서 팟캐스터 캡처애플리케이션 폴더 안에 있는 유틸리티 폴더를 포함한 맥 OS X를 장착했다. 첫 화면에 "팟캐스터 캡처는 고화질의 오디오와 비디오를 카메라나 맥 화면으로부터 고화질의 비디오나 오디오를 쉽게 캡처할 수 있게 한다"고 안내하고 있다. 팟캐스트 프로듀스는 블로그blogs, 아이튠스iTunes나 아이튠스 유iTunes U에 자동으로 팟캐스트를 업로드하는 맥 OS X 서버의 애플리케이션이다. 팟캐스트 캡쳐는 어떤 것을 레코딩하거나 편집하기 전에 팟캐스트 프로듀스 서버 주소를 입력해야 한다. 대부분의 사람들은 맥 OS X 서버를 갖고 있

지 않기 때문에 만약 당신이 대학교에 다니거나 그것을 활용하는 기업체에 다닌다면 가치 있는 옵션이 될 수 있다. 그리고 팟캐스트 호스팅 서비스가 팝업되지 않을지라도 잠재적인 시장수요가 가까운 미래에 있기 때문에 팟캐스트 서비스를 찾을 수 있고, 인터넷상에서 무료로 찾을 수도 있다.

종결부Sign-off

팟캐스팅 기획의 마지막 부분은 마무리 또는 종결부를 작성하거나 예행 연습하는 것이다. 이 세션에서는 청중에게 자신이 누구이고 주제 분야가 무엇이고 추가 정보 위치와 후원업체해당될 경우를 다시 언급한다. 종결부는 팟캐스트의 가장 중요한 부분일 수 있다. 왜냐하면 그것은 청취자가 매시간마다 귀 기울여 청취하는 마지막이기 때문이다. 반복을 통한 멘트는 청취자에게 브랜드를 확립하기에 아주 좋다. 일관된 종결부의 좋은 예는 NPR 주간 프로그램의 토크 오브 더 내션 사이언스 프라이데이Talk of the Nation Science Friday를 참조하라http://sciencefriday.com.

http://sciencefriday.com

편집

팟캐스트를 편집할 필요가 생길 것이다. 컴퓨터와 함께 제공되거나 인터넷에서 다운로드한 무료 소프트웨어 등 대부분의 소프트웨어는 간편하게 복사하고, 잘라내고, 붙여 넣고, 삭제하는 기능이 있다. 최소한 녹음의 시작과 끝부분의 빈 녹음은 삭제해야 하며 대부분의 경우 사운드와 말로 소개하는 도입부와 콘텐츠의 종결부를 붙여 넣어야 한다.

대부분의 오디오 편집 프로그램에는 일부 잘라내기, 트랙 합치기, 형식 변환, 트랙 나누기와 같은 기본 편집 도구가 있다그림 9.2. 자동 게인 컨트롤 및 녹음 볼륨 슬라이더와 같은 고급 도구가 포함된 제품도 있다. 대부분은 리버브와 같은 다양한 효과와 필터 기능도 있다'특수 효과' 섹션에서 논의. 소프트웨어를 30분만 다루면 전문가가 된 듯한 느낌이 들 것이다. 컴퓨터 앞에 앉아 있을 필요가 없다고 생각한다면 스마트폰 앱을 사용할 수 있다. 녹음과 편집을 수행할 수 있는 많은 스마트폰 앱들이 있다.

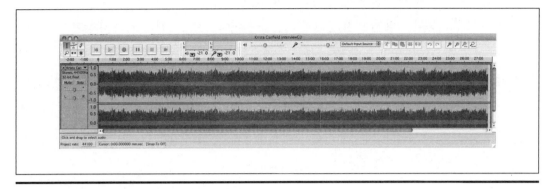

그림 9.2 Audacity 사운드 편집 소프트웨어

게시

팟캐스팅의 마지막 단계는 게시다. 팟캐스팅의 인기가 높아지면서 팟캐스트 게시 마법사를 내장한 새로운 소프트웨어가 많아졌다. 이런 소프트웨어는 팟캐스트 태그와 키워드키워드에 대한 자세한 내용은 18장 '검색 엔진 최적화' 참조, RSS 피드 생성17장 '간편해진 RSS' 참조을 자동으로 처리한다. 게시를 클릭하면 즉시 자료를 공유할 수 있다. 팟캐스트의 목적은 공유다. 공유하는 사람이 많아질수록 생각과 아이디어를 공유하는 사람이 늘어나고 추종하는 사람도 많아진다.

리버레이티드 신디케이션Liberated Syndication, www.Libsyn.com은 팟캐스터가 사용하는 가장 큰 미디어 호스팅 공급업체 중 하나다.
매월 10달러 미만의 가격으로 쇼의 인기도에 관계없이 전체 대역폭을 제공한다. 자신의 서버에 팟캐스트를 호스팅하고 해당 웹페이지에서 직접 팟캐스트를 실행할 수 있는 플러그인을 설치하는 경우도 있지만, 대부분은 간편하게 신디케이션할 수 있는 팟빈 및 아이튠즈와 같은 팟캐스트 웹사이트에 업로드한다.

www.Libsyn.com

특수 효과

특수 효과는 제대로 사용하면 팟캐스트 품질을 높일 수 있다. 약간의 창의력과 특수 효과를 적용하면 콘텐츠의 흥미도와 오락성을 유지할 수 있다.

소프트웨어에 기능이 있다면 먼저 볼륨과 저음을 높여야 한다. 특히 저가의 내장형 마이크를 사용하면 녹음 사운드가 얇고 작아진다. 볼륨과 저음을 높이면 풍성하고 원음에 가까운 녹음이 된다. 또 다른 무료 오디오 편집 소프트웨어인 Levelator로 부스팅 작업을 처리할 수 있다^{그림 9.3.}

Levelator_{www.conversationsnetwork.org/levelator}는 오디오 표준화−레벨링 아웃, 두 사람의 대화 볼륨을 같게 만드는 것−를 수행한다. 이 프로그램은 매우 유용하다. 한 사람이 마이크에 가까이 있을 때나 통화하고 있을 때 목소리 볼륨을 같게 만들어 준다.

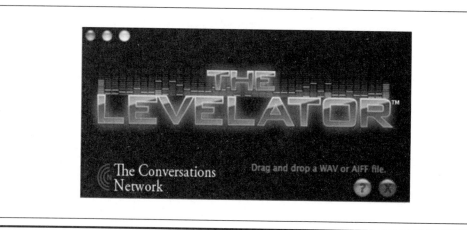

그림 9.3 Levelator

소프트웨어

팟캐스트 녹음 및 편집 소프트웨어는 다음과 같다. GarageBand, WordPress, PodPress Widget, Sound Studio, Soundtrack Pro, Audacity, Evoca, ePodcast Creator, Gabcast, Hipcast, Odeo Studio, Phone Blogz, podcast Station, Propagan, WebPod Studio. 이해해야 할 내용이 많아 보이지만 하나만 있으면 된다는 점을 기억하면 된다. 일부 편집 애플리케이션

을 설치해서 사용해 본 다음 가장 마음에 드는 것을 계속 사용하면 된다. 간단하지 않은가?

하드웨어

하드웨어에는 컴퓨터와 함께 제공된 마이크, 탁상용 및 핀 마이크, 녹음 데크 및 믹서, 전화 녹음 인터페이스전화기에서 바로 녹음하기 위한 용도, 헤드셋, 디지털 녹음기 등이 있다. 가격이 49달러인 오버스톡닷컴overstock.com의 디지털 녹음기는 구매하기 적당한 제품이다.

약 1.27cm × 1.27cm × 10.16cm 크기로 호주머니에 쏙 들어가고, 목걸이 마이크나 핀 마이크와 호환되고 스테레오 디지털 오디오를 12시간 연속 녹음할 수 있다그림 9.4 참조. 새로운 프레젠테이션을 하거나 이동 중에 팟캐스트를 힘들이지 않고 녹음할 수 있다. 도입부와 마무리 부분만 추가하면 게시 준비가 된 것이다.

웹사이트 및 팟캐스트 배포자

오늘날 다양한 주제, 정보, 교육, 오락, 상업, 드물게는 불만 사항을 다루는 다양한 유형의 팟캐스트를 인터넷에서 발견할 수 있다. 구글에서 팟캐스트란 용어를 검색하면 1억 6,200만 건이 되며, 거기에는 팟캐스트닷컴PodCast.com, 디그Digg, MSNBC, CNN, 야후, 뉴욕타임스, 팟캐스트앨리PodcastAlley, NPRNational Public Radio, 팟빈, 그리드7Grid7, 아이튠즈, 아이튠즈 유니버시티iTunes University, 사이언티픽아메리칸Scientific American, NASA, CBS News 등도 포함된다.

그림 9.4 디지털 녹음기

www.SocialMediaBile.com을 방문하여 Insights 메뉴를 찾으면 소셜미디어 업계의 설립자, CEO, 부사장 등 50명이 만든 멋진 팟캐스트와 콘텐츠를 볼 수 있다.

PodCast.com

www.SocialMediaBile.com

소셜미디어 ROI

크라이시스 오버나이트: 소셜미디어를 사용하여 3주 만에 16만 달러의 수익을 창출한 방법

배경

일리노이 주 동북부의 엘진Elgin에 위치한 크라이시스 커뮤니티 센터crisis community center는 수백 명의 남용濫用 환자를 돕기 때문에 인기가 많을 뿐만 아니라 신뢰도 받고 있지만 극단적인 경제적인 곤란에 처하게 되었다. 자산이 완전히 고갈된 상태였기 때문에 예산을 승인하고 필요한 자금을 지원받도록 주 의원의 결정을 기다리고 있었다.

센터의 자금과 수중에 있는 자금이 공식적으로 완전히 소모되기 거의 3주 전이었기 때문에 대표자들은 필사적으로 도움을 요청했다. 하지만 그들은 문을 닫아야 할지도 모른다는 잔인한 현실을 인정할 수밖에 없었다.

비록 즉흥적이었지만, 적절한 시기에 적합한 사람들이 모였고 크라이시스 센터의 이사회 및 상임이사는 새로운 방법에 도전하는 우리를 믿었다. 결국 소셜미디어를 통합하여 센터의 이야기를 공개적으로 공유하라는 결정이 만장일치로 내려졌다.

전략

크라이시스 오버나이트에 대한 아이디어가 나왔다. 전통적인 모금 활동 이외에, 센터는 오버나이트 의식 향상 캠페인overnight awareness campaign을 개최했으며 소셜미디어를 통해 사람들이 기부할 수 있도록 격려했다.

계획을 세우고, 기부 웹사이트를 제작하고, 전달할 내용을 공들여 만들고, 실행하기까지 4일이 걸렸다. 현 상황은 캠페인의 주요 골자가 되었다. "목표는 단순합니다. 우리가 7월 1일까지 15만 달러를 모으면 커뮤니티 크라이시스 센터를 계속 운영할 수 있습니다. 하지만 달성하지 못하면, 문을 닫을 수밖에 없습니다." 그러나 소셜미디어는 지원 활동 수준밖에 되지 않았다. 이것은 지역 주민보다 훨씬 더 많은 사람에게 전달되어야 한다는 것을 의미했다. 팀은 지역 커뮤니티를 위해 별도의 메시지와 전략을 세웠고 가정 내 폭력, 경제 문제, 그리고 성폭행 등과 관련될 수 있다는 사실을 전국민에게 호소할 수 있도록 더 많은 의미의 메시지를 사용했다.

시행

우리는 지역 커뮤니티와 세상 사람들이 사회적으로 의사소통할 수 있도록 센터의 링크드인 프로파일을 사용했으며 블로그, 트위터 계정, 그리고 소셜 북마크 계정 등을 만들어 보다 많은 소셜미디어를 활용했다.

하지만 소셜미디어 플랫폼을 통해 신뢰를 쌓고 커뮤니티를 성장시키는데 시간이 걸렸기 때문에 사용할 수 없는 것들이 생겼다. 그래서 나는 온라인에서 센터가 관심을 끌 수 있도록 4만 명 이상의 팔로어가 있는 플랫폼을 기부했다.

캠페인 동안 우리는 트위터, 페이스북, 시스믹Seesmic, PRsarahevans.com, 유튜브, 그리고 CrisisOvernight.org 등과 같은 온라인 커뮤니티를 활용했다.

캠페인은 일일 행사로 시작했지만 오프라인과 온라인에서 지속적으로 기부할 수 있도록 3주 동안 진행됐다. 미국 전역의 사람들이 커뮤니티의 크라이시

PRsarahevans.com

CrisisOvernight.org

스 센터를 위해 싸운 사실을 시각적으로 전달할 수 있도록 온라인 기부자들은 자신들이 살고 있는 도시와 주에 해당하는 크라이시스 오버나이트 웹사이트를 이용했다.

기회
센터가 커뮤니티에 있는 남용 환자들을 지속적으로 지원할 수 있는 자금을 모을 수 있도록 크라이시스 센터의 이야기를 지역적으로 그리고 국가적으로 관심을 끌 수 있는 기회를 얻었다.

결과
크라이시스 오버나이트와 더불어 모든 활동 덕분에 센터의 한 달 치 급여와 연말 청구서를 지불할 수 있을 정도인 16만 1,000달러를 모금했다.

– 사라 에반스Sarah Evans, @prsarahevans

http://PRsarahevans.com

Expert Insight

전문가 의견

에보 테라Evo Terra, 〈Podcasting For Dummies〉 저자, www.podiobooks.com

에보 테라

팟캐스트 시작에 필요한 정보는 많습니다. 우리는 "일단 시작하고서 어떻게 되는지 보라"는 이야기를 자주 듣습니다. 이런 조언은 미디어를 취미로 다루어 보는 사람들에게는 그리 나쁘지 않습니다. 그러나 비즈니스를 수행하고 성공을 얻기 위해 시작하려는 사람은 다른 경로를 택하는 것이 좋겠습니다.

팟캐스팅에 관심을 가진 사람이라면 먼저 몇 가지 과제를 수행해 보는 것이 좋습니다. 자신이 참여하려는 영역에 다른 사람이 활동하고 있는지 확인해 보아야 합니다. 아이스크림 시장에 대해 이해하지 않고서 "아이스크림 가판대를 하나 열려고 합니다"라고 말하는 비즈니스 담당자들이 많습니다. 아이스크림 가판대를 운영하는 방법은 모르더라도 참여하는 분야는 잘 알고 있어야 합니다. 최소한 무엇을 하는 사업인지는 알아야 합니다.

팟캐스팅도 마찬가지입니다. 그것을 경쟁으로 생각해 보면 어떤 의미인지 짐작할 수 있습니다. 저는 경쟁으로 생각하지 않지만 우리가 이해할 수 있는 단어이기 때문에 사용했습니다. 적어도 여러분의 팟캐스트 주제와 경쟁하는 것이 무엇인지, 팟캐스트 형태만이 아니라 같은 일을 수행하는 다른 종류의 미디어를 이해해야 합니다. 그것이 라디오든, 오디오북이든 청취자들이 들으려는 것이 무엇인지 이해해야 합니다. 이해하기 위해 부단히 노력해야 합니다…

하지만 하지 말아야 할 일은 아주 많습니다. 이런 주제에 대해서는 제가 며칠이고 이야기할 수 있습니다. 저도 어떤 일을 수행하는 데 적합한 방법이 하나만 있는 게 아니라는 사실을 망각하지 않으려 합니다. 이와 달리 잘못된 방법은 아주 많습니다. 팁과 조언을 제공해 주는 책은 많습니다만 제가 사람들에게 주의해야 한다고 알려주고 싶은 이야기가 있습니다. 팟캐스팅이라는 영역에 도구 사용 경험이 많지 않은 사람들이 진입한다는 사실입니다.

콘텐츠가 가장 중요하다고 권고해 주는 사람들이 많습니다. 저도 이를 부정하지는 않습니다. 콘텐츠가 왕입니다. 이야기할 만한 내용을 재미있게 전달해야 합니다. 그러나 품질이 우려될 때가 많습니다. 실제로 콘텐츠가 중요하기 때문에 쇼의 품질은 걱정하지 않아도 되고, 또한 중요하지 않다고 주장하는 것을 자주 듣습니다. 저는 그런 주장에는 동의할 수 없습니다. 전문적인 느낌이 드는 팟캐스트를 만드는 일이 정말 쉽기 때문에 반대합니다.

이를 위해 여러 가지 도구를 사용할 수 있습니다. 저는 팟캐스팅을 시작하려는 사람에게 엄청난 비용을 지출하지 말아야 한다고 권고합니다. 가능하면 적은 비용을 사용해야 합니다. 무료 오디오 녹음 소프트웨어인 Audacity를 다운로드하십시오. 이 프로그램은 PC와 Macintosh에서 동작하며 오늘날 50퍼센트 가량의 팟캐스터가 사용하고 있습니다. 저 역시 Audacity를 사용합니다. 무료에 간단하며 여러분의 수준에서 작업하는 데 필요한 모든 것을 갖추고 있습니다. 만약 여러분이 오디오 엔지니어라면 이야기가 다릅니다. 다른 도구 세트를 원하겠지만 Audacity는 놀라운 도구입니다.

Levelator라는 장비도 있습니다. 사람의 목소리를 녹음한 오디오에 적용하면 마술처럼제가 직접 이 도구의 효과를 확인했고 매일 사용하고 있기 때문에 거리낌 없이 이렇게 표현합니다 오디오 수준을 높여주는 무료 소프트웨어입니다. 좋아하지 않는 엔지니어도 있지만 새로 사용하는 사람과 오늘날 팟캐스팅을 하는 모든 사람에게 추천합니다. 사운드를 놀랍게 바꾸어 주는 Levelator 사용을 권장합니다...

몇 가지 특별한 도구를 사용하여 통화 내용도 녹음할 수 있습니다. 아니면 다른 사람들처럼 무료 자료라는 느낌을 주고 싶지 않다면 미리 라이선스가 지불된 음악 라이브러리를 구입할 수도 있습니다. 하지만 처음 시도라면 그렇게까지 할 필요가 없습니다. 시작하는 데 필요한 모든 것이 이미 컴퓨터에 갖추어져 있습니다. 처음에는 비용을 들이지 않고 시작했다가 작업을 익혀가면서 결국은 더 크고 좋은 장비로 바꾼 사람들도 많습니다. 하지만 처음 시작할 때는 비용을 들이지 않는 것이 좋습니다.

사람들이 인식하든 인식하지 못하든지 품질이 중요해졌습니다. 지난 4년 간 성숙해진 팟캐스트 청취자는 솔직함의 문제를 쉽게 알아차립니다. 저 역시 멋있게 만드는 것에 동의합니다.

초창기에는 너무 매끄럽고 다듬은 느낌이 들면 "배후에 있는 계획은 무엇일까? 어느 회사가 후원하고 있는 것일까?"라고 의심부터 했습니다. 그러나 이제는 소비자가 그 점을 잘 알게 되었다고 생각합니다. 소비자들이 영리해져서 메시지를 제대로 간파합니다. 여러분이 10시 뉴스 해설자처럼 말하는 것을 목표로 한다면 실패할 것입니다. 왜 그런지 아십니까? 정해진 틀에 의해 일기 예보로 마무리하는 특정 방식으로 메시지를 전달하기 때문에 그렇습니다.

www.theSocialMediaBible.com을 방문하면 에보테라와 나눈 경영진 대화 전체를 들을 수 있다.

또는 www.podiobooks.com을 방문하라.

www.theSocialMediaBible.com

www.podiobooks.com

국제적인 견해

멕시코

http://hi5.com/friend/displayHomePage.do

2008년도 상반기 동안 세계에서 가장 빠르게 성장한 소셜네트워크 사이트인 Hi5는 여러분이 지금까지 들어보지 못했던 종류의 사이트로 이런 종류의 사이트로는 규모가 가장 크다. 사이트 규모는 2008년도 상반기에만 홀로 78퍼센트 성장했다.

샌프란시스코에 본사를 두고 있으며 2003년에 출시된 Hi5는 2004년부터 수익을 내기 시작했다. 그리고 2005년, 사이트는 1,000만 회원을 달성했다. 하지만 페이스북과 마이스페이스 등과 같은 사이트가 미국 소셜네트워크 시장을 지배하기 시작했기 때문에 Hi5는 국제적으로 다른 기회를 엿보았다.

그러던 2006년, Hi5는 스페인어 버전을 출시했다. 그리고 곧이어 다른 언어 버전도 출시했다. 이런 도전은 성공을 거뒀다. Hi5는 멕시코뿐만 아니라 다른 라틴 아메리카 국가에서도 가장 인기 있는 소셜네트워크 사이트로 자리 잡게 되었다. 다른 소셜네트워크 사이트처럼 회원들은 프로파일을 생성하고 사진을 공유할 수 있을 뿐만 아니라 게임을 즐기고 메시지를 게시할 수도 있다.

www.HowStyffWirs.com

– 원로 작가 조나단 스트릭런드Jonathan Strickland,
하우스태프워크스닷컴www.HowStyffWirs.com
디스커버리 커뮤니케이션즈

해야 할 일 리스트

1. 팟캐스트를 하라.

자주 팟캐스트를 해야 한다. 계속 창의성을 발휘해야 한다. 간단하게 사용할 수 있고 게다가 무료다. 몇 번 시도하면 자신의 솜씨에 놀라게 될 것이다.

2. 이웃의 저작물을 탐내지 마라.

다른 사람의 소유를 가져와서 사용하지 않도록 조심해야 한다. 5초 길이의 노래를 만드는 것은 아주 쉽다. 아니면 '팟—세이프pod-safe' 음악이라는 로열티가 없는 사운드와 음악을 사용해도 된다.

3. 사운드 편집을 경험하라.

사운드 편집이란 말에 주눅이 들 수 있지만 이 작업은 생각보다 훨씬 쉽다. 컴퓨터와 함께 편집 소프트웨어 패키지가 무료로 제공된다. 인터넷에서도 쉽게 다운로드할 수 있다.

4. 많은 비용을 지출하지 마라.

정말 본격적으로 팟캐스팅에 몰두할 계획이 아니라면 많은 비용을 지출하지 말아야 한다. 이 경우에는 '적당한' 것이 정말로 적정한 것이라는 사실을 기억해야 한다.

5. 팟캐스트를 RSS로 피드하라.

팟캐스트를 RSS로 피드하면 글자 그대로 수백만 명의 잠재적인 청취자가 이용하도록 할 수 있다. 17장 '간편해진 RSS'에서 자세한 내용을 배울 수 있다.

6. 팟캐스트를 아이튠즈로 업로드하라.

팟캐스트를 아이튠즈로 업로드해야 한다. 수천만 명의 사람들이 매일 비슷한 콘텐츠를 찾으려고 아이튠즈를 검색하고 있다. 올바른 지침을 준수해야 팟캐스트가 성공할 수 있다. 팟캐스트 내용이 '교육' 범주에 속한다면 아이튠즈 'iUniversity'에 업로드하면 된다.

7. 팟캐스트를 간결하게 하라.

대다수 사람들이 오디오에 주의를 집중하는 시간은 약 7분이다. 시간이 길어지면 청취자는 흥미를 잃어버린다. 30분 정도의 인터뷰나 45분 정도의 패널 토론이라면 그대로 두어도 된다. 오디오 파일을 5분에서 7분 정도의 장과 주제, 그리고 아이디어로 나눌 수 있다면 그렇게 하는 편이 좋다.

8. 올바른 파일 형식으로 만들어라.

팟캐스트를 링크하거나 업로드할 때 사용 가능한 파일 형식인지 확인해야 한다. QuickTime 은 Macintosh 사용자가 재생하기에 좋지만 Windows와 PowerPoint 사용자에게는 불편할 수 있다. 대부분의 사람들은 디지털 음악 플레이어와 호환되는 MP3 형식으로 된 콘텐츠를 원한다.

9. 파일 크기를 생각하라.

말하고 싶은 내용이 많겠지만 파일 크기가 53MB라면 다운로드하고 디지털 플레이어에 설치하기에는 부담스러운 크기다. 대부분의 음악은 평균 3.5MB 정도 되므로 파일을 완성할 때 한 자리수 MB로 만들어야 한다.

10. 창의적으로 하라.

다시 말하지만 이것이 가장 중요한 계명이다. 창의적이고 더 많은 '제공 이익'을 청취자에게 줄수록 더 많은 사람이 다운로드하여 청취하게 된다. 그들이 친구에게 전해 주고 추천하고 의견을 남기면서, 더 열성적인 청취자와 추종자가 생겨나고 신뢰 네트워크가 형성된다. 고객에게 콘텐츠의 협력자가 되어 달라고 요청하는 것도 잊지 말아야 한다.

결론

팟캐스트에 강력한 제공 이익이 있어야 청취자가 계속 찾아온다. 팟캐스트를 하면 할수록 추종자, 청취자, 고객에게 더 나은 품질의 콘텐츠와 기고 내용을 제공할 수 있다. 꾸준하게 팟캐스팅을 하면 신뢰 네트워크를 구축하는 데 도움이 되고, 고객과 추종자는 여러분

을 해당 분야와 업계의 전문가로 인정하며 구매할 때 가장 먼저 생각하게 될 것이다. 팟캐스트는 물론 공짜이고 간편하고 재미있게 사용할 수 있으니 적극적으로 사용하자.

전문가 의견을 듣고 싶으면 www.theSocialMeidaBile.com을 방문하라.

다운로드 : 〈소셜미디어 바이블〉과 관련된 무료 다운로드를 받으려면 www.theSocialMeidaBile.com을 방문하라. 책 뒷면 바코드 위에 있는 ISBN을 입력하면 된다. ISBN 978-1-118-26974-9

www.theSocialMeidaBile.com

Note

1) 운전 시간대는 대부분의 라디오 청취자들이 출퇴근하는 시간인 월요일에서 금요일까지 오전 6시에서 10시, 오후 3시에서 7시 사이이며, 이때 광고가 가장 많이 방송된다.

www.LonSafko.com/TSMB3_Videos/10Audio.mov

제공 이익

오늘날 5,600만 명 이상이 팟캐스트를 구독하고 있으며 그 수는 기하급수적으로 증가하고 있다. 팟캐스트는 기본적으로 개인과 기업이 소셜네트워킹 영역에서 다른 종류의 미디어를 사용하기 위한 수단이다. 음악, 디지털 사진, 애니메이션이 들어간 회사 로고, 화려한 동영상 등 메시지를 전달하기 위한 모든 것을 추가할 수 있다.

오디오는 리치 미디어 중에서 가장 쉽게 만들고 공유할 수 있다. 필요한 모든 도구가 이미 컴퓨터에 있고, 인터넷에서 무료로 구할 수 있다. 내장 마이크와 녹음용 소프트웨어9장 '팟캐스트-오디오 생성' 참조가 PC에 있을 것이다. 오디오가 비디오만큼 매력적이지는 않지만 간편하게 녹음, 편집, 공유할 수 있기 때문에 가치가 있다.

　모든 분야에 전문가인 사람은 없다. 소셜미디어 세
계에서는 더욱 그렇다. 이 분야는 사람들이 따라잡을
수 있는 것보다 훨씬 빠르게 변하고 있기 때문이다. 그
러나 남들보다 탁월한 사람들은 있기 마련이므로 그들
의 통찰력을 살펴보는 것이 중요하다. 그래서 이 책과
관련 웹사이트에서 50명에 가까운 소셜미디어 분야의
CEO, 저자, 전문가의 지혜를 모아서 제공하고 있다인상

http://www.lonsafko.com/
TSMB3_Videos/10Audi.mov

적이고 자세한 다수의 경영진 대화는 www.theSocialMediaBible.com이나 http://www.lonsafko.com/TSMB3_Videos/10Audi.mov 참조.

　이것을 어떻게 비즈니스에 적용할 수 있을까? 당신의 고객과 잠재고객이 듣고 싶어 하는 것에
대해 논의해야 한다. 첫 번째 단계는 오디오 팟캐스트를 만들고–9장 '팟캐스트–오디오 생성' 참조 공유하는
것이다. 이 책에서 사용 방법을 다루지는 않지만 오디오 공유의 기본 사항은 중요한 주제다. 이
장에서는 두 가지 중요한 예인 아이튠즈와 팟빈에 대해서 논의해 보기로 하자.

처음으로 돌아가서

　네트워크가 형성되면서 텍스트, 사진, 이미지, 동영상, 오디오 등 사람들이 소유한 다양한 파
일을 공유하게 되었다. 네트워킹, 블로깅, 사진 공유, 이메일을 다루는 장에 있는 '처음으로 돌아
가서'는 같은 방식으로 시작한다. 이전 장에서는 '처음으로 돌아가서'에서 많은 내용을 담았지
만, 오디오 공유와 관련해서는 새로운 내용이 별로 없다. 따라서 여기에서는 이것이 간편하고 성
공적인 비즈니스 방편으로 자리 잡게 만든 몇 가지 도구를 주로 다루려고 한다오디오 생성 및 공유의 역사에
대한 자세한 내용은 이전 장의 '처음으로 돌아가서' 참조.

알아야 할 사항

고객, 잠재고객, 직원들은 날마다 정보를 제공하는 이메일, 음성메일, 정크 메일, 메모의 홍수 속에서 살아간다. 그렇다면 여러분은 이렇게 자문해 봐야 한다. "이런 모든 잡음 속에서 어떻게 하면 그들에게 핵심 메시지를 들려줄 수 있을까?" 그 답이 바로 팟캐스트다.

앞서 이야기한 것처럼 팟캐스트는 개인이 녹음한 오디오와 동영상으로 개인용 컴퓨터, 아이 팟, PDA, 휴대폰에서 구독, 수신, 다운로드하여 청취하고 감상할 수 있다. 고객과 잠재고객은 운전하면서, 점심식사를 하면서, 저녁 시간이나, 사무실에 있을 때에나, 헬스클럽에서나, 조깅하면서 아니면 휴가 중에라도, 원하는 장소 원하는 때에 팟캐스트를 청취하거나 감상할 수 있다.

팟캐스트는 텔레비전 프로그램이나 라디오 쇼와 비슷하지만 무료로 만들고 배포할 수 있다. 오디오 공유는 먼저 오디오 파일을 만들고 나서 사람들이 사용할 수 있도록 알려주는 과정이다. 9장 팟캐스트-오디오 생성에서는 오디오 파일 팟캐스트를 만드는 방법을 자세히 설명했다면, 이번 장에서는 다른 사람과 공유하는 과정을 중점적으로 다룬다. 티 모리스와 에보 테라의 〈Podcasting For Dummies〉는 이 주제를 다루는 데 도움이 된다. www.mvldesign.com/itune-spodcast.html을 방문하면 아이튠즈를 사용하여 팟캐스트를 게시하는 방법을 다룬 유용한 단계별 지침을 얻을 수 있다.

www.mvldesign.com/itune-spodcast.html

먼저 팟캐스트를 다운로드, 재생, 수집, 게시할 수 있는 가장 인기 있는 오디오 및 동영상 솔루션인 아이튠즈에 대한 논의부터 시작해보기로 하자.

아이튠즈 iTunes

애플 컴퓨터는 Macintosh와 Windows 운영 플랫폼을 위한 아이튠즈를 개발하고 2001년 1월 9일 샌프란시스코 맥월드 엑스포에서 발표했다. 아이튠즈를 사용하면 데스크톱, 노트북, 휴대폰, 아이팟을 통해 오디오와 동영상 파일을 재생, 정리, 다운로드, 게시할 수 있다. 아이튠즈를 통해 사용자는 인터넷에서 매장에 연결하여 음악, 뮤직 비디오, 텔레비전 쇼, 아이팟용 게임, 오디오북, 다양한 팟캐스트, 장편 영화, 대여용 영화, 벨소리를 구입하고 다운로드할 수 있다. 애플의 웹사이트www.Apple.com에서 Mac OS X, Windows 7, Windows Vista, Windows XP용 아이튠즈를 무료로 다운로드할 수 있다. 아이튠즈는 모든 Mac 제품과 일부 HP와 Dell 컴퓨터에 번들로 제공된다. 또한 Wi-Fi 연결을 통해 iPhone, iPod Touch, iPad에서 가능하다.

그림 10.1 iTunes

아이튠즈 이전 버전인 원래의 미디어 플레이어 소프트웨어는 셰어웨어 제품을 취급하는 소프트웨어 배급업체인 카사디 앤 그린Casady & Greene이 주로 Macintosh용으로 개발하고 이름을 사운드잼SoundJam MP라고 했다. 원 개발자인 제프 로빈Jeff Robbin과 빌 킨케이드Bill Kincaid는 2000년에 사운드잼을 애플에 매각했고, 애플에서는 그 기능을 향상하고 CD 레코딩 기능을 추가하여 2001년 1월 아이튠즈라는 새로운 이름으로 발표했다. 아이튠즈는 2007년 3월 애플에서 Windows 버전을 발표하기 전까지는 Macintosh 컴퓨터에서만 사용할 수 있었다. 2008년 1월 16일에는 Windows용 64비트 아이튠즈 버전을 사용할 수 있게 되었다.

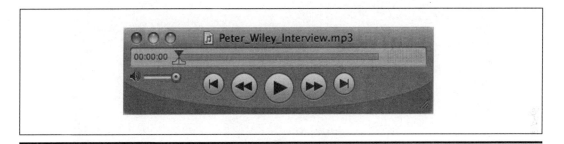

그림 10.2 QuickTime Audio

2011년 7월에 애플 아이튠스 앱스토어는 150억 다운로드를 기록했고, 현재 50만 개 이상의 타이틀을 올리며, 이 앱의 90퍼센트 이상은 10달러 미만이고, 페이스북, 링크드인 등 소셜미디어에 링크해서 사용할 수 있는 많은 무료 앱을 제공하고 있다.

아이튠즈 사용자는 개인 PC에서 오디오와 동영상 파일을 관리할 수 있다. 아이팟 작동과 동기화에 필요하기 때문이다. 사용자는 아이튠즈 애플리케이션 내에서 재생 목록을 만들고, 파일 정보를 편집하고, CD를 기록하고, 디지털 오디오/동영상 플레이어로 파일을 복사하고, 아이튠즈 스토어에서 오디오와 동영상 파일을 구매하고, 무료 음악 및 오디오 팟캐스트를 다운로드하고, 소장 음악 및 동영상을 CD 및 DVD에 백업하고, 시각적인 그래픽 효과를 화면에 표시하고, 디지털 파일을 다양한 형식으로 인코딩하고, 수많은 인터넷 라디오 방송국을 청취하고, 오디오 파일 및 팟캐스트를 아이튠즈 스토어에 게시하는 등 다양한 작업을 할 수 있다. 아이튠즈는 아티스트,

장르, 앨범, 재생하는 빈도, 마지막으로 재생한 시간, 사용자가 부여할 수 있는 개인적인 평가 등급 등 각 노래의 속성을 저장하고 추적할 수 있는 가상 보관함을 생성하여 음악과 동영상을 정리한다. 아이튠즈 사용자는 자신의 음악 보관함을 네 가지 방법으로 볼 수 있다. 제목 기준의 노래 목록으로 보거나, 음악의 표지 사진으로 보거나, 표지의 카탈로그를 옆으로 스크롤할 수 있는 애플 스타일의 카탈로그인 커버플로CoverFlow라는 애플리케이션으로 보거나, 아티스트, 앨범, 연도별로 음악을 정렬하는 격자 보기를 통해 볼 수 있다.

그림 10.3 QuickTime Video

애플리케이션은 모든 오디오 파일과 QuickTime에서 재생 가능한 대부분의 동영상 형식을 재생할 수 있다. QuickTime은 사용자가 전체 화면에서 동영상을 만들고 재생하고, 아이팟용 동영상을 만들고 웹에서 다운로드할 수 있도록 애플이 Window와 애플 플랫폼용으로 개발한 애플리케이션이다. 이퀄라이징, 사운드 향상, 크로스 페이드, 모든 곡의 재생 볼륨을 자동으로 조정하는 사운드 체크Sound Check 등 오디오 처리 기능도 가지고 있다. 아이튠즈는 정적인 재생목록, 흥겨운 재생목록, 그리고 무작위 또는 순서대로 재생할 수 있는 스마트 재생목록2)을 만들 수 있다.

아이튠즈에는 동영상 애플리케이션이 추가되었고, 사용자가 선택하여 메인 아이튠즈 디스플레이에서 작은 프레임으로 영화를 보거나, 별도의 창에서 보거나, 전체 화면 모드에서 볼 수 있다. 아이튠즈는 아이튠즈 뮤직 스토어에서 동영상 콘텐츠를 구매하고 볼 수 있는 기능을 제공했다. 동영상 팟캐스트 또는 Vod캐스트 및 기타 다운로드 가능한 형태의 동영상 파일은 .mov, MP4, M4V, .mpg 형식이 있다.

애플은 아이튠즈에 팟캐스팅 지원 기능을 내장하여 사용자가 아이튠즈 뮤직 스토어에서 무료로 팟캐스트를 구독하거나 RSS 피드 URL을 입력하여 구독할 수 있다고 발표했다. 사용자가 구독하면 새로운 팟캐스트가 시간별로, 매일, 매주 자동으로 다운로드되며, 수동으로 다운로드할 수도 있다. 상업용 콘텐츠와 독립 팟캐스터가 만든 사용자 생성 콘텐츠의 색인인 팟캐스트 디렉토리Podcast Directory에서 직접 팟캐스트를 청취할 수 있다. 인기도를 기준으로 팟캐스트를 찾아볼 수도 있으며 자신이 만든 자료를 아이튠즈 스토어에 업로드할 수도 있다. 이 팟캐스팅 기능이 아이튠즈 등 널리 사용되는 주류 애플리케이션에 추가되면서 다수의 팟캐스터는 팟캐스트 다운로드 수가 3배에서 많게는 4배까지 증가했다고 한다.

아이튠스는 이 장을 쓰는 시점에 10.5버전까지 출시됐다. 노래 가사, 시디 해설서, 사진, 홈 네트워크뮤직비디오를 포함한 음악과 영화 특별판에 있는 media libraries를 공유하는 것, 오디오 북을 포함한 책들, 팟캐스트오디오와 비디오, 아이튠스 U교육적인 팟캐스트뿐만 아니라 Ping이라 불리는 새로운 소셜네트워크는 사용자들이 좋아하는 아티스트와 친구들이 선택한 음악을 듣게 하는 집약된 스토어 카테고리를 제공한다.

왜냐하면 아이튠즈가 팟캐칭 클라이언트 역할을 하면서 팟캐스트의 RSS 기능을 십분 활용하기 때문에 아이튠즈는 다운로드할 수 있는 오디오와 동영상을 제공하는 웹사이트 중에서 최고라고 평가된다. 아이튠즈는 다중 플랫폼 오디오 파일 배포 소프트웨어인 주스Juice 및 Windows Doppler보다도 높은 평가를 받고 있으며, 다른 팟캐스팅 웹사이트인 아마록Amarok, 윈앰프Winamp 및 미디어몽키MediaMonkey보다도 탁월하다.

아이튠즈는 애플의 iWork 및 iLife 소프트웨어 패키지와도 긴밀하게 통합되어 있어서 이런 애플리케이션은 아이튠즈 보관함과 직접 인터페이스하여 저장된 사용자의 노래를 액세스한다. 애플의 iMovie동영상, 음악 및 사진에서 동영상을 만들고 믹스하며, 팟캐스팅 생성 프로그램인 GarageBand에서 만든 곡을 자동으로 사용자의 아이튠즈 음악 보관함에 추가된다.

애플은 최초의 아이튠즈 버전 이래로 인터넷 라디오 서비스를 액세스할 수 있도록 했다. 그래서 사용자가 가장 인기 있는 스트리밍 라디오를 청취할 수 있었다. 2011년 11월 기준으로 아이튠즈 라디오에서 7,000개 이상의 스트리밍 MP3 형식 인터넷 라디오 방송국을 액세스할 수 있다. 이런 방송국에는 음악, 스포츠, 대담, 전통적인 라디오 방송국에 이르는 다양한 장르가 포함된다. 애플의 최신 버전 아이튠즈는 인터넷 라디오 기능을 직접 지원하지 않지만 사용자가 고급Advanced 메뉴 옵션을 선택하고 스트림 열기Open Steam를 선택하여 라디오 탭에 청취할 스트림 피드를 입력할 수 있다. 한편 QuickTime은 인터넷 라디오를 지원하며 iRadioMast-www.iradiomast.com에서 아이튠즈 플러그인을 찾을 수 있다.

이상으로 세계 최대의 음악 공유, 업로드, 다운로드 웹 서비스를 살펴보았다. 그렇다면 이제는 업로드한 오디오 파일을 무료로 호스팅하고, 신디케이션하고, 배포하는 웹사이트인 팟빈에 대해 살펴보자.

팟빈

팟빈www.podbean.com, 그림 10.4 및 10.5은 2006년 7월에 오픈하여 사용자가 전문가 수준의 팟캐스트를 만들 수 있

www.podbean.com

는 게시 도구를 제공하고 있다.

그림 10.4 팟빈

  팟빈은 사용자가 기술 지식이 없어도 짧은 시간 내에 사용하기 쉬운 포인트-앤-클릭point-and-
click 방식의 블로그와 유사한 환경을 통해 팟캐스트를 만들 수 있도록 한다. 이 웹사이트는 사용
자가 몇 번의 클릭만으로 팟캐스트를 관리하고, 게시하고, 홍보할 수 있는 기회를 제공한다. 팟
빈은 교육, 종교, 부동산, 음악, 스포츠클럽, 여행사, 정부 기관, 취미 생활자, 기업가, 대기업 등
다양한 팟캐스터가 모두 활용할 수 있다.

팟빈 계정에 등록하면 사용자가 자체 URL이 있는 개인화된 팟캐스트 웹사이트를 갖게 된다. 사용자는 자신의 페이지에 테마 또는 다양한 색상, 글꼴, 레이아웃을 가진 '스킨' 그림 10.5을 선택할 수도 있다. 팟빈은 사용자에게 웹사이트 트래픽 보고 및 분석 도구를 제공하여 팟캐스트의 성공 여부를 측정하고 성과를 정확하게 파악할 수 있도록 한다. 팟빈은 사이트 방문자, 구독자, 히트 및 지역적인 위치 분포에 대한 상세하고 다원적인 뷰를 제공하며 사용자가 이 데이터를 다운로드할 수도 있다.

그림 10.5 팟빈 스킨

모든 팟빈 페이지에는 RSS2, 아이튠즈 및 ATOM용 RSS 피드 생성 기능이 내장되어 있다는 점이 중요하다. 팟빈은 RSS 2.0 및 ATOM 피드17장 참조뿐만 아니라 확장된 애플 아이튠즈 팟캐스팅 태그도 지원한다. 또한 사용자의 웹사이트, 블로그 사이트 및 기타 소셜네트워크에 직접 임베드할 수 있는 웹 2.0 기반 팟캐스트 플레이어도 제공한다. 팟캐스트를 많이 만들어서 인기가 올라갈수록 파일이 다운로드되는 빈도도 높아지고, 필요한 저장 공간과 대역폭도 늘어나게 된다대역폭에 대한 자세한 내용은 11장 'V로그 주의 요망—동영상 생성' 참조. 그러나 팟캐스트의 인기에 관계없이 팟빈은 필요한 저장 공간과 대역폭을 무료로 제공한다. 또한 사용자가 광고, 유료 구독 및 판매 촉진을 통해 매출을 얻을 수 있도록 한다. 실제로 팟빈은 전체 기능을 갖춘 온라인 e-커머스 도구를 무료로 사용자에게 제공한다.

이 책에서 다룬 대부분의 소셜미디어 도구는 freemium 비즈니스 모델로 운영되기 때문에 해당 공급업체에서 서비스를 사용자에게 완전히 무료로 제공한다. 기업체에게는 합리적인 가격으로 비용이 연결된 일부 추가 서비스를 제공한다.

소셜미디어 ROI

소셜미디어 조준

소개

니콜 워커 포토그래피Nicole Walker Photography는 캘리포니아 주 서남부에 위치한 글렌데일 시에서 가족 초상화를 찍는 작은 신규 업체로 고급 스튜디오에서 사진 찍을 형편이 되지 않는 가족들에게 고품질의 초상화를 제공하고 있다.

배경

우리는 마케팅 관련 비용의 상당한 영업 자본을 투자하지 않고도 목표로 하는 고객의 관심을 빠르게 끌어낼 수 있도록 소셜미디어를 이용했다. 매우 작은 공간 속에 수백 개의 직접적 경쟁자들이 몰려 있기 때문에 경쟁이 심한 분야에서 우리는 스스로를 차별화하고 브랜드가 활동적이고 적합하다는 사실을 소비자에게 알릴 수 있는 방법을 찾았다.

전략

우리의 전략은 이미 소비자가 형성되어 있는 장소에서 적극적으로 활동하는 것이었다. 애리조나 주 중부에 위치한 글렌데일Glendale 시에서 반경 25마일 안에 살고 있는 21세부터 40세까지의 어머니와 임산부들이 목표 소비자 그룹이다. 많은 소셜미디어 플랫폼에서 특정 수준에서 검색하고 필터링할 수 있는 기능을 제공하기 때문에 소셜미디어를 쉽게 도입한 우리는 사람들의 관심을 끌기 시작했으며 기존 고객 및 잠재고객과 교류를 할 수 있게 되었다.

판매 위주의 방식 대신, 우리는 사진을 공유하고, 상의를 하고, 콘텐츠를 제작하고, 소비자가 자발적으로 참여하고 친구와 가족들에게 알릴 것 같은 대상 고객의 커뮤니티에 가치를 부가하는 아이디어를 교환하는 방식을 선택했다.

실행

우리는 페이스북, 마이페이스, 그리고 카페맘CafeMom에 브랜드 페이지뿐만 아니라 구글에서 제공하는 블로깅 도구인 블로거Blogger를 사용하여 블로그도 제작했다. 이런 소셜미디어들은 대상 고객들이 정기적으로 친구와 가족과 교류하는 장소였기 때문에 고객들은 간단하게 이런 일상 대화 속에 들어갈 수 있었다.

기회

생각이 비슷한 개인들이 모인 커뮤니티에서 다른 가족 문제와 육아에 대해 논의하는 반면 최근 회의에서 논의된 사례들을 다양한 소셜미디어 페이지에 올려 수천 명의 어머니들과 임부들의 재능을 보여줄 수 있는 기회를 얻었다.

결론

소셜미디어 페이지를 시작한 이래, 판매를 강요하지 않아도 수천 명이 웹사이트를 방문했다. 그리고 새로운 방문자 수는 매달 두 배에서 세 배로 꾸준히 증가했다지난 10개월 간 총 1,360퍼센트 증가함. 핵심 검색 단어를 사용할 경우, 구글, 야후, 그리고 빙Bing의 첫 5페이지 안에서 소셜미디어 페이지를 찾을 수 있다. 그뿐만 아니라, 우리는 1~2주부터 2달 이상까지비수기

www.NicoleWalkerPhotography.com

인 여름 시즌도 예약 파이프라인도 개선했다.

– 크리스 월커Chris Walker

www.NicoleWalkerPhotography.com

전문의 의견

알란 레비Alan Levy, 블로그토크라디오BlogTalkRadio 설립자 겸 CEO, www.blogtalkradio.com

알란 레비

우리 네트워크는 두 부분으로 되어 있습니다. 주요 네트워크는 2006년 10월에 발표한 네트워크로 아무 것도 없는 상태에서 시작했습니다. 제가 이 아이디어를 착안하고 블로그토크라디오BlogTalkRadio란 이름을 생각해 냈습니다. 당시 우리에게는 콘텐츠가 없었습니다. 우리는 전화사용에 관련되거나 모든 종류의 전화를 웹에 포함시키는 이 기술을 발명했습니다. 그리고 지금까지 약 11만 개의 단편 혹은 11만 5,000개의 단편을 방송했습니다. 매일 500개의 라이브 쇼를 방송합니다. 그 모두를 블로그토크라디오닷컴BlogTalkRadio.com 에서 확인할 수 있습니다.

프로그래밍 가이드에 모든 내용이 있습니다. 우리 사이트를 세 번 방문한 존 맥케인John McCain, 요코 오노Yoko Ono, 브래드 피트Brad Pitt, 브라이언 드팔마Brian DePalma, 살만 러시디Salman Rushdie, 유명 작가, 배우 그리고 수많은 블로거들이 모두 네트워크에 참여하고 있습니다. 메시지를 전달하고 아이

디어나 책을 홍보하려는 사람은 누구나 블로그토크
라디오에 와서 무료로 사용할 수 있습니다. 프로필
을 만들고 방송하기 원하는 때에 쇼를 설정하기만
하면 전화를 걸어서 몇 분 안에 '방송 중'인 상태에
들어갈 수 있습니다.

제가 깨달은 것은 블로그토크라디오를 방문하는
많은 사람들이 직접 라디오 쇼를 만들었다면 수천
달러까지는 아니더라도 수백 달러는 지불해야 한다
는 것입니다. 그리고 우리는 전화를 사용하여 그 비
용을 크게 줄일 방안을 찾아냈습니다. 제가 전화 기
술 분야에서 활동했기 때문에 서비스를 무료로 제공할 수 있었습니다. 개방적이고 사용 가능한 플
랫폼을 만들 때에는 매체의 대중화를 고려하게 되는데 이것은 블로깅이 블로거와 기술 영역 의사소
통에 기여했던 것과 비슷합니다.

블로그토크라디오는 오디오에 대하여 그런 비슷한 역할을 했으며 곧 동영상에 대해서도 그렇게
기여할 것입니다.

우리는 품질에 매우 만족합니다. 처음 이 아이디어를 생각해 냈을 때 팟캐스팅이 무엇인지 몰랐
기 때문에 또 하나의 팟캐스팅 회사를 만들 의도가 없었습니다. 저는 임파종과 암으로 고생하는 아
버지를 위해 블로그를 만들었고, 블로그에 대해서 배웠고, 7,500만에서 8,000만 개의 블로그가 있
다는 것을 알게 되면서 블로그토크라디오를 설립했습니다. 모든 사람이 '대화'에 대한 이야기를 하
고 있었지만 제가 들을 수 있는 것은 아무 것도 없었습니다. 그래서 이것을 만들어 냈습니다. 물론
앞서 언급한 대로 전화를 사용하여 라이브로 인터액티브 대화를 할 수 있는 플랫폼을 만들어 내어
그 목적을 달성했습니다. 바로 이런 이유로 쉽게 사용할 수 있는 측면이 있습니다.

따라서 방송 매체에 더 가깝습니다. 우리의 청중을 살펴보면 게스트가 다양합니다. 콘텐츠 유형
도 엄청나고 오래 보관했다가 수정할 수 있습니다.

우리는 아무 것도 없는 상태에서 처음부터 이것을 구축했습니다. 사이트를 살펴보는 사람들과 내
부 고객 서비스 직원이 있고 편집자들이 있습니다. 자주 이런 이메일을 호스팅한 사람에게서 받습
니다. "FCC에 신고해야겠어요." 그러면 우리는 말합니다. "네, 좋습니다. FCC에 전화하십시오."

그들이 여기에 강제할 수 있는 것은 아무 것도 없다는 말입니다. 우리는 그저 대화를 모아놓았을
뿐이고 그것이 전부입니다. 우리 사이트 내에서 운영되는 내용은 모니터링되고 있습니다. 그러므로

FCC가 필요하지 않습니다. 그러나 우리는 좋은 품질에 최고의 콘텐츠를 지향하며, 플랫폼이 분노를 부추기는 데 사용되지 않도록 합니다.

사용자가 네트워크를 방문하여 호스팅할 때는 먼저 양식에 서명해야 하고 콘텐츠에 대해 책임집니다. 분명한 사용 약관이 있고 사용자가 할 수 있는 일과 하지 말아야 하는 일이 정해져 있습니다. 따라서 자체 단속 기능에 가깝다고 볼 수 있습니다. 사용 약관을 위반하면 경고를 받게 됩니다. 그런 다음 네트워크에서 추방됩니다. 그러면 그들은 더 이상 갈 곳이 없습니다.

이후에 팟캐스트로 가거나 팟캐스팅 플랫폼으로 가지도 못합니다. 이런 팟캐스트를 만드는 방법조차 모르는 사람들이기 때문입니다. 우리는 방송, 라이브 인터랙션, 아이튠즈 및 RSS 피드 등 중간 과정에서 필요한 모든 것을 관리해줍니다. 따라서 이 사이트는 자체 정화 기능이 있는 셈입니다. 이 사이트가 성장하고 발전하는 것을 볼 수 있어 기분이 좋습니다. 그리고 청취자가 나중에 호스트가 되는 경우가 많습니다. '나라고 이런 일을 못할 이유도 없지!'라는 마음으로 참여하기 때문입니다.

www.theSocialMediaBible.com을 방문하면 알란 레비와 나눈 경영진 대화 전체를 들을 수 있다.

International Perspective

국제적인 견해

키프로스

CTO_{Cyprus Tourism Organization, 키프로스 관광 기구; www.visitcyprus.com}는 2009년도 초부터 소셜미디어를 활용하고 있으며 페이스북, 트위터, 유튜브, 그리고 트립 어드바이저_{Trip Advisor}를 주요 소셜미디어 채널로 사용하고 있다. CTO는 소셜미디어 활용의 첫 번째 단계로 위에서 언급한 채널에서 콘텐츠를 생성하는 사용자를 모니터했다. 그리고 소셜미디어의 잠재력을 알게 된 CTO는 페이스북, 트위터, 그리고 유튜브에서 브랜드화된 키프로스 페이지를 만드는 등 적극적으로 참여했다. 가입자는 이렇게 만들어진 페이지를 이용하여 콘텐츠 관련 여행, 뉴스, 그리고 키프로스에 대한 최신 정보를 얻을 수 있었다.

CTO e마케팅 부서의 박사 하리스 마클로우자리데스Haris Machlouzarides는 다음과 같이 언급했다. "소셜미디어 활용에 대한 우리의 경험은 우리가 소셜미디어 활용을 통해 경험한 것은 가입자에게 콘텐츠를 제공하기 위한 학습 과정에 도움이 되었고 관광지인 키프로스와의 약속을 지킬 수 있었습니다. 가입자가 소셜미디어 채널 속에서 보여주는 의사소통과 긍정적인 감정은 우리가 고객 만족에서 찾고 있는 피드백입니다. 우리가 제공하는 제품과 서비스의 품질을 개선하기 위해 가입자의 의사소통을 매우 중요하게 생각하기 때문에 우리는 매우 가까이에서 댓글을 모니터합니다."

관광은 키프로스의 주요 산업 중 하나다. 그리고 CTO는 이 섬을 전 세계 관광지로 홍보할 수 있도록 전자 마케팅 활동 중 하나로 소셜미디어를 활용했다. 소셜미디어를 활용한 키프로스는 질문에 응답하고 요구를 처리하여 효율적인 비용으로 전 세계 고객과 연락할 수 있었을 뿐만 아니라 사람들과 대화도 할 수 있었다.

소셜미디어를 활용하는 동안, CTO는 여러 가지 홍보 활동으로 가입자의 흥미를 유발시켜 다양한 채널에서 적극적인 활동과 참여를 이끌어 냈다. 그리고 이런 홍보 활동은 채널에 대한 가입자 수뿐만 아니라 채널 가입자를 통해 전파된 콘텐츠에도 긍정적인 영향을 끼쳤다. 예를 들면, 채널에서 생성된 콘텐츠에 대해 이야기하는 가입자의 약 10퍼센트는 www.facebook.com/LoveCyprus에서 관리하는 CTO의 페이스북 페이지를 이용하고 있다.

위에서 언급한 페이스북 페이지의 모든 콘텐츠에 대한 통계에서 가입자의 연령층에 대해 놀란 만한 결과가 나왔다. 총 가입자의 50퍼센트 이상이 45세 이상의 성인인 반면, 24세까지의 청소년들은 총 가입자의 20퍼센트밖에 되지 않았다. 결국 25세부터 44세까지의 성인은 총 이용자의 30퍼센트였다. CTO는 이 수치로 소셜미디어 마케팅에 대한 노력에 용기를 얻었다. 이것은 표적 시장에 가치 있는 콘텐츠를 제공하여 긍정적인 결과를 이끌어 낸 것으로 보인다. 게다가 이 수치는 CTO의 표적 시장이 소셜미디어로 움직이고 있다는 것을 증명한다. 위에서 언급한 정보에서 알 수 있듯이, CTO는 소셜미디어 가입자와 성공적으로 소통하여 그들과의 관계를 발전시켰을 뿐만 아니라 고객과의 신뢰도 쌓았다.

www.visitcyprus.com

CTO의 소셜미디어 가입자는 자신들의 관심을 끌만한 유용하며 흥미로운 콘텐츠를 기대한다. 가입자는 이런 정보를 가족 및 친구와 공유하고 싶어 하기 때문에 이것을 이용하면 관광지를 홍보할 수 있다. 고객 수를 극대화할 수 있는 CTO의 마케팅 목표를 활용하여 콘텐츠가 재미있고 관심을 끌수록, 입소문을 더 크게 낼 수 있다.

CTO은 전 세계 고객들과 연결된 소셜미디어 채널의 잠재력을 깨달았기 때문에 소셜미디어 마케팅 활동에 지속적으로 투자할 것이다.

– 하리스 마클로우자리데스Haris Machlouzarides, e마케팅 부서 IT 직원,
키프로스 관광 기구, www.visitcyprus.com

해야 할 일 리스트

1. 아이튠즈를 사용해 보라.

www.Apple.com을 방문하여 Mac 또는 Windows 플랫폼 PC용 iTunes를 다운로드한다.

음악을 구입하고 다운로드할 계획이 없더라도 직접 사용해 본다. 해당 인터페이스가 어떻게 작동하는지 확인한다. 팟캐스팅, 팟캐스트 생성에 대해 이전 장을 참고하고 새로 만든 팟캐스트를 아이튠즈에 업로드해 본다. 직접 참여해서 이용해봐야 한다. 더 많이 알수록 더 많이 참여할 수 있다.

www.Apple.com

2. 팟캐스트 호스팅 사이트를 사용해 보라.

팟빈과 같은 팟캐스트 호스팅 사이트를 사용해봐야 한다. 정말 사용하기 쉽고 한 번만 클릭하면 RSS 신디케이션 과정을 마칠 수 있다. 아이튠즈와도 호환되고, 그 무엇보다 좋은 점은 무료라는 사실이다. PC의 내장 마이크를 사용하고또는 8달러에 하나를 구입해서 사운드 편집 소프트웨어를

열고 전문 분야나 기타 관심 사항에 대한 생각을 녹음하기만 하면 된다. 고객과 잠재고객의 관점에서 제공 이익을 생각해야 한다. 10분 이내에 그들에게 중요한 내용을 이야기할 수 있을까? 이렇게 하면 그들이 여러분의 팟캐스트 메시지에서 무엇인가 중요한 것을 얻어 간다. 그들에게 필요한 것을 줄 수 있다면 다시 돌아올 것이다. 신뢰할 수 있는 주변 동료들에게 추천하고, 여러분을 업계 전문가로 인정할 것이다. 이렇게 해서 신뢰와 충성도와 매출의 기반을 다질 수 있다.

결론

짬을 내서 오디오 팟캐스트를 하고 음악을 다운로드하는 것이 얼마나 간편하고 효과적인지 이해해야 한다. 다른 사람들이 여러분의 전문가적인 사고를 접하고 알맞은 반응을 할 수 있도록 팟캐스트를 업로드하면, 뛰어난 투자수익을 얻을 수 있다는 사실을 알게 될 것이다.

팟캐스트를 새로 만드는 것과 그것을 고객, 잠재고객 및 직원이 이용할 수 있도록 하는 것은 별개의 일이다. 최고의 아이디어를 오디오로 만들더라도 듣는 사람이 없다면 아무런 소용이 없다. 따라서 여러분이 가진 아이디어를 세상과 나누어야 한다. 팟캐스트를 아이튠즈와 팟빈에 업로드하여 자료를 세상에 공개해야 한다. 팟캐스트를 웹사이트와 블로그 사이트에 포함시켜야 한다. 강력한 제공 이익이란 가치를 지닌 오디오 파일 라이브러리를 만들기만 해도 고객과 잠재고객이 여러분을 업계 전문가로 인정해줄 것이다.

구글과 같은 검색 엔진에 개인이나 회사 이름을 입력했을 때, 결과가 여러 페이지에 걸쳐서 나오면 어떤 느낌이 들지 생각해 보자. 개인이나 회사가 웹 여러 곳에 존재감을 가지고 있다는 것을 바로 알게 된다. 웹페이지, 블로그 페이지, 사진, 오디오 팟캐스트, 유튜브

동영상 등 수십 페이지에 걸쳐 검색 결과가 나오는 경우라면 당연히 업계 전문가로 인정받을 것이다. 고객과 잠재고객이 바로 그런 식으로 여러분을 인정해 주기를 바라고 있지 않은가?

전문가 의견을 듣고 싶으면 www.theSocialMeidaBile.com을 방문하라.

다운로드 : 〈소셜미디어 바이블〉과 관련된 무료 다운로드를 받으려면 www.theSocialMeidaBile.com을 방문하라. 책 뒷면 바코드 위에 있는 ISBN을 입력하면 된다. ISBN 978-1-118-26974-9

www.theSocialMeidaBile.com

Notes

1) 애플리케이션 또는 '앱스apps'는 휴대폰 활용도를 높이고 오락용으로 휴대폰에 설치하도록 만든 소형 소프트웨어 애플리케이션이다. 애플리케이션에는 멀티터치 인터페이스, 가속도계, GPS, 실시간 3D 그래픽, 3D 위치 오디오, 구글 Mobile Search, Maps, Gmail, 유튜브 등이 있다.

2) 스마트 재생목록을 설정하면 데이터베이스 쿼리와 유사한 맞춤형 선택 목록을 기준으로 음악 보관함에 대한 자동 필터링을 수행한다. 애플은 사용자 보관함에서 최근 선택한 곡과 비슷한 곡을 25개, 50개, 75개, 100개 골라서 자동으로 목록을 생성하는 지니어스Genius 기능을 발표했다.

THE SOCIAL MEDIA BIBLE

Watch Out for Vlogs(Video Create)

V로그주의요망—동영상 생성

CHAPTER 011

www.LonSafko.com/TSMB3_Videos/11VideoCreate.mov

아이팟과 기타 디지털 재생 장치에서 사진, 오디오, 동영상을 디스플레이할 수 있다. 앞서 오디오 팟캐스트를 다룬 장에서 영상 녹화를 팟캐스트로 볼 수도 있다고 언급했다. 이 책에서는 팟캐스트로 녹화한 동영상을 동영상 또는 V로그로 구분한다. 블로그blog가 웹로그weB LOG를 나타내는 것처럼 V로그vlog는 비디오 웹로그Video web Log란 말에서 유래되었다.

제공 이익

심리적으로 볼 때 사람들은 경험이 강하고 자극적일수록 몰입도가 높고 더 잘 이해하며 보유하게 된다고 한다. 몰입도가 높은 동영상 역시 끝까지 보게 만든다. 바로 이 때문에 사람들은 하루 일과가 끝났을 때 책을 읽거나 오디오북을 듣는 대신 영화 감상을 선호한다. 정보를 모으기 위해 감각을 많이 사용할수록 그 과정의 몰입도가 높아진다. 이 때문에 유튜브가 놀라울 정도로 인기를 얻고 있다. 동영상 생성, V로깅, 동영상 게시는 모두 사람의 심리적인 특성을 활용하여, 네트워크에 속한 사람들과 고객에게 더 좋은 교육과 정보를 전달한다.

인류는 처음에는 얼굴 표정을 통해, 이후에는 말을 통해 의사소통하면서 발전해 왔다. 인류에게 언어를 통한 커뮤니케이션은 비교적 새로운 특징이며, 단어로 기록한 것은 최근의 일이다. 글은 6,000년 정도로 거슬러 올라가는 반면, 얼굴 표정과 음성 톤은 생명체가 사용해 온 가장 오래된 방법 중 하나다. 지구상에 존재하는 대부분의 종은 이런 식으로 정보를 공유할 수 있다.

두 사람이 아이디어, 생각, 개념을 소통하고자 할 때 55퍼센트는 몸짓으로, 38퍼센트는 음성으로 하며, 고작 7퍼센트만 단어를 사용한다. 분명히 문자와 이메일은 억양과 몸짓을 담을 수 없기 때문에 글로 기록한 것에 대해서는 쉽게 오해가 생긴다. 누군가 말하는 것을 보거나 청취하면 얼굴 표정이나 음성 톤을 살펴볼 수 있기 때문에 신뢰를 형성하는 데 도움이 되고, 어떤 사람이 진실한지 쉽게 간파할 수 있다. 이런 이유로 고객과 의사소통하는 데 있어서 V로그가 가장 효과적인 방법이 될 수 있다.

디지털 비디오카메라, 무료 편집 소프트웨어, 무엇보다 중요한 창의성만 있으면 V로그를 만들 수 있다. BMW, 퀴즈노스Quiznos, 나비스코Nabisco 등의 회사들은 동영상을 활용하여 엄청난 청중을 확보하고 시장 점유율을 높이고 있다그림 11.1 참조. 주방용 믹서 회사도 최신 기술과 약간의 창의성을 발휘하여 24시간 이내에 제품 동영상 조회 수가 100만 건을 돌파했다www.theSocialMediaBible.com의 'Will It Blend' 예 참조.

www.theSocialMediaBible.com

그림 11.1 유튜브 BMW

처음으로 돌아가서

사람들은 미디, 음악, 오디오, 이미지, 가상현실 이미지QTVR, 동영상 등 점점 더 많은 리치 미디어를 공급하여 새로운 매체의 한계를 극복하려고 시도하고 있었다. 초기의 제약 사항은 CPU 속도와 대역폭이었다.

동영상이란 무엇인가?

동영상 콘텐츠에 대한 기술적인 측정 기준은 매초 표시되는 정지 이미지의 수를 의미하는 초당 프레임이다. 일반 영화의 경우 프레임 속도는 초당 32프레임또는 이미지인 반면, 동영상 속도는

25~30프레임이며 고화질HD 동영상의 경우에는 50에서 60프레임이다. 표준 동영상은 초당 25프레임으로 실행되며, 분당 1,500장의 개별 이미지가 있다는 의미다. 동영상 화면의 크기에 따라 프레임당 데이터가 늘어나며 분당 정보의 양은 엄청나게 커진다. 이런 데이터를 최초의 300bps 모뎀이나 오늘날 사용되는 56Kbps 모뎀초당 56,000비트으로 받으려면 아주 오랜 시간이 걸린다. 이 때문에 인터넷에서 사용자에게 데이터를 제공하려 할 때에 초기의 동영상은 크기가 작고 길이도 짧고 해상도도 낮았으며 실행될 때 거칠어 보이는 경우가 많았다초당 32프레임 미만. 그리고 그 모든 데이터가 도착하면 CPU가 이를 모아서 연속된 부드러운 동영상으로 실행해야 했다.

비트bit는 컴퓨터나 기타 디지털 장치에서 통신, 저장, 화면 표시를 위해 사용하는 가장 기본적인 데이터 조각이다. 비트는 0 또는 1이다. 이렇게 0과 1의 자릿수digit로 되어 있기 때문에 오늘날의 전자 기기를 디지털digital이라고 부른다. 이런 숫자 8개가 연속하여 단일 바이트byte를 구성한다. 컴퓨터에 따라 화면의 특정 위치에 단일 픽셀을 켜기, 끄기, 색상으로 표시하기 위해 최대 4바이트32비트가 필요하다. 그러므로 350k 이미지가 있다면 35만 바이트다공학에서 k는 1,000을 나타내기 때문에 킬로바이트(kilobyte)는 KB로 표시한다. 그런 이미지 하나프레임는 35만 바이트와 8비트의 곱으로 구성되거나 단일 이미지에 280만 비트의 정보로 구성된다. 이 기준으로 보면 3분 동영상은 350k 비트에 초당 32프레임을 곱하고 3분180초을 곱한, 200억 비트 이상의 정보로 구성된다.

인터넷이 발전하면서 정보 전달 통로의 크기인 대역폭bandwidth도 향상되어 더 많은 비트를 유선이나 무선으로 싣게 되었고, 그 결과 화면에 표시할 수 있는 데이터의 양도 늘어났다. 인터넷 초창기에는 비트의 양이 작아서문자당 32비트 신속하게 전송하여 화면에 표시할 수 있는 텍스트가 가장 선호되는 데이터 형식이었다. 1줄 간격의 텍스트 1페이지의 크기는 불과 2k2,000바이트 정도였다. 표준 컬러 이미지는 350k이며, 3분 길이 소형 동영상은 20MB백만 바이트가 되고 전체 길이의 영화는 4.5GB45억 바이트 이상이 된다.

현재의 케이블 기술에서는 가정용 케이블 인터넷 연결에서 최대 4에서 6Mbps초당 백만 비트, M은 백만을 의미로 다운로드할 수 있다. 56K 다이얼업 연결과 비교하면 고속 케이블 인터넷은 최대 70배 빠르다. 사용 가능한 지역일 경우, 추가 비용을 내면 콕스 커뮤니케이션Cox Communication, 컴캐스트Comcast, 타임워너Timu Warnat 등 대부분의 주요 케이블 공급업체로부터 속도가 최대 8에서 10Mbps에 달하는 프리미엄 패키지도 제공받을 수 있다.

애플 QuickTime 만세!

컴퓨터용 비디오에 있어서 첫 번째 중요한 혁신은 애플이 1991년 12월 2일에 발표한 QuickTime그림 11.2 참조이었다. 이로써 좋은 품질의 컬러 동영상을 컴퓨터에서 감상할 수 있게 되었다. QuickTime의 핵심은 압축률이었다. 프레임당 내보내야 하는 정보가 적을수록 더 많은 프레임을 전송하고 수집하고 재생할 수 있다. 압축은 데이터 내에서 패턴을 찾아서 패턴에 대한 축약된 데이터를 만들고 훨씬 적은 정보를

그림 11.2 QuickTime

표시하는 축약된 데이터와 규칙을 전송하는 것이다. QuickTime 이후 버전은 동영상 파일 크기를 최대화하여 사용자가 아주 작은 동영상을 제한된 대역폭을 통해 전송하고 느린 컴퓨터에서도 잘 실행할 수 있도록 했다.

Microsoft도 1991년에 Windows 3.0과 함께 Media Player라는 동영상/오디오 플레이어 버전을 발표했다. 결국 이것이 현재 오디오 및 동영상 파일을 위한 Windows 기반 컴퓨터의 표준 파일 형식인 Windows Media Player가 되었다.

작은 파일 크기로 압축된 동영상을 컴퓨터에서 사용하고 인터넷을 통해 배포할 수 있게 되면서, 사람들이 동영상을 사용하여 생각을 공유하는 전용 웹사이트를 만드는 것은 시간문제가 되었다. 2004년 1월 1일 스티브 가필드Steve Garfield는 자신의 비디오 블로그를 개설하면서 2004년은 '비디오 블로그의 해'가 될 것이라고 선언했다. 같은 해 6월 피터 반 디크Peter Van Dijck와 제이 데이만Jay Dedman은 지금까지도 인기가 있는 최초의 V로거 커뮤니티인 야후 비디오 블로깅 그룹을 시작했다.

2006년 7월 유튜브는 다섯 번째로 인기 있는 웹사이트가 되었으며 사람들이 매일 1억 개 이상의 동영상을 감상하고, 6만 5,000개의 새로운 동영상을 업로드한다. 오늘날 유튜브 회원은 1분

마다 48시간 길이의 동영상을 업로드하며, 매일 10억 개 이상의 동영상을 다운로드한다.

대역폭 및 스토리지

유튜브와 같은 웹사이트가 도래하기 전까지 동영상 배포는 문젯거리였다. 동영상 파일이 커서 시간이 오래 걸리고 보는 사람이 많을수록 웹사이트 한 곳에서 전송되는 전체 데이터의 양이 커지게 되었다. 또한 데이터를 모두 다운로드하고 나서야 동영상을 감상한다는 것은 시간 낭비며 비현실적이었다. 파일을 완전히 다운로드하기까지 기다렸다가 동영상을 감상하고 싶은 사람은 없다. 그래서 동영상 스트리밍이 도입되었다. 스트리밍은 ISP가 필요한 것보다 조금 빠르게 컴퓨터로 데이터를 제공하여 사용자가 감상하기 시작하고 동시에 모뎀은 방해받지 않고 계속 동영상을 다운로드한다.

유튜브 등장

동영상 공유를 논의하지 않고서는 동영상 생성을 이야기할 수 없다. 결국 동영상을 만들었다면 당연히 공유를 해야 한다콘텐츠 공유에 대한 추가 정보는 12장 '동영상 공유' 참조. 많은 사람들이 DSL, 위성 접시 및 케이블 모뎀 등 광대역고속 전송 속도를 통해 인터넷에 연결하게 되면서 개인이 다운로드하고 볼 수

그림 11.3 YouTube

있는 데이터의 양은 덜 중요한 문제가 되었다. CPU는 훨씬 빨라졌고 디스크 스토리지의 가격도 급락했다. 그리고 나서 구글의 유튜브와 같은 웹사이트가 등장했다. 동영상 공유 사이트인 유튜브를 통해 사용자가 동영상 클립을 업로드하고, 감상하고, 공유할 수 있다. 2005년 11월 구글이 16억 5,000만 달러에 유튜브를 인수했으며, 유튜브는 현재 구글의 일부로 운영되고 있다.

2006년 10월 BBC는 아동용 텔레비전 시리즈 블루 피터Blue Peter에 대한 첫 번째 공식 동영상 블로깅 사이트를 발표했으며, 여기에는 쇼에 등장할 새로운 강아지 캐릭터의 이름을 아이들에게 묻는 동영상이 포함되었다.

페이팔PayPal의 초창기 직원인 채드 헐리Chad Hurely, 스티브 첸Steve Chen 저드 카림Jawed Karim은 2005년 2월 15일 YouTube.com이라는 도메인 이름을 사용했다. 그들은 이후 몇 개월 동안 웹사이트를 개발했으며 유튜브는 2005년 5월 대중에 공개되었다. 동영상 공유 및 동영상 예제에 대한 자세한 내용은 12장 '동영상 공유'를 참고하거나 www.theSocialMediaBible.com을 방문하면 된다.

라이프캐스팅Lifecasting

V로깅은 지역적인 경계를 허물고 진정한 의미의 개인적인 교류를 통하여 글로벌 커뮤니티를 형성해 주기 때문에 매우 매력적이다.

알아야 할 사항

다시 말하지만 가장 중요한 것은 직접 해보는 것이다just do it! V로깅을 일찍 시작할수록 더 빨리 결과를 확인할 수 있다.

동영상 업로드

동영상 업로드에 대한 자세한 내용은 12장 동영상 공유를 읽으면 된다.

기술 및 전술

직접 동영상 만들기

휴대폰에 내장된 동영상 기능을 사용하면 간편하게 V로깅할 수 있다. 물론 휴대폰을 사용해도 되고 유명한 블로거인 로버트 스코블도 가끔 이렇게 하기는 하지만, 이 정도 수준의 품질로 동영상을 만드는 것은 바람직하지 않다.

비디오카메라를 구입하거나 빌려서 동영상을 촬영해 봐야 한다. 오디오 팟캐스트로 음성을 녹음하는 것보다는 동영상 촬영이 어렵지만, 쉽게 볼만한 영상을 만들 수 있고, 좋은 콘텐츠가 있다면 보는 사람이 소중한 것을 얻어갈 수 있다.

생각을 스크립트로 만들기

생각을 스크립트로 만들거나 최소한 요점 목록으로 정리하는 것이 좋다. 동영상 녹화를 할 때 먼저 Keynote 애플을 사용하는 않는 경우에는 PowerPoint 프레젠테이션을 만드는 것을 권장한다. 카메라 뒤에 모니터를 두거나 슬라이드를 인쇄하거나 녹화하면서 읽을 수 있는 곳에 붙여둔다. 원고를 그대로 읽는 것은 가장 나쁜 방법이다.

한 번에 너무 많은 녹화는 금물이다. 슬라이드 하나를 마치면 '중단'하고 숨을 들이마신 다음 다시 새 슬라이드를 시작해야 한다. 바로 이야기를 시작할 자신이 있는 재주 좋은 사람이라면 그렇게 하면 된다. 기본이 되는 것은 가장 편한 방법으로 해야 한다는 것이다. 동영상에서 자신감으로 나타난다.

자신이 누구이고 주제가 무엇이고 웹사이트 주소가 어떻게 되는지 소개하는 부분을 녹화해야 한다. 내용을 요약하고 자신과 웹사이트를 반복해서 알려주는 것도 녹화해야 한다는 점을 기억하자. 소개와 결론에 음악과 제목도 넣을 수 있다.

동영상 편집

원본 디지털 동영상을 만들었다면 편집할 차례다. 애플의 iMovie와 같은 동영상 편집 애플리케이션을 선택하고 동영상을 가져온다그림 11.4 참조. 포함시킬 테마 음악, 정지 사진, 기타 추가 동영상 클립을 고른다. 정지 사진이나 동영상 클립 위에 마이크로 직접 녹음하여 해설할 수도 있다.

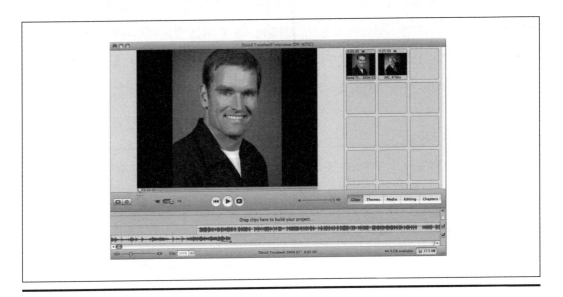

그림 11.4 iMovie

동영상 편집 소프트웨어를 사용하여 트랙을 만들어서 동영상을 메인 트랙으로 하고 그 앞에 소개 부분을 삽입해 별도의 음악 트랙을 깔아서 동시에 재생되도록 할 수도 있다. 물론 트랙 볼륨을 조정하여 음악이 배경 효과가 되도록 할 수 있다.

컴퓨터 운영 플랫폼에 따라 동영상 편집 소프트웨어를 다양하게 선택할 수 있다. Macintosh 팬이라면 iMovie를 사용하여 동영상을 만들고 편집하며 Macintosh 소프트웨어의 끌어다 놓기 기능을 활용할 수 있다. Mac OS에서 Adobe Premiere나 Final Cut Pro를 사용할 수도 있다.

Windows 사용자라면 Adobe Premiere나 ArcSoft의 ShowBiz를 사용할 수 있다.

시청률이 높은 시간에 동영상을 보일 준비가 되었다면 배포 방법과 동영상 작품을 이용할 방법을 결정해야 한다. 물론 가장 간편하고 효과적인 웹사이트는 유튜브다. 절차는 간단하다. 계정을 설정하고 동영상 업로드를 선택하고 설명을 입력하고 동영상에 대한 몇 가지 질문에 답을 하고 업로드를 누르면 된다. 몇 분 정도 기다리면 이제 연중무휴 무료로 전 세계 어디에서든 해당 동영상을 이용할 수 있다.

동영상을 유튜브에 올렸다고 해서 저절로 사람들이 찾아와서 감상하고 하룻밤 사이에 성공을 거두게 되는 것은 아니다. 사람들이 동영상으로 찾아오도록 하는 것은 여러분의 책임이다. 그렇게 하기 위해서 RSS, 블로깅, 이메일, 의견 남기기 등을 통해 노력하고 기타 소셜미디어 도구를 사용해야 한다. 자세한 내용은 RSS, 블로그, 이메일에 대한 장을 참고하면 된다.

워드프레스, 줌라, 드루팔Drupal 등의 오픈 소스 콘텐츠 관리 시스템에는 위젯과 사용자가 동영상 콘텐츠를 게시할 수 있는 기능이 내장되어 있다. 이를 통해 V로거는 자신의 웹사이트에서 바로 동영상 블로깅을 호스트하고 배포할 수 있다.

참고

휴대폰에 디지털 비디오카메라 기능이 내장되는 컨버전스 덕분에 사용자는 동영상 콘텐츠를 녹화하여 캡처와 거의 동시에 웹에 게시할 수 있다.

전문가 의견

파트리지오 스파뇰레토Patrizio Spagnoletto, Yahoo! 검색 마케팅 담당 수석 이사, http://advertising. yahoo.com

파트리지오 스파뇰레토

저는 야후에서 약 7년 반 동안 일해 왔습니다. 마케팅 상품 검색을 하는 마케팅 팀을 관리하는 것이 제 업무입니다. 마케팅 상품이란 기본적으로 야후 검색 결과에 검색되는 중소 규모의 비즈니스혹은 모든 규모의 비즈니스 제품을 말합니다. 그것은 마케팅 분야라는 것이 보다 정확할 것입니다. 그래서 우리 팀은 상품 인지도, 고객 획득/유지, 그리고 고객의 신뢰 등에 초점을 맞춥니다. 종합적으로 고객들이 이러한 스폰서 검색 세계에 참여하게 되면 투자한 것에 대한 최대한의 수익을 얻을 수 있습니다. 그리고 그 수익은 교육, 의사소통과 혁신, 혹은 그들의 상품을 위해 우리가 제공하는 상품, 또는 현재 검색 상품의 기능을 통해 발생합니다.

... 야후 검색 엔진으로 들어가서 가령 자동차좀 더 세부적으로 말하자면 혼다 중고차를 검색한다면, 이 사용자는 특정 물건을 찾고 있다는 사실과 그것을 구매할 의사를 분명하게 보여준 것입니다. 이제 이 점을 알고 광고를 제작한다면, 여러분이 차지할 수 있는 가장 좋은 선두 자리를 독점했다는 뜻입니다. 다른 마케팅 미디어와는 달리, 스폰서 검색에서는 사용자가 구매를 원하는 상품과 서비스를 알려주기 때문입니다. 이것은 모두 검색 엔진 결과 페이지를 통해 진행됩니다. 그리고 사실 직접적인 반응 비즈니스의 목적이 판매 증진이라는 의미의 문맥으로 생각할 때, 저는 스폰서 검색만큼 효과적인 마케팅 매체는 없다고 생각합니다. 그러한 생각을 증명하기 위해 저는 많은 검색을 하고 있습니다.

마케팅 담당자들은 그렇게 말할 때에는 동시에 여러 가지 목표를 가지고 있습니다. 아시다시피 그것이 반응그리고 스폰서 검색이 그 부분에서 막대한 역할을 합니다이든 혹은 인식혹은 텔레비전, 오프라인 혹은 제가 주로 일했던 그래픽 광고와 같은 다른 매체이든, 이 두 가지의 조합이 비즈니스를 진정한 성공으로 이끄는 것입니다. 각각의 부분들보다 두 가지를 통합시킨 것이 더 효과적입니다.

야후는 두 상품을 소유하고 운영할 수 있는 사이트를 제공하는 유일한 사업체로서, 매우 독특한 위치를 차지하고 있습니다. 야후 사이트에서 배너와 스폰서 검색을 구매함으로써, 우리가 360도 광고라 부르는 그래픽과 스폰서 검색을 이용해 사용자의 마음을 사로잡을 수 있습니다.

배너 광고는 어느 사이트나 흔하게 볼 수 있습니다. 배너 광고는 보통 그래픽으로 만들어지고, 때때로 동영상, '리치 미디어', 혹은 단순한 통계 이미지로도 구성됩니다. 하지만 배너 광고는 광고주가 그래픽으로 메시지를 전달하는 방법입니다. 그리고 야후는 이 분야의 개척과 회사 설립 이후로 항상 선두 자리를 고수해 왔습니다. 그리고 우리는 최종 단계에 있는 우리 소유의 독점 자료 일부를 사용하여 소비자층을 형성하는 일을 순조롭게 진행합니다. 이것은 우리가 소비자 계층을 정하거나 그 방법이 인구 통계학적이든, 행동적이거나, 혹은 그래픽이든지 그래픽 광고와 사용자를 연결시키는 것과 같은 단순한 방식으로 진행됩니다. 왜냐하면 온라인 검색은 사용자가 실제로 자신이 찾고 있는 물건을 알려주는 장소이기 때문입니다. 그래픽을 이용하여, 사이트 방문객의 일반적인 성향을 보여주는 것입니다...

... 우리는 무엇보다도 먼저 소규모 사업자 고객에게 사업 목적에 대해 묻습니다. 목적이 보다 직접적인 반응을 요구하는 것이라면, 야후 스폰서 검색에 반드시 첫 출자금은 투자해야 합니다. 야후 스폰서 검색이 지금까지 판매를 증가시키는 매체 중에서 가장 효과적이기 때문입니다. 야후의 스폰서 검색의 등록 절차는 매우 쉽습니다. 온라인에서 단순한 절차로 진행시킬 수 있고, 말 그대로 전화할 수도 있습니다. 마지막 단계까지 진행을 돕는 상담원이 있으며, 이것은 야후만이 제공하는 독특한 서비스입니다. 전화 한 통으로 야후의 서비스를 이용할 수 있다는 것이 우리가 자랑하는 기능입니다.

그리고 등록 절차를 위해 전화를 걸 때, 상담원은 실제로 온라인 등록 양식 절차를 도와줍니다. 철저한 진행을 위해 '최선의 방법'에 대한 약간의 조언도 해줍니다. 예를 들어 선택할 키워드나 효과적인 상품 묘사 방법에 대한 내용을 알려드릴 수 있습니다...

우리가 매우 중요하게 생각하는 것이 있습니다. 여러분도 아시겠지만 사업에 대해서 전문가인 소규모 사업가들은 스폰서 검색 광고는 말할 것도 없고 일반적인 광고에 능숙하지는 않습니다. 그렇기 때문에 이런 고객들이 처음부터 정확하게 작업을 시작하여 바로 최상의 결과를 얻도록 하는 것이 우리의 책임이라고 생각합니다솔직하게 말해서, 그 점이 우리의 최대 관심사입니다...

실제로 1990년대에 창립된 고투닷컴이라는 회사를 회고해 볼 수 있습니다. 우리가 오버츄어하기로 한 후 그 회사를 인수했습니다. 그러고 나서 야후 검색 마켓으로 이름을 변경했습니다. 솔직하게 말해서 우리는 검색을 구매한 선구자라고 할 수 있습니다. 우리는 온라인 비용의 절반 이상을 보여주는 목록을 발명한 회사입니다. 그래서 우리가 회사의 발자취를 돌아보는 것은 의미 있는 일입니다.

... 우리가 채택한 모델은 클릭당 지불 방식PPC, pay-per-click입니다. 이 방식과 다른 매체를 비교했을 때 첫 번째로 눈에 띄는 부분이 있습니다. 예를 들어 신문광고를 구입하거나 오프라인에서 무엇인가를 구입한다고 생각해 봅시다. 각 구매 시 고정된 가격이 있습니다. 얼마나 많은 사람들이 여러분의 상품을 구입하는지에 따라 이러한 가격이 만회될 수도 있고 그렇지 않을 수도 있습니다. 예를 들어 백만 원 정도 드는 반 페이지의 신문 광고를 낼 때물론 이 금액은 임의적인 것입니다, 그 비용은 사들인 비용이고, 그 액수를 메워야 합니다.

야후 검색 마케팅의 클릭 당 지불 방식에서 누군가가 실제로 야후 검색 결과에 등록한 광고를 클릭할 때, 여러분은 그 비용을 지불합니다. 그리고 그 가격은 우리가 정하는 것이 아닙니다. 그것은 실제로 광고주가 결정합니다. 그리고 이것이 소위 '입찰 쇼핑몰'입니다. 여러분이 모든 키워드 마켓플레이스keyword marketplace를 정확하게 생각한다면, 광고주는 그 검색 결과에 등록을 하기 위해 입찰할 것입니다. 얼마를 지불하는가에 따라 단순히 광고 위치가 결정되지 않는다는 것을 아는 것이 중요합니다. 광고 수준 같은 다른 요소들이 작용하고, 우리가 사용자에게 최적의 환경을 제공하려 하기 때문입니다. 그래서 '광고 수준'이란 말은 우리가 '관련 결과'를 사용자들에게 안정적으로 제공하는 것을 의미합니다. 이럴 경우 우리는 좋은 평가를 받으며, 그렇지 않고 광고 목록이 바르게 진열되지 않는다면 불리한 입장에 놓이게 됩니다...

모든 광고가 동일하게 제작되었다면, 다시 말해 각 광고의 수준이 동일하다면, 여러분이 입찰한 액수에 따라서 실제로 어느 광고가 먼저 보이고, 두 번째와 그 이후 순서대로 광고가 보일지 결정됩니다. 하지만 저는 광고 품질에 주의가 필요하다고 주장합니다. 정말 중요한 부분입니다. 극단적인 예를 들어보겠습니다.

혼다 중고차에 대해 다시 언급합니다. 만일 제가 광고주이고, '지금 제 사이트에서 최고의 차를 구입하세요'라고 광고를 등록했다고 합시다. 그런데 여러분이 계약에 따라 '좋은 품질의 혼다 중고차가 합리적인 가격에 판매되고 있습니다'라는 광고 문구를 기재했다고 하겠습니다. 그렇다면 제 광고보다는 여러분의 광고 문구가 훨씬 수준 높은 광고일 것입니다. 여러분의 광고에서 사용자가 찾고 있는 제품을 더 상세하게 묘사하고 있기 때문입니다.

그 결과 제가 입찰을 한 후, 클릭당 비용을 60센트 지불했다고 합시다. 비록 여러분이 20센트를 지불했더라도, 여러분의 광고가 제 광고보다 더 높은 위치에 표시될 것입니다. 왜냐하면 여러분이 기재한 광고 수준이 좋기 때문입니다. 물론 위에서 말한 모든 수치는 임의로 정한 것입니다.

더 중요한 것은 여러분의 광고와 우리의 디스플레이 광고를 결합시킬 때입니다. 왜냐하면 사용자는 그로부터 다양한 인상을 받기 때문입니다. 그래서 여러분이 중고 혼다자동차 세일을 광고하는 배너를 상상해 보겠습니다. 실제로 그것을 검색창에 적용시킨다면, 검색자는 여러분의 광고 목록을 보게 될 것입니다. 전에 그 내용을 배너에서 본 적이 있기 때문에 여러분의 회사 이름을 기억할 것입니다. 그것이 제가 말씀드리는 내용입니다. 두 가지 요소가 조합을 이루면, 단순히 브랜드의 인식만이 아니라 최종적으로 그와 같이 제품에 대한 인식도 좋아지고, 클릭 스루 비율과 아울러 판매 실적이 좋아지는 것은 당연한 결과입니다...

... 여러분이 야후 사이트로 방문하면 등록 절차 진행을 도와주는 여러 개의 링크를 볼 수 있습니다. 가장 쉬운 방법은 페이지 아래 부분에서 찾을 수 있습니다. 페이지 아래 부분의 검색 마케팅은 자세하게 설명되어 있습니다. 그리고 이곳에서 여러분은 몇 개의 페이지를 살펴볼 수 있습니다. 이것은 제가 지금 여러분께 말씀드린 것과 마찬가지로 상품의 내용을 이해하는 데 도움이 됩니다. 가장 핵심적인 내용은 다음의 네 가지 단계입니다.

첫 단계는 대상 고객을 선정하는 것입니다. 그래서 광고 목록을 전체 국민들이 볼 수 있게 할지 혹은 특정 위치나 지역 내에만 기재할지를 결정할 수 있습니다. 두 번째 단계는 키워드를 선택하는 것입니다. 혼다 중고차가 우리가 말하는 키워드의 좋은 예입니다. 세 번째 단계는 입찰 금액을 결정하는 것입니다. 클릭당 지불 방식의 예를 기억해보십시오. 우리는 '여러분이 입찰하는 것처럼' 광고주의 관점을 통해 입찰을 참고할 것입니다. 마지막으로 간단히 언급하겠지만 아주 중요한 부분이 있습니다. 그것은 바로 사용 가능한 예산인 마케팅 예산입니다.

덧붙여서 말하자면, 야후 검색 마케팅을 이용하여 30달러 정도로 광고활동을 시작할 수 있습니다. 우리는 광고주들이 그 액수보다 적은 비용은 지불하지 않기를 권고합니다. 그 이유는 광고주들에게 더 많은 비용을 지불하게 하려는 것이 아니라, 솔직히 말하자면, 오늘날 많은 광고를 등록할 때 광고주들이 무척 경쟁적이라는 것입니다. 그래서 우리는 광고주들이 계좌에 충분한 금액을 보유하여 광고가 노출되고 충분한 클릭 수를 얻어 예상한 수익을 얻기를 바랍니다.

그래서 규모를 고려했을 때 좀 더 효과적인 모델을 사용하고 비용을 조금 더 지출한다면, 실제로 훨씬 많은 수익을 얻을 것입니다. 그리고 덧붙이자면 조금 더 많은 비용은 수백만 원을 가리키는 것이 아닙니다. 대부분의 광고주들에게 이 절차가 어떻게 진행되는지 이해하고 더 많은 투자 결정에 쓰이는 데 수십만 원 정도면 충분히 사용하고도 남습니다...

이전의 예를 다시 살펴봅시다. 누군가가 키워드에 '자동차'라고 쓴다면 아주 포괄적인 단어입니다. 그리고 제가 키워드를 '자동차'라고 쓴 광고 목록에 혼다 중고차를 판매한다면 물건을 찾고 있는 모든 사람일 필요까지는 없지만, 적어도 모든 종류의 사람들에게 제 광고를 보여야 합니다.

하지만 제가 '혼다 중고 자동차'란 키워드를 선택하면, 저의혹은 사용자의 제한어는 정확히 제가 파는 물건을 찾는 사람들로 범위를 한정하게 됩니다. 이제 이러한 방식을 사용함으로써 발생되는 두 가지 혜택을 말씀드리겠습니다.

제가 방금 말씀드렸듯이 첫 번째 키워드가 여러분이 선택하려는 확실한 예상 키워드일 것입니다. 두 번째 키워드는 기획이라는 관점에서 두 개 이상의 단어로 키워드 문구를 구성하는 것이며 일반적으로 말해서 '자신감 있게 우리가 준비한 광범위한 카트를 광고하는 것' 보다 약간 저렴합니다. 그러므로 여러분이 두 개의 단어를 조합시킨다면, 더 저렴한 비용으로 좋은 위치를 차지하게 되고, 이것은 광고주들에게 최고의 성과를 의미합니다.

그래서 많은 광고주가 10분 안에 계정을 등록하고 나면 갑자기 판매가 늘 것이라고 생각합니다. 광고주는 자신이 하고 있는 일을 잘 이해해야 합니다저는 그 점을 강조합니다. 그러한 급격한 판매 증가는 일어나지 않을 것이라고 알려드립니다.

하지만 여러분이 자신이 하는 일을 이해하고실제로 시간을 내서 계정과 인터페이스에 관해 배우는 것을 말합니다. 그리고 상담원이 언제나 여러분을 돕기 위해 대기하고 있습니다, 이러한 작업을 관리할 시간을 가진다면, 여러분이 계획했던 수익을 얻을 수 있습니다. 매일매일 셀 수 없이 많은 광고주들이 우리와 일하고, 이러한 수익 요인 때문에 우리를 찾아옵니다. 우리의 목표를 되짚어 보겠습니다. 그것은 광고주들이 정확하고 간단하게 일을 진행하고 계정을 최적화하는 방법을 이해하도록 지원하는 것입니다.

www.theSocialMediaBible.com

www.theSocialMediaBible.com을 방문하면 파트리지오 스파뇰레토와 나눈 경영진 대화 전체를 듣거나 읽을 수 있다.

국제적인 견해

스위스

여러 가지 이유에서 스위스의 소셜미디어 풍경을 보여주는 것은 쉽지 않다. 그 중에는 스위스가 EU 가입국이 아니며 공용어로 3개 국어를 사용할 뿐만 아니라 URL .ch이 없기 때문에 소셜미디어 채널을 할당하는 것이 불가능한 것도 포함하고 있다.

"인터넷 월드 스태츠Internet World Stats"의 스위스에 대한 최근 통계 자료에 따르면, 2011년 6월 말 스위스 인구의 80.5퍼센트가 인터넷을 사용하고 있으며 인터넷 사용자의 43.17퍼센트가 페이스북에 가입했다. 그리고 페이스북에 따르면 12월 말 이 수치는 47.52퍼센트까지 증가했다. "릴렉스 인 디 에어Relax in The Air"에 따르면, 페이스북, 유튜브, 트위터, 링크드인, 그리고 데일리모션Dailymotion 등 5개의 사이트가 스위스 소셜네트워크의 우위를 점하고 있었다. 이 중에 페이스북과 아마 유튜브만이 두 자리 수퍼센트에 도달했으며 나머지 3개 사이트는 5퍼센트 미만이었다. 참고로, 구글은 스위스 마켓여기에는 youtube.ch가 없다.의 자국 브랜드 사용량에 대한 데이터를 발표하지 않았기 때문에 유튜브에 대한 순위는 추정할 수밖에 없었다. 그리고 플리커, 씽Xing, 오르컷Orkut, 마이스페이스, 비메오Vimeo 등이 약 2퍼센트의 점유율을 기록하며 두 번째 그룹을 형성했다.

컴스코어에서 소셜네트워크 수에 대한 통계를 내는 18개의 유럽 국가 중 하나인 스위스는 2010년도에 1.5퍼센트라는 평균 및 두 번째로 낮은 성장률을 기록했다. 이렇게 낮은 통계치는 스마트폰을 이용한 소셜미디어 접속을 포함하여 휴대폰 사용으로 설명될 수 있다. 다른 유럽 국가와 마찬가지로, 스위스의 정보 및 미디어 소비는 변화하고 있으며 휴대폰 사용량도 빠르게 증가하고 있다.

비즈니스와 소셜미디어에 관한 보고에서, 후발트&파트너Howald & Partner PR은 더 많은 스위스 회사가 소셜미디어를 사용하게 될 것이며 이런 방향으로 첫 걸음을 내딛고 있다는 점에 주목했다. 그리고 소셜미디어 활동이 뚜렷한 전략 없이 여전히 시행착오를 겪고 있거나 확실한 개념 없이 트래픽을 만드는 역할로만 활용되고 있는 점을 유감스럽게 생각했다. 그들은 미개척지의 존재 가능성을 분명히 보여주는 기업 및 개인 사용량을 대비시키고 있다.

2011년도 〈포천〉 지에서 선정한 상위 500대 기업에 선정된 스위스 10대 기업의 랜딩 페이지에 대해 연구한 결과, 노바티스Novartis사와 크레디트 스위스Credit Suisse사만이 소셜미디어 페이지에 대한 링크를 가지고 있었다. ABB사의 페이스북에 대한 링크는 연락처 페이지에 묻혀 있었다. 아래 표에서는 10대 기업과 기업들이 홈 페이지에 링크한 소셜미디어를 보여주고 있다.

회사	분야	소셜미디어 링크(디스플레이 순서로)
글렌코어Glencore	상품	
네슬레Nestle	영양, 건강	
취리히Zurich	금융 서비스	
노바티스	제약	유튜브, 페이스북, 링크드인, 플리커, 트위터
크레디트 스위스	은행	트위터, 페이스북, 유튜브, 플리커
로슈Roche	제약	
UBS	은행	
얼라이언스 부츠Alliance Boots	제약, 건강	
ABB	모터 및 자동화	페이스북
엑스트라타Xstrata	광산업	

　　노바티스, 크레디트 스위스, 그리고 ABB의 소셜미디어 페이지를 자세하게 연구한 결과, 사용자가 수천 명이 넘지 않는 낮은 수준으로 나타났다. 위 목록에 있는 회사들은 규모가 큰 국제적인 그룹으로 일반 스위스 사람들이 반드시 알 필요는 없었다. 따라서 후발트&파트너 PR은 인기 있는 스위스 브랜드의 소셜미디어 사용량을 조사했다. 레일 서비스Rail Service의 직원들이 시간 날 때 스위터를 사용하여 운행편과 연착에 대한 정보를 제공하지만 이렇게 제공된 자료는 SBBSwiss National Railways의 공식 자료가 아니라는 점에 주의했다. 그리고 유명한 스위스 칼 제조회사인 빅토리녹스Victorinox는 플리커를 통해 상당히 많은 양의 사진을 올렸지만 정작 회사 웹사이트에는 플리커에 대한 링크가 없다. 아마도 해당 콘텐츠는 공식적인 것이 아닐 것이다. 금융 서비스 및 은행과 관련된 그룹은 자사 홈페이지에 모바일 링크를 가지고 있다는 것은 흥미롭다.

자료 출처
후발트&파트너(Howald & Partner) PR / 나믹스(Namics)(2010).
릴렉스 인 디 에어(2011). "스위스에서의 소셜 네스워크 정의(Defining Social Networks in Switzerland)"
컴스코어(2011).
2010년도 유럽의 디지털 해(Europe Digital Year in Review 2010).

−클로데트 존_{Claudette John},
Rice MBA University of
Applied Sciences Glion.edu

해야 할 일 리스트

1. 가장 인기 있는 동영상을 몇 가지 살펴보라.

유튜브와 기타 동영상 공유 웹사이트에 게시된 가장 인기 있는 동영상을 살펴본다. 공통적으로 강력한 오락적 가치오락적 요소는 아주 강력한 제공 이익이다가 있다는 것에 주목하자.

2. 동영상을 만들어라.

즉시 동영상을 만들어야 한다. 직접 시도해 봐야 한다. 가벼운 주제로 짧게 만들어야 한다3분에서 5분 정도. 고객에게 제공할 수 있는 가장 수준 높은 제공 이익을 포함해야 한다. "모르고 있었나요"나 "이런 식으로도 사용할 수 있답니다"와 같이 사람들이 새로운 정보를 얻어갈 수 있도록 이익을 제공하거나 간단한 즐길 거리를 제공한다.

3. 많은 비용을 들이지 마라.

디지털 비디오카메라가 있다면 즉시 촬영을 시작한다. 카메라가 없다면 빌려서 쓸 만한지 확인해 본다. 인터넷에서 무료 소프트웨어를 다운로드하고 즐거운 마음으로 편집해 본다.

4. 의견을 남겨라.

자신이 만든 동영상, 제품, 서비스, 취미 기타 주제와 관련한 콘텐츠를 중심으로 커뮤니티를 구축한다네트워크 및 커뮤니티 구축에 대한 자세한 내용은 2장 '소셜네트워킹 소개' 참조.

결론

직접 동영상을 만드는 것은 재미있는 일이다. 오디오 팟캐스트나 간단한 블로그보다는 좀 더 기술적으로 어려움이 있지만, 그만한 값어치가 있다. 고객과 의사소통하는 데는 동영상이 가장 좋은 매체다. 감정, 억양, 몸짓으로 공유하면 신뢰가 돈독해지고 보는 사람에게 진실함을 전할 수 있다. 전달되는 메시지를 직접 눈으로 볼 때 강력한 효과가 나타난다. 이는 텔레비전이 삶에 미치는 영향력만 봐도 알 수 있다.

직접 동영상을 만드는 것을 겁내지 말아야 한다. 또한 시작부터 너무 많은 비용을 들여서도 안 된다. 기존 카메라를 사용하거나 친구에게서 빌려서 동영상 녹화를 하면 된다. V로깅을 경험하는 가장 좋은 방법은 스포츠화 슬로건처럼 '그냥 시도해 보면 된다Just Do It!'

전문가 의견을 듣고 싶으면 www.theSocialMeida-Bile.com을 방문하라.

다운로드 : 〈소셜미디어 바이블〉과 관련된 무료 다운로드를 받으려면 www.theSocialMeidaBile.com을 방문하라. 책 뒷면 바코드 위에 있는 ISBN을 입력하면 된다. ISBN 978-1-118-26974-9

www.theSocialMeidaBile.com

www.theSocialMeidaBile.com

THE SOCIAL MEDIA BIBLE

CHAPTER

012

Got Video?(Video Sharing)

동영상 공유

www.LonSafko.com/TSMB3_Videos/12VideoShae.mov

한국의 23세 청년처럼 여러분도 자신이 만든 오락적 가치가 있는 동영상을 게시하고, 4,400만 명이 보는 일이 벌어진다면 어떨까? 또한 6분 길이의 코미디 연기를 게시한 코미디언처럼 9,300만 명이 그것을 보는 일이 벌어진다면? 그것도 공짜로 그렇게 할 수 있다면?

계속 읽으면 그에 관해 자세한 내용을 확인할 수 있다.

동영상 공유는 소셜미디어 포트폴리오를 구축하는 가장 간편하고 빠른 방법이다. 회사 어딘가에 이미 가지고 있는 VHS 테이프나 하드 드라이브에 저장된 동영상이 있을 것이다. 그것을 찾아서 회사의 이미지를 가장 잘 나타내는 것이 무엇인지를 확인한 다음 동영상 공유 사이트에 업로드하면 된다. 마땅한 동영상이 없다면 만들면 된다. 무료로 업로드할 수 있고, 잠재고객과 고객 모두가 여러분의 메시지를 액세스할 수 있다. 또한 동영상 공유는 구글 주스Google Juice[1]를 구축하는 데 도움이 된다.

이전 장에서 언급한 대로 아이팟과 기타 디지털 재생 장치에서 사진, 오디오, 동영상을 화면에 표시할 수 있기 때문에 녹화한 동영상도 팟캐스트로 볼 수 있다. 그러나 이 책의 목적에 따라 오디오는 팟캐스트로 취급하고 동영상은 비디오 또는 V로그라고 한다.

제공 이익

유타 주 오렘에 소재한 블렌드텍Blendtec이란 믹서 회사는 유튜브에 재미있는 가정용 제품 데모 동영상을 업로드했다. 24시간 이내에 100만 명이 그 동영상은 보았고, 600달러짜리 블렌드텍 믹서는 하루 만에 매진되었다.

제품이나 서비스에 대한 1.5분 길이의 광고를 24시간 이내에 100만 명 이상의 잠재고객이 보도록 하려면 비용을 얼마나 지불해야 할까? 보통은 이 정도로 미디어에 노출시킬 여유 자금은 없을 것이다. 블렌드텍 동영상은 지금까지 3,500만 번 이상 조회되었다그림 12.1 참조. 블렌드텍 사장 탐 딕슨이 새로 출시된 아이폰을 믹서로 가는 모습과 기타 동영상을 보려면 www.the-SocialMediaBible.com을 방문하거나 유튜브를 방문하여 'Will It Blend'로 검색하면 된다.

http://www.youtube.com/watch?v=WvDedo8r1Fk

블렌드텍이 경험한 엄청난 성공이 여러분에게도 벌어질 것이라고 보장할 수 있을까? 이미 동영상이 있거나 블렌드텍처럼 간단하게 만들 수 있다면 밑져야 본전 아닌가?

www.theSocialMediaBible.com

http://www.youtube.com/watch?v=WvDedo8r1Fk

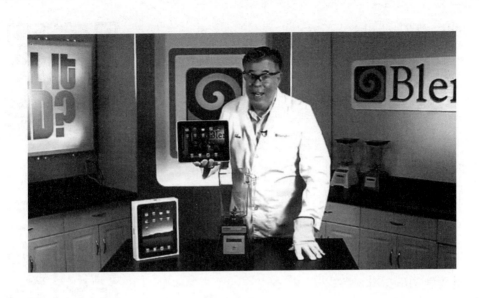

그림 12.1 블렌드텍

처음으로 돌아가서

공유와 생성을 함께 다루는 장이 장과 오디오에 대한 9장, 10장에서는 동영상 공유의 생성과 역사를 함께 이야기하고 있다. 동영상 공유의 역사는 동영상에 대한 이야기의 일부일 뿐이다. 이 장의 뒷부분에 이런 정보가 나와 있다.

알아야 할 사항

중요한 것은 시도해 보면 된다는 것이다. 아무 때나 시작할 수 있으며, 가장 간편한 방법은 현재 가지고 있는 동영상을 모두 모아 유튜브에 업로드하는 것이다. 이는 생각보다 단순한 작업이다. 계정을 설정하고 무료로 동영상 업로드를 선택하고 안내에 따르면 완료된다. 직접 동영상을 만드는 것에 대한 자세한 내용은 11장 'V로그 주의 요망 동영상 생성'을 참조하면 된다. 시간을 투자해서 동영상 공유 웹사이트에 업로드할 때 투자 수익을 얻을 수 있는 이유를 설명하려면 예를 드는 것이 좋다. 특히 이 장에서는 동영상 소유자가 엄청난 성공을 거두게 된 세 개의 동영상을 다룬다. 하나는 개인적인 동영상인 반면, 다른 두 개는 비즈니스와 관련된 것이다. 그 누구도 여러분이 동일한 성공을 거둔다는 보장은 못하겠지만, 그렇게 되지 말란 법도 없지 않은가?

www.theSocialMediaBible.com

www.youtube.com/watch?v=dMH0bHeiRNg

유튜브를 방문하여 'The Guitar'를 입력하거나 www.theSocialMediaBible.com을 방문하여 해당 장 섹션에서 클릭 가능한 링크를 클릭한다.

첫 번째 오래 전에 인기 있었던 '기타'라는 유튜브 동영상이다www.youtube.com/watch?v=QjA5faZF1A8. 그림 12.2 참조.

이 동영상은 임정현이라는 23세의 한국 청년이 침실에서 파헬벨Pachelbel의 캐논을 전기 기타로 연주하면서 거울에 비친 자신의 모습을 촬영한 것이다. 순전히 오락적인 요소 때문에 이 동영상은 지금까지 5,400만 번이나 조회되었다.

자체 제작하여 게시한 동영상이 인기를 거둔 또 다른 예는 저드슨 래플리Judson Laipply라는 코미디언이 '댄스의 진화The Evolution of Dance'라는 6분 분량의 코미디 연기를 유튜브에 게시한 것이다www.youtube.com/watch?v=dMH0bHeiRNg. 그림 12.3 참조.

지금까지 이 동영상은 1억 900만 건이나 조회되었다. 이는 가장 많이 감상한 동영상으로 기록되어 있었는데, 최근에 한 음악 그룹 동영상이 그 기록을 넘어섰다.

그림 12.2 유튜브 "Guitar"

그림 12.3 유튜브 "Evolution of Dance"

이미 가지고 있는 동영상을 올리는 데 10분을 사용한 것이 전부인데 6분 길이의 광고를 9,300만 명이 보았다고 상상해 보라. 흔한 일은 아니지만, 다양한 작품을 감상하는 청중은 있다. 엄청난 투자 수익ROI을 얻는 것은 어떨까?

동영상 업로드

동영상 업로드를 위한 전제 조건은 디지털 형식이어야 하며 호스트의 최대 파일 크기를 초과하지 않아야 한다는 것이다. 상대적으로 최근에 동영상을 만들었다면 이미 디지털 형식일 것이다. VHS에 담긴 비디오라면 변환해야 한다.

100달러 이하의 가격으로 VHS-to-DVD 레코더를 구입할 수 있다. VHS 비디오를 넣고 공DVD를 넣은 후 비디오를 재생하면 디지털 동영상 기록이 끝난다. LG, 삼성, 소니, 도시바, 파나소닉에서 좋은 제품을 생산한다. 저렴하게 VHS 비디오를 변환해 주는 서비스 공급업체를 찾을 수도 있다. 대부분의 서비스 업체에서는 VHS 테이프를 우편으로 받고서 DVD에 기록된 디지털 형식으로 되돌려준다. 이런 서비스의 예는 홈 무비 디포Home Movie Depot로 20달러 미만의 비용을 청구하며, 손상된 테이프는 추가 비용이 든다.

USB 케이블을 통해 직접 컴퓨터와 연결할 수 있는 아이온Ion에서 제작한 VHS 플레이어를 구입할 수도 있다. 또 다른 대안은 ADS PYRO A/V Link, VCR을 컴퓨터에 연결해 주는 250달러 상당의 컨버터 박스, 160달러에 Adobe Premiere Elements 4.0과 함께 제공되는 아날로그 대 디지털 비디오 변환기를 구입하는 것이다.

모든 동영상을 디지털 형식으로 모았다면 유튜브나 기타 동영상 공유 사이트로 가서 업로드를 시작하면 된다. 그것이 전부다. 미리 태그를 골라두어야 한다18장 '검색 엔진 최적화' 참조.

태그나 키워드 목록과 간단한 설명을 준비했다면 업로드할 준비가 된 것이다. 거품을 내고, 헹구고, 반복하라는 샴푸 병의 문구처럼 로드하고, 태그를 붙이고, 반복하면 된다.

동영상 공유 웹사이트에 콘텐츠를 업로드만 해서는 RSS 피드가 포함된 게시물을 만들 수 없다. 팔로어들이 게시물을 시간 순서대로 구독하도록 하려면 팟캐스트와 비슷하게, 동영상이 RSS 내부에 인용문으로 포함되어야 한다. 커뮤니티와 팔로우 그룹을 형성할 경우 중요한 차별화 요소다. RSS 피드 내에 동영상을 포함시키면 동영상의 구전 효과가 높아져서 웹에 게시되거나 입에서 입으로 전달된다. 블로그에 게시된 동영상 역시 RSS 피드에 인용된 것은 아니다17장 '간편해진 RSS' 참조.

동영상을 유튜브에 게시하여 얻게 되는 또 다른 장점은 의견을 주고받는 기능으로 동영상 게시물에서 생성된 의견에 응답할 수 있다는 것이다. 코멘트 마케팅에서 이런 종류의 피드백은 필수적이다. 다수의 동영상 블로거들은 RSS 기반이 아닌 유튜브의 구독 모델은 중요한 기능을 놓쳤다고 생각한다. 유튜브에서 마음에 드는 사용자의 동영상을 구독할 수는 있지만 FireAnt나 iTunes 등 동영상 지원 RSS 리더를 통해 해당 동영상을 액세스하지는 못한다RSS에 대한 자세한 내용은 17장 '간편해진 RSS'를 참조하면 된다. 코멘트 마케팅에 대한 자세한 내용은 아만다 베가 컨설턴트의 아만다 베가와 나눈 인터뷰를 참조하면 된다.

P2P Peer-to-Peer

음악, 동영상, e북, 영화, 소프트웨어 및 기타 디지털 데이터 등의 파일을 공유하는 다른 방법은 P2P다. P2P는 네트워크에 있는 여러 컴퓨터가 인터넷을 통해 연결되어 파일 형식으로 된 디지털 데이터를 모두 공유할 때 이루어진다. 예를 들어 좋아하는 밴드의 최신 음악을 원할 경우 P2P 네트워크에 연결하여 저작권이 적용된 자료를 다운로드할 수 있다. 동시에 해당 사용자의 컴퓨터는 다른 누군가가 요청한 파일의 디지털 비트를 전송하는 역할에 사용된다. 모든 비트가 컴퓨터로 다운로드되면 파일은 원본 데이터 파일의 형태로 합쳐진다.

비트토렌트 BitTorrent

비트토렌트는 영화, 음악, 사진, 소프트웨어, 오디오 및 기타 디지털 데이터 파일을 배포하기 위해 사용하는 P2P 파일 공유 프로토콜의 일종이다. 컴퓨터 한 대가 전체 파일의 처음 배포자로 시작이 된다. 데이터를 다운로드하는 각각의 P2P개별적으로 연결된 PC는 다른 피어에게 데이터를 업로드한다. 이렇게 하면 처음 PC의 하드웨어와 대역폭 비용을 크게 줄일 수 있다. 시스템 오류에 대한 이중화도 제공하며 원본 배포자에 대한 의존도도 낮아진다. 또한 비트토렌트는 시스템이 시스템 간에 데이터를 전달하고 시스템 상의 여러 컴퓨터에서 전송받은 완료된 파일을 컴파일하기 때문에 처음 컴퓨터가 저작권으로 보호된 자료를 배포했다는 책임을 줄여준다.

브람 코헨Bram Cohen은 2001년 4월 비트토렌트 프로토콜을 설계하고 같은 해 7월 2일에 선보였다. 이제 초기 비트토렌트는 코헨이 운영하는 회사인 BitTorrent, Inc가 유지 관리한다. 이 시스템은 저작권이 적용된 게임, 음악, 가끔은 극장에서 상영 중인 영화를 배포하는 데 널리 사용되고 있다.

소셜미디어 ROI

스티즈를 위한 맘-플리징Mom-Pleazing 캠페인

소개

펜실베이니아 주에 위치한 뉴타운의 유기농 차 회사인 스티즈Steaz는 비츠버그에 위치한 케미스트리Chemistry에서 만든 10만 달러 소셜미디어 캠페인을 이용하여 매출이 매달 50만 달러씩 증가했을 뿐만 아니라 소매 유통을 확장하며 입지도 굳혔다.

배경

2009년 10월 전까지 스티즈 제품은 건강식품점에서만 판매되었다. 하지만 1,500개 이상의 점포를 가지고 있는 타깃에서 자사 브랜드를 판매하자 스티즈의 총 쇼핑 고객은 하룻밤 사이에 네 배가 되었다. 이것은 초보 브랜드에게 커다란 기회이자 도전이었다. 타깃에서 제공한 판매용 선반이 매우 작았기 때문에, 제품이 판매되지 않았다면 중단되었을 것이다. 따라서 스티즈는 두 달 동안 사람들의 관심을 끌 수 있는 전국적인 홍보가 필요했다.

전략

케미스트리는 소셜미디어를 사용하기 전 야외 캠페인 및 쿠폰 배포를 사용하면 스티즈의 예산을 훨씬 넘는 200만 달러의 예산으로 목표에 도달할 수 있을 것으로 평가했다. 하지만 현재 온라인에서 여성의 72퍼센트가 소셜미디어를 통해 새로운 제품을 접하기 때문에 케미스트리는 건강한 재료와 적정 가격에 초점을 맞춘 어머니들을 위한 봉사활동 캠페인을 이용할 경우 10만 달러로 목표에 도달할 것으로 판단했다.

실행

72명의 파워블로거들과 130명의 쿠폰 수집 블로거들에게 샘플 세트와 이메일을 보냈다. 그리고 실시간으로 샘플을 제공한 트위터 티 파티는 한 시간 만에 2,800건의 트윗을 생성했다. 그리고 컴퓨터마다 보고쿠폰BoGo 및 무료 쿠폰이 제공되자 진행 중인 페이스북과 트위터의 참여율은 증가했다. 이 캠페인을 통해 블로그에 6,000건의 댓글 또는 리뷰가 달렸고 300만 건의 페이지 노출이 있었을 뿐만 아니라 8주 동안 25만 건의 쿠폰 다운로드를 기록했다.

기회

타깃을 이용한 판매는 직접적인 영향을 받아 일주일 만에 6,000달러에서 2만1,000달러로 약 350퍼센트 증가했다. 3주 만에 생산된 제품들이 모두 판매되었기 때문에 선반을 비울 수밖에 없었다. 물론 생산량은 증가했다. 홍보 기간이 끝나자, 스티즈의 12월 판매는 지난해 가장 많이 판매했던 달에 비해 2배가 증가한 100만 달러를 기록했다.

www.visitthelab.com

결론

홍보 후 주간 판매는 홍보 전 판매의 200퍼센트에 이르렀다. 스티즈는 여전히 타깃에 남았지만 타깃 점포의 두 배인 크로거Kroger와 함께 곧 새로운 브랜드를 내놓을 예정이다.

－롭 피지카Rob Pizzica, 케미스트리Chemistry

www.visitthelab.com

전문가 의견

조지 스트롬폴로스George Strompolos, 유튜브 콘텐츠 파트너십 관리자, www.youtube.com

조지 스트롬폴로스

저는 유튜브의 콘텐츠 파트너십 관리자로 일하고 있습니다. 콘텐츠 제작자와 연락하여 그들이 유튜브에 참여하여 콘텐츠를 배포하고 전 세계 청중과 연결되도록 지원한다는 것은 정말 멋진 일입니다. 유튜브가 오픈 플랫폼이기 때문에 콘텐츠 제작자의 형태와 규모는 다양합니다. 침실에서 동영상을 만드는 동영상 블로거도 있고 '브로드밴드 스튜디오'나 '디지털 스튜디오'라는 인터넷 배포만을 위한 원본 콘텐츠를 만드는 업체도 있습니다. CBS 및 전국 농구 협회와 같이 우리 모두가 익숙한 전통적인 미디어 회사와 고급 콘텐츠 공급자까지 포함됩니다.

유튜브는 사람들이 동영상을 업로드하여 세계와 공유할 수 있는 웹사이트입니다. 여기에서 편리하게 동영상을 감상할 수 있습니다. 현재 1분마다 13시간 분량의 동영상이 유튜브에 업로드되고 있다는 것은 흥미로운 일입니다. 유튜브에 동영상을 업로드하는 이유는 다양합니다. 어떤 사람들은 아기 사진을 공유하거나 아기의 모습을 담은 동영상 또는 휴가 장면을 공유하려고 합니다. 우리가 이런 것들은 지원할 수 있어서 기쁩니다. 그러나 아마추어와 전문 콘텐츠 제작자가 돈을 벌기 위해 콘텐츠를 만드는 것이 보편화되고 있습니다.

이렇게 하려면 우리 팀을 통해 '파트너'가 되거나 YouTube.com/partners에서 온라인으로 지원해야 합니다. "우리가 독창적인 콘텐츠를 만들었는데 이것을 유튜브를 통해 세상과 공유할 뿐만 아니라 이 콘텐츠에 광고를 함께 내보냈으면 합니다"라고 알려주면 됩니다.

그러면 광고 매출의 상당 부분을 콘텐츠 제작자에게 돌려줍니다. 그것은 실적 기반performance-based 모델입니다. 다시 말해서 콘텐츠 파트너가 되어서 동영상을 올렸을 때 조회수가 없다면 광고 매출이 없기 때문에 분배할 것이 없습니다. 그러나 조회수가 100만 건이 넘을 경우에는 조회할 때마다 광고를 넣습니다. 따라서 매출이 늘기 때문에 다수의 콘텐츠 파트너가 상당한 수입을 거두고 있습니다...

YouTube.com/partners

동영상을 감상할 때 유튜브에서 볼 수 있는 주요 광고 형식은 동영상 내in-video 광고입니다. 이것은 기본적으로 동영상 창의 아래쪽에 표시되는 투명한 오버레이라는 유용한 기능입니다. 애니메이션을 넣을 수도 있습니다. 그 예로 심슨Simpsons 영화를 개봉할 때 영화를 만든 스튜디오에서는 화면 아래쪽에서 호머 심슨이 도너츠를 쫓아가는 모습을 보여주는 동영상 내 오버레이를 만들었습니다. 일반적으로 그 내용은 적당한 빠르기로 지나갑니다. 이 광고는 청중을 놀라게 하기 위해 코미디와 애니메이션 콘텐츠를 대상으로 했을 것입니다. 사용자가 호머 심슨을 클릭하여 영화 트레일러를 보거나 오버레이를 닫거나 사라질 때까지 몇 초 동안 기다릴 수도 있습니다.

따라서 독창적인 콘텐츠를 만들고 광고 매출을 분배하는 것은 유튜브에 접근하는 한 가지 방법이며 이것은 기업가적인 관점에 가깝습니다. 그러나 마케팅적인 관점에서 회사들이 유튜브를 현명하게 이용하는 방법이 있습니다. 바로 제가 즐겨 사용하는 'Will It Blend'의 사례입니다. 이 회사는 유튜브에 진출해 실제로 매출이 300퍼센트 증가했다는 기사가 났습니다. 물론 매출이 얼마나 증가하였는지는 그 회사가 정확하게 확인해 주어야 하겠지요. 이런 결과는 비용이 들지 않는 마케팅 활동에서 비롯된 것입니다. 업체에서 유튜브 채널을 만드는 데 비용이 들지 않았습니다. 믹서를 준비해 촬영 준비를 하고믹서 제조업체이기 때문에 큰 비용이 들지 않았을 것입니다 멋진 물건 몇 가지를 믹서로 갈았습니다. 그들은 가장 인기 있고 뉴스에 등장한 물건을 믹서로 갈 생각을 했습니다. 그래서 아이폰을 생각하고 출시된 첫날 구입하여 믹서로 갈았습니다. 사람들은 아이폰에 대한 동영상을 찾고 있었을 것이고, 그러다가 갖고 싶었던 제품을 믹서로 갈아버리는 논란거리를 발견하게 된 것이고, 그래서 동영상 조회수가 올라간 것입니다...

블렌드텍는 유튜브에 이런 엄청난 마케팅 도구가 있다는 것을 알았습니다. 저는 실리콘 밸리에 있는 유명한 인사가 몇 달 전에 "마케팅이 수익의 중심이 되는 그런 미래가 온다는 것을 알 수 있습니다"라고 말한 블로그 게시물을 흥미롭게 읽었던 기억이 납니다. 'Will It Blend'가 바로 그런 이야기에 적합한 예가 됩니다. 그 회사의 마케팅은 분명한 판매 실적으로 연결되었으며 독창적인 콘텐츠를 제공했습니다. 그들이 우리 파트너십 프로그램에 참여한다면 언제나 환영입니다. 그 회사가 동영상에 광고를 허락한다면 실제로 많은 돈을 벌 수 있습니다. 아주 재미있는 상황이 벌어지는 거지요.

제가 자주 예로 드는 것 중 하나는 유튜브에서 '프레드Fred'라는 캐릭터로 활동하는 루카스Lucas입니다. 루카스는 15살이며 '프레드'는 분노를 억제하지 못하는 문제를 가진 6살짜리 꼬마 캐릭터로 주의를 끌고 있습니다. 그 내용은 픽사 필름Pixar Film과 같이 아동용으로 만들었지만 어른들이 보아도 재미있습니다. YouTube.com/Fred에서 그 기이한 내용을 확인해 볼 수 있습니다. 정말 폭발적인 인기를 끌었습니다. 이것이 실제로 유튜브 역사상 가장 빨리 성장한 채널이라고 생각합니다.

프레드는 유튜브와 파트너 관계이며 광고 수익의 상당 부분을 분배합니다. 그가 동영상을 올리면 하루 내에 최소한 300만 건의 조회가 이루어진다고 확신할 정도입니다. 어떤 때에는 8백만에서 1,000만 건까지 올라갑니다. 매주 동영상이 하나일 경우도 있고 그 이상일 경우도 있습니다. 케이블 프로그램, 네트워크 텔레비전 프로듀서라도 그런 수치라면 목숨을 걸 정도입니다. 아메리칸 아이돌American Idol의 마지막 시즌을 3,500만 명이 감상한 것으로 압니다…

정말 인상적인 성과입니다. 프레드가 하는 일은 10개의 동영상을 게시하는 것뿐인데 아메리칸 아이돌의 조회 수에 육박하고 있습니다. 하지만 사람들이 이런 기타 동영상도 지속적으로 감상하고 있다는 점을 잊지 말아야 합니다. 정말 대단한 기능입니다. 파트너십에 대해서는 자세히 설명하지는 않겠습니다만 그는 유튜브에서 상당한 금액을 벌고 있으며, 10~12세의 어린이들에게 인기가 높기 때문에 자연스럽게 모든 종류의 브랜드가 그에게 접근하려고 합니다.

www.theSocialMediaBible.com을 방문하면 조지 스트롬폴로스와 나눈 경영진 대화 전체를 들을 수 있다.

YouTube.com/Fred

www.theSocialMediaBible.com

국제적인 견해

중국

　세계적인 커뮤니티를 만들기 위해 분투하는 소셜네트워킹 사이트들이 있는가 하면, 특정 고객만 고려하고 있는 소셜네트워킹 사이트들도 있다. 그 대표적인 사례가 51.com으로 이 사이트는 중국인들을 위해 서비스하고 있다. 2008년도, 51.com에 가입된 회원 수는 1억 2,000만 명이었다.

　다시 말하면, 그 당시 인터넷에 접속하고 있던 2억 1,000만 명의 중국인들 중 절반 이상이 51.com에 가입한 것이다. 컴스코어에 따르면, 인터넷에서 활동하는 사용자 수만 비교했을 때 중국은 미국보다 앞서 있지만 인터넷에 접속하는 비율에서는 중국이 미국보다 훨씬 낮다. 미국은 인구의 73퍼센트가 인터넷을 사용하지만, 중국은 인구의 약 22퍼센트만이 인터넷을 사용한다.

　51.com의 회원들은 개인 프로파일 페이지를 생성할 수 있을 뿐만 아니라 사진을 업로드하고 블

로그에 글을 게시할 수도 있다. 51.com은 인상적인 사용자 참여를 제공하는 것으로 정평이 나 있으며 대부분의 회원들은 해당 사이트를 자주 방문하고 있다.

51.com는 이런 사용자 참여를 향상시킬 목적으로 약 100만 위안약 1,460만 달러을 투자받아 게임 프로젝트를 개발할 예정이다. 투자 회사로는 인텔 캐피탈, 세쿼이아 캐피탈 차이나 및 레드포인트 벤처스Intel Capital, Sequoia Capital China and Redpoint Ventures 등이 포함되어 있으며, 이 회사는 유명한 소셜네트워킹 사이트인 마이스페이스닷컴에 투자한 경력이 있다.

– 원로 작가 조나단 스트릭런드, 하우스태프워크스닷컴, 디스커버리 커뮤니케이션즈

해야 할 일 리스트

1. VHS 동영상을 디지털 형식으로 변환하라.

가치가 있는 VHS 테이프를 디지털 형식으로 변환한다. 제품 동영상, 서비스 동영상, 회사 파티 동영상주의가 필요하다!, 만족해하는 고객 동영상을 구해서 게시할 수 있도록 준비한다.

2. 업로드하라.

현재 가지고 있는 동영상을 찾아서 사이트에 업로드해야 가장 높은 투자 수익을 얻을 수 있다. 사이트에 동영상이 없다면 고객이 볼 수 없다. 기존 동영상을 찾아내고 적합한 키워드를 생각해서 업로드하자. 무료다!

3. 모든 장소에 게시하라.

동영상 공유 사이트에 익숙해지고 모든 동영상을 업로드했다면 두 번째 또는 세 번째 사이트의 동영상 게시를 고려해 본다. 유튜브에 게시하고 몇몇 다른 무료 동영상 공유 웹사이트에 게시한다. Blip.tv, VideoEgg, Daily Motion과 같이 잘 알려지지 않은 사이트도 잊지 말고 게시한다.

4. 의견을 남겨라.

자신이 만든 동영상, 제품, 서비스, 취미 기타 주제와 관련한 콘텐츠를 중심으로 커뮤니티를 구축한다네트워크 및 커뮤니티 구축에 대한 자세한 내용은 2장 '소셜네트워킹 소개' 참조.

5. 저작권이 걸린 자료는 게시하지 마라.

게시 전에는 게시물에 대한 권한이 있는지 확인해야 한다. 다른 누군가가 저작권을 보유하고 있는 경우에는 게시하지 말아야 한다.

6. 크리에이티브 커먼스 규정에 익숙하라.

인터넷에 게시할 때 사용할 수 있는 것과 사용할 수 없는 것과 관련하여 크리에이티브 커먼스 규정에 대한 자세한 내용을 확인하려면 www.theSocialMediaBible.com을 방문하면 된다.

7. 의견을 남겨라.

이 과정에서 가장 중요한 단계는 진실하고 재미있게 해야 한다는 점이다. 동영상을 즐겁게 만드는 모습은 자연스럽게 드러나게 된다.

결론

'시도해 보면 된다Just Do It!'는 것이 이 책의 공통 테마다. 동영상 공유는 회사와 제품 이름을 사람들에게 알릴 수 있는 좋은 방법이다. 동영상에 '제공 이익'이 많을수록 더 많은 사람이 감상하고 주변에 전달하게 된다. 동영상을 만들고 몇 개의 동영상 공유 웹사이트를 골라서 게시하자. 블로그와 이메일에서 동영상에 대해 언급하도록 하자. 올바른 메타 태그를 선택하여 콘텐츠를 쉽게 찾을 수 있도록 해야 한다. 가능하면

www.theSocialMeidaBible.com

RSS 피드를 사용해야 한다. 다른 사람이 만든 동영상과 설명을 살펴보고 표절해보아야 한다농담이

다. 그들이 사용한 스타일과 콘텐츠에서 영감을 얻으면 된다는 말이다.

전문가 의견을 듣고 싶으면 www.theSocialMeidaBile.com을 방문하라.

다운로드 : 〈소셜미디어 바이블〉과 관련된 무료 다운로드를 받으려면 www.theSocialMeidaBile.com을 방문하라. 책 뒷면 바코드 위에 있는 ISBN을 입력하면 된다. ISBN 978-1-118-26974-9

www.theSocialMeidaBile.com

Note

1) 구글 주스Google Juice는 구글이나 기타 검색 엔진에서 자신의 이름, 회사 이름, 제품 또는 서비스 이름으로 검색했을 때 나오는 결과를 설명하는 용어다. 검색 엔진에서 검색어에 대하여 많은 목록과 페이지를 보여줄 경우 더 많은 구글 주스를 가지게 된다. 소셜미디어 마케팅 및 커뮤니케이션을 통해서 가능한 한 많은 구글 주스를 짜낼 수 있도록 하는 것이 이 책의 목적이다.

Thumbs Up for Microblogging
CHAPTER 013

마이크로블로깅 선호

www.LonSafko.com/TSMB3_Videos/13Microblog.mov

제공 이익

마크 트웨인Mark Twain은 프랑스 수학자 블레즈 파스칼Blaise Pascal의 유명한 논평을 "시간이 더 있었다면 더 짧은 편지를 썼을 텐데"[1]라고 바꾸어 표현한 적이 있다. 마이크로블로깅은 글자 제한 때문에 간결한 형식으로 의사소통할 수밖에 없다. 텍스트 메시지의 내용은 이메일을 쓸 때와는 완전히 다르다. 그래야 읽혀지기 때문이다.

파스칼과 트웨인이 마이크로블로깅이 시작되는 시기에 글을 썼더라면 좋았을 것이다. 휴대성, 즉시성, 사용 편의성이란 가치를 가진 추세가 점차 널리 퍼지고 있다. 친구, 가족, 동료, 고객, 잠재고객을 위해 간단하게 마이크로 블로그를 게시할 수 있다. 생각한 내용 전체를 140자 이내로 전달해야만 한다.

마이크로블로깅은 텍스트 메시징보다는 조금 더 기능이 많다. 그러나 휴대폰에서 선택한 그룹의 친구에게 텍스트를 보내는 정도의 수고밖에 들지 않는다. 누구나 원하는 만큼 자주 마이크로블로깅을 할 수 있으며 비슷한 생각을 가진 다른 블로거의 게시물을 바로 읽을 수 있다. 마이크로블로깅에는 메시지, 오디오, 동영상, 첨부 파일까지 보내는 기능이 포함된다. 이를 통해 사용자가 친구를 사귈 수도 있고, 안내를 하거나, 조언을 주고받고, 도서, 음식점, 영화에 대한 평가를 하고, 최신 뉴스를 얻고, 제품 및 서비스를 확인하고 조사하고 구매할 수 있으며 고객에게 최신 정보를 제공하고, 일정 및 이벤트 알림 메시지와 뉴스를 보내는 등의 일을 할 수 있다. 책을 만들 때에는 각 장, 디자인, 콘텐츠, 인터뷰, 기술 지원에 대한 조언을 얻을 수 있다.

마이크로블로깅에 참여하는 사람은 정치, 기술, 의학 현안에 대한 주제를 중심으로 작고 친밀한 커뮤니티를 형성할 수 있다. 항암 처방과 화학 요법의 효과에 대한 게시물을 읽을 수 있다. 글을 읽는 순간에 컨퍼런스 행사에 대한 행사별 업데이트를 보내거나 읽을 수 있다. 마이크로블로깅을 통해 친구에게 자신이 어디에 있고 무엇을 하는지 알려줄 수 있으며 "나는 지금 24번가와 카멜백 로드에 있는데, 같이 저녁 식사하고 싶은 사람이 있을까?" 라고 알려줄 수도 있다. 컴퓨터, 블랙베리, PDA, 휴대폰에서 주고받는 전 세계적인, 실시간에 가까운 미니-대-미니 대화, 다-대-다 IM인스턴트 메시징, 양방향 통신이 가능한 마이크로블로깅은 소셜미디어 양방향 통신의 전형이다. 예를 들어 유명 음악가이며, 커뮤니티 마케팅 담당자이며, '빨간 종이 클립Red Paper Clip' 이야기에 참여한 조디 그난트의 최근 컨퍼런스가 있었

다www.theSocialMeidaBile.com.

조디는 회의장을 찾아가는 도중에 길 안내가 필요하다고 알렸다. 곧바로 15명이 자세한 길 안내가 담긴 마이크로블로깅으로 답변했다. 정말 강력한 네트워크이며 트위터가 표현한 대로 "지금 무엇을 하고 있습니까?" 라는 간단한 질문에도 전 세계의 친구와 낯선 이들이 답을 하는 커뮤니다."

처음으로 돌아가서

마이크로블로깅은 웹로그 또는 블로그의 출현과 함께 시작되었다. 한동안은 길고 자세하게 설명을 적었지만 기존의 블로그 게시물보다 짧고, 편리하고, 이동이 가능한 개인적인 버전을 바꾸어서 게시하는 일이 늘어났으며 이것을 마이크로블로그microblog라고 부르게 되었다. 기존의 블로깅과 유사하지만 더 쉽고 빠르게 즉시 액세스할 수 있는 것으로 환영받았다. 이런 장점 때문에 마이크로블로깅은 인기 있는 소셜 인터랙션 및 커뮤니케이션의 형태가 되었으며 이를 통해 사람들이 정보와 일상 활동을 공유하게 되었다.

가장 초기에 마이크로블로그를 제공한 업체는 단순화된 블로깅 서비스 기술을 제공한 트위터다. 트위터는 2006년 3월 샌프란시스코 기반 신생 회사인 Obvious에서 연구 개발 프로젝트의 결과로 탄생했다. 처음에는 회사 직원이 내부적으로 통신하기 위해 사용했다가 7개월 후인 2006년 10월에 공개되었다. 2007년 3월 19일 텍사스 오스틴에서 개최된 연례 SXSWSouth by Southwest 회의에서 공식적으로 발표되었으며 블로그 분야에서 South by Southwest 웹어워드를 수상했다.

트위터는 사용자들이 트윗Tweet이라는 간단한140자 이내 텍스트 기반의 마이크로포스트 인스턴트 메시지를 주고받을 수 있는 마이크로블로깅 및 소셜네트워킹 서비스다. 이런 텍스트 메시지는 텍스트 메시징을 지원하는 휴대폰, 웹사이트, PDA, 트위터 웹사이트, RSS17장 '간편해진 RSS' 참조, SMS2, 이메일, 페이스북, 트위터리픽Twitterrific, 웹페이지 집계기와 같이 사용자가 선택한 기술로 표시된다. 이런 메시지는 등록하고 메시지를 '팔로우' 하기로 수락한 모든 사람들에게 전달되며 사용자가 요청하고 팔로우하기로 승인한 트윗의 경우도 마찬가지다.

알아야 할 사항

트위터가 가장 인기 있는 마이크로블로깅 플랫폼이지만 유일한 것은 아니다. 인정을 받고 있는 다른 플랫폼으로는 유럽에서 시작했고 구글이 인수한 자이쿠Jaiku, 파운스Pownce 현재 사라짐3), 플레이스샤우트_{PlaceShout}가 있다_{전체 목록은 이 장의 뒤에 있는 공급업체 섹션을 참조}. 이 장의 목적 상 주로 트위터란 맥락에서 마이크로블로깅을 논의한다.

트위터는 최초로 시장에 진출한 이점을 가지고 있기 때문에 이 장의 주제에 적합하게 주로 트위터 맥락에서 마이크로블로깅을 소개하겠다. 이 장을 집필하던 시점인 2011년 1월에만 매일 1억 건의 트윗이 올라왔으며, 1억 명의 사용자가 매일 2억 5,000만 건 이상의 리트윗을 했다.

트위터 사용자가 얼마나 적극적인지 알 수 있는 좋은 사례로 유명인을 들 수 있다. 이 장을 편집할 당시 트위터 사용자이자 가수인 레이디 가가_{Lady Gaga}는 14만 1,100명과 팔로잉했으며, 그녀를 팔로잉한 사람은 무려 1,555만 6,937명이나 되었다. 그리고 2011년 11월, 저스틴 비버_{Justin Bieber}는 레이디 가가에 육박하는 1,400만 명 이상의 팔로어를 가지고 있었다. 참고로 케이티 페리_{Katy Perry}는 3위에 랭크되었으며 킴 카다시안_{Kim kardashian}과 버락 오바마_{Barack Obama} 대통령이 그 뒤를 이었다.

2009년 4월, 배우 애쉬튼 커쳐_{Ashton Kutcher}는 트위터 인기도 콘테스트에서 CNN에 도전했다. 그결과 커쳐는 100만 팔로어를 달성한 첫 번째 트위터 사용자가 되며 CNN을 간신히 이겼다. 100만 명을 달성하기까지 경쟁하는 동안 CNN은 트위터를 비췄고 이것을 계기로 트위터는 주류가 되었다.

다음으로 유명한 Microsoft 블로거이며 또 한 명의 트위터 마니아인 로버트 스코블이 있다. 현재 그는 3만 2,530명을 팔로우하고 있으며 21만 7,048명이 그의 트윗을 팔로우하고 있다.

트위터나 마이크로블로깅 서비스에서의 활동이 늘면 자신도 모르는 사람들이 팔로우하기 시작한다. 블로그를 읽고 웹사이트를 방문하는 사람들과 비슷하다. 읽을 수 있는 메시지, 블로그와 방문할 수 있는 웹페이지가 제한되어 있기 때문에 자신이 팔로우하는 수는 훨씬 적다.

가이 가와사키_{Guy Kawasaki}와 같은 전문가는 자신을 팔로잉하는 사람을 모두 팔로잉하라고 제안했다. 이렇게 제안하는 이유는 갈수록 더 유용한 플랫폼에서 수십만 명과 팔로잉하며 그들과 관계를 유지할 가능성이 있기 때문이다. 즉, 각각의 팔로어들과 관계를 유지하는 것은 불가능하지만 많은 팔로어들과 관계를 유지하는 것은 가능하다.

트위팅 및 팔로우는 양방향 의사소통 및 마이크로블로깅 커뮤니티를 주도하는 신뢰 네트워크를 구성한다. 자신이 팔로우하는 다른 사람이 더 이상 적합한 '제공 이익'이 있는 콘텐츠를 제공하지 못하면 그 개인에 대한 팔로우 중단을 결정하기만 하면 된다. 이것이 사용자가 자신에게 마케팅 메시지와 커뮤니케이션을 보낼 수 있는 사람을 선택하는 승인 방식의 마케팅이 가진 장점이다. 다른 사람을 팔로우하지 않을 수 있는 옵션이 있다는 것은 사용자에게 임의로 제어하는 스팸 필터가 내장된 것과 같다.

그림 13.1 집에 늦게 온다고 트위터를 업데이트하면 안 되니?

얼리 어답터early daopter가 마이크로블로깅을 처음 시작했지만 현재는 사상적인 지도자, 기술 애호가, 밀레니엄 세대, 신세대 및 기술 유행에 민감한 사람들이 연락하는 데 주로 사용한다. 점차 주류로 자리 잡고 있으며 현재 미국 전역에서 사용되고 있다. 예를 들어 민주당 대통령 후보인 버락 오바마와 존 에드워드는 캠페인을 진행하면서 선거 운동에 대한 세부 사항을 마이크로포스팅했다. 또한 뉴욕타임스, BBC, 기타 전통적인 미디어 기관도 마이크로블로깅을 사용하여 헤드라인과 링크를 게시하기 시작했다.

어떤 사람들은 첫 번째 마이크로블로깅 플랫폼으로 트위터의 공을 인정하기는 하지만 그 용어를 어떻게 정의하느냐에 따라 마이크로 콘텐츠 추세가 오랫동안 존재했다고 생각한다. 사실 많은 사람들이 일반적인 블로깅도 마이크로 콘텐츠로 봐야 한다고 생각하는 반면, del.icio.us.com에 간단한 메모나 책갈피를 게시하는 것이나 플리커 또는 페이스북에 게시된 사진에 텍스트를 입력하는 것 또는 옐프에서 리뷰를 작성하는 것도 마이크로블로깅으로 보아야 한다고 주장하는 사람도 있다. 이런 움직임을 따라가 보면 트위터가 처음으로 의도된 인터랙티브 마이크로블로깅/마이크로포스트 네트워크를 만들었음을 인정하게 된다.

마이크로블로깅이 인기를 얻게 된 것은 마이크로포스트 작성이 쉽다는 측면도 있다. 블로그를 작성하고 유지하는 것도 상당히 간단하지만 문장 2개로 업데이트하는 것이 훨씬 편하다. 전통적인 블로그보다는 마이크로블로그가 훨씬 간단해서 쉽게 소화할 수 있으며 특히 수십 명 이상의 트위터 사용자를 팔로우할 경우에 더욱 그렇다. 이 때문에 사람들은 트윗이 보다 바람직하고, 보다 현대적이며 더 읽기 좋다고 생각한다. 트윗에 의견을 남기면 다른 트위터 사용자와 트윗을 주고받는 즐거움이 촉진된다. 이 책에서 논의한 다른 소셜미디어 기술과 마찬가지로 트위터와 기타 마이크로블로깅 플랫폼은 무료다.

마이크로블로깅에 드는 노력이 전통적인 블로깅보다 적기 때문에 사람들이 더 큰 즐거움을 얻는다. 생각나는 순간 트윗을 보낼 수 있기 때문이다. 정기적으로 생각한 것을 업데이트해야 한다는 압박은 없다. 웹페이지, 블로그 페이지, 마이스페이스, 페이스북 및 게시물을 올리는 기타 네트워크와 달리 사용자에게 얼마나 자주_{드물게} 블로그가 업데이트되는지 보여주는 블로그 롤이 없다. 많은 사람들이 최신 블로그 게시물에 대한 간단한 설명을 게시하여 메인 블로그를 보완하고, 해당 링크를 통해 웹 또는 블로그 사이트에 관심을 불러일으키고 방문자를 유도하기 위해 마이크로블로깅을 사용하고 있다.

트위터와 마이크로블로깅은 미국에서만 벌어지는 현상은 아니다. 마이크로블로깅은 전 세계에 널리 인기가 있다. 트위터는 2011년 10월 현재 여전히 국제적으로 성장하고 있다. 일본의 성장과 같이 세계 곳곳에서 사용자 수를 늘려 왔다. 마이크로블로깅의 인기가 높아지는 동안 중국은 이 사이트를 차단해 왔는데 트위터 창립자인 잭 도로시는 2010년 소셜미디어 뉴욕페널토론회에서 중국 사람들이 빠른 시간 내에 트위터에 접근할 수 있어야 한다고 주장했다.

마이크로 영역의 부정적인 면

잡다한 내용

마이크로블로깅에 대한 흔한 비판은 대부분의 게시물의 성격이 시시콜콜한 내용이라는 점이다그림 13.2 참조. 사용하기 쉽고 비용이 들지 않기 때문에 사람들이 트위팅을 즐기며 지극히 평범한 일상에 대하여 지속적으로 트위팅하듯 책임감 없는 행동을 하는 경향이 있다.

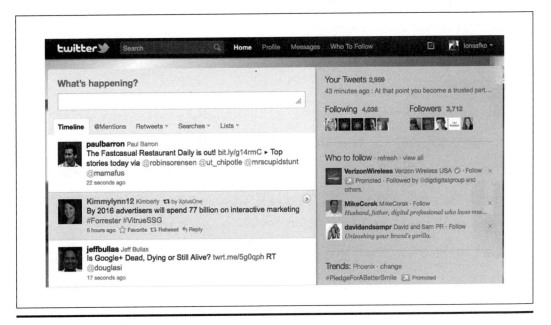

그림 13.2 트위터 트윗

500명, 1,000명 또는 5,000명의 트위터 사용자를 팔로우하면서 휴대폰 문자 메시지, 음성 메일집 전화, 회사 전화 및 휴대폰, 뉴스 집계자, 일반 우편, 정크 메일 및 스팸 등을 수신할 경우에 소셜미디어로 과부하가 걸릴 수 있다. 소셜미디어에서 왕성하게 활동하는 열정적인 일부 사람들은 지나치게 많은 데이터로 넘쳐나게 한다. 그들과 접촉하거나 의사소통하는 것이 거의 불가능할 정도로 잡음이 계속되는 정보를 수신하고 있다. 이메일도 꽉 차서 더 이상 메모를 수신할 수도 없고 휴대폰에서는 "음성 메일을 더 이상 받을 수 없으므로 보내지 마세요"라는 메시지를 보내며 트윗에 대해서도 응답하지 않는다.

2010년 3월, 레트레보Retrevo는 연구를 통해 소셜미디어 집착에 대한 진실을 밝혔다. 레트레보는 "우리는 얼마나 많은 사람들이 하루 종일 그리고 심지어 밤에도 소셜미디어에 접속해야 하는 강박관념에 시달리고 있는지 이미 알고 있습니다"라고 보고했다. 연구에 따르면, 25세 미만의 사용자들은 트위터와 같은 마이크로블로깅 사이트에 접속하기 위해 식사를 거르거나, 화장실에 가지 않거나, 심지어 성관계도 중단할 가능성이 컸다. 전반적으로 마이크로블로깅과 소셜미디어에 대한 의존과 집착이 커지는 추세에 있다.

마이크로 스팸

이 책의 초판을 집필할 당시, 마이크로블로깅 스팸은 마이크로블로깅 네트워크에 널리 퍼져 있지 않았다. 2009년 8월, 트위터는 총 트윗의 8퍼센트 내지 11퍼센트에 상응할 정도로 스팸이 엄청나게 증가했다고 보고했다. 그리고 2010년 3월 23일, 트위터는 마이크로블로깅 사이트에서의 총 스팸이 2009년 8월에 비해 상당히 줄어들었다고 보고했다. 소문에 의하면, 1퍼센트 정도 떨어졌다.

이메일이 널리 사용되는 통신 매체가 되었을 때 생겨난 패턴과 달리 실제로 마이크로블로깅 네트워크에는 극소수의 스패머만 존재한다. 다른 소셜미디어 플랫폼과 마찬가지로 마이크로블로깅은 자체 정화 기능이 있는 편이다. 누군가 스팸 활동을 시작하면 사용자들이 격앙된 반응으로 통제하는 경향이 있다. 그렇다고 오늘날의 이메일처럼 블로그 스팸이 늘어나게 될 것이라는 이야기는 아니다.

5장에서 논의한 대로 포럼에서는 사용자들이 스패머에게 아주 민감하게 반응하는 플레이밍

flaming 또는 상호 공격flame war이 벌어져서 스팸 활동이 최소 수준으로 억제된다. 링크드인 같은 전문가 네트워크에서도 이렇게 반응한다.

그러나 트위터에서는 상호 공격이나 플레이밍으로도 스패머를 막을 수 없었다. 트위터는 1퍼센트 정도 스팸이 있다고 주장했지만 전문가들은 비율이 낮더라도 스팸 수준이 여전히 높다고 주장했다.

마이크로광고

마이크로블로깅 사이트와 관련하여 반드시 나오는 질문은 "그것을 가지고 어떻게 수익을 올릴 수 있죠?"로 되돌아간다. 트위터의 개발자들은 한동안 그 문제의 해답을 얻기 위해 애를 썼다. 트위터 그리고 수많은 다른 마이크로블로깅 사이트들은 광고가 거의 없다. 기본적으로 무료 사이트에서 광고는 수익을 창출할 수 있는 가장 큰 방법이다. 물론 트위터는 수익에 대해 공개하지 않았다.

2010년, 트위터는 프로모티드 트윗promoted tweets, 프로모티드 트렌드promoted trends, 그리고 프로모티드 계정promoted accounts으로 구성된 광고 상품을 공개했다. 프로모티드 트윗은 트윗 이상의 트윗 방송으로 다양한 관련 고객을 대상으로 하고 있다. 프로모티드 트렌드는 값비싼 고급 옵션으로 이 상품을 사용하면 트렌드 리스트의 맨 위에 기업 브랜드를 올릴 수 있다. 프로모티드 계정은 새로운 사용자에게 선보이는 것으로 팔로잉 관계를 분석하여 친구를 추천한다. 즉, 여러분의 계정은 비슷한 팔로어에게 추천된다.

트위터는 광고뿐만 아니라 광고 영역 확대의 일환으로 2012년 대선 때 정치 세계에 입문하는 것도 고려하고 있다. 투자 기금으로 8억 달러를 모은 트위터는 2011년도 브랜드 가치가 무려 84억 달러로 평가되었다.

오류 고래

트위터가 발표된 지 1년이 되지 않았을 때 늘어난 사용자층을 감당하지 못하는 경우가 발생했다. 트위터의 엄청난 인기 때문에 가입자가 사이트에 몰리는 엄청난 트래픽으로 인한 서버 과부하를 피할 수가 없었다. 가끔 몇 시간씩 트위터 웹사이트와 서비스가 완전히 중단되기도 했다.

2009년 8월, 트위터는 디도스DDOS, Distributed Denial-Of-Service 공격으로 가장 긴 정전을 맞봐야 했다. 디도스 공격이 새삼스러운 것은 아니지만 트위터뿐만 아니라 페이스북 그리고 라이브저널LiveJournal 등도 정전으로 인해 충격을 받았다. 물론 디도스 공격으로 수십만 명 혹은 수백만 명이 영향을 받은 것은 이번이 처음은 아니다. 2000년 초, 디

Amarzon.com

도스 공격으로 이베이eBay, Amarzon.com, 그리고 심지어 야후와 같은 전자상거래 사이트들이 입은 전체 손해 및 손실은 약 800만 달러로 추정되었다.

사이트에 문제가 발생한 경우, 트위터 사용자가 트윗하거나 웹사이트를 방문하려면 너무나도 익숙한 오류 고래가 보인다그림 13.3 참조. 작은 빨간 새 무리가 그물을 가지고 고래를 바다에서 끌어올리는 재미있는 만화 이미지인 이 캐릭터는 업계에서 엄청난 오류를 상징하는 아이콘이 되었다. 높음 음조의 트위터 때문에 이 벨루가는 '바다의 카나리아'라고 알려졌다. 이 이미지가 전하는 메시지는 "트윗이 너무 많습니다. 잠시 기다렸다가 다시 시도해 보세요"다.

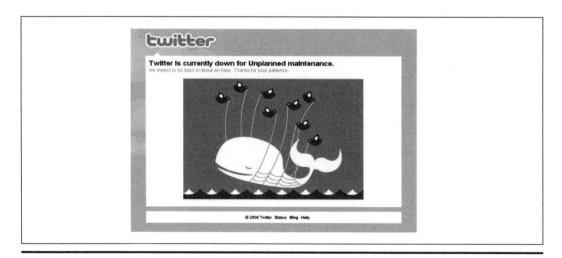

그림 13.3 오류 고래

사람들이 이메일, 블랙베리, 블로그와 같은 특정 기술에 의존하게 된 때에 잠시라도 그것이 없어지면 마비상태가 된다. 전체적인 소셜미디어 업계에서 들인 노력을 금전적 가치로 전환하는 속도가 너무 느리다. 이 추세가 역전되지 않는다면 소셜미디어 기술에는 다양한 오류 고래가 빈번하게 출현할 것이다.

여기에 해당하는 좋은 예가 파운스Pownce[3]다. 이 책을 쓰는 동안 파운스의 공동 설립자 레아 컬버Leah Culver는 회사, 서비스 및 비즈니스 모델에 대하여 인터뷰했다. 그러다가 아무런 경고도 없이 2008년 12월 15일 회사 문을 닫는다는 이메일이 도착했다. 아이러니한 것은 레아 컬버가 2008년 MIT 〈테크놀로지리뷰〉Technology Review 7월호의 표지 모델로 등장했는데, '다음번 버블'이란 헤드라인과 함께 커다란 풍선껌을 불고 있는 모습이었다. 속지에는 풍선이 터진 모습도 게재되어 있었다.

마이크로블로깅의 긍정적인 면

트위터 전문 용어

트위터는 오늘날 가장 널리 사용되는 마이크로블로깅 기술이다.

- 트위터 사용자Twitterer는 트위터를 사용하여 게시물 또는 트윗Tweet을 발송하는 개인이다.
- 트윗은 트위터 사용자가 서로 주고받는 게시물 또는 텍스트 메시지다.
- 트위팅 커뮤니티를 트위토스피어Twitosphere라고 한다.

이메일과 마찬가지로 전송을 누르고 나면 트윗은 회수할 수 없다. 보내고 나서 후회하는 트윗을 미스트윗MisTweet이라고 한다. 구글 맵에는 트위터 사용자의 위치를 지도상에 표시하는 트위터비전Twittervision이란 매쉬업이 있다.

회사 트위터 사용자

중소기업이나 대기업에서 마케팅, 홍보, 커뮤니케이션, 고객 서비스 방안에 소셜미디어 도구를 채택하기 시작했다. 다른 얼리 어답터와 마찬가지로 주류가 될 때까지 기다리는 회사보다 이런 회사들이 이점을 갖게 된다. 회사 문화에 마이크로블로깅을 포함시킨 대기업은 다음과 같다.

- 사우스웨스트 항공Southwest Airlines은 표준 고객 서비스 도구의 하나로 트윗을 정기적으로 발송한다. 다음은 사우스웨스트 항공사에서 실제로 보낸 트윗을 볼 수 있다twiotoc.com/1bzrxh.

  "오늘 SW 직원들은 DAL 로널드 맥도널드 하우스 및 댈러스 어린이 병원에 부활절 바구니를 기부했다. 2010년 3월 30일 오전 10:22분"트위픽을 클릭하면 TwitPic.com에 게시된 사진을 확인할 수 있다.

twiotoc.com/1bzrxh

- 논란의 여지가 있는 자칭 '독창적인 블로거'이며 RSS 트윗의 발명가인 데이브 와이너Dave Winer는 정기적으로 〈뉴욕타임스〉의 강 프로젝트에 대해 추종자들에게 트윗을 보냈다. 데이브가 '뉴스의 강물 형식'이라고 명명한 프로젝트에서는 〈뉴욕타임스〉에 실린 최신 속보에 대한 짧은 텍스트 메시지 스트림이 휴대폰, PDA 또는 웹페이지 집계기로

TwitPic.com

추종자에게 전송되어 주요 뉴스 롤이 생성되는 것이다. 데이브는 다음과 같이 설명한다. "원하는 제품에 대한 뉴스를 충분히 받지 못하고 있었기 때문에 이 사이트를 만들었다. 아주 간단하며, 금융, 유행, 파티, 인형 등에 대해서도 관심을 가지고 있기 때문이다. 강물 프로젝트를 통해 독자들은 우선순위를 지정하여 하나의 웹사이트에서 뉴스를 수집할 수 있다."

- 빌 게더Bill Gerth는 컴캐스트Comcast 관리자이며 필라델피아 도심 지역의 블로그스피어 연락 담

당자다. 빌에게는 컴캐스트에 대한 부정적인 블로그와 트윗을 모니터링하라는 벅찬 과제가 주어졌다. 트윗에 바로 답하는 즉각적인 대인 고객 서비스를 통해 컴캐스트는 경쟁 업체와의 차별화를 달성했다.

- 델 노트북 컴퓨터 배터리 폭발 사고가 발생했을 때 최고 경영자이며 블로거인 리오넬 멘차카Lionel Menchaca가 전면에 나섰다. 리오넬은 문제점에 대한 정보를 요청하면서 고객과 미디어로부터 트윗을 받았다. 최신 업데이트 사항에 대하여 지속적으로 트윗을 보내고 블로그를 남겼다. 고객뿐만 아니라 업계에서는 대기업에서 고객에게 직접적인 관심을 나타냈다는 것에 충격을 받았다. 이를 통해 델은 가장 절실할 때 엄청난 홍보 효과를 거둘 수 있었다.

- 시스코 시스템즈Cisco Systems 및 홀 푸드 마켓Whole Foods Market과 같은 대기업에서는 트위터를 사용하여 제품이나 서비스에 대한 정보를 트윗을 통해 고객에게 제공한다.

- 로스엔젤레스 소방서는 2007년 10월 산불이 발생했을 때 이 기술을 사용하여 화재 발생 지점, 사람들이 갇힌 위치, 가장 긴급한 구조를 요하는 장소에 대하여 시시각각으로 변하는 정보를 얻었다.

- NASA는 화성 탐사선 피닉스Phoenix가 화성에서 얼음을 발견했다는 뉴스 속보를 트윗했다. 우주 왕복선 임무 및 국제 우주 정거장과 같은 다른 NASA 프로젝트 역시 트위터를 통해 업데이트를 제공한다.

- BBC와 같은 뉴스 아웃렛 역시 트위터를 사용하여 속보를 배포하고 스포츠 이벤트에 대한 정보를 공급하기 시작했다.

- 민주당 대통령 후보 버락 오바마 등 몇몇 2008년 미국 대통령 후보들은 트위터를 정보 공개 메커니즘으로 사용했다. 네이더Nader/곤잘레Gonzalez 진영도 트위터와 구글 맵을 사용하여 미국 전역의 투표 참여 팀에 대한 실시간 업데이트를 표시했다.

- 텍사스 대학교 샌안토니오 공대는 숙제, 독서 과제, 최근 시간표 변경 사항 및 교수가 늦게 도착하는 것 등의 정보를 트위터를 사용하여 전달하고 있다.

- 미시건 잭슨에 있는 웨스트윈드 교회는 트위터를 주말 예배의 일부로 사용하고 있으며 실제로 트위터 교회란 개념을 도입했다. 웨스트윈드에서는 트위터 사용에 대한 강좌를 진행하며

교인들이 노트북과 휴대 장치를 가지고 교회에 참석할 것을 권장한다. 가끔 트위터 피드를 본당의 스크린에 보여주고 있으며 모든 사람들이 인터액티브 방식의 예배에 대하여 의견을 제공하고 관찰하고 질문할 것을 권장하고 있다.

마이크로블로깅은 전 세계적인 호소력을 가지고 있으며 재난과 비극적인 사건이 발생했을 때 사람들을 안전하게 보호하는 결정적인 역할을 할 수 있다. 최근 중국에서 대지진이 발생했을 때 트위터와 유사한 서비스를 통해 최초의 상황이 전해졌다. 세계 전역에서 여러 응급 서비스 단체에서 트위터를 통신 도구로 선택했으며 기타 자연 재해가 발생할 때 구호 활동가와 저널리스트가 사용하고 있다.

2007년 4월 버지니아 공대에서 발생한 총기 난사 사건에서 볼 수 있듯이 트위터는 응급 상황에서 정보를 얻는 면에 있어서 전통적인 뉴스 미디어나 정부 응급 서비스보다 낫다는 평가를 받고 있다. 버지니아 공대에서는 뉴스 미디어와 회원들이 실제로 벌어지고 있는 사건에 대해서 트위터에 실시간으로 업데이트하고 있었다.

뉴스 트윗

미국 항공기 충돌에 대해 트위터링하는 월스트리트저널 디지털 네트워크

사라 오비드Shira Ovide

시민 저널리즘이 승리한 또 하나의 사건

소셜미디어 도구를 선호하는 제니스 크럼은 미국 에어웨이 항공기 1549편이 허드슨 강에 추락한 장면을 가장 먼저 촬영하고 게시했다. 비행기가 수면에 부딪히면서 맨해튼 서쪽 지역에 물이 튀는 순간을 보자마자 "허드슨 강으로 비행기가 추락했습니다"라고 마이크로블로깅 사이트인 트위터에 기록했다. "지금 사람들을 구조하려고 페리를 타고 가는 중입니다. 맙소사." 크럼이 트위터 사진 공유 사이트에 온라인으로 게시한 사진은 4,300회 이상 조회되었다.

사용자가 140자로 상태 업데이트를 전파할 수 있는 트위터와 같은 소셜미디어 도구는 뉴스 속보

를 기록하고 다루는 방식을 바꾸어 놓았다. 예를 들어 11월에 있었던 뭄바이Mumbai 테러 공격을 현장에서 보도했다.

허드슨 강 추락 사고를 기록한 이후 크럼은 전통적인 미디어에서도 유명인사가 되었다. 그는 MSNBC와 인터뷰를 했고 오늘 저녁에 있을 추가 인터뷰를 준비하고 있다고 트위터 프로필에서 밝히고 있다.

출처: http://on.wsj.com/5NoB.

클릭 가능한 링크는 www.theSocialMedia-Bible.com을 방문하면 된다.

http://on.wsj.com/5NoB

www.theSocialMedia-Bible.com

트위터를 넘어서는 마이크로블로깅?

www.frazr.com와 같이 트위터와 유사한 개념을 가지고 있지만 국가별 버전을 제공하는 서비스에는 여러 가지가 있다.

자이쿠Jaiku는 파일 공유 기능과 마이크로블로깅을 결합했으며 트위터 사용자가 자신의 게시물에 파일을 첨부할 수 있도록 한다.

플러크Plurk는 인기를 얻고 있는 또 다른 마이크로블로깅 플랫폼이다. 2008년 5월에 출시된 이 서비스는 초기 30일 동안 실리콘 밸리에서 수용도가

www.frazr.com

상당히 높았다. 트위터 사용자의 수가 플러크보다 훨씬 많지만 플러크의 수평 타임 라인과 그룹 대화로 인해 보다 강력한 인터페이스가 생성되었으며 트위터의 대안으로 떠오른 넉넉한 마이크로블로깅 공간을 추가했다.

기타 서비스로는 2008년 9월 8일 TechCrunch50 컨퍼런스에서 발표되었으며 트위터의 기업용 버전이라고 마케팅하는 야머Yammer가 있다. 야머는 "회사에 무슨 일이 벌어지고 있습니까? 야머를 통해 직원 간 상태 업데이트를 공유할 수 있습니다"라고 말한다.

프롤로그Prologue는 워드프레스 제작업체인 오토매틱Automatic이 만든 마이크로블로깅 도구이며 2008년 1월 발표되어 사용자가 안전한 환경에서 '현재 무엇을 하고 있는지에 대한 메시지를 게시'할 수 있도록 한다.

다음으로 SAP 랩의 데모 잼Demo Jam이 만든 ESME Enterprise Social Messaging Experiment가 있는데 이것은 클라우드

www.youtube.com/watch?v=y1dPAV8C0Tw

www.theSocialMediaBible.com

태그 또는 단어 빈도를 클릭하면 즉석에서 새로운 그룹을 만들 수 있다. 자세한 내용은 www.youtube.com/watch?v=y1dPAV8C0Tw을 참고하거나 www.theSocialMediaBible.com을 방문하여 해당 링크를 클릭하면 된다.

소셜캐스트SocialCast는 기업용 프렌드피드 및 트위터 도구다. 라코니카Laconica는 오픈 소스 애플리케이션인 오픈 마이크로블로깅 도구로 인정되어 회사 서버에 설치하고 방화벽 배후에서 사용할 수 있다. 세계 최대의 기업용 소프트웨어 회사인 Oracle에서는 오라트윗OraTweet을 만들어서 내부 직원과 외부 고객이 사용하도록 했다. 오라트윗은 회사, 대학교, 기관에서 내부 마이크로블로그를 운영하면서, 내부 커뮤니케이션의 기밀성과 보안을 유지하고 양성화되도록 지원한다. 오라트윗은 이메일과 인스턴스 메신저와 비슷하게 동작하지만 기업체에서 자사 환경 내에서 안전하게 메시지를 브로드캐스트할 수 있다.

기타 사이트

- **Status**: 한 번에 하나의 화면에 팀의 진행 상황에 대한 업데이트를 표시하는 간단한 커뮤니케이션 도구다.
- **Trillr**: 동료, 파트너 및 고객이 의사소통하기 위한 소그룹 서비스. Trillr를 통해 사용자가 빠르고 빈번하게 데이터를 교환하고 '무슨 생각을 하는지' 질문하고 답하면서 연락할 수 있다.
- **I Did Work**: 팀에서 짧은 상태 메시지를 남길 수 있는 기능을 제공하는 작업 기반 업데이트 도구. 이 사이트는 진행 상황 이력을 유지하는 작업 로그를 생성하고 팀과 공유한다.
- **Joint Contact**: 마이크로블로깅 기능을 포함하고 트위터와 프로젝트 상태를 연결하여 향후 이벤트에 대해 팔로어에게 알려주는 협업 도구. Joint Contact를 통해 트윗을 프로젝트 관리 시스템과 링크할 수 있다.
- **BlueTwit-IBM**: 2007년 출시했으며 IBM 직원에게 이메일 대체용으로 제공된 내부 트위터 클라이언트다.
- **Presently**: 직원에게 바로 현재 상태를 알리고, 질문하고, 미디어를 게시할 수 있는 기능을 제공하는 마이크로업데이트 커뮤니케이션 도구다.
- **Mixin**: 회사 내·외부 커뮤니케이션을 망라하는 서비스이며 '일상 활동과 계획을 공유하고 친구와 빈번하게 교류할 수 있도록 한다.'
- **Spoink**: 블로깅, 팟캐스팅, 전화, SMS 텍스트 메시징을 통합하는 멀티미디어 마이크로블로깅 서비스. Spoink는 주요 모바일 오디오, 동영상 및 사진 형식을 모두 지원한다.

그밖에도 identi.ca, Jaiku, FriendFeed, Dodgeball, tumblr 및 TWiT Army가 있으며 페이스북, 마이스페이스 및 링크드인과 같은 인기 있는 소셜네트워킹 웹사이트는 모두 상태 업데이트라는 자체 마이크로블로깅 기능을 가지고 있다.

identi.ca

비즈니스를 위한 트위터, 설마… 정말인가요?

배경

나는 한 기업의 경영자이자 사업가이기 때문에 장난감을 가지고 놀거나 유행을 좇을 시간이 없었다. 2006년 3월, 당시 로버트 스코블Robert Scoble이 첫 번째 애리조나 소셜미디어 콘퍼런스의 연단에서 "트위터는 차세대 혁신 기술이었습니다"라고 언급하자 깜짝 놀란 나는 프란신 하더웨이Francine Hardaway를 돌아보며 "설마… 정말인가요?"라고 속삭였다. 추후, 수많은 새로운 트위터 사용자들처럼, 나도 계정을 만들었고 곧바로 그 당시에 언급했던 이야기를 모두 잊었다. 결국, 이것은 유행이었기 때문에 오래가지는 못했다.

전략

몇 년 지나, 나는 다시 비즈니스 의사소통 도구로 트위터를 진지하게 검토했다. 그리고 아마도 이번에는 유행이 아닐 것이라는 이상한 기대를 품고 훨씬 더 전략적으로 트위터를 살펴봤다. "전문가들"이런 것들에 대해 가장 잘 알고 있는 사람들을 전문가라고 불리는 것을 싫어했기 때문에 따옴표로 묶음과 함께 트위터를 확인한 나는 몇 가지 정보, 비결, 그리고 도구를 발견하자 곧 실험에 착수했다. 하지만 정확히 동일한 콘텐츠워드프레스의 www.joankoerber-walker.com와 http://jkw.typepad.com를 가진 두 개의 블로그와 한 개의 트위터 ID @joankw로 천천히 진행했다.

http://jkw.typepad.com

www.joankoerber-walker.com

테스트는 간단했다. 트위터에서 타이프패드TypePad 블로그를 홍보했고 워드프레스 블로그는 표준 SEO를 사용했다. 그리고 90일 동안 지켜보면서 트위터가 블로그에 대한 트래픽 및 독자들의 참여율에 어떤 영향을 주는지 확인했다. 우리는 피드버너FeedBurner에 두 개의 블로그를 설치하여 데이터를 모으기 시작했다.

시행

90일 후, 결과는 나쁘지 않았다. 피드버너 통계 자료에 따르면, 워드프레스 블로그에 비해 타이프패드 트위터 홍보 블로그에서 10대1 가량 트래픽 비율이 높았다. 작은 성공을 거뒀지만 몇 가지 면에서 성가신 트윗 빈도로 인해 우리는 다음 단계로 넘어갔다. 우리는 리더십Leadership과 혁신Innovation을 더하면 위대한 성장Greater Growth이 된다고 믿었기 때문에 @JKW-leadership, @JKWinnovation, @JKWgrowth뿐만 아니라 회사를 위한 @CorePurpose를 만들어 비즈니스를 집중했던 분야의 대상 프로파일을 통해 새로

http://jkw.typepad.com/corepurpose_joan_koerberw/my-profile-on-twitter.html

운 카테고리를 이용하여 회사의 잠재적 트위터 수용자를 구분했다. 그리고 트위터 ID 뿐만 아니라 각각의 블로그예를 들면, http://jkw.typepad.com/corepurpose_joan_koerberw/my-profile-on-twitter.html에서 적절하게 사용했던 도구와 전략도 게시하여 우리의 전략을 투명하게 했다.

기회

코어퍼포즈CorePurpose는 대기업이나 조직에서 발생하는 큰 문제에 대한 해결책을 제시하는 사고 리더십 단체다. 또한, 우리는 코어퍼포즈 출판부를 통해 대학, 무역 협회, 그리고 비즈니스 독자 등을 위한 책을 출판한다. 광고와 마케팅 노력은 전문 기술의 핵심 비즈니스 분야에서 활동하는 잠재고객과 잠재 파트너를 목표로 하고 있다. 우리의 전문 기술을 입증하여 잠재고객 및 잠재 파트너를 고객이나 파트너로 전환시킬 수 있도록 도구로써 트위터를 사용하여 고객들과 연결한다면, 우리의 비즈니스는 성공가도를 달릴 것이다.

www.youtube.com/ joankw

www.corepurpose.com

www.google.com.profiles/jkoerberwalker

결론

이제 "투자 수익률이 발생할까요?"라는 의문이 생긴다. 1년 후, 여성 엔지니어 협회Society of Women Engineer와 이야기를 나눌 기회가 있던 나는 몇 가지 결과를 공유했다. 참고로, 유튜브www.youtube.com/ joankw에서 해당 동영상을 확인할 수 있다.

트위터에 마케팅 자원을 재투자한 코어퍼포즈는 트위터로 4개국의 잠재 파트너와 고객을 모두 연결할 수 있었다. 우리는 비즈니스 의사소통 도구로써 트위터를 사용하여 관계를 쌓은 결과, 관계를 맺고 정보를 교환 및 공유했으며 무엇보다도 전통적인 마케팅 전략을 이용한 첫 7년 동안의 비율보다 1년 동안에 더 높은 비율로 관계를 고객과 파트너로 전환했다. 우리는 유튜브 그리고 링크드인 등과 같은 여러 가지 블로그에 소셜미디어 도구를 확대하기 시작했다. 나는 트위터가 유행이 아니기를 기대한다. 여러분도 효과가 있다는 사실을 확인할 수 있을 것이다. RSS 피드의 비율은 이제 131:1이다.

– 조안 워커Joan Koerber-Walker
www.corepurpose.com
Google Profile: www.google.com.profiles/ jkoerberwalker

전문가 의견

비즈 스톤Biz Stone, Twitter 공동 설립자, www.twitter.com

비즈 스톤

저는 트위터의 공동 설립자이며 전에는 1999년 뉴욕에서 소셜 신문 잡지 서비스인 Xanga.com이라는 서비스 출시를 지원한 적이 있습니다.

이 서비스는 여전히 운영되고 있지만 저는 그만두고 구글로 옮겼습니다. 특히 구글을 그만두기 몇 해 전에는 블로거 팀에서 근무하면서 오데오Odeo 라는 프로젝트를 시작했습니다. 오데오 프로젝트는 인터넷의 오디오인 팟캐스팅 서비스였으며 바로 이 프로젝트를 수행하면서 보조 프로젝트로 진행한 트위터를 만나게 되면서 여기에 푹 빠졌습니다. 결국 트위터는 독자적인 회사로 성장하여 발전을 거듭하고 있습니다. 그것이 바로 우리가 오늘날 사용하고 있는 트위터입니다...

가장 간단한 수준에서 보면 문자 메시지 서비스에 불과하지만, 트위터는 커뮤니케이션 유틸리티입니다. 이 때문에 현재 많은 사람들이 트위터를 사용하고 있고, 실제로 관심 대상인 사람이나 조직에 어떤 일이 발생하고 있는지 알려주는 역할을 합니다. 한편으로는 커뮤니케이션을 위해 트위터를 사용하고, 다른 한편으로는 어떤 일이 진행되고 있는지 알기 위해 트위터를 사용합니다.

Xanga.com

트위터는 서비스의 이름이고 사전에서 찾아보면 새의 지저귐을 나타내는 '정보의 짧은 떨림, 울림 또는 터져 나옴'을 나타내는 단어에서 유래했습니다. 사람들은 트위터를 개별 업데이트로 오해하기도 합니다. 트위터에서 개별 업데이트를 제공할 때마다 실제로 트위터에 개별 내용이 저장됩니다. 각각의 업데이트가 개별 웹페이지가 되고 다른 사람들은 이 개별 업데이트를 트윗이라고 합니다. 이것이 바로 트위터 작업의 핵심 축으로, 이런 단어들이 모두 '트윗'이라는 단어에서 나왔기 때문에 '트위팅'이라고 지칭하기도 합니다.

이런 공식적인 설명은 별로 의미가 없습니다. 그보다는 사람들이 트위터를 사용하기 시작했고 성과가 좋다는 것이 중요하겠지요...

그렇습니다. 트위터는 문자 메시지입니다. 트위터의 핵심 중 하나는 시스템과 상호작용하기 위해 사용하는 장치에 제한이 없다는 점입니다. 휴대폰에서 SNS 및 모바일 텍스트를 사용할 경우 트위터가 해답이 될 수 있습니다. 그러나 웹에서도 사용할 수 있고, 앞으로는 Mac 또는 PC용으로 다운로드하거나 Slash에서 사용할 수 있는 수천 개의 독립적인 타사 소프트웨어와 같이 사용할 수도 있습니다. 기본적으로 우리는 인프라를 공개했고 전 세계 뛰어난 개발자가 트위터와 상호작용하는 사용자 지정 대화식 소프트웨어를 만들 수 있는 API를 개발했습니다.

우리는 처음부터 이렇게 가려운 곳을 긁어주듯 필요한 작업을 수행했습니다. 초기 개발자 중 한 명은 트위터와 특정 방식으로 상호작용할 수 있는 아주 간단한 HI를 만들었습니다. 실제로 서비스는 단순해지고 API도 간단해졌기 때문에 API 초보 개발자도 트위터에 참여하여 신속하게 구축할 수 있게 되었습니다. 따라서 트위터 위에서 구축하는 작업이 대중화되었고, 트위터와 상호작용하는 방식으로 트위터에서 매우 다양한 것을 구축할 수 있게 되었습니다. 이 때문에 트래픽이 많아지고 사람들에게 많은 기회와 옵션을 만들어줄 수 있게 되었습니다. 이 점이 놀라운 점입니다...

우리는 처음부터 모바일 관점에서 주의를 기울였습니다. 트위터는 기본적으로 IM의 부재중 메시지에서 아이디어를 얻은 것입니다. IM 도구를 사용한 경험이 있다면 동료나 친구가 회의나 휴식 등을 위해 부재중인 경험이 있을 겁니다. IM에 등록된 12명 그룹을 조회해 보면 각자가 무엇을 하는지, 무엇을 할 예정인지 알 수 있지만 모두 컴퓨터에서 수행해야 하는 일이었습니다. 따라서 우리는 여기서 아이디어를 고안하여 SMS와 상호작용할 수 있는 기능을 추가함으로써 모바일 기능을 확대하였으며, 더 많은 기능을 추가하여 사교적 기능을 더 늘렸습니다.

그런 다음 기본적으로 새로운 종류의 커뮤니케이션, 즉 이전에는 존재한 적이 없는 실시간 그룹 커뮤니케이션을 만들어 냈습니다. 그리고 이 기능은 모든 사람들에게 매우 유용한 것으로 입증되었습니다.

www.theSocialMediaBible.com을 방문하면 비즈 스톤과 나눈 경영진 대화 전체를 들을 수 있다.

해야 할 일 리스트

1. 마이크로블로깅을 시작하라.

마이크로블로깅을 두려워하지 말아야 한다. 쉽고 무료로 할 수 있고 재미있다. 친구, 가족, 클럽 회원, 교회 그룹, 동료, 잠재고객, 고객 등 자신이 선택한 사람들과 직접 그리고 즉시 연락한다는 것은 멋진 일이다.

2. 트윗을 하라.

트윗해야 한다. 사용하지 않으면 이 기술이 아무 소용이 없다. 트윗은 140자에 불과하며 간편하게 텍스트 메시지를 보내면 된다. 적당한 생각이 떠오르면 팔로어들에게 텍스트를 작성하여 보내자. 항상 잊지 말고 '제공 이익' 관점에서 가치 있는 콘텐츠가 되도록 해야 한다.

3. 트위터 사용자를 팔로우하라.

다른 트위터 사용자를 팔로우해야 한다. 관심 분야가 비슷하고, 좋은 아이디어를 가지고 있는 사람이나 마음에 드는 사람을 찾아서 그들이 매일 공유하는 생각을 확인하자. 그들이 말하는 내용이 마음에 들지 않으면 팔로우를 중단하고 제공 이익이 있는 콘텐츠를 제공하는 다른 사람을 찾으면 된다.

4. 다른 사람이 팔로우하도록 초대하라.

다른 사람이 팔로우하도록 초대해야 한다. 알리지 않으면 여러분이 귀중한 지혜를 나누어 주고 있다는 것을 사람들이 알 길이 없다. 사람들에게 트위터 주소를 보내주고 자주 트윗해야 한다.

5. 그룹을 설정하라.

해쉬태그를 사용하여 트위터 또는 좋아하는 플랫폼에서 그룹을 설정해야 한다. 기존 고객을 위한 그룹, 잠재고객을 위한 그룹, 동료를 위한 그룹을 하나씩 설정한다. 각 그룹에 적합한 다른 트윗을 보낸다.

6. 뉴스 피드 트윗을 사용하라.

비즈니스, 라이프스타일, 금융, 가십, 스포츠, 국제 분야, 건강 등 관심이 있는 분야의 뉴스 속보가 나올 때마다 모두 받아볼 수 있도록 트위터 뉴스 피드를 설정해야 한다.

7. 내부 커뮤니케이션용으로 트윗을 사용하라.

동료 및 직원용으로 별도의 그룹을 설정하여 내부 커뮤니케이션용으로 트위터를 사용해보도록 하자. 회사의 주가 변동, 신제품 개발, 보도 자료, 인사 복리후생 업데이트, 휴가 정보 또는 격려의 글 등을 보내도록 한다.

결론

마이크로블로깅은 가족, 친구, 동료와 연락을 주고받을 수 있는 멋진 방법이다. 뉴스, 제품, 서비스, 규제 또는 고객 및 잠재고객에게 '제공 이익' 이란 가치를 제공하는 콘텐츠에 대한 업데이트를 신속하게 보낼 수 있는 창의적인 방법이기도 하다. 가치 있는 정보와 업데이트를 제공하여 잠재고객의 의식 전면에 여러분의 회사가 자리 잡도록 하면 결국은 그들이 고객으로 전환하게 될 것이다. 직접 시도해 보아야 한다. 무료 계정을 설정하고, 생각이 비슷한 트위터 사용자를 팔로우하고 다른 트위터 사용자가 팔로우하도록 초대해야 한다. 그들이 이야기하는 것을 모니터링하고 제공 이익 가치를 평가하자. 그런 다음 직접 트윗하고 반응을 모니터링한다. 잠시 후에 팔로어들에게 제공할 수 있는 가장 효과적인 콘텐츠가 무엇인지 알 수 있게 될 것이다.

지금까지 대부분의 장에서 쓴 것처럼 기억해야 할 가장 중요한 점은 압도되지 말아야 한다는 것이다. 사실 여러분은 다른 사람이 놀랄 만한 것을 성취하고 싶어 할 것이다. 마이크로블로깅 플랫폼을 시도해 보아야 한다. 트윗이나 게시물을 보내고 몇 가지 트윗 또는 게시물을 읽으면서 즐기자. 그 내용에 압도되거나 관심이 없어진다면 물러나서 팔로우를 중단하면 된다. 다른 기술과 마찬가지로 중용이 관건이다.

전문가 의견을 듣고 싶으면 www.theSocialMeida-Bile.com을 방문하라.

www.theSocialMeidaBile.com

www.theSocialMeidaBile.com

다운로드 : 〈소셜미디어 바이블〉과 관련된 무료 다운로드를 받으려면 www.theSocialMeidaBile.com을 방문하라. 책 뒷면 바코드 위에 있는 ISBN을 입력하면 된다. ISBN 978-1-118-26974-9

Notes

1) 에드 너스바움Ed Nussbaum의 인용문에 감사한다.

2) SMS는 시스템 관리 서버System Management Server의 약자이며 휴대폰 장치 간에 짧은 텍스트 메시지를 교환할 수 있는 통신 프로토콜이다. 텍스트 메시징과 그 기반 기술은 깊이 연관되어 있어서 세계의 일부에서는 실제로 SMS를 사용하지 않더라도 SMS라는 용어를 텍스트 메시지 또는 텍스트 메시지를 보내는 행위와 같은 의미로 사용한다. 24억 명의 실제 사용자 또는 휴대폰 가입자의 74퍼센트가 휴대폰에서 텍스트 메시지를 주고받는 SMS 텍스트 메시징은 지구상에서 가장 널리 사용되는 데이터 애플리케이션이다. 이렇게 널리 사용되지만 트위터는 비용을 절감하려는 노력의 일환으로 2008년 8월 14일 영국 서비스에서 SMS 액세스 기능을 제거했다.

3) 파운스Pownce는 소셜미디어의 지평이 변화하는 것을 잘 보여준다. 레아 컬버는 2008년 12월 15일 회사가 문을 닫기 불과 몇 개월 전에 인터뷰를 했다. 그녀가 인터뷰하면서 보여준 통찰력은 여전히 유효하기 때문에 남겨 두었다. 기술은 변하고 일부 기존 업체가 사라지면 다수의 새로운 회사들이 그 자리를 대신한다.

Live from Anywhere-IT's Livecasting
라이브캐스팅
CHAPTER 014

www.LonSafko.com/TSMB3_Videos/14Livecasting.mov

제공 이익

웹 라디오, 넷 라디오, 스트리밍 라디오, e라디오, 토크 라디오, 인터넷 라디오, 라이브캐스팅, 라이프캐스팅, 웹캐스팅, 웹 컨퍼런싱, 웨비나 등 어떤 이름으로 부르건 간에 온라인으로 정보를 브로드캐스팅한다는 것은 라이브 콘텐츠를 생성하여 콘텐츠 배포또는 스트림[1])에 인터넷을 사용하는 형태다. 이런 용어는 사용자가 콘텐츠를 만든 다음 인터넷을 통해 라이브로 해당 콘텐츠를 배포하는 과정을 가리킨다. 사용자가 제작비용에 맞게 라디오 또는 텔레비전 쇼를 직접 만들 수 있다. 여러분이 제작자이면서, 프로덕션 매니저이면서 배우가 된다. 원하는 것은 대부분 말할 수 있다. 매일, 매주 또는 하고 싶을 때에만 쇼를 방송할 수 있다. 라이브 프레젠테이션을 올리고,

교육 강좌를 진행하고, 신제품 또는 서비스를 시연하고, 고객을 위한 사전 예방적인 유지관리 프로그램을 만들거나 업계 동향에 대하여 특별 게스트와 대담할 수 있다. 쉽게 할 수 있는 강력한 매체이며 비용은 전혀 들지 않는다.

잠시 생각해 보자. 여러분이 공짜로 실제 라디오 또는 텔레비전 쇼를 만들고 전 세계에 있는 모든 사람들에게 배포할 수 있다.

처음으로 돌아가서

이 장에서는 직접 라디오 쇼를 만들고 잠재고객, 고객, 동료, 지지 팬에게 방송하는 방법을 논의한다. 동영상/텔레비전 범주에서는 직접 텔레비전 쇼를 만들고 무료로 해당 콘텐츠를 방송하는 방법에 대해 논의한다.

인터넷 라디오

1993년 기술자이며 〈Exploring the Internet and A World's Fair〉 등 8권을 저술한 칼 말라무드Carl Malamud가 최초로 웹 라디오를 개척했다. 그는 자칭 '최초의 컴퓨터 라디오 토크쇼'에서 매주 다양한 컴퓨터 전문가와 인터뷰를 진행했다. 이 쇼는 실제로 라이브캐스팅된 것이 아니라 미리 녹화한 후 배포된 것이어서 청취자가 오디오 파일을 다운로드하여 재생해야 했다팟캐스팅의 초기 버전. 그러나 말라무드는 인터넷 라디오라는 개념을 소개함으로써 의미 있는 출발을 했다.

실제로 인터넷을 통해 오디오를 라이브로 방송한 첫 번째 그룹은 오디오 콘텐츠를 제작하고 있었던 기존의 상업적인 라디오 방송국이었다. 기존 지상파 라디오 방송국 또는 네트워크가 경계를 넘어온 것은 논리적으로 자연스러운 일이었다. 방송국은 AM/FM 라디오 주파수를 통해 방송하고 있던 기존의 콘텐츠로 인터넷을 통해 방송하면 되었다.

같은 달, 최초의 락앤롤 콘서트가 라이브로 방송되었으며 롤링스톤은 '최초로 사이버공간에서 스트리밍된 콘서트'가 되었다. 믹 재거Mick Jagger는 다음과 같이 콘서트 참가자에게 환영 인사를 했다. "오늘 인터넷을 등반하여 M-bone에 참여한 모든 분들을 특별히 환영합니다. 이 장소가 무너져 내리지 않기를 바랍니다."

상업적인 인터넷 전용 라디오 방송국

인터넷 방송의 다음 단계는 기존의 라디오 방송국이 아닌 개인이 새롭고 효과적인 무료 기술을 활용하는 것이었다. 사람들이 모든 장소에서 직접 라디오 쇼 콘텐츠를 만들고 인터넷을 통해서 전송하기 시작했다. 새로운 산업의 태동이었다.

1995년 11월 스캇 번Scott Bourne과 라디오 베테랑인 스캇 콤스Scott Combs가 미네소타 미니애폴리스에 근거를 둔 NetRadio Company를 설립하고 RealAudio를 사용하여 인터넷을 통해 음악을 스트리밍하기 시작했다. 이 회사는 네 가지 형식만 지원하는 것으로 시작했으나 2년 이내에 12가지 이상의 형식을 지원하도록 확장되었다.

라디오 청취자 리서치 회사인 알비트론Arbitron, 닐슨 미디어 리서치가 TV 시청자를 대상으로 정보를 수집하는 것과 유사하게 라디오 청취자에 대한 데이터 수집은 1997년에 인터넷 기반 라디오 방송국을 평가하기 시작했다. 넷라디오가 톱10 랭킹 중에서 8위를 유지한다는 것이 밝혀졌다. 나바르사Navarre Corporation는 넷라디오를 인수하고 같은 해 자사 중 하나와 합병했다. 2001년 문을 닫은 넷라디오는 인터넷 오디오 스트리밍 발전에 있어서 중요한 역할을 했으며 다른 공급업체가 발전해 갈 수 있는 기반을 마련했다.

라이브캐스팅

오늘날 형태의 라이브캐스팅이 가능하게 된 것은 휴대성이 좋은 노트북 컴퓨터에 포함된 가볍고 에너지 효율적인 하드웨어, 긴 수명의 배터리, 비디오카메라 및 무선 인터넷 연결 장치의 발전 때문이다. 이런 기술을 효율적으로 사용하게 되면서 많은 사람들이 자신의 삶을 인터넷을 통해 세상과 공유하기 시작했다.

착용 가능한 카메라로 촬영한 1인칭 동영상을 통해 실시간으로 벌어지는 자신의 삶을 라이브로 방송한 첫 번째 인물은 토론토 대학교의 교수인 스티브 만Steve Mann이었다. 만은 착용 가능한 컴퓨터와 비디오카메라로 실험했으며 1980년대 초반에 동영상을 스트리밍하고 있었다. 그가 작업한 내용은 결국 착용 가능한 무선 웹캠으로 발전했다.

HereandNow.net

1999년 2월 네코미미 리사Nekomimi Lisa라고 알려진 리사 배티Lisa Batey가 HereAndNow.net 웹사이트를 만들고 연중무휴 라이브캐스팅을 시작했다.

배티와 룸메이트는 대학교 생활을 편집하지 않고 24시간/주7일 인터넷 동영상 스트리밍으로 공유했다. JenniCam 및 같은 시기의 다른 라이프캐스팅과 달리 HereandNow.net는 좋은 품질로 동영상을 브로드캐스팅했으며 최초로 완전한 동영상과 오디오로 스트리밍했다. 2001년 HereandNow.net은 방송을 중단했지만 배티의 커뮤니티는 아직도 채팅방과 야후 그룹에서 존재하고 있다.

1999년 12월, 조시 해리스CBS 텔레비전 쇼 BigBrother 제작자는 타냐 코린Tanya Corrin과 함께 사용하는 집안에 전화, 마이크, 32개의 로봇 카메라를 배치하고 형식을 갖춘 개념적인 예술 실험인 'We Live in Public'을 소개했다. 관람자들은 웹사이트의 채팅 룸을 통해 해리스와 코린에게 텍스트를 보낼 수 있었다. 조시 해리스는 현재 인터넷 기반 텔레비전 스튜디오 및 온라인 웹사이트인 Operator 11 Exchangewww.operator11.com의 설립자이며 CEO다.

www.operator11.com

라이브캐스트와 실시간 동영상 스트림은 2007년까지, 캠트위스트Camtwist, 매니캠Manycam, 그리고 웹캠맥스WebcamMax 등과 같은 소프트웨어를 이용하면 오버레이, 방송, 효과, 멀티 카메라 등과 같은 기능으로 라이브캐스트와 실시간 동영상 스트림에 다양한 연출을 할 수 있다. 이것은 라이브스트림을 보다 신속하게 처리할 수 있기 때문에 재미있는 쇼뿐만 아니라 전문가다워 보이는 라이브 저널리즘의 새로운 단계를 가능하게 만들었다.

많은 쇼가 참여했기 때문에, 라이브스트리밍은 더 이상 라이브캐스팅 전용이 아니었다. 월드 리베이로Walt Ribeiro는 커다란 가상 교실에 라이브스트리밍을 하는 온라인 음악 강사가 되었으며 플레이카페는 "첫 번째 온라인 게임 쇼 네트워크"가 되었다. 그뿐만 아니라 대통령 선거 캠페인, 라이브 콘서트를 여는 밴드, 심지어 우주 왕복선 발사도 있었다. 사람들은 자신의 삶과 온라인 회의를 방송하는 것뿐만 아니라 실시간으로 가상 세계와 비즈니스를 만드는 데도 이 기술을 사용했다.

Justin.tv

라이브캐스팅이란 개념을 대중화시킨 최초의 개인은 캘리포니아 거주자인 저스틴 칸Justin Kan이었다. 2007년 초 샌 프란시스코에 살던 저스틴은 'Justin.tv www.Justin.tv'를 설립했다.

웹캠을 설치한 야구 모자를 쓴 저스틴은 2007년 3월 19일부터 자신의 생활을 라이브 동영상으로 스트리밍하기 시작했다. 이런 과정에 라이브캐스팅이란 이름을 붙인 것은 실제로 저스틴이라고 인정되고 있

www.Justin.tv

다. 그가 24시간, 일주일 내내 웹캠을 사용해 중단 없이 생활하는 모습을 방송하겠다고 발표했을 때 미디어의 주목을 받았다. 2007년 4월 저스틴은 NBC 투데이 쇼 리포터 앤 커리Ann Curry와 인터뷰하면서 전국적인 관심을 받았다.

칸의 컴퓨터 하드웨어는 Justin.tv를 설립한 네 명 중 한 명인 카일 보그트Kyle Vogt의 작품이다. 보그트는 저스틴이 방송에 사용한 휴대용 라이브 동영상 스트리밍 컴퓨터 시스템을 만들었으며 다음과 같이 회상했다.

"저는 샌프란시스코로 이사해서 나머지 팀원과 가까이 지낼 수 있게 되었습니다. 우리 네 명은 침실 2개인 소형 아파트에 거주하면서 일했습니다. 저는 리눅스 소켓 프로

그림 14.1 Justin Kan – Justin.tv

그래밍, 휴대폰 데이터 네트워크 및 실시간 데이터 프로토콜의 전문가가 될 정도로 많은 시간을 소비했습니다. 가까운 거리에 데이터 모뎀 4개가 있었지만 호환이 잘되지 않아서 패킷 손실이 50퍼센트에 달했습니다. 몇 주간 이런 모뎀과 씨름하면서 마침내 1.2Mbit/s의 단일 동영상 업링크를 만들었습니다. 책상에 쌓여 있던 Radio Shack 부품 더미, 컴퓨터 부속품, 해킹된 휴대폰으로 새로운 카메라를 만들었습니다. 수천 라인에 달하는 Python 코드, 사용자 정의된 실시간 프로토콜, 연결 로드 밸런싱, 기타 여러 가지 멋지게 조작한 프로그램을 사용했습니다."

저스타인 에자릭Justine Ezarik 등장

2007년 5월 29일 디자이너인 저스타인 에자릭이 펜실베니아 피츠버그에서 라이브캐스트를 스트리밍하는Justin.tv의 두 번째 라이브캐스터가 되었다.

저스타인은 호스트의 시각에서 접근하는 이전의 방법을 사용하지 않고 웹캠을 자기 자신에게 향하도록 함으로써 상당히 많은 시간을 시청자와 상호작용했다.

저스틴은 "제가 보는 것은 이렇습니다"에 가깝다면 저스타인은 "제가 여기 있으니 저와 상호작용을 하시죠"라는 편에 가까웠다. 저스타인은 텍스트 채팅을 통해 더 많은 대화를 나누었으며, 이 피드를 감상하는 것은 그녀와 얼굴을 맞대고 대화하는 것에 가까웠다.

www.Justin.tv

그림 14.2 Justin.tv

그림 14.3 Justine Ezarik – Justin.tv

알아야 할 사항

DIY 라디오

DIY_{Do-It-Yourself} 라디오는 다른 형태의 라이브캐스팅이다. 인터넷을 통해 청중에게 라이브로 방송한다. DIY 인터넷 라디오 쇼가 1시간으로 제한되고 24시간 진행되지는 않지만 추종자와 라이브로 의사소통하는 것이다.

블로그토크라디오_{BlogTalkRadio}는 사용자가 전화, 인터넷 액세스, 브라우저만 있으면 직접 라이브 인터넷 라디오 쇼를 호스트할 수 있도록 하는 인터넷 기반의 오디오/라디오 플랫폼이다. 블로그토크라디오는 '사이버공간의 포퓰리스트 집단'[2]이며, '최신 미디어 유행에서 두드러진 역할을 하고, 누구나 웹 연결을 통해 언제나 어떤 주제에 대해서라도 토크쇼를 호스팅할 수 있도록 한다. 새로운 미디어 중에서 가장 최신 형태이며 인터넷 블로그의 오디오 버전'[3]이라고 한다.

이동통신사 경영진이며 전직 회계사인 알란 레비_{Alan Levy}가 블로그토크라디오를 설립했고, 현재

CEO다. 알란은 병든 부친의 소식을 가족들에게 업데이트하기 위해 블로그를 만들었다. 그런 후 2006년 8월에 블로그토크라디오를 발표했다. 블로거가 청중과 직접적이고 실시간으로 의사소통 할 수 있는 방안을 마련하고자 한 것이다_{www.theSocialMediaBible.com을 방문하면 알란 레비의 뛰어난 인터뷰를 들을 수 있다.}

〈워싱턴포스트〉 리포터인 커츠_{Kurtz}는 '미디어 노트' 칼럼에서 수차례 블로크토크라디오에 대해 다루었으며 다음과 같이 말했다. "이 과정은 바보라도 문제없이 사용할 수 있다. 호스트가 암호를 사용하여 웹페이지에 로그인하고, 방송하고 싶을 때 입력한 다양한 전화를 사용하여 특수 번호로 전화를 걸면 된다. 컴퓨터 스크린에 게스트나 청취자의 전화 번호 목록이 표시되면 호스트는 마우스 클릭으로 즉시 최대 6개의 방송을 내보낼 수 있다. 또한 청취자는 나중에 팟캐스트 버전을 다운로드할 수 있다."[4]

블로그토크라디오는 같은 시간에 최대 5명이 전화를 걸어서 인터넷 라디오 쇼에 참여할 수 있도록 하며, 반면에 청취자의 수는 거의 무제한이다. 라이브 방송 동안에 사용자의 라디오 쇼는 호스트의 웹페이지에서 바로 스트리밍되며 해당 쇼는 녹음되어 나중에 온디맨드 팟캐스트로 스트리밍될 수 있다. RSS 피드를 사용하여 이런 쇼를 구독할 수도 있다_{이 과정에 대한 자세한 내용은 17장 '간편해진 RSS' 참조.} 블로그토크라디오 쇼를 페이스북, 마이스페이스 및 기타 소셜네트워킹 웹페이지에 게시할 수 있다. 블로그토크라디오 역시 무료이며 광고도 지원한다.

팟캐스트와 블로그토그라디오 전에 시리우스_{Sirius}와 SM 같은 위성라디오 스테이션이 있었다. 1990년 초에 세워진 위성라디오 스테이션은 방송의 새로운 변화와 자유를 촉진시켰고, 새천년 시대에 전통적인 라디오 방송국의 주요한 경쟁자로 성장했다. 비록 위성라디오 스테이션의 재능은 DIY되지 않았지만 새로운 미디어에서 인터넷이나 새로운 미디어로 옮겨갔을지도 모를 전통적인 특징들을 줄곧 유지시켰다.

달가워하지 않은 전통적인 라디오 방송국

전 세계에 자신의 라디오 쇼를 웹캐스팅하는 기술을 저렴하게 이용할 수 있게 되자 독립적인 미디어가 우후죽순처럼 늘었다. 짐작할 수 있는 것처럼 전통적인 라디오 방송국은 새로운 글로벌 인터넷 기반 경쟁이 달갑지 않았기 때문에 로열티 청구, 의회 청문회, 법률 개정 및 탄원을 제기했다. 이 책에서는 법률적인 측면을 논의할 의도가 없기 때문에 이 분야에 대해서는 다음 용어를 조사하여 자세한 내용을 확인하면 된다.

- 2002 저작권 중재 로열티 패널CARP, Copyright Arbitration Royalty Panel
- 2007년 미국 저작권 로열티 이사회, 인터넷으로 방송되는 녹음된 저작물의 연주자에게 지불할 로열티 요율 인상 승인
- 2007 인터넷 라디오 평등법HR 2060

지속되는 논쟁 속에서 2008년 9월 저작권 로열티 이사회는 Apple과 Amazon 등 음악 퍼블리셔가 판매하는 로열티 요율을 곡당 9센트로 유지하기로 결정했다. 새로운 규정이 지속적으로 작성되고 있기 때문에 세 명의 판결 패널은 향후 5년 동안만 로열티 요율을 유지하기로 결정했다. 하지만 저작권 로열티 이사회가 트랙 당 요금보다는 디지털 음악 매출의 퍼센트로 요율을 설정해야 한다고 주장하는 사람들이 많다.

웨비나, 웹 컨퍼런스, 웹캐스팅
이번 장의 시작에서 논의한 것처럼 가장 오래된 형태의 웹캐스팅 또는 인터넷을 통한 라이브 동영상 브로드캐스팅은 '웹 컨퍼런스' 였다. 이런 방식은 인터넷을 통해 한두 명 또는 컴퓨터 한두 대를 연결하는 컨퍼런스 소프트웨어를 사용하여 동시에 대화하고 상대를 볼 수 있도록 했다. 사람들은 이런 다-대-다 양방향 동영상 커뮤니케이션을 사용하여 라이브 미팅이나 프레젠테이션을 수행할 수 있었다.

웹 캐스트: 웹 캐스트는 스트리밍 기술을 사용하여 인터넷을 통해 라이브 방송이나 미리 녹화된 미디어 파일을 배포하는 것이다. 단일 콘텐츠 소스에서 다수의 시청자에게 동시에 방송 또는 배포된다. 웹캐스팅은 투자 관계 프레젠테이션, 연간 미팅, 세미나, 전자학습 등 상업적인 회사에서 적용할 수 있는 분야가 많다. 오늘날 가장 규모가 큰 웹 캐스터는 라디오 및 텔레비전 방송

국으로 무선케이블 방송을 동시에 캐스팅하거나 온디맨드 형식 보기로 콘텐츠를 제공한다.

웨비나: 웨비나[5]란 단어는 웹web과 세미나seminar를 합친 것이며 일-대-다 형태의 웹캐스팅이다. 라이브 현장 세미나의 발표자 및 청중과 비슷하게 웨비나는 보통 한 방향 가끔 양방향 커뮤니케이션이 수반된다. 텍스트 채팅은 웹 컨퍼런스의 일부인 경우가 흔하며 이를 통해 청중이 실시간으로 발표자에게 질문하고 상호작용할 수 있다. 웨비나의 오디오 부분은 기술적으로 컨퍼런스 콜을 통해 가능하며, 발표자는 인터넷을 통해 시각적인 정보를 제공하면서 스피커폰을 통해 청중에게 설명하게 된다.

최신 웨비나 소프트웨어예: Vonage 전화 서비스는 인터넷을 통해 양방향 오디오 대화가 전송될 수 있도록 하는 VoIPVoice over Internet Protocol를 사용한다. 이렇게 하면 컨퍼런스 전화를 걸 필요가 없으며 소프트웨어에서 화면에 발생하는 양쪽의 활동을 모두 캡처할 수 있다오디오 대화와 동영상까지. 전체 웨비나 캡처는 배포 가능하며 나중에 재생할 수 있다.

동영상 블로그Videoblog

동영상 블로그는 텍스트 이외에 짧은, 미리 녹화된 동영상을 사용하여 메시지를 전달한다는 점을 제외하면 일반적인 블로그와 동일하다동영상 블로그의 기원과 사용에 대한 자세한 설명은 6장 '유비쿼터스 블로그' 참조.

유스트림TVUstream.tv

Ustream.tv는 누구나 무료로 라이브 스트리밍 동영상을 통해 라이브캐스팅을 할 수 있는 공개 플랫폼이다. 2007년 3월에 설립되었으며 현재 32만 명 이상이 등록하여 매월 35만 시간 이상의 라이브 동영상 콘텐츠를 생성하고 있다. 유스트림 사이트는 매월 1,000만 명이 방문하며 새로운 제품 개발에 1,110만 달러의 펀딩을 받았다. 유스트림은 최근 정치 캠페인에서도 유용성을 인정받았다. 2008 미국 대통령 선거 캠페인에

www.Ustream.tv

서 전 상원의원이며 대통령 후보 지망자이던 마이크 그라벨Mike Gravel은 Ustream.tv를 통해 토론을 스트리밍한 최초의 후보가 되었다.

www.Ustream.tv

이 사이트를 통해 그라벨은 수많은 유권자의 정치 관련 질문에 대해 실시간으로 답을 할 수 있었다.

온라인 스트리밍은 2010년에 메인스트림이 되었다. 사람들은 쉽게 접근할 수 있고, 쉽게 얻을 수 있기 때문에 스마트폰을 통하여 스트리밍했다. 아이폰 앱은 Ustream.TV를 사용하고, 많은 사람들은 비디오를 찍거나, 휴대폰 카메라로 촬영하거나, 비디오를 실시간으로 업로드하기 위해 사용한다. 저스틴 에즈락과 저스틴 칸은 대용량 밧데리와 대형 카메라, 대형 랩톱 컴퓨터를 운반했지만 우리는 지금 호주머니 안에 그것을 갖게 되었다.

소셜미디어 ROI

온라인 이벤트를 홍보하기 위한 효과적인 매체로서의 소셜미디어

배경

싱크 빅 파트너Think Big Partner 그룹은 기업가의 성공을 돕기 위해 설립된 창업 보육 회사다. 캔자스시티에 위치한 이 그룹은 회사 설립을 알리고 짧은 기간 안에 많은 소문을 낼 수 있는 방법을 찾고 있었다. 이런 목적을 염두에 두고, 싱크 빅 파트너는 싱크 빅 캔자스시티라고 불리는 지역 기업가 회의를 열었다.

전략

싱크 빅 파트너 그룹은 "여러분이 전하려는 것을 실행한다"란 아이디어를 가지고 기업가, 투자자, 그리고 신규 업체를 위한 최고의 회의를 설립하기 시작했다. 회의는 월 스미스가 출연한 블록버스터 할리우드 영화의 주인공 이름과 동일하며 〈행복을 찾아서The Pursuit of Happyness〉의 저자이자 〈뉴욕 타임즈〉가 뽑은 넘버 원 베스트셀러 작가인 크리스 가드너Chris Gardner 그리고 1hour2plan의 창안자이며 두 책의 저자이자 1990년대에 스티븐 코비Stephen Covey에게 강연 요청을 가장 많이 받은 강연자인 조 칼훈Joe Calhoon을 포함하여 30명 이상의 전문 연설가를 초빙한 1일 이벤트였다.

싱크 빅 파트너 그룹이 직면하고 있는 문제는 이벤트를 홍보하고 사람들을 이벤트가 개최되는 장소로 오는 데까지 45일 밖에 남지 않았다는 점이었다. 하지만 이러한 시점에서 첫 번째 이벤트에 대한 홍보도 전혀 이루어지지 않았다. 그리고 마케팅의 전통적인 결합을 의도했지만 싱크 빅 파트너 그룹은 넓게 생각하는 것Think Big을 원했다.

시행

회사는 이벤트 홍보를 돕기 위해 소셜미디어로 눈을 돌렸다. 그리고 1월 13일, 싱크 빅 파트너 그룹은 블로그, 트위터 프로파일, 그리고 3월 3일 이벤트를 위한 페이스북 펜 페이지 등을 시작했다. 이 아이디어는 브랜드의 관심을 끌고 신입 참석자를 돕기 위함이었다. 참석자들이 참가비를 지불해야 했기 때문에 소셜미디어는 표를 매진시켜 수익을 창출할 수 있도록 리드 제너레이터lead generator로 사용되었다.

거의 30명의 연설자들과 더불어 싱크 빅 파트너 그룹은 사용할 수 있는 방대한 양의 콘텐츠를 제공했다. 그리고 각 플랫폼과 모든 의사소통을 공유할 수 있도록 블로그는 트위터와 페이스북에 프로그램에 따라 연결되었다. 연설자들의 참여는 싱크 빅 블로그에 독특한 콘텐츠를 제공했고 이벤트 홍보를 위해 개발된 링크 전략을 도왔다. 또한, 싱크 빅 파트너 그룹의 파트너는 채용에 사용되는 장려금을 준비하는데 전념할 수 있었다. 관심을 끌고 참여를 유도할 수 있도록 트위터 팔로우 캠페인을 통해 크리스 가드너의 사인이 들어가 있는 책과 장학금이 제공되었다. 게다가, 1만 달러 비즈니스 플랜 대회가 개최되었으며 페이스북 팬페이지를 위해 개발된 랜딩 페이지를 통해 이 대회를 홍보했다.

기회

대화를 이끌어 내는 것뿐만 아니라 실제로 사람을 이벤트에 참석시키는데 얼마만큼 영향을 미칠 수 있는지와 소셜미디어의 엄청난 범위를 보여줄 수 있는 기회를 얻었다. 이 매체의 바이러스성 본질은 구전 광고와 소셜 리드 제너레이션lead generation에 대한 효과를 테스트할 수 있는 큰 기회를 제공했다.

www.thinkbigkansascity.com

결과

싱크 빅 KC에 대한 트위터 팔로어는 이벤트 하루 만에 0명에서 1,540명으로 증가했으며 이벤트용 블로그와 홍보 페이지에 대한 트래픽의 15퍼센트 이상은 소셜미디어의 노력 덕분이었다. 이벤트 플래너는 티켓 판매의 5퍼센트가 홍보 덕분이라고 말했다. 부수적으로 여러 작가와 전문 연설가들은 소셜미디어 캠페인으로 인해 싱크 빅 파트너로 소개되었고 멘토와 참석자로서 기업 인큐베이터에 참여할 수 있는 기회를 얻었을 수 있었다.

– 차드 헤르만Chad Herman

www.thinkbigkansascity.com

Expert
Insight

전문가 의견

조디 그난트Jody Gnant, 가수, 작곡가, 커뮤니티 마케터, www.jodygnant.com

저는 자신을 가수이자 작곡가라고 생각합니다. 11살 때부터 원하던 목표였습니다. 예술가가 되기 위해서 타협하지 않으려면 제 스스로 그 목표를 이루어야겠다고 늘 생각했습니다. 저는 인터넷이 발전하던 시기에 태어나서 성장했기 때문에 인터넷과 함께 성장한 셈입니다.

조디 그난트

저는 13세 때에 '스쿠터'라는 닉네임으로 온라인에서 채팅을 했습니다. 이제는 주기가 완전히 바뀌어서 인터넷이 사람들에게 돌아왔습니다. 즉, 소셜미디어를 통해서 독립적인 예술가로 활동하면서 독자적으로 하는 일을 홍보할 수 있는 정말 흥미로운 시기가 되었습니다. 바로 그것이 제가 하는 일입니다. 노래하고, 작곡하고, 인터넷을 통해 제 작품을 세상에 선보입니다...

앞서 말씀드린 대로 제가 어렸을 때는 모뎀, 회전식 전화 등이 있었습니다. 모뎀이 무엇인지 알지도 못하면서 흑백 화면 앞에서 채팅을 했습니다. 조크Zork는 즐겨 하던 게임이었지요. 그러나 조크 게임과 온라인 채팅 외에 인터넷으로 할 수 있는 일이 많지 않았습니다.

제가 느끼기에는 회사들이 일정 역할을 맡아두었다가 개인에게 되돌려준 것 같습니다. 그것은 제가 음악가로서 의미를 두는 것과 유사합니다. 제가 작곡가와 가수가 되려 한 것은 긍정적인 변화를 사람들에게 주고 싶어서입니다. 그것이 바로 제가 인터넷을 좋아하고 블로깅, 라이브캐스팅 같은 도구를 좋아하는 이유이기도 합니다. 그것을 통해 우리가 특별한 방식으로 긍정적인 변화를 지속적으로 가져올 수 있습니다. 우리의 목소리를 내기 위해 인터넷을 통해 배포할 채널이 생긴 것입니다.

라이프캐스팅은 정말 멋집니다! 위키피디아는 일반적인 미디어를 통해 개인의 삶을 계속하여 방송하는 것이라고 설명합니다. 그리고 기본적으로 대다수의 라이프캐스터는 카메라를 착용하며, 1인칭 관점에서 일상적인 내용을 제공하는 것이 그들의 라이프캐스팅입니다. 그러나 저는 홍보를 위해서 '빨간 종이 클립' 거래 일부를 녹음하여 발표한 앨범인 'Pivot'의 홍보 도구로 접근했습니다. 그래서 우리는 브로드캐스팅을 시작하기로 했습니다. 녹음, 믹싱, 마스터링, 인쇄 과정을 방송하고, CD 출시 기념 파티 리허설을 방송한 다음, CD 출시 기념 파티를 방송했습니다. CD 출시 기념 파티를 하면서 떠오른 것은 '이것이 세계에서 가장 긴 다큐멘터리가 될 수 있을 것'이란 생각이었습니다. 제목은 독립 가수 겸 작곡가가 살아가는 모습과 시간그리고 살아가려고 애쓰는 모습입니다.

이것은 언론 활동 과정이 되었고, 후에 제가 아티스트로서 달성하려는 목표를 기록으로 남겨 두는 게 되었습니다. 그리고 어느 시점에서는 홍보용 도구라기보다는 개인적인 미션에 가까워졌습니다. 그 과정에서 실시간 참여를 선택할 수 있었기 때문에 다른 사람이 합류한다는 사실이 좋았습니다. 여러분께서 음악인으로서의 제 삶의 과정에 영향을 주기 원한다면 바로 저와 채팅할 수 있습니다. 제가 LA에서 길을 잃었다면 누군가 도움을 줄 수도 있습니다. 여러분이 구글을 방문하여 제가 어디 있는지 찾아내고서 "왼쪽으로 돌아서 윌셔Wilshire 거리를 따라가세요!"라고 말할 수 있습니다. 그래서 인터넷을 통해 개인 GPS를 가지고 있는 셈입니다. 아니면 그냥 앉아서 쇼를 감상할 수도 있을 것입니다...

홍보용 도구로 활용하기 위해 이 일을 시작했지만, 이제는 커뮤니티가 형성된 것 같다는 생각이 듭니다. 수백 명의 사람들이 매일 찾아와서 내용을 보고 미소 짓게 되었습니다. 어떤 분은 자동차 사고로 7주간의 혼수상태에서 깨어나서 우연히 저의 라이프캐스트를 접했다는 이야기를 들려주었습니다. 그리고 이 커뮤니티를 통해서 어려운 시기를 극복하는데 도움이 되었다고 합니다. 그분은 자신의 흉터도 보여주었는데, 홍보용 도구로 시작한 것이 친근한 이미지의 커뮤니티가 되어서 이제는 제가 없어도 존재하는 곳이 되었다는 것을 생각하면 겸허한 마음이 생깁니다.

저는 이제 더 이상 인터넷에서 라이프캐스팅을 하지 않지만 이 과정에서 알게 된 36명과는 대화를 나누고 있습니다. 정말 겸허한 마음이 듭니다. 이것은 단순한 브로드캐스팅이 아닙니다. 이렇게 커뮤니티를 형성한 것은 제가 직접 한 일 중에 가장 풍성한 경험일 것입니다...

커뮤니티 마케팅 프로젝트를 수행할 때에는 초점의 대상이 누구이고, 어떤 커뮤니티를 구성할 것인지 알아야 합니다. 누구를 대상으로 수행하고 하루가 끝날 때 어떻게 영향을 미칠 것인지 반드시 알아야 합니다. 그런 활동의 영향을 받는 사람들이 존재하기 마련입니다. 단순하게 제품을 판매하는 것이 아닙니다. 라이프캐스팅을 할 때에는 식탁의 접시에 올라온 것들에 제가 보이는 반응이 방송되고 분석되며, 리믹스되거나 복사되어서 다른 누군가에게 감동을 줍니다. 제가 하는 모든 일이 긍정적이든 부정적이든 다른 사람의 실제 삶에 영향을 줄 수 있다는 공인으로서의 막중한 책임감은 음악을 통해 내보내는 콘텐츠를 넘어서는 것이었습니다.

새로운 제품을 사용해보려고 생각할 때에도, 누군가는 그것이 정말 좋거나 나쁘다고 생각할 것입니다. 정말 흥미로운 점이 있습니다. 물론 비약할 생각은 없습니다. 우리는 아파트 상가 로비에서 새로운 커피메이커를 시도해 보려고 매일 아침 이 커피를 구입했습니다. 라이프캐스트의 채팅에 참가하는 사람이 실시간으로 피드백을 줄 수 있었습니다. 그래서 채팅 중에 특정 브랜드 이름이 얼마나 자주 언급되는지 세어볼 수도 있습니다. 그리고 브랜드에 대해 어떤 유형의 질문을 하는지 모니터링할 수도 있습니다. "보세요, 당신이 라이프캐스트에서 사용해보고 좋다고 해서 이 제품을 구입했습니다"라고 누군가가 이야기할 때마다 모니터링할 수 있습니다. 그러므로 살아가면서 집어 드는 모든 브랜드의 홍보 대사 역할을 하게 됩니다. 그런 점에서 라이프캐스팅은 정말 강력한 브랜드 통합 모델입니다. 인터넷에 올라오게 될 내용이란 측면에서 다가오는 해에 훨씬 많이 보게 될 그런 것입니다.

일반적인 커뮤니티 마케팅이란 커뮤니티가 실제로 존재하는 곳입니다. 저는 '유명인'이란 표현을 좋아하지 않습니다. 그보다는 커뮤니티, 대변인, 브랜드를 홍보하는 사람이 존재합니다. 유명인

보다는 신뢰하는 커뮤니티 구성원이 추천해 주는 것이 중요합니다. 우리는 이미 이렇게 되는 것을 보았습니다. 나머지 미디어 세계에서 라이프캐스팅과 시민 저널리즘을 채택하면서 인정하게 된 것이며 일반적인 마케팅에도 더 많이 포함될 것입니다. 아주 강력합니다.

친구가 추천한 최고의 영화를 보고 나서 톰 크루즈 Tom Cruise가 텔레비전에 나오면 "내가 본 영화 중 최고였어요!"라고 할 것입니다. 그것은 친구와 친밀한 끈으로 연결되어 있기 때문입니다...

www.theSocialMediaBible.com

www.theSocialMediaBible.com을 방문하면 조디 그난트와 나눈 경영진 대화 전체를 들을 수 있다.

국제적인 견해

뉴질랜드

비즈니스에 소셜미디어를 도입하려면 키위Kiwi, 뉴질랜드인 방법을 이용하자!

뉴질랜드의 비즈니스에 발생하는 상호작용 및 소셜미디어 선정에 대한 정보.

뉴질랜드는 91퍼센트라는 세계에서 가장 높은 광대역 보급률을 가진 나라 중 하나로 키위는 온라인 세계에서 디지털 방식으로 가장 많이 연결된 사람들로 손꼽힌다.

또한, 전문 직종과 비즈니스에서 지속적으로 사용되는 소셜미디어 현상도 뉴질랜드 전역에서 주류를 이루었다. 스마트폰 보급이 빠르게 증가하고 엄청나게 빠른 광대역 덕분에, 이런 현상은 점점 커질 것이다.

뉴질랜드 인터넷 사용자에 대한 통계 자료에 따르면, 현재 360만 명의 회원을 가진 트위터는 참신함을 유지한 채 지속적으로 성장하고 있다. 링크드인은 전 세계적으로 초당 2명씩 새로운 회원으로 가입하고 있으며, 모든 동영상의 절반은 유튜브를 통해 보며, 페이스북은 210만 명이 사용하는 소셜네트워크 속에서 선두를 달리고 있다. 비즈니스 블로그, 포스퀘어 등과 같은 위치 기반 서비스, 그리고 Smallworlds.com 등과 같은 소셜 게임 앱 등에 관심이 쏠리고 있으며 올해는 이런 현상이 더욱 커질 것으로 예상된다.

2008년 초, 고객 봉사 활동을 극대화하기 위해 아주 조심스럽게 소셜미디어를 시작한 보더폰Vodafone, 텔레콤Telecom, 그리고 에어뉴질랜드Air New Zealand 등과 같은 대규모 지역 비즈니스와 함께 첫 번째 광고의 물결이 뉴질랜드 해안을 덮쳤다.

뉴질랜드에서 SME와 소유주가 직접 운영하는 비즈니스가 주를 이루는 몇몇 얼리 어답터들은 소셜미디어로 수익을 냈다. 다음은 스위트 스폿을 찾아낸 전략과 성공적인 이야기를 소개한 것이다.

- **불릿 PR**Bullet PR, **현재 오길비(Ogilvy) NZ에서 소유**: 불릿 PR은 2010년에 인기 있는 전 세계 운동의 지역 지부www.SocialMedia.Club.org인 소셜미디어 클럽 오클랜드를 설립하고, 비즈니스 네트워킹 이벤트 미디어 밍글(Media Mingle)와 주요한 국제 소셜 회의소셜미디어 정크션(Social Media Junction) [1] 및 [2]를 조직하여 뉴질랜드의 소셜미디어에 상당히 기여한 선구적 PR 회사다.
- **쥐아포**Giapo: 젤라토 상점인 쥐아포에서는 뉴질랜드에서 가장 맛있는 젤라토를 만들 뿐만 아니라 마라톤을 조직하고, 자선 단체를 꾸리며, 아이스크림 재료를 클라우드 소싱하고, 팬, 친구, 그리고 팔로어들의 왕국을 설립했다.
- **어전트 커리어즈**Urgent Couriers: 어전트 커리어즈는 정시 배달, 양질의 고객 서비스, 빠른 응답 등의 독특한 평판과 더불어 뉴질랜드에서 유일하게 이산화탄소를 배출하지 않는탄소 중립 택배 회사로 최고의 브랜드를 쌓은 지역 네트워크다.
- **뉴질랜드 부동산**Real Estate NZ: 지루한 비즈니스 분야에 통나무log를 블로그blog로 그리고 로드맵roadmap을 모바일 앱mobile app으로 등과 같이 "소셜미디어−지식"을 넣은 방법에 대해 주목할 만한 성과를 이뤘다.
- **포도주 저장고**The Wine Vault: 유튜브를 이용하여 개인 브랜딩과 와인 비즈니스가 협력한 우수한 사례로 와인 전문가로 알려진 제이슨 브라이언트Jayson Bryant가 여러 가지 와인을 제안하고 있다.
- **syENGAGE**: 소셜 참여를 통해 비즈니스 가치 생성을 전문으로 하는 소셜미디어 자문 회사로 소셜미디어 모범 경영에 적절한 자원으로써의 평판과 더불어 솔루션을 콘텐츠 생성 및 큐레이션curation, 트레이닝 및 교육, 마케팅, 계획, 그리고 전략에 적용한다.

에어뉴질랜드Air NZ의 마일-하이 매드니스 인플라이트 바이럴 동영상Mile-High madness in-flight viral video, 페이스북의 ASB 은행의 가상 지사, NZTA뉴질랜드 교통청의 "고스트 칩" 음주 운전 금지 캠페인 "Ghost Chips" anti-drink and driving campaign 등과 같은 2011년도 핵심적인 "비즈니스에서의 소셜미디어" 사례 연구를 제외하고, 소셜미디어 사용량은 루비 월드컵Rugby World Cup 및 뉴질랜드 선거NZ Elections 기간인 2011년도에 최고점을 찍었다. 그러나 뉴질랜드에서 가장 큰 소셜미디어 뉴스는 크라이스트처치Christchurch에서 발생한 지진이 기록했다.

-아머 트리비디Amar Trivedi

amar@syengage.com

twitter: @Mr_Madness

LinkedIn: nz.linkedin.com/in/trivediamar

Blog: www.MrSocial1.blogspot.com

통계 자료 출처

1) World Internet Project New Zealand(Jul-Aug 2011)

2) Internet World Stats(August 2011)

3) SocialBakers.com

www.MrSocial1.blogspot.com

해야 할 일 리스트

1. 라이브캐스팅을 탐색하라.

이 장에서 언급한 일부 웹사이트를 방문하여 살펴보아야 한다. 저스틴 칸이 Justin.tv로 수행한 결과를 살펴보자. 알란 레비의 BlogTalkRadio를 살펴보자. 계정을 등록하자. 자신만의 라디오/텔레비전 쇼를 만들 준비가 되었을 때 어떤 옵션을 사용할 수 있는지 이해해야 한다.

2. 웹캠을 구하라.

웹캠을 구해서 사용해보아야 한다. 25달러면 구입할 수 있다. 아무 것도 없다면 친구나 동료와 비디오 채팅을 해 보자. 이 기술이 편하게 느껴져야 한다. 다음에 이동할 때에는 가족, 친구, 동료와 라이브캐스팅을 실행해보아야 한다. 집이나 회사에서 멀리 떨어져 있으면서 대화하는 사람의 모습을 볼 수 있다는 것은 색다른 경험이 될 것이다.

3. 웨비나 또는 라디오 쇼를 실행하라.

웨비나를 생성하고 실행해야 한다. 잠재고객을 위해 하나 만들어보자. 항상 '제공 이익'이 있는 콘텐츠를 염두에 두어야 한다. 슬라이드를 제시하고 실시간 오디오를 만들고 라이브 텍스트 채팅을 포함해야 한다. 여러분과 여러분의 회사에 대한 잠재고객의 시선에 어떤 변화가 생기는지 확인하고 놀라게 될 것이다.

4. 웹 컨퍼런스를 실행하라.

같은 도시 내에 있을 경우라도 다음에 동료와 미팅할 때에는 웹 컨퍼런스를 설정해 보도록 한다. Macintosh 사용자라면 iChat을 사용하면 되고 다른 플랫폼이라면 AOL AIM을 사용하면 된다. 저렴한 웹캠과 무료 계정만 있으면 된다. 다시 말하지만, 스포츠화 슬로건처럼 '시도해 보면 된다Just Do It!'

결론

여러분이 저스틴, 저스타인, 조디와 비슷한 경우이건, 신뢰할 수 있는 팔로어로 구성된 커뮤니티를 구축하려는 경우이건, 자신만의 토크 라디오나 텔레비전 쇼를 만들려고 하는 경우이건 간에 라이브캐스팅을 살펴볼 필요가 있다. 내 친구 한 명은 매주 금요일 정오에 쇼를 방송하며 지난 해 5,000명 이상의 팬을 확보했다. 그 정도 숫자로는 〈뉴욕타임스〉의 기사거리가 되지는 못하겠지만 충성도 높은 개인으로 구성된 신뢰

www.theSocialMediaBible.com

네트워크임은 틀림없다. 그가 발간할 다음 소설을 구매할 가능성이 있는 사람들이기도 하다.

여러분이 업계 전문가와 인터뷰를 나누는 주간 라디오 쇼www.theSocialMediaBible.com의 전문가 의견과 유사한를 한다면 어떻겠는가?

몇 번만 하더라도 고객과 잠재고객이 여러분의 회사에 대해 어떻게 생각하겠는가? 중요한 내용을 다루는 웨비나에 고객을 초대해야 한다_{항상 제공 이익 요인을 기억해야 한다.} 새로운 규정, 혁신적인 제품 또는 서비스, 유지관리, 설치 방법, 개발팀 또는 제조팀, CEO의 메시지 등을 다루어야 한다. 이런 단계를 통해서 인간적인 모습이 담긴 회사의 이미지를 전달할 수 있으며 인격적인 기업체로 보일 수 있다. 고객 및 잠재고객과 이야기하는 것이 신뢰를 구축하는 데 가장 좋은 방법이다. 다른 소셜미디어 도구와 마찬가지로 약간의 시간과 창의성만 있으면 된다.

전문가 의견을 듣고 싶으면 www.theSocialMeidaBile.com을 방문하라.

다운로드 : 〈소셜미디어 바이블〉과 관련된 무료 다운로드를 받으려면 www.theSocialMeidaBile.com을 방문하라. 책 뒷면 바코드 위에 있는 ISBN을 입력하면 된다. ISBN 978-1-118-26974-9

Notes

1) 스트림/스트리밍/멀티캐스트는 사용자가 인터넷에 풍부한 오디오 또는 동영상 콘텐츠를 감상하는 동시에 해당 콘텐츠가 계속해서 업로드되거나 사용자 컴퓨터로 공급되는 것이다. 전체 파일이 컴퓨터에 다운로드될 때까지 기다렸다가 감상해야 하는 일반적인 온디맨드 파일 다운로드와는 정반대다. 스트리밍을 통해 라이브로 실시간 콘텐츠 또는 미리 녹화된 팟캐스트 유형의 파일을 전달할 수 있다_{이런 주제에 대한 자세한 내용은 9장에서 13장 참조.} 라이브캐스팅을 통해 오디오/동영상 콘텐츠는 라이브로 브로드캐스

트돼 실시간으로 실행되며, 청취자는 전통적인 브로드
캐스트 미디어와 마찬가지로 브로드캐스트에 대한 제
어권이 없다.

2) 하워드 커츠Howard Kurtz, 'With BlogTalkRadio, the
Commentary Universe Expands', 〈워싱턴포스트〉
2008년 3월 24일; www.washingtonpost.corn/wp-
dyn/content/article/2008/03/23/AR20080323-
01719_pf.html.

3) 데이비드 레빈David Levine, 'All Talk?' Conde Nast's
Portfblio.com, 2008년 2월 26일; www.port-
folio.com?/?culture-lifestyle?/?goods?/?gadgets?/
?2008?/02/26/Internet-Talk-Radio?page=0/, http://
bit.ly/GDZZtP.

4) 커츠, 'With BlogTalkRadio'.

5) 실제로 에릭 코브는 1998년에 웨비나란 용어를 미국 특
허청에 등록했지만 권리를 방어하기가 너무 어렵기 때
문에 오늘날은 일반적으로 사용되고 있다.

www.washingtonpost.corn
/wp-dyn/content/article/2008/03/23/
AR20080323-01719_pf.html

http://bit.ly/GDZZtP

THE SOCIAL MEDIA BIBLE

CHAPTER
015

Virtual Worlds-Real Impact
가상세계—실제 효과

www.LonSafko.com/TSMB3_Videos/15VirtualWorlds.mov

제공 이익

'100만 명 이상이 구성한 신뢰 네트워크'에 참여할 기회가 있고, 더구나 관심사가 비슷하다면 언제라도 참여하고 싶지 않겠는가?

린덴 리서치Linden Research Inc.에서 만든 3D 가상세계인 세컨드라이프는 한 달에 99만 명이 로그인하며 린덴 서버에는 사용자가 생성한 아이템이 20억 개 이상 저장되어 있다고 한다. 이것은 린덴 랩Linden Labs의 CEO인 마크 킹던Mark Kingdon이 인터뷰에서 밝힌 내용이다. 이것이야말로 궁극적인 신뢰 네트워크와 사용자 생성 콘텐츠인 것 같다. 세컨드라이프는 3차원 게임과 같은 가상세계 또는 환경중 하나에 불과하지만, 게임에 기반을 두지 않은 가상 중에서는 가장 규모가 크다. 마크에 따르면 구글이 많은 자원을 들여서 자사의 가상 환경인 라이블리Lively를 만든 것은 '가상세계 시장의 가치를 인정한 것'이다. 이처럼 거대한 회사에서 이런 유형의 소셜 환경을 만들어낼 때에는 그만한 이유가 있기 때문이다.

가상세계에서는 즐겁고 재미있게 시간을 보낼 수 있을 뿐만 아니라 미지의 영역을 찾아보고 상상의 커뮤니티를 시각적으로 확인해 참여하며 실제 고객 및 동료들과 함께 가상 마켓플레이스에서 비즈니스를 수행할 수 있다. IBM, 콜드웰 뱅커Coldwell Banker, 델, 아르마니Armani, 벤앤제리Ben & Jerry's, BMW, 시스코, 코카콜라, 도미노 피자 같은 회사들이 세컨드라이프에서 비즈니스를 수행하고 있다면 여러분도 참여할 만한 이유가 있을 것이다.

처음으로 돌아가서

가상세계는 가상 또는 시뮬레이션된 환경에서 3차원 그래픽을 표현하는 시뮬레이터에서 시작되었다. 1968년에 인터넷 개척자인 이반 서더랜드Ivan Sutherland는 최초의 컴퓨터 기반 가상현실을 개발했다.

1980년대와 1990년대 동안 론 사프코는 상업적으로 이용 가능한 소프트보이스SoftVoice란 가상 환경 시스템 1986년에 Apple II Macintosh 플랫폼으로 포팅되었을 때 SenSei로 이름 변경을 독자적으로 만들었다. 리니어, 퍼네스 및 와이즈의 시스템은 F-15 전투기 파일럿과 우주비행사들이 우주 유영을 하지 않고도 수리를 수행할 수 있도록 만든 시스템인 반면, SenSei는 신체 장애인이 컴퓨터 기술과 주변 환경을 액세스하는 데 도움을 주기 위해 개발되었다다음에 논의할 SoftVoice/SenSei 참조.

VR 플랫폼을 개발하는 동안 사프코는 워싱턴 대학교에서 퍼네스 박사, 윌리엄 게이트와 함께 브레인스토밍을 하면서 하루를 보낸 적이 있었다. 퍼네스 박사는 "멋진 시스템이군요. 내가 만든 것은 500만 달러나 들었는데, 당신이 만든 것은 2,500달러면 구입할 수 있군요"라고 말했다. 이 미팅의 결과 와이즈 박사는 1989년 사프코 인터내셔널의 이사회 위원 겸 자문이 되어서 지원과 업계 지식을 제공해 주었다. 그와 〈Americans with Disabilities Act〉의 저자인 존 윌리엄스는 중증 장애인에게 도움을 줄 수 있는 기술 적용에 조언해 줌으로써 사프코 인터내셔널이 장애인의 권익에 미약했던 1980년대 말과 1990년대를 헤쳐 나갈 수 있었다.

3차원 가상세계 애플리케이션은 Apple II용 운영 체제에 최초로 구현되었으며 그 다음으로 Macintosh 컴퓨터에 적용되었다. 이것은 장애인에게 도움을 주고 컴퓨터 기술을 접해 본 적이 없는 개인을 교육하기 위한 것이었다. 지금은 상상하기 힘들지만 1980년대 중반에는 대부분의 사람들이 컴퓨터를 사용해 본 적이 없었고, 장애인은 말할 필요도 없었다.

SenSei는 컴퓨터 경험이 전혀 없는 사용자가 컴퓨터 앞에 앉아 화면을 보면서 다음에 무엇을 해야 하는지 직관적으로 알 수 있도록 설계된 시스템이었다. 타이핑하고 싶으면 타자기를 선택하고, 전화를 걸고 싶으면 전화기를 선택하고, 불을 켜고 싶으면 조명등을 선택하고, 텔레비전을 끄고 싶으면 텔레비전을 선택하면 되는 방식이었다.

SenSei 시스템에는 완전한 그래픽 가상 환경 운영 체제, 최초의 음성 인식, 주변 환경 제거, 전화 제어, 간호사 호출, 올인원 IR 미디어 컨트롤, 전자 병원 침상 제어, 소프트웨어 버전 사용 설명서, 버튼 위로 커서를 가져가면 버튼의 기능을 설명해 주는 작은 창이 뜨는 툴팁까지 세계 최초의 기능이 다수 포함되었다.

SenSei 시스템은 후에 Apple Newton최초의 PDA과 Microsoft의 'Bob' 운영 체제의 원형이 되었다. 이제 원래의 SenSei 운영 체제 코드와 하드웨어는 캘리포니아 마운틴뷰에 소재한 컴퓨터 역사박물관, 캘리포니아 쿠퍼티노의 Apple Computer Inc., 미국 의회 도서관 및 미국 역사박물관, 워싱턴 DC의 스미소니언박물관에 보관되어 있으며 인류의 생활상을 담고 있는 최초의 컴퓨터로 인정받고 있다 http://invention. smithsonian.org/resources/fa_safko_index.aspx.

그림 15.1에서 15.3까지는 SenSei 시스템과 최초로 상업적으로 이용 가능했던 3차원 가상 환경 운영 체제의 예다.

http://invention. smithsonian.org/
resources/fa_safko_index.aspx

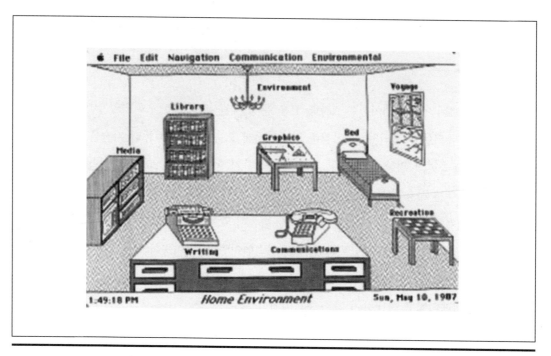

그림 15.1 SenSei 운영체제, 1987년

그림 15.2 SenSei 운영체제, 1992년

374

그림 15.3 SenSei 운영체제, 1994년

그림 15.4 Microsoft 'Bob' 운영체제, 1995년

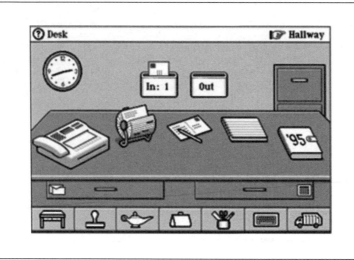

그림 15.5 Apple Newton 운영체제, 1993년

그림 15.6 SenSei 도서관, 1987년

최초의 3차원 MMOG 또는 MMORGMassively Multiplayer Online Game 또는 Massively Multiplayer Online Role-playing Game의 약어로 1997년 Ultimate Online의 개발자인 리차드 개리어트Richard Garriott가 만들어낸 단어 가상 환경은 35년 전에 만들어졌다. 당시의 MMOG에서 참가자는 소설속의 주인공 역할을 수행하면서 게임에서 장애물을 극복해야 다음 단계로 넘어갈 수 있었다. 이런 최초의 게임을 미로 게임Maze Game 또는 미로 전쟁Maze War 또는 간단하게 '미로The Maze'라고 했다그림 15.6 참조. 아바타나 플레이어를 나타내는 모습은 눈동자였으며 주변 환경은 3차원 줄로 형성된 미로였다. 미로는 초기 인터넷인 ARPAnet이란 시스템에서 실행

되었으며 1970년에 선보인 네트워크에 연결된 최초의 그래픽 워크스테이션인 Imlac에서만 실행할 수 있었다.

MMOG에서는 다수의 플레이어가 가상세계에서 상호작용하기 때문에 실제 세계와 유사하다. 이런 게임 문화적인 소셜 인터액션과 경쟁은 사용자가 계속 찾아오도록 만든다. 초기 게임들은 Dungeons & Dragons와 유사했다. 이것은 전통적인 게임이며 2,000만 명이 이용했고 관련 서적과 장비 매출이 10억 달러 이상인 것으로 추정되는 가장 많이 팔린 게임이다. 오늘날 가장 인기 있는 MMOG 2개는 블리자드 엔터테인먼트 Blizzard Entertainment의 World of Warcraft와 번지 스튜디오Bungie Studios에서 설계한 마이크로소프트의 Halo 3다.

2007년 10월 4일 마이크로소프트는 Halo 3가 전 세계에서 첫 주에만 3억 달러 이상의 매출을 달성했다고 발표했다. 2004년 9월 25일 전 세계에 발매되었으며 호평은 받은 Xbox 360 전용 게임은 '가장 빨리 판매된 비디오 게임이며 역사상 가장 성공한 엔터테인먼트 저작품 중 하나' 였다. 마이크로소프트는 계속해서 다음과 같이 말했다.

'Halo 3는 신속하게 역사상 가장 인기 있는 Xbox LIVE 게임으로 자리를 잡으면서 TV 상의 세계 최대 온라인 게이밍 및 엔터테인먼트 네트워크에서 기록적인 숫자가 모여서 플레이했다. 첫 주에 270만 명 이상의 게이머가 Xbox LIVE에서 Halo 3를 실행했는데 이것은 전 세계 7백만 Xbox LIVE 회원의 1/3에 육박하는 수이다. 출시 첫 날에 Halo 3 플레이어의 온라인 게임 실행 시간은 360만 시간이었으며 첫째 주가 끝날 때까지 7배 이상 늘어나서 4천만 시간 이상이 되었고 연속 게임 실행 시간이 4,500년 이상을 기록했다.

16장 시스템 게이밍—가상 게임에서 게임에 대한 자세한 내용을 읽을 수 있다.

SoftVoice/SenSei

SenSei는 최초의 가상세계는 아니지만 중증 장애인들이 컴퓨터와 주변 장치를 액세스할 수 있는 상업적으로 이용 가능한 최초의 가상 환경이었다. 1986년 이 프로젝트를 만들었을 때에는 음성으로 작동하는 소프트웨어라는 의미에서 SoftVoice라고 했다. 나중에 SenSei 시스템이 되었는데, 원래는 신체적인 제한이 있는 사람들이 컴퓨터와 램프, 전화 같은 기타 주변 장치를 액세스하고 전자 병상 제어가 가능하도록 설계했다. 첫 번째 시스템은 당시에 가장 정교하고 널리 사용된 컴퓨터인 Apple II에서 실행되었다.

SenSei는 사용자가 음성 명령을 통해 모든 기능을 액세스할 수 있다. 이 시스템을 개발하고 나서 곧바로 새로운 Macintosh 컴퓨터에 맞게 재설계했다. 가상 환경을 탐색할 수 있는 독특하고 차별화된 그래픽 운영 체제를 사용했다. 예를 들어 워드 프로세싱을 하려면 타자기를 선택하고, 전화를 걸려면 전화기를 선택하고, 전자 기기를 켜거나 끄려면 램프나 라디오를 선택하여 컴퓨터의 소프트웨어 기능을 액세스할 수 있도록 했다. 사용자는 머리를 움직여서 헤드 마우스를 활성화하거나 수행하려는 작업을 음성으로 하여 컴퓨터 탐색을 제어할 수 있었다. 이를 통해 신체 장애가 있거나 컴퓨터를 처음 사용하는 사람들이 사용할 수 있었다. 1985년에 당시에는 이런 기능이 중요했다.

완전한 그래픽 운영 체제, 최초의 PDA, Apple Newton OS, Microsoft 운영 체제 'Bob', 음성으로 동작하는 환경 제어, 전자 병상 제어, 적외선 텔레비전 및 미디어 컨트롤음성으로 작동되는 올인원 컨트롤러, 최초의 소프트웨어 사용 설명서, 버튼 위로 마우스를 가져가면 기능을 설명하는 창이 팝업되는 툴팁과 같은 여러 가지 독창적인 기술은 십년에 걸친 SenSei 개발 과정에서 파생된 것들이다.

개인적으로 나는 스티브 워즈니악Steve Wozniac이 Apple을 떠나서 창업한 TV, 라디오, VCR, 스테레오와 같은 적외선 장치용 최초의 올인원 컨트롤러를 개발한 신생회사인 클라우드 나인Cloud Nine 과 함께 작업했던 것을 기쁘게 생각한다. 이런 장치는 케이스 내에 RS-232 연결이 있어서 컴퓨터 운영 체제의 가상세계 속에 미디어 장치에 대한 가상현실 제어 기능을 끌어올 수 있었다.

휠체어 경사로와 기타 장애인용 시설과 마찬가지로 이런 발명그리고 사회에 미치는 중요한 공헌은 주류가 되었다. 그 중에서 18가지는 미국 역사박물관, 워싱턴 DC에 있는 스미소니언박물관에 영구 소 장되어 있으며, 기타 14가지의 발명과 함께 캘리포니아 마운틴뷰에 있는 컴퓨터 역사박물관에 소장되어 있다.

세컨드라이프

필립 로즈데일Philip Rosedale은 캘리포니아 대학교에서 물리학을 연구하는 동안 가상세계에 대한 초기 테스트를 수행하고 나서 1999년 린덴 리서치Linden Research Inc.를 설립했다. 필립이 닐 스테펜 슨Neal Stephenson의 소설 〈Snow Crash〉에서 영감을 받아서 세컨드라이프 만들었다고 생각하는 사 람들이 많다반면 로즈데일은 이 소설보다 먼저 자신이 개념을 생각해 냈다고 주장한다.

그림 15.8 세컨드라이프의 론 사프코
http://slurl.com/secondlife/pinastri/215/8/21, and http://bit.ly.t8WF3r

로즈데일은 360도 가상세계 경험 속으로 완전히 몰입될 수 있도록 하는 VR시스템 개발에 착수했다. 그는 크고, 느리고, 비싸고 착용 및 사용이 어려운 시스템인 리그Rig를 생산했다. 그러나 리그는 사용자가 3D 온라인 환경에서 게임을 즐기고 다른 사용자와 교류할 수 있도록 고안된 인터넷 소프트웨어인 린덴 월드Linden World로 발전했다. 린덴 월드는 오늘날의 세컨드라이프SL 소프트웨어 사용 환경으로 발전했다.

http://bit.ly/t8WF3r

세컨드라이프의 성공 열쇠는 로즈데일이 투자자 미팅에서 사회적이고, 협동적이고, 창조적인 성격을 지향하는 참석자들을 관찰한 결과였다. 이 때문에 로즈데일은 자신의 프로젝트에서 사용자 생성 콘텐츠와 소셜네트워킹 측면에 집중하는 것이 중요하다는 것을 알게 되었으며 바로 이런 측면이 세컨드라이프가 성공을 거둘 수 있었던 비결이다.

세컨드라이프는 2003년 6월 23일 시작했으며 이어서 젊은 청중을 대상으로 한 3-D 가상세계인 틴 세컨드라이프를 공개했다. 세컨드라이프가 18세 이상의 회원을 대상으로 한 반면, 틴 세컨드라이프는 13세에서 18세로 제한된다. 아동 온라인 보안이 중요하기 때문에 연령 규제는 철저하게 모니터링되고 있다.

2010년에 틴 세컨드라이프는 메인 그리드에서 16세에서 18세 청소년은 허용하지만 PG를 디자인하는 영역에는 제한으로 분리되었다. 13세에서 16세 청소년들은 승인된 외부업체와 등록된 업체의 그리드에만 접근이 허용되고, 일반적인 접근은 지역 또는 외부 통제 지역에는 제한되어 있다.

알아야 할 사항

가상세계 또는 가상 환경은 아바타나 인터랙티브 사용자를 그래픽으로 표현한 거주자가 살아가는 인터넷 기반의 시뮬레이션된 환경이다. 아바타는 텍스트, 사진, 로고, 이미지 또는 3차원의 만화 같은 개인, 동물 또는 물건으로 나타낼 수 있다. 가상세계가 모두 3차원은 아니며, 대부분은 포럼, 블로그 및 채팅 룸 커뮤니티에서 시작하여 커뮤니티와 신뢰 네트워크를 형성했다.

그림 15.9는 세컨드라이프에서 사용되는 두 가지 아바타의 예를 보여준다. 린덴 랩의 CEO이며 세컨드라이프를 만든 마크 킹던과 내 아바타다. 왼쪽이 마크의 사진이고 오른쪽이 그의 아바타다.

그림 15.9 킹던과 론 사프코의 아바타

www.LonSafko.com/TSMB3_Videos/Kingdon_Safko_Interview.mov

가상세계를 흔히 승리하거나 미리 정해진 도전 과제를 극복할 목적으로 시뮬레이션 환경을 탐색하면서, 총을 쏘고, 싸우며 다른 플레이어의 아바타사람이나 게임 자체에서 조정와 상호작용하는 사용자 몰입도 높은 게임과 혼동하는 경우가 있다. 가상세계도 비슷해 보이고 이런 유형의 게임에서 영감을 받기는 했지만 전혀 별개의 목적을 위해 설계된다.

가상세계에는 게임에서 승리할 목적이 아니라 전 세계에서 모여든 사람들과 그들의 아바타가 일대일 커뮤니케이션에 참여하고, 탐색하고, 관계를 형성하는 목적을 가지고 있다. 가상세계의 의도는 사용자가 탐구하고, 배우고, 상호작용하고, 비즈니스를 수행하고, 이곳이 아니면 만날 기회조차 없을 전 세계의 새로운 다문화의 사람들을 만나서 친구가 되도록 하는 것이다. 가상세계는 현실세계를 시뮬레이션한 환경, 현실세계를 정확하게 재창조한 일부 또는 실재가 전혀 존재하지 않는 이상한 나라의 앨리스와 같은 유형의 판타지 세계처럼 보일 수 있다. 이런 가상세계 또는 메타버스metaverse 환경에 몰입하는 것을 텔레프레즌스telepresence를 갖는다고 한다.

가상 경제

대부분의 가상세계는 지금까지 자체적인 가상 경제 시스템을 만들고 발전시켜 왔다. 예를 들어 세컨드라이프에는 린덴 달러L$라는 통화가 있다. 린덴은 허상이고 세컨드라이프 내에서만 통용되지만 린덴 랩 직원들은 가상세계에 실제로 돈을 투입하고 인출할 수 있게 했다. 세컨드라이프 경제는 현실세계 금전으로 교환된다. 모든 가상세계가 동일한 기능을 가지고 있는 것은 아니다. 세컨드라이프 회원은 연결된 실제 신용 카드로 계정을 설정하여 실제 비즈니스 거래를 할 수 있다. 쇼핑몰에 가서 린덴을 사용하여 옷이나 자동차를 '구입' 할 수 있다. 거래가 발생하면 당시의 미국 1달러 당 린덴화 비율로 신용 카드에 청구되며, 공급업체가 되거나 장바구니를 가지고 있지 않아도 되며, 신용 카드를 가진 거주자이면 된다. 가상 제품에는 건물, 차량, 애니메이션, 의류, 피부, 머리카락, 보석, 공장 및 가구 등 주변 환경에서 찾아볼 수 있는 대부분이 포함될 수 있다. 이 책을 저술하는 시점에 린덴의 교환 비율은 현실세계 화폐로 $L249.00이며 세컨드라이프 웹사이트의 LindenX™ 교환소에서 1달러에 $L184이다. 린덴을 LindenX™ 교환소에서 판매할 때에는 $L258.00에 대하여 1달러를 세컨드라이프에서 인출할 수 있다. 린덴 랩은 유럽 국가에 대하여 부가가치세VAT를 기록, 준수하도록 기능을 확장했다.

5달러에 구입할 수 있는 정장과 75센트면 할 수 있는 미용 서비스 교환율이 적어 보이지만 가상세계에서 실제로 돈을 번 사람도 많다. 실제로 한 명은 백만장자가 되었다. 2007년 11월 〈비즈니스위크〉의 롭 호프Rob Hof는 '세컨드라이프 최초의 백만장자'란 제목으로 정안세에 대한 이야기를 다루었다. 호프의 기사는 다음과 같다. "정안세는 초기에 세컨드라이프에 9.95달러를 투자한지 2년 반 만에 이러한 부를 창출했다. 그렇기 때문에 그의 성공은 주목할 만하다. 정안세세컨드라이프 페르소나는 알린 그래프는 소규모 부동산으로 시작하여, 그 땅을 나누고 조경과 테마가 있는 건축을 개발하여 임대하고 재판매하여 이런 부를 이루었다. 그 사업이 성장하여 대규모의 현실세계 회사에 대한 자산 개발 및 판매까지 아우르게 되었다. 현재 현실세계의 '분사' 업체인 안세 정 스튜디오를 만들어서 교육에서 비즈니스 회의 및 제품 프로토타입 개발에 이르는 몰입도 높은 3D 환경을 개발하고 있다www.businessweek.com/the_thread/techbeat/archives/2006/11/second-lifes_fi.html을 방문하면 나머지 기사를 읽을 수 있다."

이 같은 이야기는 기사거리로 좋지만 가상세계에서 이런 부를 얻는 방법을 찾아낸 사람은 적다. 그러나 가능한 일이다. 세컨드라이프 메인랜드의 평방미터당 가격은 약 11.50달러이며이 책을 쓰는 시점 기준 섬과 해변 자산의 가격은 조금 더 높다. 자산은 평균 64만 평방미터이며, 그중 41만 평방미터는 매일 그룹에 의해 매매되고 있으며, 이것은 대략 1백만 5천m 또는 메인랜드의 16개 지역이 매일 매매되는 것에 해당한다.

이 장이 쓰일 무렵 세컨드라이프의 가상 부동산은 각 분기별 450만 달러의 경제 가치가 있는 2,000㎢보다 많은 땅이 있었다.

세컨드라이프에서의 기업

이제 많은 기업들이 세컨드라이프에 진출했다. 대부분의 사람들은 가상세계에서 업체들이 어떻게 돈을 벌 수 있는지 완전하게 이해하지는 못하지만 세 가지는 분명하다. 누군가는 그렇게 하고 있고, 누군가는 그 방법을 찾아낼 것이고, 세컨드라이프에 존재하는 것만으로도 회사의 브랜드 가치에 큰 도움이 된다. 린덴 랩의 CEO인 마크 킹던이 말한 대로 회사들은 고객의 반응을 측정하고, 피드백을 받고, 프로토타입을 테스트하기 위해서 세컨드라이프 플랫폼을 사용하고 있다. 내가 운영하는 비즈니스인 페이퍼 모델Paper Models Inc.에는 소셜미디어 바이블 비치 옆에 모델을 전시하는 매장과 3D 디스플레이를 가지고 있으며 www.slurl.com/secondlife/Pinastri/215/8/21 '현실세계' 제품 일부를 판매하고 있다.

www.slurl.com/secondlife/Pinastri/215/8/21

www.theSocialMediaBible.com

이것은 페이퍼 모델에 있어서 흥미로운 변화였다. 이제는 인터넷을 통해 실제 사람들에게 전자문서 기반 PDF 아이템을 판매하면서 실제 수익을 얻고 있으며, 실제 사람들을 나타내는 가상 매장에서 가상 제품을 가상 아바타에게 판매하는 것과 대비된다. 이렇게 세컨드라이프에 참여하여 회사는 상당한 경쟁 우위를 확보하게 된다www.theSocialMediaBible.com을 방문하면 마크 킹던 인터뷰 전체를 들을 수 있다.

일부 비즈니스에서는 메타버스를 고객, 잠재고객 및 직원을 위한 미팅 장소로 사용하기도 한다. IBM은 전 세계의 엔지니어가 만나서 의견을 교환하고 각자의 사무실을 떠나지 않고서도 PowerPoint 프레젠테이션을 수행하기 위해 포럼의 행태로 수행하는 정기 미팅 장소로 세컨드라이프를 사용했다. 나는 2007년에 한 프로젝트를 수행하는 동안 세컨드라이프를 사용하여 우크라이나 출신인 페이퍼 모델 개발자를 만났다. 미국 암학회의 키오스크 설계에 대해 논의하기 위해 개발자와의 통화 일정을 정하면서 2년 동안 이메일과 인터넷을 통해 함께 일해 온 개발자인 로만 바실레브Roman Vasilev의 목소리를 실제로 듣게 된 것은 아주 놀라운 경험이었다. 그때까지 실시간으로 의견과 개념을 교환하면서 '대화'를 해 왔던 것이다.

썬마이크로시스템즈는 직원 전용으로 세컨드라이프에 섬을 만들었다. 가상 섬에서 직원들이 동료로부터 도움을 받고, 새로운 아이디어를 교환하거나 혁신적인 제품을 광고한다. 미국 암학회는 생명을 위협하는 질병에 대한 인지도를 높이고 지원을 제공하기 위해 설립된 도움말 섬을 통해 이 세계에 존재한다. 페이퍼 모델은 2007년 가을에 ACS의 Island Dedication을 후원하고 참여했다 http://maps.secondlife.com/secondlife/American%

20Cancer%20Society/128/128/ 25;http://bit.ly/GBB8EI

이 행사와 함께 작은 플래시 라이트로 둘러싸인 가상 나무인 가상세계 내 메모리 트리의 3D 모델을 배포했다. 각 플래시 라이트는 암으로 사망한 사람을 기념한다. 이 섬에 있는 동안 PDF를 다운로드해 인쇄하고, 작은 가위와 풀을 이용하여 가상 ACS 메모리 트리를 현실에서 다시 생성할 수 있다 무료 ACS 메모리 트리를 다운로드하려

면www.papermodel-sonline.com/acstree.html을 방문하면 된다.

나는 국제 ACS 기부 키오스크 설계 경영대회에서 ACS 회원인 스티븐 그로브스 세컨드라이프에서는 데스타반 그레이브스 및 ACS와 함께 일할 기회가 있었다. 전 세계에서 온 세컨드라이프 개발자들이 세컨드라이프 내의 거주자가 암 투병 중인 사람들에게 기부를 서약할 수 있는 가장

상상력이 뛰어난 키오스크를 만드는 경쟁을 벌였다. 수십 가지 작품이 제출되었으며 수상자는 2008 ACS 세컨드라이프 Relay For Life Launch Event에서 발표되었다 www.papermodelsonline.com/

amcasodokiin.html을 방문하여 ACS 키오스크 대상 페이퍼 모델의 무료 사본을 다운로드할 수 있다.

http://bit.ly/GBB8EI

www.papermodelsonline.com/acstree.html

www.papermodelsonline.com/amcasodokiin.html

그림 15.10 ACS 메모리 트리

그림 15.11 ACS 키오스크 대상 페이퍼 모델

　이 행사에서 수상자를 발표한 것 이외에도 두 가지 기념할 만한 이벤트가 진행되었다. 첫 번째는 린덴 랩에서 한 번에 대량의 아바타를 불러오기 위해 필요한 계산 및 배포를 감당할 수 있는 추가 서버를 할당하겠다고 약속했다. 이렇게 했지만 너무 많은 아바타 거주자가 린덴 랩에서 개최되는 이벤트에 참여함으로써 서버가 다운되어 재부팅될 때까지 중단되었다. 두 번째 기록적인

사건은 미국 암학회가 세컨드라이프의 2008 Relay For Life에서 2007년의 12만 달러보다 늘어난 20만 달러 이상의 실제 현금을 모금했다는 것이다울해 이벤트를 확인하려면 미국 암학회 섬을 방문하면 된다. 훌륭한 목적의 기부금 모집 기록을 달성한 것 이외에도 페이퍼 모델은 대중의 관심을 모았으며, 이제는 현실세계와 세컨드라이프 모두에 진출하여 존재하고 있다.

이 책을 쓰는 현재 비즈니스 수행에 세컨드라이프를 활용하는 회사들로는 20세기 폭스, 아르마니, 에이브이넷, BBC Radio, 벤&제리, 시스코, 코카콜라, CNN, 콜드웰 뱅커, 크리에이티브 커먼스, 델, 디즈니, 도미노 피자, IBM, ING 그룹, 마즈다, MTV, 로이터, 스타우드 호텔, 도요타, 웰 파고, 페이퍼 모델 및 존 와일리 앤 선스가 있다. 사용자가 방문하여 다른 도서 애호가를 만날 수 있는 서점이 세컨드라이프에 있다. 위의 여러 회사들은 연중무휴 근무자를 고용했기 때문에 해당 건물에 들어가면 아바타가 응대하면서 해당 제품이나 서비스에 대한 질문에 답한다.

세컨드라이프에서의 소셜미디어 바이블

짐작했을 것이다. 〈소셜미디어 바이블〉은 세컨드라이프에 정원을 가지고 있다. Pinastri, 215/8/21-http://slurl.com/secondlife/Pinastri/215/8/21이 세컨드라이프 URL 또는 'SLURL' 이다.

표준 웹브라우저에 입력, 붙여넣기를 할 수 있으며 세컨드라이프 계정이 있다면 여러분의 아바타가 바로 그곳으로 이동하게 된다. 이를 통해 간편하게 세컨드라이프의 위치를 2D 웹브라우저와 연결해 준다. 〈소셜

http://slurl.com/secondlife/Pinastri/215/8/21

미디어 바이블〉은 정원 뒤쪽에서 HUD헤드 업 디스플레이라는 가상 장치를 제공하는 데 이것을 착용하면 정원을 살펴보면서 세컨드라이프 어디에서나 경영진 대화 팟캐스트를 청취할 수 있다. 〈소셜미디어 바이블〉은 모든 소셜미디어의 가상세계 자원이 되도록 계속해서 소셜미디어 정원의 콘텐츠를 구성할 계획이다. 위의 SL 주소로 이동하여 SLURL을 선택하거나 세컨드라이프 내부 세계에서 'Social Media Bible Evangelists' 라는 그룹을 검색하면 된다.

사용자의 세컨드라이프

세컨드라이프는 오늘날 가장 인기 있는 가상세계 플랫폼이기 때문에 이 장 전체에서 예로 들었다. 이 장의 공급업체 섹션에서는 다른 여러 업체를 나열했다. 앞서 언급한 대로 구글도 자사의 최신 가상세계인 라이블리Lively를 통해 이 영역에서 경쟁하기로 결정했다. 가상세계가 어떻게 동작하는지 이해하기 위해 세컨드라이프를 계속 예로 들 것이다. 세컨드라이프에서의 소셜미디어 바이블을 참고해야 한다그림 15.12.

http://slurl.com/secondlife/Pinastri/215/8/21

세컨드라이프에 참여하려면 www.SecondLife.com을 방문하여 프로그램을 다운로드하면 된다. 이 프로그램과 클라이언트, 뷰어는 무료다. 계정을 만들고 나면이것도 무료 세컨드라이프의 회원이 된다. 이제 탐색하고 다른 거주자와 상호작용하고, 참여하고, 배우고, 만들고, 사귀고, 네트워크를 형성할 수 있다.

그림 15.12 SL에서의 TSMB(http://slurl.com/secondlife/Pinastri/215/8/21)

세컨드라이프는 세계를 그리드the grid로 지칭하는데, 이것은 지역Region 또는 심스Sims, Simulators의 약자라는 256×256미터 넓이의 토지로 나누어진다. 각 지역은 단일 컴퓨터 서버에서 생성되어 보관되며 고유한 이름과 콘텐츠 등급인 PG 또는 Mature가 지정된다. 세컨드라이프가 그리드 위에 존재한다면, 사용자의 아바타는 걷고, 점프하고, 차량을 타고 돌아다닌다. 아바타는 날 수 있고, 그리드의 한 지역에서 다른 곳으로 점프하거나 해당 지역으로 바로 순간 이동teleport, TP할 수 있다.

세컨드라이프에는 의자, 옷, 프림스prims라는 원시적인 형태의 건물까지 가상 개체를 생성할 수 있는 능력도 내장되어 있다. LSL린덴 스크립팅 언어이라는 스크립팅 언어는 C++ 프로그래밍 언어와 유사하다. LSL을 통해 세컨드라이프에서 이런 객체에 행동을 추가할 수 있다. 예를 들어 아바타가 의자에 앉을 때는 다리를 꼬고 앉을 수 있다. 정교한 3D 가상 객체를 만들기 위한 다른 옵션으로는 스컬티sculpties, 텍스처 및 애니메이션이 있다. 스컬티는 x, y, z 좌표의 배열로 모양을 형성한 프림sculpted prim의 약자다. 가상 상품으로 보다 복잡한 유기체의 형태를 만들기 위해서 스컬티를 사용한다. 그림 15.13은 스컬티를 사용하여 만든 소와 말의 예를 보여준다.

그림 15.13 SL에서 Sculptie로 디자인한 예

메쉬는 더 많은 그리드에 소개될 수 있도록 다양한 모델들을 허용하는 블렌드http//blender.org와 같은 애플리케이션에서 창조된 전통적인 와이어프램 3D모델이다.

http//blender.org

아바타

세컨드라이프 아바타는 만화 같으면서도 사람과 비슷한 경우가 많다. 아바타는 남성, 여성이거나 보트, 신화에 등장하는 생물인 경우에는 양성인 경우도 있고, 심지어는 돌무더기인 경우도 있다. 아바타는 캐주얼 복장, 턱시도 또는 화려하게 장식한 복장일 수 있으며 사용자가 어느 때라도 바꿀 수 있다. 자신의 사진을 찍어서 현실과 닮은 스킨을 만드는 유료 서비스를 이용할 수도 있지만 대부분의 거주자는 다른 자아를 선택한다. 아바타의 실제 신분은 익명이어서 아바타가 누구인지 개인 정보를 액세스할 수 없다연령 확인 및 아동 보호를 위해 시행된 지침.

아바타는 인스턴트 메시징IM 유형의 텍스트 채팅으로 의사소통할 수 있다. 또는 사용자가 컴퓨터의 마이크에 소리 내어 이야기하고 실시간 통신에서 VoIP[2]를 사용하여 양방향 음성을 전송할 수 있는 음성 채팅 구성 요소를 사용할 수 있다. 아바타는 이메일을 주고받을 수 있으며 옵션을 선택해 둔 경우에는 로그오프할 때 아바타의 현실세계 이메일로 인스턴트 메시지가 전달된다www.theSocialMediaBible.com에서 마크 킹던의 경영진 대화 동영상 참조.

www.theSocialMediaBible.com

세컨드라이프에서의 지출

이 책에서 소셜미디어는 비용이 저렴하거나 전혀 들지 않는다고 계속 자랑했지만 린덴 랩은 소셜미디어 환경에서 대부분의 회사와 마찬가지로 freemium 비즈니스 모델을 채택했다하지만 찾아보고 살펴보려는 목적이라면 완전히 무료로 계정을 이용할 수 있다. 세컨드라이프는 매월 9.95달러에 사용자가 추가 비용

없이 최대 512평방미터의 소규모 토지를 소유할 권리를 주는 프리미엄 회원 자격을 제공한다. 추가 기술 지원과 주간 L$300의 급여 또는 지원금을 제공한다. 넓은 토지를 소유하고 있을 경우 추가 임대료 내지 매월 사용료가 발생한다. 대부분의 회원은 매월 5달러 또는 소유한 토지의 양에 따라 그 이상의 범위로 부과되는 방식이기 때문에 이 요금을 티어tier라고 한다. 회원이라면 다른 회원 또는 거주자로부터 직접 토지를 구입할 수 있다.

다른 형태의 토지를 구입할 수도 있는데 보통 하나 이상의 개인 섬 또는 지역으로 구성되며 완전히 별개의 규정과 가격 정책이 적용된다. 개인 지역은 6만 5,536평방미터약 16에이커이며 구입할 때 1,000달러, 월간 유지관리비 295달러가 소요된다. 개인 부동산 소유권에는 주민을 바꿀 수 있는 권리가 포함된다http://bit.ly/oI67Pn.

http://bit.ly/oI67Pn

세컨드라이프 통계

세컨드라이프는 2008년에 기념할 만한 성공을 거두었다. 세컨드라이프에 등록한 거주자는 1,678만 5,531명이며 가상 상품 및 서비스에 1억 달러 이상을 소비했으며 3억 9,700만 시간을 참여했다. 거주자는 4,396만 5,696평방미터의 토지를 매매했고, 거주자들이 총 17억 6,000만 평방미터를 소유하고 있으며, 동시에 접속하는 거주자는 7만 6,000명이다.

www.secondlife.com/whatis/economy_stats.php

www.blog.secondlife.com/2009/01/15/q42008/

www.secondlife.com/whatis/economy_stats.php

또는 '클릭 가능한 링크'는 www.theSocialMedia-Bible.com을 방문하면 된다.

www.theSocialMediaBible.com

뷰어

여러분은 기존 브라우저, 새로운 뷰어 3.0, 오픈 소스인 스노우 글로브snow globe, 그리고 인기 있는 피닉스/파이어스톰Phoenix/Firestorm 등 다양한 브라우저를 사용하여 세컨드라이프를 돌아다닐 수 있다. 린든 랩Linden Labs사가 오픈 소스를 제공했기 때문에 개발자들이 뷰어를 개선할 수 있었다는 점은 주목할 만하다. 물론 개발자들은 정식 뷰어를 이용하여 꾸준히 개선하고 있다는 점도 알아두자.

소셜미디어 ROI

소셜미디어 거리로 데리고 가다: 인퓨전소프트가 소셜미디어를 통해 슈퍼 사이즈 고객 서비스를 하고, 브랜드를 알리고, 그리고 소문을 내는 방법

배경

인퓨전소프트Infusionsoft는 매우 강력한 이메일 마케팅, CRM, 및 마케팅 자동화 애플리케이션을 제공하는 회사로 거의 2만 명의 사용자들이 이 애플리케이션을 마케팅 활동에 사용하고 있다. 애리조나에 본사를 두고 있는 길버트Gilbert는 수십만 명의 소규모 비즈니스 사용자를 지원할 만반의 태세를 갖추고 있으며 소셜미디어를 통해 영역을 확장할 열망에 차 있다. 브랜드 인지도, 산업 논의 참여, 비선형 지원 제공, 그리고 비즈니스를 위해 리드 제너레이션 기회 제공 등은 소셜미디어에 영향을 주는 핵심 동기라고 할 수 있다.

경쟁이 치열한 소규모 비즈니스 시장에서 성장하는 비즈니스로써 우리는 침체된 마케팅과 의사소통 활동에 소셜미디어에 대한 관심을 불어넣고자 노력했다. 인퓨전소프트는 소셜미디어를 이용하여 가치 있는 요소와 마력mojo을 마케팅, 리드 제너레이션, 그리고 브랜드 구축 능력에 적용했다.

전략

소셜미디어를 도입하기 전, 인퓨전소프트는 커뮤니티 포럼부터 시작했다. 인퓨전소프트는 사용자 기반과 직원들 전반에 걸친 수많은 논의를 적용한 사용자 포럼을 개최한 다음 2008년 후반기에 블로깅, 트위터, 링크드인, 유튜브, 그리고 페이스북 등과 같은 소셜네트워크 애플리케이션 외부로 확대하기로 결정했다.

하지만 인퓨전소프트는 업데이트 빈도, 직설적인 화제의 부재, 그리고 다양한 작가와 콘텐츠의 부재 등이 자사 블로그의 성장을 제한하고 있다는 사실을 알게 되었다. 적극적인 방법으로 시장에 영향력을 행사하는 사람, 잠재고객, 그리고 고객 등과 교류할 수 있는 커뮤니케이션 허브로써 블로그를 활용하고 성장시킬 수 있는 확실한 기회를 잡은 인퓨전소프트의 경영진은 리더십을 발휘하여 전문적이고 일관되게 소셜미디어를 중심으로 시작하라는 승인을 커뮤니티 매니저에게 내렸다. 이것은 인퓨전소프트가 전보다 훨씬 진지하게 소셜미디어의 장점에 치중할 수 있는 전환점이 되었다.

대화가 진행되는 동안 이메일 마케팅, 고객 후속 조치, 그리고 마케팅 전략에 대한 화제에 대하여 생각의 리더로 부상하는 것에 소셜미디어 전략을 집중시켰다. 그리고 25인 미만의 직원을 데리고 웹을 사용하여 마케팅 활동을 이끄는 소규모 기업, 즉 개인 사업가도 대상 연령층으로 잡았다. 가치가 큰 콘텐츠와 독특한 관점은 성공의 핵심 요소였다. 그리고 브랜드 자체와 관련 있으며 해당 분야에서 널리 퍼져있는 화제를 모니터하고 처리하는 유연성과 신속성은 전략에 반드시 필요한 요건이다.

실행

우리는 소셜미디어 실행의 중심으로 블로그를 개설했고 이후 트위터와 페이스북으로 확대했다. 그리고 우리는 링크드인, 마할로Mahalo, 유튜브, 그리고 다른 소셜네트워크 프로파일 등과 같은 소셜미디어 전초기지를 지속적으로 찾았다.

우리는 실례와 소셜미디어 활동을 알리기 위해 소셜미디어 프로그램을 모든 직원에게 교육시켰을 뿐만 아니라 직원들이 소셜미디어에 참여하는 방법에 대해 열린 정책도 시행했다. 우리는 그룹 분할cross-division 참여야말로 회사가 소셜미디어에서 가질 수 있는 참여 수준의 핵심이라고 믿고 있다.

기회

인퓨전소프트는 이메일 마케팅과 소규모 사업의 성장성을 둘러싸고 있는 온라인에서 발생하는 대화에 참여하고 청취하여 내부적으로 그리고 외부적으로 커다란 기회를 얻을 수 있었다. 소셜네트워크에서의 활동을 통해 사람들이 핵심 화제에 대해 이야기하는 것을 청취하는 것만으로도 리드 제너레이션, 경쟁 정보competitive intelligence, 그리고 마켓 리서치가 가능하다. 우리는 대화가 많이 발생하고 참여와 청취 기회에 제한이 없는 핵심 사이트로 트위터와 페이스북을 고려하고 있다. 소규모 사업의 성장성, CRM, 그리고 이메일 마케팅에서 생각의 리더로서 인퓨전소프트의 전문 지식을 공개할 수 있는 진정한 기회다. 게다가, 우리는 고객 서비스와 지원을 강화하여 사용자가 킬러 서비스killer service를 받고 단순히 휴대폰 지원 이외에 다른 방법으로 필요한 것을 받을 수 있도록 트위터와 페이스북과 같은 사이트에 영향을 주고 있다.

결과

인퓨전소프트, 인퓨전소프트의 사용자, 그리고 소셜미디어 분야는 소셜미디어를 통해 대체적으로 인상적인 혜택을 받았다. 우리는 브랜드 구축을 하기에 적절한 활동, 즉 워리어 포럼Warrior Forum에서 인기 있는 마케팅 커뮤니티, 메일침프MailChimp, 원쇼핑카트1ShoppingCart, 그리고 아위버Aweber 등을 포함한 경쟁 업체, 스타 홀Starr Hall, 그리고 애니타 캠벨Anita Campbell 등을 포함한 최고의 블로거들 사이에서 적절성과 가시성을 얻을 수 있는 활동을 시작했다. 그리고 인퓨전소프트는 소셜 미디어를 통해 넷스위트Netsuite나 이그젝트타깃ExactTarget 등과 같은 중형 플랫폼이 필요 없는 소규모 비즈니스로 성장했지만 현재 소셜 미디어가 독립된 이메일 마케팅과 CRM 솔루션보다 커지는 현상이 발생했다.

우리는 실시간 이벤트에서 수천 명의 온라인 시청자들의 관심을 끌며 매년 개최하는 사용자 컨퍼런스 및 온라인 교육 강의의 일환으로 실시간 동영상 스트리밍 서비스인 유스트림Ustream에 수차례 영향을 줬다. 이런 커뮤니티 참여를 통해 동영상은 가지고 있지 않은 특권층만 누릴 수 있는 고급스러움과 인퓨전소프트와 교류할 수 있는 기회를 제공받음으로써 전 세계 고객들을 만족시킬 수 있을 뿐만 아니라 잠재고객의 관심을 끌 수도 있다.

우리 블로그는 양질의 콘텐츠와 일관된 분량을 지속적으로 제공하여 매년 10만 건의 페이지뷰를 달성한 결과 구글 페이지 랭크Google PageRank 2에서 5로 상향되었다. 그러자 처음으로 매달 수천 명 이상의 적극적인 유료 가입자를 확보하며 블로그를 방문했던 방문자로부터 수익을 올릴 수 있었다. 그리고 지속적으로 증가하는 고객 및 잠재고객과 교류할 수 있도록 파워 블로거들이 인퓨전소프트에서 제공하는 콘텐츠를 소개했다.

현재 우리는 트위터에서 홍보하는 브랜드 24/7을 모니터하며 즉각적으로 지원하고 빠르게 응답할 뿐만 아니라 성실하고 조심스러운 태도로 위기에 대처하고 있다. 그리고 우리는 트위터에 참여하고 싶은 많은 잠재고객들의 관심을 끌고 있다. 게다가, 성공

www.infusionsoft.com

적으로 성장한 페이스북 팬페이지는 팬페이지 사용자와의 친밀감을 높였다.

우리는 청취하고 참여하지만 사용자가 이끄는 그룹을 링크드인에서 활용하지 않을 것이다. 우리가 커뮤니티 포럼에 관해 적극적이며 지속적으로 논의하고 있는 만큼 생각의 리더, 분석가, 그리고 충성 고객loyal user은 소셜미디어 분야에서 우리에 대해 자주 언급하고 있다.

– 죠셉 만나Joseph Manna, 인퓨전소프트의 커뮤니티 매니저, www.infusionsoft.com

전문가 의견

마크 킹던Mark Kingdon, 린덴 랩 최고 경영자이며 세컨드라이프 창설자, www.SecondLife.com

세컨드라이프 거주자가 생성한 콘텐츠와 스크립트 등 20억 개의 아이템이 데이터베이스에 존재합니다. 이것은 공동으로 생성하고, 협업하고, 멋진 물건을 생성할 수 있는 정말로 강력한 플랫폼입니다.

린덴 랩은 세컨드라이프 내에서 자주 미팅을 합니다. 린덴 랩 직원이라면 세컨드라이프 경험에 몰입해 있을 거라고 여러분이 상상하는 것처럼 저도 하루 1시간에서 4시간 정도를 그곳에서 보내고 있습니다. 여기에는 창의적이고 멋진 아바타가 많습니다. 해파리, 터그보트, 사냥개, 돌무더기 등을 가

마크 킹던

질 수 있으며 상상을 초월하는 아바타의 수는 엄청납니다.

세컨드라이프는 회원들이 이런 놀라운 3차원 환경, 가상현실을 몰입도 높은 경험으로 채울 수 있는 콘텐츠 생성 및 협업 플랫폼 및 도구 세트입니다. 그러므로 세컨드라이프는 사람들이 찾아오는 목적지이지만 거주자들이 제공된 플랫폼 도구를 사용하여 실제로 만들어가는 것입니다. 지난 60일 동안 사람들이 세컨드라이프를 찾아오면서 120만 번 로그인했습니다. 글자 그대로 세계 모든 국가의 회원들로 구성된 풍부하고 활동적인 커뮤니티입니다...

세컨드라이프는 그 사용 사례가 놀라울 정도로 광범위합니다. 현실세계처럼 세컨드라이프는 정말 다양하며 청중 또는 사용자 기반 역시 다양합니다. 그렇기 때문에 세컨드라이프의 사용 사례 역시 현실세계에서와 마찬가지로 폭넓습니다. 사람들은 세컨드라이프를 사용하여 라이브 음악 공연장을 방문하고 친밀한 환경에서 콘서트를 감상합니다. 친구와 쇼핑을 하고, 집과 같이 가상세계를 만끽하기 위한 개인 공간을 만듭니다. 관심사가 같고, 동일한 문제를 가지고 있는 사람들과 교류합니다. 회사에서는 빠른 주기의 제품 개발 과정에서 협력하고, 가상 미팅을 하고 가상 학습을 하기 위해 사용합니다.

그런 회사로는 IBM, 썬, 인텔, 델, 오렌지Orange, 브리티시 텔레콤British Telecom, 마텔Mattel, CIGNA가 있습니다. 전 세계의 아주 많은 회사들이 비즈니스에 세컨드라이프를 사용하고 있습니다. 마텔은 세컨드라이프에서 주주총회를 개최했습니다. CIGNA에서 고객들이 독특한 방식으로 건강 정보를 나눌 수 있는 도움말 섬을 만들었으며, 시스코는 세컨드라이프에서 개발자 컨퍼런스 Q&A를 개최했습니다. 사용 사례는 정말로 다양합니다. 제품을 만들기 전에 경험해보는 것은 멋진 일입니다. 우리는 '가능성'의 표면만 접촉한 것에 불과하다고 생각합니다. 아직까지는 가상세계 공간에서 탐색하는 단계에 머물러 있기 때문입니다. 두세 번 찾아오는 회사들은 새로운 아이디어를 시도하고 새로운 방식으로 비즈니스를 시작하고 있다는 것을 깨닫게 됩니다...

우리가 사용자 기반의 목소리를 경청하면서 핵심 고객들이 플랫폼에서 원하는 것이 무엇인지 이해하려고 최선을 다한다는 것을 말씀드릴 수 있습니다. 우리가 가장 중요하게 생각하여 더 발전시키려고 하는 고객 부류는 기업 고객입니다. 우리는 기업 고객의 의견을 경청해 핵심적인 세컨드라이프 플랫폼에 대해 조정하고 변경하고 개선하는 등 지원을 늘리고

www.theSocialMediaBible.com

있습니다. 2009년에는 지속적으로 전 세계의 핵심 청중을 지원하면서 비즈니스를 실질적인 방식으로 지원하기 위해 우리의 업무와 플랫폼에 많은 변화가 예상되므로 주목해서 살펴보시기 바랍니다.

www.theSocialMediaBible.com을 방문하면 마크 킹던과 나눈 경영진 대화 전체를 들을 수 있다.

International Perspective

국제적인 견해

키프로스

키프로스 항공사Cyprus Airways에 대한 소셜미디어의 중요성

키프로스는 지난 10년 동안 소셜미디어의 폭발적인 증가로 많은 영향을 받을 수밖에 없었다. 키프로스의 청년층은 점차 소셜미디어에 빠져들었고, 친구들에게 차례차례 전파했다. 페이스북은 키프로스에서 가장 잘 알려졌을 뿐만 아니라 가장 널리 사용되는 소셜네트워크다. 현재, 키프로스에는 50만 명 이상의 페이스북 사용자가 있다.

소셜미디어는 이미 비즈니스에서 상당히 중요한 역할을 하고 있으며 마케팅 전략, 비즈니스 개발, 그리고 고객 서비스를 위해 효과적인 온라인 매체라는 것이 증명되었다. 그리고 비즈니스의 경우에는 온라인 광고 도구를 통해 브랜드 신뢰성과 가시성을 얻었다.

키프로스 항공사는 소비자 행동에 대한 변화와 시장 추세를 알기 위해 페이스북, 트위터, 그리고 유튜브에 자사의 페이지를 만들었다. 현재 우리는 키프로스에서 가장 인기 있는 소셜미디어인 페이스북에 노력을 기울이고 있다.

우리는 약 8,500명의 팬을 확보하고 있으며 키프로스 항공사의 페이스북 페이지는 키프로스에서 가장 인기 있는 페이스북 페이지 순위에서 8위를 기록했다.

다음은 소셜미디어를 매우 중요하게 여기고 있는 키프로스 항공사의 목표를 소개한 것이다.

- 고객과의 양방향 의사소통을 구축한다.
- 확실한 고객층을 구축한다.
- 웹사이트 트래픽을 늘린다.
- 브랜드 인지도를 높인다.

CyprusAir.com

www.socialbakers.com

- 대화형 전략, 예를 들면 시합이나 퀴즈 등을 통해 서비스를 광고하며 시장에 내놓는다.
- 새로운 목적이나 새로운 협력 등과 같은 서비스에 대한 최신 정보를 제공한다.
- 고객 참여를 유도한다.
- 무료인 구전 홍보_{입소문} 광고를 활용한다.

페이스북 대회를 개최한다는 사실만으로도 2주 동안에 약 4,000명의 팬이 증가했다. 즉, 우리는 성공적으로 사람들이 키프로스 항공사에 대해 이야기하도록 만들었을 뿐만 아니라 친구들과 자신의 경험을 공유하게도 만들었다.

– 키키 하이다 Kiki Haida, 키프로스 항공사
키프로스에어닷컴 CyprusAir.com

출처: www.socialbakers.com

해야 할 일 리스트

1. 가상세계를 사용하라.

여러 가지 이용 가능한 가상세계 웹사이트를 살펴보기 위해 회원이 되어야 한다. 무료 회원으로 등록하고 탐색해 보면 된다. 탐색하는 데 어려움이 있더라도 겁먹지 말아야 한다. 직관적이기 때문에 바로 프로처럼 될 수 있다. 처음에 성공을 경험하려면 이동, 커뮤니케이션, 관심 있는 사물을 찾는 방법과 같은 기본적인 기술에 집중하면 된다.

2. 다른 회사가 거둔 성공을 살펴보라.

주변을 살펴보아야 한다. 이 장에서 열거된 회사에 대해 구글에서 검색하고 성공 사례를 읽어

본다. 무엇 때문에 효과가 있었는지 아이디어를 얻어야 한다. 몇몇 회사에 대해 리서치하면 여러분의 회사에 실효성이 있는 계획을 수립할 수 있다.

3. 판매를 살펴보라.

가상세계에서 제품 또는 서비스를 판매할 수 있는가? 가상 매장을 설치해야 할까? 이미 가상세계에서 입지를 가지고 있는 누군가와 파트너 관계를 맺을 수 있을까? 현실세계와 가상세계 간에 교차 프로모션을 할 수 있을까? 가상세계에서 마케팅과 판매를 시작할 수 있는 방법에 대해서 그것이 여러분의 비즈니스에 적합한지 생각해 보아야 한다.

4. 미팅과 교육을 탐색하라.

가상세계에서 디자인, 판매 또는 마케팅 미팅을 주최하는 것에 대한 아이디어를 살펴보아야 한다. 누구나 처음에는 학습 커브를 거쳐야 하지만 일단 정상 궤도에 올라서면 훨씬 전진하기 쉽다. 인사부서에서 발표에 활용하거나 새로운 제품과 서비스를 지사에서 볼 수 있도록 할 수 있다. 가상세계에서 PowerPoint와 비슷한 슬라이드로 프레젠테이션을 할 수도 있다.

5. 커뮤니티에 가입하라.

좋아하는 가상세계에서 검색 메뉴 옵션을 살펴보고 공통의 관심사를 가진 그룹을 찾아본다. 비슷한 관심을 공유하는 그룹을 찾아서 만나고 아이디어를 공유하고 친분을 쌓아야 한다.

결론

가상세계에서 비즈니스를 수행한다는 개념은 여전히 새로운 것이다. 기업체가 비슷한 생각을 가진 거대한 신뢰 네트워크 내에 참여하여 얻는 기회는 엄청나며 네트워크 구성원의 다수가 잠재고객이 될 수 있다. 대부분의 기술이 그러하듯이 얼리 어답터가 홈팀의 이점을 얻는다. 실제 개념을 탐색해보아야 자신과 자신의 회사가 가상세계에서 마케팅하는 것이 적합한지 여부를 알 수 있다. 가상세계를 선택하고, 회원으로 등록하고, 가상세계 내 비즈니스를 방문하고, 비즈니스 소유자 및 고객과 대화하고, 다른 아바타를 만나보고, 커뮤니티 내에 있는 그룹을 따르고 미팅하면서 가상세계가 어떻게 돌아가는지 이해하게 된다.

전문가 의견을 듣고 싶으면 www.theSocialMeida-Bile.com을 방문하라.

다운로드 : 〈소셜미디어 바이블〉과 관련된 무료 다운로드를 받으려면 www.theSocialMeidaBile.com을 방문하라. 책 뒷면 바코드 위에 있는 ISBN 번호를 입력하면 된다. ISBN 978-1-118-26974-9

Notes

1) Source: HuliQ News, "Halo 3 Records More Than $300 Million in First-Week Sales Worldwide", www.huliq.com/36851/halo-3-records-more-than-300-million-in-first-weeksales-worldwide.

2) VoIP 또는 보이스 오버 인터넷 프로토콜은 음성을 디지털 정보로 된 개별 패킷으로 디지털화하여 대화 내용을 인터넷을 통해 음성을 전송하는 기술이다. 보니지 Vonage는 VOIP 장거리 전화 서비스의 예다.

www.theSocialMeidaBile.com

www.theSocialMeidaBile.com

www.huliq.com/36851/halo-3 -records-more-than-300-million-in -first-weeksales-worldwide

www.LonSafko.com/TSMB3_Videos/16Gaming.mov

제공 이익

온라인 게임은 지속적으로 인기를 얻고 있는 인터넷 현상 중 하나다. MMORPG_{Massively Multiplayer Online Role Playing Game}, 다중 온라인 롤플레잉 게임 커뮤니티의 신뢰 네트워크의 사례는 다양하며 보통 수백만 명으로 이루어진다. WoW_{World of Warcraft}를 만든 블리자드 엔터테인먼트는 "2010년 10월 기준으로 MMORPG 게임인 WoW는 전 세계 1,200만 명 이상의 게이머가 이용하고 있으며, 북미 지역, 유럽, 중국, 한국, 오스트레일리아, 뉴질랜드, 싱가포르, 태국, 말레이시아, 인도네시아, 필리핀, 칠레, 아르헨티나, 타이완, 홍콩, 마카오 등에서 플레이어가 이용하고 있다'고 발표했다.

2010년 1월 기준으로 Xbox LIVE의 가입자는 3,000만 명 이상이며www.xbox.com/en-US/Press/archive/ 2011/0112-BiggestYear, 버락 오바마 대통령 역시 캠페인 기간 중에 온라인 레이싱 게임인 Burnout Paradise의 광고를 구매했다www.gamepolitics.com/2008/10/09/report-obama-ads-burnout-paradise.

온라인 비디오 게임을 비즈니스 가치가 전혀 없으며 십대만 참여하는 시간 낭비 정도로 간주하는 사람이 많다. 그러나 매시간 5만에서 800만 명이 신뢰 네트워크라는 같은 장소에 공동의 관심사를 가지고 모이는 경우라면 반드시 비즈니스 기회가 존재한다. 실제로 온라인 게이머의 25퍼센트만이 십대이며, MMORPG 플레이어의 평균 연령은 약 26세다. 50퍼센트는 직장인이며 36퍼센트는 기혼자이고, 22퍼센트는 자녀를 두고 있다. 고등학생, 대학생, 전문가, 주부, 은퇴자 등이 포함된다.

평균적으로 이들은 일주일에 22시간 동안 게임을 즐기며 게임에 소비한 시간과 연령과는 상관관계가 전혀 없다. 전체 플레이어의 60퍼센트는 한 번 이상 연속해서 10시간 동안 플레이한 경험이 있다고 했다. MMORPG 플레이어의 80퍼센트는 연인, 가족, 친구 등 현실세계에서 알고 있는 사람들과 주기적으로 함께 게임을 한다. 실제로 MMORPG는 새로운 관계를 형성하고 기존 관계를 돈독하게 하는 사교성이 높은 환경을 제공한다. 다수의 플레이어들은 게임을 하면서 강한 유대감을 느끼며, 최근 통계에 따르면 남성의 8.7퍼센트와 여성의 23.2퍼센트가 온라인 결혼을 한 적이 있다고 한다. 평균적인 MMORPG 플레이어는 결코 별 볼일 없는 사람들이 아니다온라인 게임에 대한 자세한 내용은 15장 '가상세계-실제 효과' 참조.

알아야 할 사항

MMORPG는 다수의 플레이어가 인터넷을 통해 가상세계에서 상호작용하는 컴퓨터, 인터넷 게임의 장르다. MMORPG에서 플레이어는 흔히 판타지 세계에서 허구의 캐릭터 역할을 맡는다. 1인칭 플레이를 통해 참여자는 게임 퍼블리셔가 호스팅하는, 계속 존재하고 발전해 가는 가상세계에서 자신의 캐릭터의 활동을 제어한다. 이런 유형의 게임이 전 세계적으로 올린 매출은 2005년에 5억 달러를 초과했으며 2006년 미국 내 매출은 10억 달러를 넘었다.

MMORPG에 있어 흔한 기능은 테마, 진보, 소셜 인터랙션, 문화, 플레이어의 캐릭터 사용자정의 기능이다. 대부분의 MMORPG 주제는 판타지 및 공상 과학 소설에 기반하며 이 두 장르의 가장 인기 있는 게임은 Dungeons & Dragons와 World of Warcraft다. 또 다른 하위 장르로는 Halo 3와 같은 FPS First Person Shooter, 1인칭 슈팅 게임이 있다.

모든 MMORPG에는 주요 캐릭터의 플레이어 또는 아바타가 발전해 가는 과정이 있다. 포인트나 기능을 얻거나, 재고나 부를 축적하고 더 어려운 레벨의 도전과제를 하게 된다. 물론 반대의 경우도 있다. 주요 캐릭터가 다른 플레이어 또는 게임 자체에서 생성한 캐릭터와의 전투 등 도전과제에 실패하면 포인트를 빼앗기고 재고를 상실하며 주요 캐릭터는 시작 레벨 또는 가장 간단한 레벨로 강등된다. 이런 실행/도전 과제/재실행 주기를 레벨 트레드밀 level treadmill 또는 그라인딩 grinding이라고 한다.

그림 16.1 World of Warcraft

MMORPG에서는 캐릭터가 상호 의사소통하고 팀을 이루는 것을 권장한다. 그렇게 하면 개별 플레이어가 자신의 기술을 다른 플레이어에게 제공하여 결과적으로 여러 플레이어가 특정 그룹의 회원이 되거나 지도자가 될 수도 있다. 다수의 MMORPG에서 플레이어의 특별한 능력을 탱크의 공격을 흡수하고 회원을 보호하는 사람 또는 히터팀 구성원의 건강을 유지하는 사람로 범주화할 수 있다. 손상을 가하는 사람인 DPSDamage per Second, 초당 손상, 적을 잠시 제어하는 CCCrowd Control 캐릭터, 적의 행동이나 능력을 잃게 하는 NPCNon-Player Character가 있다. 적에게 영향을 미치는 능력을 사용하는 버퍼Buffer 또는 디버퍼Debuffer도 있다. 대부분의 플레이어는 이런 캐릭터를 하나만 갖거나, 전혀 가지지 않거나, 여러 개를 갖는다. 대부분의 MMORPG에는 게임 퍼블리셔의 유급 직원이거나 자원자인 GMGame Master 또는 Moderator이 있다. GM은 게임 세계를 감독하고 관리하는 임무를 담당한다.

세컨드라이프와 비슷하게 MMORPG는 게임 퍼블리셔의 서버에서 연중무휴 실행되므로 밤낮 구분 없이 언제라도 액세스하고 플레이할 수 있다. 플레이하기 위해 참가자는 자신의 PC에서 실행할 수 있는 클라이언트 소프트웨어를 다운로드한다. 그런 다음 플레이어는 해당 소프트웨어와 인터넷을 사용하여 게임 세계에 접속한다. 이 소프트웨어는 세컨드라이프처럼 무료로 하거나 World of Warcraft 및 EverQuest와 같이 구입하도록 할 수 있다. 일부 MMORPG는 매월 구독하도록 하며, 다른 경우에는 씬 클라이언트라는 곳으로 이동하여 클라이언트 소프트웨어를 사용하지 않고 웹브라우저만으로 게임을 플레이할 수 있다.

처음으로 돌아가서

가상세계를 다룬 이전 장에서 언급한 대로 온라인 게임에 참여하는 것과 가상 환경에 참여하는 것은 미세하게 구분된다. 오늘날 성공을 거둔 대부분의 MMORPG는 롤 플레이 게임이며, 몰입도가 높고, 3차원 가상세계 시나리오를 가지고 있다. 이런 유형의 게임은 1990년대 초로 거슬러 올라가는 반면, 위협을 가하는 물체에 쫓기면서 미로 사이로 요령껏 피해 다니는 이후에 나온 PacMan과 흡사한 Maze War 또는 Maze라는 초기의 온라인 게임은 1970년대로 거슬러 올라간다자세한 내용은 15장 '가상세계-실제 효과' 참조. 1984년에 Islands of Kesmai가 발표되었다. "반그래픽, 멀티플레이어용, 2차원 게임 인터페이스로 플레이어가 격자로 된 타일을 이동하면서 단축 명령과 키 입력을 통해 동굴 바닥에 있는 아이템을 찾는 것이다."

최초의 완전한 그래픽 멀티플레이어 게임으로 Dungeons and Dragons의 중세 판타지 세계를 배경으로 한 RPGRole Playing Game인 Neverwinter Nights는 1991년 인터넷에서 폭발적인 인기를 얻었으며, 아메리카 온라인AOL의 사장인 스티브 체이스Steve Chase가 홍보를 했다. 그런 다음 최초의 온라인 멀티플레이어 게임 시스템인 시에라 네트웍스Sierra Network의 MMORPG가 나와서 1990년대 초에 인기를 얻었다. The Shadow of Yserbius1992년 출시, The Fates of Twinion1993 및 The Ruins of Cawdor1995 등이 있다.

기본적으로 유료 플레이, 게임 내에 광고 및 판촉이 포함된 무료 플레이, 구매 플레이라는 세 가지 MMORPG 비즈니스 수익 모델이 있다. 유료 플레이는 플레이어가 계정을 설정하고 게임을 액세스하기 위해 매월 가입비를 지불하는 것이다. 무료 플레이는 플레이어가 로그인하여 무료로 플레이할 수 있다. 그리고 구매 플레이는 플레이어가 먼저 게임을 구매하면 온라인에서 무료로 실행할 수 있는 것이다. 유료 플레이 MMORPG 시장 점유율이 가장 높은 게임은 블리자드 엔터테인먼트의 World of Warcraft다www.forbes.com/sites/velocity/2010/06/10/top-moneymaking-online-games-of-2009/?partner=yahootix를 보라.

무료 플레이 범주에서 시장 점유율이 높은 타이틀은 Dungeons & Dragons, MapleStory, Rohan 및 Blood Feud가 있고, 가장 인기 있는 구매 플레이 장르는 길드 워Guild Wars다.

사회적인 영향

팔로 알토 리서치 센터Palo Alto Research Center의 리서치 과학자인 닉 이Nick Yee, www.nickyee.com는 온라인 게임과 몰입도가 높은 가상현실을 연구했다.

그는 대달루스Daedalus 프로젝트를 만들었으며 이를

www.nickyee.com

다음과 같이 설명한다. "이것은 MMORPG 플레이어를 지속적으로 연구하는 것이다. MMORPG는 수많은 사람들이 온라인 가상 환경에서 상호작용하고 경쟁하고 협업하는 비디오 게임 장르다. 지난 6년 동안 4만 명 이상의 MMORPG 플레이어가 이 프로젝트에 참여했다."

그의 대달루스 프로젝트는 '오해: MMO에 대한 오해와 발전 방법 탐구' 및 '가상세계에서의 소셜 아키텍처: 소셜 세계에서의 규칙이 어떻게 특정 소셜 행위를 장려하는가?' 와 같은 몇 가지 흥미로운 기사가 되었다. 그는 '소셜 아키텍처' 기사에서 다음과 같이 말한다.

우리는 이타심와 사교성을 인격 특성으로 생각하는 경향이 있다. 어떤 사람은 남을 잘 도와주고 다른 사람들은 말이 많은 편이다. 내가 MMO의 매력에 반하게 된 한 가지 이유는 게임의 메커니즘이 커뮤니티와 개인이 행동하는 양식을 바꾸는 것으로 보이기 때문이다. 예를 들어 사람들이 캐스터에게 초기의 EQ와의 '연결'을 요청해야 할 경우예: 새로 얻은 포인트 설정 일반적인 도움을 요청하는 문화적 규범을 창출하는 것으로 보인다. 이타심은 개별적인 플레이어의 일면일 뿐만 아니라 부분적으로는 게임 메커니즘에서 양성되고 있다. 가상 환경의 이러한 '소셜 아키텍처' 는 게임 메커니즘을 통해 커뮤니티와 개인 행위를 형태를 바꿀 수 있는 가능성을 암시하기 때문에 흥미롭다.

그는 온라인 세계에서 바람직하게 여겨지는 행동 양식 때문에 현실세계에서의 행위가 변할 수 있는 가능성을 보았다. 온라인 세계에 참여함으로써 플레이어는 이런 특성을 보다 쉽게 발전시키고 수용하여 게임 인터랙션에서 일상의 삶으로 가져올 수 있게 된다.

영국의 작가이며 게임 연구가인 라차드 바틀Richard Bartle은 멀티플레이어 RPG 플레이어에 대해 연구하여 탐구자, 사교자, 살해자, 성취자라는 4가지 심리적인 그룹으로 분류했다. 어윈 안드레센Erwin Andreasen www.andreasen.org은 바틀의 분류를 확장하고 이 개념을 30문

www.andreasen.org

항의 바틀 테스트로 발전시켰다.

52만 1,112명 이상의 게이머가 이 테스트에 참여했으며 그들의 게이머 DNA는 웹사이트 www.gamer-dna.com/quizzes/bartle-test-of-gamer-psychology에서 볼 수 있다.

바틀과 안드레센의 데이터에는 1996년에서 2006년 사이에 안드레센이 기록한 20만 건 이상의 원본 답변이 포함되어 있다. 원래 MUDmultiuser dungeon 참여자를 위해 설계됐지만 가상세계와 MMORPG에도 타당하다. 채점도 흥미롭고 재미있다. 특정 용어를 시대에 맞게 한 것예: MUD를 보다 포괄적인 MMORPG로 교체을 제외하고는 모든 질문의 원래 문구는 변경되지 않았다.

MMORPG WoW와 질병 관리 센터

MMORPG 참여자가 상상의 캐릭터를 발명하여 상상이 현실처럼 되는 게임에서 플레이하지만, 현실세계에서 발생할 수 있는 재앙에 대한 좋은 실례로 입증된 특별한 사건이 발생했다. 2005년 9월 13일, Corrupted Blood 혈액 오염 전염병이 발생했다www.wowwiki.com/Corrupted_Blood; 그림 16.2 참조.

"악마와 접촉하면서 플레이어는 주기적으로 생명을 약화시키는 '혈액 오염'에 감염됐다. 감염된 플레이어는 몇 초마다 포인트가 250에서 300이 줄었다. 당시 가장 높은 수준의 플레이어는 평균 건강 상태가 4,000에서 5,000이었다. 이 질병은 감염된 사람 근처에 서 있기만 해도 다른 플레이어에게 전염되었다. 원래 이 질병은 Zul' Gurub 사건 내로 한정되었지만 사냥꾼의 감염된 애완동물을 통해 외부 세계로 퍼져나갔다. 플

레이어가 밀집해 있었기 때문에 몇 시간 이내에 혈액 오염이 도시 전체를 감염시켰다. 손상 정도가 심해서 낮은 레벨의 플레이어는 몇 초 만에 사망했다. 며칠 만에 가장 인구가 많은 마을에는 해골들로 가득했으며, 계속되는 전염병 때문에 사람이 살 수 없게 되었다."

그림 16.2 Corrupted Blood Screen

블리자드 엔터테인먼트의 World of Warcraft 전체에서 캐릭터 간에 급속도로 퍼진 가상 전염병을 일으킨 것은 일시적인 프로그래밍 오류였으며 현실세계와 유사한 질병이 발생했다. 이런 가상의 전염병은 북미 전역의 심리학자와 전염병 전문가의 관심을 끌었다. CDCThe Center for Disease Control, 질병 관리 센터는 실제로 이 사건을 연구 모델로 사용하여 질병의 진행과 전파 및 대규모 전염병 감염에 대한 사람의 예상 반응을 연구했다.

가상 경제

세컨드라이프처럼 MMORPG 역시 가상 경제가 활성화되어 있다. 게임을 통해 가상 화폐를 벌 수 있고 아이템을 매매할 수 있고 부를 축적할 수 있다. 그리고 이런 가상 경제는 세컨드라이프 가상 토지 때문에 최초로 실제 백만장자가 된 정안세의 능력에서 입증되었듯이 현실세계의 경제에 영향을 미친다정안세에 대한 전체 이야기는 15장 가상세계-실제 효과 참조.

www.mypage.iu.edu/~ca-stro/home.html

MMORPG의 초기 연구자 중 한 명인 에드워드 카스트로노바Edward Castronova www.mypage.iu.edu/~ca-stro/home.html는 가상 아이템에 대한 수요와 공급이 이루어지는 시장이 현실세계 내지 첫 번째 삶으로 건너올 수 있다는 점을 입증했다.

이렇게 되려면 플레이어가 가상 화폐로 상호간에 아이템을 사고팔 수 있어야 하고 가상 화폐를 현세계의 화폐와 교환할 수 있다는 것이 전제되어야 한다.

이런 현실세계 화폐와 가상세계 화폐의 연결은 플레이어, 게임 업계와 법원에 지대한 영향을 준다. 카스트로노바가 2002년에 이런 추세에 대해 처음 연구했을 때 매우 유동적이고 불법적인 화폐 시장이 존재한다는 것을 발견했다. 어느 시점에서 EverQuest의 게임 내 화폐의 가치가 일본 엔화의 가치보다 높아졌다. 금 농부gold farmer라고 하는 일부 플레이어는 이런 가상 경제를 이용하여 생계를 유지하고 있었다. 일부 게임 퍼블리셔는 현실세계 화폐와 가상 아이템을 교환하는 것은 금지한 반면, 세컨드라이프와 엔트로피아 유니버스와 같은 가상세계에서는 이런 시스템을 지원하고 그것으로 이윤을 얻는다. 가상세계에서는 화폐 간의 연결이 일반적이지만 이런 종류의 교환이 게임 실행에 악영향을 준다고 인정하기 때문에 MMORPG에서는 드문 일이다. 현실세계의 부가 능숙한 게임 플레이보다 더 큰 보상을 받게 하면 전략적인 롤 플레이에 대한 인센티브와 실제적인 게임 참여가 저조해진다.

다양한 화폐간의 경계가 희미해지면서 게임 내 도박도 늘어나게 되었다. 세계 여러 지역에서 도박은 통제되고 있기 때문에 세컨드라이프도 이것을 제거하고 금지했다.

레이드

MMORPG에서 빠르게 성장하는 분야는 보통 20명 이상의 특정 구성원을 위한 어드벤처 또는 부모 게임인 레이드Raid다. 레이드는 부모 게임에서 따온 것이며 특정 부류를 다른 게임 세계와 분리할 수 있다. 이렇게 하여 경쟁을 줄이고 빠른 게임 실행을 다운로드하고 화면 갱신 지연 시간을 줄인다.

단일 플레이어

MMORPG가 여러 명의 플레이어와 사회적인 상호작용을 위한 것이지만 다수의 게임은 사용자 혼자 게임과 상호작용할 수 있도록 한다. 그 결과 대부분의 인기 MMORPG는 단일 플레이어 실행 옵션을 개발했다. 이전의 Dungeons & Dragons Online도 단일 플레이가 가능하도록 변경되었다. 대부분의 게이머는 컴퓨터와 상호작용하면서 게임을 하거나 오프라인을 선호하기 때문에 MMORPG의 인기가 높아졌다. 최근에 FlatOut 2라는 자동차 경주 MMORPG 게임을 테스트해 보았다. 전 세계 여러 사람과 경주를 벌이는 것이 신나기는 하지만 가끔은 드리프트 연습을 위해 자동차를 혼자 운전하거나 컴퓨터와 대결을 벌이는 것도 재미있다.

사용자 생성 콘텐츠

점점 더 많은 MMORPG는 사용자 생성 콘텐츠를 권장한다. 울티마 온라인은 플레이어가 개인 도서관을 수집하고, 교환하고 집을 지을 수 있는 방법을 안내하는 30페이지 분량의 책을 제공했다. 실제로 비전투 유형의 MMORPG는 린덴 랩 서버에 20억 개의 사용자 생성 아이템이 존재하는 것처럼 텍스처, 아키텍처, 건물, 객체, 애니메이션 등 사용자가 생성한 콘텐츠에 의존한다. www.theSocialMediaBible.com에서 린덴 랩의 세컨드라이프 CEO인 마크 킹던과의 인터뷰를 들어볼 수 있다.

www.theSocialMediaBible.com

콘솔 기반 MMORPG

다시 말하지만 MMORPG는 특정 시간에 다수의 플레이어들이 인터넷을 통해 플레이하도록 하는 것이지만 대형 비디오 게임 제조업체 2곳에서 Xbox 360용 The Age of Conan 등 콘솔 기반 MMORPG를 출시하고 있어서 사용자가 이런 온라인 게임을 Xbox 콘솔 또는 온라인일 때 PC에서 실행할 수 있다.

최대 규모의 MMORPG : World of Warcraft

보통 WoW라고 알려진 World of Warcraft는 롭 파르도Rob Pardo, 제프 카플란Jeff Kaplan, 톰 칠턴 Tom Chilton이 설계하고 블리자드 엔터테인먼트가 개발했으며, 비벤디 유니버설이 배급하여 2004년 11월 23일에 출시했다. WoW는 판타지 MMORPG이며 블리자드가 출시한 네 번째 게임이다 첫 번째는 1994년의 Warcraft: Orcs & Humans였다. World of Warcraft는 여러 가지 면에서 다른 MMORPG와 차이가 있다. 플레이어는 여기에서는 몇 시간 저기에서는 일주일 전체를 보내는 등 자신의 속도에 맞추어 탐험을 완료하고 세계를 경험한다. 또한 탐험 시스템은 스토리 요소, 동적 이벤트, 유연한 보상 시스템이 있어서 플레이어가 다양한 탐험을 경험할 수 있다. World of Warcraft에는 다운타임이 적은 빠른 스타일의 플레이 기능이 있고 여러 명의 적에 대항하는 전투와 전술을 강조한다. World of Warcraft는 현재 매월 가입자가 1,100만 명 이상인 세계 최대 규모의 MMORPG이며 2008년 4월에 MMORPG 추산 시장 점유율이 62퍼센트를 기록하여 가장 인기 있는 MMORPG 기네스 세계 기록을 보유하고 있다. 대부분의 온라인 MMORPG가 정점에 올랐다가 주춤한 상태지만 WoW는 여전히 '와우!'란 감탄이 나온다.

블리자드 엔터테인먼트의 경영진은 "WoW와 소셜 미디어의 '신뢰 네트워크' 사이의 관련성을 찾을 수 없어서' 〈소셜미디어 바이블〉에 참여하지 않겠다고 했다. www.theSocialMediaBible.com을 방문하면 그들이 응답한 내용을 읽어 볼 수 있다.

www.theSocialMediaBible.com

Halo 3

Halo 3는 1인칭 슈팅 또는 FPS 비디오 게임이다. 번지Bungie 소프트웨어가 Xbox 360 비디오 게임 콘솔 전용으로 개발했다. Halo 3는 Halo 시리즈의 세 번째 버전이며 최초의 Halo 게임에서 시작된 3부작 스토리를 완성한다. 이 게임의 주제는 미국 우주부대가 이끄는 26세기 인류와 코브넌트Covenant로 알려진 이계 종족 간의 행성 전쟁을 다룬 것이다. MMORPG 플레이어는 생체 공학적으로 향상된 수퍼 전사인 마스터 치프Master Chief 역할을 맡아서 머린Marines이라는 사람과 알비터Arbiter가 이끄는 엘리트Elites라는 동맹 외계인의 도움을 받아서 인류를 보호하게 된다.

2007년 9월 25일에 호주, 브라질, 인도, 뉴질랜드, 북미 및 싱가포르에서 Halo 3가 출시되었다. 유럽은 하루 늦게 출시되었고 그 다음날 일본에서 출시되었다. 공식 발매일 전에 소매 판매점에는 Halo 3 420만 카피가 준비되어 있었으며 발표 후 첫 주 동안 3억 달러 이상이 팔린 것으로 집계되었다. 24시간 이내에 100만 명 이상이 Xbox Live에서 Halo 3를 플레이했다. 2008년 3월 1일 기준으로 Halo 3는 810만 카피 이상이 판매되었으며 2007년 미국 내에서 가장 많이 팔린 비디오 게임이다.

이 단락을 쓰는 시점에 온라인으로 Halo 3를 플레이하는 사용자는 6만 8,064명이며 고유 사용자는 60만 4,821명이고 24시간 동안 134만 2,417개의 전투가 로그인되었고, UNSC 캠페인 전사자 수는 67억 3,785만 6,503명이다.[1]

게임 내 광고

15장 가상세계-실제 효과에서 논의한 대로 게임 내 광고는 인기가 증가하고 있다. 〈테크크런치〉의 다음 기사는 포춘 500대 기업의 게임 내 광고의 관심 수준을 보여준다.

그림 16.3 Halo 3

그림 16.4 Halo 3 장면

그림 16.5 게임 내 광고

유니버설 스튜디오 홈 엔터테인먼트Universal Studios Home Entertainment의 〈퍼블릭 에너미Public Enemies〉 블록버스터 소셜미디어 캠페인

배경

찬사를 받고 있는 갱스터 영화, 〈퍼블릭 에너미〉 www.publicenemies.net는 "격정적이고… 스릴 있으며… 서스펜스가 넘치는…", "올해 가장 뛰어난 영화 중 하나", "다른 영화와 다르다" 등과 같은 평가를 받고 있다.

이런 평가는 세간의 이목을 끄는 2009년 12월 블루 레이Blu-ray 및 DVD 출시를 홍보하기 위해 전례 없이 소셜미디어 캠페인을 시작한 페이스북 게임인 진가Zynga의 〈마피아 워즈Mafia Wars〉www.zynga.com/games/index.php?game=mafiawars의 성공을 정확하게 반영하고 있다.

〈마피아 워즈〉는 소셜 게이머들이 친구들과 마피아 가족으로 시작하여 범죄 왕국을 다스리며 뉴욕시, 쿠바, 그리고 모스크바에서 가장 영향력 있는 패밀리와 싸움을 하는 게임이다. 매달 2,500만 명 이상의 페이스북 사용자들은 누군지 모르는 사람들과 함께 〈마피아 워즈〉를 즐기고 있다.

www.publicenemies.net

www.zynga.com/games/index.php?game=mafiawars

전략

앱새비appssavvy, www.appssavvy.com는 수천만 명의 소비자에 도달할 수 있도록 소셜미디어 공간에 직접 판매하는 세일즈 통합을 최초로 시도했다. 그리고 홈 엔터테인먼트 출시를 기념하기 위해 유니버설 스튜디오 홈 엔터테인먼트www.universalstudioshomeentertainment.com를 대표하여 로스앤젤레스에 사무실을 두고 있는 마케팅 혁신 에이전시인 이그나이티드Ignited, www.ignitedusa.com와 공동으로 캠페인을 개최했다.

www.appssavvy.com   www.ignitedusa.com   www.universalstudioshomeentertainment.com

입소문으로 얻은 기회를 통해 공개를 앞두고 〈퍼블릭 에너미〉에 대한 관심을 극대화시키는 것이 전략이었다.

시행

〈마피아 워즈〉에서 플레이어는 "퍼블릭 에너미 주간" 동안 다양한 미션job을 통해 존 딜린저John Dillinger의 나무로 만들어진 총, 죄수복prison stripes, 〈퍼블릭 에너미 넘버 1〉 신문 등과 같은 아이템인 퍼블릭 에너미 루트Public Enemy Loot를 획득할 수 있다.

게다가, 제한 시간 동안 〈퍼블릭 에너미〉와 관련된 미션을 제공했다. 게임 중에 미션을 수행하면, 플레이어는 영화에 대한 동영상 클립을 볼 수 있었을 뿐만 아니라 존 딜린저에 대한 흥밋거리 정보를 읽을 수도 있었다.

기회

〈마피아 워즈〉는 〈퍼블릭 에너미〉 특성을 동일하게 통합하고 있을 뿐만 아니라 중요한 관련 고객을 효과적으로 참여시킬 수 있는 믿을 수 없을 정도로 역동적인 환경을 제공했다. 소셜미디어에서 마케터가 사람들과 교류할 수 있는 기회는 굉장히 많지만 〈퍼블릭 에너미〉에서 했던 것처럼 반드시 소비자와 관련 있는 방법을 이용해야 한다.

결과

주간 캠페인 동안 1,900만 명의 사용자들이 〈퍼블릭 에너미〉 미션을 거의 4,500만 건이나 수행했으며 5,500만 개의 루트를 획득했다는 사실로 미루어 보아 캠페인은 성공했다. 이 게임은 수백만 명의 플레이어들을 사로잡았을 뿐만 아니라, 다운로드 횟수는 13배나 더 많았다. 덕분에 바쁜 휴가철 동안 블루 레이 및 DVD 판매는 성공적이었다.

루트 교류와 미션 수행 이외에, 누구나 기대하는 것처럼, 루트와 미션의 통합이야말로 성공의 핵심이었다. 루트와 연관 미션은 플레이어의 페이스북 뉴스 피드에 760만 번 이상 게시되었으며 100만 건대략 99만2,000건의 페이지 노출이 있었다. 마지막으로, 150만 건의 예고편이 상영되었다. 그동안에 캠페인은 거의 2만 5,000건의 "좋아요"가 달렸을 뿐만 아니라 〈마피아 워즈〉 페이스북 팬페이지에는 2만 6,000건의 댓글도 달렸다.

-앱새비Appssavvy

www.appssavvy.com/publicenemies

전문가 의견

스캇 클러프Scott Clough, 열성 온라인 게이머, www.pacebook.com/sclough68

스캇 클러프

저는 1980년대 초부터 데스크톱용 롤 플레잉 게임을 즐겼습니다. Dungeons & Dragons부터 시작했으며 솔직히 말해 십대 시절 여가 시간 전부를 게임에 소비했습니다. 그런 다음 컴퓨터 게임으로 옮겨왔으며, 특히 롤 플레잉 요소가 있는 게임을 즐겼습니다…

Zork는 가장 초기의 것으로 정말 간단했습니다. 그런 다음 Ultima, Might & Magic, Art's Tale과 같은 게임을 했습니다. 그런 다음 Dungeons&

416

Dragons의 일부가 컴퓨터 게임으로 만들어지기 시작했습니다.

또한 저는 1996에 이혼하면서 갑자기 시간이 많아졌을 때 온라인 롤 플레잉 게임에 참여했습니다. 1997년에는 울티마 온라인이 장르 최초의 게임이 출시되었습니다. 저는 이것으로 시간을 보냈습니다.

EverQuest가 출시될 때까지는 울티마 온라인을 실행했습니다. 이 게임은 이 장르 전체의 성공을 가져온 온라인 게임입니다. 이 게임을 플레이하는 사람의 수가 얼마나 되는지 듣기만 해도 깜짝 놀랄 것입니다. 그래픽이 정말 멋지고, 실제와 같은 세계를 구성하였습니다. 오늘날 잘 만든 모든 게임은 EverQuest의 덕을 많이 보았다고 생각합니다.

그렇게 여가 시간의 전부를 게임을 하면서 보내다가, 몇 년 후에는 스스로 게임 시간을 제한하였습니다. 게임이 삶을 지배하지 않도록 노력했고 즐거움을 느낄 수 없는 게임은 중단했습니다. 하지만 항상 새로운 무엇인가를 찾고 있습니다. 그래서 수년 간 다양한 게임을 실행해 보았습니다. FlatOut 1을 플레이 해보고 싶었습니다. 언젠가 시간이 나면 살펴보려고 합니다...

이런 일들은 정말 흥미로웠습니다. 저는 직접 컴퓨터를 고치는 것에 관심이 있었고, 친구와 가족을 위해 좋은 시스템을 조립해 주었습니다. 직장을 구하던 어느 날 게임 중에 온라인으로 함께 게임은 했지만 일면식이 없는 사람과 대화를 나누었습니다. 제가 새로운 직장을 구하고 있는 중이라고 말하자 그는 "이사할 의향이 있나요?"라고 물었습니다. 저는 "네, 물론이죠, 애리조나 주라면 좋지요"라고 했지요...

다음 날 바로 면접을 했고 컴퓨터 지원 분야에서 일하게 되었습니다. 현재는 휴렛팩커드에서 일하고 있습니다.

MMORPG라는 용어는 울티마 온라인을 만든 리차드 가넷Richard Garrett이 만들었습니다. '대량 멀티플레이어 온라인 롤 플레잉 게임'이란 상당히 긴 말입니다! 맞습니다. 이것은 길게 풀어서 설명한 것입니다. 당시에 있던 다른 유형의 게임과 차별화를 위해 만들어낸 용어입니다. 이런 종류의 게임은 혁신적이긴 하지만 아직 발전 과정에 있다는 것을 알아야 합니다. 그 당시에는 사람들이 앞서 이야기했던 울티마, Dungeons & Dragons 게임을 하고 있었으며 매우 활동적이었습니다. 그들이 늘 하던 이야기는 친구가 놀러 와서 머리를 맞대고 같은 세계에서 게임을 할 수 있었으면 한다는 것이었습니다. "친구 2, 3명이 플레이할 수 있다면 새로운 매체인 인터넷을 통해서 못할 이유가 없지 않나요?"라고 관심을 가지고 말하게 되었습니다. 그리고 리차드 가넷이 처음으로 그것을 일깨워주었습니다. 울티마 온라인을 선보이기 전까지 8가지 다른 독립실행형 게임이 있었다는 사실은 흥미롭습니다. 아직도 존재한다는 것은 더 놀랍습니다.

그렇습니다. 그러나 프로그래밍한 대로 설정된 모드에서 보트bot가 반응하는 약점도 있고매년 더 많은 것이 개발되고 있음 일부 플레이어가 비윤리적일 수 있습니다. 치트, 해킹, 편법 기술을 사용하여 정상적인 기술을 사용한 사람보다 앞서기도 합니다...

정말 흥미로운 일입니다. 이것은 모든 유형의 사람이 모이고 있으며 인종, 성별, 종교로 구분되지 않는 취미인 셈입니다. 온라인 플레이어를 십대 소년으로 분류하려는 경향이 있습니다. 그러나 저는 부모가 아이와 함께 플레이하는 것을 본 적이 있습니다. 컴퓨터 엔지니어, 변호사, 경찰관, 이라크에 파병된 군인에 이르기까지 전문직에 종사하는 사람도 만나게 됩니다.

매력적인 것은 누구나 다른 사람, 다른 존재가 될 수 있다는 점입니다. 게임의 어떤 측면을 플레이하기 원하는지에 따라서 영웅이 될 수도 있고 악당이 될 수도 있습니다. 롤 플레잉 측면에만 전념하는 사람들도 있어서 게임에서 그렇게 할 수 있도록 수정하게 되었습니다.

전용 롤 플레잉 서버를 잇기 때문에 사용자가 말하거나 수행하려는 모든 것이 캐릭터가 될 수 있습니다. 현재 가장 크게 성장하는 영역은 플레이어 대 플레이어에 대한 것만 처리하는 별도의 서버입니다. 이런 게임에 있어서 가장 논란이 되고 있는 것은 플레이어 대 플레이어의 성격 균형에 대한 것입니다. 잘 모를 수도 있겠지만 다른 플레이어가 게임에서 만나는 실제 플레이어를 죽이고 파괴하면 보통 어떤 형태의 보상을 얻게 됩니다.

사람들이 게임에 빠져드는 이유는 커뮤니티와 관련되어 있다고 생각합니다. 대부분의 게임에서는 길드guild라는 그룹을 형성하는 기능이 있습니다. 캐릭터 이름 위에 자신의 이름이 표시되고, 다른 사람들과 협력하여 더 어려운 탐험을 완수하고 강력한 괴물을 죽이게 됩니다. 하나의 생물을 추적하기 위한 50명 이상이 모이는 레이드와 같은 것을 구성하기도 합니다. 이렇게 하는 동시에 채팅을 하고 우정을 쌓습니다. 이 게임의 결과로 결혼하고 이혼한 사람들이 있습니다...

이것은 발전해 가는 기술이기 때문에 살펴볼 만합니다. World of Warcraft는 그런 게임이 전 세계적으로 인기를 끈다는 점을 시사합니다. 그러나 단순히 게임만 판매하는 것은 아닙니다. 이제는 게임 내에서 사용되는 항목인 가상 아이템을 취급하는 산업이 번성하고 있습니다.

게임 안내서를 취급하는 다른 회사의 판매처도 있고 도움말 웹사이트도 있습니다. 온라인 화폐인 금과 캐릭터를 현실세계 현금과 바꾸어서 판매하는 회사들까지 있습니다. 이제 대부분의 게임은 이런 행동을 차단하려고 노력하고 있습니다. 대부분의 플레이어도 이러한 행동을 좋아하지 않습니다. 현재 엔터테인먼트 업계에 근거를 둔 게임도 있습니다. 매트릭스Matrix 게임, 캐러비언의 해적Pirates of the Caribbean, 스타워즈Star Wars가 있으며 현재 제작 준비 단계에 있는 스타트랙Star Trek 게임까지도 있습니다.

온라인 화폐도 있습니다. 대부분의 게임은 판타지여서 금으로 되어 있지만 사람들이 게임에서 원하는 아이템이 있습니다. 예를 들어 아주 강력한 검은 정말 찾기가 힘듭니다. 외부로 나가서 '캠핑'을 하는 조직도 있습니다. 그것을 가진 아바타가 나타날 때까지 기다렸다가 자신의 캐릭터가 사용하는 대신 그것을 가져가다 온라인에서 판매하는 회사에 넘깁니다. 이런 물건을 판매하는 이베이와 비슷한 사이트가 있는 것을 보았습니다. 수백 달러에 아이템이 팔리기도 합니다...

실제로 통계에 관심이 있다면 찾아보기 적당한 사이트가 있습니다www.mmorg.chart.com. 여기에서는 특정 게임에서 얼마나 많은 사람이 플레이하고 있는지 보여줍니다. 그리고 게임에서 그 수가 얼마나 증가하고 감소하는지 살펴볼 수 있으며, 이 사이트 운영자는 과학적인 방법으로 내용을 채우려고 노력하며 그 데이터의 출처에 대해 알려주기 때문에 신뢰도에 대해 직접 평가할 수 있습니다.

아이들이 좋아하는 게임이 무엇인지 궁금하다면 wow.allakhazam.com을 방문하거나 World of Warcraft 제작사를 방문하여 관련 정보를 얻어도 됩니다. 또는 〈PC Gamer〉 같은 잡지를 구입해도 됩니다. 보통 표지에 다양한 게임의 스크린샷을 담고 있기 때문에 쉽게 구분할 수 있습니다.

무엇보다도 게임에 대해 알고 싶다면 베스트 바이 전자 양판점Best Buy Electronics과 같은 소프트웨어 판매점에 가서 독립 섹션 코너와 선반에 전시된 게임 박스를 읽어보면 사용자에게 어떤 세계를 제공해 주는지 확인할 수 있습니다. 게임 플레이 방법을 알려주는 게임 안내서까지 구입할 수 있습니다.

www.theSocialMediaBible.com을 방문하면 스코트 클러프와 나눈 경영진 대화 전체를 듣거나 읽을 수 있다.

wow.allakhazam.com

www.theSocialMediaBible.com

국제적인 견해

터키

터키 회사들의 경쟁은 실물 시장에서 페이스북과 트위터와 같은 소셜미디어로 이동하고 있다. 오늘날, 아베아Avea를 좋아하는 170만 명의 페이스북 사용자는 아베아를 팔로우한다. 터크셀Turkcell사의 웹페이지는 125만 명의 팬을 가지고 있다. 소셜미디어 경쟁 속에서 중요한 역할을 하고 있는 정보 기술 회사, 자동차 회사, 금융 회사, 그리고 소비자 상품 제조 회사 등으로 빠르게 움직이고 있다. 이런 이유에서 미디어에 배당된 예산은 지속적으로 증가하고 있다. 인텔 터키 지부에서 소셜미디어에 할당한 총비용은 미디어에 할당된 총비용의 30퍼센트에 해당한다. 교육 분야에서 도아 콜레지Doga Koleji, 제약 분야에서 화이자 터키 지부, 그리고 보석 분야에서 파보리Favori는 미디어 투자의 20퍼센트를 소셜미디어에 사용했다.

사회화는 가속화되고 있다

터키는 소셜미디어를 효율적으로 사용하여 세계를 놀라게 했다. 터키에서 페이스북을 사용하는 사람들의 수는 현재 3,096만 3,000명에 달하며, 이 수치는 전 세계 국가 중 5위에 해당한다. 그리고 지난 6개월 동안 페이스북 사용자 수는 131만 3,000명이 증가했다. 마찬가지로 컴스코어에서 주최한 설문 조사에 따르면 터키는 트위터 사용에 관하여 세계 8위에 해당한다. 그리고 2월이 되면 트위터 사용자 수가 전 세계적으로 5억 명에 달할 것으로 예측하고 있다. 인터넷 사용자의 16퍼센트보다 많은 사용자들이 트위터와 링크드인을 사용하고 있다. 이런 모든 데이터를 고려하여, 터키 회사는 소셜미디어를 적극적으로 사용하는 중요성에 대해 개념화하고 있다. 모든 분야별 리더에 대한 경쟁은 실물 시장에서 페이스북과 트위터와 같은 소셜미디어로 이동하고 있다. 그들은 정기적으로 페이스북, 트위터, 그리고 프렌드피드Friendfeed의 프로파일 외에 블로그, 웹사이트, 그리고 검색 엔진 등에서 자신들과 관련된 콘텐츠를 찾아 대응하고 있다.

어디에서 더 효과적일까?

회사는 브랜드 이름으로 만든 계정과 비즈니스 활동 무대에서 소셜미디어 속 자사의 중요성을 알리고 있다. 당연히, 가장 효율적인 회사는 가장 가깝게 소비자와 연결할 수 있는 지역 안에 위치한다. 전기 통신 분야에서 아베아와 터크셀, 빠르게 변화하는 소비자 제품 제조 분야에서 울케르Ulker

와 에이본Avon, 의류 분야에서 옥소Oxxo와 마비진Mavi Jeans, 그리고 금융 분야에서 가란티 은행Garanti Bankasi과 Ak은행Akbank 등은 소셜미디어 네트워크를 사용하여 소비자와 소통하기 위해 다른 회사와 경쟁하는 회사들이다.

페이스북에서 아베아와 터크셀의 회사 페이지는 사람들로부터 100만 개 이상의 "좋아요"를 받았다. 아베아는 거의 170만 건의 "좋아요"를 받아 이 분야에서 터키의 선두 주자다. 아베아에서 디지털 및 다이렉트 마케팅 부서 매니저를 맡고 있는 오메르 루트피 디리Omer Lutfi Diri는 다음과 같이 언급했다. "페이스북에서 우리를 '좋아' 하는 사람들의 수는 1,250만 명의 구독자 중 10퍼센트 이상입니다. 수십 명의 사람들이 매일 추가되고 있습니다. 우리는 이런 현상을 자사 브랜드를 신뢰하는 증거로 생각하고 있습니다." 터크셀은 회사 페이스북 페이지를 통해 126만 3,000명을 달성했다. 터크셀에서 영업 팀장을 맡고 있는 코라이 오즈투르클레르Koray Ozturkler는 오늘날 소비자 만족도를 측정할 수 있는 가장 빠르고 쉽게 접근할 수 있는 방법이 소셜미디어를 통하는 것이기 때문에 소셜네트워크 사이트로부터 제공받은 데이터가 매우 소중하다고 믿고 있다.

다양한 미디어를 위한 다양한 방법

페이스북은 멀티미디어 게임이나 홍보 캠페인을 통해 광범위한 플랫폼에서 자사의 상품과 서비스를 홍보할 수 있는 기회를 제공한다. 터키에서는 은행이 이런 혜택을 가장 많이 보고 있다. Ak은행에서 소액 은행 거래를 책임지고 있는 영업 팀장인 갈립 토즈게Galip Tozge는 페이스북 페이지에 오픈하여 2010년 7월에 소셜미디어를 처음으로 시작했다고 언급했다. 그리고 토즈게는 이런 미디어로부터 이익을 얻은 방법에 대해 다음과 같이 설명했다. "오늘날 우리는 소셜미디어에서 16개의 다양한 계정을 관리하고 있지만 페이스북에서 특별히 현재 사용되는 마케팅 캠페인 및 의사소통 채널을 지원하고 있습니다."

물론, 다양한 미디어들은 각각의 특성을 가지고 있기 때문에 다양한 방법으로 관리되어야 한다. 140자로 된 짧고 간단한 메시지를 제공하는 트위터는 주로 인기 있는 사람들과 주요 사상가의 관점 및 아이디어를 반영하여 그날의 화제에 초점을 맞춘다. 필립스 터키 지부의 CEO인 빌렘 로젠버그Willem Rozenberg는 다음과 같이 언급했다. "기업적인 관점에서 보면, 우리는 트위터를 매우 간단한 플랫폼으로 생각하기 때문에 브랜드에 적게 사용하고 있습니다. 하지만 우리는 트위터를 사용하여 이벤트를 알리고, 제품에 대한 정보를 제공하고, 새로운 대회를 개최하는 것을 줄여야 합니다." 여러분을 위해, 교감은 주로 트위터에서 이뤄져야 한다. 회사는 이것을 소비자가 비평하고 지적할 수 있는 포럼과 스스로를 개발을 위한 기회로 보고 있다. 일디즈 홀딩Yildiz Holding에서 디지털 마케팅 부장을 맡고 있는 네브굴 암발릴라르Nevgul Ambarlilar는 그들도 역시 트위터용 특별 콘텐츠를 생산하기 위해 노력하고 있다고 언급하면서 다른 요소를 강조했다. "우리는 트위터를 상호작용의 대체 수단으로 생각하고 있습니다. 하지만 불행히도 트위터는 여전히 팔로어의 프로파일을 제공하지 않습니다. 터키에서 트위터 사용자의 수가 빠르게 증가하고 있다고 해도, 페이스북과 비교했을 때 트위터에서는 페이스북과 동일한 수준의 접근을 허용하지 않습니다. 반면에, 우리는 즉각적인 의사소통을 위해 트위터에서 제공하는 기회가 비용 우위적인 측면에서 다른 의사소통 채널들과 구별된다는 것을 의미한다고 믿고 있습니다."

예산 배당이 늘어나고 있다

소셜미디어를 가장 효율적으로 사용하는 분야 중 하나는 소비자 문제에 대한 해결책을 빠르게 제공하는 곳이다. 테크노사Teknosa에서 사업 본부장을 맡고 있는 메흐메트 나네Mehmet Nane는 그들이 불평을 해결하는 효과적인 수단으로 트위터와 페이스북을 생각한고 있다고 언급했다. 은행도 동일한 전략을 세우고 있다. TEB에서 차장으로 소액 은행 업무 및 프라이빗 뱅킹 업무를 맡고 있는 고칸 멘디Gokhan Mendi는 다음과 같이 언급했다. "우리는 경쟁력을 갖출 수 있도록 페이스북 및 웹페이지를 사용하지만, TEB 프라이어리티 커스터머 라인Priority Customer Line으로부터 받은 지적, 요청, 그리고 제안에 대해 즉각적으로 대응하고 있습니다. TEB 프라이어리티 커스터머 라인으로부터 받은 것들은 다양한 다른 채널로부터 온 요구 사항에 비해 우선권이 있습니다. 필요하다면 우리는 고객과의 전화 상담으로 불평을 해결할 수 있습니다."

회사는 이와 같은 모든 혜택을 제공하는 소셜미디어에서 입지를 다질 수 있도록 채널에 할당하는 미디어 투자 비율을 올리고 있다. 인텔의 엠레 바스카야Emre Baskaya는 2011년에 미디어 투자의 30퍼센트를 소셜미디어에 배당했으며 2012년도에는 이런 투자를 확대할 것이라고 언급했다. 마찬가지로, 오메르 루트피 디리는 2010년도와 비교하여 2011년도에 소셜미디어 채널에 대한 투자가 33퍼센트 증가했다고 언급했다.

제약 분야에서 대기업인 화이자 터키 지부는 터키의 소셜미디어 분야에서 선두 주자다. 화이자에서 차장이자 기업 담당 이사이기도 한 세브넴 기르긴Sebnem Girgin은 다음과 같이 언급했다. "2010년 4월에 페이스북 계정과 트위터 계정을 오픈한 우리는 소셜미디어에서 첫 번째 제약 회사가 되었습니다. 그리고 우리는 재원의 20퍼센트를 소셜네트워크에 투자하고 있습니다." 폭스바겐 터키 지부에서 차량 영업 부장을 맡고 있는 자그리 오즈타스Cagri Oztas는 표적 시장과 브랜드 가치를 제공할 프로젝트를 승인하고 커뮤니케이션 예산의 10퍼센트를 소셜미디어에 배당하여 2009년부터 디지털 마케팅에 대한 투자를 지속적으로 확대했다고 언급했다. 파보리에서 이사회 회장을 맡고 있는 닥터 세라미 오젤Dr. Selami Ozel은 회사에서 5명의 직원이 이런 미디어를 담당하고 있으며 이들이 연간 광고 예산의 20퍼센트를 차지하고 있다고 언급했다.

직업을 구하는 최신 유행 방법

이것은 보다 많이 시행되고 있다

요즘, 마이크로소프트와 일디즈 홀딩 등과 같은 터키의 수많은 회사들은 소셜미디어를 사용하여 신규 직원을 채용하고 있다. 일디즈 홀딩에서 HR 총괄 대표를 맡고 있는 에게 카르피나르Ege Karpinar는 다음과 같이 언급했다. "우리는 직원의 15~20퍼센트와 중급 및 고급 포스트의 5~10퍼센트에 대해 소셜네트워크를 통해 애플리케이션을 평가하고 있습니다. 그리고 2012년에는 소셜미디어를 더 많이 사용할 예정으로 신규 채용의 2~3퍼센트를 소셜네트워크에서 계획하고 있습니다."

http://captial.com.tr/AnaSayfa

익숙해지자

신규 채용에 소셜네트워크를 가장 효과적으로 사용하고 있는 터키 회사는 마이크로소프트 터키 지부다. 인사 총괄 임원인 자비단 오즈데미르Cavidan Ozdemir는 지난 6개월 동안 소셜미디어 네트워크를 통해 처음으로 직원들의 70퍼센트를 채용했다고 언급했다. 하지만 터키에서 마이크로소프트 같은 사례를 찾아보기 힘들다. 백색 가전제품 분야의 대기업인 BSH는 올해 링크드인을 통해 신규 직원을 채용할 계획이다.

– 엘진 지리크Elcin Cirik, ecirik@capital.com.tr
http://captial.com.tr/AnaSayfa

해야 할 일 리스트

1. MMORPG 사이트를 방문하라.

가장 인기 있는 MMORPG를 방문하여 살펴보고 하나를 골라서 플레이한다. Xbox와 Halo 3를 구입할 때 시장 조사용으로 세금 공제를 받을 수도 있으니 아주 좋은 기회다_{물론 이에 대해 세금 전문가의 조언을 들어보아야 한다.} 무엇보다 먼저 경험해야 한다. 그리고 게임 내부 광고를 살펴보고 어떻게 사용하는지 확인해야 한다. 적용 분야를 이해해야 한다. 여러분의 제품 또는 서비스에 적합하지 않을 수도 있겠지만 적합하다면 어떻게 할 것인가?

2. MMORPG 기사를 읽어라.

MMORPG에 관한 기사를 읽어야 한다. MMORPG는 가장 인기가 높으며 강력한 팬 기반을 확보하고 있지만 이런 사실에 익숙하지 않다면 시장 규모와 그 영향에 대해 듣고 깜짝 놀랄 것이다. 일부 MMORPG에 대해 배워두어야 한다. 그래야 포춘 선정 500대 기업이 효과적으로 게임 내 광고를 금전적 가치로 바꾸는 방법을 찾아내게 될 때 여러분도 합류할 수 있을 것이다.

3. 게임 내부 광고를 이해하라.

게임 내부 광고에 대한 기사를 읽어야 한다. 주요 온라인 광고업체가 게임 내 광고를 제공하는 회사를 인수하거나 만든다면 그럴만한 이유가 있을 것이다. 모든 사람이 새로운 미디어 적용에 대해 이해하도록 권고하자.

결론

소셜미디어와 광고 세계, 그리고 그 주변에 벌어지는 모든 일에 마음을 열고 있어야 한다. MMORPG는 엄청난 규모의 신뢰 네트워크를 제공한다. 사업가라면 24시간 동안에 60만 명이 넘는 회원이 공통의 관심사를 가지고 참여하는 신뢰 소셜네트워크, 그리고 800만 명이 넘게 참여하는 게임에 대해 잘 알아야 한다. 기존 게임과 참여자 수, 이런 마케팅 기회가 증가하는 속도를 통해 알 수 있듯이, 마이크로소프트와 구글은 이를 금전적 가치로 바꾸는 방법을 찾아낼 것이다. 언제 이런 일이 일어날지 알고 있어야 하며, 필요한 정보를 가지고 있어야 한다.

전문가 의견을 듣고 싶으면 www.theSocialMeida-Bile.com을 방문하라.

다운로드 : 〈소셜미디어 바이블〉과 관련된 무료 다운로드를 받으려면 www.theSocialMeidaBile.com을 방문하고 책 뒷면 바코드 위에 있는 ISBN을 입력하면 된다. ISBN 978-1-118-26974-9

Note

1) UNSC 캠페인은 Halo 3 게임 내에서 전사한 보병 하사관의 숫자다. 이 책을 쓰는 시점에서 UNSC 캠페인 보고서에 따르면 적군의 KIAKilled In Action, 작전 중 전사자 합계는 67억 3,785만 6,503명이었다. 이런 게임 내 '전사자' 수는 전 세계 추정 인구인 67억 484만 5,726명보다 많다. Halo 3 개발사인 번지는 게임 이용에 대해 모니터링하고 통계 자료를 발표한다. 번지 서버는 사용자가 플레이할 때 모든 종류의 통계를 기록하여 전체 Halo 3 게임, 멀티플레이어, 캠페인에 대한 플레이어의 이력을 관리하는 데 사용한다.

THE SOCIAL MEDIA BIBLE

RSS-Really Simple Syndication Made Simple
간편해진 RSS

CHAPTER
017

www.LonSafko.com/TSMB3_Videos/17RSS.mov

제공 이익

인터넷 역사상 최초로 전 세계에 있는 새로운 웹사이트 콘텐츠를 무료로 신디케이션하거나 배포할 수 있게 되었다. 그렇다. 더 이상 전 세계의 다른 웹사이트와 뉴스를 주고받기 위해 뉴스 서비스를 구독하거나 대형 미디어 기관에 가입할 필요가 없다. RSS는 모든 콘텐츠가 게시되는 순간 팔로어에게 보낼 수 있는 원클릭 솔루션이다.

반대의 경우도 마찬가지다. 팔로어가 선호하는 블로그와 뉴스 기사가 자동으로 전달되기 때문에, 팔로어는 즐겨찾는 웹사이트에 새로운 콘텐츠와 업데이트가 있는지 확인하기 위해 시간을 내서 매일 검색할 필요가 없다. 블로그 사이트에 신디케이션 버튼을 추가하면 그 버튼을 클릭하여 최신 블로그를 즉시 받을 수 있다.

그런데 RSS가 비즈니스에 대한 온라인 팔로어를 형성하는 것과 정확히 어떤 관련이 있을까에 관해 몇 가지 기본 정보를 살펴본 다음, 이처럼 간단한 개념을 얼마나 쉽게 회사에 적용할 수 있는지도 확인해 보자.

처음으로 돌아가서

초기 RSS 형식이 만들어진 때는 Apple Computer의 Advanced Technology Group에서 컴퓨터 과학자 라마나단 구하Ramanathan V. Guha와 그의 동료들이 메타 콘텐츠 프레임워크MCF[1]를 만든 1995년과 1997년 사이로 거슬러 올라간다. 그는 1999년 7월 My.Netscape.com에 사용할 RSS 최초 버전0.9을 개발했다. 구하의 넷스케이프 동료인 단 리비Dan Libby는 데이브 위너Dave Winer의 '스크립팅뉴스ScriptingNews' 형식을 포함하여 첫 번째 RSS의 기능을 향상시켰으며, 이를 'Rich Site Summary'라고 명명했다위너에 대한 내용 참조. 위너는 Really Simple Syndication으로 RSS를 개척했으며, 1997년에 설립한 스크립팅 뉴스는 인터넷에서 가장 오래된 블로그에 속한다.

위너는 RSS를 계속 개발하여 향상된 버전을 발표했으며, 2000년에는 오디오 파일을 포함할 수 있는 버전을 발표하는 성과를 올렸다. 이 기술 덕분에 생소한 팟캐스팅이란 과정9장 팟캐스트-오디오 생성 참조이 사용자 친화적으로 되었다. 이후 2001년 12월, 구하와 오렐리 미디어O' Reilly Media가 합류한 RSS-DEV 작업 그룹은 RSS 1.0버전을 개발했다. 위너는 2002년에 새로 개정한 결과를 RSS 2.0으로 발표했고, 그 이름을 Really Simple Syndication이라고 했다.

2003년 6월에 탄생한 Atom은 RSS 전달 시스템을 처음부터 다시 설계한 것으로, IETFInternet Engineering Task Force에서 제안 표준 RFC 4287로 채택했다Atom 개발에 대한 자세한 내용은 다음 내용 참조. Atom 신디케이션 형식은 RSS 형식과 유사하고 웹 피드용으로 채택된 XML 언어를 사용한다. Atom 게시 프로토콜AtomPub 또는 APP은 웹 자원을 생성하고 업데이트하기 위한 간단한 HTTP 기반 프로토콜이다. 웹 피드를 통해 소프트웨어 프로그램은 웹사이트에 업데이트가 게시된 여부를 확인할 수 있다.

Atom

2003년 6월 IBM 소프트웨어 개발자인 샘 루비Sam Ruby는 RSS의 단점을 논의할 위키를 만들고 신디케이션에 대한 아이디어를 요청했다. 루비는 당시 사용되던 블로거 API 또는 라이브저널보다 나은 시스템을 만들려고 했다. 야후의 제레미 자워드니Jeremy Zawodny, 라이브저널의 브래드 피츠패트릭Brad Fitzpatrick, 크리에이티브 커먼스의 글렌 오티스 브라운Glenn Otis Brown, 오렐리 네트워크의 티모티 아프넬Timothy Appnel, 식스 어파트Six Apart의 메나 트로트Mena Trott, 테크노라티의 데이비드 시프리David Sifry, 블로거의 제이슨 셀렌Jason Shellen 등 150명 이상의 개발자와 온라인 커뮤니티의 우수 회원이 Atom 개발을 지원하겠다고 나섰다. RSS 발명자인 데이브 위너도 Atom을 전폭적으로 지지했다.

2003년 7월까지 프로젝트 코드명 '네초Necho' '파이Pie' 및 '에코Echo'는 Atom 0.2가 되었다. 구글은 2003년 12월에 Google News와 Google Blogger에 Atom을 추가했다. 이는 신디케이션 커뮤니티를 전격 지원한다는 의미였다.

2004년 6월에 폴 호프만Paul Hoffman과 팀 브레이Tim Bray; XML 사양의 공동 개발자가 Atompub 그룹을 결성하고 Atom 프로젝트를 IETFInternet Engineering Task Force로 이전했다. 2005년 12월 IETF는 Atom 신디케이션 형식을 업계 표준으로 수용했다. Atom 1.0이 IETF 표준이고 아이튠즈 및 구글과 같은 여러 팟캐스팅 애플리케이션에서 널리 지원하지만 일반에서 가장 널리 사용하는 형식은 여전히 RSS 2.0이다. 뉴욕타임스, CNN, BBC와 같은 다수의 웹사이트는 RSS 2.0 형식으로만 피드를 게시한다.

그림 17.1 RSS

알아야 할 사항

RSS는 피드 구독자에게 자동으로 웹페이지, 블로그, 오디오, 동영상, 사진을 피드또는 웹 피드할 수 있는 방법이다. 다시 말해서 인터넷에서 무엇인가 새로운 것을 만들고 게시를 누를 때마다 업데이트를 요청한 모든 사람에게 피드가 전달된다. 팔로어는 이메일, 텍스트 또는 트윗13장 마이크로블로깅 선호 참조을 통해 자동으로 알림을 받으며 콘텐츠는 자동으로 독자들의 리더나 수집기 페이지에 추가된다. 다른 사람이 만든 이런 유형의 자료를 구독하고 뉴스 헤드라인, 주가, 블로그, 기타 자주 업데이트되는 정보가 자동으로 PC 기반이나 브라우저 기반인 리더 페이지 또는 피드 리더로 전송되도록 할 수도 있다. 피드를 구독하기 위해 필요한 것이라고는 즐겨찾는 웹사이트, 블로그 또는 뉴스 사이트를 방문하여 구독 버튼 또는 익숙한 주황색 RSS 구독 버튼을 찾으면 된다또는 구독 추가 입력란에 링크를 붙여 넣는 것이다. 그것이 전부다. 이제 웹 또는 블로그 페이지에 새로운 콘텐츠가 게시될 때마다 리더 페이지에 알림이 도착하고 새로운 콘텐츠의 사본이 제공된다.

리더Reader 또는 수집기Aggregator

리더 또는 수집기는 사용자가 구독한 모든 블로그, 뉴스 사이트, 기타 웹페이지에 새로운 내용이 있는지 확인하고 지속적으로 검색하는 프로그램 또는 웹사이트다그림 17.2 참조. 새로운 자료가 확인되면 리더 페이지는 해당 페이지에 대한 링크와 함께 그 정보를 요약하여 보여준다. 이렇게 사용자가 즐겨찾는 모든 웹사이트, 뉴스 사이트, 블로그를 방문할 필요 없이 새로운 콘텐츠가 사용자에게 전달되고 하나의 리더 페이지에 수집 또는 요약된다. 일부 웹페이지에는 RSS, Atom으로 구독할 수 있는 기능이 있다.

iGoogle Reade수집기

iGoogle Reader 페이지 또는 수집기는 독립 실행형 소프트웨어 프로그램 또는 iGoogle과 같이 웹페이지브라우저 기반로 설계된다. 웹 기반 또는 브라우저 기반 피드 리더를 통해 사용자가 모든 인터넷 브라우저에서 수집된 콘텐츠를 액세스할 수 있다.

그림 17.2 iGoogle Reader

소셜 북마크

　소셜 북마크는 대부분의 블로그, 웹사이트, 뉴스 사이트, 스포츠 사이트, 업데이트된 콘텐츠를
주기적으로 제공하는 페이지에서 볼
수 있는 작은 아이콘이다. 피드 리더
또는 수집기 아이콘을 선택하면 콘텐
츠 피드가 자동으로 특정 리더 페이
지에 추가된다. 이런 소셜 북마크는
한 번 클릭으로 추가된다. 일부 피드
리더에서는 구독 추가 입력란에 즐겨
찾는 뉴스 또는 블로그 페이지의
URL을 복사하여 붙여 넣어야 한다.
간편하게 한 단계만 거치면 된다.

그림 17.3 Social Bookmark Chiclets

B2B 트위터의 유용성

소개

첫 3주간 성공적인 경험을 연대순으로 기록하여 전통적인 B2B 마케팅 및 홍보에 대한 부가물의 하나로써 트위터의 유용성을 평가한다.

배경

이 경우에 회사는 주요 협력 업체의 기술을 기반으로 제품과 서비스를 제공하는 중형 회사로 이런 회사들은 모두 소셜네트워크 전략을 상당히 진행시켜 놓았다. 웹, 뉴스레터, 배너 광고, 시사회, 구매 리스트, 공식 발표, 그리고 발표된 사례 연구나 백서 등이 홍보를 위한 일반적인 방법으로 사용된다.

전략

주요 협력 업체들은 모두 소셜미디어에 적극적으로 참여하기 때문에 이미 만들어진 소셜미디어 블로그에 팔로잉하고 댓글을 다는 전략을 세웠다. 그리고 여기서 발생한 트윗으로 조기에 관심을 끌 수 있었다.

수행

회사 이름을 이용하여 트위터 계정을 만들었다. 이렇게 만들어진 계정으로 주요 협력 업체에 팔로잉하고 관련 메시지를 리트윗했다. 그리고 자사의 웹사이트에 대한 구글 애널리틱스Google Analytics 트래킹 코드를 포함하고 있는 Bit.ly URL축약형 URL을 적절한 곳에 트윗했기 때문에 이를 활용하면 다른 웹 및 뉴스레터 홍보를 추적하여 일정 기간 동안의 실효성을 비교할 수 있다.

http://Bit.ly

기회

이 프로그램은 주요 협력 업체들 중 한 업체로부터 중요한 제품 출시와 동시에 일어날 수 있도록 시기를 맞췄다. 이것은 잠재고객이 막 발표한 제품 이름을 검색했고 주요 협력 업체의 소셜미디어에 트윗했다는 것을 의미한다.

결과

특징상 B2B 관계는 장기적으로 봐야 하기 때문에 ROI를 실측하기는 어렵다. 따라서 우리는 트위터가 특정 목적에 대한 비용 효율성을 기반으로 다른 미디어와 비교할 수 있는 ROO Return on Objective를 사용한다. 여기서 목표Objectives는 대상 고객에게 알려진 브랜드 이름을 의미하는 노출exposures이다. 그리고 접근access은 고객 후속 조치를 의미하지만 이 경우에는 웹페이지에 대한 사용자 클릭을 의미한다.

회사 이름에 대한 노출은 훨씬 증가했다. 노출은 매거진과 배너 광고를 판매하는 방법으로 회사는 이것을 이용하여 브랜드를 구축하기 때문에 노출은 합리적인 목표라 할 수 있다. 이런 기준에서 볼 때, 트위터는 묘책으로 사용될 만큼 성장했다.

회사의 트윗 횟수에 평균 팔로어 수를 곱하면, 사전 동의한 고객에 대해 약 1만 번의 노출을 했다는 계산이 나온다. 이런 비용은 사전 동의가 이루어지지 않은 배너 광고나 구매 이메일 리스트의 노출과 비교하여 상당히 괜찮은 편이다.

지금까지 회사 웹사이트에 대한 접근이 너무 많았다. 이런 경우, 접근은 고객이 트위터를 통해 회사 웹사이트를 방문한 횟수를 의미한다.

웹 방문자가 38명이면 많다고 볼 수 없지만 10,000-네임 이메일 디스트리뷰션 리스트10,000-name e-mail distribution list부터 블라인드 리스트blind list, 말하자면, 매거진으로부터 제공받은 리스트까지 예상했던 숫자보다 많았다.

가장 적절한 것은 다른 채널과의 비교다. 테스트 기간 동안, 사람들은 협력 업체의 매우 인기 있는 스폰서드 블로그 사이트를 통해 자사 사이트에 방문하고 다른 파트너의 뉴스레터에 대해 언급했다. 트위터가 효율적이라는 것은 명백하다.

www.EmbeddedInsider.com

이런 노력으로 비용 효율이 높아졌다. 트위터는 회사의 뉴스레터만큼 효율적이며 다른 미디어보다 효과적이라는 사실을 알았다.

– 라브렌제 리지Lawrence Ricci

www.EmbeddedInsider.com

전문가 의견

크리스터 캔필드Krista Canfield, 홍보 관리자, 링크드인, www.linkedin.com

크리스터 캔필드

링크드인은 전문가들이 빨리 성공할 수 있도록 지원하는 역할을 합니다. 직원을 구할 때 배경 정보와 과거에 무슨 일을 했고 함께 일한 사람이 누구인지 알고 싶을 때 다양한 방법으로 확인할 수 있습니다. 웹사이트를 통해 다른 회사를 인수한 회사도 있습니다. 중소기업은 링크드인에서 제공하는 답변과 조언을 통해 비즈니스를 만들어가고 한 차원 도약할 수 있습니다. 사용자마다 무엇을 성공으로 정의하는지는 다르겠지만 링크드인이 다양한 방법으로 도움을 준다는 사실은 분명합니다.

실제로 웨더 채널Weather Channel이 한 회사를 인수하는 전체 과정에서 링크드인이 원활하게 진행할 수 있도록 지원했습니다. 직원 중 한 명이 자신의 회사가 웨더 채널에 어울릴 것 같다고 생각하고서 적당한 연락처를 찾을 방법을 궁리했습니다. 그러다가 링크드인에서 웨더 채널에 다니는 사람을 발견하고 이메일을 보내면서 대화가 시작되었습니다. 몇 개월 이내에 웨더 채널이 그 회사를 인수하는 것으로 마무리되었습니다. 이 예는 어떻게 하면 링크드인을 통해 적임자와 연락하고, 사업에 대한 아이디어와 브랜드에 대한 확신을 줄 수 있는지 잘 보여줍니다...

정말 멋진 일입니다! 이 서비스의 핵심은 사람들과의 관계를 활용하는 것입니다. 우리가 처음 링크드인을 만들었을 때는 과거에 함께 일했던 다양한 사람들, 친구, 친지, 동료 등과 연락을 유지할 수 있도록 하는 것이 목표였습니다. 3년 전에 받은 명함으로 연락하려는 경우나 다른 사람의 소개로 연락하는 경우도 있을 것입니다. 그럴 때 그 사람의 직무가 바뀌거나 직장을 옮겼거나, 이메일 주소와 전화번호가 소용이 없게 된 적이 많을 것입니다. 그래서 무엇보다도 이 사이트는 이전에 함께 일했던 사람들이 직무나 회사를 바꾸더라도 연락이 될 수 있도록 하였습니다. 또 다른 목적은 그 사람들이 어느 회사에 있건 연락하려는 목적에 맞는 적임자를 찾아낼 수 있도록 하는 것이었습니다. 이미 맺은 관계만 다루다보면 가장 친한 친구의 지인은 알 수 없게 됩니다. 연락처에 있는 사람 중 한 명은 여러분이 하고 있는 일과 전혀 다른 분야의 회사에서 일할 가능성이 있습니다. 그들은 전혀 다른 인맥을 가지고 있어서 그것이 여러분의 목적을 성취하는데 도움이 될 수도 있을 것입니다. 그런 관계를 활용하면 일을 쉽게 성사시킬 수 있습니다...

우리는 자신의 네트워크 외부에 있는 더 많은 사람에게 연락하고 싶은 회원을 위해 프리미엄 계정도 제공합니다. 그러나 대부분은 무료 버전만으로도 필요한 작업을 할 수 있습니다. 물론 매달 지불해야 하는 비용에 대해 신경 쓰지 않고, 그 수준에 걸맞은 노력을 할 준비가 되지도 않았지만 곧바로 뛰어드는 사용자들도 있습니다...

평균적인 사용자는 41세 정도이며 가구 수입은 11만 달러를 조금 상회합니다. 그러나 우리는 최고위층 CEO 등 모든 사람이 회원으로 있으며, 빌 게이츠Bill Gates도 링크드인에 가입해 있습니다. 야오 밍Yao Ming 등 프로 선수도 링크드인에 프로필이 있습니다. 양 당의 대통령 후보도 링크드인에 프로필이 있습니다. 또한 소규모 업체 소유자 60만 명도 있습니다. 다양한 범주의 사람이 우리 웹사이트에서 활동하고 있으며 전 세계에 2,500만 명 이상의 개별 산업 분야 전문가들이 있습니다.

또한 다양한 사이트가 사용하는 API[2]를 가지고 있습니다. 예를 들어 〈비즈니스위크〉나 〈뉴욕타임스〉 웹사이트를 방문하거나 CXO Media cio.com을 보유한를 방문하면 우리 API를 사용하는 '심플리 하이어드

cio.com

Simply Hired, 구직 검색 엔진 사이트' 라는 또 다른 사이트가 있습니다.

API가 좋은 점은 〈비즈니스위크〉의 기사를 읽을 경우 헤드라인에 나온 첫 번째 회사를 보여준다는 것입니다. 만약 폭스바겐Volkswagens에 대한 기사를 살펴보면서 동시에 계정에 로그인하도록 허용하면 여러분의 네트워크 중에서 폭스바겐에서 일하고 있는 사람이 누구인지 보여줍니다.

그러므로 기사를 읽으면서, "우리 회사와 폭스바겐이 좋은 협력 관계가 될 것 같은데"라거나 "폭스바겐이 우리에게 가장 적합한 고객이 될 것 같은데" 또는 "폭스바겐에서 근무했으면 좋겠다"라고 말하는 전문가가 있다고 합시다. 그럴 때 "내 친구 조Joe가 폭스바겐에서 일하는 수잔Susan과 연결되어 있군"이라고 말할 수 있는 것은 정말 획기적인 기능입니다. 그렇게 여러분이 긴밀하게 협력할 수 있도록 세계와의 거리를 좁혀서 더욱 효율적으로 비즈니스를 수행하도록 지원합니다.

www.theSocialMediaBible.com

www.theSocialMediaBible.com을 방문하면 크리스터 캔필드와 나눈 경영진 대화 전체를 들을 수 있다.

국제적인 견해

불가리아

불가리아는 의심할 여지없는 소셜미디어 국가다. 이것은 엄연한 사실이다. 왜냐하면 불가리아의 사용자는 거의 250만 명으로 페이스북을 사용하는 전 세계 국가 중 55위에 해당할 뿐만 아니라 젊고, 지적이며, 매우 정열적이고, 야심 있는 사람들로 가득 차 있기 때문이다.

시장은 비즈니스를 위한 틈새를 갖추고 있으며 최고로 매력적인 조세 정책을 가지고 있어서 비교적 안정적이다. 이것은 많은 아이디어와 판매 계획으로 소비자를 찾을 수 있으며 성장할 수 있는 장소라는 것을 의미한다.

현재 대부분 소비자 상품 제조 회사 및 소매업인 불가리아 온라인 회사의 80퍼센트는 페이스북을 사용하고 있다. 대표적인 상위 비즈니스에는 할인 쿠폰 사이트, 가장 인기 있는 디스코 클럽, 여행과 패션 사이트뿐만 아니라 세계적인 대기업에서 생산되는 초콜릿 브랜드도 있다. 상업용 페이스북 페이지는 평균적으로 10만 명의 팬을 가지고 있는 반면, 미디어와 엔터테인먼트 페이지는 적어도 35퍼센트 더 많은 팬을 가지고 있다.

가장 성공한 전략은 "좋아요/싫어요like/dislike" 설문을 만드는 것처럼 페이스북 애플리케이션을 시행하는 것과 관련이 있지만 광고 효과는 여전히 기대 이하다. 이런 이유는 소셜미디어에서는 완전히 다른 방법으로 마케팅 도구 작업과 직접 홍보를 이해해야 하는데 이런 수준이 낮기 때문이다. 또한, 몇몇 회사들은 브랜드를 개선하거나 비즈니스에 대한 관심을 끌 수 있도록 상업적으로 트위터를 사용했다. 지금까지 "140자의 미디어"는 불가리아에서 상당한 인기를 끌고 있지만 뉴스를 제공하거나 감정을 공유하는 수단으로 주로 사용되고 있다.

최근 포스퀘어는 불가리아에서 비즈니스 고객을 보다 많이 확보했기 때문에 곧 소매업과 엔터테인먼트 비즈니스를 위한 매우 성공적인 마케팅 도구가 될 것이다. 지역 주요 은행 중 하나인 퍼스트 인베스트먼트First Investment는 지사 네트워크에 대한 정보를 제공하고 있을 뿐만 아니라 지점장에게 상을 수여하기도 한다. 최고의 컴퓨터 판매 회사인 플레시오Plesio는 메이어mayor 및 규칙적인 방문자에게 특별 할인가를 제공하고 있다. 또한 많은 레스토랑들과 상점들은 포스퀘어의 장소를 제공하여 사용자들에게 매력적인 혜택을 제공한다.

구글 플러스는 여전히 검토 중이기 때문에 불가리아의 어떤 비즈니스 고객도 사용하지 않는 반면 불가리아의 유튜브-스타일의 웹사이트인 Vbox7은 홍보 기회를 많이 제공하기 때문에 쇼 비즈니스에서 많이 이용하고 있다.

일반적으로 불가리아는 유력한 사용자가 많은 국가로 인터넷 사용자들이 많아질수록2011년 후반기에는 인구의 57퍼센트, 더 많은 비즈니스가 소셜미디어 홍보를 기반으로 온라인 판매에 의지하게 될 것이다. 이것은 내년에 확실히 개발될 안정적으로 성장하고 있는 트렌드다.

– 맥심 베하르Maxim Behar,
소셜미디어 전문가, 이사회 회장 및 CEO
M3 커뮤니케이션즈 그룹M3 Communications Group, Inc.

www.m3bg.com

www.m3bg.com

해야 할 일 리스트

1. 피드 리더에 등록하라.

iGoogle과 같이 피드 리더를 제공하는 여러 웹사이트 중 한 곳을 방문한다. 이렇게 하면 해당 페이지를 열 때마다 구독하고 있는 전체 웹에서 최신 콘텐츠가 여러분을 기다리고 있을 것이다.

2. 방문하고 구독하라.

즐겨찾는 웹사이트, 블로그 사이트, 뉴스 사이트를 방문하여 구독 버튼을 눌러야 한다. 안내에 따라 구독 추가 입력란에 URL을 복사하여 붙여놓으면 준비가 된다.

3. 사이트에 소셜 북마킹 기능이 있어야 한다.

회사 웹과 블로그 페이지에 구독 및 소셜 북마킹 버튼을 두어서 고객과 잠재고객이 간편하게 즉시 자동으로 여러분의 비즈니스 뉴스 전체에 대한 업데이트를 받을 수 있도록 해야 한다.

결론

RSS에 대해 알고 있어야 하는 가장 중요한 두 가지 사항은 다음과 같다.

1. 여러분이 게시 버튼을 누르는 순간 친구, 가족, 동료, 고객, 잠재고객이 자동으로 새로운 콘텐츠를 볼 수 있도록 하는 원클릭 솔루션을 제공할 수 있다. 여러분이 이메일을 보내고, 전화를 하고, 텍스트 메시지를 보낼 필요가 없이 그들이 구독 버튼을 누르기만 하면 여러분의 신디케이션에 참여하게 된다.

2. 즐겨찾는 웹, 블로그 및 뉴스 사이트 전체에 대해 구독하도록 해야 한다. 이렇게 하면 관심을 가진 모든 업데이트 내용이 여러분의 리더 페이지로 전송되며 새로운 콘텐츠 업데이트가 게시되었는지 확인하기 위해 사이트별로 웹을 검색하지 않아도 되고 모든 것이 여러분에게 전달된다.

전문가 의견을 듣고 싶으면 www.theSocialMeida-Bile.com을 방문하라.

www.theSocialMeidaBile.com

다운로드 : 〈소셜미디어 바이블〉과 관련된 무료 다운로드를 받으려면 www.theSocialMeidaBile.com을 방문하고 책 뒷면 바코드 위에 있는 ISBN을 입력하면 된다. ISBN 978-1-118-26974-9

www.theSocialMeidaBile.com

Notes

1) 메타 콘텐츠 프레임워크MCF는 웹사이트 및 해당 데이터에 대한 메타데이터웹브라우저와 검색 엔진에서만 확인하는 외부에는 보이지 않는 정보 구조에 대한 특정 형식이다.

2) API는 애플리케이션 프로그래밍 인터페이스Application Programming Interface의 약자다. 때로는 앱으로 통용된다. 앱은 애플리케이션이 의사소통하도록 하고, 다른 사람과 정보를 교환하도록 허용하는 특정한 소프트웨어 애플리케이션이다.

THE SOCIAL MEDIA BIBLE

Spotlight on Search(Search Engine Optimization)
검색 엔진 최적화

CHAPTER
018

www.LonSafko.com/TSMB3_Videos/18SEO.mov

소셜네트워킹 커뮤니티에 익숙한 구성원에게는 검색 엔진 최적화Search Engine Optimization, SEO가 시대에 뒤떨어진 과정처럼 보일 수도 있다. 그러나 여전히 검색 엔진에서 웹사이트 페이지에 대한 인덱싱 작업을 수행한다. 따라서 SEO는 고객이 여러분을 찾아낼 수 있는 방법의 근간이 된다. SEO는 매우 중요하며, 어떤 비즈니스 분야에도 타당하다. 사실, 어떤 사람들은 명함에 두 가지 정보만 넣는다. 자신의 이름과 웹 주소다. 한 단계 앞서서, 자신의 이름이 들어간 구글 검색 막대 이미지를 명함에 인쇄한 사람이 적어도 한 명은 있다.

오늘날 기본적으로 웹사이트는 비즈니스에서 수행하는 모든 일의 기초가 되는 중요한 마케팅 도구가 되었다. SEO 과정과 검색 엔진 마케팅다음 장에서 집중적으로 다룰 SEM은 사람들이 여러분과 여러분의 회사, 제품 또는 서비스를 찾아낼 수 있도록 하는 것이다.

그림 18.1 구글 검색 바

제공 이익

검색 엔진 최적화SEO 및 검색 엔진 마케팅SEM은 웹페이지, 사진, 동영상을 최적화하여 검색 엔진 순위를 최대한 높이는 기술이다. 대부분 이 방법에 대해 들어보았겠지만 제대로 이해하는 사람은 소수다. 검색 엔진 마케팅을 수행하려면 웹페이지 최적화와 키워드 스폰서 링크 광고 프로그램Keyword Sponsored Link Advertising Program 또는 SEM이 필요하다. SEO와 SEM은 전혀 별개의 기능이지만 중요도는 같으며 둘 다 주요 검색 엔진에서 웹사이트가 인식되는 정도를 가리킨다. 이 장에서는 검색 엔진 최적화에 대해 논의한다.

고객들이 점점 더 트위터와 링크드인과 같은 소셜미디어 포털에서 검색하고 있다. 사람들은 여러분이 제공하는 제품이나 서비스에 대한 온라인 검색을 수행할 때 즐겨 사용하는 검색 엔진구글, 야후, MSN, Ask, 기타 이용 가능한 여러 검색 엔진을 사용한다. 그들은 여러분이 수행하는 비즈니스를 가장 잘 표현한다고 생각하는 한두 단어나 세 단어를 입력하고 엔터키를 누른다. SEO를 얼마나 잘 마쳤는지에 따라 검색 엔진 결과 페이지에 표시되는 위치가 결정된다. 잘했다면 맨 위에 랭크될 것이고, 첫 번째는 아니더라도 최소한 첫 번째 페이지에는 표시될 것이다. 이렇게 첫 번째 페이지에 표시되도록 하는 것을 유기적 목록organic listing 또는 유기적 검색organic search이라고 한다. SEO의 관점에서는 검색 엔진이 결정할 수 있는 가장 좋은 랭킹을 얻도록 웹페이지를 최적화하는 것을 의미한다.

유기적 목록에서 최고의 랭킹을 보장해 주는 SEO 기술을 구체적으로 알려주는 책은 많지만 그것이 이 책의 목적은 아니다. 그보다 이 장에서는 사용자가 특정 키워드로 검색했을 때 여러분의 웹페이지나 개인 웹페이지가 검색 엔진 결과의 상위 10개 안에 표시되도록 하기 위해 필요한 모든 내용의 95퍼센트를 얻을 수 있는 10개 남짓한 기술을 설명한다.

처음으로 돌아가서

SEO는 최초의 검색 엔진에서 처음으로 컴퓨터 파일을 검색한 이래로 존재했다. 그러나 구글이나 야후가 첫 번째 검색 엔진은 아니었다. 코넬 대학교의 게라드 살톤Gerard Salton이 50년 정도 앞섰다. 그가 만든 검색 엔진과 하이퍼텍스트 사용아래 참조은 실제로 1965년에 초창기 컴퓨터에서 파일을 찾아서 가져오기 위해 개발된 것이었다.

1960년대의 하이퍼텍스트

1960년 테드 넬슨은 프로젝트 자나두Xanadu[1) 프로젝트를 개발했다. 그는 1963년에 하이퍼동작을 의미와 텍스트에서 하이퍼텍스트란 용어를 만들었다. 이런 텍스트에서부터 모든 웹페이지 주소의 처음 4문자인 HTTP하이퍼텍스트 전송 프로토콜와 오늘날 웹페이지를 만들기 위해 사용하는 언어인 HTML하이퍼텍스트 마크업 언어이란 용어가 생겨났다. 물론 WWW는 'World Wide Web'을 의미한다. 일반적인 웹 주소를 전부 읽으면 다음과 같다.

- 원래 주소: www.theSocialMediaBible.com/Index.html
- 읽을 주소: World Wide Web.theSocialMediaBible.Commercial/IndexPage.Hyper Text Markup Language

본격 행보와 ARPAnet

살톤과 넬슨의 작업은 1972년 오늘날 인터넷의 전신인 ARPAnetAdvanced Research Projects Agency Network으로 연결된다. 최초의 공식적인 검색 엔진은 1990년에 등장했다. 몬트리얼Montreal의 맥길 대학생인 알란 엠타지Alan Emtage가 이것을 만들었고 아카이브ARCHIvE란 단어에서 따서 아키Archie라고 했다. 1993년까지도 색인화할 웹사이트가 수백 개에 지나지 않았으며 대부분 대학교 소유였다.

검색 기능을 통해 초기 인터넷 사용자들은 파일을 액세스할 수 있었다. 그러나 서로 파일을 공유하는 기능은 제공되지 않았다. 이런 애플리케이션용으로 팀 버너스-리Tim Burners-Lee는 서버에 직접 파일을 업로드하고 다운로드하기 위해 HTTP를 대신해 FTP파일 전송 프로토콜를 개발했다.

인터넷은 HTTP, HTML, FTP, Archie가 생겨난 이후 오랜 과정을 거쳐서 발전해 왔다. 오늘날의 검색 엔진에서 원활하게 검색할 수 있도록 가능한 한 가장 효율적인 방식으로 웹페이지를 만들어야 하는 SEO는 인터넷 마케팅에 있어서 정말 중요한 요소다.

알아야 할 사항

일반적인 인터넷 검색에는 세 가지 구성 요소가 있다. 첫 번째는 전 세계에 있는 모든 웹사이트의 모든 페이지에 있는 모든 단어를 포함한 거대한 데이터베이스다. 검색 엔진에 입력한 단어로 신속하게 이 데이터베이스를 검색하고 일치하는 내용을 찾을 수 있다. 예를 들어 이 장을 저술하는 시점에서 구글에 '소셜미디어social media'를 질의하면그림 18.2 참조 '소셜미디어에 대한 약 232만 개 결과 페이지 중 1-10위 가지 0.21초'라고 표시된다.

이렇게 구글은 일치하는 것으로 추정되는 232만 개 중에서 처음 10개의 결과 또는 일치 내용을 표시하며, 0.21초 이내에 232만 개의 레코드를 모두 발견했다그림 18.3 참조.

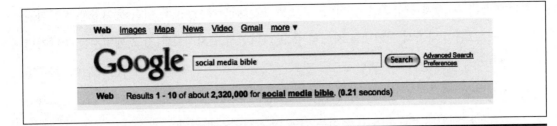

그림 18.2 구글 'social media bible' 검색

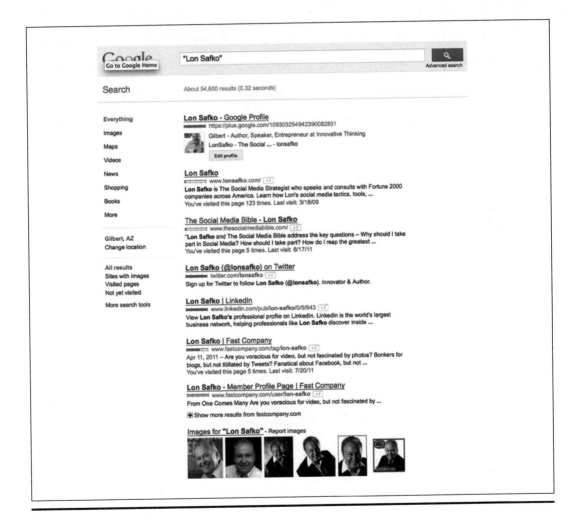

그림 18.3 구글 'Lon Safko' 검색

검색 엔진의 두 번째 구성 요소 스파이더, 로봇 또는 간단히 봇이다. 이런 용어들은 자동화된 컴퓨터 프로그램이 나가서 인터넷을 자세히 훑고 다니면서 웹사이트를 찾고 페이지를 지나가면서 각 페이지에 대한 인덱스와 카탈로그를 만드는 것을 비유한다. 뭔가 간지러운 느낌이 들지 않는가? 사실 검색 엔진의 컴퓨터는 홈페이지를 열고, 콘텐츠를 캡처한 후 다음 페이지로 넘어가는 일을 반복한다. 인터넷 트래픽이 가장 적은 밤에 이 작업이 수행된다.

미디어소스의 제임스 번스는 이것을 이렇게 설명한다. "검색 엔진은 지속석으로 웹 전체의 사이트에 대한 색인 작업을 하고 있기 때문에 가능하면 빨리 비즈니스 콘텐츠를 업데이트해서 타당성을 높여야 합니다. 그래야 다음번에 누군가가 콘텐츠를 검색할 때 여러분의 사이트가 표시될 가능성이 높아집니다. 사실 봇/스파이더는 연중무휴 실행되고 있습니다. 사용자의 검색 용어에 적합한 콘텐츠를 빨리 추가해야 그들 앞에 나설 기회가 신속하게 다가옵니다."

이 과정의 세 번째 부분은 일반적인 검색 인터페이스로 구글이나 야후를 방문하여 검색어를 입력하고 결과를 확인할 때 보이는 내용이다.

검색 엔진 최적화

먼저 SEO 또는 유기적 목록을 살펴보자. 높은 SEO 랭킹을 달성하기 위해 할 수 있는 일은 다양하다. 건전한 것도 있지만 아닌 것도 일부 있다. 그러나 동작 원리를 알고 나면 간단하게 실행할 수 있지만 시간이 많이 소모된다. SEO 관점에서 수행하는 것은 검색 엔진의 알고리즘을 충족하기 위한 것이다 '원하면 여기에 농담으로 앨–고어–리즘(Al-Gore-Rhythm)' 이라고 발음하는 것을 넣을 수 있다.

진실은 밝혀야 한다. 앨 고어가 정말 자신이 인터넷을 발명했다고 말한 적은 없다. 이런 농담은 1999년 CNN의 Late Edition에서 볼프 블리처Wolf Blitzer와 인터뷰할 때 이야기한 내용의 오해에서 비롯되었다. 민주당 대통령 후보 경선 경쟁자였던 뉴저지의 상원 의원 빌 브래들리Bill Bradley와 어떤 점이 차별화될 수 있느냐는 질문을 받았을 때 고어는 이렇게 답을 했다.

"미국 국회에서 활동하는 동안 저는 주도적으로 인터넷이 형성되도록 활동했습니다. 미국의 경제 성장과 환경 보호, 교육 시스템의 개선에 꼭 필요한 다양한 활동을 주도적으로 했습니다."

출처: www.snopes.com/quotes/Internet.asp; CNN의 해당 인터뷰 원고:

www.snopes.com/quotes/Internet.asp

www.bit.ly/G176Mt

http://articles.cnn.com/1999-03-09/politics/president.2000_transcript.gore_1_21st-century-american-people-shadow?_s=PM:ALLP0LITICS;www.bit.ly/G176Mt

악명 높은 알고리즘

알고리즘은 웹페이지가 사용자의 질의에 대해 얼마나 일치하는지 확인하기 위해 각 검색 엔진에서 사용하는 수학 공식일 뿐이다. 구글이나 야후의 진정한 목적은 가장 적합한 일치 사항을 돌려주는 것이다. 알고리즘이 정교할수록 일치 사항의 타당성이 높으며 일치 사항이 좋을수록 해당 검색 엔진을 더 사용하게 된다. 구글이나 야후의 인센티브는 사용 횟수가 늘어날 때마다 광고주로부터 매출을 얻는다. 구글의 2007년 매출액인 179억 1,000만 달러는 대부분 알고리즘의 품질을 기반으로 한 것이다.

여러분의 웹사이트가 검색 엔진에서 어떻게 나열되는지 확인하려면 구글이나 야후를 방문하여 검색 상자에 도메인을 입력하면 된다예: 'site:www.yourdomain.com'. 이렇게 하면 해당 검색 엔진에서 색인을 만든 모든 페이지를 끌어와서 보여준다. 중요한 페이지가 목록에 없다면 색인으로 만들어지지 않았다는 것에서 이유를 찾아야 한다. 나를 포함한 모든 사람은 검색 엔진이 어떻게 동작하는지 알기 원한다. 그러나 실제로는 아무도 모른다. 상상하는 것처럼 매출에서 18억 달러를 창출하는 데 도움이 되는 것은 철저하게 기밀 보안이 유지된다. 테스트에 테스트를 거듭하여 공통의 의견을 조금 추가한다. 반가운 소식은 특정 기술을 허용하면 여러분의 웹페이지가 검색 엔진에서 최상위에 랭크되도록 할 수 있다는 것이다. 미디어소스 www.MediaSauce.com의 디지털 전략 담당자인 돈 쉰들러Don Schindler는 다음과 같이 말한다.

"검색 엔진 알고리즘은 '신뢰'와 검색 엔진 언어를 기반으로 한다. 검색 엔진은 여러분이 만든 웹페이지와 내용이 진실하다고 신뢰하려 한다. 검색자가 관심을 가지고 있는 해당 주제에 대하여 적합한 내용이라고 신뢰하려 한다. 검색 엔진 언어는 키워드, 태그, 텍스트다. 이것들이 바로 지금 검색 엔진이 읽을 수 있는 전부다. 웹사이트가 타당하지만 올바로 이해할 수 없다면 제대로 랭킹을 얻을 수 없다. 신뢰에 있어서 사이트의 기간도 중요하다. 검색 엔진이 새로 접하는 URL이라면 신뢰하는 정도가 적다. 오래된 사이트이고 오랫동안 콘텐츠가 있었다면 검색 엔진은 새로운 사이트보다는 이 사이트를 신뢰한다. 사이트를 만들어두고 잊어버리면 된다는 의미가 아니다. 청중에게 중요한 의미를 제공하지 않는다면 오래된 콘텐츠는 SEO를 추진하는 데 도움이 되지 않는다."

키워드의 핵심

검색 엔진이 살펴보는 가장 중요한 기준은 키워드다. 키워드는 여러분또는 웹 프로그래머이 검색 엔진에게 웹사이트에 있는 콘텐츠를 가장 잘 설명할 수 있는 단어라고 알려준 것이다. 이런 용어는 웹페이지에 대한 코드를 살펴볼 때 가장 먼저 보게 되는 메타 태그 내부에 배치된다. 다음은 The Social Media Bible 웹사이트의 HTML 코드 텍스트 일부다.

〈!DOCTYPE html PUBLIC "-//W3C//DTD XHTML 1.0 Transitional//

448

EN" "www.w3.org/TR/xhtml1/DTD/xhtml1-transitional.dtd"〉...

〈title〉The Social Media Bible〈/title〉

〈meta name="generator" content="WordPress 3.1.2" /〉

〈!–leave this for stats–〉...

...〈link rel="alternate" type="application/rss+xml" title="The

Social Media Bible RSS Feed" href="theSocialMediaBible.com

/feed/" /〉...

...〈meta name="description" content="The home of The Social

Media Bible Published By John Wiley & Sons, Inc." /〉

〈meta name="keywords" content="social media, social media bible, lon safko, marketing, pr, sales, innovation" /〉

종종 키워드 스팸이라 불리는 키워드 남용과 앱 개발자들이 가능성이 있는 키워드를 메타데이트라인으로 입력하는 바람에 구글이 동시에 키워드메타데이트 라인에서 찾아보기를 중단해 왔다는 것에 주목하라.

http://googlewebmastercentral.blogspot.com/ 2009/09/google-does-net-use-keywords-meta-tag.html이나 http://bit.ly/3SdTa1을 참조하라.

메타 태그를 철저하게 살펴보아야 한다. 키워드와 관련하여 중요한 구성 요소의 누락 또한 찾아내야 한다. 페이지를 프로그래밍한 기술 담당자가 메타 태그에 무엇을 넣어야 하는지 모르면서 번거로워서 물어보지 않은 반면, 마케팅 담당자는 키워드를 알고 있지만

http://bit.ly/3SdTa1

메타 태그가 무엇인지 잘 모른다. 그런 이유로 구성 요소가 누락될 가능성이 있다. 잘 찾아내야 한다.

콘텐츠가 왕이다

이 업계에서는 '콘텐츠가 왕'이라고 한다. 각각의 웹페이지에 있는 콘텐츠가 중요하다. 콘텐츠를 평가하고 이를 가장 잘 설명하는 단어를 고르는 것이 SEO의 중요한 부분이다. 해당 페이지를 여러 차례 읽거나 www.theSocialMediaBible.com을 방문하여 이 장에 대한 다운로드 자료를 찾으면 된다.

www.theSocialMediaBible.com

재미있는 작은 매크로가 도움이 될 것이다. 분석할 페이지에서 텍스트를 복사하고 Word 문서에 붙여 넣는다. Key Word 매크로를 실행하면 텍스트에서 사용된 모든 단어를 알려주고 몇 번 사용되었는지 정확한 숫자를 알려준다. 목록을 살펴보고 at, is, a, the와 같은 단어는 무시하고 무엇이 중요한지 결정한다. 이렇게 하면 키워드 목록을 생성하는데 도움이 된다.

목록을 만들고 나면 해당 단어들을 드림위버DreamWeaver 같은 웹페이지 프로그래밍 도구를 사용하여 메타 데이터 행에 배치하거나 기술 담당자가 수행하도록 넘겨주어야 한다. 말 그대로 5분 이내에 처리할 수 있으며 과도한 비용을 지불하지 않아도 된다.

SEO의 중요한 요소 가운데 하나는 URL이다. URL에 적합한 키워드 용어가 있다면 알고리즘에 의해서 SERP 위치에 큰 도움이 된다. 검색 엔진에서는 URL을 강조한다. 메인 URL뿐만 아니라 http://articles.cnn.com URL과 같이 하위 도메인에도 키워드를 두어야 하며 일부 검색 엔진에서는 밑줄로 구분되는 것을 인식하는 데 문제가 있으므로 밑줄보다는 대쉬를 사용하도록 해야 한다.

http://articles.cnn.com

다음은 제목 태그Title Tag다. 제목 태그는 키워드여야 하고 콘텐츠와 일치해야 한다. 제목 태그가 콘텐츠와 일치하지 않고 반복해서 여러 페이지에 사용할 경우에는 검색 엔진에서 인덱스 작업을 할 때 제목 태그 강조의 등급을 낮춘다. 제목 태그를 70자 이내로 하면 해당 페이지와 사이트의 관계에 초점을 맞추는 데 도움이 된다.

메타 설명Meta-Descriptions은 키워드에 대해서가 아니라 사용자가 페이지를 이해하는 데 중요하다. 각 페이지에 설명이 없다면 검색 엔진에서 해당 사이트의 설명으로 무엇을 사용해야 할지 알 수 없기 때문에 콘텐츠를 가져오거나 디렉토리 웹 편집기에서 작성할 수 있는 데이터베이스에서 설명을 가져온다. 여기에서 주의해야 할 요점은 사용자가 여러분의 메시지를 듣게 하려면 150자 이상을 사용하지 말아야 한다는 것이다.

마지막으로 메타 키워드를 추가할 수 있다. 이 섹션에는 7~10개의 키워드만 사용해야 한다. 대부분의 SEO 전문가는 더 이상 사용하는 것은 낭비이고 필요하지 않다고 본다.

www.webconfs.com

"미디어소스MediaSauce는 Webconfs.com의 무료 도구를 사용하여 키워드를 자주 분석해야 합니다. 저는 검색 엔진에서 보지 않는 단어를 자동으로 배제하고 페이지의 제목 태그, 키워드, 네비게이션, 알트 태그를 골라주는 것이 마음에 듭니다"라고 미디어소스www.webconfs.com/keyword-density-checker.php의 디지털 전략 담당자인 돈 쉰들러는 추천한다.

최신일수록 좋다

다음으로 중요한 기준은 콘텐츠의 참신성이란 개념이다. 한번 생각해 보라. 대부분의 회사들은 앞다투어 웹페이지를 만들고 난 이후에는 한 번도 변경하지 않았다. 검색 결과 중에서 가장 적합한 것만 돌려주는 것이 책임이라고 한다면, 2003년도에 만든 2페이지와 어제 업데이트된 한 페이지가 있을 경우 어느 것을 고객에게 돌려주겠는가?

검색 엔진은 콘텐츠가 최신일수록 해당 웹페이지가 더 적합하다고 가정하며 이것이 상식이다. 콘텐츠는 최신 상태로 유지해야 한다. 검색 엔진이 그 정의상 새로운 내용으로 항상 업데이트되는 블로그6장 '유비쿼터스 블로그' 참조에 가장 높은 우선순위를 지정하는 것도 바로 이런 이유에서다.

한두 단어를 변경하고 다시 저장하여 콘텐츠가 업데이트된 것처럼 검색 엔진을 속이려고 시도하지 말아야 한다. 검색 엔진은 실제로 페이지별로 비교하고 마지막으로 인덱스를 만든 내용과 새로 고친 페이지를 비교한다. 크게 차이가 없으면 인덱스 점수를 얻지 못한다. 신선한 콘텐츠에 대한 아이디어는 업계의 최신 소식에 대한 개인적인 의견과 최근의 고객 상담, 제품일 수 있다"고 Megastarmedia.com의 샌디 로울리Sandy Rowley는 말했다. 매주마다 콘텐츠를 신선하게 유지할 수 있는 것들만 그렇게 하라.

Megastarmedia.com

외부의 평판이 좋은 링크

이 주제는 웹페이지와 블로그에 해당된다. 외부의 평판이 좋은 링크는 여러분의 사이트로 링크를 연결하는 다른 웹사이트다. 여러분의 웹사이트로 링크를 연결하는 외부 웹사이트가 많을수록 좋다. 이것의 근간이 되는 논리를 생각해 보라. 여러분의 웹사이트와 경쟁업체의 웹사이트가 있다고 가정하자. 경쟁업체의 사이트는 25개의 다른 웹사이트와 상호 참고로 연결되어 있고, 여러분의 사이트에는 링크된 것이 전혀 없다면 어떤 것이 더 높은 랭킹을 얻게 되겠는가?

물론 사람들이 시스템을 속이는 방법을 찾아보려고 시도했다. 한 그룹은 다른 웹사이트에 대한 웹페이지 링크로만 구성된 웹사이트에 배치해 주는 대가를 받고 판매했다. 이런 사이트를 링크 팜link farm이라고 하는데 절대로 사용하지 말아야 한다평판이 문제가 되는 부분이다. 검색 엔진은 유사성이 있는지 참고 웹사이트의 콘텐츠를 살펴본다. 다른 웹사이트가 여러분의 웹사이트로 링크할 때에는 이유가 있을 것이며 비슷한 단어가 있어야 한다. 참고 웹사이트가 링크만을 모아놓은 것이라면 불이익을 받게 된다. 다시 말하지만, 검색 엔진이 지닌 책임감과 최상의 일치 결과를 돌려주려는 관심을 생각해 보면 된다.

여러분의 사이트로 링크된 다른 웹사이트가 얼마나 되는지 보여주는 간단한 테스트가 있다.

구글로 가서 여러분의 도메인 주소를 입력하거나예: 'site:www.yourdomain.com' 야후로 가서 링크 도메인을 확인하면 된다예: 'linkdomain:www.yourdomain.com'. 그러면 여러분의 수행 상황을 바로 확인할 수 있다. 사이트에 적어도 20개 정도의 링크가 연결되어 있지 않다면 링크 교환 캠페인 실행을 고려해야 한다. 여기에서 상호 보완적이고 경쟁 관계가 아닌 웹사이트를 검색하고 연락하여 해당 사이트에서 여러분의 사이트로 링크해 주면 동일하게 링크하겠다고 알려주면 된다. 이렇게 하려면 시간과 추가 작업이 필요하지만 결국은 그만한 가치가 있는 일이다.

그러나 구글 카페인Google Caffeine으로 전환된 2009년도 이후로 이 사례를 더 이상 선량한 사례로 고려하지 않으며 랭킹은 더 이상 사이트를 지원하지 못할 것이다. 현재 검색 엔진은 단방향 링크one-way link를 찾고 있다. 단방향 링크는 후속 조치에 시간이 많이 걸리지만 결과적으로 보면 찾을 만한 가치가 있다. 소셜미디어 마케터이자 개발자인 샌디 로울리Sandy Rowley는 "키워드에 대해 순위를 결정하는 사이트에서 검색하는 것도 좋은 생각입니다. 그리고 검색 리스트를 이용하여 어떤 내용이 리스트에 링크되어 있는지 찾는 방법도 순위에 도움이 될 것입니다"라고 언급했다.

여러분의 사이트에 대한 링크를 가지고 있는 관련 사이트를 검색할 때, "no follow" 사이트에 대해 검색하자. 몇몇 블로그는 사이트에서 댓글을 게시한 백 링크back link로부터의 포인트를 전달하지 않는다는 의미인 no follow란 코드를 가지고 있다. 따라서 링크는 SEO에 대한 신용을 얻지 못하지만 커뮤니티에서 의견을 공유하고 관계를 쌓을 수 있기 때문에 온라인 평판에 매우 중요하다.

추가 팁: 이 장의 앞서 언급한 대로 각각의 웹페이지에 고유한 제목이 있는지 확인해야 한다. 제목이 없는 페이지가 포함된 웹사이트가 너무 많다. 이것은 웹사이트를 제대로 관리하지 않는 어리석은 일이지만, 쉽게 고칠 수 있다. 페이지 이름을 정하고 기술 담당자가 해당 이름을 입력해서 저장하면 된다. 그것이 전부다! 들이는 수고는 얼마 되지 않지만 막대한 효과를 거둘 수 있다.

xmlsitemaps.com을 사용하면, 웹사이트 내의 페이지에서 특정 타이틀 태그가 필요한지 여부를 빠르고 무료로 확인할 수 있다. 사이트맵을 완성하면 여러분은 여러 가지 옵션을 사용할 수 있다. 그 중 한 가지 옵션은 웹사이트에 표시하는 html 버전을 사용하여 뷰어에서 필요한 정보를 찾는 것이다. 두 번째 옵션은 자동으로 생성되는 XML 사이트 맵을 사용하는 것으로 여러분은 서버에 업로드해야만 한다. 이 옵션을 사용하면 검색 로봇이 여러분의 사이트 내에 있는 페이지에 색인을 달 수 있다. 세 번째 옵션은 'Untitled' 등과 같이 잘못되거나 이중 타이틀을 가진 페이지를 찾을 수 있도록 사이트 맵을 스캔하는 것이다.

마지막으로 3장 이전 세대와 나른 이메일을 읽고^{또는}

마지막으로 3장 이전 세대와 나른 이메일을 읽고또는 다시 읽고 제공 이익의 중요성을 이해해야 한다. 페이지 랭킹이 얼마나 높은지 또는 얼마나 많은 잠재고객이 여러분의 웹사이트를 방문했건 가치를 발견하지 못한다면 나가버릴 것이다.

미디어소스www.MediaSauce.com 디지털 전략 담당자인 돈 쉰들러는 다음과 같이 말했다.

"이것은 정말로 중요하다. 어떤 부분보다 외부 링크의 의미가 더 크다. 이 때문에 편법 SEO 사용자가 빨리 성공할 수 있는 것이다. 비윤리적인 링크 전략을 사용하여 네트워크와 링크 사이트를 함께 구축해서 특정 키워드에 대해 최고의 SERP를 달성한다. 그러나 검색 엔진이 이런 사이트를 잘 찾아내어 블랙리스트에 올리기 때문에 얼마 지나지 않아서 실패하게 된다.

모든 사이트에는 '투표' 기능이 있다. 사이트 A가 사이트 B로 링크하고 사이트 A가 자신의 페이지 랭킹을 사이트 B로 전달할 경우, 사이트 A가 동일 페이지에서 여러 사이트로 링크할 경우 타당성 투표나 링크 주스는 등급이 낮아진다. 사이트 A와 사이트 B가 상호 링크할 경우 두 사이트 모두 등급이 낮아진다.

사이트의 페이지 랭킹이 높을수록 투표 권한이 더 많다. 페이지 랭킹이 높은 사이트의 품질이 좋으면서도 콘텐츠에 대해 적합한 링크를 원한다. 검색 엔진에서 두 사이트가 공통점이 없는 것을 알게 되면 해당 링크 주스는 등급이 낮아진다. 가장 등급이 높은 사이트 중 일부는 .edu 또는 .gov 사이트와 같이 구입할 수 없는 경우가 있다. 특히 소셜미디어를 통해 자신의 사이트를 다른 사이트로 링크할 수 있는 여러 가지 방법

454

이 있다. 블로그 코멘팅은 가장 인기 있는 방법에 속한다."

실행하지 말아야 할 사항

키워드 밀도Keyword Density: 키워드 밀도라는 SEO의 측면도 있다. 검색 엔진 스파이더는 중요 키워드 목록을 분석하여 해당 단어가 웹페이지에 실제로 사용된 횟수를 확인하여 키워드 밀도를 확인한다. 이렇게 하면 신발을 판매하는 웹사이트에서 방문 트래픽을 끌어 들이기 위해 '대통령 선거'와 같은 중요한 단어를 나열할 때 벌어지는 하이재킹hijacking이란 과정을 방지할 수 있다. 진실하지 않은 키워드로 얼마나 많은 트래픽을 생성할 수 있을지 생각해 보라. 검색 엔진에서 정직하지 않은 키워드 스터핑을 확인하고 불이익을 주기 때문에 실제로 아무 것도 얻지 못한다. 특정 키워드에 대해서 4~7퍼센트의 밀도가 적정하다. www.theSocialMediaBible.com의 다운로드 섹션을 방문하여 무료 Word 밀도 분석 매크로를 다운로드할 수 있다.

www.theSocialMediaBible.com

플래시 웹페이지가 포함된 웹사이트에 대해서는 간단한 주의를 주는 것이 필요하다. 텍스트 콘텐츠와 키워드가 없기 때문에 과거에는 표준 플래시 디자인을 적용한 페이지는 높은 랭킹을 얻을 수 있는 방법이 없었다. 이제 플래시 사이트는 콘텐츠를 담은 웹 객체를 통해 최적화될 수 있다. URL, 제목 태그, 설명, 키워드를 모두 사용할 수 있다. 검색 엔진만을 위해서 대체 HTML 사이트를 구축하는 것은 가능할 뿐만 아니라 효과적이어서 널리 사용되고 있다.

클로킹Cloaking은 숨길 수 없다: 클로킹이라는 관행도 언급할 만한 가치가 있다. 이것은 스타트랙Star Trek에서 투명 인간이 되는 클린곤Klingon의 능력과는 전혀 연관이 없다. 키워드 스터핑을 감추려는 것이며 콘텐츠와는 전혀 관련이 없고 웹 트래픽을 가로채기 위한 것에 불과하다. 어떻게 이렇게 할 수 있을까? 텍스트 색을 배경과 동일하게 하여 전혀 관련이 없는 단어로 채운 페이지의 콘텐츠를 로드하는 것이다. 무엇이 보이겠는가? 아무 것도 보이지 않는다.

그러나 검색 엔진은 지능적이어서 이것을 알아차리고 신속하게 위치를 찾아낼 수 있으며 검색 엔진을 속이려는 시도가 발각되면 최장 5년까지 해당 검색 엔진에서 추방된다. 향후 5년 동안은 검색해도 여러분의 웹페이지가 결과 목록에 표시되지 않는 것을 상상해 보라. 여러분의 관리자나 이사회에 어떻게 이 사실을 설명이나 할 수 있겠는가!

기술 및 전술

다음은 이 장에서 언급한 몇 가지 기술에 대한 간략한 목록이며 일부는 다루지 않았던 내용이다.

- 페이지 콘텐츠에 없는 키워드로 잔뜩 채우지 말아야 한다 키워드 플러딩 또는 스터핑.
- 배경이나 여백과 같은 색상으로 텍스트를 숨기거나 은폐하지 말아야 한다.
- 링크 팜에 참여하지 말아야 한다.
- 페이지가 없는 리다이렉트redirect, URL 또는 웹 주소를 사용하지 말아야 한다. 301 리다이렉트를 사용하여 트래픽이 영구적으로 다른 사이트로 향하도록 하는 경우에만 브라우저를 다른 페이지로 리다이렉트해야 한다. 또한 www.domain.com을 domain.com으로 리다이렉트하도록 해야 한다. 검색 엔진은 www와 domain.com을 별개의 두 사이트로 인식한다. www에 대한 영구 리다이렉트는 필수 사항이다. 도메인 등록 기간에 대한 즉각적인 요구는 올바른 셋업을 결정하는데 도움이 된다.
- 평판이 좋은 사이트에서 최소한 25개의 평판이 좋은 외부 링크를 사이트에 포함하도록 한다. 처음에 이렇게 하는 것이 좋다. 오늘날 SERP 랭킹을 크게 올리려면 링크가 더 필요하다. 업계 내에서 방문자가 많고 영향력이 높은 사이트의 링크여야 한다는 점을 기억해야 한다.
- 링크 백을 위해 보털vortal 또는 버티컬 웹 포털Vertical Web Portal, 디렉토리허브, 블로그를 사용해

야 한다. 자세한 내용은 4장 '웹페이지의 세계'를 참고하거나 구글을 검색한다.

- 블로그를 웹사이트에 통합한 다음 여기에 콘텐츠를 정기적으로 추가해야 한다.
- 키워드 문구가 만들어지도록 키워드를 재정렬해야 한다.
- 메타의 키워드가 페이지 콘텐츠와 일치하는지 확인해야 한다.
- 가장 중요한 키워드가 포함된 고유한 제목을 만들어야 한다.
- 메타 설명에 키워드를 포함해야 한다.
- 양질의 콘텐츠를 만들어야 한다 키워드 포함.
- 최소한 8개의 키워드 하이퍼링크가 있어야 한다 내부, 외부, 앵커.
- 최소한 8개의 키워드 알트alt 태그가 있어야 한다.
- 앵커 코드에 키워드를 넣어야 한다 프로그래머에게 확인해야 한다.
- 검색 관련 키워드를 만들고 만들어진 키워드에 대한 순위를 정해야 한다. SEO 캠페인이 성 공하려면, 이 프로세스를 멈춰서는 안 된다. 여러분의 성공 여부는 여기에 달려 있다.
- 파일 이름에 키워드를 넣어야 한다: .jpg, gif, .asp, .php.
- PDF와 텍스트 문서를 해당 문서의 실제 콘텐츠에 있는 키워드로 링크해야 한다.
- 전체 사이트맵을 만들어야 한다. 2개의 사이트맵 이 있어야 한다. 사용자를 위해서는 일반 HTML 페이지면 되고 구글을 위한 것은 XML이어야 한 다. 검색 엔진에 매우 유용하다 www.xml-sitemaps.com.

www.xml-sitemaps.com

- 캡션과 머리글에 키워드를 넣어야 한다. H1 머리 글이 가장 강조되고, 다음으로 H2, H3, 굵은 글꼴 순서다.
- 보는 사람과 검색 엔진 스파이더 모두를 위해 글 머리기호, 굵은 글꼴, 밑줄하이퍼링크 텍스트를 사용 해 강조한다.
- 최소한 15~25퍼센트를 변경하여 페이지를 최신 상태로 유지해야 한다. 최신 상태에 대한

'시간' 제한은 없으며 최신 상태일수록 좋다.

- 하위 디렉토리를 사용해야 한다. 예를 들어 www.yourdomain.com/aligator/yourpage.html에서 가장 좋은 솔루션은 www.yourdomain.com/aligator/yourpage를 사용하고 '.html'을 제거하는 것이다. 또한 총 4개 이상 슬래시를 사용하지 말며 절대로 html에 변수나 '?'를 사용하면 안 된다.

- 하위 도메인을 사용해야 한다(예: www.aligator.yourdomain.com). 여기에 키워드 이름으로 폴더를 만들 수 있다. 이것을 만드는 방법을 배우려면 IT 담당자에게 확인한다.

- 웹사이트를 구성할 때 절대로 프레임을 사용하지 말아야 한다. 검색 엔진은 프레임 내부에 있는 웹사이트를 읽을 수 없다.

- 탐색 기능에 드롭다운이 포함된 javascript를 넣지 말아야 한다. 이것 때문에 검색 엔진에서 잘 읽지 못한다.

- 인기 있는 소셜미디어 사이트를 몇 개 선택하고 선택한 사이트에 가입한 다음, 적극적으로 활동하는 회원이 되어야 한다.

- 관련 블로그에 댓글을 달아야 한다. 그리고 해당 블로그에서 정직하게 활동하고, 도움이 되도록 노력하고, 규칙을 따라야 한다.

- 소셜미디어 프로파일을 매일 업데이트해야 한다. 콘텐츠를 찾는데 도움이 필요하면, 관련 분야의 최신 뉴스를 검색한 다음 검색한 내용을 트윗하거나, 블로그에 올리거나, 혹은 게시물에 올려 다른 사람들과 공유해야 한다.

- 인내심을 가져야 한다. SEO는 진행 중인 프로세스이기 때문에 여러분이 해야 할 일이 없다. 하지만 이것은 회사의 성공에 반드시 필요하다.

- SEO를 일상 업무에 통합해야 한다. 하루에 한 시간 정도는 블로그, 포스트, 댓글, 그리고 공유를 확인하고 웹사이트, 소셜 프로파일, 그리고 온라인 그룹에 콘텐츠를 추가해야 한다.

- 친절한 이웃이 되어야 한다. 여러분이 온라인에서 하는 모든 것들은 온라인에 영원히 남아 있다는 것을 기억해야 한다. 몇 년 후에 고객이 여러분이 작성한 글을 읽게 되는 상황이 발생할 수도 있다.

- 블랙 햇Black Hat SEO와 화이트 햇White Hat SEO의 차이점을 알아두어야 한다. www.theSocialMedia-Bible.com에 방문하면, 어떤 SEO가 좋은지 알 수 있다.
- 자원을 공유해야 한다. 그리고 www.Kiva.org와 같은 온라인 기관에서 자원 봉사 활동을 해야 한다. 이렇게 해야 하는 첫 번째 이유는 여러분이 양질의 백 링크를 얻을 수 있기 때문이다. 그리고 두 번째 이유는 다른 사람을 도울 수 있기 때문이다. 마지막으로 세 번째 이유는 블로그에 게시할 수 있을 뿐만 아니라 훌륭한 홍보도 되기 때문이다.
- 주요 소셜네트워크에서 온라인에 있는 모든 회사 이름을 보호해야 한다. 소셜 사이트에서 사용자 이름으로 회사 이름을 선택하여 경쟁 업체와 직원 사칭 사기로부터 회사를 보호해야 한다.

www.theSocialMediaBible.com

www.Kiva.org

- 또한, 여러분이 대상으로 삼은 키워드를 사용자 이름으로 사용할 수 있다면, 곧 바로 사용해야 한다. 앞으로 검색은 소셜미디어 사이트에서 이루어질 것이다. 따라서 어떤 사람이 소셜미디어에 대해 트위터에서 검색할 때 사용자 이름이 검색 키워드와 일치한다면, 순위를 높이는데 도움이 될 것이다.
- 오래된 도메인 이름을 지켜야 한다. 웹사이트 이름을 변경한다면, 기존 이름을 유지한 채 자사 사이트 안에 있는 모든 페이지를 영구적으로 돌려서 사용해야 한다.
- 색인을 단 동일한 URL을 유지해야 한다. 사이트를 업데이트하면, 페이지에 대해 동일한 URL을 가지고 있는지 확인해야 한다.
- 팟캐스트를 만들어 적어도 한 달에 한 번 업데이트해야 한다. 주단위로 업데이트하는 것이 가장 좋다. 여러분은 www.blogtalkradio.com 등과 같은 포털 사이트나 무료 라디오를 이용하

여 빠르게 키워드에 대해 순위를 매길 수 있다.

- 글을 써서 온라인 PR 사이트에 올리고 웹사이트, 블로그, 그리고 소셜미디어 프로파일에 접근할 수 있도록 링크를 걸어 놓아야 한다.
- 소셜미디어 프로파일에 대한 백 링크를 게시물에 올리는 것을 잊지 말아야 한다.

www.blogtalkradio.com

오늘날 수십 가지의 검색 엔진 기준이 사용되고 있다. 특정 영역에서 좋은 점수를 얻을 때마다 웹페이지의 점수도 좋아진다. 검색 엔진 알고리즘에서 모든 것을 테스트하고 각 범주에 대한 가능한 점수를 모두 부여하고 나서, 알고리즘은 종합적인 페이지 랭킹을 계산한다. 구글 메뉴 막대에서 단계적인 녹색 막대로 표시된 모든 페이지의 랭킹을 볼 수 있다. 페이지가 진한 녹색일수록 랭킹이 높은 것이다부가 메모: 페이지 랭킹은 구글의 설립자 중 한 명인 레리 페이지가 처음 사용했다. 이것을 '페이지 랭킹'이라고 한 것은 단순한 우연은 아니다.

소셜미디어 ROI

블로깅과 블로그토크라디오BlogTalkRadio의 차이

소개

PI 소셜미디어 네크워크는 프러큐어먼트 인사이트Procurement Insights 블로그 및 PI 윈도우 온 비즈니스PI window on Business 블로그, 블로그토크라디오BlogTalk Radio의 PI 윈도우 온 비즈니스 쇼PI Window on Business Show, 그리고 PI 인쿼저티브 아이 앤드 TV2 영 안트러프러나즈 TV 채널PI Inquisitive Eye and TV2 Young Entrepreneurs Internet TV Channels 등을 포함하고 있다. 참고로, PI 윈도우 온 비즈니스는 블로그토크라디오의 메인 프로다.

PI 소셜미디어는 다양한 소셜네트워크 그룹 및 포럼뿐만 아니라 매달 700만 명 이상의 청취자를 보유하고 있는 블로그토크라디오, 그리고 매달 50만 명의 방문자가 있는 에반 카마이클Evan Carmichael 등과 같은 소셜미디어 사이트와의 제휴를 통해 결합하여 독자, 청취자, 그리고 시청자 등 지속적으로 확대되고 있는 고객들과 연결했다.

배경

PI 소셜미디어 네트워크의 기원은 2007년 5월 프러큐어먼트 인사이트 블로그에서 비롯됐다. 프러큐어먼트 인사이트 블로그는 글과 보고서에 접근할 수 있는 단일 사이트를 갖춘 매거진과 출판물을 제공하는 수단으로 제작되었다. 프러큐어먼트 인사이트는 현재 전체 스폰서 수에서 관련 분야에서도 손꼽히는 최고의 스폰서드 블로그다.

2009년 3월 PI 윈도우 온 비즈니스 쇼는 프러큐어먼트 인사이트 블로그의 범위를 확대하고 구축하기 위해 시작됐지만 3개월 만에 전체 블로그토크라디오 네트워크에서 메인 프로로 자리 잡았다.

그리고 2009년 6월, PI 윈도우 온 비즈니스 쇼를 지원하기 위해 PI 윈도우 온 비즈니스 블로그를 시작했다. PI 윈도우 온 비즈니스 블로그를 시작한지 6개월 만에, 사이트의 총 방문자 수는 매월 1만 명을 넘었다.

PI 윈도우 온 비즈니스 쇼와 블로그가 동일하게 인상적인 성장을 보여준 반면, 프러큐어먼트 인사이트 블로그 방문자는 PI 소셜미디어 네트워크의 내부와 외부 장소 사이의 교류를 통해 지난 30일 동안 1,100퍼센트 증가했다.

PI 소셜미디어 네트워크는 두 개의 인터넷 TV 채널뿐만 아니라 최근 인터넷 TV 채널에 해당하는 블로그도 시작했다.

전략

벌집 이론이나, 혹은 교류 개념은 개인이 선호하는 플랫폼으로 하나 혹은 두 개의 주요 소셜네트워크를 선택할 것이라는 관찰에 기반하고 있다. 따라서 개인은 대부분의 소셜네트워크 시간을 주요 벌집 내에서 소통하는데 사용할 것이다.

개인이 마치 꿀벌처럼, 셀 수 없을 만큼 많은 다른 네트워크에 연결되어 있는 방대한 소셜미디어/소셜네트워크 세계에 위험을 무릅쓰고 나가는 동안, 이와 같은 시도는 궁극적으로 커뮤니티의 연락처를 공유할 수 있도록 벌집으로 되돌아가기 위해 정보와 통찰력을 모으는 것에 맞춰질 것이다.

간단히 말해서, 정지되어 있는 동안 다소 수동적인 링크를 다른 비슷한 근시안적인 단일 사이트 블로그나 웹사이트에 제공하는 교류 활동을 제한하는 단일 사이트블로그, 웹사이트, 기타 등등는 시장의 역동적인 변화를 알아채는데 실패했기 때문에 선호하는 장소를 통해 고객과 연락해야 한다.

시행

고객은 PI 소셜미디어와 여기서 제공하는 서비스를 통해 전통적이며 주로 효과적이지 못한 구식 방송 모델에서 소셜미디어의 관계 중심적이며 대화형 마케팅 세계로 이행할 수 있는 능력을 발휘할 수 있다.

기회

예측할 수 있는 미래뿐만 아니라 현재도 서비스를 통해 PI 소셜미디어 네트워크를 제공했던 기회는 리더십, 청취자, 시청자 기반에서 꾸준하고 한결같은 성장으로 증명되었다. 블로그, 인터넷 라디오, 인터넷 TV, 그리고 소셜네트워크 등과 같은 장소에 영향을 주는 확장되고 다양한 범위를 통해 느린 경제 성장 동안에도 증가하고 있는 수익 기반은 모델의 효율성을 반영한다.

결과

회사의 세수 추계는 25만 달러다. PI 윈도우 온 비즈니스 블로그를 시작한 다음 PI 윈도우 온 비즈니스 블로그의 전체 알렉사 순위Alexa rank는 101만 4,248번째에 해당했으며 미국 내에서의 순위는 85만 5,686번째에 해당했다. 그리고 3월호는 새로운 미국 내에서의 순위가 32만 8,775번째로 보여줬는데 이것은 2주 전에 62만 7,904번째에서 29만 9,129 계단 상승한 순위였다.

PI 윈도우 온 비즈니스 블로그는 5만 명을 기록하는데 겨우 9개월 걸린 반면, 프러큐어먼트 인사이트 블로그는 10만 독자를 갱신하는데 2년 반이 걸렸다.

블로그토크라디오의 PI 윈도우 온 비즈니스 쇼는 시작한 첫해에 3만 5,000건 이상의 청취/다운로드를 기록했고 시작한지 3개월 반 만에 메인 프로로 자리 잡았다.

http://bit.ly/mUex9b

– 존 W. 한센Jon W. Hansen

http://piwindowonbusiness.wordpress.com/
book-resource-center/jon-hansen-host-pi-
window-on-business-show; http://bit.ly/mUex9b

전문가 의견

마크 캔터Marc Canter, 브로드밴드 미케닉스Broadband Mecanics CEO, www.broadbandmecha-nics.com

마크 캔터

저는 브로드밴드 미케닉스의 CEO입니다. 저희 제품은 화이크 레이블 소셜네트워킹White Label Social Networking 플랫폼인 [00:45.0]이라는 사람들을 위한 것입니다. 우리는 이 제품을 사용해서 벨 캐나다Bell Canada나 세크라멘토 킹스Secramento Kings 같은 브랜드를 위한 소셜네트워크를 만듭니다. 저희 회사에 대하여 누군가 물으면 "내가 당신에게 말하면 당신을 죽여야 하기 때문에 말할 수 없어"라고만 합니다.

저는 이 비즈니스에만 25년을 종사했고 마르코미디어가 된 마르코마인드라는 회사를 시작했습니다. 그러니 저는 툴을 만드는 사람이고, 블로그 세상과 지난 수년 간 진화해온 나는 '열린 그물'이라고 부르는 열린 소셜네트워킹과 잘 구성된 콘텐츠와 폭넓은 디지털 스타일의 집적된 세상을 보아왔습니다.

모든 것이 기본적으로 '개방은 새로운 유행'이라고 말하도록 유도하는 것 같습니다.

... 제 말은 표현이나 블로깅의 세계에서 그것은 명백한 것 같습니다. 그러나 그 외에는 사용자 데이터나 프로파일 레코드 또는 소셜 그래프 등을 소유했을 때입니다. 우리는 우리 자신을 페이스북이나 마이스페이스 안에 가두어서는 안 됩니다. 그러니 오픈아이디와 같은 표준과 구글이 '개방된 소셜'이라고 부르는 많은 솔루션을 사용하는 새로운 노력을 보기 시작해야 합니다.

이 모두는 새로운 표준입니다. 믿거나 말거나 우리는 심지어 마이크로소프트가 개방하고 있는 것을 보고 있습니다...

다시 말씀드리지만 저는 툴을 만드는 사람입니다. 그리고 이 문제를 풀기 위한 툴을 만들려고 노력해 왔습니다. 우리는 그 중 하나를 '페르소나 에디터Persona Editor' 라고 부르는데 이는 모든 다른 종류의 페르소나Persona, 다른 사람의 눈에 보이는 개인의 모습. 여기서는 소비자의 유형으로 쓰이고 있다 - 옮긴이를 관리하도록 도와줍니다. 또한 우리는 거대하고 중앙 집중적인 수평형 네트워크로부터 수없이 많은 수직형 네트워크의 틈새까지 흘러가는 거대한 흐름을 보고 있습니다. 일반적으로 현대의 사람들은 한두 개 또는 심지어 5부터 10개까지의 틈새 네트워크 회원일 것입니다. 따라서 당신이 가는 곳이 학교든 아니면 아이들과의 방과 후 활동을 함께 하는 것이든 상관없이 현재 활동하고 있는 레게음악이나 초콜릿 동호회가 그런 종류가 되겠지요.

이제 이 세상을 살아가는 요령은 마이크로소프트는 조화하는 것이고, 구글은 개방하는 것이며, 야후!는 자신만의 무언가를 소유하는 것이고, 우리는 조만간 더 작은 소프트웨어 회사를 위한 빵 부스러기를 테이블 위에 남겨 놓고 전체적인 그림과 그에 속한 세상을 소유하게 될 것입니다. 우리는 이 거대한 세상에 참여하거나 관계하고 싶고 어쩌면 우리 자신의 에코시스템을 건설하고 싶은 건지도 모르겠습니다.

우리는 세월이 흐름에 따라 더 많은 합병을 보아왔습니다. 이는 우리처럼 구세대가 말할 수 있는 것입니다. 1980년대에 마이크로소프트나 애플 사이가 그렇지 않았나요?

이제 이 세상에는 채널이 있습니다. 우리가 보아온 또 다른 변화는 국제적이라는 것이고 아마도 싱가포르나 두바이 정부가 그런 일을 하기 원할지도 모릅니다. 그러면 그 사람들은 야후!나 구글이 필요 없을지도 모르지요. 그리고 우리는 러시아로부터 오고 있는 개혁을 보게 될지도 모릅니다. 제 말은 이 모든 것이 더 이상 실리콘밸리만의 게임이 아니라는 겁니다.

이것은 우리가 속해 있는 세상에서 벌어지고 있는 일입니다. 심지어 바로 이 순간에도 페이스북은 2/3를 국제적으로 사용하고 있습니다. 그러니 우리는 점점 더 많은 것을 보게 될 것입니다.

러시아 정부는 사이버 테러와 밀접한 관계가 있습니다. 왜냐하면 그루지아 공화국을 침공했을 때 사이버 공격을 병행했기 때문입니다. 그렇죠? 이제 우리는 기술과 정치, 가상 경제의 실체를 보고 있습니다. 오일 산업이 돈을 너무 많이 벌어들인다는 주장과 함께 공격을 받을 때 그들은 말할 수 있습니다. "자, 소프트웨어 산업을 좀 보시오. 그들은 우리보다 더 많은 이익을 보고 있습니다." 이것은 주의를 옆으로 돌리는 것입니다.

우리는 본질적이고 어디에나 적용될 수 있는 기술을 찾고 있습니다. 이제 더 이상 우리 머리를 모래 속에 처박아 두고 있을 수 없습니다. 따라서 사용자들은 이 일반적인 소셜미디어의 개념에 대한 권리를 컨트롤하고 싶을 것입니다. 사람들과 개방된 표준에 대한 모든 소프트웨어의 이슈는 우리가 전진함에 따라 모든 것에 영향을 미치게 될 것입니다...

　우리가 1984년 초에 회사를 시작했을 때 매킨토시가 출시되었습니다. 그리고 1990년아시다시피 이때는 의미 있는 해였습니다까지 모든 사람들이 비디오와 오디오를 가지게 될 것이고 컴퓨터는 멀티미디어가 될 것이라고 확신했으며, 우리가 옳았습니다. 단지 10년이 빨랐을 뿐이었습니다.

　그리고 우리는 이 툴을 세상에 내놓았고 그것은 광고에 생기를 불어넣을 대단한 상호작용을 하는 제품이었습니다. 우리가 16년 빨랐을 뿐입니다.

　제가 웹을 처음 보았을 때 그것은 단순한 HTML 그래픽이었습니다. 우리가 뒤를 향해 가고 있는 느낌이었습니다. 왜냐하면 우리는 1990년대 초에 그래픽과 비디오를 스크린에 띄울 수 있었기 때문입니다. 그것은 와이어와 CD롬으로 가능했습니다. 그리고 이 세상이 우리를 따라오기까지 10~15년이 걸렸습니다.

　이제 우리는 플리커나 유튜브 덕분에 미디어 전체를 가지고 올 수 있게 되었습니다. 그리고 우리는 수많은 다른 요소들을 보고 있습니다. 그 중 하나를 저는 '지속되는 콘텐츠'라고 부릅니다. BBC나 NPR과 같이 이 모든 콘텐츠를 클라우드인터넷에 띄우고 거기에 존재하게 하면서 언제든 사용할 수 있습니다. 우리는 후-루who-loo나 아이튠스를 가지고 항상 인터넷상에 있습니다. 그리고 우리는 이 모든 지식과 경쟁해야 하고 그 지식은 클라우드 상에서 우리를 기다리고 있습니다. 이제 이 지식에 의존하는 총체적으로 새로운 애플리케이션과 서비스가 탄생할 것이고 저장과 컴퓨팅 그리드에 역시 의존하게 될 것입니다. 이 모두는 불과 5년 전만 해도 꿈이었고 우리의 눈에는 희미한 것들이었습니다.

　물론 우리가 자연적인 소용돌이를 4~5년을 뛰어넘어도 거기에는 아직도 이메일을 사용하는 보통의 사람들이 있을 것입니다. 사회를 통해 무언가를 유포한다는 것은 시간이 걸리는 일이기 때문입니다. 사람들은 제게 와서 "당신이 일을 시작할 수 있게 해줬어요"라고 말할 겁니다.

　... 제게는 일종의 오손 웰스 신드롬Orson Wells Syndrome이 있습니다. 첫 번째 성공을 결코 뛰어넘지 못하는 겁니다. 어떤 사람들은 자신의 어깨 위에 작은 조각을 얹고 삽니다. 저는 통나무를 짊어지고 있는데 말이죠. 저는 이 무게를 견디며 돌아다니다 보니 작게 생각하기가 힘듭니다. 그러니 우리는 어떻게 개방된 그물을 만들까라는 책 속에서 일하고 있는 겁니다. 이것은 사람들이 협동하면서 일할 수 있도록 만드는 일종의 논문이나 로드맵과 같은 것입니다. 그러니 이제 일단의 사람들이 동일한 일을 하는 것을 보면 그건 훌륭한 그물의 표준을 보게 되는 겁니다. 그렇죠? 여기에 한 예가 있습니다. 어떻게 하면 우리가 짜 맞추고 선택할 수 있는 대시보드Dashboard, 애플의 맥 오에스 텐의 응용 프로그램이며 위젯을 다루는 데 사용함-옮긴이와 리유저블Reusable, 프로그램 루틴의 속성 중 하나로 순차 재사용 가능 및 재진입 가능을 총칭

^함옮긴이 사용자를 만들고 사물을 교환할 수 있을까요? 어떤 블로깅 툴이나 IM 클라이언트를 사용할 건가요? 트위터나 프렌드피드인가요? 아마도 우리는 자신만의 환경을 구성할 수 있을 겁니다. 저는 이 모두가 10~15년 사이에 우리에게 일어날 일이라고 확신합니다. 그러니 여기저기에서 자료를 모으는 것이 요령입니다.

최근에는 화이트 레이블로서 제공됩니다. 우리가 마케터나 브랜드 또는 광고 대행업체에게 판매할 때 그렇다는 말씀입니다. 그런 일이 있을 때 저의 웹사이트를 방문하십시오. 그리고 데모 사이트는 www.peopleaggregator.org입니다. 닷오알지.org는 소스코드가 있을 때 사용합니다. 처음 코드는 항상 비영리적으로 내놓습니다. 그리고 제 블로그는 www.marc.blogs.it입니다.

피플 애그리게이터_{People Aggregator}는 소셜네트워킹 플랫폼입니다. 그러니 혹시 www.onone.com이나 www.bellvideostore.ca나 www.mykingworld.com이라는 사이트에 들어가게 되면... 그리고 다른 사이트도 있습니다. www.gtchannel.com, www.itrend.com이 있네요. 이들은 모두 네트워크입니다. 이 사이트들은 모두 저희 플랫폼 위에 세워졌습니다. 그러니 우리는 라이선스와 소스코드 모두를 판매합니다. 그리고 실제로 이 네트워크들을 소프트웨어 서비스 모델로서 운영합니다. 따라서 누구든지 소셜네트워크에 참여하고 싶거나 자신의 사이트에 소셜 기능을 추가하기 원하면 우리 플랫폼을 사용할 수 있습니다.

벨 캐나다의 경우 영화 다운로드 사이트가 있었고 이미 기본적인 카탈로그와 전송 시스템을 갖춘 상태였습니다. 그렇지만 우리의 소셜 기능을 그 영화 다운로드 사이트에 추가시킬 수 있었습니다. 덕분에 우리는 댓글을 달고 관람하며 등급을 매기고 태그도 하면서 영화 팬이라고 말할 수도 있게 됐습니다. 벨 캐나다 영화 다운로드 사이트가 자사의 서버에서부터 나온다면 모든 코드는 우리의 서버로부터 나온다고 할 수 있지요...

SNS와 모바일 세상에서 중요한 인증 방법으로 자리 잡은 OAuth 2.0과 XAuth−타임스템프−의 2010년 봄 뉴스에 관하여 다음 사이트를 클릭하세요. http://www.readwriteweb.com/archives/oauht_2_draft.php; http://rww.to/9uR9Ez.

벨 캐나다의 사이트는 www.bellvideostore.ca입니다. 또 다른 큰 미디어 기업은 라디오 원_{Radio One}이며 사이트는 www.radio-one.com입니다. 이 회사에는 많은 자회사가 있습니다. CMS 발행 시스템에 우

http://rww.to/9uR9Ez

리 자신의 애그리게이션 엔진이 있기 때문에 우리에게는 그들의 자매회사들을 위해 제작한 많은 자매 사이트들이 있습니다.

GT 채널은 드리프트Drift, 고의로 오버스티어를 유도하는 운전기술-옮긴이 운전자를 위한 매우 뛰어난 틈새 네트워크입니다. 또한 메타 네트워크가 있는데 주소는 www.socialworld.com입니다. 이 사이트들은 콘서트 프로듀서와 같이 이벤트와 관련 있는 사람들을 위한 네트워크입니다. 우리는 이 사이트들을 우리 소비자인 옥티바Auctiva를 위해 만들었습니다. 이들은 온라인에서 티켓을 팔거나 티켓을 발행합니다.

... 그들이 우리에게 왔고 우리는 그들에게 메타-네트워크를 만들어 주었습니다. 이것은 예를 들어 그들이 대학교에 가서 캠퍼스를 위한 전체적인 한 개의 메타-네트워크를 만들면 남학생 사교클럽이나 디제이들이나 심지어는 학교 자체나 파티 홍보 회사와 같은 단체가 와서 각각의 네트워크를 만들 수 있다는 것을 의미합니다. 옥티바는 이 모두를 호스트하고 그들을 위해 전체적인 네트워크를 운영하면 됩니다. 그러니 우리의 경우는 옥티바를 위한 세부사항을 제작하고 옥티바는 자신을 위해 네트워크를 만드는 거지요...

www.theSocialMediaBible.com을 방문하면 마크 캔터와의 전체 인터뷰를 듣거나 볼 수 있다.

www.radio-one.com

www.socialworld.com

www.theSocialMediaBible.com

해야 할 일 리스트

1. 모든 페이지의 키워드를 이해하라.

모든 개별 페이지에 자체 키워드가 있는지 분석해야 한다. 고객이 전환할 준비가 된 정확한 시간에 정확한 페이지로 안내해야 한다자세한 내용은 4장 '웹페이지의 세계' 참조.

2. 페이지 제목을 확인하라.

확인하기도 쉽지만, 동시에 간과하기도 쉬운 것이
페이지 제목이다. 페이지를 열고 제목 표시줄을 살
펴보아야 한다. 가장 중요한 키워드가 들어가도록
제목을 만들어 내자. 페이지마다 그렇게 해야 한다.
사용할 수 있는 무료 툴은 www.xml-sitemaps.com
에서 자유롭게 페이지를 클릭할 수 있다.

www.xml-sitemaps.com

3. 메타 키워드를 확인하라.

페이지를 열고, 보기를 선택한 후 페이지 보기를 선택
하고 메타 키워드를 살펴본다. 콘텐츠를 올바로 반영하지 않고 있다면 높은 랭킹을 얻을 수 없다.

4. 외부 평판이 좋은 링크를 구성하라.

구글에서 자신의 도메인을 입력하고예: 'Site: www.YourDomain.com' 얼마나 잘하고 있는지 확인해야
한다. 외부 평판이 좋은 링크가 20개가 안 되면 더 구해야 한다.

5. 절대로 스파이더 트릭을 사용하지 마라.

절대로 검색 엔진 스파이더 트릭을 사용하지 말아야 한다. 한동안은 좋을지 모르지만 결국은
꼬리가 잡히게 된다. 그렇게 되면 5년 동안 검색 엔진에서 추방된다.

6. 항상 강력한 제공 이익이 있어야 한다.

이것이 가장 중요한 계명이다. SEO이건, SEM이건, 이메일이건, 웹페이지이건, 하드 카피 브
로슈어이건, 마케팅 메시지에는 항상 강력한 '제공 이익'이 있어야 한다자세한 내용은 3장 '이전 세대와 다
른 이메일' 참조.

결론

SEO는 소셜미디어와 관련이 아주 많다. 그것은 웹에서 자신의 존재를 드러내는 일이다. 고객이 여러분의 회사와 경쟁업체를 찾으려고 할 때 여러분을 찾을 수 있게 하는 것이다. 고객이 구매 주기의 어느 단계에 있건, 어떤 키워드가 적합하다고 생각하는지 관계없이 그들이 무엇을 입력하건 항상 여러분의 제품 또는 서비스가 검색 결과 목록에 표시되도록 하는 것이다. 진정성을 가지고 월드와이드웹의 일부가 되는 것이다.

전문가 의견을 듣고 싶으면 www.theSocialMeida-Bile.com을 방문하라.

다운로드 : 〈소셜미디어 바이블〉과 관련된 무료 다운로드를 받으려면 www.theSocialMeidaBile.com을 방문하고 책 뒷면 바코드 위에 있는 ISBN을 입력하면 된다. ISBN 978-1-118-26974-9

Note

1) 자나두Xanadu 프로젝트는 1960년에 테드 넬슨Ted Nelson이 설립한 최초의 하이퍼텍스트 프로젝트였다. "오늘날의 인기 있는 소프트웨어는 종이를 시뮬레이션한 것이다. 월드와이드웹또 다른 종이의 모방은 우리가 만들었던 원래의 하이퍼텍스트 모델을 하찮은 것으로 전락시켜서 링크는 단방향으로 완전히 단절되었고 콘텐츠 버전도 관리되지 않는다."

THE SOCIAL MEDIA BIBLE

www.LonSafko.com/TSMB3_Videos/19SEM.mov

검색 엔진 마케팅SEM은 인터넷 상에서 웹사이트를 가장 효과적으로 마케팅하고 광고할 수 있는 방법이다. 재무적인 위험도 거의 없고 기존 광고 형식에 비하면 비용도 아주 적게 든다. 그리고 다른 광고와 달리 성과를 기준으로 한다. 그러나 여러분이 말하고 수행하는 모든 것으로 온라인 브랜드가 구성된다는 사실을 이해하지 못하면 상당한 위험이 따른다. 그것들을 서로 분리할 수 없다는 사실을 망각하면 문제에 휘말린다. 신문, 라디오, 텔레비전에서 광고를 해도 전화가 걸려 오지 않으면 광고비용을 지불하지 말아야 한다는 이야기를 마지막으로 들은 것이 언제인가? 정말로 그런 일이 있어서는 안 된다. 18장 검색 엔진 최적화를 읽지 않고서도 이 장의 내용을 읽고 실행할 수 있겠지만, 그보다는 이전 장을 읽으라고 강력하게 권한다. 두 장이 음양의 조화와 같이 상호보완적이다. 다른 하나가 없이 실행할 수는 있지만 두 가지를 수행하여 얻는 시너지 효과로 최고 랭킹을 차지할 수 있다.

제공 이익

18장 검색 엔진 최적화에서 논의한 대로 시간을 가지고 검색 엔진 스파이더와 친화적인 웹페이지를 만들 수 있는 간단한 지침을 따르면 유기적 목록이나 무료 목록에서 가장 높은 랭킹을 얻을 수 있다. 잘 생각하고 만든 SEM 키워드 광고 캠페인을 추가하면 스폰서 목록을 갖게 될 것이다. 웹페이지에서 SEO와 SEM이 결합되면 랭킹 상승은 지속된다.

검색 엔진 마케팅을 위한 표준 SEM

SEM은 검색 엔진 마케팅Search Engine Marketing을 의미한다. 누군가 여러분이 제공하는 제품이나 서비스 유형을 찾을 때 구글, 야후, MSN, Ask나 오늘날 이용할 수 있는 수많은 서비스 중에서 즐겨 사용하는 검색 엔진을 사용할 것이다. 그들은 여러분이 수행하거나 제공하는 것을 가장 잘 표현하다고 생각하는 한두 단어나 세 단어를 입력하고 엔터키를 누른다. 부분적으로 SEM은 유료 CPC클릭당 비용 또는 PPC클릭당 지불 마케팅 계획을 통해 웹페이지를 마케팅하는 것을 의미한다. 블로그도 고려해야 한다6장 '유비쿼터스 블로그' 참조. SEM 캠페인을 실행 중이고 PPC에 대하여 비용을 지불하고 있다면, 키워드 캠페인을 관리하는 범위 정도를 기준으로 검색 페이지의 스폰서 링크에서 표시되는 위치, 클릭당 지불하는 양, 매월 해당 캠페인에 지출해야 하는 비용이 결정된다. 이것을 유료 리스팅이라고 한다. 검색을 수행하기 위해 야후, 구글 또는 기타 검색 엔진을 사용할 때 보통 왼쪽 열에는 유기적 목록이 보이고 오른쪽 열에는 유료 목록이 보인다때로는 유기적 목록의 왼쪽 위 몇 줄에 표시된다.

처음으로 돌아가서

SEM 명칭과 도입

SEM 광고 시스템은 1998년 2월 제프리 브루어Jeffrey Brewer가 캘리포니아에서 TED8 컨퍼런스에서 클릭당 지불Pay-Per-Click 개념을 제시했을 때 처음 등장했다 http://adwprds.goosle.com.

http://adwprds.goosle.com

Goto.com 설립자인 빌 그로스Bill Gross가 캘리포니아 파사데나Pasadena에 있는 아이디어랩IdeaLab에서 일할 때 PPC의 개념을 생각해 냈다고 한다. 직원이 25명인 그로스의 신생 기업은 야후의 검색 엔진 PPCPay-Per-Click 시스템인 야후의 오버추어Overture가 되었다.

구글은 1999년 12월에 CPM 또는 임프레션또는 ₩ 1,000회당 비용을 기준으로 한 자사의 임프레션 기반 검색 엔진 광고 형태를 시작했다. 2000년 10월에 사용자가 구글 검색 엔진 결과 페이지에 직접 광고를 만들 수 있도록 한 애드워즈AdWords를 시작했다. 2002년 구글은 당시 성공을 거둔 야후의 광고 모델인 PPC로 전환했다.

알아야 할 사항

만약 6장 유비쿼터스 블로그를 읽고 나서 블로깅을 시작했고 18장 검색 엔진 최적화를 읽고서 SEO를 수행했다면, 여러분이 만든 페이지는 점진적으로 유기 목록에서 랭킹이 올라가게 될 것이다. 이제는 SEM 또는 간단히 말해서 클릭당 지불 광고를 할 차례다.

PPC 광고에서는 SEO 캠페인에서 사용하는 어떤 키워드 또는 키워드 문구가 가장 중요한지 결정해야 한다. 이것은 고객이 여러분의 사이트를 찾으려고 검색 엔진에 입력하는 내용과 가장 잘 맞아야 한다. 웹사이트 콘텐츠에서 직접 가져온 단어와 문구로서 잠재고객이 링크를 클릭할 때 이런 단어에 대하여 비용을 지불할 수 있다.

　SEM 캠페인 생성과 관리를 실제로 수행해 봐야 얼마나 쉬운지 경험할 수 있다. 이번 장에서는 일반적인 SEM에 대한 정의를 사용한다. 또한 각각의 검색 엔진은 계정 만들기, 예산에 자금 추가 및 성공에 대한 보고 방법에 있어서 조금씩 차이가 있다.

　PPC 공급업체, 배너 광고 및 기타 실적별 지불 광고업체pay-for-performance가 많지만 아직까지 구글이 최대 업체다. 벤처비트 디지털 미디어VentureBeat Digital Media에 따르면 현 시점에서 검색 엔진 시장 점유율 상위 업체는 다음과 같다. 구글이 68퍼센트이며, 빙/야후!가 27.4퍼센트로 그 외 업체가 4.6퍼센트를 차지하고 있다. 몇 년 동안 구글이 시장 점유율을 늘려가는 추세에 있다. 이것이 시사하는 바는 무엇인가? 구글이 시장의 2/3 또는 잠재고객의 2/3를 차지하고 있기 때문에 구글 애드워즈로 SEM 캠페인을 시작하는 것이 가장 좋다는 의미다.

SEM 캠페인 시작

　SEM 키워드 캠페인을 시작하려면 3단어로 된 키워드 문구로 시작해야 한다. 3단어는 1단어보다 훨씬 구체적이고 원하는 가장 좋은 높은 랭킹의 키워드가 될 수 있다. 구글 애드워즈, 야후 검색 엔진 마케팅이전에는 오버추어 또는 마이크로소프트의 AdCenter와 같이 선택한 검색 엔진에 대한 공급업체로 가서 신용 카드나 페이팔PayPal 계정으로 사용하여 계정을 등록할 수 있다그림 19.1. 그런 다음 쉬운 단계에 따라 등록을 마치고 키워드 캠페인을 설정하면 된다.

　키워드를 선택한 후에는 누군가가 해당 검색 엔진의 스폰서 링크 섹션에 있는 단어를 클릭할 때마다 다른 사람들은 얼마나 지불하는지 확인할 수 있다. 단어가 일반적일수록 CPC가 비싸진다. 여러분의 마음에 드는 키워드라면 분명히 다른 광고자들도 좋아할 것이다. 이 때문에 CPC가 너무 비싸면 효과는 적지만 가격이 저렴한 키워드를 선택할 수도 있다.

　대부분의 키워드는 1달러 미만이면 되지만 클릭당 5달러에 달하는 것도 있고 'Austin DUI'와 같은 용어는 무려 80달러다. 키워드 캠페인을 여러 차례 수행하고 나면 가장 저렴한 CPC로 가장 많은 사용자가 유입되도록 하는 단어인 스위트 스팟sweet spot을 찾게 된다.

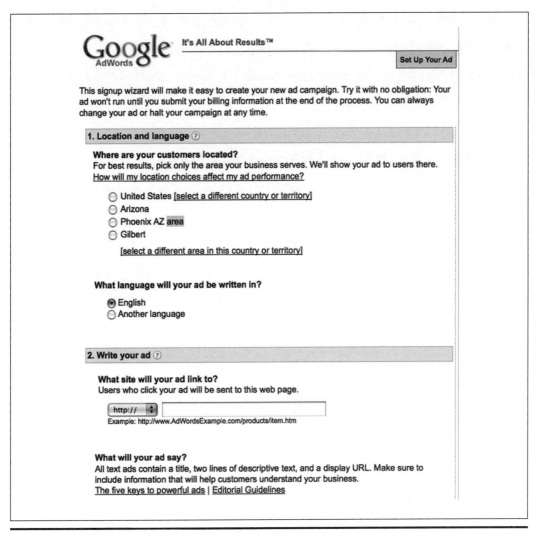

그림 19.1 AdWords Wizard

얼마나 지불할 의향이 있는가?

다음 단계는 클릭할 때마다 얼마나 비용을 지불할 의향이 있는지 표시하는 것이다. 이것은 경매 시스템이기 때문에 마지막 CPC가 50센트였더라도 입찰가를 높여서 동일한 클릭에 대하여 1달러를 지불할 의향이 있다고 밝힐 수 있다. 더 높은 가격으로 입찰하면 검색 엔진의 유료 스폰서 목록의 위쪽에 배치될 가능성이 있다. 기억해야 할 점은 검색 엔진의 세계에서 인과 관계는 상대성의 이론이라서 가장 상대적인 검색 결과를 항상 반환해야만 한다. 유료 스폰서의 경우도 마찬가지다. 높은 입찰자라고 항상 승리하는 것이 아니다. 유기적 페이지 랭킹과 과거의 스폰서 클릭 빈도가 결국은 위치를 결정하게 된다.

이제 키워드를 선택했고 누군가가 그것을 클릭할 때마다 비용이 얼마가 되는지 알게 되었다. 검색 엔진에서는 해당 키워드의 클릭에 매월 얼마나 지출할 것인지 월간 예산을 물어볼 것이다. 적은 금액예를 들어 100달러으로 시작하여 다음 30일간 키워드가 어떻게 되는지 살펴보자. 할 일은 이 것이 전부다.

다음에 다시 검색 엔진을 방문하여 자신이 만든 키워드나 키워드 문구를 입력하면 스폰서 링크 섹션에 표시될 것이다. 누군가 여러분보다 위에 있다면 여러분의 최대 입찰가보다 많이 지불하기로 한 경우이거나 좋은 클릭스루 비율 이력이 있기 때문일 것이다사람들이 해당 키워드를 다른 경쟁 스폰서 보다 자주 클릭했다는 의미다.

검색 엔진의 비용 부과 방식

검색 엔진 입찰이 좋은 점은 누군가가 경쟁업체보다 여러분을 선택했다면 클릭당 가격 입찰 금액 전부를 지불하지 않아도 된다는 것이다. 다음 입찰자보다 2센트만 더 지불하면 된다. 이것 은 하루 24시간 진행되기 때문에 매월 말에는 예산보다 금액이 초과할 수 있다. 펀드가 소진될 경우 검색 엔진 파트너로부터 비용이 소진될 예정이라는 안내를 받게 되고 금액을 추가할 것인 지 질문을 받을 것이다. 추가하면 모든 것이 정상적으로 진행될 것이다. 추가하지 않기로 결정하 면 스폰서 목록에 더 이상 표시되지 않는다.

팜farm, 클로킹cloaking, 키워드 스터핑keyword stuffing과 같은 기술로 SEO 시스템을 무력화하려는 사 람이 항상 있는 것처럼 SEM 시스템을 무력화하려는 사람들도 있다. 예를 들어 경쟁업체에서 최 소한의 급여만 주고서 고용한 사람이 하루 종일 여러분의 스폰서 링크를 클릭한다고 하자. 짧은 기간 내에 여러분의 SEM 예산이 전부 소비될 것이다.

한동안 정말 이런 일이 발생했다. 검색 엔진에서 그 사실을 알아차리고서 더 이상 생기지 않도록 조치했다. 검색 엔진에서는 컴퓨터에 할당되는 번호예: 74.213.164.71인 인터넷 프로토콜또는 IP 주소를 추적한다. IP 주소는 네트워크에 있는 각 컴퓨터를 식별할 수 있는 고유한 번호다. 근거리 네트워크LAN, 직장이나 가정의 무선 네트워크에서 개인적인 용도로 사용하거나, 인터넷 또는 기타 원거리 네트워크WAN, 지역적으로 분산된 컴퓨터, LAN, 또는 인터넷을 연결하는 네트워크일 수 있다. 검색 엔진은 클릭한 사람의 IP 주소를 확인하고 같은 사용자가 여러 번 클릭한 경우, 해당 계정에 크레딧을 부여하고 해당 사용자가 향후에 클릭하지 못하도록 차단한다.

SEM 키워드 캠페인의 투자 수익ROI을 확인하면 검색 엔진으로 다시 가서 새로운 키워드와 문구에 대한 추가 캠페인을 만들고 싶을 것이다. 오레곤 주 포틀랜드에서 개최된 컨퍼런스에서 강의하고 있을 때 매월 165개의 키워드 캠페인을 관리하고 있는 사람을 만난 적이 있다. 그는 그렇게 하느라고 돈이 많이 들었지만, 자신이 사용한 비용의 350퍼센트를 판매하고 있으며 새로운 고객이 창출된다고 했다. 이것만으로도 고객을 얻기 위해 비용을 지불할 만한 가치가 있는 것이다.

기술 및 전술

SEM 캠페인을 시작하려면 다음 단계를 따라야 한다. www.theSocialMediaBible.com으로 가서 키워드 매크로를 다운로드한다.

www.theSocialMediaBible.com

1. 매크로를 사용하여 가장 중요한 키워드를 결정한다.
2. 구글 또는 야후에서 키워드 파인더를 사용하여 선택한 키워드에 대해 비용을 지불하는 다른 업체가 있는지 살펴본다.
3. 각각의 키워드 캠페인에 대해 초기 비용으로 지불할 금액을 결정한다.
4. 비용이 적게 들고, 구체적이며 효과적인 2~3 단어 키워드 문구를 사용하는 것을 고려해 본다.

소셜미디어 ROI

재미있는 취미에서 인터넷 비즈니스로 전환

배경

알씨폼파이터즈rcFoamFighters의 창업자인 파울 페티Paul Petty는 매일같이 반복되는 일상 업무로부터 탈출하는 것을 꿈꿨다. 그러던 중 업무 회의에 참석하기 위해 마이애미에 머물고 있는 동안, 파울은 론 사프코의 강연에 참석했다. 강연에서 론과 격식 없는 대화를 나눈 파울은 매일 반복되는 업무 환경으로부터 빠져나올 수 있는 최종 목표와 더불어 취미인 RC 비행기를 시간제 부업으로 전환할 수 있다는 용기를 얻었다. 그리고 2009년 1월 1일, 알씨폼파이터즈를 창업했다.

전략

파울의 전략은 새로운 아이디어를 홍보하고 비즈니스인 알씨폼파이터즈를 전 세계에 소문낼 수 있도록 소셜미디어의 힘을 이용하는 것이었다. 소셜미디어를 통해 가능한 모든 무료 광고를 사용했기 때문에 초기 비용이 많이 들지 않았다.

시행

파울은 유튜브를 사용하여 커다란 시청자층과 팬층을 구축하는 방법을 사용했다. 이렇게 구축된 팬층으로 결국 알씨폼파이터즈 블로그 사이트의 트래픽은 지속적으로 올라갔다. 서버 공간에 최소 비용으로 블로그를 제작했고 프리웨어 프로그램인 워드프레스를 블로그 소프트웨어로 사용했다. 페이스북, 트위터, 그리고 마이스페이스 등과 같은 다른 소셜미디어 사이트도 홍보에 사용되었다. 그리고 매일 수천 명의 사람들이 이용하는 다양한 RC 포럼을 사용하여 RC와 관련된 화제에 관한 정보를 공유하는 것도 소셜미디어 아이디어에 포함되었다.

기회

유튜브 파트너가 될 수 있는 기회를 얻었다. 물론 이것은 유튜브와 수익을 공유하는 것을 감안해야 했다. 블로그 사이트를 통해 스폰서를 얻을 기회와 제휴 판매와 광고 클릭으로 수입을 창출할 수 있는 다양한 제휴 광고를 개최하여 PDF 플랜과 같은 디지털 제품과 실제 제품을 판매할 수 있도록 무료 제품이나 금전적인 혜택 및 기회를 제공할 수 있었다.

결과

현재 알씨폼파이터즈가 성공할 수 있었던 이유는 모두 커다란 팬층을 구축할 수 있도록 소셜미디어를 사용했기 때문이다. 현재, 이 유튜브 사이트는 거의 50만 건의 뷰를 가지고 있을 뿐만 아니라 1,400명이 가입되어 있다. 현재 알씨폼파이터즈는 유튜브 파트너이기 때문에 유튜브로부터 매달 돈을 받고 있다. 유튜브 트래픽은 지속적으로 올라가고 있으며 동시에 수익도 증가하고 있다. 148개국으로부터 3만 명 이상이 이 블로그 사이트를 방문하고 있다. 게다가 제휴 광고 클릭과 제품 판매도 꾸준하게 증가하고 있다. 이제 두 곳의 파트너가 알씨폼파이터즈를 후원하고 있다. 이들 중 한 곳은 무료 스폰서드 제품과 혜택을 제공하는 커다란 온라인 장난감 전문점 중 하나다. 전형적인 칸막이 업무로부터 탈출하고 싶었던 목표가 현실이 되고 있다.

www.rcFoamFighters.com

– 파울 페티Paul Petty, 알씨폼파이터즈의 창업자

www.rcFoamFighters.com

Expert
Insight

전문가 의견

린 탕Linh Tang, 〈Launching Your Yahoo! Business〉 및 〈Succeeding at Your Yahoo! Business〉 공저자, www.LinhTang.com

린 탕

가상 전자 소매virtual-electronic-retailing: V-E-Tailing는 디지털 상품을 판매합니다. 이 말의 뜻은 어떤 종류의 제품도 판매할 수 있다는 의미입니다. 우리 제품은 종이 모형입니다. 종이 모형 회사는 3단계 광고를 하고, 회사 특제품과 학교 과제물을 제작합니다. 우리는 건축물이나 기념비, 심지어는 자동차의 모형을 전문적으로 만들기도 합니다. 우리의 주요 고객은 교육 분야에 있습니다. 우리 사이트를 유명하게 한 종이 모델은 '캘리포니아 미션'입니다. 4학년생들이 우리 사이트를 방문하여 과제물로 이 제품을 만들었습니다. 우리 사이트로 들어와서 모형을 다운로드하고 컴퓨터로 출력한 후, 30분에서 한 시간 동안 그 특정 모형을 만듭니다...

그것이 전자 소매의 강점입니다. 제품을 제작하면, 그 제품은 항상 그 자리에 있습니다. 이베이처럼 지속적으로 사진을 찍어 사이트에 업로드하고 물건이 팔릴 때마다 새로운 제품을 찾아야 하는 것이 아닙니다. 고객들이 지속적으로 사이트를 방문하고 제품을 구입하게 됩니다. 검색 엔진 마케팅SEM; Search Engine Marketing은 웹사이트를 최적화하고 링크를 구축하는 일로 시작됩니다. 하지만 제 생각에는 소셜미디어가 자리를 잡은 것 같습니다. 제 말의 의미는 이제 소셜미디어는 블로그, 비디오, RSS, 소셜네트워크, 알림 기능을 통합한다는 것입니다. 사람들은 한정된 시간을 가지고 사이트를 매일 방문할 필요가 없습니다. 하지만 여러분이 할 수 있는 일은 다른 네트워크에 정보를 제공하는 것입니다. 저는 이러한 네트워크를 '쇼핑몰'이라고 부릅니다. 왜 여러분은 '쇼핑몰'에 있어야 할까요? 왜냐하면 모든 사람이 거기에 있기 때문입니다.

이제 모든 사람은 전산망을 통해 자신의 웹사이트에 들어갈 수 있습니다. 여러분은 약간의 검색 엔진 마케팅을 할 수 있지만, 모두가 거기 모여 있을 때 어떤 일이 벌어질까요? 이제 비디오나 블로그와 같은 소셜미디어 도구는 여러분의 잠재고객에게 더 풍부한 가치와 정보를 제공합니다. 예를 들어 제가 작업하고 있는 한 웹사이트는 사무용 의자 판매 전시장과 관련되어 있습니다. 우리는 의자 중의 하나를 선택하여, 고객이 매장에 가면 판매원이 보여주는 견본품과 같은 진열품으로 만들었습니다. 이제 다른 웹사이트들은 제조업자들에게 얻을 수 있는 단순한 제품 설명만을 기재해 놓았습니다. 하지만, 우리는 실제로 진열품을 준비해 놓았습니다. 심지어 고객이 앉아서 제품 설명을 읽을 필요가 없습니다. 그냥 그곳에 앉아서 의자가 어떻게 쓰이고 작동하는지, 어떠한 인체 공학 방식으로 제작되었는지, 혹은 왜 이 제품이 최고의 의자인지에 설명하는 30초 길이의 동영상을 볼 수 있습니다. 이제 여러분은 링크, URL, 웹사이트의 정보를 유튜브에 올려놓을 수 있습니다. 그래서 누군가가 여러분의 유튜브를 방문하여 추가 정보를 제공할 수도 있습니다. 유튜브의 장점은 여러분이때로 동영상을 웹사이트나 블로그에 올려놓을 수 있다는 것입니다. 그래서 여러분은 값비싼 스트리밍 비용이나 호스팅 비용을 지불할 필요가 없습니다...

소셜미디어의 공간은 거대합니다. 이 공간에는 많은 도구들이 있고 여러분이 할 일은 소셜미디어 전략가와 함께 '첫 번째 단계'가 무엇인지 알아보는 것입니다. 비디오를 선택할 것인지 아니면 블로그를 만들 것인지를 말입니다. 단순히 이렇게 하는 것만으로도 비즈니스가 성공하는 경우가 있습니다. 블로그에는 어떠한 내용도 올릴 수가 있습니다. 반드시 상품에 관한 것일 필요는 없습니다. 그리고 그 내용이 검색 엔진 최적화로 연결되었을 것이고, 이것은 정보와 키워드를 위해서 웹사이트를 최적화했다는 것입니다.

www.theSocialMediaBible.com

www.theSocialMediaBible.com을 방문하면 린탕과 나눈 경영진 대화 전체를 듣거나 읽을 수 있다.

국제적인 견해

독일

포괄적인 접근 방법으로 성공하다 – 소셜미디어와 함께 이륙한 루프트한자

독일에 본사를 두고 있는 글로벌 항공 운송 기업인 루프트한자Lufthansa 그룹은 소셜미디어로 성공했다. 루프트한자에서 사용한 포괄적인 접근 방법은 도약 및 성장을 생각하고 있는 모든 비즈니스를 위한 성공 모델이다.

5만 명 이상의 직원들이 근무하고 있는 루프트한자는 100개국 이상의 나라에 250개 이상의 도시로 여행하며 주당 1만 번 이상 비행한다. 고객들은 200개국 이상의 나라를 여행할 수 있게 되었지만 루프트한자는 전략, 계획, 그리고 실행 없이 이 모든 것들을 감당할 수 없게 되었다.

전략: 고객 중심

고객 중심 전략은 직접 실행하는 것보다 언급하는 것이 훨씬 쉽다. 하지만 루프트한자는 이 전략을 이용하여 성공을 거뒀다. 성공의 핵심은 기술을 이용하여 편리한 비행을 하고 싶은 전 세계의 여행자의 실질적인 목표를 수용하는 것이다. 루프트한자는 이런 여행자들을 수용하는 것보다 더 많은 일도 했지만 자사 고객만을 생각했다. 전 세계 여행자들이 어떻게 생각하는지에 대해 조사한 루프트한자는 이들에게 어떤 것이 가치 있는지 테스트했다. 그리고 비행이 보다 편리하고 재미있도록 탑승객에게 소셜네트워크, 정보, 그리고 애플리케이션을 제공하여 "전 세계에서 가장 연계가 잘된 항공 브랜드"를 추구했다. 여기서 플라이넷FlyNet을 이용하여 비행기 인에서도 인터넷에 접속할 수 있게 만든 것은 중요한 진전이었다. 이제 비행기 안에서도 정보를 공유할 수 있기 때문에 비행이 재미있어졌다.

계획: 가치 추가

루프트한자는 마이스카이스테이터스MySkyStatus와 더불어 유용한 소셜미디어 애플리케이션을 소개했다. 탑승객은 이 애플리케이션을 사용하여 소셜미디어를 통해 비행 정보를 공유할 수 있을 뿐만 아니라 종종 비행기 조종사도 연착을 포함하여 일정을 다른 사람들에게 즉시 알릴 수 있다.

모든 항공기에서 마이스카이스테이터스를 사용할 수 있기 때문에 루프트한자 항공을 이용하는 것과 상관없이 여러분은 항상 루프트한자와 함께할 수 있다. 사용이 쉬운 마이스카이스테이터스의 트윗을 이용하여 친구의 상태를 편리하게 볼 수 있다. 마이스카이스테이터스를 시작한지 3개월 만에 3만 5,000건의 트윗이 달렸으며 50만 건의 페이지 뷰가 발생했다.

다른 브랜드에서 제공하는 애플리케이션 중 성공한 것은 수상 경력이 있는 클라우드스트림Cloudstream이다. 탑승객들은 클라우드스트림을 이용하여 인터넷에 연결하지 않고도 동영상, 게임, 그리고 다른 엔터테인먼트를 노트북이나, 랩톱 컴퓨터, 혹은 핸드폰에 옮길 수 있다. 클라우드스트림은 소셜미디어와 완벽하게 통합한 애플리케이션으로 와이파이를 사용할 수 있는 지역 중간의 다른 지역과 비행 중에 사용할 수 있도록 고안되었다. 비용? 물론, 무료다. 가치? 탑승객에 따르면, 충분한 가치가 있다.

실행: 현지화하자

루프트한자는 전 세계 네트워크를 통해 마이스카이스테이터스와 클라우드스트림을 빠르게 도입할 수 있었다. 이 네트워크는 세계적으로 생각하고 지역적으로 활동한다. 이것이야말로 핵심이다. 여러분이 세계로 나가려면, 현지화를 해야 한다.

루프트한자는 특정 국가와 언어에 초점을 두고 수십 개의 트위터 계정과 페이스북 계정을 관리하며 전 세계 어디서나 여행자들에게 도움을 줄 수 있는 정보를 찾을 수 있도록 해당 지역 주민들을 채용한다.

페이스북과 비슷한 런런, 유튜브와 비슷한 유쿠YouKu, 그리고 페이스북과 트위터의 혼합형인 웨이보Weibo와 함께 루프트한자의 지역 접근 방법은 중국에서 성공했다. 루프트한자는 지역 주민들을 이용하여 이런 소셜미디어 사이트를 효과적으로 운용했기 때문에 빠르게 10만 명의 팬을 돌파했다. 루프트한자는 국가별 그리고 도시별로 이미 브랜드 인지를 얻었기 때문에 이제 뒤를 돌아볼 일이 없다.

현지화가 되면, 소문도 잘 난다. 사람들이 소셜미디어에서 회자되고 있는 특별한 장소로 비행기를 타고 여행을 떠날 수 있도록 격려하는 루프트한자 소셜미디어 캠페인의 사례를 들어 보자. 많은 친구들이 루프트한자에 반응을 보이고 마음에 들었다면, 루프트한자는 참가자들에게 여행 할인 혜택을 주었다. 승객들은 할인된 티켓과 유용한 정보를 얻었을 뿐만 아니라 친구들은 루프트한자에 대해 더 많은 것을 알게 되었다. 물론 루프트한자도 빈 좌석을 승객으로 채웠다. 그리고 앞으로도 더 많은 좌석이 승객으로 가득 차게 될 것이다. 모든 사람이 승자였다.

www.GrowthNation.com

요약

이런 아이디어 몇 가지는 소셜미디어 전략, 계획, 그리고 실행으로 전환 가능하며 대부분은 엄청난 비용이 들지 않는다. 여러분이 마케팅이란 활주로에 착륙하는 동안, 소셜미디어 엔진을 작동시켜 고객 중심, 가치 추가, 그리고 지역화를 통해 목표에 도달해야 한다.

– 더그 부룬케Doug bruhnke, CEO
그로스 네이션Growth Nation
www.GrowthNation.com

해야 할 일 리스트

1. SEO를 수행하라.

SEM에서 성공하는 가장 효과적인 방법은 먼저 SEO를 수행하는 것이다. 비용을 지불하여 스폰서 링크 섹션에 배치하더라도 그 위치는 페이지 랭킹에 따라 다르며18장 '검색 엔진 최적화' 참조 링크가 클릭된 수에 따라 달라진다. 링크를 아무도 클릭하지 않으면 스폰서 링크에서 계속 아래로 내려가서 결국 보이지 않게 된다. 돈을 지불한다고 해도 탈락된다.

2. 모든 페이지의 키워드를 이해하라.

모든 개별 페이지에 자체 키워드가 있는지 분석해야 한다. 고객이 전환할 준비가 되었을 정확한 시간에 정확한 페이지로 안내하기 원한다면 그렇게 해야 한다.

3. 메타 키워드를 확인하라.

페이지를 열고, 보기를 선택한 다음 페이지 보기를 선택하고 메타 키워드를 살펴본다. 콘텐츠가 올바로 반영되어 있지 않다면 높은 랭킹을 얻을 수 없다.

4. 항상 양질의 콘텐츠를 생성하라.

절대로 검색 엔진 트릭을 사용하지 말아야 한다. 한동안은 좋을지 모르지만 결국은 꼬리가 잡혀서 최대 5년 동안 검색 엔진에서 추방될 수 있다.

5. 제공 이익에 초점을 맞춰라.

언제나 이것이 가장 중요한 계명이다. SEO이건, SEM이건, 이메일이건, 웹페이지이건, 하드카피 브로슈어이건, 마케팅 메시지에는 항상 강력한 '제공 이익'이 있어야 한다자세한 내용은 4장 참조. 유료나 스폰서 링크의 경우에도 강력한 제공 이익이 있어야 검색자가 먼저 제목 줄을 읽은 다음 설명을 읽도록 유인할 수 있다. 하나하나 잘 작성했다면 검색자가 경쟁업체가 아닌 여러분이 만든 내용을 클릭할 것이다.

6. 클릭당 지불Pay-Per-Click을 통해 검색 엔진 마케팅하라.

이것을 시도해 보아야 한다. 재미있다. 인터넷에서 마케팅을 할 때 돈을 사용해야 할 거의 유일한 장소가 바로 여기이며, 지출 대비 300퍼센트 이상의 투자 수익을 얻을 수 있다.

결론

SEM은 소셜미디어와 어떻게 관련되는가? SEO와 마찬가지로 관련이 많다. 다시 말하지만 웹에서 자신의 존재를 드러내는 일, 커뮤니티를 구축하는 일과 매출을 창출하는 것과 관련된다. 고객이 구매 주기의 구매 단계에서 구매 버튼을 클릭할 준비가 되어 있는 바로 그 자리에 있는 것이다. 누군가가 여러분을 찾을 때 웹페이지, 사진, 동영상, 팟캐스트, 블로그의 형태로 발견할 수 있어야 한다. SEO와 SEM을 결합하여 사용하면 가장 효과적으로 이 목표를 달성할 수 있다.

www.theSocialMeidaBile.com

전문가 의견을 듣고 싶으면 www.theSocialMeida-Bile.com을 방문하라.

www.theSocialMeidaBile.com

다운로드 : 〈소셜미디어 바이블〉과 관련된 무료 다운로드를 받으려면 www.theSocialMeidaBile.com을 방문하고 책 뒷면 바코드 위에 있는 ISBN을 입력하면 된다. ISBN 978-1-118-26974-9

THE SOCIAL MEDIA BIBLE

www.LonSafko.com/TSMB3_Videos/20Mobile.mov

제공 이익

휴대폰은 디지털 융합과 소셜미디어의 결정체이며 다른 어떤 디지털 장치보다도 소셜미디어 발전에 기여했다. 인터넷이 만들어진 이후 중요한 초기 혁신 중 하나가 바로 휴대폰 기술이다. 오늘날 사람들은 휴대폰을 사용하여 음악을 다운로드한다. 블로그를 읽고, 웹 서핑을 하고, 이메일을 읽고, 사진과 동영상을 촬영하여 공유한다. 음성에서 텍스트로 변환된 조트 메시지를 자신과 다른 사람에게 보내기도 하고, 6,000명이 넘는 팔로어에게 그룹으로 트윗을 보낸다. 때로는 사용자를 제품 웹사이트로 안내해 주는 임베디드 링크로 빌보드 사진을 캡처한다. 가까운 이탈리아 음식점에 대해 별 5개의 평가를 내리기도 하고, 목적지까지 가는 약도를 얻거나, 지도, 아트, 백과사전 정보를 액세스한다. 영화를 감상하고, 고품질 사진을 촬영하고 해당 사진을 소셜 웹이나 블로그 사이트에 게시한다. 메시지를 작성하고, 블로깅하고, 웹사이트를 업데이트한다. 팟캐스트를 청취하기도 하고, 주소록과 일정을 정리하고, 메모를 남긴다. 당연히 전화를 걸 수도 있다.

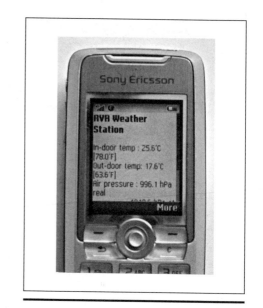

그림 20.1 Mobile Weather on a Mobile Phone

Key Global Telecom Indicators for the World Telecommunication Service Sector in 2010 (all figures are estimates)									
	Global	Developed nations	Developing nations	Africa	Arab States	Asia & Pacific	CIS	Europe	The Americas
Mobile cellular subscriptions (millions)	5,282	1,436	3,846	333	282	2,649	364	741	880
Per 100 people	76.2%	116.1%	67.6%	41.4%	79.4%	67.8%	131.5%	120.0%	94.1%
Fixed telephone lines (millions) (	1,197	506	691	13	33	549	74	249	262
Per 100 people	17.3%	40.9%	12.1%	1.6%	9.4%	14.0%	26.6%	40.3%	28.1%
Mobile broadband subscriptions (millions)	940	631	309	29	34	278	72	286	226
Per 100 people	13.6%	51.1%	5.4%	3.6%	9.7%	7.1%	25.9%	46.3%	24.2%
Fixed broadband subscriptions (millions)	555	304	251	1	8	223	24	148	145
per 100 people	8.0%	24.6%	4.4%	0.2%	2.3%	5.7%	8.7%	23.9%	15.5%
Source: International Telecommunication Union (October 2010)									via: mobiThinking

그림 20.1.5 Key Global Telecom Indicators

IDC의 디지털 마켓플레이스 모델 및 예측에 따르면 다음과 같다http://www.idc.com/home.jsp?t=1332356335030; http://bit.ly/GExeN2.

http://bit.ly/GExeN2

- 2010년도에 세계 인구의 1/4에 달하는 약 20억 명이 정기적으로 인터넷을 사용하고 있다. 이 숫자는 2015년에는 27억 명으로 늘어서 세계 인구의 40퍼센트가 될 것으로 예상된다.

- 중국은 2007년 미국을 앞질러 인터넷 사용자가 가장 많은 국가가 되었으며 2008년에는 온라인 인구가 2억 7,500만 명이 되고 2012년에는 5억 3,760만 명으로 집계됐다.

- 2010년에 인터넷 사용자의 절반 정도가 온라인 구매를 한다. 2012년까지 전 세계에서 온라인 구매자가 1조 2,000억 달러 규모의 B2C기업 대 소비자 거래를 할 것이다. B2B기업 대 기업 거래는 10배 증가하여 12조 4,000억 달러에 달할 것이다.

- 2011년 전 세계 인터넷 광고 지출은 총 811억 달러로 전체 미디어 소비의 10퍼센트를 차지한다. 2011년에는 전 세계 인터넷 광고 지출 비율이 13.6퍼센트에 달했다.

- 전 세계 전체 인터넷 사용자의 약 40퍼센트가 현재 모바일로 인터넷을 액세스하고 있다. 모바일 인터넷 사용자의 수는 2008년에 5억 4,600만 명으로 2006년의 2배에 달하며 2012년에는 15억 명을 초과하고, 2015년에는 유선 인터넷 사용자 수보다 많아진다는 전망이 나왔다.

- 오늘날 가장 인기 있는 온라인 활동은 웹 검색, 개인적인 용도의 정보 검색, 인터넷 이메일 사용, 뉴스 및 스포츠 정보 액세스, 재무 또는 신용 정보 조회다. 이런 활동 외에도 전 세계 온라인 사용자의 50퍼센트 이상이 인스턴트 메시징을 사용하고 온라인 게임을 즐긴다. 빠르게 성장하는 온라인 활동으로는 비즈니스 애플리케이션 액세스, 블로그 생성, 온라인 도박, 업무 관련 이메일 액세스, 온라인 커뮤니티 참여 등이 있다.

- 모바일 인터넷 사용자들에게 가장 인기 있는 온라인 활동은 웹 검색, 뉴스 및 스포츠 정보 액세스, 음악, 동영상, 벨소리 다운로드, 인스턴트 메시징 사용, 인터넷 이메일 사용이다. 2012

년까지 전 세계 모바일 인터넷 사용자들의 인기 1순위 활동은 음악, 동영상, 벨소리 다운로드가 차지하고 게임 다운로드가 증가 추세에 있다.

IDC의 리서치 책임자인 존 간츠John Gantz는 다음과 같이 말했다.

인터넷에는 지난 8년 간 10억 명의 사용자가 늘어났으며 이것은 모든 사람이 이용할 수 있는 매력적인 것임을 증명한다. 이 시기에 인터넷은 여러 사용자의 개인적인 삶과 직업적인 삶에 있어 깊이 뿌리 내리게 되었으며, 언제 어디서나 작업하고, 즐기고, 사교 활동을 할 수 있게 했다. 모바일 사용자가 급증하고 진정한 인터넷 유비쿼터스 환경이 구현되면서 이런 추세는 가속화할 것이다.

최근 모바일 기술의 발전을 고려할 때 풍부한 소셜미디어를 액세스하기 위해 필요한 도구는 휴대폰이다. 야후 플리커의 카쿨 스리바스타바Kakaul Srivastava의 말처럼 "지구상에는 한 사람당 3대의 휴대폰이 존재한다. 그러므로 휴대폰을 구하고 사용법을 익혀서 참여해야 한다!"

모바일 애플리케이션

오늘날 휴대폰에서 가장 일반적으로 사용되는 데이터 서비스는 SMS 텍스트 메시징이다. 전체 휴대폰 사용자의 92퍼센트인 3억 229백만 이상이 정기적으로 텍스트 메시지를 사용하고 있다. CTIA 리포트에 따르면 미국인들은 2011년에 총 21조 2,000억 건의 SMS 메시지를 사용했는데 매달 1,969억 건을 보낸 것으로 나타났다. 모바일폰 사용은 케이블 TV, 인터넷, 홈피시를 능가했다. 모바일폰의 95퍼센트는 앱이 가능한 스마트폰이며, 1억 명 이상의 미국 소비자들이 스마트폰을 정기적으로 사용한다.

최초로 SMS 텍스트 메시지를 보냈다고 주장하는 회사가 여러 곳이다. NASA 전 직원인 에드워드 란츠Edward Lantz에 따르면 1989년 라이나 포르티니Raina Fortini가 간단한 모토로라 삐삐를 이용해 플로리다의 뉴욕시에서 멜버른 해변으로 최초의 텍스트 메시지를 보냈다. 포르티니는 단어와 소리로 읽을 수 있는 위아래로 뒤집힌 숫자를 사용했다. 최초의 상업적인 SMS 메시지는 1992년 12월 3일 영국에서 세마 그룹Sema Group의 닐 팹워스Neil Papworth가 개인용 컴퓨터를 사용하여 보다폰Vodafone GSM 네트워크를 통해 오비텔Orbitel 901 핸드셋을 사용하는 보다폰의 리차트 자비스Richard Jarvis에게 발송했다. 이 메시지 텍스트는 '메리 크리스마스' 였다. GSM 휴대폰에서 최초로 입력된 SMS는 1993년 노키아의 공학도였던 리쿠 피코넨Riku Pihkonen이 보냈다는 주장이 있다www.wapedia.mobi/en/Text-Messaging.

www.theSocialMediaBible.com을 방문하면 클릭 가능한 링크를 볼 수 있다.

www.wapedia.mobi/en/Text-Messaging

www.theSocialMediaBible.com

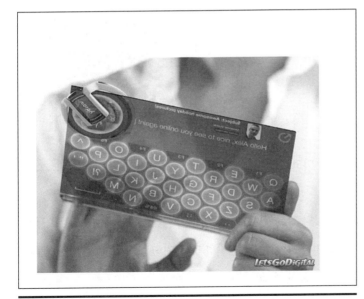

그림 20.2 모프 휴대폰

그림 20.3 텍스트 메시지

다음으로 널리 사용되는 모바일 데이터 서비스는 음악이다. 음악 파일 다운로드는 지난 해 310억 달러 이상의 매출이 발생했으며 다음으로는 벨소리 다운로드가 있다.

2000년에 핀란드 전화 회사인 라디오니냐^{현재 엘리사}는 SMS 텍스트 메시지로 전달되는 최초의 모바일 뉴스 서비스를 도입했다. 다음으로 비디오 게임, 유머, 점괘, TV 콘텐츠, 광고, 기타 콘텐츠 다운로드가 있다. 벨소리, 게임 및 그래픽용 모바일 제품 매출은 기존에 청소년들이 소비한 음악, 의류, 영화와 같은 지출 항목을 대체하고 있다.

기타 모바일 데이터 서비스는 몬스터닷컴Monster.com에서 채용 공고를 검색하고, 직무 상담을 받고, 한 국가의 계정에서 해외에 있는 다른 계정으로 최대 100만 달러까지 송금하고, 한 도시에서 공공요금을 납부하고, 다른 도시에서 주차료를 납부하는 것이 있다.

모바일 장치 및 애플리케이션은 웹의 리모컨으로 인식되며 크레용 마케팅Crayon Marketing의 전략 담당 이사인 아담 브로이트만Adam Broitman이 말한 대로 "휴대폰은 우리 삶의 리모컨이다!"이 장의 뒷부분에서 브로이트만의 전문가 의견을 볼 수 있으며, www.theSocialM.ediaBible.com.을 방문하면 아담 브로이트만과 나눈 경영진 대화를 들을 수 있다.

Monster.com

www.theSocialM.ediaBible.com

리치 미디어

휴대폰이 신속하게 매스 미디어 장치가 되고 '제4의 스크린'으로 불리게 되면서^{나머지 세 가지는 영화, 텔레비전, PC} 점점 더 많은 휴대폰용 콘텐츠가 개발되고 있다. 아이폰, 안드로이드, 기타 비슷한 스마트폰이 등장하면서 영화 배급업체들은 새로운 리치 미디어 배포를 진지하게 고려하고 있으며 PC에서 전체 길이 영화를 다운로드하고 휴대폰으로 전송할 수 있도록 하고 있다^{또한 휴대폰 장치에서 직접 다운로드도 가능}.

이처럼 모바일 기술이 널리 사용되면서 일상적으로 사용하는 어휘에 새로운 단어가 생성되어 추가되고 있는데 그 중 하나가 모비소드mobisodes다. 모비소드는 모바일 장치에서 보기 적합한 인기 텔레비전 쇼의 짧은 에피소드다. DVR 또는 TiVo를 사용하지 않는다면 라디오, 텔레비전, 위성 TV 방송 미디어는 모두 사용자가 특정 시간에 맞추어야동일한 시간, 동일한 채널 특정 프로그램이나 속보를 볼 수 있다. 방영 시간에 TV 세트가 있는 곳으로 가지 못하거나 녹화하지 못하면 프로그램을 놓치게 되고 다음 방송 시간까지 기다려야 한다. 그러나 모바일 뉴스 피드를 구독하면 모든 시간과 장소에서 이런 정보를 받을 수 있다.

알아야 할 사항

소셜미디어 참여에 휴대폰의 역할이 중요해졌다. 마이스페이스, 링크드인, 페이스북과 같은 네트워킹 사이트, 플리커, 스머그-머그Smug-Mug, 포토버킷 같은 사진 공유 사이트, 유튜브 같은 동영상 공유 사이트, 위키피디아 같은 정보 사이트를 사용하는 데 있어서 휴대폰을 통해 웹사이트를 액세스하는 기능이 더욱 중요해졌다. 개인 출판 플랫폼인 워드프레스4장 '웹페이지의 세계' 참조도 휴대폰 사용자가 자신의 블로그 사이트를 볼 수 있는 플러그인을 제공한다이 장의 마지막에 있는 '다운로드' 참조.

트위터
트위터 역시 문자 보내기, 마이크로블로깅, 휴대폰 사용을 통한 커뮤니케이션에 막대한 영향을 미쳤다. 트위터와 '트윗'에 대한 상세한 설명은 13장 '마이크로블로깅 선호'를 참고하면 된다.

실시간 소셜 참여
휴대폰의 이동성으로 인해 사용자가 삶의 순간에 실시간으로 교류하는 일이 쉬워진다. 휴대폰 장치를 통해 사용자가 이벤트에 참여하고 즉시 그에 대한 반응과 생각을 다른 사람과 공유할 수 있다. 2000년에 공연 중에 무대를 향하여 휴대폰을 들고서 전화가 연결된 상대방이 노래를 들을 수 있도록 했던 사례에서 볼 수 있듯이 간편하게 상호작용할 수 있다. 오늘날 휴대폰으로 콘서트

장면을 찍고 동영상을 촬영하며 공연이 끝나기도 전에 블로그에 올리고 친구, 가족, 동료와 공유할 수 있다. 실시간으로 이런 중요한 경험을 공유할 수 있다는 것은 강력한 사회적 연대감을 형성한다.

도난당한 휴대폰에 자동으로 사진을 촬영하여 웹에 업로드하는 기능이 있었기 때문에 주인에게 돌아온 경우도 있다. 텍스트 메시징을 통해 경험을 공유하는 면에서는 트위터를 통해 자신이 수행하고 생각하는 내용에 대한 즉각적으로 최근의 뉴스를 게시할 수 있다^{마이크로블로깅과 트위터에 대한 자세한 내용은 13장 '마이크로블로깅 선호' 참조}.

리뷰

모바일 사용자가 생성한 콘텐츠는 강력한 신뢰 네트워크를 형성하며 이들이 추천하는 내용은 의사 결정에 중요한 영향을 미친다. 친구나 같은 마을에 사는 지인이 음식점에 대한 리뷰를 한 경우라면 돈을 받고 평가하는 사람이 작성한 글보다는 신뢰가 높다.

이런 업체의 좋은 예가 컴퓨터나 휴대폰을 통해 웹사이트를 액세스할 수 있는 옐프닷컴_{Yelp.com}이다.

우편 번호를 입력하거나 GPS 지원 휴대폰이 옐프에 자신의 위치를 알려만 주면 모든 종류의 업체 리뷰를 확인할 수 있다. 예를 들어 메인가와 브로드웨이 갈림길 근처에서 파스타 전문점을 찾고 있다면 옐프는 해당지역에 거주하면서 음식점에서 직접 식사를 했던 사람이 작성한 대여섯 가지의 음식점 리뷰를 보여줄 것이다_{www.theSocialMediaBible.com을 방문하면 옐프의 커뮤니케이션 담당 이사인 스테파니 이치노스와 나눈 경영진 인터뷰를 듣거나 읽을 수 있다}.

Yelp.com

www.theSocialMediaBible.com

모바일 마케팅

2000년대 유럽과 아시아에서 SMS 증가 이후로 휴대폰 사용자를 대상으로 하는 마케팅의 인기는 꾸준히 증가했다. 이 기간 동안 비즈니스는 휴대폰 번호를 수집하여 사용자에게 원하거나 원치 않는 스팸 광고 메시지를 전송했다. 전 세계적인 정부 규제 때문에 SMS는 적법한 형태의 광고가 되었다. 월드와이드웹이 있는 공개 영역과 모바일 통신업체는 모바일 미디어 산업을 위해 CTIA Cellular Telephone Industries Association와 CSCA Common Short Code Administration에 의해서 모니터되고 집행되는 자사의 네트워크를 통제하고 전체 모바일 미디어 업계에 대한 규정과 모범 사례를 설정했다.

그림 20.4 모바일 게임

모바일 마케팅 협회 Mobile Marketing Association와 IAB Interactive Advertising Bureau는 광고 업체가 휴대폰을 사용하는 것에 대한 엄격한 지침을 확립하고 지원한다. 이런 주도적인 노력은 미국, 서부 유럽, 일부 기타 지역에서 큰 성공을 거두었다.

일부 국가에서는 분명한 옵트인 opt-in 없이 모바일 가입자에게 스팸 광고를 전송하는 문제에 대응하고 있다 옵트인에 대한 자세한 내용은 3장 '이전 세대와 다른 이메일' 참조. 이동통신 업체에서 가입자의 전화번호를 다른 회사에 판매하기 때문에 생기는 문제다. 가입자에게 광고를 하려면 모바일 가입자가 사용 허가를 하거나 옵트인을 하도록 법규에서 규정하고 있기 때문에 모바일 광고 및 마케팅 성장이 상당히 지연되고 있다. 이동통신 업체는 가입자의 이중 옵트인과 소비자가 SMS나 텍스트 메시징을 통해 구독 중단STOP이란 단어를 전송하여 어느 때에라도 옵트아웃하는 기능을 요구하고 있다. 이런 지침은 2004년 미국의 스팸 방지법과 매우 유사하며 MMA 소비자 모범 사례 지침에서 확립되어 있다아래 설명 참조. 미국 내의 모든 이동통신 업체는 자발적으로 이런 지침을 준수한다스팸 방지법에 대한 자세한 내용은 3장 '이전 세대와 다른 이메일' 참조.

2002년 라바트 양조 회사Labatt Brewing Company는 최초로 여러 통신업체를 통한 SMS 광고 캠페인을 실행했다. 그때 이후로 모바일 SMS 광고는 소비자에게 다가갈 수 있는 새로운 광고 채널로 인식되었다. SMS 메시지의 97퍼센트 가독률 때문에 거대 소비자 브랜드도 SMS 광고를 수용했으며, 소비자가 매장이나 이벤트에 참여한 동안 해당 브랜드 이름을 텍스트 메시지로 보낼 수 있는 모바일 도메인 이름을 생성했다. 모토로라가 블루스 하우스House of Blues에서 지속적으로 캠페인을 하는 것은 잘 만든 모바일 광고의 예가 된다. 블루스 하우스는 후원 기업들이 실시간으로 모바일 사진을 LED 디스플레이와 온라인 블로그에 전송할 수 있도록 한다.[1]

모바일 웹마케팅

온라인 모바일 광고업체의 경우 모바일 마케팅 협회MMA에서 권장 광고 형식 및 모바일 프레젠테이션에 대한 일련의 지침과 기준을 제공한다. 구글, 야후, 기타 주요 모바일 콘텐츠 제공업체에서는 광고 서비스의 일환으로 모바일 광고 배치를 판매하고 있다.

블루투스 연결

블루투스는 2003년 전송되는 데이터를 잘게 나누고 그렇게 나눈 데이터를 75개의 다른 주파수로 전송하는 주파수 호핑frequency hopping 또는 스프레드 스펙트럼spread spectrum이란 무선 라디오 프로토콜 기술로 시작되었다. 이를 통해 고정 또는 이동 장치에서 근거리 통신을 활용하는 데이터 전송이 가능하게 되어 무선 개인 영역 네트워크PAN가 형성된다. 블루투스는 휴대폰, 디지털 카메라, 전화기, 개인용 컴퓨터, 마이크, 헤드셋, 프린터, GPS 수신기, 비디오 게임 콘솔과 같은 기기 간 액세스와 안전한 정보 교환이 가능하도록 한다. 블루투스가 안전한 고속 데이터 전송이 가능하기 때문에 모바일 광고 및 마케팅에 적합하다. 프록시블래스터ProxiBlaster.com, 블루투스마그넷bluetoothmagnet.com, 블루캐스팅bluecasting.com 같은 회사들은 블루투스 마케팅 솔루션을 제공하고 있다. 회사들은 블루투스를 사용하여 100미터 범위 내에 있는 휴대폰, PDA, 노트북 등 블루투스를 지원하는 모든 장치로 미디어 파일을 자동 전송할 수 있다. 이를 블루캐스팅bluecasting, 블루투스 브로드캐스팅bluetooth broadcasting 또는 근거리 마케팅proximity marketing이라고 한다.

ProxiBlaster.com

bluetoothmagnet.com

bluecasting.com

위치 기반 서비스

위치 기반 서비스LBS는 GPS 또는 GPS 장치가 없는 경우에는 라디오 위치나 삼변 측량trilateration location을 기준으로 휴대폰 가입자와 가까운 특정 지역의 광고와 SMS 메시지를 전송할 수 있다. 라디오 위치 및 삼변 측량은 가장 가까운 휴대폰 기지국까지의 신호 강도를 기준으로 휴대폰의 위치를 측량한다. 구조대원이 라디오 위치 및 삼변 측량을 사용하여 눈 속에서 자동차 위치를 찾아내어 밤중에 눈보라에 갇혀 있던 여자를 구출한 이야기를 들어본 적이 있다. LBS는 도난 휴대폰이나 납치된 사람의 위치를 찾을 때에도 사용할 수 있다.

일상에서 LBS를 사용하는 예는 ATM, 음식점, 병원 등 고객이 찾고 있는 근처의 업체나 서비스 위치를 파악하는 것, 미팅 룸 일정을 확인하는 것, 특정 주소로 길안내를 받아서 찾아가는 것,

친구의 위치를 휴대폰 지도에 표시하는 것, 휘발유 할인 정보를 확인하고 정체 구간이나 나쁜 날씨를 피하기 위해 정보를 수신하는 것, 교통 정체 구간을 피하는 것, 택시, 사람, 직원, 렌트한 장비 위치를 찾는 것, 출항 일정 수립, 패키지 및 철도 화차에 대한 수동 센서 또는 RF무선 주파수 태그 확인, EZ 패스, 톨 감시, 또는 기타 지역을 대상으로 한 모바일 광고 등이 있다.

광고를 하는 매장, 음식점, 카페, 영화관 근처에 있는 휴대폰 가입자에게 자동으로 모바일 쿠폰이나 할인권을 발송하는 데 모바일 LBS를 사용할 수 있다. 2007년 싱가포르 이동통신 업체인 모바일원MobileOne은 다수의 현지 마케터가 참여한 LBS 광고 캠페인을 시작했으며 가입자들의 반응이 좋았다.

루푸트Loopt.com, 홉스탑Hopstop.com 같은 회사들이 위치 기반 광고 또는 메시징을 제공한다.

Loopt.com

Hopstop.com

모바일 게임

휴대폰, 스마트폰, PDA, 핸드헬드 컴퓨터에서 비디오 게임을 실행하는 것이 모바일 게임이다. 제조 과정에서 기본으로 설치된 최초의 게임은 스네이크Snake로 1997년 일부 노키아 모델에 제공되었다. 스네이크는 실제로 지구상에서 가장 인기 있는 모바일 비디오 게임이 되었으며 전 세계에서 10억 명 이상이 종종 실행한다.

모바일 게임은 제조 과정에서 기본으로 설치되거나 메모리 카드 또는 블루투스를 통해 설치할 수 있으며, 대부분의 경우에는 유료로 통신업체에서 다운로드한다. 독립 실행형 게임과 네트워크로 여러 사람이 실행하는 게임이 있다_{가상세계 및 게임에 대한 자세한 내용은 15장 '가상세계─실제 효과', 16장 '시스템 게이밍: 가상 게임' 참조}.

　모바일 도박은 오늘날 모바일 기술에서 가장 인기 있는 게임 애플리케이션에 속한다. 2005년 온게임_{Ongame}은 단일 플레이어나 복수 플레이어가 실제 돈이나 게임 내의 돈을 걸고 포커 게임을 즐길 수 있는 포커 소프트웨어 애플리케이션인 포커룸을 개발했다.

MMORPG

　일반적인 모바일 게임 이외에도 휴대폰 사용자에게 있어서 MMORPG_{Massively Multi-player Online Role Playing Game}의 인기도 높다_{MMORPG에 대한 전체 설명은 16장 '시스템 게이밍: 가상 게임' 참조}. 이런 모바일 청중을 대상으로 한 최초의 게임은 십소프트 스마트셀 테크놀러지_{CipSoft SmartCell Technology}가 개발한 TibiaME였다. 이 회사는 PC와 휴대용 장치 모두에서 실행되는 최초의 다중 플랫폼용 MMORPG인 섀도우 오브 레전드_{Shadow of Legend}란 게임 애플리케이션 작업을 진행하고 있다.

위치 기반 게임

　GPS와 같은 지역 위치 기술을 사용하는 휴대폰에서 실행할 수 있는 게임도 있다. 이런 게임을 위치 기반 게임이라고 하며 플레이어의 위치를 게임 실행에 포함시켜서 플레이어의 좌표와 움직임이 게임의 주요 요소가 된다.

　가장 잘 알려진 위치 기반 게임의 예로는 하이테크 보물 추적 게임인 지오캐싱_{Geocaching}이 있으며 GPS 장치를 갖춘 전 세계의 모험을 좋아하는 사람들이 즐기고 있다. 야외에서 지오캐시라는 감추어진 컨테이너의 위치를 찾아내고 숨겨진 선물과 교환한 다음 그 경험을 온라인으로 공유하는 것이 기본 아이디어다. 지오

www.geocaching.com

캐싱은 모든 연령 그룹에서 인기가 있으며 특히 공동체 의식이 강하고 환경 보호에 적극적인 사람들이 좋아한다www.geocaching.com에서 자세한 내용을 확인할 수 있다.

모바일 게임 내 마케팅

인기 있는 모바일 게임의 범주는 인터액티브 실시간 3D 게임, 대량 다중 플레이어, 소셜네트워킹, 일반 게임가장 인기 있음 등 5가지다. 일반 게임은 단일 플레이어용이며 아주 쉽게 실행할 수 있다. 스페이스 인베이더Space Invaders, 테트리스Tetris, 솔리테어Solitaire와 같은 이전의 다양한 비디오 게임 외에도 다수의 대형 비디오 게임 회사들은 컴퓨터 및 콘솔용 게임을 축소하여 플레이스테이션 포터블 및 닌텐도 DS와 같은 모바일 부서를 만들었다. 휴대폰에서 직접 실행할 수 있는 게임을 만든 회사들도 많다.

대형 브랜드는 이제 모바일 게임 내에서 광고 메시지를 전달하고 있으며 브랜드, 판매, 고객 참여를 추진하기 위해 게임 전체를 후원하는 경우도 흔하다. 이런 유형의 광고를 애드버게이밍advergaming 또는 애드펀드 모바일 게이밍Ad-funded mobile gaming이라고 한다. 푸마 브랜드는 상하이 F1 경주와 동일한 레이싱 게임을 만들어서 종합적인 참여 마케팅 캠페인을 개발했다. 이 애드버게임을 포뮬라 원Formual One 레이싱을 의미하는 F1과 비슷하게 소리가 나고 중국어로 '플레이'란 의미가 있는 단어가 들어간 F-Wan으로 했다. 경주 트랙은 긴 꼬리를 가진 살쾡이가 점프하는 모습인 푸마 로고 형태로 설계되었다. F-Wan은 다중 플레이어 게임이며 최대 4명의 게이머가 겨룰 수 있다. 매주 상위 3등까지는 푸마 제품을 수상하게 된다.

모바일 구전 마케팅

모바일 구전 마케팅은 이메일과 인터넷의 변형된 형태와 비슷하다. 그 배포와 커뮤니케이션에 있어 고객이 모바일 구전 콘텐츠mobile viral content라는 특정 회사의 콘텐츠를 SMS를 통해 자신의 신뢰 네트워크에 있는 다른 잠재고객에게 전달한다. 전달 여부는 이렇게 연락을 받는 사람들이 콘텐츠를 퍼뜨리도록 부탁하는 행위에 의존한다. 구전 마케팅 캠페인을 시작하려면 기업에서 콘텐츠를 메이븐mavens 및 영향자influencers라는 첫 번째 세대 핵심 고객에게 시드또는 전송하여 이들이 정보의 영향을 받는다. 그러고 나서 개인 또는 커뮤니케이터communicators가 메시지를 수신자에게 전달하고 동일하게 메시지를 계속 전달하도록 권유한다. '제공 이익'이 뛰어난 메시지일수록 효과적으로 구전될 것이다. 이탈리아 Passa Parola입소문 캠페인처럼 구전 마케팅만으로 80만 명의 사용자에게 전달된 경우도 있다.

모바일 마케팅의 미래

최근 설문조사에 따르면 약 89퍼센트의 주요 브랜드에서 SMS 텍스트와 멀티미디어 모바일 메시징을 통해 제품을 마케팅할 계획이 있다고 답을 했다. 이런 브랜드의 1/3은 전체 연간 마케팅 예산의 10퍼센트를 모바일 마케팅에 사용할 계획을 가지고 있다. 5년 이내에 전체 주요 브랜드의 절반 이상이 전체 연간 마케팅 예산의 5에서 25퍼센트를 모바일 마케팅에 사용할 것으로 예상된다. 이 설문에 응답한 회사 중 40퍼센트는 구

www.airwidesolutions.com/press2006/feb2106.html

체적인 마케팅 메시지를 가지고 특정 지역에 있는 특정 대상 청중에게 다가갈 수 있기 때문에 이미 모바일 마케팅을 시작했다고 했다. www.airwidesolutions.com/press2006/feb2106.html을 방문하면 자세한 내용을 볼 수 있다.

메시징 컨버전스

SMS 텍스트 메시징을 음성이 텍스트를 대체하는 음성 SMS와 결합할 수 있기 때문에 휴대폰 사용자에게 다기능 서비스가 인기를 얻고 있다. 그런 회사 중 하나가 바로 조트Jott다.

조트에 등록하려면 이름, 그룹 이름, 전화번호로 무료 계정을 만들기만 하면 된다. 마치고 나서 800번호로 전화를 걸고 "조트를 사용하려는 분은 누구입니까?"라고 묻는 자동 응답기에 답을 하면 된다. 이름을 대면 조트가 전체 이름으로 응답한다. 확인하고 신호음이 들린 다음 사용자가 표준 음성 메시지를 남기게 된다. 잠시 후에 해당 메시지가 음성에서 텍스트로 전환되어 사용자

의 휴대폰에 텍스트 메시지로 전송되고 지정한 이메일 계정으로 전송된다.

조트는 갑자기 아이디어가 떠올랐거나, 뭔가 기억해야 할 내용이 있거나, 다시 확인해야 할 필요가 있는 경우에 유용한 서비스다. 직접 '조트' 라고 말하면 된다. 고속도로에서 시속 100km로 운전하거나, 거리를 걷거나, 음식점에서 식사를 할 때, 종이와 연필을 찾는 것이 번거로울 때 등 어디에서나 특히 유용하다. 운전을 하면서 사람들에게 10분 정도 늦을 거라고 조트로 알려줄 수 있는 것 또한 아주 좋은 기능이다.

www.theSocialMediaBible.com을 방문하면 조트 설립자인 존 폴라드John Pollard와 나눈 경영진 대화를 들을 수 있다.

모바일 마케팅 협회

모바일 마케팅 협회MMA; www.mmaglobal.com는 모바일 마케팅과 연관 기술의 발전을 촉진하기 위해 노력하는 세계적인 비영리 협회다.

MMA에는 에이전시, 광고업체, 휴대용 장치 제조업체, 무선 사업자, 소매업체, 소프트웨어 및 서비스 공급체, 기술 구현업체, 시장 조사 기관과 휴대폰을 통한 마케팅의 가능성에 관심을 가진 600개 이상의 회원사가 참여하고 있다. MMA의 주요 포커스는 모바일을 마케팅 믹스의 필수적인 부분으로 자리 잡게 하는 것이며, 전 세계 모바일 마케팅 산업을 촉진시키고 교육하고, 측정하고, 안내하고, 보호하는 것이다.

휴대폰 기술

애플 아이폰iPhone: 1980년대 중반에서 1990년대 중반까지 애플의 공인 개발자였던 나는 여러 가지 기술 혁신을 가까이에서 지켜보았다. 스티브 잡스는 혁신적인 아이디어로 애플 아이폰을 최상의 자리에 올려놓았다. 이 장에서 단일 제품으로 소셜미디어에 큰 영향을 끼친 애플의 아이폰 이야기를 빼놓을 수 없다그림 20.5 참조.

그림 20.5 아이폰

2007년 1월 9일 애플은 자사의 스마트폰인 아이폰을 발표했다. 아이폰은 인터넷 연결, 멀티미디어 재생, 텍스트 메시징과 음성 메일 기능과 같이 휴대폰으로서 완전한 기능을 갖추고 있다. 아이폰에는 휴대폰의 기존 키보드를 대체하는 터치스크린이 있다. 사진과 비디오를 모두 촬영할 수 있는 카메라가 있으며 MP3 음악 및 오디오 파일을 재생하고 애플의 아이팟처럼 동영상 재생 기능을 갖춘 제4의 스크린 범주에 속한다. 아이폰을 통해 사용자가 오디오, 사진 및 동영상을 생성하고, 업로드하고, 공유하고 볼 수 있다.

아이폰의 인터넷 연결 기능을 통해 웹사이트를 찾아보고, 블로그를 읽고, 트래픽 보고서를 액세스하고, 주식 포트폴리오를 보거나 표준 PC 및 인터넷 연결을 통해 수행할 수 있는 모든 작업이 가능하다. 애플에게 〈소셜미디어 바이블〉에 참여해 달라고 여러 차례 부탁했지만 아쉽게도 거절당했다.

구글 안드로이드 Android: 안드로이드는 애플의 아이폰에 대한 구글의 대답이다. 구글, HTC, 인텔, 모토로라, 퀄컴, 삼성, LG, T-모바일, 엔비디아Nvidia, 윈드 리버 시스템Wind River Systems 등 34개 업체가 모바일 장치에 대한 개방형 표준을 개발하기 위해 모인 개방형 휴대전화 연맹OHA과 협력하여 만든 오픈 시스템 플랫폼에 기반한 스마트폰 모바일 장치다. 안드로이드는 모든 이동통신 업체와 호환되며 Google 검색, Google Apps, GmailGoogle의 이메일 시스템, GTalk구글의 인스턴트 메시징 애플리케이션 기능이 포함된다. 모바일 광고 시장에 진출하는 일은 환영할 일이며 데스크톱에서 그랬던 것처럼 모바일 기반 광고에서 주도권을 차지하려는 의도로 볼 수 있다.

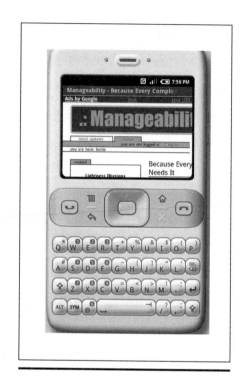

그림 20.6 안드로이드 휴대폰

모든 개방형 플랫폼과 마찬가지로 높은 수준의 개발자들이 현재 가장 뛰어난 애플리케이션을 개발하기 위해 몰려들고 있다. 지난 30년 간 컴퓨터 기술 덕분에 시장 점유율에서 발전을 이룬 것처럼 이 개방형 플랫폼으로 인해 더 많은 애플리케이션, 기능 및 장점이 생성되고 안드로이드의 시장 점유율도 크게 높아질 것이다. 구글이 웹 기반 광고에서 지닌 주도권과 상대적으로 아직 활용되지 않은 모바일 광고 시장이 결합될 경우, 모바일 마케팅 주도로 얻게 될 매출 가능성은 엄청나다.

소셜미디어 특성을 이용한 온라인 가시성 개선

배경

애니메이션 멘토Animation Mentor는 고급 캐릭터 애니메이션을 전문으로 가르치는 온라인 애니메이션 학교다. 애니메이션 멘토의 학생들은 드림웍스Dreamworks, ILMIndustrial Light & Magic, 그리고 픽사Pixar 등을 포함한 최고의 애니메이션 회사의 전문 애니메이터로부터 배운다. 앤빌Anvil은 "애니메이션 학교animation school"와 "캐릭터 애니메이션character animation" 등과 같은 키워드에 대하여 애니메이션 멘토의 온라인 가시성을 개선하는 업무를 맡았다. 하지만 애니메이션 멘토의 웹사이트는 전부 플래시Flash로 만들어졌기 때문에 검색 엔진 최적화 노력을 위한 공간이 조금밖에 남지 않았다.

전략

앤빌은 소셜미디어 특성에 대한 트래픽을 이끌어 내고 검색 엔진에서 순위를 높일 수 있는 애니메이션 멘토의 소셜미디어 특성을 위한 홍보 전략 및 최적화를 개발했다.

실행

앤빌은 다음 전술을 진행할 수 있도록 애니메이션 멘토와 공동으로 작업했다.

- 최고의 소셜미디어 사이트인 페이스북, 마이스페이스, 유튜브, 그리고 트위터에 여러 개의 소셜미디어 프로파일을 생성했다.
- 〈애니메이션 팁 및 비법Animation Tips and Tricks〉e북을 출간했고 애니메이션 멘토의 블로그 개발 및 홍보에 대해 조언했다.
- 블로그, 홈 페이지, 그리고 소셜미디어 특성에 대한 트래픽과 직접 관련이 있는 스텀블어폰StumbleUpon 캠페인을 시작했다. 그리고 블로그, 사이트에서 주최하는 온라인 회의, 그리고 소셜미디어 특성에 대한 유료 검색 트래픽과도 직접 관련이 있다.
- 앤빌은 모든 소셜미디어 속성을 연결하여 페이스

www.animationtipsandtricks.com

북과 마이스페이스의 새로운 친구와 팬이 블로그와 온라인 회의에 직접 접속할 수 있게 만들었다. 또한, 앤빌은 www.animationtipsandtricks.com에 대해 소셜미디어 사이트의 블로그롤 blog roll을 만들어 사용자가 트위터와 함께 다양한 소셜미디어 속성에 접근할 수 있게 만들었다.

www.animationmentor.com

www.anvilmediainc.com

기회

사용자가 편안함을 느끼는 커뮤니티를 찾기 위해 개발된 소셜미디어 속성을 활용할 수 있는 기회를 얻었다.

결과

"캐릭터 애니메이션character animation", "베스트 애니메이션 학교best animation school", 그리고 "온라인 애니메이션 학교online animation school" 검색어에 대해 상위 10위 안에 들었으며 "애니메이션 학교character animation" 검색어에 대해서는 12위에 오르는 등 애니메이션 멘토의 페이스북 팬페이지에 대한 순위가 빠르게 상승했다. 그리고 소셜미디어를 통해 www.animation-mentor.com에 4,000명이 넘은 사람들이 방문한 것을 확인했다.

앤빌이 애니메이션 멘토와 함께 소셜미디어에 공을 들인 후, 애니메이션 멘토에 등록한 학생 수가 상당히 증가했다.

- 등록한 학생 수가 연간 60퍼센트 증가했다.
- 지난 분기 이후로 등록한 학생 수가 연간 40퍼센트 증가했다.
- 다음 학기를 등록한 학생 수가 연간 700퍼센트 증가했다.
- 환산율conversion rate이 315퍼센트 증가했다.

― 마이크 니에렝가르텐Mike Nierengarten, 광고 기획자
앤빌 미디어Anvil Media, Inc., www.anvilmediainc.com

전문가 의견

앙겔라 커틴Angela Courtin, 마이스페이스 엔터테인먼트 및 콘텐츠 마케팅 담당 수석 부사장, www.myspace.com

앙겔라 커틴

다양한 사람들에게 다양한 것을 제공하는 게 마이스페이스의 멋진 점이라고 생각합니다. 사람들이 친구와 연락을 주고받도록 하면서 인기 있는 문화를 발견해 내고 세상에 긍정적인 영향을 주는 프리미어 라이프스타일 포털이라고 생각합니다. 정말 다양한 렌즈를 통해 세상을 바라봅니다. 사용자들이 이 공간에서 개인적으로 경험하는 것이 중요합니다.

또한 글로벌 커뮤니티가 있어서 국내뿐만 아니라 국제적으로 사람들을 연결합니다. 현재 30개 이상의 영역이 있습니다. 소셜미디어를 구성하는 조직을 되짚어 보면, 블로그의 프로필, 인스턴트 메시징, 이메일 전송이 있습니다. 다음으로 음악 스트리밍과 동영상 감상이 있습니다. 사용자가 찍은 사진을 업로드할 수 있습니다. 마이스페이스에서 분류 광고를 볼 수도 있습니다. 소규모 업체에서 자신의 물품을 광고할 수 있도록 소규모 업체를 위한 새로운 비즈니스를 만들었습니다. 집 근처, 주, 카운티에서 개최되는 이벤트를 확인할 수 있습니다. 그룹에 가입할 수 있습니다. 포럼과 커뮤니티에 블로그를 남길 수 있습니다. 유명 인사를 찾아서 친해질 수도 있고 밴드, TV 쇼, 고등학교와 대학교 친구, 아이를 키우는 또래 엄마, 네트워크에 있는 누구라도 찾아서 친해질 수 있습니다. 그러므로 사용자가 진정으로 되고 싶어 하는 대상과 만들고 싶어 하는 대상이 여기에 있습니다.

우리 사이트에는 특별한 계층이 존재하지 않습니다. 사용자 기반은 매달 늘어나고 있습니다. 이 사이트에 젊은 사람들만 모인다는 것은 오해입니다. 사용자 기반 측면에서 18세 이상이 85퍼센트입니다. 그리고 프로필을 작성한 미국 내 사용자만 7천만 명입니다. 제가 가장 강조하고 싶은 사실은 온라인에서 활동하는 엄마의 40퍼센트가 마이스페이스에서 핵심 계층으로 활동한다는 것입니다. 이것은 엄청난 숫자이며 아이들을 감시하려고 온라인에 있는 것이 아니라 소셜네트워킹을 강력하게 하는 도구에 실제로 참여할 뿐만 아니라 콘텐츠를 검색하고 있습니다…

저는 항상 사용자가 원하는 방식으로 개인에 맞게 설정할 수 있다는 점을 강조합니다. 아주 강력한 페이지를 만들고 싶다면 그렇게 할 수 있습니다. 단순하게 하고 싶다면 그렇게도 할 수 있습니다. 좋아하는 음악 재생 목록을 구성하거나 단일 트랙을 원할 경우에는 축소 및 확대할 수 있는 기능이 있습니다. 정말 사용자 마음대로 할 수 있습니다. 무엇보다 중요한 것은 어디에서 친구나 커뮤니티 또는 좋아하는 밴드나 유명인과 연락을 하건 관계없이 연락하고 교류하는 것이 가장 핵심이지만 다음 단계가 필요합니다. 그러므로 어떻게 이메일, 인스턴트 메시지를 통해 교류하고, 관심사가 비슷한 사람과 연결하고, 사진을 업로드하고, 사진에 대한 의견을 적고, 사진을 공유하는지가 중요합니다. 우리는 가족과 친구 커뮤니티와 연락하고 관계를 유지하는 것을 아주 쉽게 만들었습니다. 그래서 이것을 다시 스크랩북에 비유할 수 있습니다. 원하면 일대다수 대화를 하는 방법입니다. 아기의 사진을 업로드하여 친구와 가족과 공유하려면 버튼만 터치하면 가능합니다.

그러므로 매일 블로그를 작성하고 정치에서 음악, 이웃에서 개최되는 컵케이크 모임 또는 방금 연락이 된 사람에 대한 다양한 생각을 공유할 수 있습니다. 고교 동창에 대한 이야기를 다른 고등학교 친구와 공유할 수도 있습니다.

다음으로, 휴대용 사용 환경을 만들고 있으며 마이스페이스의 온라인 사용 환경을 바로 휴대폰으로 가져가서 사용할 수 있습니다. 휴대폰만 있으면 언제 어디서나 연결할 수 있으며 친구와 연락하는 일반 사용자에게 놀라운 기능입니다. 그러나 그 범위를 넘어 더 추정할 수 있습니다. 밴드의 경우에 등록했건 독립적으로 활동하건 1,000명, 1만 4,000명, 14만 명, 1,400만 명에게 소식을 내보낼 수 있는 기능이 더욱 환영을 받고 있습니다.

www.theSocialMediaBible.com을 방문하면 앙젤라 커틴과 나눈 경영진 대화 전체를 들을 수 있다.

www.theSocialMediaBible.com

국제적인 견해

중국

중국은 마이크로블로깅, 소셜네트워크, 그리고 정보 포털 사이트를 통합한 "원 스톱 숍one-stop shop"을 보게 될 것이다.

소셜미디어의 폭발적인 증가는 의심할 여지없이 전 세계에 영향을 주었다. 그리고 세계에서 가장 인구가 많은 나라인 중국도 적지 않은 영향을 받았다. 페이스북은 중국에서 공식적으로 사용될 수 없지만, 소셜미디어는 지역 주민들이 압도적으로 사용하는 렌렌과 카이신왕 등과 같은 지역적 대안이라는 우산 아래에서 번창했다. 의견을 공유하고 널리 알리고 싶은 강렬한 욕구를 갖고 있는 블로거2009년도 CNNIC(China Network Information Center)에 따르면, 인터넷 사용자의 절반 이상이 적극적인 블로거였다.는 개인적인 사색을 제공하는 사용자 친화적 소셜네트워크 사이트로 이동했다.

그러나 중국에서 항상 일어나고 있듯이, Sina.com의 웨이보 등과 같이 인기 있는 마이크로블로깅의 출현으로 이런 흐름은 빠르게 변하고 있다. 웨이보는 기본적으로 트위터와 다르며 소셜네트워크 사이트를 간소화시킨 버전을 만들 수 있는 다중 기능을 제공한다. 취미에 시간을 많이 투자하는 중국은 이것을 매우 중요하게 생각한다. 예를 들면, 웨이보는 시각 기능, 청각 기능, 그리고 동영상 기능뿐만 아니라 실질적인 피드백을 줄 수 있는 충분한 문자 공간140자도 제공한다. 레이아웃은 기본적인 기능만 있기 때문에 사용하기 쉬우며 사용자는 인터페이스를 다양한 카테고리, 테마, 그리고 스레드로 분리할 수 있다.

이런 관점에서 볼 때, 소셜네트워크 사이트의 매력은 현재 통계학적으로 시들해지고 있다. CNNIC에 따르면, 2010년 중국 인터넷 사용자의 소셜네트워크 사이트 보급률은 51퍼센트였지만 2011년에는 47퍼센트로 떨어졌다. 그러나 2010년 12월부터 2011년 6월 말까지 웨이보 사용량은 200퍼센트 증가했다. 웨이보는 광고용 장소로써 다른 소셜네트워크 사이트의 자리를 빠르게 빼앗고 있다. 2012년에는 뉴스, 의사소통, 그리고 정보 공유에 대한 소비자의 기대에 부응하여 통합이 이루어지기를 바란다. 그러면 포털, 마이크로블로그, 그리고 소셜네트워크

www.MillwardBrown.com

사이트 등은 하나로 모여 사용자에게 통합 원스톱 숍을 제공할 것이다.

– 크리스 마이어Chris Maier, 대중화권을 위한 디지털 및 미디어 솔루션 임원

밀워드 브라운Millward Brown ACSR

www.MillwardBrown.com

해야 할 일 리스트

1. 모바일 마케팅에 대해 더 배워라.

모바일 마케팅 블로그를 읽어 본다. 큰 업체들은 모바일 마케팅을 통해 어떻게 브랜딩하고, 판매하고 고객 및 잠재고객과 상호작용하는지 살펴본다. 한 달에 두세 차례 15분 정도 이 계명을 수행하는 데 할애한다. 언제 모바일 마케팅에 뛰어드는 것이 가장 적합할지 알 수 있도록 주시하고 있어야 한다.

2. 관련 기술을 이해하라.

기술의 성능을 이해해야 한다. 아주 전문적일 필요는 없고 주요 업체들의 중요 기능과 장점만 이해하면 된다. 이 장을 읽기 전에 간단한 스마트폰으로 할 수 있는 일이 얼마나 되는지 알았는가? 아이폰과 안드로이드가 어떻게 동작하는지 시간을 내서 살펴본다. 기술이 어떻게 작동하는지 알면 알수록 마케팅 및 광고 개념과 캠페인에 잘 적용할 수 있다.

3. 구글 알리미Alerts를 설정하라.

'모바일 마케팅' '모바일 광고' 에 대하여 구글 알리미를 설정한다. 업계의 다른 업체는 어떻게 모바일 마케팅을 수행하는지 확인한다. 알림에서 회사, 제품 및 서비스 이름을 포함하여 경쟁 업체에 대해 지속적으로 잘 주시하는 것이 중요하다.

4. 모바일 애플리케이션을 사용하라.

조트 계정을 설정하고 이것이 얼마나 빨리 필수적인 도구가 되는지 확인한다. 고객과 잠재고

객 일부가 이메일과 휴대폰으로 여러분의 회사에 대한 업데이트를 수신하도록 선택하게 한다. 직원들과 의사소통하기 위해 트위터를 사용해 본다. 사진을 촬영하거나 다음번 컨퍼런스에서 2분 길이 동영상을 촬영하여 '제공 이익'이 있는 이런 콘텐츠가 도움이 될 만한 주요 잠재고객에게 보낸다.

5. 모바일 웹을 사용하라.

휴대폰으로 즐겨찾는 사이트를 액세스해 본다. 다음번에 외출하여 근처에서 맛집을 추천받고 싶을 때 옐프를 방문한다. GPS 기능이 있다면 약도를 받아본다. 중요한 점은 웹사이트를 휴대폰에서 사용하기 위해 필요한 것이 무엇인지 확인해야 한다. 워드프레스라면 플러그인만 있으면 된다_{다음에 있는 '다운로드' 참조}.

결론

휴대폰 기술은 엄청난 속도로 발전하며 매일 새로운 기능이 추가되고 있다. 휴대폰이야말로 대부분의 소셜미디어 도구가 한 장치 안에 포함된 소셜미디어의 결정체다. 오늘날의 스마트폰을 사용하면 사진을 찍어서 블로그나 사진 공유 사이트에 업로드하고 친구, 동료, 고객에게 보내거나 다른 사람의 사진을 볼 수 있다. 오디오, 음악 및 동영상도 마찬가지다.

웹사이트를 서핑하고 트윗을 받고 텍스트 메시지를 송수신한다. 최신 속보, 주가 정보, 교통 상황, 날씨 정보를 받는다. 음악을 감상하고, 전체 길이의 동영상을 보고, 아침에 알람 기능을 사용하고, 약도 안내를 받고, 가장 가까운 파스타 맛집을 알 수 있으며, 물론 전화를 걸 수도 있다.

스마트폰이 발전을 거듭하여 모든 사람들이 '일상의 리모컨'처럼 사용하게 되면, 많은 회사들은 지역적으

로 대상을 설정한 신뢰 네트워크, 허용 기반 정보 및 광고가 얼마나 도움이 되는지 이해하게 될 것이다.

모바일 마케팅은 비용이 많이 들며 회사와 공급업체들은 이 기술을 사용하여 신뢰 고객에게 최상의 서비스 정보를 제공하는 방안을 이해하기 시작했다. 지금 당장 모든 업체가 모바일 마케팅을 실행하는 것은 적합하지 않겠지만 곧 그렇게 될 것이다. 이 업계를 지켜 볼 책임은 여러분에게 있다. 기술을 잘 관찰해서 이 분야에서 활동하는 업체를 따른다면 모바일 마케팅을 시작할 적절한 시기가 되었을 때 기회를 포착하게 될 것이다.

다운로드 : 〈소셜미디어 바이블〉과 관련된 무료 다운로드를 받으려면 www.theSocialMeidaBile.com을 방문하고 책 뒷면 바코드 위에 있는 ISBN을 입력하면 된다.

그림 20.7 아이폰을 함께 사용하는 커플

Note

1) 북미 지역 모토로라 휴대폰 장치 마케팅 담당 수석 이사인 캐슬린 피나토는 "모토로라는 음악 애호가들이 가정과 직장에서, 이동하면서 그리고 이제는 고급 라이브 음악 장소인 블루스 하우스에서 휴대폰으로 매끄럽게 음악을 액세스할 수 있도록 노력하고 있습니다"라고 말했다. "진정한 엔터테인먼트와 이동성이 결합되어 모바일 음악 라이프스타일 애호가가 첫 곡을 재생하면서 콘서트를 경험하게 됩니다. 블루스 하우스는 라이브 음악 범주에 있어 혁신을 가져옵니다. 우리의 전문 지식을 모토로라와 같은 모바일 분야 선두업체와 결합하여 아티스트 및 고객을 위한 새로운 인터액티브 기회를 창출합니다"라고 블루스 하우스 엔터테인먼트의 수석 부사장 폴 시웰은 말한다.

http://www.motorola.com

THE SOCIAL MEDIA BIBLE

www.LonSafko.com/TSMB3_Videos/21Interpersonal.mov

제공 이익

개인 간interpersonal이란 라이브, 일대일, 일대다, 다대일, 다대다 방식으로 실시간 커뮤니케이션을 할 수 있는 소셜미디어 생태 영역에 있는 여러 가지 애플리케이션을 지칭한다. "어떤 것을 소통하고 싶은가?" 그리고 "그것을 누구와 함께 소통하고 싶은가?" 등 두 가지 질문으로 대인 관계 도구를 선택할 수 있다.

소셜네트워크에서 편하고 자연스럽게 사람들과 이야기하는 것은 재미있을 뿐만 아니라 사람들 사이의 관계도 돈독하게 한다. 여기에서 언급한 대부분의 도구는 개인이나 작은 그룹에서 무료로 사용할 수 있으니 참고하자. 사람들이 비즈니스 환경에 있다면, 실시간 의사소통을 통해 생산성이 상당히 증대될 수 있기 때문에 관계를 쌓기 위해 도구에 투자하는 것은 그 가격만한 가치가 있다. 이런 도구들을 이용하면, 호텔, 장거리 전화, 그리고 항공료 등과 같은 비용을 상당히 줄이거나 심지어 없앨 수도 있다. 또한, 모바일 기기의 등장으로 사람들은 책상 앞에서 소통하거나 혹은 똑같은 애플리케이션을 이용하여 동일한 사람과 계속 일할 수도 있다.

이 책의 초판이 출간된 이후, 소셜미디어에서 폭발적으로 증가한 동영상은 현재 새롭고 획기적인 화상 회의 애플리케이션을 향해 나아가고 있다. 그리고 애플리케이션 공유도 소셜네트워크와 협력하는 방법으로 인기를 얻고 있다. 우리는 이런 변화를 반영할 수 있도록 이 장의 카테고리들을 변경했다. 따라서 우리는 무료 애플리케이션부터 엔터프라이즈급 애플리케이션까지 그리고 잘 알려진 아이디어부터 새롭게 떠오르고 있는 최신 아이디어까지 애플리케이션 범위에 대해 살펴볼 것이다.

메시징 애플리케이션에 대한 사례로 AOL 인스턴트 메신저Instant Messenger, 구글 토크Google Talk, 애플 아이채트Apple iChat, 마이크로소프트 윈도우즈 라이브 메신저Microsoft Windows Live Messenger, 야후 메신저Yahoo! messenger, 트위터13장 – 마이크로블로깅 선호 참조, 그리고 라이브퍼슨LivePerson 등을 포함하여 살펴볼 예정이다. 동영상은 스카이프skype, 애플 페이스타임Apple FaceTime, 로지텍 비드Logitech Vid, 브이씨VSee, 폴리콤 리얼프레즌스Polycom RealPresence, 시스코 우미Cisco umi, 우부ooVoo, 비됴Vidyo, 프링fring, 오픈톡OpenTok, 그리고 스프리캐스트Spreecast 등을 살펴볼 것이다. 그리고 공유에 대한 사례로 고투미팅GoToMeeting, 웹엑스WebEx, 어도비 커넥트Adobe Connect, 온24ON24, 퍼스니Persony, 퓨즈미팅FuzeMeeting, 세일즈포스닷컴SalesForce.com, 두들Doodle, 트럼바Trumba, 자이브Jive, 콘보피Convofy, 그리고 프렌지Frenzy 등을 자세히 살펴볼 것이다.

물론, 위에서 언급한 리스트는 완벽하지 않다. 왜냐하면 소셜미디어 개인 간 도구의 범위가 매우 넓고 다양하기 때문이다. 따라서 그 중에서 몇 가지 사례만 간단히 소개할 것이다. 다른 장의 모든 콘텐츠와 더불어, 유용한 도구, 애플리케이션, 그리고 이 분야에서 혁신적인 회사는 끊임없이 변화하고 있다. 많은 회사들이 새로 생겨나고 있으며 몇몇 회사들은 사라지고 있다. 예를 들면, 이 책의 초판에서는 뉘앙스 커뮤니케이션즈Nuance Communications, www.nuance.com가 인수한 음성을 텍스트로 변환하는 도구인 조트Jott에 대해 소개했다.

우리는 이 책에서 소개하는 회사들이 몇 년 안에 성공하기를 희망한다. 물론 이것은 이런 애플리케이션을 선택하고 사용할 사람, 즉 여러분에게 달려 있다.

지속적으로 변화하는 이 분야의 특성을 돕기 위해, 소셜미디어 기술, 도구, 그리고 전략 등에 대한 최신 정보로 이 책에서 언급하고 있는 웹사이트를 업데이트 할 뿐만 아니라 〈소셜미디어 바이블〉도 개정할 것이다. 따라서 www.theSocialMediaBible.com에 자주 방문하여 소셜미디어의 미래에 기여하자.

www.nuance.com

알아야 할 사항

짐작한 것처럼 이번 장의 형식은 조금 다르다. 처음으로 돌아가서 공급업체 섹션은 필요 없다. 대신 이 장에서는 소셜미디어 영역에서 직접 선정한 주요 회사를 기준으로 기능과 장점과 일부 뛰어난 도구를 몇 가지 소개한다. '일대일' 섹션에 나열된 회사와 서비스 중에서 일대다 또는 다대다 커뮤니케이션에서도 사용되는 것을 알 수 있을 것이다. 실제로 상당한 사이트가 하나 이상의 범주에 속한다.

메시징 애플리케이션Messaging Applications

메시징은 첫 번째 소셜 커뮤니케이션 애플리케이션 중 하나로 리스트에서 회사 동료나 "버디 친구"와 일대일로 연결된 사람을 통해 항상 챗 메타포chat metaphor를 중심으로 만들어진다. 리스트에서 이름을 클릭하면 대화창이 오픈되며 상대방에게 전달할 메시지를 여기에 입력한다. 이런 도구는 수백만 명의 사용자들에게 인기가 있었기 때문에 페이스북 그리고 오디오 및 동영상 채팅 기능 등과 같은 애플리케이션과 이메일을 통합할 수 있도록 기능을 확대하였다. 하지만 이런

애플리케이션의 핵심은 여전히 무료로 다른 사람에게
쪽지를 빠르게 전달하는 방법으로 남아 있다.

AOL 인스턴트 메신저_{AOL Instant Messenger}: AOL 인스턴
트 메신저_{AIM, www.AIM.com; 그림 21.1}는 실시간 커뮤니케이
션을 할 수 있는 무료 온라인 서비스다.

AIM 버디 목록: 창을 사용하여 버디가 온라인인지
확인하고 채팅할 수 있다. 이 애플리케이션을 사용하
면 더 재미있게 친구, 가족, 동료와 채팅하고 공유할
수 있다. 텍스트 메시지를 보내고, 사진과 URL을 공유
하고, PC간 음성 전화를 하고, 온라인으로 개성을 창
조할 수 있다.

AIM 소프트웨어에는 인스턴트 메시징의 호환성과
유연성을 개선한 여러 가지 새롭고 향상된 기능이 포
함되어 있다. AIM 소프트웨어의 추가 기능으로는
AOL 라디오, 사진 및 문서 파일 전송, 버디 목록, 주
소록, 선도적인 웹 기반 연락처 관리 제품인 Plaxo와
주소록 통합, 휴대폰으로의 IM 전달 기능, AOL 경보
및 알림, AOL Explorer를 통한 웹 탐색 및 검색 등이
있다.

구글 토크: 구글 토크_{GTalk, www.google.com/talk; 그림 21.2}는
검색 엔진의 거대 기업인 구글이 제공하는 인스턴트
커뮤니케이션 방법이다.

www.AIM.com

그림 21.1 AOL 인스턴트 메신저

컴퓨터에 다운로드하거나 브라우저를 통해 사용할 수 있다. 구글 토크를 통해 온라인으로 채팅하고 싶은 친구, 가족, 동료와 무료 커뮤니케이션이 가능하다. 구글 토크 기능에는 AIM처럼 구글 토크 및 Gmail 연락처에 있는 사람과 실시간으로 채팅할 수 있는 인스턴트 메시징, 온라인 상태에 있으며 구글 토크 클라이언트를 갖춘 모든 사람과 무료로 이야기할 수 있는 PC간 무료 음성 전화 기능이 포함된다.

www.google.com/talk

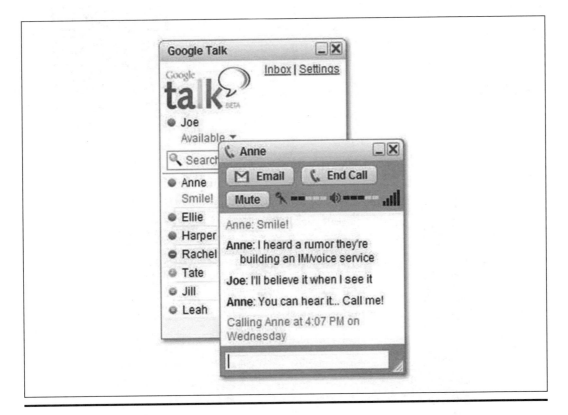

그림 21.2 Google Talk

GTalk를 통해 음성 메일을 송수신할 수 있으며 파일 크기나 대역폭 제한 없이 파일을 송수신할 수 있는 무제한 파일 전송 기능을 제공한다. 상대방이 없을 경우에도 음성 메일을 남길 수 있다. 구글 토크에 로그인하면 Gmail 알림이 데스크톱에 표시되어 새로 도착한 메시지가 있다는 것을 알려준다.

구글 토크 가젯은 다운로드할 필요 없이 컴퓨터에서 바로 채팅을 시작할 수 있다. 그룹 채팅을 만들고 여러 사람이 온라인 대화에 참여하도록 초대할 수 있다. 구글 토크에는 사용자가 유튜브, 구글 비디오, 피카사 웹 앨범Picasa Web Albums, 플리커와 같은 사이트의 동영상 및 슬라이드쇼 URL을 잘라내어 채팅으로 붙여 넣고 채팅 창에서 볼 수 있는 미디어 미리보기도 있다.

www.apple.com/macosx/features/ichat.html

iChat: Mac 사용자라면 애플의 iChatwww.apple.com/macosx/features/ichat.html; 그림 21.3 기능을 사용하여 어디에서나 채팅을 할 수 있다.

그림 21.3 iChat

iChat은 오디오 채팅을 진행하는 동안 가장 깨끗한 오디오 품질을 제공한다. 음성 주파수 전역을 샘플링하는 애플의 광대역 코덱인 AAC-LD는 어떤 음성에 적용해도 좋다. iChat은 Tabbed Chat탭으로 구분된 채팅창, 복수 로그인, 로그인 상태 알리지 않기, 애니메이션 버디 아이콘, SMS 전달, 친구 목록 순서 사용자 정의, 파일 전송 관리자, 공간을 효율적으로 이용하는 보기 등의 기능이 포함된 텍스트 메시징 기능을 제공한다.

iChat 화면 공유 기능 덕분에 버디 목록에 있는 사람이 단일 데스크톱을 관찰하고 제어할 수 있어서 동료와 협업이 간편해지고, 친구와 웹을 브라우징하거나, 가족과 함께 항공 좌석을 선택할 수 있다.

iChat은 iChat 레코딩을 통해 오디오 및 동영상 채팅 내용을 저장하여 남겨둘 수도 있다. 또한 채팅을 마치면 오디오 채팅은 AAC 파일로, 동영상 채팅은 MPEG-4 파일로 저장하여 사용자가 iTunes 또는 QuickTime에서 재생할 수 있다.

www.messenger.yahoo.com

야후 메신저: 야후 메신저www.messenger.yahoo.com; 그림 21.4 에서는 친구가 바로 닿는 거리에 있다.

접속 상태 숨기기 기능으로 온라인에 자신의 상태를 보여줄 것인지 결정할 수 있으며, 사진과 대용량최대 2GB 파일을 실시간으로 교환하고, 음성 전화와 웹캠 동영상을 즐기며, 채팅 룸에 가입하여 관심 주제에 대해 토론하면서 새로운 친구를 사귈 수 있다. 또한 데스크톱이나 플리커에서 사진을 공유하고 친구와 함께 보면서 IM을 통해 토론할 수 있고, 다른 야후 메신저 사용자와 무료로 통화하거나마이크와 스피커/헤드셋 필요 분당 1센트의 저렴한 비용으로 메신저에서 일반 전화나 휴대폰으로 전화를 걸 수 있다전화 걸기 계정 필요.

야후 메신저에는 다양한 스킨이 있어서 IM 환경을 새로운 느낌으로 바꿀 수 있다. 인터랙티브한 테마가 있는 배경으로 IM 창을 생동감 있게 꾸밀 수 있는 IMVironments도 포함되어 있다. 야후 게임을 통해 친구와 IM을 사용하면서 풀pool, 백가몬backgammon, 체커checkers 등의 게임을 즐길 수 있다. 온라인 상태 메시지를 사용자 정의하여 자신이 하고 있는 일, 보고 있는 내용, 느낌을 페이스북 친구에게 알려줄 수 있다. 윈도우즈, 맥, 안드로이드, 아이폰, 블랙베리 버전도 있다.

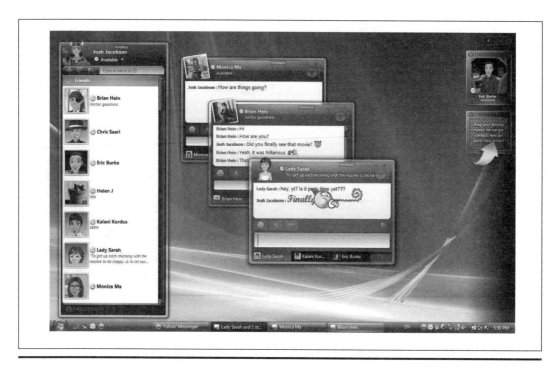

그림 21.4 Yahoo! Messenger

마이크로소프트 라이브 메신저 Microsoft Windows Live Messenger: 마이크로소프트 라이브 메신저http://explore.live. com/messenger; 그림 21.5를 통해 어디에서나 연락처와 교류할 수 있다.

이 서비스는 Hotmail 계정을 제공하여 어디에서나 연락을 주고받을 수 있으며 한 곳에서 복수 이메일 계정을 액세스할 수 있다. 마이크로소프트 라이브 메신

저는 암호로 보호된 온라인 파일 저장 기능이 있는 SkyDrive, 자신의 세계를 온라인으로 공유하기 좋은 장소인 Spaces, 창의성을 발휘하고 사진과 동영상을 공유할 수 있는 Photo Gallery, 사진, 동영상 기타 리치 콘텐츠를 블로그에 쉽게 게시할 수 있는 Writer, 다음 미팅이나 모임을 계획하거나 초대장을 발송하고 사진을 공유할 수 있는 Events를 제공한다.

그림 21.5 Microsoft Live Messenger

트위터Twitter: 오늘날 가장 인기 있는 일대다 커뮤니케이션 도구는 마이크로블로깅 플랫폼인 트위터다www.Twitter.com; 그림 21.6 참조.

트위터는 마이크로블로깅 겸 소셜네트워킹 서비스로 사용자가 트윗이라는 텍스트 기반의 짧은140자 이내 마이크로포스트 인스턴트 메시지를 주고받을 수 있도록 한다. 이런 텍스트 메시지는 휴대폰, 웹사이트, PDA, 트위터 웹사이트, SMS/이메일 또는 페이스북, 트위테리픽과 같은 애플리케이션, 웹페이지 수집기 등 사용자가 선택한 기술로 표시된다. 이런 메시지는 등록하고 메시지를 팔로우하기로 수락한 사람들에게 전달되며, 사용자가 요청하고 팔로우하기로 승인한 트윗의 경우에도 마찬가지로 전송받게 된다.

www.Twitter.com

트위터에 대한 전체 논의를 보려면 13장 '마이크로 블로깅 선호'를 참고하면 된다.

Home Profile **Messages** Campaigns

New Message

Send Support a message

Message support   ✕

Hey Support! Thanks for your help.

105 Send

tip: you can send a message to anyone who follows you

그림 21.6 Twitter

라이브퍼슨: 단체가 소셜 도구를 사용하여 고객과 연결하는 혁신적인 방법은 라이브퍼슨

www.liveperson.com, 그림 21.7 참조이라 불리는 애플리케이션이다.

그림 21.7 라이브퍼슨

많은 사이트에서 여러분이 고객 서비스 상담원과 즉시 연결할 수 있는 라이브퍼슨을 사용한 "클릭 투 챗 Click to Chat" 기능을 제공하고 있다. 따라서 더 이상 이메일을 보낸 뒤 답장을 기다리거나 전화를 걸어 대기할 필요가 없다. 라이브퍼슨 박스를 클릭하면, 웹사이트에서 솔루션을 구현한 방식에 따라 여러분은 채팅 박스에서 메시지를 보내거나 목소리를 통해 반대편에서 실제로 이야기할 수 있는 사람과 연결된다.

예를 들어, 오늘이 사이버 먼데이Cyber Monday라고 가정

해 보자. 여러분은 온라인에서 선물을 주문하려는데 어떤 문제나 질문이 생겼다. 라이브퍼슨 채팅 박스를 클릭하면, 동일한 웹페이지를 살펴보고 있으며 아는 것이 많은 고객 서비스 상담원으로부터 질문에 대한 대답을 받을 수 있는 채팅 화면이 열릴 것이다. 여러분과 상담원은 함께 문제를 해결하기 위해 채팅을 하는 사이 다른 일을 하며 여러 가지 일을 처리할 수 있다. 또한, 라이브퍼슨은 전화 대기를 기다리는 대신 전화번호를 입력하여 상담원과 통화할 수 있는 보이스 서비스를 제공하고 있다. 혹은, 고객 서비스 상담원은 채팅에서 전화로 상담을 전환할 수도 있다.

화상 회의 애플리케이션

많은 애플리케이션은 휴대폰 기술을 무료 컴퓨터 네트워크 연결로 대체할 수 있도록 VoIPVoice-over-IP 기술을 사용하는 음성 통화 도구로써 시작했다. 네트워크 대역폭과 처리 능력이 향상되었기 때문에 대부분의 이런 애플리케이션은 보다 완벽한 오디오 및 동영상 커뮤니케이션 플랫폼으로 진화했으며 현재 그룹 회의 기능이 추가되고 있다. 사람은 얼굴을 보면서 동시에 대화를 나눌 때 유대감을 돈독하게 쌓을 수 있다. 고화질의 동영상과 선명하고 딜레이가 없는 오디오의 등장으로 사람들은 화상 통화를 할 때 편안함을 더 많이 느낄 수 있었다. 게다가, 모바일 기기의 성장으로 사용자는 데스크톱 컴퓨터나 다른 곳에서 일할 때 동영상을 보다 많이 사용할 수 있게 되었다.

스카이프: 스카이프www.skype.com, 그림 21.8 참조의 목적은 저렴한 통화다.

이 서비스를 사용하여 밤낮 구분 없이 전 세계 어디에서나 스카이프가 설치된 사람과 통화할 수 있다. 친구, 가족, 동료가 스카이프를 다운로드하면 컴퓨터에서 무료로 통화를 할 수 있고 저렴하게 일반전화와 휴대폰으로 시내, 시외, 국제 전화를 할 수 있다. 스카이프는 2011년 5월 마이크로소프트와 합병했다.

www.skype.com

그림 21.8 Skype

수백만 사용자를 가진 스카이프는 스카이프 애플리케이션 컴퓨터와 모바일폰, TV에 영상통신 기능을 추가했다. 최신 버전인 스카이프 5.3은 일대일 화상통신, 그룹통신을 지원하고 사람들이 모바일 폰으로 목소리를 통하여 그룹통화에 참여할 수 있도록 한다. 영상통화는 파멜라www.pamela.biz를 이용해서 기록할 수 있으며, 스카이프 비디오와 오디오 통화는 무료이고, 그룹화상통화는 스카이프 프리미엄의 일부다.

www.pamela.biz

애플 페이스타임: 애플 제품은 화상 통화가 가능하기 때문에 여러분은 애플 페이스타임 www.apple.com/mac/facetime/, 그림 21.9 참조을 사용하여 아이팟 터치나, 아이폰 4, 아이패드 2, 맥Mac 등에서 애플 ID로 친구와 통화할 수 있다.

페이스타임은 애플의 핵심 디자인 가치를 전형적으
로 보여준다. 즉, 사용이 간단할 뿐만 아니라 매우 개
인적이며 바로 가까이에서 동영상을 경험할 수 있다.
페이스타임은 사용이 간단하고 여러분과 이야기하는
사람에 중점을 두고 있다. 주소록Address Book에 있는 이
름을 클릭하고 전화를 걸면, 애플리케이션 프레임과
제어판은 여러분이 상대방을 보는 방식을 보여주는 작
은 화면과 상대방을 보여주는 커다란 화면과 더불어
여러분만 남긴 채 사라진다. 이것이 전부다. 이제 여러분은 통화하면 된다.

www.apple.com/mac/facetime/

그림 21.9 애플 페이스타임

맥 사용자는 720p 동영상으로 풀 HD를 경험하게 될 것이다. 아이패드, 아이폰, 그리고 아이팟 사용자는 기기 정면이나 후면에 부착된 카메라를 사용하여 페이스타임을 경험할 수 있다. 참고로, 화면을 가로 모드나 세로 모드로 전환할 수 있다. 그리고 모바일 사용자는 믿을 수 있는 서비스를 제공하는 와이파이를 이용하여 전화비용을 낼 필요 없이 페이스타임을 사용할 수 있다. 사용자가 와이파이를 이용하여 페이스타임을 사용할 때 한 가지 고려해야 할 사항이 있다. 바로 와이파이가 되는 장소를 찾아야 한다는 것이다.

www.logitech.com/vid

로지텍 비드 HD: 대부분 내장형 HD 카메라를 가지고 있지 않은 PC 측면에서 볼 때, 로지텍은 개인 간 화상 통화www.logitech.com/vid, 그림 21.10 참조를 할 수 있는 카메라 하드웨어와 비드 소프트웨어를 모두 가지고 있다.

그림 21.10 로지텍 비드

비드 HD는 랩톱 컴퓨터에 내장된 웹캠을 포함하여 다양한 웹캠뿐만 아니라 구글 TV 시스템과도 함께 동작할 수 있기 때문에 PC에서 커넥티드 TV connected TV로 화상 전화를 할 수 있다.

비드 HD에서는 이메일 주소만으로 초대를 할 수 있기 때문에 동작이 매우 간단하다. 친구가 초대를 허락하면, "누구에게 전화를 거시겠습니까? who would you like to call" 리스트에 사진이 나타난다. 이것은 매우 간단한 인터페이스 바를 보여준다. 그리고 페이스타임처럼, 큰 화면을 통해 친구의 모습을 확인하고 화면 안에 있는 작은 화면을 통해 친구에게 보이는 여러분의 모습을 확인할 수 있다. 이처럼 비드 HD를 이용하면, 추가적인 기능이 없어도 간단하게 지명 화상 통화를 할 수 있다.

www.vsee.com

브이씨 VSee: 스카이프가 음성 통화를 기반으로 성장한 반면, 브이씨는 화상 통화 도구 www.vsee.com, 그림 21.11 참조로써 시작했고 몇 가지 중요한 기능을 재고했다.

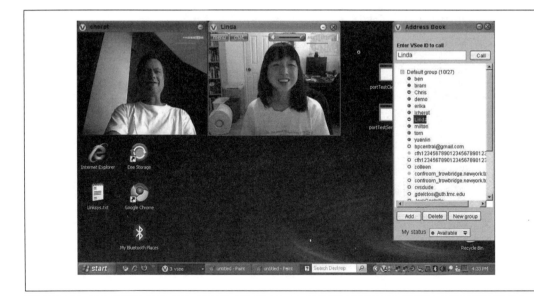

그림 21.11 브이씨

데스크톱 사용자는 고대역폭 유선 네트워크에 항상 연결할 수 있기 때문에 소프트 HD 동영상을 경험할 수 있다. 만약 여러분이 무선 네트워크에 연결하고 있거나 망 사용량이 많은 기업용 유선 네트워크에 접속하고 있다면 어떻게 될까? 브이씨는 유선 네트워크 연결에서 네트워크만큼 빠른 무선 통신망이나 와이파이 등과 같은 경쟁 제품에서 사용하는 네트워크 대역폭의 절반만 사용하는 특허 기술을 중심으로 디자인되었다. 게다가 브이씨는 상황에 따라 네트워크 조건을 바꿀 수 있을 뿐만 아니라 동영상의 AES 암호화도 사용하기 때문에 기업의 IT 부서에서 기대하는 것처럼 통화가 안전하다. 그뿐만 아니라 브이씨는 관련된 서버가 없어도 P2P Peer to peer 연결을 할 수 있다.

또한, 브이씨는 동영상과 동시에 데스크톱이나 애플리케이션 윈도우 공유를 할 수 있으며 드래그 앤드 드롭으로 파일 공유도 가능하다. 통화를 하는 모든 사람들은 모든 통화 참가자는 공유하고 있는 윈도우에 라인과 원을 그리고 텍스트로 의견을 입력하는 등과 같이 주석을 달 수 있다. 애플리케이션 윈도우를 공유할 때도 동영상 화면을 통해 상대방과 통화를 할 수 있다는 관점에서 보면, 브이씨는 신뢰를 높이는데 기여했다. 브이씨를 이용하면, 11명이 동시에 화상 통화를 할 수 있는데 이것은 뛰어난 성능이라고 할 수 있다. 현재 브이씨는 윈도우 환경에서만 실행되고 있지만 맥과 안드로이드 환경에서도 동작할 수 있도록 개발 중이다. 개인이 비영리적으로 사용할 경우 브이씨를 무료로 사용할 수 있으며 영리적으로 사용할 경우에도 그리 비싸지 않다.

폴리콤 리얼프레즌스: 기업용 화상 회의는 폴리콤 브랜드와 매우 친숙하다. 화상 회의는 회의 참석자들이 화상 회의용 기기와 함께 특별한 장비를 갖춘 회의 룸에 있어야 하며 상대편 참석자들은 호환되는 장비를 갖춘 비슷한 장소에 있어야 한다는 의미를 가지고 있었다. 요즘, 회의에 필요한 랩톱 컴퓨터와 태블릿 PC를 가지고 있는 모바일 사용자들의 수가 증가하고 있지만 이들은 동영상 화질 희생을 원하지 않는다. 따라

www.polycom.com/realpresencemobile

서 폴리콤의 리얼프레즌스www.polycom.com/realpresencemobile, 그림 21.12 참조를 이용하면, 데스크톱 기반, 룸 기반, 그리고 태블릿 기반 멀티포인트 화상 통화를 단일 환경으로 통합할 수 있다. 리얼프레즌스 모바일은 애플의 아이패드2, 삼성의 갤럭시 탭, 그리고 모토로라의 줌XOOM 태블릿을 위한 애플리케이션을 지원한다.

그리고 폴리콤은 상호 운영 환경을 지속적으로 개발하고 있는 중이다. 기술 전선에서, 폴리콤은 오픈 비주얼 커뮤니케이션 컨소시엄Open Visual Communications Consortium을 조직하여 함께 일할 수 있도록 다양한 화상 회의 솔루션을 찾고 있다.

그림 21.12 폴리콤 리얼프레즌스

그리고 사회적으로 폴리콤은 리얼프레즌스에 대한 첫 번째 파트너십으로 자이브 소프트웨어www.jivesoft-ware.com와 손을 잡았다. 참고로 이 부분과 관련된 내용은 바로 뒤 공유 애플리케이션에서 간략하게 소개할 것이다.

www.jivesoftware.com

시스코 우미: 기업용 텔레프레전스 판매 업체Corporate telepresence vendor로 잘 알려져 있는 시스코는 우미 www.cicso.com/umi, 그림 21.13 참조라고 부르는 홈 화상 회의를 위한 플랫폼을 만들고 있다. 우미는 구글 TV, 소니와 마이크로소프트의 게임 컨트롤러, 그리고 고급 TV 세트에 직접 통합된 소셜 애플리케이션 등과 같은 제품들과 마찬가지로 커넥티드 TV에 초점을 맞추는 시도 중 하나였다. 우미는 HDMI 포트를 통해 TV에 연결하는 작은 박스로 홈 와이파이나 유선 이더넷 네트워크에 연결한다.

www.cicso.com/umi

우미는 화상 회의용 TV를 통해 여러분과 메시징 애플리케이션에서 이미 언급한 구글 토크의 동영상 챗 플러그인과 웹캠을 설치한 컴퓨터나 다른 우미 박스를 가지고 있는 상대방을 연결하여 거실을 회의 장소로 만들 수 있다. 그리고 우미는 선별 수화call screening, 콜 블록call block, 그리고 프라이버시 셔터privacy shutter뿐만 아니라 보이스 메일과 비슷하지만 동영상 콘텐츠를 갖춘 동영상 메시징도 지원한다. 우미의 동영상은 캡처하여 페이스북이나, 유튜브, 혹은 이메일로 공유할 수 있으며 해당 동영상은 iOS와 안드로이드용 모바일 애플리케이션에서 볼 수 있다.

그림 21.13 시스코 우미

우부_{ooVoo}: 스카이프 및 브이씨와 비슷한 우부 www.ooVoo.com, 그림 21.14 참조는 여섯 명까지 지원할 수 있는 무료 채팅 앱을 이용하여 화상 통화를 제공한다.

그리고 우부는 누구나 접속할 수 있는 블로그나 웹 사이트에 설치가 가능한 위젯인 동영상 채팅 룸 서비스를 지원한다. 채팅 방은 공개나 비밀번호가 필요한 비공개로 설정할 수 있기 때문에 커뮤니티에 있는 사람은 여기서 자신이 방금 본 화제에 대해 여러분과 논의할 수 있다.

그뿐만 아니라 우부는 통화 녹음과 10분짜리 동영상 메시징과 함께 파일 교환 및 데스크톱 공유 기능 등과 같은 고급 유료 기능도 제공하고 있다. 우부는 윈도우와 맥 환경에서 사용할 수 있으며 모바일 사용자는 아이폰, 아이패드, 그리고 안드로이드 제품용 무료 앱을 사용하여 그룹 화상 통화를 할 수 있다.

www.ooVoo.com

그림 21.14 우부

비됴Vidyo: 기업용 화상 회의에 있어서 화질은 큰 도전이라고 할 수 있다. 일대일이나 작은 그룹의 경우에는 개인 화상 통화를 사용하면 되지만 빠르게 성장하는 기업 미팅에는 항상 화상 회의에 추가로 참석해야 할 사람이 존재하기 마련이다. 비됴www.vidyo.com, 그림 21.15 참조는 H.264 스케일러블 비디오 코딩Scalable Video Coding이라고 불리는 기술을 사용하여 폴리콤 및 시스코의 최고급 텔레프레전스 솔루션과 경쟁하는 것을 고려하고

www.vidyo.com

있다. 요컨대, 전통적인 화상 회의 시스템은 회의실에서 데스크톱까지 연결하는 모든 사람들에게 제공되는 단일 비디오 스트림을 가지고 있기 때문에 동영상을 보기 위해 트렌스코딩transcoding을 실행하는 기기에 의지해야 한다. 이 방법을 사용하면 보다 많은 기기를 연결할 수 있지만 랩톱 컴퓨터나 모바일 기기의 처리 능력을 많이 사용하기 때문에 화상 품질에 심각한 영향을 줄 수 있다.

그림 21.15 비됴

스케일러블 비디오 코딩SVC, Scalable Video Coding은 화상 통화에 연결된 각 기기의 종류에 맞춰 동영상을 최적화하기 때문에 통화를 하는 사람들은 딜레이가 적고 화질이 좋은 동영상을 이용하여 회의를 할 수 있다. 비됴는 고성능 회의실 시스템, 윈도우, 맥, 그리고 리눅스 시스템용 유료 데스크톱 솔루션, 그리고 아이패드와 안드로이드용 무료 모바일 솔루션 등에 이 기술을 사용할 수 있다.

프링fring: 모바일 혁명은 많은 사람들이 스마트폰이나 태블릿을 지지하며 데스크톱 컴퓨터나 랩톱 컴퓨터를 외면하는 원인이 되었다. 프링의 슬로건은 "모이자, 모바일Get together, mobile" www.fring.com, 그림 21.16 참조이다. 프링은 데스크톱 컴퓨터에 대한 지원을 제한하지 않고 iOS, 안드로이드, 그리고 다른 플랫폼을 사용하는 모바일 사용자를 위한 솔루션을 최적화했다.

프링을 이용하면, 최대 4명의 사용자가 동시에 무료 모바일 그룹 화상 채팅을 할 수 있고 다른 모바일 프링 사용자와 무료 통화를 할 수 있을 뿐만 아니라 프링 및 AIM, 구글 토크, 야후 메신저, 그리고 마이크로소프트 윈도우 라이브 메신저 등에서 친구와 채팅도 실시간으로 즐길 수 있다. 만약 프링에 가입하지 않은 회원이 통화를 하려면, 분당 1센트로 시작하는 전화 요금제를 이용할 수 있다.

오픈톡OpenTok: 만약 여러분이 화상 채팅 애플리케이션 개발을 생각하고 있다면, 토크박스tokbox www.tokbox.com/opentok, 그림 21.17 참조에서 제공하는 비디오 스트림 세션을 융통성 있게 생성하는 클라우드 기반 서비

www.fring.com

그림 21.16 프링

스인 오픈톡을 고려해 보자. 라이브 그룹 동영상 채팅 기능이 있는 비디오 임베드vidoe embed, 일대다 동영상 방송인 토크쇼TokShow, 그리고 게임이나, 콘서트, 영화, 혹은 다른 동영상을 위한 뷰잉 파티viewing party에 친구를 초대하는 코-뷰잉Co-Viewing 등은 오픈톡에서 만든 애플리케이션이다.

그림 21.17 오픈톡

오픈톡은 게시 및 등록publish-subscribe 모델에서 세션을 기반으로 한다. 예를 들어, 한 사람이 2,500명에게 방송을 하거나 50명이 화상 채팅하는 모든 사람에게 연결할 수 있다고 가정해 보자. 오픈톡 APIApplication Programming Interface는 무료이기 때문에 모든 개발자는 웹사이트에서 화상 회의 기능을 생성할 수 있도록 미리 만들어진 애플리케이션 및 오픈톡 API를 사용할 수 있다. 오픈톡은 스트리밍 되는 이벤트를 기록하고 기록된 이벤트를 재생하는 것을 통해 파일 보관archiving 등과 같은 고급 서비스를 제공하여 수익을 창출할 계획이다.

스프리캐스트Spreecast: 소셜네트워킹이란 콘텐츠를 보는 것보다 더 많이 생성하는 것을 의미한다. 스프리캐스트www.spreecast.com, 그림 21.18 참조는 스텁헙StubHub 창업자의 손에 의해 완전히 다른 모델, 즉 사람들이 함께 방송할 수 있는 소셜 동영상 플랫폼으로 재탄생했다. 스프리캐스트는 트위터, 페이스북, 그리고 구글 플러스와 공유 및 채팅할 수 있는 기능을 갖춘 완벽하게 통합된 라이브 동영상 프로그램이다. 계정을 만들지 않아도 스프리캐스트를 볼 수는 있지만 재미가 덜하다.

스프리캐스트 계정이 있는 사람은 상대방 얼굴을 보면서 채팅할 수 있다. 여러분이 보고 있는 스프리캐스트의 프로듀서가 재검토한 질문이나 의견을 제출할 수 있으며 모든 사람에게 보일 것인지 여부를 선택할 수 있다. 여러분은 스프리캐스트 참여동시에 최대 4명까지 화면에 나올 수 있다.를 요청할 수 있다. 그리고 프로듀서는 여러분과 개인적으로 채팅을 할 수 있을 뿐만 아니라 화상 채팅 순서를 기다리도록 큐에 넣을 수도 있다.

또한 여러분은 앞으로 발생할 이벤트에 대한 참석 여부RSVP를 알려 줄 수도 있다. 프로듀서는 유명 상표의 콘텐츠를 생성할 수 있으며 참여를 제지할 수 있다. 채널로 편성된 프로그램은 라이브로 방송되며 즉시 녹음된다. 토크 쇼 메타포인 스프리캐스트는 현재 동영상과 소셜네트워킹 기능을 함께 제공하고 있다.

그림 21.18 스프리캐스트

애플리케이션 공유

공유 툴들은 팀들이 다양한 콘텐츠로 협력하는 것을 도와준다. 단순히 채팅이나 화상통화를 넘어 많은 사람들이 볼 수 있고 즉시 참여하여 정보와 아이디어를 교환할 수 있도록 다양한 콘텐츠로 협력하도록 도와준다. 공유 애플리케이션은 단순한 스케줄 관리 툴에서 심도 있는 협력 프레젠테이션과 협업툴을 위한 코멘트링 플랫폼의 소셜비즈니스 소프트웨어라는 새로운 카테고리를 포함한다. 공유는 뷰어들이 마치 그곳에 있는 것처럼 토론에 참여할 수 있기 때문에 정보를 흡수할 수 있도록 도와준다. 또한 자료를 보고, 듣고, 질문하고, 토론할 수 있다. 코멘트를 위한 소셜네트워크를 사용할 수 있고 다른 사람들을 그 토론에 참여하도록 유도할 수 있다. 공유는 웹 세미나를 통하여 많은 사람들이 회의 참석차 여행을 하는 데 소요되는 기업의 경비 절감을 가져 왔다.

www.GoToMeeting.com

GoToMeeting: GoToMeeting_{www.GoToMeeting.com; 그림} 21.19은 모든 비즈니스에서 비용 효율적으로 간편하게 사용할 수 있는 온라인 미팅 솔루션이며 생산성과 매 출 확대에 크게 기여한다.

이 서비스는 즉석 또는 예약 프레젠테이션을 수행하 고, 라이브 데모를 수행하고, 실시간으로 문서 공동 작 업을 하기 위한 것이다. GoToMeeting의 웹 컨퍼런스 도구를 통해 사용자가 컨퍼런스 룸이 아닌 온라인에서 미팅을 할 수 있다. 온라인 미팅을 조직하여 참석할 수 있는 가장 간편하고 비용 효율적인 방법이다. 이 특허 기술은 동료, 고객, 잠재고객이 PC에서 실 행되는 모든 애플리케이션을 실시간으로 볼 수 있도록 한다. 유연하게 직접 미팅을 하거나 온라 인으로 미팅을 할 수 있기 때문에 더 많은 업무를 처리하면서도 출장을 줄일 수 있다.

GoToMeeting에서는 사용자가 전화를 인스턴트 온라인 미팅으로 전환할 수 있으며 업계 표준 보안 기능을 통해 기밀 미팅 정보의 보안이 유지된다. 더 많은 청중에게 연락하고 투표, 설문조 사 및 보고서와 같은 추가 기능을 원할 경우 GoToWebinar™는 최대 1,000명이 참석할 수 있는 무제한 웨비나를 제공한다. 게다가 협업을 위한 온라인 미팅 기능도 포함된다.

WebEx: WebEx_{www.WebEx.com; 그림 21.20}는 초기 비용을 많이 들이거나, 서버를 유지하거나, 소프 트웨어를 설치하거나 지원하지 않고서도 온디맨드 웹 미팅의 장점을 이용할 수 있다.

웹브라우저와 전화기만 있으면 WebEx를 사용할 수 있다. 일상적의 업무 흐름에 WebEx를 포함하여 언제나 모든 사람과 온라인 미팅으로 모일 수 있다. 동료와 협력 업체가 제품 및 서비스를 시연하고, 모든 형태의 프레젠테이션을 공유하고, 보안이 유지된 안정적인 기술로 미해결 문제점을 실시간으로 해결할 수 있다. WebEx는 대화형의 동적인 멀티미디어 프레젠테이션을 통해 전체 직원 미팅, 주주 프레젠테이션, 웨비나와 같은 대규모의 확장된 온라인 행사를 주최하여 라이브 이벤트가 효과를 거두도록 한다.

www.WebEx.com

그림 21.19 GoToMeeting

전문가는 WebEx를 사용하여 대화형으로 최고 수준의 교육을 제공하고, 온디맨드의 라이브 온라인 강좌를 제공하여 상상하는 것보다 더 많은 사람에게 다가갈 수 있다. 또한 지원 비용을 절감하고, 유인 및 무인 원격 지원을 통한 고객 만족을 높일 수 있다. 동적인 온라인 판매 프레젠테이션을 통해 어디서나 모든 사람과 연락하며, 보다 신속한 거래 마무리로 기술적인 문제를 해결하고 생산성을 높이게 된다.

온디맨드 웹 컨퍼런스는 오늘날 비즈니스에서 선호하는 커뮤니케이션 매체가 되었다. 데스크톱에서 오디오 컨퍼런스의 간편함과 비디오 컨퍼런스의 상호작용을 결합하여 진정한 개인화된 인터액티브 사용 환경을 만들게 된다.

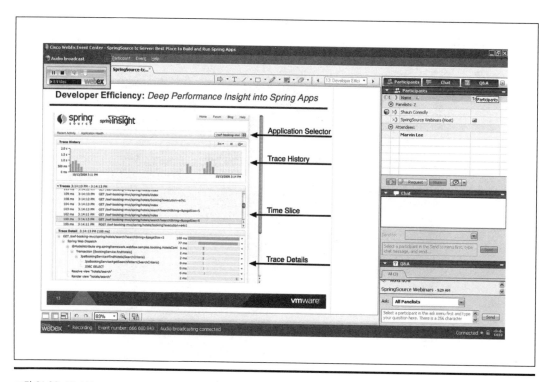

그림 21.20 WebEx

어도비 커넥트_{Adobe Connect}: 어도비 커넥트_{www.adobe.com/products/aadobeconnect.html}; 그림 21.21는 차선의 개인 간 미팅이다.

www.adobe.com/products/aadobeconnect.html

Adobe Acrobat Connect™ Pro 소프트웨어를 통해 웹브라우저와 Adobe Flash Player 런타임만으로 재미있는 협업 미팅의 액세스를 제공할 수 있다. Adobe Connect는 잠재고객이 참여할 수 있도록 생동감 있고 정보가 풍부한 웹 세미나를 호스팅하고 질문에 실시간 답할 수 있다. Acrobat Connect Pro에서 다자 동영상을 활용하고, 선택한 인터넷 또는 전화 오디오 컨퍼런스와 풍부한 멀티미디어 콘텐츠를 활용하여 차선인 웹 세미나를 전달한다. 그리고 기본적으로 25명의 참석자를 지원하고, 추가 인원당 비용을 지불하거나, 매달 일정 금액을 지불할 수도 있다.

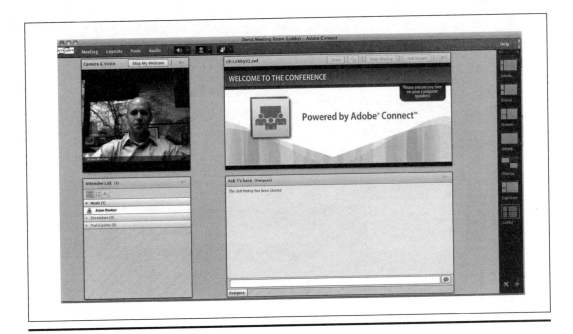

그림 21.21 어도비 커넥트

Adobe Connect는 활발한 협업과 특징과 화면상에 회사 개별 특징에 맞는 것을 갖출 수 있다. 그리고 사용자 인터페이스는 패드에도 정보가 맞도록 적절하게 조절된다. API는 플랫폼 확장을 원하는 개발자들에게 유용하다. 모바일 디바이스 스포트는 안드로이드, 아이폰, 아이패드, 블랙베리 플레이북을 포함한다.

www.on24.com

온24ON24: 온24www.on24.com, 그림 21.22 참조는 자사의 플랫폼을 이용하여 소셜미디어 기능을 갖춘 통합 온라인 회의를 획기적으로 개선했다.

가장 최근에 출시된 온24 웹캐스팅 플랫폼 10ON24 Webcasting Platform 10은 웹캐스팅용 솔루션으로 이 솔루션을 이용할 경우 시청자는 웹 브라우저만 사용하여 이벤트에 참가할 수 있다. 공용 프레젠테이션, 녹화된 동영상, 라이브 웹캠, 그리고 전화 음성 등이 콘텐츠로 사용된다.

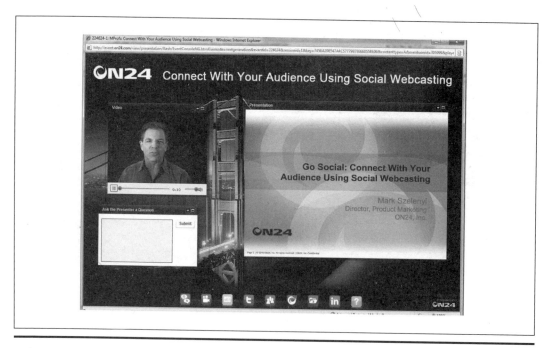

그림 21.22 온24

온24 이벤트 딜리버리ON24 event delivery에 새롭게 추가된 기능은 소셜 통합으로 시청자들은 이 기능을 사용하여 프레젠테이션 및 동영상을 위한 기본 위젯 이외에 화면에 사용할 위젯도 선택할 수 있다.

콘텐츠는 트위터, 페이스북, 그리고 링크드인을 포함할 수 있으며 앞으로 야머와 소셜캐스트SocialCast를 통합할 계획이다. 참고로, 시청자가 설정할 수 있는 위젯의 수는 50가지가 넘는다. 온24는 강력한 시청자 등록 페이지를 지원하며 실시간 이벤트와 온디맨드On-demand 방식의 이벤트에 대한 시청자 분석을 제공하고 있다.

퍼스니Persony: 맞춤형 웹 컨퍼런스를 찾고 있는 회사를 위해 퍼스니www.persony.com, 그림 21.23 참조는 최대 250명의 참석자들과 공유할 수 있도록 프레젠테이션, 화이트보드, 그리고 웹캠을 포함한 다양한 회의 기능들을 지원하는 웹 컨퍼런싱Web Conferencing 2.0을 제공하고 있다. 웹 기반인 이 솔루션을 이용하면 한 개의 브라우저만으로 회의에 참석할 수 있다. 회사는 다른 회사의 웹 컨퍼런스 서비스를 사용하는 대신 퍼스니를 사용하여 자사 브랜드 소개와 함께 자사 웹사이트에서 회의를 열 수 있다.

www.persony.com

퍼스니는 회의 녹음 기능에 따라 VoIP나 음성 회의를 지원한다. 그리고 회의 주최자가 참석자 프로파일을 볼 수 있고 참석자들의 메시지를 관리할 수 있는 참석자 관리 기능들도 제공한다. 게다가 사전 준비 없이 즉석에서 개최된 회의나 예정된 회의에 대해 초대를 할 수 있을 뿐만 아니라 이벤트 참석에 대한 상세한 보고도 제공하고 있다. 또한, 클라우드 기반 배포를 위한 패럴렐스 APS 패키지Parallels APS Package도 지원한다.

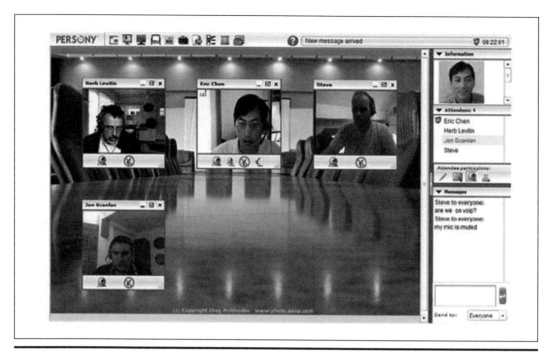

그림 21.23 퍼스니

퓨즈미팅Fuze Meeting: 퓨즈미팅www.fuzemeeting.com, 그림 21.24 참조은 이미 앞에서 언급했던 다른 공유 도구들과 흡사한 웹 컨퍼런싱용 도구지만 애플, 블랙베리, 그리고 안드로이드 기반 기기용으로 개발되었다. 따라서 모바일 앱의 HD 콘텐츠를 이용하여 회의를 볼 수 있을 뿐만 아니라 개최할 수도 있다. 퓨즈미팅은 휴대폰을 이용하는 원격 사용자들이 브라우저를 통해 영상 회의를 듣고 볼 수 있을 뿐만 아니라 문서와 이미지를 공유할 수도 있도록 고안되었다.

www.fuzemeeting.com

그림 21.24 퓨즈미팅

또한, 퓨즈미팅은 브라우저를 사용하는 데스크톱 사용자도 사용할 수 있도록 지원하고 있다. 퓨즈미팅을 이용하면, 최대 100명의 참석자를 관리하고 프리미엄 버전으로 회의를 녹화할 수 있으며 주석 도구를 이용하여 보고 있는 문서를 수정할 수도 있다. 그리고 앞에서 언급했던 도구에서 사용하는 연락처를 지원하는 통합 인스턴트 메시징 네트워크도 있다.

세일즈포스닷컴salesforce.com: 오늘날 모바일 판매 조직을 관리하고 비즈니스를 성장시키려면, CRMCustomer Relationship Management, 고객 관계 관리 프로세스를 자동화하는 작업이 반드시 필요하다. 고객을 추적하고 세일즈 팀 지원을 고려중인 회사를 위해, 세일즈포스닷컴www.

salesforce.com

salesforce.com, 그림 21.25 참조은 브라우저 기반 애플리케이션을 제공하고 있다.

이 애플리케이션을 이용하면, 제안서 및 견적서를 포함하여 이메일을 이용한 해외 홍보를 할 수 있는 의사 결정자의 연락처로 계정을 만들어 판매 대리인에게 제공할 수 있다. 그뿐만 아니라 받은 주문을 승인 절차로 넘길 수 있으며 다양한 방법으로 수익에 대해 리포트할 수도 있다.

그림 21.25   세일즈포스닷컴

세일즈 자동화 및 CRM을 위한 도구인 세일즈포스닷컴은 이런 도구와 통합한 두 가지 소셜 도구도 제공하고 있다. 그 중 첫 번째 도구인 채터Chatter는 단어 그대로 세일즈포스닷컴 애플리케이션 내부에서 상태 메시지와 응답 메시지를 게시할 수 있는 기능을 제공한다. 두 번째 도구인 라디안6www.radian6.com은 정교한 소셜미디어 청취 도구로 영향력 있는 사람들을 찾을 수 있을 뿐만 아니라 그 사람들이 어떤 말을 하고 있는지 그리고 어떻게 반응하는지 확인할 수도 있다. 지금은 세일즈포스닷컴 소셜 허브Social Hub 기능으로 편입되었다.

두들Doodle: 두들www.Doodle.com; 그림 21.26은 등록이나 소프트웨어 설치가 필요 없는 무료 온라인 코디네이션 도구이며 사용자가 이사회 미팅, 비즈니스 점심 약속, 컨퍼런스 콜, 가족 재회, 영화 관람 또는 기타 그룹 이벤트의 일정을 정할 수 있다.

두들은 '편하게 쓴 낙서' '디자인' 또는 '스케치'를 의미한다. 정말 편하고 재미있는 느낌의 애플리케이션이다. 이름이 짧고 기억하기 쉽지만 두들은 그림을 그려주는 서비스가 아니라 아주 간단하게 일상적인 작업

으로 이벤트 일정을 정할 수 있다. 여러분과 여러분의 연락처에서 영화, 메뉴, 여행 목적지, 또는 다른 선택 사항에 대해 결정할 수 있는 기능을 사용할 수 있다.

두들은 당사자가 관련된 공통 가용성을 확인할 수 있도록 그룹 이벤트 날짜와 시간을 쉽게 찾도록 한다. 이 서비스는 특히 사용하기 쉬워서 노인들도 사용할 수 있다. 두들은 이벤트 일정뿐만 아니라 일반적인 투표도 지원하여 그룹에서 날짜 이외의 옵션에 대하여 편리하게 결정을 내릴 수 있다.

또한 두들을 사용하여 휴가철 숙박을 예약할 수 있다. 스포츠클럽에서 할 운동을 계획하거나 회사 단체 여행에서 기차로 갈 사람이나 자가용으로 갈 사람을 알아보고, 자가용에 남은 자리가 있는지 확인할 수도 있다. 두들을 통해 다음 날 밤에 감상할 DVD, 새로 발표할 웹에 사용할 로고, 크리스마스 저녁 식사를 할 만한 음식점에 대하여 신속하고 편리하게 투표할 수 있다.

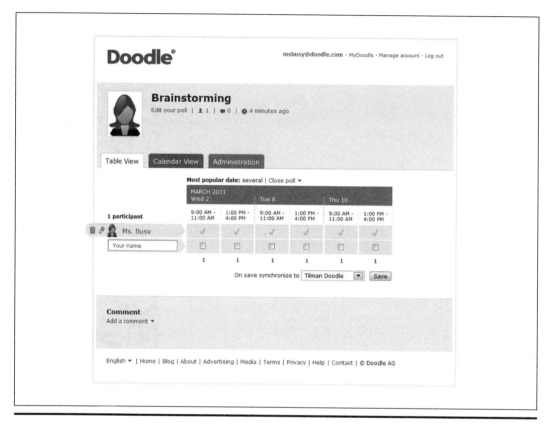

그림 21.26 Doodle

트럼바Trumba: 트럼바 커넥트Trumba Connect, www.trumba.com, 그림 21.27 참조는 스케줄링 기능을 웹사이트에 구축하고 소셜미디어를 이용하여 홍보하는 것을 포함한 이벤트 홍보 관리를 고려중인 개발자들을 위한 웹-호스티드 콘텐츠 관리 시스템이다. 따라서 여러분은 트럼바를 이용하여 이벤트를 생성하고, 생성된 이벤트를 게시 및 홍보하고, 방문자가 이벤트 페이지를 찾아 교류하는 방법을 모니터할 수 있다.

www.trumba.com

550

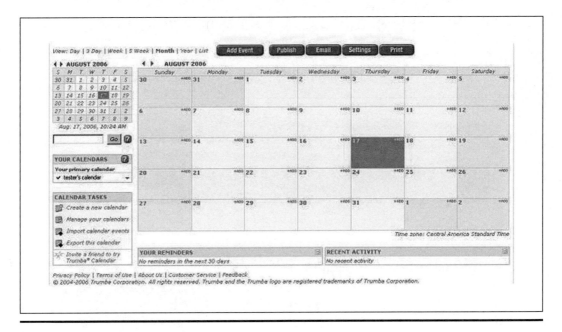

그림 21.27 트럼바

트럼바 커넥트는 사람들이 이벤트를 보는 유사한 방법, 데이트 테이블, 이벤트 리스트, 그리고 캘린더 등을 의미하는 스퍼즈spuds를 사용한다. 이런 스퍼즈는 웹사이트에서 찾을 수 있으며 해당 정보는 트위터나 페이스북 혹은 이메일 리스트에 방송될 수 있다. 방문자는 간단한 클릭만으로 이벤트를 마이크로소프트 아웃룩, 애플 아이칼iCal, 그리고 구글 캘린더 등을 포함한 선호하는 캘린더에 추가할 수 있다. 개발자가 아무런 사전 준비 없이 이벤트 캘린더 기능을 개발해야 할 때 트럼바의 호스티드 솔루션을 사용하면 업무량을 줄일 수 있다.

자이브Jive: SBSSocial Business Software란 무엇일까? 소셜네트워킹, 협업 도구, 그리고 커뮤니티 소프트웨어는 자이브www.jivesoftware.com, 그림 21.28 참조에 결합할 수 있다. 또한, 자이브는 하나의 접근방법으로 세 가지 핵심 고객을 결합했다. 즉, 직원, 고객, 그리고 소셜 웹은 풍부한 사용자 경험과 뒤섞였다. 자이브는 컴퍼런스 콜conference call, 이메일, 그리고 인트라넷 등 기존 도구를 중심으로 구축하는 대신 내부 및 외부 조직 지능organizational intelligence을 찾아서 즉시 사용할 수 있는 장소에 넣는다.

그림 21.28 자이브

자이브는 협업과 커뮤니케이션, 소셜 마케팅, 세일즈 인에이블먼트sales enablement, 고객 지원 커뮤니티, 그리고 소셜미디어 모니터링을 위한 모듈을 가지고 있다. 이것은 대기업이 고객의 커뮤니티와 잠재고객의 커뮤니티를 서비스하고 이런 커뮤니티로부터의 정보를 생산성을 증가시킬 수 있도록 가능한 투명하고 이용할 수 있게 가공하는 직원들의 커뮤니티라는 것을 인정하는 혁신적인 도구다.

콘보피Convofy: 의견을 재조명하는 것은 따분한 목표처럼 보이지만 이것은 실제로 콘보피www.convofy.com, 그림 21.29 참조에서 제시했던 목표다. 협업 도구가 있지만 이런 도구들은 흔히 문서 공유 및 감상을 목적으로 개발된다. 그리고 이런 도구는 주석 기능을 제공하지만 누군가가 주석을 캡처해서 문맥에 맞게 연결하지 않으면, 주석의 의미를 잊어버릴 수 있다.

www.convofy.com

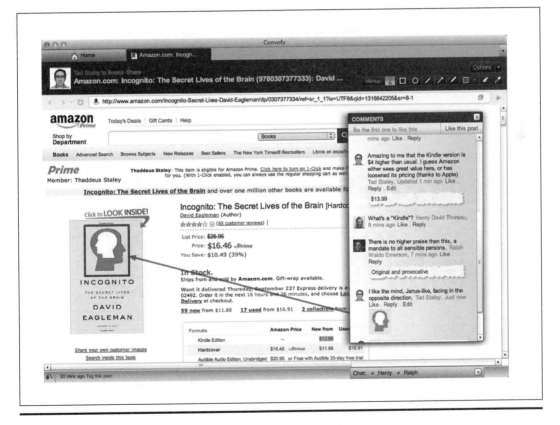

그림 21.29 콘보피

콘보피는 브라우저 기반으로 검증된 회사 이메일 주소를 가진 직원의 리스트를 이용하여 접근 권한을 설정할 수 있다. 공유를 할 수 있도록 문서를 업로드한 다음 "My Followers"나, 그룹 이름, 혹은 사용자 이름 등으로 다운로드 승인을 설정할 수 있다. 만약 의견을 가지고 있으면, 이미지, 파일, 그리고 텍스트_{심지어 웹페이지에 있는 텍스트도 가능하다.}를 교정하여 링크를 삽입한다. PDF, 마이크로소프트 워드 및 엑셀 파일, 그리고 이미지 등과 같이 어떤 종류의 문서로도 사용가능하며 의견은 언제든지 편집할 수 있다. 게다가, 의견을 달지 않은 문서 원본은 참고용으로 저장된다.

프렌지_{Frenzy}: 프렌지_{www.frenzyapp.com, 그림 21.30 참조}는 "소셜네트워크를 작동하는 드롭박스"라고 자칭한다. 드롭박스_{Dropbox, www.dropbox.com}는 업로드된 문서 버전을 저장하고 모든 사람이 최신 버전에서 작업할 수 있게 접근을 허용하는 대중적인 파일 공유 도구다. 프렌지는 그룹에 있는 모든 사람에게 변경 사항을 알리고 의견을 달 기회를 주는 "피드_{feed}"를 생성하는 기능을 기반으로 하고 있다.

www.frenzyapp.com

www.dropbox.com

프렌지는 최소의 기능만 가지고 있기 때문에 매우 간단하다. 그리고 프렌지는 어떤 사람이 드롭박스에 문서를 게시했을 때 피드로 나타낸다. 여러분은 프렌지를 사용하여 해당 문서에 대해 그룹에게 답변을 게시하거나 점심에 대한 질문을 게시할 수도 있다.

그림 21.30 프렌지

프렌지는 그룹 내에서 파일을 동기화하지 않은 인스턴트 메시징 도구와 대화형이 아닌 파일 공유 솔루션 사이에서 교량과 같은 역할을 한다. 현재 프렌지는 맥에서만 사용할 수 있으며 아이폰용 버전이 곧 나올 예정이다.

소셜미디어 ROI

페이스북, 링크드인, 블로깅, 트위터, 그리고 유튜브 등을 이용하여 회사 전반에 걸친 종합적인 트레이닝 및 프로그램을 통한 브랜드 인지도 생성 및 브랜드 육성

배경

최근 북동 지역에 위치한 가족 소유 기업으로 운영되는 부동산 회사는 67개의 사무실을 가지고 있고, 2,000명의 에이전시를 두고 있는 개인 회사로 에이전시를 돕고 회사 판매를 높일 수 있도록 마케팅 노력 속에서 소셜미디어를 시행하고 싶었다. 따라서 기업 소유주는 우리에게 어떤 도구가 비즈니스에 적합한지 그리고 그 도구가 소셜미디어 개념, 전략, 그리고 전술에 대해 직원을 교육시키는데 적절한지 등에 대해 질문했다.

전략

평가와 권고: 우리는 시장에서 경쟁 회사에 대한 활동과 모범 사례를 평가하고 모니터를 시작했다. 그리고 우리는 전국뿐만 아니라 북동부 지역의 부동산에 무슨 일이 일어났는지, 어떤 도구가 사용하기에 가장 좋은지, 그리고 회사를 위한 사전 전략 등에 대한 데이터를 제공했다. 우리는 조사를 통해 북동부에 위치한 부동산 회사 중에 통합적이고 체계적인 프로그램을 가지고 있는 회사가 거의 없다는 사실을 보여줌으로써 경쟁에서 우위를 선점하여 성공할 수 있는 절호의 기회를 제공했다.

실행

경영 교육: 매달 개최되는 세일즈 미팅에서 상위 관리자인 120명의 매니저들에게 소셜미디어 입문서를 제공했다. 그리고 우리는 매니저들의 지원을 받아 회사에서 요구하는 에이전시가 온라인에서 준수해야 하는 행동에 대해 자세히 설명한 소셜미디어 가이드라인을 만들었다.

소셜미디어 입문을 위한 온라인 회의: 소셜미디어의 가치에 대해 에이전시를 교육시킬 수 있고 에이전시에게 가이드라인을 보여줄 수 있도록 모든 세일즈 에이전시를 위한 온라인 회의를 개최했다.

트레이너 프로그램 훈련: 각 사무실67명로부터 소셜미디어 컨설턴트를 모집했다. 그리고 컨설턴트를 훈련시킬 뿐만 아니라 훈련받은 컨설턴트가 다른 사람들을 훈련하는 것을 지원할 수도 있도록 코네티컷과 매사추세츠 등 두 곳에서 트레이너 프로그램을 진행했다. 화제: 정보를 관리하는 방법 및 특정 분야 파생 상품에 대한 블로깅, 페이스북, 트위터, 유튜브, 그리고 링크드인.

에이전트 블로그 프로그램: 에이전트가 인트라넷 사이트에서 버튼 클릭만으로 블로그를 설정할 수 있는 턴키 워드프레스 백-앤드 시스템MU turnkey WordPress MU back-end system을 개발했다. 워드프레스 템플릿과 더불어 에이전트의 데이터는 미리 설치된 블로그 롤 및 SEO 도구와 같이 동작하기 때문에 블로그는 몇 분 만에 설정된다.

에이전트 소셜 커뮤니티: 교육적인 정보와 관련 분야에 대한 질문을 게시하고 회사 차원에서 에이전트를 지원할 수 있도록 개인 소셜미디어 자원 센터 커뮤니티를 미국 소셜 커뮤니티 서비스인 닝Ning에 만들었다.

기업 블로그 프로그램: 회사를 위한 콘텐츠 전략을 다시 디자인했을 뿐만 아니라 최적화했다.

소셜네트워크: 블로그에 대한 오디오 피드, 유튜브 채널, 페이스북 비즈니스 페이지, 그리고 트위

터를 시작하고 동시에 이런 콘텐츠를 관리할 수 있도록 내부 직원을 교육시켰다.

기회

부동산 시장에 회사의 전문성과 지식을 알릴 수 있을 뿐만 아니라 에이전트가 잠재고객 및 고객과 교류할 수 있도록 포스트, 사진, 오디오, 동영상 등을 통해 여러 개의 커뮤니케이션 채널을 제공할 수 있는 기회를 얻었다.

결과

지금까지, 회사 비즈니스 페이지에 1,000명 이상의 페이스북 팬과 200개의 에이전트 팬페이지가 생겼다. 그리고 1,100명의 세일즈 에이전트들은 링크드인에 프로파일을 가지고 있으며 200명 이상의 에이전트들은 자신들의 프로파일에 회사 블로그에 대한 피드를 가지고 있다. 60명 이상의 에이전트들이 블로그를 만들었고 이들은 에이전트 블로그 프로그램의 일환으로 블로그 교육을 받았다.

프로그램을 시작한 이후, 에이전트와 회사 직원들은 사회영역에서와 마찬가지로 소셜미디어 전략이 새로운 고객을 유치하고 친밀감을 높이는데 중요한 영향을 주었다고 보고했다.

www.webermediapartners.com

– 캐서린 웨버Catherine Weber

웹사이트: www.webermediapartners.com

블로그: www.impressionsthroughmedia.com

전문가 의견

다메쉬 메타Dharmesh Mehta, Microsoft Windows Live Instant Messenger 제품 관리 이사,
www.get.live.com/ messenger/overviewhttp://explore.live.com/messenger

다메쉬 메타

지금까지 9년 반 동안 Microsoft Windows Live Messenger가 널리 사용되어 왔습니다. 1999년 처음 출시할 때는 IM을 텍스트 솔루션으로 사용하는 데 초점을 맞추었습니다. 그러나 시간이 흐르고 서비스가 계속 성장하면서 문자 채팅에서 전환하여 음성과 비디오를 추가했습니다. 그리고 사진 공유 및 게임도 추가했습니다. 수많은 개인적인 표현을 추가하여 디스플레이 그림을 변경하고 웹캠으로 동영상을 녹화할 수도 있습니다. 실시간 대화뿐만 아니라 동시 오프라인 인스턴트 메시지도 사용할 수 있습니다. 오늘날 Windows Live Messenger는 전 세계 3억 2,500만 명 이상이 실제로 사용하고 있습니다. 지난 9년 반 동안 계속 성공해 왔고 이 성장이 계속되기를 바랍니다.

Messenger 기본 창에는 연락처가 있으며 이 연락처를 통해 채팅을 시작할 수 있습니다. 단순히 채팅만 할 수 있는 것이 아니라 파일을 공유하고 이 창으로 파일을 끌어올 수 있습니다.

최근 추가한 항목으로 다양한 사진 공유 기능이 있습니다. 사진을 끌어와서 친구와 함께 감상하거나, 채팅하면서 보고 있는 사진을 변경할 수 있습니다. 클라우드에 사진을 저장하여 다른 사람이 볼 수 있게 영구적으로 공유할 수 있습니다.

다시 말해 연락처에 있는 사람과 사진을 공유하거나 전체 인터넷을 대상으로 사진을 공개할 수도 있습니다.

사람들은 잠시 그렇게 느낀 것처럼 별도의 사진 공유 응용 프로그램이나 IM 응용 프로그램과 이메일 응용 프로그램이 있어야 한다고 생각할 수 있습니다. 그러나 여러분은 교류하고 싶은 일련의 상대방 그룹이 있고 그들과 수행하려는 작업이 정해져 있을 것입니다. IM을 사용 중이건, 웹을 사용 중이건 아니면 휴대폰을 사용하건 관계없이 원하는 작업을 할 수 있기를 바랄 것입니다. 우리는 여러분이 원하는 것이 사진, 약력 또는 실시간 채팅 기능이든 상관없이 어디든지 원하는 환경을 제공해 드리려고 합니다.

그래서 저희가 휴대폰에서 몇 가지 다른 기능을 제공해 드립니다. 첫 번째 기능은 PC 사용자를 위한 기능입니다. 채팅 중에 더 이상 PC를 사용할 수 없기 때문에 갑자기 오프라인 상태가 될 수 있습니다. 그러나 실제로는 많은 사람들이 전화 상 온라인 상태를 유지하므로 알림을 받을 수 있습니다. PC에 연결되어 있으면 웹 메시징 기능이 전화기로도 연결될 수 있습니다. 이것이 첫 번째 기능입니다.

그러나 제가 더 고무적이라고 생각하고 앞으로도 급속도로 성장할 것으로 기대하고 있는 점은 여러분이 사용하는 휴대폰에서 데이터 기능을 지원하는 경우가 훨씬 많아지고 있다는 점입니다. IM 작업이나 사진 공유를 위한 브라우징 서비스든, 마이크로블로깅과 상태 업데이트 작업을 거의 수행하지 않든, 고사양 전화든, 휴대폰, 블랙베리 또는 노키아 및 리치 클라이언트 애플리케이션이든 상관없습니다.

그런 휴대폰은 설계에서도 차이가 있을 것이고 사용하는 맥락도 다릅니다. 휴대폰을 사용하고 있는 동안 항상 연락이 될 수 있지만 그렇다고 늘 연락이 되는 것은 원하지 않을 수도 있다는 점 때문에 사용자 경험에서 차이가 있을 수 있습니다. 휴대폰에서 벌어질 수 있는 다음 기능은 정말 흥미롭습니다. PC나 웹에서 하던 일을 가져와서 휴대폰으로까지 연장할 수 있습니다. 일부 국가에서는 휴대폰으로도 온라인 상태를 유지할 수 있으므로 PC를 사용할 일이 없습니다. Windows PC로 애플리케이션을 다운로드하지 않아도 휴대폰에서 뛰어난 모바일 기능을 이용할 수 있습니다.

이런 일부 국가에서 경험하게 되는 시나리오는 다양하다는 점이 흥미롭습니다. 휴대폰으로 SMS를 할 수 있을 뿐만 아니라 … 간단한 채팅만 하는 SMS라기보다는 정보를 조금이라도 얻을 수 있는 좋은 방법이 되기도 합니다.

SMS 문자 메시지와 일기 예보를 받고, 최근 일정을 검색하거나 웹 검색을 수행할 수 있습니다. 이런 작업은 휴대폰 유형과 사용자 유형에 따라 약간 다르게 수행됩니다. 휴대폰은 정말 흥미로운 공간이고 발전 가능성이 무궁무진한 공간입니다…

오늘날 Windows Live Messenger에 가입한 사람은 전 세계에서 3억 2,500만 명 이상으로 이제는 다른 인스턴트 메시징 회사와 마찬가지로 미국 기업이라기보다는 실질적인 다국적 기업이 되었습니다. 이제는 10대 이하에서부터 성인 및 노인에 이르기까지 모든 연령대가 사용하고 있습니다.

최근 보고서에 의하면 급속히 증가하는 70세 이상 인구가 온라인으로 손자와 채팅하거나 사진 및 대화를 공유하는 경우가 많은 것으로 보고되고 있습니다. 과거에는 대학생이나 그보다 어린 세대로 제한적이었던 IM이 전 세계 모든 사람들에게 미친 영향은 대단히 흥미롭습니다. 정말 세대를 가로지르고 있습니다.

그리고 가입자 중 85퍼센트 이상이 미국 내 거주민이 아닙니다. 이는 정말 흥미로운 추세입니다. 미국에만 있다면 미국에만 초점을 맞추게 되고 미국에서 시작되어 전 세계로 전파된 기술에 대해서만 주로 생각하게 됩니다. 그러나 휴대폰에서 토론을 하게 되면 아시아에서 실제로 발생하고 있는 휴대폰의 놀라운 현상에 대해 이야기하게 됩니다. 그것이 한국, 일본, 인도, 중국이든 상관이 없습니다. 사람들은 휴대폰에서 온라인으로 연결되기 때문에 PC를 사용하지 않는 경우도 많습니다.

전 세계적인 관점에서 생각하게 됩니다. 전 세계 다른 이용자, 다른 경쟁자 및 회사로부터 배우게 됩니다...

www.theSocialMediaBible.com

www.theSocialMediaBible.com을 방문하면 다메시 메타와 나눈 경영진 대화 전체를 들을 수 있다.

해야 할 일 리스트

1. 탐색하라.

이 장에서는 이것만이 유일한 계명이고 정말로 중요하다. 이 책에서 논의한 몇 가지 애플리케이션을 살펴보아야 한다. 온라인 문서를 읽고, 시험판을 다운로드하여 자신의 비즈니스에 적합한지 직접 사용해 보면서 확인해야 한다. 목적에 가장 부합한 것이 무엇인지 결정하고 해당 애플리케이션 사용 방법을 갈고 닦아야 한다.

아는 것이 진정한 힘이다. 우리는 지식의 시대를 살아가고 있다. 인류 역사에 있어서 처음으로 거의 모든 인간 지식의 총체를 즉석에서 간편하게 액세스할 수 있게 되었다. 소셜미디어와 그 도구에 대해 알면 알수록 그런 정보에 액세스하는 능력이 향상된다. 아울러 비용도 절감하면서 경쟁력을 확보할 수 있다. 비용 절감과 매출 증가, 바로 그것이 모든 사람이 비즈니스에서 기대하는 바가 아닌가?

결론

다른 모든 장과 마찬가지로 직접 탐색해보는 것이 바람직하다. 좋은 소셜미디어 애플리케이션을 통해 고객 및 잠재고객과 더 나은 의사소통을 할 수 있다는 것이 바로 소셜미디어의 핵심이다. 이 책에서 언급한 대부분의 도구는 무료이거나 무료에 가깝다. 여기서 읽은 다양한 서비스를 살펴보고 직접 사용해보지 않는다면 여러분의 비즈니스를 성장시키고 커뮤니티를 구축하고 그 안에서 신뢰를 쌓아가는 데 유용한 멋진 도구들을 결코 알 수 없을 것이다.

다운로드 : 〈소셜미디어 바이블〉과 관련된 무료 다운로드를 받으려면 www.theSocialMeidaBile.com을 방문하고 책 뒷면 바코드 위에 있는 ISBN을 입력하면 된다. ISBN 978-1-118-26974-9

www.theSocialMeidaBile.com

www.theSocialMeidaBile.com

THE SOCIAL MEDIA BIBLE

전략 PART II

소셜미디어 성공을 위한 다섯 단계
The Five Steps to Social Media Success

소개

앞으로 소개할 다섯 장Chapter을 통해, 여러분은 실제 사례를 통해 소셜미디어 성공을 위한 다섯 단계를 이용하여 단계별 계획을 세우는 방법에 대해 배울 것이다. 정부 기관부터 비영리 단체까지, 그리고 개인 사업자부터 〈포천〉 지에서 선정한 미국의 1,000대 기업에 뽑힌 회사들까지 많은 회사와 상담하고 이야기를 나눈 후 나는 항상 다음과 같이 질문한다. "이제 페이스북 페이지를 만들었고 이 페이지를 통해 트윗도 보냈습니다. 앞으로 어떻게 하면 될까요? 그러면 완벽한 소셜미디어 전략을 현재 사용하고 있는 마케팅, 세일즈, 그리고 커뮤니케이션 전략과 어떻게 통합하고 실행해야 할까요?"

다음은 소셜미디어가 마케팅 전략과 통합되어야 하는 이유와 방법을 소개하는 다섯 단계다.

22장 – 현재 사용되는 미디어 분석

23장 – 소셜미디어 삼위일체

24장 – 전략 통합

25장 – 자원 인식

26장 – 실행 및 측정

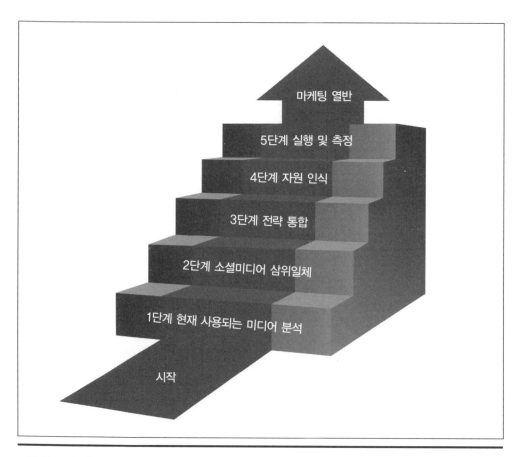

그림 22.1 성공을 위한 다섯 단계

힘의 근본적인 변화

우리는 마케팅, 홍보, 광고, 매체 구매, 텔레비전, 라디오, 신문, 매거진, 게시판, 그리고 심지어 음악 및 영화 산업 등의 비즈니스를 군림했던 산업에 지대한 영향을 주고 있는 광고와 미디어 세계 전반에 걸쳐 일어나고 있는 힘의 근본적인 이동 한가운데에 있다. 신문은 급속도로 붕괴되는 중이고, 매거진은 문을 닫았으며, 라디오 방속국은 비용을 줄이고 지역이 아닌 국가적으로 벌어들인 광고 수익을 분할 상환할 수 있도록 매각되는 중이며, 그리고 음악과 영화 산업은 아이튠즈, 넷플릭스Netflix, 그리고 P2P 등과 같은 기술에 대처하려고 노력 중이다.

힘의 근본적인 변화란 기업 메시징의 힘, 통신사의 힘, 그리고 광고 회사의 힘이 여러분이나 나와 같은 사이버 시민의 손으로 이동하는 것을 의미한다. 즉, 이제 고객은 브랜드와 메시지를 제어하고 있다.

우리는 더 이상 미디어나, 뉴스, 혹은 광고를 제어할 수 없지만 고객은 가능하다. 점점 더 많은 사람들이 제품과 서비스 권유를 동료peer에만 의지하고 있다. 현재 대부분의 사람들은 8억 4,500만 명의 회원을 가지고 있는 페이스북을 자동차를 비교하는 방법이나, 그 영화가 어땠는지, 최근 뉴스가 어떤 것인지, 혹은 이러저러한 것 뒤에 있는 진실이 무엇인지 등을 찾아보기 위해 들르는 장소로 이용하고 있다.

CNN, 폭스Fox, ABC, 월스트리트저널, 그리고 뉴욕 타임즈는 인터넷, 블로그, 애그리게이터, 페이스북 대화, 트윗 등으로 교체되는 중이다. 2009년 1월, 여객기가 뉴욕 시에 위치한 허드슨 강에 불시착했을 때, 비행기의 날개 부분에 있던 한 개인이 휴대폰과 트위터를 사용하여 소식을 처음으로 알렸다. 우리가 중동에서 실시한 선거를 볼 수 있었던 것도 휴대폰에 연결된 트위터를 통해서였다. 그리고 군인을 포함한 모든 사람들은 CNN을 통해 울프 블리처Wolf Blitzer가 전장을 실시간으로 중계하는 것을 볼 수 있었던 사막의 폭풍Desert Storm 때와는 다르게, 오늘날 기술과 소셜 미디어를 통해 이야기를 하는 주체는 우리다.

테크뉴스크런치TechNewsCrunch는 "전 세계의 많은 사람들은 CNN보다 구글 뉴스를 통해 온라인으로 뉴스를 접한다"라고 언급했다. 우리는 소셜네트워크, 트위터 리포트, 그리고 블로그에서 뉴스를 접하는 반면, 소셜네트워크는 우리로부터 뉴스를 얻는다.

다음은 최근 여론 조사에 대한 결과다.

미국인의 37퍼센트는 정기적으로 뉴스를 보러 온라인에 접속한다.

미국인의 27퍼센트는 특정한 날에 신문을 산다.

미국인의 39퍼센트는 케이블 텔레비전을 시청한다.

밤에 TV를 통해 뉴스 단신을 시청한 사람들은 지난 4년 동안 34퍼센트에서 29퍼센트로 낮아졌다.

나는 이런 움직임에 대해 요약한 기조연설을 할 때 미연방 통상 위원회FTC, Federal Trade Commission에서 제공한 30초 분량의 동영상을 이용한다. 이 동영상은 이런 움직임을 다루기 위해 제작되지 않았지만, 이런 내용을 암시하고 있다. 다음은 이 동영상의 내용을 글로 옮긴 것이다.

메리 엥글Mary Engle, FTC, 소비자 보호국bureau of consumer protection의 부국장

메리 엥글

FTC 홍보 가이드인 "지금 상황은 어떤가요?"에 관한 뉴스가 많다. 물론, FTC는 소비자를 보호하는 곳이다. 우리는 요새 소비자가 사용을 고려하는 제품이나 서비스에 대한 정보를 알고 싶을 때 온라인에서 다른 소비자들이 언급하는 것을 참고한다는 사실에 대해 알고 있다. 하지만 소비자가 호평을 하는 이유가 광고 업체로부터 그렇게 말하라고 사주를 받았거나 회사로부터 무료 제품을 받았기 때문인지 알고 싶지 않을까? 우리는 단지 이런 과정이 투명해야 공개되어져야 한다고 생각하기 때문에 광고 업체와 리뷰어 사이의 관련이 있다면 독자는 이것을 알아야 한다.

www.LonSafko.com/TSMB3_Videos/Mary_Engle.mov

"투명성, 성실성, 그리고 진실성"은 사람들이 제품 권유와 광고에 바라는 것이다. 이런 변화의 주된 원인은 오랜 전통인 일방적인 커뮤니케이션에서 멀어지고 양방향 커뮤니케이션에 가까워 지고 있기 때문이다. 우리는 회사가 제품에 대해 설명하는 것보다 동료가 그 제품에 대해 생각하 는 것에 더 많은 관심을 가지고 있다. 즉, 이제는 스폰서 관점이 아닌 동료 관점이다.

처음으로 사람들은 광고를 무시하거나 없애는 기술을 구매하고 설치하는데 수백 달러를 사용 하고 있다. 내 프레젠테이션에 참석한 사람들 중 거의 절반이 메시지를 건너뛸 수 있도록 티보 TiVo 박스를 구매해서 설치했다. 여러 가지 면에서, 우리는 이것을 자초했다. 우리는 일생 동안 광 고 업체의 명령어에 반응하게 만드는 광고의 숨은 의도와 심리적인 핫 버튼 공세를 받았다. 그렇 다면 정말로 광고의 숨은 메시지와 심리적인 핫 버튼이 존재할까?

있는 편이 낫다. 평균 30초 분량의 텔레비전 광고에 대한 비용은 약 25만 달러다. 물론 더 비싼 광고도 있고, 덜 비싼 광고도 있다. 그리고 이런 광고를 황금 시간대에 전국적으로 딱 한 번 내보 내기 위한 비용은 125만 달러다. 따라서 회사에 대한 광고를 제작하는 데만 125만 달러를 쓴다 면, 사람들이 관심을 보이고 마음이 변해 제품을 구매하는 편이 낫다. 그렇지 않다면, 여러분은 실직하게 될 것이다. 거의 확실하다.

하지만 소비자로써 우리는 더 이상 이런 것에 속지 않는다. 왜냐하면 우리는 소비자에서 프로슈머로 변화했기 때문이다. 우리는 전문 소비자로 더 이상 열광하거나, 속거나, 혹은 이용당하고 싶지 않다.

이제 우리는 컴퓨터와 휴대폰에서 광고가 없는 라디오 쇼를 듣고, 라이브 모바일 폰 TV를 보고, 구글이나 야후 홈페이지에서 광고 없이 우리가 원하는 뉴스를 종합하며, 유스트림에서 라이브 스트리밍 동영상을 보고, 블로그와 트위터에서 신뢰하는 사람들이 제공하는 사설을 읽는다.

파워의 근본적인 변화가 발생하는 다른 이유는 거의 모든 소셜미디어 도구와 시행이 무료이기 때문이다. 게다가 경성 비용이 전혀 들지 않을 뿐만 아니라 입소문도 이용할 수 있다.

Analyze Your Existing Media
현재 사용되는 미디어 분석

CHAPTER 022

www.LonSafko.com/TSMB3_Videos/22ExistingMedia.mov

22장에서는 전통적인 마케팅과 함께 현재 여러분이 하고 있는 일에 대해 자세히 살펴볼 것이다. 여기서 내가 마케팅을 거론할 때는 홍보, 커뮤니케이션, 그리고 마케팅도 언급하는 것이다.

우리는 여러분의 모든 활동을 살펴보고 신규 고객을 유치하는데 드는 비용, 즉 ROI를 알아본 다음 메시지를 고객 및 잠재고객에게 전달하는데 드는 비용과 방법의 전체 효과에 대해서도 알아볼 것이다.

나는 기업가 정신에 대해 이야기할 때 항상 비즈니스 사례로 시작한다. "업무에 대해 계획을 세우고 세운 계획대로 일을 해야 합니다"라고 말한 뒤, 곧바로 "윽!"이라고 말한다. 사업 계획을 준비하는 것의 목적은 업무를 계획하는 것이라기보다 계획을 준비하는 과정에 있는 사업 계획의 가치다. 좋은 사업 계획을 세울 수 있을 정도의 세부 사항을 정하고 회사에 대한 SWOT강점Strengths,

약점Weakness, 기회Opportunities, 위협Threats, 고객, 경쟁, 그리고 비용을 이해할 때, 비로소 여러분은 사업 계획을 세울 수 있을 정도로 비즈니스를 이해한 것이다.

이 사례에서도 마찬가지다. 이 장에서 설명하고 있는 프로세스를 살펴본다면, 여러분이 하려고 하는 일이 얼마나 효과적인지, 소셜미디어 마케팅을 통합시키는 방법을 충분히 알고 이해하고 있는지, 그리고 마지막으로 측정하는 방법을 충분히 알고 이해하고 있는지 등에 대해 이해할 수 있을 것이다.

현재 사용되는 미디어를 확인하자

인쇄 광고, 신문, 업계지, 시사회, 라디오, TV, 텔레마케팅, 게시판, 도어 행거door hanger, 그리고 광고용 우편물 등에 상관없이 기존의 전통적인 미디어를 전부 살펴보는 것부터 시작해야 한다. 그러면 여러분이 있는 사무실을 둘러본 다음 휴대폰을 포함하여 전화기를 끄고 리스트를 만들어 보자.

현재 사용되는 미디어 전력을 분석하자

이제 여러분은 전체 마케팅 미디어에 대한 완벽한 리스트를 가지고 있다. 그렇다면 이 리스트에서 어떤 것이 효과적이고 효과적이지 않은지 살펴보도록 하자. 분명 여러분은 어떤 것이 효과적인지에 대한 의견을 가지고 있겠지만 우리는 그것보다 훨씬 구체적인 것이 필요하다. 그렇다면 여러분 중에 실제로 전통적인 미디어를 평가해 본 사람이 있을까?

경험이 없다고 상심할 필요는 없다. 그 점에 대해서는 거의 해 본 사람이 없을 것이다. 물론 할 수 있는 사람도 거의 없다. 전통적인 마케팅에서 우리는 항상 노출을 이용한다.

만약 여러분이 매체의 효과와 광고비용을 측정하는 방법에 대해 신문사에 물어본다면, 그들은 광고를 인쇄한 면에 대해 광고비용을 측정하며 신문 당 2.5명은 그 광고를 보게 될 것이라고 언급할 것이다. 여러분 중에 이 말을 정말로 믿는 사람이 있을까?

개인적인 소견으로는 인쇄된 모든 신문의 절반은 읽히지 않는다. 그리고 한 번 읽은 신문은 쓰레기 매립지나 재활용 휴지통에 버려지든지, 혹은 새장 아래에 사용될 것이다. 나는 2.5명이 신문을 읽는다는 말을 믿지 않는다.

그리고 매거진, 라디오, 텔레비전 노출도 마찬가지다. 여러분이 텔레비전 광고를 끝까지 앉아서 보거나, 라디오 광고를 듣거나, 혹은 신문 광고에 반응하는 것은 고사하고 살펴본 게 마지막으로 언제였을까?

다음은 중요한 단계로 몇 가지 조사를 해야 한다. 따라서 여러분은 몇 가지 숫자에 대해 회계사나 경리과에 물어보거나 회계용 소프트웨어를 뒤져봐야 할 것이다.

비용/전환ROI

여러분은 두 가지 수치를 알아야 한다. 먼저 작년도 판매, 마케팅, 그리고 PR홍보에 사용된 총 비용에 대해 살펴보자. 반드시 미디어에 사용된 비용 이외에 숨겨진 비용을 모두 포함시켜야 한다. 그리고 급여 지불 총액 등과 같은 간접비도 모두 포함하고 세금, 병가, 그리고 휴가 등과 같은 인건비와 관련된 간접비의 32퍼센트를 추가한다. 시사회, 고객 및 잠재고객 방문, 다른 세일즈 및 마케팅 관련 활동에 대한 여행비 모두를 추가한다. 마지막으로 임대료 및 대여료, 전화 요금, 차량 비용, 항공 운임, 숙박료, 그리고 식사비용 등도 추가한다. 이제 상황 파악을 할 수 있을 것이다. 판매, 마케팅, 그리고 PR홍보에 사용된 총 비용을 확인할 수 있는 또 다른 방법은 작년도 총 비용에 관리비가능하다면, 제조비도 포함하여를 제하는 것으로 이 수치에 소셜미디어 마케팅 비용을 포함시키지 않아야 한다.

여러분이 알아야 할 두 번째 수치는 작년도 마케팅 캠페인 동안 유치한 신규 고객의 총 수로 신규 고객을 각 마케팅 캠페인 동안의 총 비용으로 나눈다. 이제 정신을 차리고 이 수치를 살펴보면, 한 명의 신규 고객을 유치하는데 얼마나 많은 비용이 들어갔는지 알 수 있을 것이다. 그리고 이렇게 산출된 비용은 신규 고객 유치에 드는 비용으로 사용된다. 이것은 전통적인 마케팅의 효과, 혹은 ROIreturn on investment를 알아내는 가장 좋은 방법이다그럼 이제 다른 사람이 여러분이 산출한 비용을 보기 전에 지우거나 흐트러뜨리자.

누가 마케팅을 할까?

마케팅을 회사 내부나 외부에서 실행하든 아니든, 다음 단계로 마케팅을 실행하는 방법에 대해 자세히 알아보자. 회사 규모가 작다면, 아마도 회사는 직접 마케팅을 해야 할 것이다. 하지만 〈포천〉지에서 선정한 상위 1,000대 기업이라면, 회사는 외부 대행사를 이용할지도 모른다. 그러면 누가 마케팅을 맡아야 효과적인지에 대해 잠시 시간을 갖고 생각해 보자. 다양한 활동을 하거나, 비즈니스를 구축하거나, 혹은 마케팅 관련 프로젝트를 진행하는데 시간을 투자하는 것이 나을까? 아니면 마케팅 및 PR 회사에 시간을 투자하는 것이 좋은 선택일까? 그렇다면 이런 회사가 적절한 비용으로 훌륭히 임무를 완수한 적이 있을까? 이런 회사가 하는 일을 회사 내부로 가져와야 할까?

고객층을 분석하자

이번 단계에서, 우리는 모든 고객층에 대해 살펴볼 것이다. 물론 나는 여러분이 고객층에 대해 알고 있다는 사실을 알고 있다. 그저 나는 여러분이 혹여 모를 수 있다고 가정했을 뿐이다. 우선, 복수형demographics이 아닌 단수형demographic으로 사용한다면 여러분은 고객이나 잠재고객이 누구인지 모르고 있는 것이다. 소셜미디어 마케팅을 사용할 때 한 가지 종류만 사용한다면, 모든 고객층에 적용할 수 없다. 만약 여러분이 한 가지 종류만 고집한다면, 고객은 부모의 옷을 입고 있는 아이처럼 보일 것이다.

여러분이 대화를 듣고 적절하게 참여할 때 소셜미디어는 가장 효과적이다. 밤에 아이들과 나누는 대화는 낮에 동료들과 나누는 대화와 다르다. 물론 부모님과 나누는 대화는 친구들과 놀거나 교회에서 나누는 대화와도 다르다. 소셜미디어 대화도 마찬가지다.

고객 그룹을 확인하자

만약 연수입이 5만 달러 이상인 25세부터 54세까지의 남성과 여성으로 고객층을 규정했다면, 이 고객층은 범위가 엄청나기 때문에 다르게 취급되어야 한다. 25살에게 동기를 부여하는 것은 50살에게 동기를 부여하는 것과 완전히 다르며 남성과 여성도 다르다. 여러분은 〈화성에서 온 남자, 금성에서 온 여자〉라는 책에 대해서 들었거나 수입에 따라 구매도 달라진다는 말을 들어봤을 것이다.

그들은 다르게 생각하기 때문에 다르다. 그리고 동기를 부여하는 핫 버튼이 다를 뿐만 아니라 교류하는 소셜네트워크와 인터넷에서 참여하는 장소도 다르다.

또한 사람들에 따라 의사소통하는 방법도 다양하다. 다양한 고객 그룹 중 어떤 그룹이 오디오를 선호할까? 어떤 그룹이 문자를 선호할까? 어떤 그룹이 문자 메시지와 트위터를 사용할까? 페이스북이나 링크드인에서 많은 시간을 보내는 사람이 누굴까? 동영상을 좋아하는 사람이 누굴까? 몇 명이거나 전부 일수도 있다. 혹은 그룹마다 선호하는 커뮤니케이션의 형태가 있을 수 있고 겹칠 수도 있다. 그렇다면 그들은 문자나, 오디오, 시각, 혹은 신체 자극을 통해 배울까?

얼마나 많은 그룹이 있으며 어떤 그룹일까?

시간이 걸리더라도 각 그룹을 계산해 보자. 현재 그들이 무엇을 하고 있을까? 저녁 식사를 한 후 그리고 주말에 무엇을 할까? 그들은 문자를 보낼까? 그들은 휴대폰이나, 컴퓨터, 혹은 랩톱 컴퓨터로 동영상을 볼까? 그들은 체육관에서 팟캐스트를 들을까? 혹시 체육관에 갈까? 등과 같이 여러분이 심리학적으로 그들을 이해하길 바란다.

가능한 한 다양한 카테고리와 하위 범주로 그들을 구분하면, 패턴이 나타나는 것을 확인할 수 있을 것이다. 그리고 뚜렷이 구별되는 여러 개의 그룹도 볼 수 있을 것이다. 이제, 여러분은 전통적인 마케팅과 소셜미디어 마케팅을 이용하여 각 그룹에 효과적으로 도달하는 방법을 잘 이해할 수 있을 것이다. 다시 한 번 언급하지만, 이것은 과정일 뿐이다.

여러분은 페이스북이나 링크드인을 좋아하는 고객층을 확보하고 있다는 사실을 발견하게 될지도 모른다. 이 고객들의 나이가 많다면, 몇몇 고객들은 광고용 우편물에 반응할 것이다. 그리고 소셜미디어에서 가장 빠르게 성장하는 싱글 고객들이 54세 이상의 베이비 붐 세대 그룹이라는 사실을 명심하자. 여전히 이 그룹은 가장 많은 가처분 소득을 가지고 있다.

여러분이 확보하고 있는 고객층 중에는 휴대폰에서 모든 일을 처리하는 25세~35세 그룹이 있을지도 모른다.

다양한 고객 그룹에 대해 각각의 ROI를 알아낸다면, 커뮤니케이션의 어떤 형태가 가장 효율적인지 알 수 있을 것이다.

메리어트 호텔 체인점의 CEO이자 2대 회장인 빌 메리어트Bill Marriot는 블로그를 사랑하는 이유에 대해 질문을 받았을 때 "저는 고객과 직접 소통하고 있습니다. 우리가 하는 일이 올바르다고 생각하기 때문에 계속하고 있습니다. 만약 우리가 하는 일이 잘못됐다면 중단할 것입니다"라고 대답했다. 고객의 소리를 듣고, 올바른 것을 계속하고 잘못된 것은 그만둔다. 이 얼마나 훌륭한 생각인가!

여러분도 이 생각을 본받아 올바른 것을 계속하고 수익을 내지 못하는 것을 찾아 그만두자.

여러분은 누구인가?

이 장의 마지막 단계는 커뮤니케이션 전략을 면밀히 분석하는 것이다. 각 고객 그룹을 분석한 다음 "여러분은 누구인가?"라고 물어보자. 여러분 혹은 회사는 어떤 모습을 그리고 있는가? 다음과 같이 각 고객 그룹에 대한 질문에 대답해 보자.

- 각각의 고객 그룹에 대해 설명해 보자.
- 각 그룹에 대해 여러분은 어떤 모습을 하고 있는가?
- 각 그룹에 대해 여러분은 어떤 스타일은 가지고 있는가?
- 각 그룹에 전달하고자 하는 메시지는 무엇인가?
- 각 그룹에 대한 빈도는 어떤가?
- 각 그룹에 대한 콜-투-액션은 무엇인가?

여러분의 모습은 중요하다. 온라인 대화에 참여할 당시의 여러분이 누구인지에 대해 생각해 보자. 믿을 수 있을지, 진실한지, 그리고 정직한지. 왜냐하면 고객은 여러분이 정직하지 않다는 사실을 꿰뚫어 볼 것이기 때문이다. 따라서 여러분은 자연스럽게 행동함으로써 회사를 나타낼 수 있다. 어떤 사람은 기업보다 개인과의 관계를 쌓는 것을 선호할 것이다. 그리고 대부분의 사람들은 기업이 아닌 개인으로부터 어떤 것을 사고 싶을 것이다.

여러분은 고객 그룹마다 소통하는 스타일을 다르게 해야 한다. 나는 고객이 누군지에 따라 듀드dude 사용법을 완전히 바꾸며 이런 방식을 좋아한다. 그리고 나는 이런 방식을 내가 누구인가의 일환으로 고객에 따라 자유롭게 사용한다.

그렇다면 여러분은 어떤 모습이었을까? 우리가 1970년대에 배웠던 것처럼 모두 혜택과 기능에 관한 것이었다면, 더 이상 언급하지 않겠다. 기업 메시지였다면, 누구도 귀를 기울이지 않을 것이다. 그리고 판매하고, 판매하며, 판매하자sell, sell, sell 중 하나였다면, 여러분은 티보 박스와 다를 것이 없었을 것이다. 하지만 청취, 참여, 신뢰에 관한 것이라면, 고객은 구매할 것이다.

이제 2단계23장 - 소셜미디어 삼위일체로 넘어가도록 하자.

소셜미디어 ROI

링크드인을 이용한 폭발적인 책 판매

배경

나는 비용을 거의 들이지 않고 단 기간 내에 악착같이 판매하려는 영업 사원 없이 소셜미디어를 이용하여 내가 쓴 책에 대한 관심을 높여야 했다. 그리고 나는 이런 도전을 한 첫 번째 작가로 주의를 끌었을 뿐만 아니라 집필 과정에서도 책의 흥미를 끌 수 있었다. 시장 점유율을 높이기 위해 링크드인을 사용하면, 경성 비용이 거의 들지 않는다. 시간만 필요할 뿐이다.

전략

책을 판매하기 위해서는 주목을 받을 수 있도록 공개하고 눈에 띄어야 할 뿐만 아니라 논란거리가 되어야 하며 사교적이어야 한다. 대상 그룹이 상당히 넓었기 때문에 창의력에 관한 책으로 관심을 끌고 다양한 틈새를 파고들 수 있었다. 대상 그룹 중에 가장 큰 두 그룹은 경영주와 창의적인 사람들이었다. 다른 포스터poster들이 올린 논의를 가열시키거나 금방이라도 싸움을 이끌어 낼 것 같은 질문을 게시하고 링크드인에 올라온 질문에 대답하는 방법을 이용하면 이목을 끌 수 있다. 그리고 공용 포럼에 게시하지 않고 개인적으로 충고하거나 연계가 필요한 사람을 도울 때 사교적으로 대처하는 방법도 이목을 끌 수 있다. 그뿐만이 아니라 숨김없이 대답하는 방법으로도 이목을 끌 수 있다. 직관적 사고란 질문에 대한 대답을 공개적으로 할 때 대답의 일부만 제공하여 읽는 사람으로 하여금 여러분에게 연락하도록 유도하게 만들어 연락이 왔을 때 질문에 대한 모든 대답을 제공하는 것을 의미한다. 참고로, 조언을 하면 할수록, 보다 많은 주목을 받게 되고 교류를 원하는 요청이 증가한 사실을 경험을 토대로 알게 되었다.

위에서 언급한 방법은 책을 판매하지 않은 상태에서 사용되었지만 게시물을 읽은 누군가에게 책을 발견할 수 있는 기회를 제공하고 있다.

실행

출판사 사이트, 개인 사이트, 그리고 주요 서점 사이트에 온라인 상점을 개설했다. 그리고 책에 흥미를 가질지도 모르는 회원들의 그룹에 참여하거나 그런 회원들을 위해 그룹을 만들었다.

기회

작가로서 자신을 솔직 담백하게 보여주기 위해, 독자들이 책에 대한 설명뿐만 아니라 구매할 가치가 있는지 등과 관련된 게시물을 편하게 접할 수 있는 기회를 제공했다.

결론

두 달 동안 웹사이트를 방문한 수가 1만 5,000퍼센트 증가했다. 아마존은 책을 비축할 수 없었을 뿐만 아니라 보더스Borders와 반스앤노블Barnes & Noble 등과 같은 주요 서점에서도 수요에 맞춰 책을 재주문할 수 없었다. 알렉사에 따르면, 나의 사이트는 조사할 수 있는 전 세계 모든 웹사이트들 중에서 상위 14퍼센트 안에 들었으며 4개월까지 구글 랭크 순위 4위를 기록했다. 게다가 사이트를 위해 개설한 게스트 블로그의 게시물로 인해 사이트에 대한 트래픽이 1,000퍼센트나 증가한 것과 같은 부수적인 상황도

www.garyunger.com

발생했다.

    생성된 트래픽: 지금 생성된 모든 트래픽의 40퍼센트는 직접 트래픽이다. 이것은 방문자들이 URL을 알고 있거나 즐겨찾기에 추가한 다음 사이트로 직접 방문하고 있다는 것을 의미한다. 그리고 트래픽의 30퍼센트는 관련 사이트에서 발생한 것으로 다른 사이트에서 제 사이트로 링크를 걸어두었다는 것을 의미한다. 마지막으로 트래픽의 30퍼센트는 나와 내가 집필한 책과 관련된 검색어에 대한 검색 엔진 검색에서 직접 생성됐다.

– 게리 웅거Gary Unger, 작가
www.garyunger.com

전문가 의견

크리스 피릴로Chris Pirillo, 컴퓨터와 기술에 대한 열광적인 팬, www.chris.pirillo.com

크리스 피릴로

    … 매년 나의 레이더에 새로운 것들이 포착됩니다. 그리고 몇 년 전에 우리의 ISP 이외에는 어떤 것에도 돈을 지불하지 않고 라이브–스트림을 하는 것은 일종의 능력이었습니다. 그래서 저는 생각했습니다. "그래, 그렇다면 못할 것도 없지"…

    … [보통 인터뷰의 앞부분에서 "자신에 대해 잠시 소개바랍니다"라고 말하지만 저는 독자 여러분들이 크리스 피릴로가 누구인지 알았으면 하는 마음에 몇 가지 통계학적 자료를 제시하려 합니다. 당신은 작년 1,000개가 넘는 비디오를 제작했고 전체

유튜브에서 톱 100 최대 구독 기록을 깼으며 200만 시간 이상의 라이브 시청자 시간과 방문자 당 평균 25분의 시청 시간을 기록했습니다. 라이브에 대한 통계는 더 감동적입니다. 지난 8월 당신의 라이브 비디오 피드는 100만 명 이상의 시청자가 27만 9,000시간 시청했고, 82만 7,000명의 유니크 뷰어Unique Viewer, 중복으로 노출된 시청자를 배제한 수치 – 옮긴이, 395명의 평균 시청 및 707시간의 라이브 방송을 기록했습니다. 게다가 당신의 컴퓨터 마니아를 위한 웹 커뮤니티는 시작한지 첫 7일 동안 58만 7,000 페이지가 로그인되었습니다. 이것은 믿기 힘든 기록이고, 이 모두는 소박하고 순수하며, 정직한 결과입니다. 당신은 구글에서 '크리스' 검색 순위 1위입니다. 얼마나 멋집니까?]

대부분 그 특별한 통계자료는 제가 인생을 살아가는 동안에 진실로 멋진 일이 되겠지만, 글쎄요... 이제는 한 곳밖에는 갈 곳이 없잖습니까? 비록 아직 일어나진 않았지만 구글 크리스 # 1에서 아래로 가는 것이지요. 구글이 알고리즘을 바꾸지 않거나 더 중요한 크리스가 나타나서 제 자리를 뺏기를 기도할 뿐입니다적어도 이름은 바뀌지 않을 테니까요...

저는 성격장애를 경력으로 바꾸었습니다. 제가 할 수 있는 것이라고는 없었습니다. 저는 한 여름에 현관에 매달린 불빛을 보고 달려드는 벌레같이 기술에 항상 매료되기 때문에 사람들은 '컴퓨터광'이라고 부를 수도 있습니다. 물론 그럴 때도 있지만 그렇지 않을 때도 있습니다. 그러나 저는 콘텐츠를 만듭니다. 저는 다른 사람들이 콘텐츠를 만들도록 돕습니다. 그리고 이제 라이브든 유튜브에 기록되든 저의 비디오 경험을 공유하게 됩니다. 제가 가고 있는 방향은 더 크게 제 자신이 되어가는 것입니다. 저는 저와 같은 사람들이나 스폰서를 위해서 또는 특별히 조언을 해 주기 위해 회사와 정보를 공유하는 동안에 기술에 대하여 직접적으로 대화하는 것이 즐겁습니다...

제가 온라인에 발을 들여놓기 시작했을 때 커뮤니티를 편리하게 만들어 주는 툴이 별로 없었습니다. 지금은 그런 툴들이 넘쳐나지요. 커뮤니티를 만드는 방법은 수도 없이 많습니다. 자신이 관심 있는 것에 사람들을 끌어들이는 방법 또한 많습니다. 그리고 자신의 관심과 경험을 우리와 함께 만들어 가는 것이지요. 커뮤니티를 만들면서 좋은 점은 이 세상에서 혼자가 아니라고 느끼게 된다는 것입니다. 우리의 배경은 문제가 되지 않고 다른 사람이 우리와 비슷한 관심을 공유할 기회는 상당히 많습니다.

인터넷은 넓은 곳이고 커뮤니티는 밀물이나 썰물같이 생겼다가 없어지곤 합니다. 그러나 명백하게 우리가 소유하게 될 한 가지는 자기 자신이라는 겁니다. 그러니 우리가 자신이나 친구, 또는 아직도 우리와 친구가 되지 않은 사람들에게 솔직하기만 하면 툴의 존재 여부에 상관없이 진실성을 유지할 기회는 상당히 큽니다. 이 모두는 진실에 관한 것이고, 이것은 커뮤니티를 만드는 영역이라기보다는 일반적으로 훌륭한 전달자입니다.

우리는 우리가 말하고 있는 것에 대하여 잘 모를 때에는 그것에 대하여 말할 수 없습니다... 그럼에도 불구하고 사람들이 말할 경우 그들은 살인 청부업자이거나 고용된 직원이거나 하지 말았어야 할 일을 한 게 명백합니다...

사람들은 오고 있고 그와 함께 기회도 여러 방향으로부터 오고 있습니다. 그리고 저는 1992년부터 비공식적으로는 최소한 상업적인 용도로 1996년부터 키워가기 시작했습니다. 그 시점부터 내 자신의 장치에 남겨졌기 때문에 힘겨운 투쟁이었습니다. 이것은 소셜네트워킹이 단어가 되기 훨씬 전의 일이었습니다. 그 후 페이스북이나 마이스페이스, 트위터나 그 외의 세상과 공유하려는 서비스 등이 생겼습니다. 그리고 머지않아 블로그가 생겼습니다.

저는 이러한 서비스를 효과적으로 조사해 보았고 언제나 볼 수 있는 새로운 것들이 있었습니다. 저는 이 모든 자원을 살펴보았고 제 자신이 가지고 있는 지식을 이용할 수 있었습니다. 그리고 동일한 사람들이나 가능성 있는 새로운 사람들에게 도달하려는 열정은 성공적인 커뮤니티를 만들기 위한 중요한 열쇠라고 생각합니다.

그 열정은 거기에 그냥 있는 것이 아닙니다. 그것은 특별히 우리의 작업 방식에서 툴이 무엇인지 그리고 어디에 사용되는지 알려줍니다. 저는 라디오 쇼의 진행자가 되기 전, 테크 TV에서 일하기 전에 이 모든 것에 관여하고 있었습니다. 어떤 사람들은 제가 테크 TV로 시작했다고 알고 있습니다. 그렇다면 그들은 저를 전혀 모르는 것입니다. 그리고 그들은 모든 것이 테크 TV 덕분에 시작되었다고 생각합니다. 하지만 테크 TV는 책을 쓰거나 뉴스레터를 보내거나 내 자신을 위한 커뮤니티를 만드는 등등의 모든 것을 시작하기 전에 그곳에 있었던 것뿐입니다...

저는 CNN.com에서 일한 적이 있습니다. 매주 라이브의 일부분을 맡았고, 만족의 관점에서 전권을 위임받고 있었습니다. 그러나 저는 기술전문가로서 CNN.com에 더 깊이 관여하고 싶었습니다. 그리고 그 기회는 제가 하고 있는 일과 전혀 상관이 없었습니다. 그래서 저는 한 가지를 다른 것 위에, 모든 다른 것 위에...

... 즐겁지 않다면 사람들이 왜 그것을 보겠습니까? 제 이야기는 정보를 제공하면서 동시에 즐거워야 한다는 것입니다. 제가 학생을 가르칠 때 동일한 방법으로 접근했습니다. 저는 교사 학위를 가지고 있지만 학교에서 선생님이 되어 본 적은 없습니다.

비록 제가 라이브 스트리밍을 진행하더라도 아무 일도 생기지 않고 그저 사람들이 제 뒤통수만 바라보거나 제가 듣는 걸 그저 들을 뿐이고 ... 그렇다면 저는 최소한 제 경험과 통합된 채팅룸을 가진 것이 되겠죠. 따라서 제가 즐겁게 해 주지는 못한다 하더라도 최소한의 정보는 제공할 수 있겠지요...

항공기 안전 지침사항이 제가 유튜브에 올린 최초의 비디오였고 그것이 유튜브의 프론트페이지를 장식했습니다. 3개월 동안 만들었는데 프론트페이지가 되었습니다. 저는 제가 할 수 있을 때부터 비디오를 만들었습니다. 저는 소니 마비카Sony Mavica를 사용했고 플로피 디스크에 기록하기 위해서는 나중 시리즈를 사용했습니다.

그리고 저는 '비디오를 찍을 수 있어! 정말 멋진 일인걸!'이라며 시작한 것 같습니다. 물론 그 크기는 우표만 했지만 아직도 쓸 만합니다...

... 라이브 스트리밍의 관점에서 볼 때 저는 카메라를 별로 움직이지 않습니다. 보통 엑스박스 360Xbox 360을 사용합니다. 저는 노트북 컴퓨터를 가져오기 시작했고 스트림을 그 컴퓨터로 전환했습니다. 보통 카메라 한 대만 켜 둡니다. 방을 아무 때나 나갈 수 있고 카메라로 항상 저를 찍어야 할 의무가 있다고 생각하지는 않습니다.

그것 때문에 저는 특정 경계를 설정했습니다. 어떤 사람들은 제 전화번호나 '...을 했다더라'라는 식으로 개인 정보를 공유하여 그 경계를 침범합니다. 그렇지만 대부분 잘 참아내지요. 아내인 폰지Ponzi는 지금도 저를 볼 수 있습니다. 하루 종일 저를 보고 있지요. 어떤 아내가 그러고 싶지 않겠어요?

... 그건 스폰서 문제이고 파트너십의 문제입니다. 그리고 확실히 다른 문제도 따라 오겠지요. 그게 저든지 벨루닛이든... 그건 방향에 불과합니다. 저는 그 방향을 좇았고, 나머지는 저를 좇아온 거지요.

확실히 스폰서는 제가 하려는 일에 도움이 되었습니다. 그건 고된 투쟁은 아니었지만 수익모델이 약간 다르기 때문에 그들의 경험과 제가 다음에 하려는 것 사이에서 접촉점을 찾아야 합니다. 그리고 잘 맞춰가고 있는 편입니다.

저는 익살스러운 생각이 잘 떠오릅니다. 그리고 스폰서와 계약할 방법을 모색합니다. 저는 어떤 회사와도 밖에 나가서 따로 말해 본 적이 없습니다. 기회가 없었던 거지요. 그것이 제 경력의 행로이고 기회가 온다면, 또한 시간이 있고 관심 있는 것이며 재미있다면 확실히 거머쥐어야겠지요...

... 저는 절약하는 것을 좋아합니다. 그리고 더 중요하게 생각하는 것은 다른 사람들이 절약할 수 있도록 돕는 것을 좋아합니다. 이게 제가 반복하고 또 반복하는 일입니다. 그리고 모든 사람들이 쿠폰 찾는 걸 좋아합니다. 이젠 사람들이 제게 이메일을 보내서 말합니다. "프로듀스 XProduce X를 사려는데 쿠폰 좀 있나요?" 이 질문에 쿠폰을 찾고는 그것을 그들과 함께 봅니다. 그것을 이 세상의 나머지 사람들과 공유하는 거지요. 그것 때문에 저와 커뮤니티 사이의 고리를 닫을 수 있었습니다. 그리고 나머지 모두를 위한 부가가치를 만들었습니다. 맞습니다. 저는 수많은 쿠폰을 블로그에 게

시하는 것을 좋아합니다...

락커 그노미Locker Gnome가 그것을 락커그노미닷컴LockerGnome.com에서 시작했고, 이제는 블로그 네트워크와 커뮤니티에서 만들려고 합니다. 그러나 플랫폼 선택에 한계가 있습니다. 저도 시도를 해 보았습니다만 너무 비싸거나 불가능했습니다. 그러니 제가 사람들에게 목소리를 제공하고 블로그와 같이 사람들이 알고 있는 것에 대하여 보상을 받을 수 있는 기회를 제공하는 가운데에서 실속 있는 부분을 찾으려 합니다...

www.theSocialMeidaBible.com

www.theSocialMediaBible.com을 방문하면 크리스 피릴로와의 전체 인터뷰를 듣거나 볼 수 있다.

결론

22장에서는 현재 사용되는 미디어를 분석하는 과정, 고객에 교류하기 위해 여러분이 해야 하는 일, ROI의 중요성 및 정의, 그리고 신규 고객 유치에 들어가는 비용 등에 대해 소개했다. 그리고 여러분의 모습, 고객과 소통하는 방법, 빈도, 메시지, 그리고 콜-투-액션이나 대화 전략 등에 대해서도 소개했다.

신규 고객 유치에 드는 비용과 ROI를 확인하는 작업은 보는 것 이상으로 어려우며 이 과정은 4단계25장 - 자원 인식에서 매우 중요한 역할을 한다. 여러분은 22장을 통해 현재 하고 있는 것이 효과적인지 그리고 ROI가 좋은지 여부에 대해를 확인할 수 있을 것이다. 메리어트 호텔의 CEO인 빌 메리어트는 블로그에 다음과 같은 글을 남겼다. "그것은 여러분이 올바르다고 생각하기 때문에 계속할 수 있으며 만약 잘못됐다면 중단할 것이라고 말할 것입니다."

다운로드 : 〈소셜미디어 바이블〉과 관련된 무료 다운
로드를 받으려면 www.theSocialMeidaBile.com을
방문하고 책 뒷면 바코드 위에 있는 ISBN을 입력하면
된다. ISBN 978-1-118-26974-9

www.theSocialMeidaBile.com

www.LonSafko.com/TSMB3_Videos/23Trinity.mov

23장에서는 소셜미디어 삼위일체, 즉 블로깅, 마이크로블로깅트위터, 그리고 소셜네트워크의 중요성에 대해 소개할 것이다. 이미 6장유비쿼터스 블로그에서 완벽하게 블로그에 대해 소개했을 뿐만 아니라 13장마이크로블로깅 선호에서 트위터 및 다른 마이크로 블로그140글자로 제한된 모바일 문자 커뮤니케이션에 대해 그리고 2장소셜네트워킹 소개에서는 소셜네트워크에 대해 소개했다. 따라서 23장을 통해 앞에서 언급한 세 개의 장 및 관련 기술의 중요성을 이해하게 될 것이다. 만약 소셜미디어 삼위일체를 이해할 수만 있다면, 여러분은 마케팅 전략에서 소셜미디어를 사용하여 성공에 필요한 모든 것의 90퍼센트를 이해한 것이다.

중복되는 내용이 있겠지만 세 가지 기술의 각 기능에 대해 설명할 예정이기 때문에 앞으로 돌아가 다시 확인한다면 더 많은 것을 이해할 수 있을 것이다. 먼저 블로그부터 시작하자.

삼위일체 첫 번째 – 블로그

6장에서 언급한 것처럼, 블로그는 소셜미디어 마케팅에 반드시 필요한 구성 요소다. 여러분과 회사는 블로그를 이용하여 신뢰할 만한 팔로잉을 구축할 수 있을 뿐만 아니라 스스로 브랜드화를 할 수도 있다. 게다가 자동적으로 고객 앞에서 여러분과 회사를 내세울 수 있으며 인지하고 있는 분야에서 생각의 리더로서 자처할 수 있다.

이제 누가Who, 무엇을What, 어디서Where, 언제When, 왜Why, 그리고 어떻게How 등 블로깅의 육하원칙에 대서 알아보자. 여기서 누가Who는 이중적 의미다. 첫 번째 의미는 "회사를 대표해서 블로그에 게시물을 올리기에 적합한 사람은 누구일까?"나, "메시지를 이용하여 소통하는 것을 좋아하는 사람은 누구일까?", 혹은 "회사에 대한 블로깅에 책임을 지는 사람은 누구일까?" 등과 같은 의미로 사용되며 두 번째 의미는 "블로그스피어blogsphere에서 해당 분야에 대해 블로깅하는 업체가 또 누가 있을까?" 등으로 사용된다.

그리고 무엇을What은 "그들은 무엇에 관해 블로깅을 하고 있을까?"이나 "여러분은 어떤 것을 게시해야 할까?", 혹은 "고객은 어떤 것을 읽고 싶어 할까?" 등에 사용되며 어디서Where는 "블로거닷컴Blogger.com과 같은 다른 웹사이트나 워드프레스와 같은 블로깅 플랫폼을 갖춘 여러분의 URL 중에서 블로그를 어디에 둘까?힌트: 정답은 여러분의 서버에 있다." 등에 사용된다.

Blogger.com

언제When는 "언제 블로그에 방문할까?" 혹은 "얼마나 자주 새로운 자료를 게시할까?" 등에 사용된다. 마지막으로 왜Why는 23장과 6장에 사용되며 어떻게How는 "이것을 하기 위해 어떻게 시간을 낼 수 있을까?"에 사용된다. 참고로 25장자원 인식에서 보다 자세히 배울 것이다.

용어 이해

블로깅을 현재 사용되는 마케팅 전략에 성공적으로 통합하고 싶다면, 우선 장르에 사용되는 용어를 이해해야 한다. 그리고 포스팅, 게재publishing, RSS 피드17장 간편해진 RSS, 그리고 태그 등과 같이 용어에 익숙해져야 한다. 이런 용어에 익숙해질수록, 여러분은 블로깅의 모든 혜택을 완벽하게 누릴 수 있는 방법을 이해하게 될 것이다.

도구를 알아보자

여러분은 블로그를 어디에 둘지 결정해야 한다. 물론 다른 사람의 플랫폼을 사용하여 블로그를 플랫폼에 기반을 둘 수 있다. 이런 것이 가능한 이유는 플랫폼은 무료로 제공되며 사용하기 쉽기 때문이다. 하지만 이럴 경우 SEOSearch Engine Optimization 장점을 이용할 수 없다. 이 부분에 대해서는 후반부에 자세히 소개할 예정이다. 이제 워드프레스와 같이 사용하기 쉬운 플랫폼을 선택하고 웹사이트의 루트 디렉터리에 직접 설치하자. 워드프레스는 무료로 제공되며 오픈 소스이기 때문에 전 세계의 많은 개발자들이 워드프레스 플랫폼을 사용하고 있다. 그뿐만 아니라 추가적인 기능을 사용할 수 있는 플로그인과 위젯 등이 많으며 워드프레스 홈페이지www.wordpress.org에서 15분 정도면 다운로드받을 수 있으며 ftp를 이용하여 웹사이트에 올릴 수도 있다. 고대디GoDaddy나 블루호스트BlueHost 등과 같은 어떤 ISP나 웹 호스팅 서비스를 사용하든지, 기술 지원팀과 전화 연결이 되어 있는 동안에는 기술 지원팀에서 지원할 것이다.

콘텐츠에 대해 알아보자

여러분이 블로깅에서 성공하고 싶다면, 반드시 해야 하는 첫 번째 일은 정확한 WIIFMWhat's in It For Me을 설정하는 것이다. 아니면 IDKTI Don't Know That를 추가할 수도 있다. 여러분은 이 책에서 이 내용에 대해 설명하는 것을 들었을 것이다. 이제 이것을 설정해야 하는 시간으로 여러분은 이런 생각을 전달하는 가장 좋은 방법에 대해 생각해 보자. 물론, 문자를 사용하겠지만 여러분이 사용할 사진도 고려해야 한다. 어떤 것이 독자의 심리학적 핫 버튼을 건드릴 수 있을까? 사람들은 사진을 좋아하기 때문에 사진을 보여주도록 하자. 이제 여러분의 블로그에 한 장이나, 두 장, 혹은 세 장의 사진을 올리자. 혹시 독자가 볼만한 사진을 많이 가지고 있다면, 링크를 걸어두는 것도 좋은 방법이다. 아니면 플리커와 같이 사진 공유 사이트에 사진을 올려놓고 블로그 독자에게 공유할 수도 있다.

그리고 팟캐스트와 동영상에 대한 링크를 만들어 좋은 콘텐츠를 추가하면 관심을 끌 수 있다. 이런 방법을 사용하는 이유는 독자들은 읽는 것보다 생각을 표현하는 동영상을 통해 여러분을 보는 것을 훨씬 더 좋아하기 때문이다. 이제, 블로그에 재미있는 콘텐츠를 많이 올려서 독자들과 교류하자.

플러그인 및 위젯에 대해 알아보자

블로그 사이트에서 추가하여 여러 가지 기능을 제공하는 다양한 위젯과 플러그인에 대해 살펴보자. 위젯과 플러그인에서 제공하는 기능은 정말로 다양해서 여러분이 생각할 수 있는 모든 것을 플러그인이나 위젯에서 찾을 수 있을 것이다.

나는 책이 출간되는 시기에 맞춰 카운트다운 시계를 TheSocialmediaBible.com 사이트에 추가하고 싶었고 해당 기능을 제공하는 플러그인을 찾았다. 그리고 LonSafko.com 사이트에 랜덤하게 보여주는 좌우명을 무제한으로 추가하고 싶었다. 물론 이런 기능을 제공하는 플러그인을 찾을 수 있었다. 워드프레스 블로깅 플랫폼은 다양한 면에서 표준 HTML 웹사이트보다 많은 구성 요소를 제공하고 다용도로 사용할 수 있을 뿐만 아니라 쉽고 무료로 제공된다.

TheSocialmediaBible.com

LonSafko.com

SEO 장점

웹사이트루트 디렉터리에서에서 직접 블로그를 운영하면, 다량의 SEO 특전을 누릴 수 있다. 개인적으로 구글 주스Google Juice와 링크 러브Link Love를 좋아한다.

구글 주스는 여러분, 회사, 그리고 여러분의 웹사이트에서 사용한 검색 엔진에서 색인을 단 웹혹은 블로그 페이지에 대한 링크 수를 의미하는 재미있는 용어다. SEO 세계에는 웹사이트나 웹페이지에 대한 순위를 결정할 수 있도록 검색 엔진이 모든 웹페이지를 검사하는 약 140개의 다양한 테스트가 있다. 각 테스트를 통해 가중치와 몇 가지 수학 공식을 적용하여 웹페이지에 1부터 9까지의 순위를 매긴다. 페이지 순위와 함께 웹페이지에 대한 링크 수, 즉 구글 주스는 SERPSearch Engine Reply Page에서 더 높게 책정될 것이다.

여러분은 검색 엔진에서 찾아서 색인을 달 수 있는 다양한 웹페이지를 생성하기 위해 많은 블로그를 만들 것이다. 왜냐하면 블로그 페이지는 표준 HTML 웹페이지보다 우선순위가 상당히 높기 때문인데 여기에는 이유가 있다.

검색 엔진은 질문을 위한 가장 적절한 결과를 돌려주는 한 가지 목적만 가지고 있다. 원하는 결과가 나올수록, 여러분은 더욱 행복하게 검색 엔진을 사용할 것이다. 구글에서 제공하는 인덱싱 알고리즘은 업계 최고 수준이다. 야후가 검색 엔진 사업을 몇 년 일찍 유리하게 출발했더라도 인덱싱 알고리즘은 야후를 능가하고 있다.

그렇다면 여러분이 질문에 가장 관련 있는 페이지에 대해 구글혹은 검색 엔진에게 물었을 때, 당연히 시기적절하게 새로 만들어진 블로그 페이지를 검색 결과로 알려줘야 할까? 아니면 아마도 2년 동안 업데이트를 하지 않은 것 같은 웹페이지를 알려줘야 할까? 당연히 블로그 페이지를 알려줘야 한다.

2007년 블로그에 대해 처음으로 조사했을 당시, 나는 서브웨이에서 퀴즈노스Quizons를 샌드위치의 명예 훼손으로 고소한 내용을 블로그에 올렸다. 고소에 대한 자세한 이야기는 블로그를 참고하자. 그 당시 나는 구글이 블로그 페이지에 색인을 다는 방법을 확인하고 싶었다. SEO에 대해 배경 지식을 가지고 있던 나는 표준 웹사이트가 새로운 페이지를 찾아 색인을 달기까지 12내지 14일 정도 걸린다는 사실을 알고 있었다.

하지만 30분 후, 나는 구글로부터 블로그 페이지에 색인이 달렸다는 구글 알리미를 받았다. 12일도 14일도 아닌 30분 만이었다. 그러자 나는 색인이 얼마나 잘 달렸는지 확인해 보고 싶었다. 나는 검색 질문에 이름을 사용하지 않는 방법을 선택했다.

왜냐하면 론 사프코란 이름은 나밖에 없고 이름 관련 검색어가 15만 8,000건임을 이미 알고 있었기 때문이다. 구글에 가서 서브웨이, 퀴즈노스, 그리고 소셜미디어를 입력했다. 나는 이런 단어로 좋은 결과를 이끌어낼 수 있을지 궁금했다.

서브웨이거의 지하철 시스템 때문에 단어로 2,470만 건의 SERP, 그리고 소셜미디어 단어로 1억 8,500만 건의 SERP를 찾은 반면 퀴즈노스 단어로는 116만 건의 SERP를 찾았지만 어떤 페이지도 내 블로그에 대한 것은 없었다. 2007년 12월, 구글 검색 결과에서 첫 번째 결과 페이지, 두 번째 결과 페이지, 그리고 네 번째 결과 페이지에서 블로그를 찾을 수 있었다. 그리고 위에서 언급했던 단어들로 마지막으로 검색한 결과에서도 여전히 첫 번째, 두 번째, 그리고 네 번째 결과 페이지에서 블로그를 찾을 수 있었다.

2007년도에 있었던 결과로, 나는 하드 드라이브를 포맷하여 총 102페이지의 웹사이트를 완벽하게 지운 다음 워드프레스 블로깅 플랫폼만 사용하여 전체 웹사이트를 다시 만들었다. 이제, 새로운 블로그를 만들거나, 새로운 페이지를 만들거나, 혹은 페이지를 업데이트할 때 등 언제든지, 검색 엔진 순위에 대한 우선권을 얻었다.

나는 기업 홈페이지를 모두 지우라고 권유하지 않지만 워드프레스 블로그를 추가한다면 동일한 결과를 낼 수 있을 것이다.

RSS 및 독자

다양한 기술적 이유로 블로그를 만들고 유지해야 한다. 여러분이 새로운 블로그를 생성할 때마다 해당 블로그 페이지가 고객 및 잠재고객에 자동으로 전달되는 것은 대단히 중요하다. 팔로어들이 RSS 버튼을 클릭하는 것만으로 몇 초 안에 새로운 블로그 포스트에 대한 소식을 이메일 알림으로 알리거나 업데이트 소식을 독자에게 알릴 수 있는 기능은 정말로 믿기 어렵다.

상호 접속

여러분은 구글 버즈Buzz나, 훗스위트HootSuite 등과 같은 새로운 도구를 사용하여 페이스북, 이메일, 트위터, 그리고 소셜 북마킹 사이트와 여러분의 블로그를 직접 연결할 수 있다.

블로깅 결론

전략, 전환, 그리고 모습을 결정하고 콘텐츠에 대한 전략, 빈도, 그리고 상호작용의 형식을 개발해야 한다. 그리고 다른 커뮤니티 소셜네트워크 사이트와 연결할 수 있도록 블로그 포스트에 사진, 오디오, 그리고 동영상과 함께 대화형 매체에 대한 하이퍼링크를 걸어두자.

두 번째 삼위일체 – 마이크로블로깅트위터

모든 사람들이 트위터에 대해 이야기하고 있다. 레이디 가가는 1,850만 명 이상의 팔로어가 있고, 저스틴 비버도 거의 1,700만 명의 팔로어가 있다. 아일랜드, 노르웨이, 그리고 파나마 등의 인구를 합한 것보다 팔로어의 수가 더 많다. 오프라는 거의 900만 명 이상의 팔로어가 있다. 지금 언급한 이야기만 가지고도 트위터의 능력을 이용해야 하는 이유로 충분하다.

만약 마이크로블로깅트위터을 완전히 이해하지 못한 채 사용하고 있다면, 지금이 13장마이크로블로깅 선호으로 돌아가서 다시 읽어 볼 좋은 기회다. 앞에서 언급했던 삼위일체 카테고리와 함께 육하원칙에 대해 다시 알아보자.

누가who는 "회사에서 트위터 계정을 관리하고 트윗하는 사람은 누구일까?" 등으로 사용된다. 마이크로블로깅도 "해당 분야 밖에서 트윗하는 사람은 누구일까?" 등과 같이 누가who에 대한 두 번째 의미를 가지고 있다.

해당 분야에 종사하는 생각의 리더들 중 몇 명을 찾아보고 팔로우한 다음 그들이 하는 말을 유심히 살펴보자. 그리고 팔로어 수를 확인한 다음 얼마나 많은 사람들이 그들을 팔로우하고 있는지 뿐만 아니라 트윗에 대한 내용 및 빈도도 살펴보자. 그들은 고객에게 WIIFM이나 IDKT를 제공하고 있을까?

무엇을what은 "이런 리더들은 무엇에 관해 트윗할까?"이나 "고객들은 그들의 트윗에서 무엇을 원할까?" 등으로 사용된다. 어디서where는 트윗을 할 수 있는 모든 장소로 사무실, 커피숍, 공항, 그리고 집 등이 될 수 있다. 하지만 운전 중에는 하지 말자.

언제when는 여러분이 좋은 콘텐츠를 가지고 있을 때마다를 의미한다. 비즈니스에 트위터를 사용할 계획이라면, 트위터를 통해 비행기가 연착된다거나 계란과 베이컨을 가지고 있다거나, 혹은 일몰이 아름답다고 나에게 연락하지 말았으면 좋겠다. 여러분이 이렇게 연락한다면, 나는 가능한 빠르게 여러분을 언팔로우unfollow할 것이다. 물론 개인 개정을 이용하는 것은 괜찮지만 될 수 있으면 비즈니스 계정은 피하자.

왜why는 여러분이 오프라 윈프리와 저스틴 비버처럼 많은 고객 및 잠재고객을 모으길 바라기 때문이다. 어떻게How는 바로 여기서 찾을 수 있다.

용어를 알아두자

여러분은 팔로잉, 팔로어, 트윗, 리트윗, 다이렉트, 그리고 해시태그 등과 같은 마이크로블로깅의 기본 단어를 이해해야 한다. 특히, 해시태그는 유용하기 때문에 이것들을 확실히 이해하도록 하자.

그리고 올바른 도구에 대해서도 알아야 한다. 회사 내부에서만 사용할 수 있는 야머와 같은 다양한 플랫폼들이 있는 반면 트위터는 가장 인기 있는 마이크로블로깅 플랫폼이다. 그리고 마이크로블로깅, 블로깅, 애그리게이션, 그리고 소셜네트워크 통합 등을 모두 합한 텀블러Tumblr와 사진을 업로드하고 트윗에 사진을 올릴 수 있도록 축약 URL을 게시할 수 있는 트위픽Twitpic 등도 있다.

트윗을 관리하자

트위터 관리는 트위터에 참여하는 책임의 일환이다. 게임을 한 번 시작하면, 게임에서 나가지 않는 것처럼 여러분은 사이버 감시가 필요하다. 이것은 CIA에서 하는 소리처럼 들리지만 대화에 참여하고 여러분에 관해 이야기하는 것을 모니터하는 것을 의미한다. 사람들은 여러분에 대해 이야기하고 있다. 물론 정신 분열증 이야기가 아니다. 사람들은 여러분, 여러분의 회사, 그리고 여러분의 브랜드에 대한 대화를 하고 있다.

트윗덱Tweetdeck과 시스믹 데스크톱Seesmic Desktop 등과 같이 트윗을 잘 관리할 수 있는 애플리케이션은 많지 않다. 여러분은 이런 애플리케이션을 무료로 다운로드받을 수 있으며 윈도우, 맥, 그리고 리눅스 운영 체제에서 사용할 수 있다. 여러분은 이런 애플리케이션을 이용하여 모든 팔로어로부터 받은 모든 트윗과 쪽지를 볼 수 있을 뿐만 아니라 메시지를 보낼 수 있고 여러분의 이름, 회사 이름, 그리고 제품 이름처럼 검색 용어를 설정할 수 있는 소셜멘션SocialMention과 구글 알리미Google Alerts 등과 같은 검색 기능을 사용할 수도 있다. 그리고 전 세계 언제 어디서나 누군가가 여러분에 대해 트윗하면, 여러분은 받는 사람과 동일한 시간에 메시지 복사본을 볼 수 있다.

Bit.ly 등과 같이 URL을 줄이는 유용한 도구도 있다. 이런 도구를 사용하면, URL 하나로 140자를 독차지 하지 않도록 긴 URL을 짧게, 보통 4글자 URL로 트윗에 올릴 수 있다.

전략을 결정하자

앞에서 언급한 것처럼, 여러분은 전략을 결정해야 한다. 여러분은 트위터를 사용하여 어떤 것을 할 것인지 생각해 보자. 판매, 교육, 팔로어에 대한 가치 추가, 신뢰를 쌓을 수 있는 개인 연락망 생성, 혹은 브랜드 인지도 유지? 답변은 "위에서 언급한 것"보다 많다.

여러분은 고객과의 커뮤니케이션과 마찬가지로 WIIFM 콘텐츠를 제공해야 하며 빈도의 전문가가 되어야 한다. 콘텐츠가 좋으면 트위터에 대한 빈도는 높아지지만 이메일과는 달리 빈도가 너무 높으면 사람들은 주소를 삭제할 것이다. 왜냐하면 140자 밖에 되지 않지만 이해하는데 5초의 시간을 투자해야 하기 때문이다.

다음 내용을 항상 기억하자. 절대로 트위터에서 판매 행위를 하지 말자. 트위터에 스팸 메일을 보내지 말자. 신뢰를 쌓아 고객이 여러분을 찾게 하며 고객 앞에 머물자. 고객이 구매할 준비가 될 때 그 자리에 있자.

세 번째 삼위일체 – 소셜네트워크

소셜미디어의 삼위일체 중 세 번째이자 마지막은 소셜네트워크다. 이제 2장소셜네트워킹 소개를 다시 읽어 볼 시간이다.

다시 한 번 언급하지만, 육하원칙을 이해한다면 도움이 될 것이다. 누가who는 소셜네트워크 사이트를 관리할 수 있는 누군가나 여러분을 의미한다. 이러한 사람은 활동적이며 참여해야 할 뿐만 아니라 광고 업체와 스패머를 차단하고, 새로운 콘텐츠를 게시하며, 사회적 실재감도 가지고 있어야 한다.

무엇을what은 여러분의 콘텐츠를 의미한다. 여러분은 회사를 대표하여 웹사이트를 구축하고 있다고 가정해 보자. 이때, 여러분이 어떤 모습을 사용할 것인지 알고 있어야 한다. 왜냐하면 고등학교 때 데이트하던 십대들이나 대학교 동급생들과 대화할 때 사용하는 모습과 완전히 달라야 하기 때문이다.

언제when는 지금을 의미한다. 실재감을 빨리 얻을수록 팔로잉이 많아진다. 왜why는 여러분이 4억 2,500만 명의 회원과 워터링 홀고객과 잠재고객의 뜻이 서로 통하는 장소란 마케팅 용어을 가질 수 있는 기회가 언제든지 있기 때문에 거기에 있어야 한다는 의미다. 따라서 여러분은 대화에 참여할 수 있어야 한다. 페이스북이 나라였다면, 미국의 총인구, 3억 940만 9,364명을 넘는 세계에서 3번째로 큰 나라가 되었을 것이다. 어떻게How에 대해서는 2장을 다시 읽어보자.

용어는 무엇인가

여러분은 23장에서 언급했던 세 가지 기술에 대해 자세히 배웠기 때문에 해당 용어를 이해할 수 있을 것이다. 물론 프로파일, 그룹, 팬페이지, 인메일in-mail, 그리고 질문 등이 무엇을 의미하는지 이해해야 한다. 이것이 여러분에게 드리는 숙제다.

도구사이트에 대해 알아보자

여러분은 지금껏 들어본 모든 소셜네트워크 사이트마다 프로파일을 생성해야 한다. 없다면 생성해 보는 것이 어떨까? 무료로 프로파일을 생성할 수 있으며, 만약 여러분이 계정을 만들지 않는다면 누군가가 자신의 이름으로 계정을 만들 수 있지만 나중에 여러분이 계정의 중요성을 깨달았을 때 여러분에게 판매할 목적으로 누군가가 이름을 사용할 수도 있다. 프로파일을 생성하는 것은 쉽다. 오픈 소셜Open Social을 사용하면 클릭 한 번으로 기존 소셜네트워크 사이트로부터 정보를 사용하여 새로운 프로파일을 완벽하게 만들 수 있다.

페이스북 – 가장 큰 미국 네트워크로 8억 명 이상의 회원을 가짐

구글 플러스 – 빠르게 성장 중인 미국 네트워크

링크드인 – 전문 네트워크

마이스페이스 – 엔터테인먼트용 네트워크

닝 – 항상 틈새를 노려 흥미 위주의 테마로 꾸밈

플락소Plaxo – 페이스북의 대체 주자

기타 – 고객을 위한 적절한 네트워크가 있다면 바로 등록하자

전략을 결정하자

여러분은 다른 카테고리에서처럼 소통을 위한 전략을 개발해야 한다. 다양한 네트워크의 문화와 회원들과 소통하는 방법을 이해할 수 있도록 각 네트워크에서 활동해 보자. 각각의 네트워크는 기본 목적이 다르기 때문에 문화나 소통 방법이 다르다. 페이스북은 개인 기반에서 소통하며 링크드인은 온라인 개인 디렉터리를 제공한다. 그리고 마이스페이스는 음악과 엔터테인먼트 별로 사이트를 생성하며 닝은 수직적인 틈새 소셜네트워크 사이트를 생성한다. 그리고 전략을 결정할 때 "참여 빈도를 결정하자"나, "말하기 전에 청취하자", "강한 콘텐츠를 제공하자", 혹은 "절대 판매하지 말자" 등과 같이 이 절에서 언급한 모든 전략적인 충고를 참고하자.

어도비Adobe의 질문 "진짜일까? 가짜일까?"

배경

대학생들은 어도비의 장기적인 성공에 반드시 필요한 고객이다. 이들은 포토샵과 일러스트레이터 등과 같은 어도비 제품을 구매할 미래의 창조적인 전문가들이라고 할 수 있다. 대학생들은 젊을 때부터 어도비 제품을 사용했기 때문에 당연히 직업 전선에 뛰어들었을 때도 어도비 제품을 사용하고 싶을 것이다. 게다가 그들은 마케팅에 대해 엄청나게 회의적이다. 어도비는 이 도전해 볼 만한 목표로 돌진할 수 있도록 트랙션Traction과 손을 잡았다.

전략

적절한 가치를 창출해야 된다. 기발한 광고만으로는 어도비가 이 도전해 볼 만한 고객에게 성공적으로 다다르기에 충분하지 않았다. 그들은 메시지가 전달될 매체와 관련되고, 고객과 관련되고, 그리고 브랜드와 관련된 적절한 가치를 제공해야 했다. 밀레니엄 고객은 인생의 일부분으로써 기술과 함께 성장한 첫 번째 세대로 이것을 두려워하지 않기 때문에 우리는 그들은 존중했다. 브랜드의 주력 제품은 사용자에게 사진을 조작할 수 있는 강력한 기능을 제공하는 포토샵이었다. 그리고 우리는 고객이 하루 평균 22분을 사용한 페이스북을 매체로 사용했다. 페이스북은 우리가 목표로 하는 대상에게 즐거움을 주는 오락이었고 우리가 제공할 가치도 즐거움을 주는 오락이 될 것이다.

시행

포토샵은 사진비키니를 입고 돌격용 자동 소총을 들고 있는 세라 페일린(Sarah Palin)을 생각하자.을 조작하는 것으로 유명해진 기회를 틈타, 트랙션은 일련의 이미지가 진짜인지 아니면 가짜인지를 추측하는 "진실 혹은 거짓Real or Fake"라고 불리는 페이스북 게임을 만들었다. 정답이 "거짓"이었다면, "어떻게 했는지 확인해 봅시다"라는 팝업 창이 나오며 어도비 제품을 사용하여 사진에 효과를 넣는 방법을 간단한 사용 지침서로 보여줬다.

기회

총 세 번의 기회가 있었다. 고객을 몇 번이고 사로잡을 수 있는 간단하지만 강렬한 브랜드 경험을 제공하는 것이 첫 번째 기회였다. 두 번째 기회는 즐거움을 주는 동시에 배울 수 있는 것으로 사용자가 전문가처럼 느낄 수 있게 만들어 브랜드에 대한 정서적 투자를 할 수 있는 가능성을 제공했다. 마지막으로, 판매를 이끌어낼 기회가 있었다. 어도비는 미래 고객이 부담 없이 제품을 구매할 수 있도록 책정된 가격을 이 고객들에게 제공했다. 몇 번이고 고객을 사로잡을 수 있었기 때문에 우리는 고객에게 계속해서 할인해 줄 수 있었다.

Tractionco.com

결과

어도비의 "진실 혹은 거짓"은 세 가지 기회를 통해 좋은 성과를 얻었다. 우선, 게임을 진행했던 사람의 40퍼센트가 다시 게임을 하기 위해 사이트로 되돌아왔다. 플레이어의 21퍼센트는 게임을 통해 사용 지침서를 경험했고 그 중 6퍼센트는 구매 버튼을 눌렀다.

—아담 클렌베르그Adam Kleinberg,
Tractionco.com CEO

Expert
Insight

전문가 의견

마이클 내프Michael Naef, 두들Doodle CEO 겸 설립자, www.doodle.ch/main.html

마이클 내프

두들은 일정에 관한 문제를 해결합니다. 두들은 중요한 회의 전화, 가족 모임, 바비큐 파티 등 단체 모임을 위한 장소와 시간을 검색하는 데 도움을 줍니다. 두들은 최종 사용자에게 아주 간단하고 손쉽게 사용할 수 있는 서비스를 무료로 제공하는 데 집중합니다.

두들 서비스는 2003년에 계획되어 실행되었고, 이 서비스의 아이디어는 제 개인적인 필요에 의해서 고안된 것이었습니다. 저는 친구들과 약속을 잡으려 했고, 이 약속이 술이나 한잔 하려는 것인지 저녁 약속이나 다른 계획에 관한 것인지는 몰랐습니다. 그 결과 이 과정이 생겨났습니다...

여러분이 대체로 아는 것처럼, 날짜나 시간이 정해지지 않은 채 다량의 이메일이 발송되고 전화가 걸려옵니다. 그래서 우리가 두들 서비스를 시작했고, 많은 사람들이 이 서비스에 관심을 가지면서 사용자층이 점차 늘었습니다. 우리는 2006년, 비즈니스 파트너인 폴 세빈치Paul Sevinc와 함께 이 서비스를 전문화하기로 결심했고 공식적으로 회사를 설립했습니다.

두들은 모든 경우에 사용됩니다. 현재 스위스에만 매달 50만 명 이상의 사람들이 비즈니스와 사적인 모임 및 약속을 위해 이 서비스를 이용하고 있습니다. 스위스 이용자들은 두들의 간단함과 접근의 용이성을 가장 높이 평가합니다.

왜냐하면, 이 서비스에 등록하기 위해서 프로그램을 다운로드하거나 소프트웨어를 설치할 필요가 없기 때문입니다. 그래서 그 이용자들은 비즈니스 미팅, 가족 모임, 주말 스키 여행, 그리고 기타 모든 경우에 이 서비스를 이용합니다.

전 세계적으로 현재 두들 서비스 이용자의 수가 200만 명에 달하고 있습니다. 세계 여러 나라에서 이용되고 있으며 현재 25개의 언어로 번역되었습니다. 우리가 직접 제공하고 있는 주요 언어인 독일어와 영어의 번역서비스를 제외하고는, 대부분의 언어로 된 버전을 해당 국가의 자원봉사자들이 번역하고 있습니다.

우리는 구글이나 마이크로소프트 및 Lotus with Notes와 같은 회사의 캘린더 기능과 경쟁하지 않습니다. 우리는 캘린더 기능을 제공하지 않습니다. 그러나 다른 캘린더 사용자들, 캘린더를 사용하지 않는 사람들, 혹은 종이 캘린더를 사용하는 사람들과 일반 캘린더의 어긋난 부분을 연결시켜 주는 서비스를 제공합니다. 왜냐하면 우리는 사람들이 날짜와 시간을 검색하는 과정을 조정하는 것을 돕기 때문입니다...

가장 일반적인 사용 사례는 책임자가 우리 사이트를 방문하여 선택할 수 있는 여러 날짜를 제시하는 투표poll를 만드는 것입니다. 그리고 나서 그 책임자가 두들의 고유 웹 링크를 만들어서 참가자들에게 보냅니다. 참가자들은 이 링크를 통해 투표에 접근하여 참가 여부나 날짜를 정합니다.

책임자는 같은 링크를 통해 투표의 진행상황을 점검하고 최종적으로 가장 적합한 결정을 내립니다. 그래서 간단히 말하자면 이 서비스 도구는 직접적으로 캘린더 정보를 제작할 필요가 없지만, 참가자들이 제공하는 정보를 기본으로 운영됩니다...

이 서비스는 전 세계에서 사용할 수 있습니다. 제가 이야기한 대로 언어의 대부분은 자원 봉사자들이 번역합니다. "저기요, 난 지금 여기 포르투갈에 있고 친구, 가족과 함께 두들을 사용하고 있어요. 우리는 이 도구가 우리의 언어로 번역되길 바랍니다. 제가 포르투갈어로 번역하는 작업을 도울 수 있을까요?"라고 문의해 오는 사람들이 있습니다. 우리가 번역해야 할 내용을 보내주면, 그들이 내용을 번역해서 보내옵니다. 우리는 매우 단순한 서비스를 제공하기 때문에, 이러한 부분이 이용자들에게 매우 중요하다고 생각합니다. 그리고 어떤 사람은 이 서비스가 영어로 작성된 것이 충분하다고 생각할지도 모르지만 이용하는 사람들의 언어로 번역되는 것은 중요합니다. 왜냐하면 우리 서비스의 주요 이용자는 인터넷 전문가라기보다는 일반인들로 영어 애플리케이션에 익숙하지 않을 수도 있기 때문입니다...

우리는 많은 성공 사례가 있고, 일부 사례는 웹사이트의 이용자 후기 부분에 기재되어 있습니다. 그런 사례 중 하나를 들면, "제 작업은 주로 화상 회의로 이루어지고, 여러 회의 참가자들과 적합한 시간을 결정하는 것은 골치 아픈 일입니다. 우리는 이 효율적인 투표 시스템 덕분에 골칫거리였던 문제를 해결했습니다"라는 전화를 받은 적이 있습니다.

우리는 이런 식으로 피드백을 받고 있습니다. 또한, 일곱 개의 다른 병원에서 100퍼센트의 참가율을 필요로 하는 미팅을 정하는데 두들을 사용했다는 사람들도 있습니다. 두들 이용자는 보통 몇 분 이내에 모임을 정하고, 만날 시간을 조정하여 결정하는 데 도움을 주는 두들 서비스에 대해 매우 만족하고 있습니다.

또한 두들을 사용하여 중요한 행사를 정규적인 일정에 입력할 수 있습니다. 행사 내용을 Outlook, 구글 캘린더 혹은 매킨토시 iCal 애플리케이션에 입력할 수 있습니다. 또 한 가지는 투표의 요약 내용을 자신의 웹페이지나 블로그에 통합할 수 있습니다. 물론 투표 피드에 구글 리더나 다른 피드 리더 혹은 iGoogle이나 Net Bites와 같은 포털 사이트에 넣을

http://www.doodle.com/main.html

수 있습니다.

그리고 소셜미디어 관련 속보로 우리가 페이스북 애플리케이션을 출시했다는 것이 월요일에 발표되었습니다. 이 애플리케이션으로 이용자들은 페이스북 친구들과 모임이나 약속을 정할 수 있게 되었습니다. 이것은 아직까지 페이스북에서 자체적으로 제공하지 못하는 기능입니다...

http://www.doodle.com/main.html을 방문하면 마이클 내프와 나눈 경영진 대화 전체를 듣거나 읽을 수 있다.

결론

우리는 23장에서 소셜미디어 삼위일체의 중요성에 대해 배웠다. 만약 여러분이 여기서 언급한 세 가지 카테고리에 대해 알고 있다면, 여러분은 자신뿐만 아니라 회사의 마케팅 및 브랜드 인지도에도 영향을 줄 수 있을 정도로 충분히 알고 있는 것이다. 세 가지 카테고리는 팔로잉과 신뢰를 쌓을 수 있는 가장 효과적인 방법이다. 물론 몇 가지 대비를 해야 할지도 모르지만 수고를 할 만한 가치가 있을 것이다.

다운로드 : 〈소셜미디어 바이블〉과 관련된 무료 다운로드를 받으려면 www.theSocialMeidaBile.com을 방문하고 책 뒷면 바코드 위에 있는 ISBN을 입력하면 된다. ISBN 978-1-118-26974-9

www.theSocialMeidaBile.com

www.LonSafko.com/TSMB3_Videos/24Integration.mov

기존 전략과 삼위일체를 통합하자

소셜미디어 성공을 위한 다섯 단계 중 세 번째 단계는 통합으로 여기서는 1단계_{현재 사용되는 미디어 분석}와 2단계_{소셜미디어 삼위일체}에서 배운 내용을 이용하여 낮은 ROI와 더불어 비효율적인 것을 걸러 낸 다음 두 가지 결과를 하나의 마케팅 전략으로 결합한다. 소셜미디어는 독립된 전략으로 다뤄져 야만 하는 도구의 독립형 세트가 아니라는 것을 기억하자. 소셜미디어는 통합되어야만 한다.

〈포천〉 지에서 선정한 상위 1,000대 기업들과 상의할 때, "회사에 소셜미디어 마케팅이 필요하 나요?" 혹은 "소셜미디어 마케팅에 얼마를 투자해야 할까요?"라는 질문을 종종 받았다. 그럼 나 는 질문에서 소셜미디어를 제외하고 다시 질문해 달라고 요청한다. "회사에 마케팅이 필요하나요?" 혹은 "마케팅에 얼마를 투자해야 할까요?" 이렇게 하면, 바보 같은 질문으로 들린다. 그렇지 않은가? 바로 이전 장에서처럼, 여러분은 전통적인 마케팅과 새로운 디지털 도구를 포함한 통합 전략을 개발해야 한다.

둘 중에서 가장 좋은 것을 선택하자

통합 마케팅 전략을 개발할 때, 여러분은 각 고객층을 위한 가장 좋은 미디어를 찾아야 한다. 가끔은 퇴직한 사람들에게 RV 자동차를 판매하는 것과 같은 전통적인 마케팅 도구를 사용해야 할 때가 있을 것이다. 이 경우에는 광고용 우편물이 대상 고객에게 다다를 수 있는 가장 좋은 방법일 것이다. 페이스북에서 가장 빠르게 성장하고 가장 활동적인 인구가 54세 이상의 그룹이기 때문에 이런 경우 퇴직한 사람들에게 RV 자동차를 판매하는 것처럼 소셜미디어만 사용해도 괜찮을 것이다.

메시지를 공들여 만들 때 여러분이 사용하는 각 매체에 따라 내용도 달라야 한다는 사실을 기억하자. 신문 사설을 복사해서 보내는 것은 블로그에 게시하는 것이나 트윗하는 것과 상당히 다르다. 동일한 사람들이라고 할지라도 분명히 다른 고객들이다. 우리가 맥주를 마시며 놀고 있을 때의 말은 추수감사절에 가족과 나누던 말과 다를 거라고 기대한다. 이런 환경 속에 규칙, 문화, 플랫폼_{전통적인 플랫폼이거나 소셜미디어 플랫폼}, 고객이 있다는 사실을 기억해 두자.

정확한 개인 목표를 개발하자_{전환}

메시지를 만들 때, 정확한 목표나 전환 등과 같이 정확한 콜-투-액션을 가지고 있어야 한다. 이렇게 해야 하는 이유는 판매할 수 있도록 신뢰를 쌓기 위해서다. 그리고 각 메시지가 전환을 위해 미리 정한 정의에 부합되는지 확인하자. 다음은 몇 가지 사례다.

- 이-커머스를 통해 수익을 증대한다.

- 사용자-생성 콘텐츠를 수집한다.

- 웹 트래픽을 높인다.

- 제품이나 서비스 인지도

- 충성도 및 동료 지원

- 공동 작업

- 혁신아이디어

- 이벤트 홍보

- 판매나 마감 세일

- 기술 지원을 줄인다.

- 이메일 구독자를 늘린다.

- 유선 판매를 유도한다.

- 브랜드 인지도를 구축한다.

특히 이메일을 사용할 때, 메시지마다 콜-투-액션전환 하나씩만 개발하자. 메시지마다 한 가지 이상의 콜-투-액션을 적용한다면 전환을 혼란시킬 수 있을 뿐만 아니라 약화시킬 것이다.

양질의 제품이 아닌 양질의 콘텐츠

앞부분에서 언급한 것처럼, 여러분, 나, 그리고 고객은 프로슈머, 즉 전문가적인 소비자가 되어야 한다. 여러분은 회사가 텔레비전 광고를 만드는데 25만 달러를 써서 우리에게 어떤 것을 하라고 밀어붙이는 심리학적 핫 버튼인 숨은 의도, 즉 우리를 전환하려는 사실을 이미 알고 있다. 결과적으로, 우리는 세련되고 비싼 광고 제품을 무의식적으로 무시한다. 우리들은 세련된 의도가 아닌 콘텐츠를 원한다.

우리의 메시지는 여전히 실수 없이 전문적으로 바라보는 것이 필요하지만 전반적인 질은 낮아질 수 있다. 유튜브에 일반 계정으로 고화질 동영상을 업로드할 경우, 공유를 목적으로 화질을 낮추기 때문에 업로드된 동영상의 화질은 좋지 않다. 물론 우리한테는 익숙한 상황이다. 그리고 유튜브에서 제공하는 블로그는 400자 정도 쓸 수 있으며 몇 개의 하이퍼링크와 함께 이미지 하나나 두 개만 올릴 수 있다. 유튜브에 올라온 대부분의 동영상은 값싼 비디오카메라와 플립 폰으로 찍은 것들이다. 이런 것들이 우리가 원하는 것이다. 화려한 원시트one-sheet 및 비롤B-roll의 시대는 끝났다. 현실을 받아들여야 한다.

전통적이고 새로운 디지털을 통합하자

지금까지 전통적인 미디어와 소셜미디어 등 두 가지 기술을 다양한 고객 그룹에 통합하는 방법에 대해 소개했다. 이제 한 걸음 더 나아가 두 가지 기술을 통합할 차례다. '결합! 퓨전 미디어 마케팅'은 이 책의 새로운 부제이며, 다음은 지금 언급한 내용에 대한 사례들이다.

- 주요 소셜네트워크 링크를 문구류, 판매를 위한 문구, 그리고 명함에 표시하자. 회사를 나타내는 작은 아바타 종류의 아이콘인 작은 치클리트chicklet를 사용하자.
- 여러분의 트위터 계정을 명함에 표시하자. 사람들이 여러분을 팔로우하기 원한다면, 방법을 그들에게 말해 줘야 한다. 몇 년 전이었다면, 사람들이 여러분에게 전화하기를 원했을 것이고 쉽게 해결할 수 있었다. 소셜미디어도 동일하게 표시하자.
- 소셜미디어 상호적인 이메일 서명을 만들자. 이메일 서명에 모든 소셜미디어 주소를 입력해 두는 방법을 사용하자. 이런 방법이 너무 어수선하다고 생각된다면, 모든 주소를 구글 프로파일에 입력하고 구글 프로파일의 링크를 이메일 서명에 넣어 두는 방법도 있다. 나는 소셜 주소는 고사하고 이메일 서명도 사용하지 않는 사람들이 많다는데 놀랐다. 여러분은 이런 주소를 비밀로 할 셈인가?

- 여기는 모든 사람을 만날 수 있는 장소다. 반송 우편 라벨에 웹 주소를 넣지 않았다면 그렇게 해 보자. 우체국은 이런 것에 신경 쓰지 않고 무시한다. 이름, 거리, 도시, 주, 우편 번호, 그리고 URL을 적고 어디든 웹 주소를 붙이자.
- 모든 인쇄 광고에 트위터 웹 주소를 입력하자.
- 안내용 책자나 명함에 블로그 주소를 입력하자. 이것을 본 사람들은 여러분을 팔로우하기 원할 것이다.
- 고객에게 회사 음성메일에 대한 웹 주소를 알려주자. 그리고 고객이 기다리는 동안 알려준 웹 주소를 사용하여 웹사이트에 방문하라고 말해 주자.
- 동영상에 URL 및 트위터 계정을 워터마크한 다음 팟캐스트에서 이런 사실을 언급하자.
- 팟캐스트와 동영상에서 블로그 주소를 언급하고 이메일에도 표시하자.
- 안내용 책자와 광고용 우편물에 "…를 방문해 주세요Visit us at…"나 "@Yourname으로 팔로우할 수 있습니다Follow us on @Yourname"와 함께 웹 주소를 적어두자.
- 블로그 주소에 모든 이메일에 대한 하이퍼링크를 걸어 두자.
- 주소를 찾기 위해 여러분에게 전화를 할 수 있는 전화번호가 인쇄된 제품 PDF를 다운로드할 수 있는 웹 주소를 표시하는 소셜네트워크의 주소를 트윗할 수 있는 블로그에서 트위터 주소를 언급하자. 이 상황을 상상할 수 있을 것이라 생각된다.

이제 여러분은 위에서 언급한 내용 덕분에 다른 방식으로 생각할 수 있을 것이다.

소셜미디어 ROI

트위터를 사용하여 고객 서비스 및 수익을 높이는 호텔

배경

프라버넌스Provenance 호텔 그룹은 포틀랜드, 시애틀/타코마, 그리고 내슈빌에 다섯 개의 비즈니스 호텔을 소유 및 운영하고 있다. 2008년 말 경제 조건 때문에, 호텔은 수익과 트래픽을 늘릴 수 있는 방법을 모색하고 있었다. 소셜미디어는 새로운 트렌드로 초기 비용이 많이 들어가지 않기 때문에 신속한 해결책이었다. 더구나 몇몇 호텔만 주목할 만한 특별한 활동을 하고 있었기 때문에 진입 장벽도 매우 낮았다. 따라서 트위터로 이동할 기회를 잡은 프라버넌스 호텔 그룹은 호텔 루시아포틀랜드, 호텔 디럭스포틀랜드, 호텔 맥스시애틀, 호텔 무라노타코마, 그리고 호텔 프레스톤내슈빌 등과 같이 호텔 이름을 지었다.

전략

앤빌은 트위터 계정을 만든 다음 트위터가 어떤 곳이고, 어떻게 사용하는지, 그리고 왜 사용하는지에 대해 이해할 수 있도록 각 호텔의 핵심 관계자에게 트위터를 가르쳤다. 트위터의 가능성을 이해한 각 호텔의 핵심 관계자는 각각의 호텔을 위한 다양한 생각들, 무료 증정품, 패키지, 거래, 그리고 이벤트 등을 기반으로 트윗하기 시작했다. 그리고 빠르게 두 가지 기회를 눈치챘다. 첫 번째 기회는 호텔에 대한 추천을 기대하는 사람들이었다. 이런 사람들은 트윗에 대해 곧바로 답장을 했고 우리는 해당 지역에서 프라버넌스 호텔에 머물 수 있는 특별 트위터 요금을 제공했다. 이것은 대화의 시작으로 호텔을 위한 신뢰성을 쌓을 수 있었다. 두 번째 기회는 호텔, 레스토랑, 그리고 개를 위한 공원 등에 대한 질문에 대답하는 고객 서비스 차원에서 안내 역할을 하는 것이었다. 앤빌은 이런 사람들에게 답변을 제공할 수 있도록 직접 호텔과 일했다. 덕분에 예약을 받는데 도움을 받았을 뿐만 아니라 잘 쉬었다가 가는 것과 그냥 그렇게 있다가 가는 것의 차이를 보여줄 수 있었다. 고객 서비스는 손님을 끌어들이는데 최고다.

시행

앤빌은 가시성을 높일 수 있도록 각 호텔의 웹사이트에 소셜미디어 아이콘을 추가하고 각 호텔을 위한 독특한 트위터 계정을 만들기 위해 디자인 회사와 일했다. 그리고 앤빌은 트윗 리뷰용 프로세스 및 에디토리얼 캘린더editorial calendar를 포함하여 트위터에 대한 프로세스를 설계할 수 있도록 각 호텔과도 함께 일했다.

twitter.com/hotel_deluxe
twitter.com/hotel_lucia
twitter.com/hotel_murano
twitter.com/hotel_preston

기회

신임을 얻고 최고의 고객 서비스를 제공하여 소셜미디어 커뮤니티 사이에서 호텔에 대한 신뢰를 얻었을 뿐만 아니라 특별 트위터 팔로어 요금을 제공하여 수익을 창출할 수 있는 기회도 얻었다.

결과

트위터 전략을 시작한 이후로 앤빌과 프라버넌스 호텔 그룹은 다양한 형태로 커다란 성공을 이루었다. 각 호텔은 트위터 커뮤니티와 교류 및 소통을 위해 열심히 일한 것에 대한 대가로 신뢰를 얻었을 뿐만 아니라 월 단위로 트위터그리고 특별 15퍼센트 트위터 할인요금를 통해 예약이 끊임없이 이어지고 있다. 프라버넌스 호텔 그룹은 CBS 뉴스 트래블 사설CBS News Travel article 그리고 CBS 얼리 쇼 동영상CBS Early Show vidoe에서 자신의 회사를 소개한 사실을 언급하며 이런 노력을 인정했다. 또한, 페이스북 캠페인을 위한 호텔 인터랙티브Hotel Interactive와 호텔 마케팅 전략Hotel marketing Strategies과 같은 관련 산업 블로그들도 프라버넌스 호텔 그룹의 트위터 활동에 대해 언급했다앤빌은 트위터를 통해 페이스북과 상호 촉진 광고용 블로그 게시를 돕고 있다.

−존 맥피John McPhee

www.hoteldeluxeportland.com

www.hotellucia.com

www.hotelmaxseattle.com

www.hotelmuranotacoma.com

www.hotelpreston.com

www.hoteldeluxeportland.com

전문가 의견

토니 마몬Tony Mamone, 짐비오Zimbio CEO 겸 설립자, www.zimbio.com

토니 마몬

... 우리는 계속 성장하고 있습니다. 이 조직에 참여하여 영향을 미치면서 사무실에서 매달 우리 통계치가 계속해서 올라가는 것을 보는 것은 신나는 일입니다. 지난달에는 1,300만 명이 넘게 사이트를 방문했으니 이제 태그 라인을 '매월 1천만 명 이상의 독자 보유'라고 바꾸어야 할 것 같습니다.

짐비오는 인터액티브 잡지입니다. 우리는 스타일과 엔터테인먼트, 스포츠와 최신 행사 등 인기가 많은 문화를 주로 다룹니다.

각자 자신의 배경을 설명하면 길거나 짧은 게 있는데, 저는 중간 정도라고 생각합니다. 저는 엔지니어 교육을 받았지만 지금은 비즈니스 역할 쪽으로 옮겨왔습니다. 인터넷 콘텐츠에 대한 관심과 열정이 있어서 지금까지 상당 기간 참여해 왔으며 그 시작은 렉서스 넥서스Lexus Nexus를 저가 버전으로 보고, 잡지 보관 자료를 검색하며 유명 저널과 잡지의 전체 본문 기사를 찾아볼 수 있는 서비스인 Find Articles.com이란 사이트를 발표한 프로젝트부터 시작했습니다.

저는 그 프로젝트가 마음에 들어서 정말 즐겁게 일했습니다. 그 사이트는 결국 씨넷C-net에 매각되었습니다. 그리고 몇 년 전에 처음부터 시작했던 일을 다시 하기로 결심하고 파트너와 기회를 찾다가 잡지 출판 영역에서 재미있고 혁신적인 기회를 발견했습니다.

그래서 나온 것이 짐비오입니다. 우리가 짐비오에서 수행하는 일 중 중요한 부분은 세계에서 출판되는 잡지 중에서 가장 인기 있고 영향력 있는 잡지를 만드는 것입니다. 우리는 대표급 자산을 [02:37.2].com에서 시작했습니다. 전통적인 인쇄 잡지와는 매우 다릅니다. 다양한 독자의 관점에서 볼 때 〈피플〉이나 〈보그〉, 〈엘르〉나 〈뉴스위크〉에서 보는 것과 큰 차이는 없지만 근본적으로 우리가 만들어 내는 방식이 다릅니다.

우리는 출판 과정 대부분을 자동화하기 위해 기술을 활용하려고 시도하며 회원과 독자가 실제로 콘텐츠의 많은 부분을 작성하고 만들도록 하고 있습니다...

... 구체적인 통계를 얻기는 어렵지만 우리가 지금 인터넷에서 가장 인기 있는 10개의 잡지 중 하나라고 추측합니다. 〈피플〉과 〈타임〉과 〈뉴스위크〉가 짐비오보다 앞서 있지만 우리는 기타 여러 유명 브랜드를 앞질렀습니다.

우리는 〈엔터테인먼트 위클리〉나 〈스포츠 일러스트레이티드〉나 〈유에스 위클리 온라인〉보다 인기가 높으며 현재 디지털 배급에 집중하고 있습니다. 지금 인쇄 버전은 없습니다. 10년 후에 잡지 출판이 어떻게 될 것인지 내다보고 있기 때문에 인쇄 버전은 우리가 꼭 하려는 일이 아닙니다. 우리는 디지털이라는 핵심에 집중하려고 합니다. 앞으로는 종이와 잉크가 필요 없게 될 것이며 디지털 배급 모델로 발전해 갈 것입니다. 우리는 그 부분에서 집중적으로 노력하고 지금도 잘하고 있습니다.

... 이 분야의 성장엔진이 된다고 생각하기 때문에 인터넷에 집중해야 합니다. 동시에 잡지의 경우, 인쇄물이 차지하는 일정한 위치가 있다고 생각합니다. 롤링 스톤Rolling Stone의 윤기가 흐르는 종이를 넘기거나 해변에서 사진을 확인해 보는 것에는 특별한 재미가 있습니다. 앞으로도 인쇄물은 일정 부분을 차지할 것입니다. 단지 이 산업 분야에서 집중해야 할 핵심과 성장엔진이 디지털이라고 믿는 것입니다.

우리가 회원 구성 통계를 내보았을 때 인터넷 유행에 민감한 사용자였습니다. 여러 소셜미디어 사이트를 서핑하고 찾는 사람들이었습니다. 우리가 매월 1천만 명에 가까운 독자를 가진 규모로 성장하면서 대중 매체와 비슷해졌습니다. 이 시점에서 독자층은 18세에서 34세 범위에 있는 다양한 부류의 사람들이 되었습니다. 바로 이것이 우리가 주로 집중한 독자층이며 남성과 여성의 비율이 비슷하고 전 세계의 청중들도 있습니다. 청중의 50퍼센트는 미국에 있지만 캐나다와 영국, 인도와 호주 및 기타 영어 사용권 시장에도 다수의 독자가 있습니다.

우리는 가까운 미래에 다른 언어로 서비스를 제공하는 진정한 글로벌 브랜드가 되려는 열망을 가지고 있습니다. 짐비오를 읽는 계층은 다양하며 다양한 목적을 가지고 있습니다. 이곳은 소비자 잡지인 동시에 소비자가 찾는 사이트입니다. 많은 사람들이 읽고 있습니다...

아일랜드와 유럽 전역에도 많은 독자들이 있습니다. 이 회사의 직원으로 일한다는 것은 즐거운 일입니다. 매일 회사에 와서 가장 인기 있는 이야기가 무엇인지 확인합니다. 대부분은 호주의 럭비

선수나 들어본 적이 없는 다른 시장의 유명한 여배우일 때가 많습니다. 그래서 편하게 미국에서 인기 있는 문화뿐만 아니라 전 세계의 인기 있는 문화의 최신 정보를 얻을 수 있습니다.

... 잡지 출판업과 일반적인 출판 업계는 기초가 튼튼한 산업입니다. 출판물도 많을 뿐만 아니라 독자들은 관심 있는 분야의 다양한 잡지를 읽는 경향이 있습니다. 단순한 원스톱 쇼핑이 아니어서 다른 산업 분야처럼 경쟁이 치열하지 않습니다. 짐비오를 읽는 사람들은 다양한 온라인 잡지도 읽으며 인쇄본을 구독하는 등 전통적인 출판에서 찾아볼 수 있는 경쟁이 덜합니다.

그런 점을 고려하면 인쇄 잡지와 잡지 출판업체 대부분이 새로운 미디어 회사를 전통적인 비즈니스에서 간과해 왔던 성장의 물결로 인식하게 되었다고 생각합니다. 그래서 〈뉴욕 타임스〉와 〈타임〉 쪽에서 자사의 비즈니스를 평가한 후 특정 수입 마진이 사라지고 특정 비즈니스 부문이 성장하지 않는다는 것을 확인했습니다. 물론 이들은 대기업이기 때문에 성장을 위한 전략 영역을 찾는 중입니다. 짐비오가 실효성 있는 사례로 그들의 레이더망에 포착되기를 희망합니다...

저는 매일 일상적인 업무를 수행하면서 짐비오의 출구 전략에 대해 생각하지 않습니다. 우리가 구축하려고 애쓰는 목표만 생각합니다. 그리고 그것은 정기적인 관점이지 올해에 해당하지 않습니다. 지금부터 5년에서 10년 사이의 것입니다. 우리 회사가 추구하는 목표와 브랜드가 나타내려는 것, 청중을 구성하고 독자를 끌어들이며 지속적으로 사이트와 콘텐츠를 향상시키는 데 도움이 되는 자발적인 기고자층을 확보하는 방법에 관한 것입니다. 그것은 재미있는 프로젝트이며 초조해 하거나 서둘러서 회사의 출구를 찾으려 하지 않습니다. 그것을 구축하면서 정말 멋진 시간을 보내고 있습니다...

슈퍼마켓 진열대에 전시된 잡지 표지의 헤드라인을 살펴보면 대부분 짐비오에서 찾아볼 수 있는 내용입니다. 우리는 실제로 아주 다양한 주제 범위를 취급하고 있습니다. 홈데코레이션, 애완동물, 건강, 비즈니스 등에 관한 내용을 찾아볼 수 있습니다. 그러나 우리가 집중하는 핵심은 4가지 주요 범주인 스타일, 엔터테인먼트, 현재 이벤트 및 스포츠입니다.

짐비오에서 이런 범주 각각을 살펴보면 우리가 그것을 다루는 방식에서 특이한 점은 이 범주 내에서 아주 세부적이고 틈새에 해당하는 주제를 다루는 경향이 있다는 것입니다. 그래서 일반 유명 인사를 다루는 대신 특정 유명 인사를 다룹니다. 스포츠 전반을 다루는 대신 특정 팀이나 리그와 실제 선수에 대해 다룹니다.

짐비오의 운동선수 섹션에서 우리는 다양한 관점을 보여주려고 노력하기 때문에 특정 인물이나 특정 선수, 특정 여배우, 특정 정치인에 대한 여러 장의 사진과 기사를 볼 수 있으며 뉴스와 헤드라인을 장식하거나 독자가 관심을 가진 한 개인에 대해 더 깊이 있는 내용을 읽어 볼 수 있습니다...

이렇게 하려면 상당한 노력이 필요하며 오랜 준비 과정이 그 배후에 있습니다. 미디어의 역사를 살펴보면 다른 사람에 대해 그들이 읽고 싶어 하는 것이 무엇인지 찾아낸 다양한 출판물이 있습니다. 바로 그 부분이 흥미를 끄는 영역입니다. 잡지의 경우 대부분 [13:00.4]에 게시된 글이 있습니다. 독자가 시간이 있고 주제에 관심이 있어서 그냥 훑어보는 것일 수도 있습니다. 사람들이 어떻게 결정을 내리고 어떤 사람이 어떤 이야기에 개입하고 있는지 자세히 살펴보는 것은 멋진 일입니다. 그것이 바로 우리가 포착하려는 것이며 짐비오에서는 정말로 실효성이 있습니다.

... 이제 짐비오의 역사와 오늘날의 콘텐츠를 만들어 내기 위해 도약한 것들에 대한 짧은 이야기를 하려고 합니다.

우리는 사용자가 제출한 콘텐츠를 처음부터 전부 수용했습니다. 바로 그것이 우리가 사이트를 시작하면서 100퍼센트 집중한 핵심이었습니다. 사람에게 기사와 사진을 제출하고 투표 등을 권유했습니다. 처음부터 12개월까지 사용자 생성 콘텐츠에만 집중했습니다. 덕분에 우리는 성장했고 출발을 잘했습니다. 사용자 생성 콘텐츠에 집중했기 때문에 초기 자본이 필요하지 않았다는 점이 유리했습니다. 그래서 커뮤니티를 구성하고 그 커뮤니티를 양성했고 제 모습을 갖추기 시작했습니다.

그리고 우리가 성장하면서 일부 독자에게 연락하고 그들이 사이트에서 어떤 가치를 찾고 있는지 더 잘 이해하게 되었습니다. 그들과 이야기하고 짐비오를 어떻게 사용하는지 살펴보면서 발견한 것은 콘텐츠의 출처에 대해서는 관심이 없다는 것입니다. 고품질의 콘텐츠에 관심이 있었고 각각의 이야기에 대해 다양한 관점을 보고 싶어 한다는 것이었습니다. 그래서 우리는 다른 업체가 제공하지 못했던 것을 제공했는데 그것은 그들이 오바마 거리 예술과 버락 오바마의 후보출마에 대한 멋진 예술 작품을 그린 낙서 예술가에 대한 이야기를 읽기 위해 왔을 때, 세 명, 네 명, 다섯 명, 심지어 그 이상이 쓴 글을 읽었다는 것입니다. 사람들이 흥미롭게 여기고 좋아한 것이 바로 그 점입니다. 우리는 표층 밑으로 파고들어서 배후에서 진행되는 이야기를 들추어내었습니다. 우리는 때로 사용자 생성 또는 사용자 제출 콘텐츠가 최상의 출처라는 것을 발견했습니다. 하지만 사용 허가를 얻거나 추가해서 결합하는 다른 전통적인 미디어 자료가 들어갈 때도 있습니다.

그러므로 우리가 발전해 온 이곳에서 이제 시민 언론과 전통적인 미디어가 결합된 형태를 제공하고 있습니다. 그러므로 짐비오에서는 의견을 공유하기 위해 시간을 내어 기사를 쓰거나 주목할 만한 콘텐츠 일부를 제출한 독자와 같이 평범한 사람이 쓴 기사를 찾아볼 수 있습니다. 또한 가디언The Guardian, 연합 신문Associated press, 로이터Reuters, 비즈니스 위크Business Week와 같은 전통적인 출처에서 인용한 사용 허가를 받은 기사도 찾아볼 수 있습니다. 그리고 우리는 두 가지를 결합하여 사이트에 오는 각각의 독자에게 재량껏 제공할 수 있는 최상의 콘텐츠를 제공하려고 합니다. 여기에는 전문가 사진, 기사, 뉴스, 회원의 의견이 포함됩니다...

www.theSocialMediaBible.com을 방문하면 토니 마몬과 나눈 경영진 대화 전체를 들을 수 있다.

결론

지금까지 우리는 다섯 단계 중 세 번째 단계를 배웠다. 이제, 여러분은 이것을 개발하는 방법에 대해 좋은 전략이나 적어도 좋은 아이디어를 가지고 있어야 한다. 현재 사용되는 미디어를 살펴보고, 어떤 것이 효과적이며 그것을 계속해야 할지 결정하자. 그리고 효과적이지 않은 것을 찾아서 그것을 중단하자. 여러분은 소셜미디어에서 가장 중요한 세 가지 도구인 블로깅, 마이크로블로깅, 그리고 소셜네트워크를 이해하는데 시간을 투자해야 한다. 또한, 모든 고객 그룹을 찾는데도 시간을 내야 한다. 전통적인 마케팅을 소셜미디어 마케팅에 통합하고 각 그룹마다 가장 적합한 도구를 사용하여 각각에 대한 전략을 세운다면, 여러분은 성공할 것이다.

이제 여러분 앞에 쌓인 업무량을 확인할 차례다. 이것을 모두 끝내려면 어떻게 해야 할까? 어디에서 자원을 찾을 수 있을까? 다음 장을 읽으면서 해답을 찾도록 하자.

다운로드 : 〈소셜미디어 바이블〉과 관련된 무료 다운로드를 받으려면 www.theSocial-MeidaBile.com을 방문하고 책 뒷면 바코드 위에 있는 ISBN을 입력하면 된다. ISBN 978-1-118-26974-9

THE SOCIAL MEDIA BIBLE

www.LonSafko.com/TSMB3_Videos/25Resources.mov

앞에서 언급했던 3가지 단계ㅼ를 통해 실행에 대한 책임감을 소개했다. 지금까지 여러분은 포괄적인 통합 마케팅 전략을 개발했으니 새로운 도구와 노력을 모두 유지하고 실행하는데 따른 책임을 누가 져야 하는지에 대해 살펴볼 차례다. 참고로, 나는 계획을 실행한 사람들이 책임을 질것 같은 예감이 든다. 하지만 염려하지 말자. 여기서 끝내는 방법에 대해 소개할 것이다.

지난 몇 년 간은 전 세계의 비즈니스에서 힘든 시기였다. 〈포천〉 지에서 선정한 상위 500대 기업부터 1인 기업에 이르기까지 모든 비즈니스는 경기의 영향을 받았을 뿐만 아니라 비영리 기업과 정부 기관도 동일하게 영향을 받았다. 마케팅 예산은 삭감되었고 직원들은 해고되었기 때문에 적은 인원으로 더 많은 일을 해야만 했다. 이런 상황 속에서 우리는 소셜미디어를 사용하여 시장에 완전히 새로운 방법을 도입하고 있다.

이것은 정말로 희소식이다. 소셜미디어는 인적 자원이 필요하다는 측면에서 다른 마케팅과 다르지 않지만 소셜미디어는 무료로 사용할 수 있을 뿐만 아니라 커다란 매체 구입, 창조, 그리고 생산을 필요로 하지 않는다. 바로 여기에 여러분에게 필요한 자원이 몇 가지 있다.

여러분은 첫 번째 단계의 과정을 통해 어떤 마케팅 노력이 효과적이고 효과적이지 않은지에 대해 알아봤다. 이제 소셜미디어를 사용하는 것을 대신해서 보류할 예정인 모든 노력에 대한 리스트를 작성할 차례다. 그러면 화이트보드를 들고 리스트를 작성해 보자.

여러분이 기대했던 ROI를 되돌려 받지 못한 모든 이전 활동들에 대해 리스트를 작성해 보자. 그리고 인쇄 광고, 광고용 우편물, 그리고 시사회 스폰서의 리스트를 작성해 보자. 다음으로 각 카테고리별로, 이런 노력과 관련된 부분 활동 및 활동에 걸리는 시간을 숫자로 적어보자. 이제 3가지 행을 만들고 첫 번째 행은 시간에 대한 리스트를 작성하고, 두 번째 행은 기본 시급에 간접비의 32퍼센트를 더한 값을 포함하여 첫 번째 행에서 작성한 시간에 대한 비용을, 그리고 마지막 행은 경성 비용hard cost에 대한 리스트를 작성하자.

여러분은 외부 지원이나 다른 사람을 데려오는데 필요한 추가 시간이나 비용을 곧바로 확인할 수 있기 때문에 경성 비용에 더 많은 비용을 포함시킬 수 있다. 여러분이 1인 팀이거나 비교적 적은 예산으로 시작하더라도 이 비용은 상당히 커질 수 있다.

나는 회사에서 프로젝트별 기준으로 외부 원조를 구하는 것을 제외하고 모든 업무를 거의 완벽하게 처리한다. 다양한 업무를 통해 나는 더 이상 하지 않아도 되는 마케팅 활동들이 많다는 사실을 알게 되었다. 이런 사실을 알게 되었을 때, 다시는 광고용 우편물 캠페인을 하지 않을 것이라고 기쁘게 다짐했다. 이런 활동들은 비싸고 시간 소모가 클 뿐만 아니라 국가적 평균 환산율도 1퍼센트의 절반밖에 되지 않는다. 참고로 광고용 우편물 캠페인의 환산율은 0.005퍼센트다. 따라서 광고용 우편물 캠페인을 그만 둠으로써 현재 다른 소셜미디어-관련 활동에 투자해야 하는 상당한 시간과 비용을 확보할 수 있었다.

그리고 인쇄 광고에서 기대했던 ROI를 생성하지 못했다는 사실을 알았기 때문에 나는 어디서, 언제, 그리고 어느 정도 광고하는지에 대해 더 많은 주의를 기울인다. 마지막으로 시사회와 회의는 이런 활동에서 현저한 매출 감소가 없어도 예산을 삭감할 수 있는 또 다른 장소다.

마케팅 전략에서 소셜미디어의 사용에 대해 과분한 ROI를 목격한다면, 여러분은 절약한 자원보다 더 많은 자원을 원하게 될 것이다. 이런 상황으로 고위 경영진에 불려가게 될 것이다. 여러분이 미국의 2,100만 사업가 기업들 중 하나일 경우 고위 경영진은 여러분의 배우자가 될 것이다.

관리 지원

미국 전역에서 〈포천〉 지에서 선정한 상위 1,000대 기업들과 함께 가졌던 가장 불만스러웠던 것 중 하나는 마케팅, PR, 그리고 커뮤니케이션 부서에서 근무하는 사람들이 이해한 반면_{그들은 마케팅 전략에서 소셜미디어를 사용하는 것에 대한 ROI를 이해했다.}, 고급 사무실에서 근무하는 사람들은 불행하게도 이해하지 못했다는 점이다. 일반적으로, CEO, CFO, COO, 그리고 CIO 등 "임원_{C-Suite}"은 50세가 넘는다. 따라서 이들은 이런 기술과 함께 성장하지 못했고 대학을 졸업하고 나서야 기술을 사용할 수 있었다. 무엇보다도 이들은 최신식의 소셜미디어를 사용하지 않고도 30년 이상 성공했다.

나는 기조연설에서 손녀가 어렸을 때 딸랑이_{구식 휴대폰 중 하나}를 사줬다는 농담을 했다. 이 농담은 손녀가 기술을 경험했다는 것을 비유적으로 표현한 것이다. 물론 X, Y, 그리고 밀레니엄 세대라면 자연스럽게 사용할 것이다. 우리처럼 50세가 넘은 사람들에게는 그렇지 않다. 하지만 50세가 넘은 나도 소셜미디어에 대한 책을 썼다. 따라서 여러분은 이 상황을 극복하고 대처할 수 있을 것이다.

인적 자원과 재정 자원을 확보하려면 고위 경영진의 지원이 필요하다는 것은 엄연한 사실이다. 여러분은 계획을 세웠기 때문에 그 계획에 착수해야 한다. 다음은 고위 경영진을 설득할 수 있는 팁을 몇 가지 소개하겠다.

고위 경영진에게 이 책을 한 권 선물하자. 물론 자기 잇속만 챙기는 소리란 것을 알지만 이 방법은 효과적이다. 책을 구매한 후 고위 경영진이 사무실을 비웠을 때 책상 위에 올려두자. 책상 위에 올려두기 전에 이 장에 노란색 스티커를 붙여서 내가 여러분에게 언급했던 50세에 대한 연설을 읽도록 만들자. 이 책을 훑어본 고위 경영진은 자신이 아직 해답을 얻지 못했던 모든 질문들의 해답을 찾은 것에 당황하지 않고 오히려 알았어야 했다고 느낄 것이다.

이제, 고위 경영진에게 몇 가지 ROI에 대한 사례 연구를 보여줄 차례다. 이 책에서는 27가지의 사례 연구들에 대해 소개하고 있다. 성공 스토리만큼 임원들을 즐겁게 만들 수 있는 것은 없다. 따라서 임원들은 새롭고 검증되지 않은 것을 시도하는데 따른 책임을 제한한다고 생각할 것이다.

다음은 제3자에 의해 신뢰성을 증명해야 한다. 여러분이 고위 경영진들에게 소셜미디어에 대해 꽤 오랫동안 이야기를 했더라도, 몇 가지 이유에서 그들은 외부에서 제시하는 의견을 더 잘 믿을 것이다. 이 말은 내부 권유보다 컨설턴트의 권유가 좋게 들린다는 의미다. 너무 잇속만 차리는 얘기겠지만, 나를 고용하면 여러분이 지금껏 말한 내용에 대해 얘기하겠다. 아니면 다른 사람을 고용하자. 하지만 매우 조심해야 한다. 만약 누군가가 스스로 소셜미디어 전문가라고 소개한다면, 더 이상 들을 필요 없이 나가라고 말해야 한다. 참고로, 나는 소셜미디어를 설명하는데 500페이지 이상이 필요했다. 나는 책을 쓸 정도로 잘 아는 기술에 대한 모든 측면을 이해시키지 않았다면, 전문가가 될 수 없었을 것이다.

참고로 www.TSMB3.com로 알려진 TheSocial-MediaBible.com에 접속하면 10문항으로 구성된 소셜미디어 전문가 테스트를 무료로 다운로드 받을 수 있다. 여러분이 고용한 전문가가 10문항 중 7개를 맞춘다면, 그 전문가가 소셜미디어에 대해 약간 알고 있다고 말할 수 있지만 그 사람이 전문가나 권위자라고 말할 수는 없다.

TheSocial-MediaBible.com

평판 관리

소셜미디어에 참여해야 하는 또 다른 이유는 여러분이 평판 관리에 책임이 있기 때문이다. 앞에서 언급했던 것처럼, 사람들은 여러분, 회사, 자사 제품, 그리고 자사 브랜드에 대해 이야기하고 있다. 여러분은 이런 대화가 이루어지고 있다는 사실을 인식하고 이런 대화에 참여해야 한다. 여러분은 좋은 행동_{언론의 호평을 얻기 위해}을 장려하고 언론의 비판을 진정시킬 책임이 있다. 만약 누군가가 블로그에 자사 제품이나 서비스에 대해 호평을 했다면, 여러분은 이 글을 보고 싶지 않을까? 그리고 여러분은 이런 사실을 알아야 하지 않을까? 게다가 이런 글을 장려해야 되지 않을까? 아니면 고객 및 잠재고객이 자발적으로 극찬하는 기사를 쓰도록 유도해야 하지 않을까?

만약 누군가가 부정적으로 말하면, 여러분은 이런 사실을 알아야 하지 않을까? 그리고 그 사람과 소통해야 할 필요성을 느끼지 않을까? 정통적인 매체_{언론}와 다르게, 여기서는 소통을 선호한다. 언론의 비판을 주도한 장본인은 참여를 바라고 있지만 정작 여러분의 고객은 이런 사실을 알지 못한다.

규칙 1. 항상 적극적인 행동 노선을 취하자. 절대 잘난 체하지 않고, 비난하지 말고, 부적절한 언어를 사용하지 말고, 혹은 작가를 비하하지 말자. 설사 바보 같은 의견일지라도 모든 사람은 자신의 의견을 가질 권리가 있다.

"저는 여러분의 입장을 이해합니다. 하지만…"이란 말과 함께 참여한 다음 여러분의 사례에 대해 언급하자. 여러분이 하는 일이 옳다면, 독자는 여러분 편에 있을 것이며 작가에 대한 평판이 나빠질 것이다. 잠시 동안 책을 옆에 덮어두고 이것에 대해 생각이 확산될 수 있도록 시간을 갖자. 이것은 과거에 우리가 사용했던 것과 완전히 다른 방법이지만 효과가 있다.

트위터에서도 동일하게 적용된다. 좋은 트윗은 다시 트윗되고 나쁜 트윗은 사라진다. 이것을 이용하여 140자로 한정된 트위터에서 발생한 이런 대화로부터 고객을 데리고 여러분의 블로그나 페이스북 페이지로 가자. 만약 이런 상황이 소셜네트워크에서도 발생했다면 동일하게 처리하면 된다. 여기서 한 가지만 더 기억하자. 절대로, 블로그에 올라온 악평을 지워서는 안 된다. 만약 부적절한 언어를 사용한 경우라면 지워도 상관없지만 여러분의 감정을 상하게 한다면 지우지 말고 게시하자.

성공적인 캠페인

고위 경영진의 지원을 받을 수 있는 또 다른 효과적인 솔루션은 성공이다. 예를 들어, 이메일 리스트를 작성하거나 페이스북 페이지에서 경품을 줄 수 있도록 트위터 캠페인을 시작한다고 가정해 보자. 여러분의 전후 결과를 가까이에서 모니터하고 측정_{다음 장에서 소개}해야 한다. 그리고 벤치마크를 설정하고 측정 도구를 실행한다. 캠페인 실행에 대한 결과를 측정한 다음 새로운 고용이나 예산 증가에 대한 요청에 따라 백서를 만들자. 그리고 만들어진 백서를 CEO의 책상 위에 살짝 올려두자. 대부분의 소셜미디어 전략 실행과 마찬가지로 이 테스트 캠페인은 여러분과 직원 혹은 여러분만을 대상으로 실행될 수 있다. 테스트 캠페인은 시간을 관리하고 더 큰 ROI를 가진 활동에 자원을 다시 책정하는 것을 목적으로 하고 있다. 소셜미디어는 경성 비용이 없을 뿐만 아니라 과분한 ROI도 내놓기 때문에 장래성이 있다. 고위 경영진은 이런 종류의 대화를 사랑한다.

자원을 발견하자

만약 하나나 두 개의 간단한 테스트 사례를 실행하기 전에 소셜미디어의 효과에 대해 확신하지 못했다면, 이제 확신하게 될 것이다. 그리고 다양한 방법으로 다양한 도구를 테스트하기 시작하면 결국 도움을 필요로 하게 될 것이다.

사내

직원
단독으로 진행하는 업무라고 하더라도 조직 내에 도움을 주는 것을 좋아하는 사람들이 있을지도 모른다. 회사에 대해 글을 쓰는 것을 열정적으로 좋아하는 사람이 있는지 찾아보자. 그 사람에게 블로그에 글을 써달라고 요청하자. 그리고 소셜 버터플라이butterfly이며 페이스북 페이지를 좋아하는 사람에게 페이스북 페이지 관리를, 그리고 트윗을 좋아하는 사람에게 트위터 리플reply을 요청하자.

대부분의 경우, 이런 사람들은 약간의 동기 부여가 필요하다. 여러분이 찾은 블로거에게 블로그약 400 단어쯤에 글을 쓰게 한 다음, 문법, 구두점, 합법적인 관점, 지적 재산 문제, 기업 메시지 여부에 대해 살펴보자. 상장사라면 커뮤니케이션에서 할 수 있는 말과 할 수 없는 말에 대한 SEC 규칙이 많다는 사실을 반드시 기억해 두어야 한다. 여러분이 찾은 사람들은 봉사자이기 때문에 엄격하게 행동하지 않도록 조심하고 원하는 대로 하도록 두자. 이런 모든 작업을 혼자하는 것보다 관리하는 것이 훨씬 덜 힘들다.

외부 직원

새로 직원을 뽑을 수 없다면, 외부에서 도움을 요청해 보자. 분명 인턴, 대학생, 임시 직원, 크레이그리스트craigslist, 그리고 이랜스eLance 등이 있을 것이다.

개인적으로 인턴을 관리하는 것이 고양이를 몰고 가는 것과 비슷하다고 알고 있지만 적절한 교육과 함께 올바른 방향으로 제시한다면 대부분 매여 있지 않기 때문에 많은 도움이 될 것이다. 대학생들은 많은 도움을 줄 수 있을 뿐만 아니라 비용도 많이 들지 않는다. 똑똑하고 유망한 학생을 구별하는 가장 좋은 방법은 지역 대학의 커뮤니케이션 장이나 마케팅 장에게 연락하는 것이다. 장에게 좋은 학생을 추천해 달라고 요청하자. 이들은 누가 유망한지 알고 있기 때문에 칭찬을 받을 만한 학생을 추천할 것이다.

1986년 컴퓨터 회사를 설립할 때, 나는 이런 방법을 사용했다. 그리고 졸업하고 정식 직원으로 채용된 이 학생은 기술부 부사장으로 10년 이상을 나와 함께 일했다.

크레이그리스트와 이랜스는 저렴한 비용으로 원조를 구할 수 있는 훌륭한 장소다. 나는 이랜스를 통해 이 책의 [전문가 의견] 집필을 위한 24시간 인터뷰를 도와줄 사람을 찾았다. 영어를 모국어처럼 사용할 정도의 실력을 가진 그녀는 인도에서 번역하는 비용의 절반으로 도와줬다.

주의: 나는 앞에서 X, Y, 그리고 밀레니엄 세대에 대해 언급했다. 이들이 기술을 이해한다고

해서 마케팅, 커뮤니케이션, 세일즈, 그리고 홍보 등을 이해한다는 의미로 받아들여서는 안 된다. 이들이 페이스북 페이지를 가지고 있고 문자 메시지를 사용하지만 기업 수준에서 교류하는 방법을 이해한다고 가정하지는 않았다. 콘텐츠를 제공하거나 설명하고 실행하게 놔두자.

사고방식 도전의 변화

대체로 소셜미디어를 사용할 때 다양한 사고방식이 있다는 사실을 알아야 한다. 모든 사람이 사용하기 쉬운 것은 아니다. 특히 우리 같이 20년이나 30년 동안 새로운 방법 없이 성공하고 살아온 사람들에게는 더욱 쉽지 않다. 동일한 기술도 있지만 다른 기술도 있다. 성공의 핵심은 이 차이를 아는 것이다.

사외

마케팅 및 홍보 회사

나는 이런 기술어descriptor를 사용한다고 놀림을 당했다. 나는 직장 생활을 하면서 많은 외부 업체들과 함께 일했다. 몇몇 업체는 괜찮았지만 대부분은 내가 아는 것만큼 아니면 그것보다 더 알지 못했다. 제발 소셜미디어 서비스를 제공하는 서비스 에이전시와 마케팅 및 홍보 회사를 조심하자. 대부분 회사는, 이 책을 읽지 않았다면, 이제까지 여러분이 배운 것보다 모를 것이다.

여러분은 세계에서 가장 큰 회사들이 평균 이하의 지식으로 몇 년 동안 고객에게 소셜미디어 서비스를 팔고 있었는지 알게 될 때까지 업체들과 소셜미디어에 대해 얼마나 많은 이야기를 나눴는지 모를 것이다. 여러분이 가지고 있는 질문을 모아서 리스트를 만들고 이런 업체도 앞에서 언급한 테스트를 받게 하는 것도 좋은 방법이다.

컨설턴트

컨설턴트도 동일하게 적용할 수 있다. 지난 2년 동안, 거의 모든 사람이 소셜미디어 전문가나 권위자를 자칭하고 있다. 이런 사람들은 아니다. 만약 여러분이 컨설턴트를 고용할 계획이라면, 제발 광범위하게 인터뷰하자. 이 책을 읽었을 때 여러분이 가졌던 특정 IDKT I Didn't Know That 순간에 대해 질문하고 만약 대부분의 질문에 대답할 수 없다면, 자칭 전문가를 돌려보내고 다른 사람과 다시 인터뷰하는 것이 좋다.

주의: 외부 업체는 여러분이 마케팅이나 소셜미디어, 혹은 비슷한 업무를 직접하는 것을 좋아하지 않는다. 왜냐하면 여러분이 직접 맡아서 업무를 하게 될 경우 이런 업체들은 청구 대상 상담 시간을 얻지 못하기 때문이다. 따라서 외부 업체는 업무에 대한 실행을 혼란스럽게 만든 다음 전문가에게 맡기라고 주장할 것이다. 하지만 바로 여러분이 전문가다. 여러분보다 회사, 자사 제품, 그리고 자사 서비스에 대해 잘 아는 사람은 없다.

소셜미디어 ROI

블로거용 고급 이벤트를 사용하여 소셜미디어 소문을 퍼트림

배경

오피스맥스는 개성이 부족한 네모난 사무용품 세계에서 벗어날 수 있도록 창조성, 생산성, 그리고 효율성을 강조하는 저렴하고 우아한 개인 브랜드 라인을 내세워서 여성을 타깃으로 삼고 있다. 새로운 위치에 자리를 잡을 수 있도록 지원하기 위해 오피스맥스는 새로운 제품 라인인 [In]Place System by Peter Walsh를 시작함에 따라 업무 현장에서 조직과 혁신을 북돋울 수 있도록 국제적으로 알려진 조직 전문가, 피터 월시 Peter Walsh 와 손을 잡았다.

전략

오피스맥스와 피터 월시는 새로운 라인을 소개하고 업무 현장 조직 전문 지식에 활기를 불어 넣을 수 있도록 영향력이 있는 여성들이 관심을 갖는 블로거와 함께 시사회 웹 이벤트를 주최하기로 결정했다. 여성들이 관심을 갖는 블로거들에게 사무실 조직에 대해 교육하고 알리기로 결정한 오피스맥스는 블로거들에게 저명한 조직 전문가, 피터 월시를 만날 수 있는 특별한 기회를 제공했다. 봄이 시작할 무렵에 라인을 가동한 오피스맥스가 봄맞이 대청소가 소셜미디어 고객과 소통하고 유용한 도구를 제공할 뿐만 아니라 조언도 구할 수 있는 공통 관심 분야로 떠오르는 시기인 봄에 발표한 것은 시기가 적절했다.

시행

오피스맥스는 제품 출시 행사에 대한 참여와 관심을 끌기 위해 250명의 영향력 있는 여성들이 관심을 갖는 블로거들을 선택하여 새로운 제품 라인의 시사회뿐만 아니라 "블로그캐스트를 조직한 직장 생활Work Life Organized Blogcast"이란 제목이 붙은 라이브 이벤트에도 참가시켰다. 블로거들은 양육, 전문 여성 및 엄마, 단체, 그리고 제품 리뷰를 포함한 인지도와 독자수로 선택되었다. 이렇게 선택된 블로거들은 블로그캐스트 1주일 전에 [In]Place System by Peter Walsh의 제품 샘플, 제품 안내 책자, 그리고 소개장을 받았다.

피터 월시와 오피스맥스의 마케팅 및 광고의 VP인, 줄리 크루거Julie Krueger는 로스앤젤리스 스튜디오에서 40분간 진행될 블로그캐스트 라이브를 위해 선택된 블로거들을 온라인에서 만났다. 블로그캐스트 동안, 피터와 줄리는 클러터clutter를 다룰 수 있는 조직 팁과 전략을 공유하면서 실시간으로 블로거들의 질문에 답했을 뿐만 아니라 공통 업무 공간 조직 개편에 대하여 피터의 새로운 조직 시스템도 소개했다. 실시간으로 대화를 할 수 있도록 해시태그#OfficeMax를 사용하여 트윗채팅 TweetChat 방을 만들었고 수백 명의 블로거들은 이곳에서 업무 공간 조직과 새로운 제품 라인에 대해 트위터로 논의했다.

블로그캐스트가 끝난 후, 블로거들은 피터 월시의 "블로그캐스트를 조직한 직장 생활" 예상표, 제품 이미지, 그리고 녹음된 블로그캐스트와 [In]Place System 마이크로사이트에 대한 링크 등을 선물로 받았다.

기회

블로거들에게 고품질의 콘텐츠를 제공한 결과, 블로거들은 블로그를 활용하여 새로운 업무 공간 조직 제품 라인에 대해 소개했다.

결과

피터 월시와 함께한 오피스맥스의 "블로그캐스트를 조직한 직장 생활"은 소셜미디어에서 영향력 있는 여성들이 관심을 갖는 블로거들 중 일부를 포함하여 200명 이상의 참여자를 끌어들였다. 이 웹 이벤트로 인해 총 275만 건의 고객 노출 횟수를 기록한 [In]Place System by Peter Walsh와 사

무실 조직에 대해 125개 이상의 호의적인 게시물이 블로그에 올라왔다. 그뿐만 아니라, 해시태그 #OfficeMax는 트위터에서 트렌딩 토픽trending topic 순위 2위를 기록했으며 230만 건의 노출 횟수를 가진 1,000개 이상의 트윗을 확보했다. 결국 소셜미디어 방송은 총 210만 건의 고객 노출 횟수를 가진 15곳의 언론 매체의 전통적인 미디어 방송으로 이어졌다. 요컨대, 집과 비즈니스 사무실 조직에 대한 다양한 용도 및 제품 라인에 중점을 둔 광범위한 소셜미디어 방송과 전통적인 미디어 방송을 이용한 웹 이벤트 덕분에 오피스맥스의 제품은 성공적으로 출시할 수 있었다.

– 오피스맥스 홍보 팀, OfficeMax.com

Expert
Insight

전문가 의견

개리 베이너척Gary Vaynerchuk, 와인 라이브러리Wine Library 운영 이사, 와인 라이브러리 TV의 운영자 겸 설립자, www.WineLibrary.com

2007년 10월 저는 제가 열정을 가지고 있는 와인 라이브러리 TV의 비즈니스의 비하인드 스토리

개리 베이너척

와 일반적인 비즈니스에 대한 이야기로 주제로 제 이름으로 GaryVaynerchuk.com 동영상 블로그를 시작하겠다고 결심했습니다. 저는 그런 목적을 이룰 수 있는 발표의 장을 원했고, 그 노력은 성공을 거두어서 여러 곳에서 연설하고, 컨설팅을 하며 수준에 맞는 기회를 얻었습니다.

여기에서 하는 것은 기업가적인 일이고, 와인과 관련한 정보를 기술적으로 잘 다루고 다양한 주제를 다루기 때문에 재미있습니다... 저는 이전에 레모네이드, 야구카드, 눈 치우기 등을 경험해 보았습니다. 제 삶 전체가 모험적인 일로 가득했습니다. 소셜미디어와 지금의 세상이 가진 장점은 저렴한 가격에 아주 빨리 브랜드를 성장시킬 수 있다는 점이며, 바로 그런 면에서 미국 내에서 비즈니스를 수행하는 방식이 바뀌고 있습니다.

이제 건물의 수위는 통제 기능을 상실했습니다. 편집자/프로듀서가 더 이상 할 수 있는 일과 할 수 없는 일을 알려주지 않습니다. 미국인이나 전 세계 사람들이 할 수 있는 말이 무엇인지 결정하지도 않습니다. 우리에게는 메시지가 무엇이건 거의 비용을 들이지 않고 전달할 수 있는 도구가 있습니다. 다만 우리가 커뮤니티에 시간과 노력을 들이기만 하면 됩니다. 그런 점에서 현재 우리가 살아가는 방식이 근본적으로 변화하고 있습니다...

우리가 속한 커뮤니티에 대한 노력이 필요합니다. 바로 그것이 〈와인스펙테이터Wine Spectator〉에 비해서 소규모인 저와 같은 사람이나 코미디 센트럴Comedy Central에 출연하는 정상급 코미디언에 못 미치는 코미디언에게는 비용 측면에서 동등하게 하는 무기가 됩니다. 누구든지 커뮤니티를 활용하고 잘 구축하면 승리할 수 있는 유리한 위치를 얻게 됩니다. 그래서 관심을 가지고 돌보며 적극적으로 응답을 제공하는 사람이 성공을 거두게 된다는 것을 앞서 인용했습니다. 이는 아주 강력하고 훌륭한 메시지이며, 대부분의 사람들에게는 큰 기회라고 생각합니다.

한 번에 한 단계씩 해나가면 됩니다. 많은 사람들이 제게 묻습니다. "언제가 극적인 전환점이었습니까? 코난, 레노, 나이트라인Nightline에 출연하거나, 〈월스트리트저널〉에 실렸을 때입니까?" 우리가 극적인 전환점에 집중하지 않고 좋은 콘텐츠를 쏟아내는 것에만 관심을 기울일 때, 매일 최선을 다하고 이메일에 답을 하고, 커뮤니티에 관심을 기울이고, 좋은 콘텐츠를 만들어낼 때에야 비로소 극적인 전환점이 필요하지도 않고 그것이 근본적으로 승패를 판가름하지 않는다는 것을 인식하게 될 것입니다.

제게 있어서는 매일 멋진 쇼를 내보내고, 커뮤니티의 일부가 되려고 노력하고, 의견을 남기고, 블로그를 작성하고, 이메일에 답변하고, 페이스북과 트위터 등의 계정을 만들면서 일하는 것이었습니다. 바로 그것이 성공 비결이며, 유일한 차이점은 여러분을 아끼는 팬과 소비자들이 가진 도구를 활용하여 빠르고 쉽게 여러분을 발전시킬 능력을 가지고 있다는 것입니다.

구전 효과가 바뀌었지만 여러분이 브랜드를 형성하는 방식은 바뀌지 않았습니다. 그렇습니다. 메시지가 전체를 좌지우지합니다. 때로는 매끄럽지 않은 것이 좋을 수도 있습니다. 조명이나 마이크나 카메라를 사용하는 것이 적당하지 않고 여러 프로듀서에게는 방해거리가 될 수 있습니다. 게임에 뛰어들려는 많은 사람들은 그 부분을 알아내려고 너무 많은 시간을 소모하고 있지만 그 부분은 전혀 가치가 없습니다. 정말 제로라고 생각합니다. 그들 중 일부는 내용이 볼 만하고 사람들이 듣도록 해야 한다고 생각하지만, 그것을 벗어나는 것이 분기점입니다. 메시지의 진정성이야말로 사람들을 제품과 서비스와 개인에게 다가오도록 만드는 것입니다. 우리가 메시지를 소비하는 방식이나 동영상이나 사운드가 아니라 메시지의 품질이 중요합니다. 분명한 사실은 그것이 정말 효과가 있다는 것입니다.

수백만 달러 예산의 광고를 넣을 필요가 없었습니다. 사람들이 돈은 가졌지만 현명한 결정을 하지 못해서 광고를 했을 뿐입니다. 정말입니다. 이제는 한 발자국 뒤로 물러서서 사람들이 어떻게 반응하고, 진정성이 무엇이며, 실제적이고, 투명한 메시지를 전달하는 것에 어떻게 반응하는지 이해해야 합니다. 그리고 경청해야 합니다. 어떤 사람들은 HD로 감상하는 것을 좋아합니다. 잘 압니다! 그렇다고 해도 그것이 승패를 좌우하는 차별 요소가 되지는 않습니다. 정말입니다!

커뮤니티를 형성하는 것은 사람을 꼭 껴안아 주는 것과 같습니다. 바로 그 점에서 제가 다른 사람들과 다른 점입니다. 일 잘하는 사람들이야 많겠지만, 제게 있어서는 사용자 기반을 진정으로 아끼고, 경청하고, 그들이 참여할 수 있도록 하고, 그들의 생각을 존중하고, 그들이 말하는 대로 앞으로 일할 방향을 결정하도록 하는 것이 중요합니다. 그래서 그저 관심을 기울이는 것이 중요합니다. 이메일을 읽고 답을 하고 직접 그들을 만나고, 작은 선물을 보내려고 추가적인 노력을 하는 것입니다. 관심을 기울이는 것은 아주 간단한 과정입니다. 사람들은 시간과 비용이 많이 든다고 그것에 투자하기를 꺼려하지만 말입니다.

www.theSocialMediaBible.com을 방문하면 개리 베이너척과 나눈 경영진 대화 전체를 들을 수 있다.

결론

마케팅에 소셜미디어를 포함시키고 싶다면, 현실적으로 여러분이 할 수 있는 방법은 판매, 홍보, 및 커뮤니케이션 계획을 세우는 것이다. 물론 자원은 거기에 있다. 하지만 자원을 찾은 곳에서 약간의 창조력을 발휘해야 할 것이다. 게다가 여러분은 전통적인 마케팅과 소셜미디어 마케팅의 결합에 대한 효과를 고위 경영진에게 가르쳐야 한다. 그리고 활동에 대한 우선순위를 다시 정한 다음 조금 다르게 마케팅을 살펴봐야 한다. 마지막 남은 단계를 시행하고 소셜미디어를 결합할 때 발생하는 ROI와 효과에 대해 깨닫는 순간, 여러분은 나와 같이 중독될 것이다.

이제 마지막 단계인 실행과 측정에 대해 살펴보자.

다운로드 : 〈소셜미디어 바이블〉과 관련된 무료 다운로드를 받으려면 www.theSocialMeidaBile.com을 방문하고 책 뒷면 바코드 위에 있는 ISBN을 입력하면 된다. ISBN 978-1-118-26974-9

www.theSocialMediaBible.com

www.LonSafko.com/TSMB3_Videos/26ImplementMeasure.mov

전략, 메트릭스, 그리고 분석을 실행하자

에드워즈 데밍Edwards Deming 박사는 "측정할 수 없는 것은 관리할 수 없다"란 말이 사실이 아니라고 믿고 있었지만 이 말은 맞는 말이다. ROI를 측정하고 전환율을 알아내고 싶다면, 측정 도구를 가지고 있어야 한다.

나는 거의 모든 신문사들이 발행된 모든 신문을 평균 2.5명이 읽는다고 주장하고 있다고 앞에서 언급했다. 말도 안 되는 소리다. 전통적인 마케팅을 측정하는데 문제가 있기 때문에 이런 결과를 낳았다. 1990년대 말부터 2000년대 초까지의 파산 인터넷 기업dot-bomb 시대로부터 어떤 것을 배웠다면, 노출 횟수는 브랜드 인지도에 추가되었겠지만 노출 횟수 뒤에는 매우 작은 가치만 눈에 띄었다.

전통적인 마케팅을 이용하여 응답 혹은 ROI를 측정하는 것은 항상 어렵다. 우리는 광고를 추적하기 위해 여러 개의 사서함을 사용했을 뿐만 아니라 쿠폰과 할인 코드도 사용했다. 그리고 다양한 전화번호도 사용했다. 일찍이 휴렛팩커드는 다양한 광고의 반응을 추적할 수 있도록 4,000개 이상의 다양한 전화번호를 사용했다. 하지만 인터넷이 출현하기 전까지 자동 계수기를 통해 응답할 수 있는 방법이 없었다.

이제, 컴퓨터 시스템과 네트워크에서 인터넷을 관리하기 때문에 시스템을 지나는 모든 것을 측정할 수 있다. 지난 10년 동안, 우리는 측정할 수 없는 전통적인 응답을 측정하기 위해 독특한 랜딩 페이지와 인터넷을 사용했다. 하지만 오늘날, 모든 마케팅 노력을 관리하고 측정할 수 있는 도구는 무수히 많으며 대부분 무료로 제공된다.

측정 도구를 결정하자

소셜미디어 배포 및 커뮤니케이션 채널에 대한 모든 카테고리를 지원하는 매우 다양한 도구들이 있다. 불행히도, 이 책에는 이런 기능과 장점을 갖춘 다양한 도구들을 모두 다룰 수 있는 공간이 부족하다. 따라서 여러분이 직접 이런 도구들을 조사해야 한다. 가장 많이 사용되고 다양한 기능을 갖춘 도구들과 해당 도구의 장점에 대해 소개한 다음 여러분이 제출한 과제를 평가하겠다.

웹, 블로그 페이지 및 트윗 관리 – 페이지를 체크하자

구글 애널리틱스를 사용하면, 가장 쉽고 자유롭게 전 세계의 모든 웹페이지와 모든 블로그 페이지를 모니터할 수 있다. 만약 구글 애널리틱스를 사용하지 않는다면, 앞으로 필요하게 될 것이다. 구글에 가서 구글 애널리틱스를 찾아보자. 지메일 이메일 계정이 필요한데 없다면 어쨌든 계정 하나는 가지고 있어야 하기 때문에 가입하자. 물론 무료다.

구글에 접속하면, 구글 애널리틱스를 선택하고 몇 가지 설정하자. 그리고 "구글을 통해 알고 싶은 것은 어떤 것이든" 입력하여 새로운 구글 검색어를 생성한다. 이제 구글은 "론 사프코", "소셜미디어 바이블", 회사 및 자사 제품, 그리고 부모님 이름 등의 검색어가 입력될 때마다 나에게 알려준다.

구글 애널리틱스는 전 세계 어디서나 블로그 페이지와 웹페이지에서 설정한 검색어가 입력될 때마다 해당 페이지를 볼 수 있는 링크와 함께 나에게 알려준다. 잠시 동안 이런 방법, 즉 전 세계 어디에서 누군가가 나를 검색할 때마다 30분 안에 링크와 더불어 이 소식을 들을 수 있다는 것에 대해 생각해 보자.

나를 언급했다는 사실을 첫 번째로 안다는 것은 앞에서 언급한 것처럼 평판을 유지하기 위한 기회를 제공한다는 의미라고 할 수 있다. 따라서 이런 방법을 이용하면, 내 관점에서 이야기해 준 사람이나 호평을 한 사람에게 감사하는 마음으로 블로그에 댓글을 다는 첫 번째 사람이 될 수 있다.

트윗에 귀 기울이자

사이버 공간의 거의 모든 것에 신경 쓰지만 여전히 SMS 문자 혹은 트윗이 남아 있다. 만약 지구상의 누군가가 여러분이나, 회사, 자사 제품, 혹은 자사 서비스 등을 언급하는 내용을 담아 보내는 모든 트윗을 모니터할 수 있고 수취인이 트윗을 받는 동시에 해당 트윗을 정확하게 확인할 수 있다면 어떨까? 트윗덱과 시스믹 데스크톱을 이용하면 이런 것을 할 수 있다.

두 제품은 모두 무료로 사용할 수 있으며 설치하기 쉬울 뿐만 아니라 브랜드를 관리하는데 강력한 기능을 제공한다. 게다가 휴대폰에서 브랜드를 관리할 수 있는 모바일 버전도 있다. 그리고 따옴표 안에 있는 문자를 사용하여 구글에서 검색할 때 설정을 한 것과 동일한 방법으로 검색을 설정할 수 있다.

그뿐만 아니라 팔로잉하고 있는 사람들로부터 받은 모든 트윗을 읽을 수 있고 읽은 트윗에 대한 댓글도 보낼 수 있으며 트위터에 로그인을 하지 않고도 모든 쪽지를 확인할 수 있다. 화면은 매분마다 새롭게 업데이트되고 화면에서 회사의 모든 트위터 활동을 확인할 수 있다. 이 기능은 백그라운드로 실행된다.

Search.Twitter.com을 사용하면, 전 세계의 모든 트윗을 빠르게 확인할 수 있다. 다음은 Search.Twitter.com을 사용하여 "소셜미디어 바이블"을 검색한 사례다.

Marconavu: Espero q n la office el boss entienda q si me llevo el social media bible pa la choza es porq quiero q me pasen al dpto de redes siciales!!

about 5 hours age from TweetDeck · Reply · View Tweet

marconabu: yo sé q hoy a jueves pero cómo yo nunca sigo las reglas!

mi #librorecomendado de la semana será Social Media Bible!!

abort 5 hours age from TweetDeck · Reply · View Tweet

njhogan: @Sarah_Tweeds I was unaware social media was in the bible!:P abort 6 hours age from web · Reply · View Tweet · Show Conversation lilymafiette: Nerd-out bedtime reading with The Social Media Bible. This book my new religion. @nguyener0127 Thought you'd appreciate this!:) about 15 hours age from HootSuite · Reply · View Tweet

만약 스페인어를 읽거나 말할 줄 모른다면, 아이구글 번역기iGoogle Translator를 통해 첫 번째 두 문장을 번역해 보자.

보다 세련된 감시

라디안6Radian6과 같은 유료 서비스를 이용하면 분석을 보다 정교하게 할 수 있다. 라디안6은 하나의 소프트웨어로 구글 애널리틱스 및 소셜멘션, 트위터 트윗, 그리고 페이스북과 다른 소셜네트워크의 댓글 및 월 게시물 등이 하는 일을 모두 하며 키워드에 대해 부정적인 동향과 긍정적인 동향을 찾아 회사나 자사 브랜드에 대한 의견이나 부정적인 동향에 대해 알려줄 수 있다. 물론 이런 서비스에 어울리는 가격을 가지고 있지만 그만한 가치가 있다.

전략의 일환으로 동영상 공유를 사용하여 유튜브에 동영상을 공유할 경우에 동영상을 다운로드한 횟수와 보는 횟수를 알 수 있다면 정말 멋지지 않을까? 만약 여러분이 매일 동영상을 다운받아 보는 횟수, 이런 시청자들이 전 세계 어디에 있는지, 특정 시간 동안 다른 동영상과 비교했을 때 얼마나 인기가 있는지, 국가 간 인기도, 그리고 미국 주간 인기도를 알 수 있고, 동영상이 인기를 얻기까지 얼마나 걸리는지를 포함하여 동영상의 생명 주기를 추적할 수 있을 뿐만 아니라, 인기가 최고조에 달했을 때 동영상 시청에 어떤 일이 발생하는지 등에 대해서도 알 수 있다면 어떨까? "유튜브 인사이트YouTube Insight"라고 부르는 기능을 이용하면 이런 내용들을 무료로 알수 있다.

동영상 공유

튜브모굴TubeMogul을 이용하면, 여러 곳의 동영상 공유 사이트에 동영상을 게시할 수 있을 뿐만 아니라 모든 동영상 공유 웹사이트의 통계도 볼 수 있다. 참고로, 유튜브에서도 이런 분석 기능을 제공하고 있다.

트래픽 분석

웹 트래픽을 정말로 모니터하고 싶다면, 구글 애널리틱스 및 알렉사와 친해지는 것을 추천한다.

구글에서는 HTML 웹사이트나 블로그 사이트에서 사용할 수 있는 분석 코드를 자동으로 생성하기 때문에 이 코드로 엄청난 양의 데이터를 실시간으로 분석할 수 있다. 물론 여러분 스스로 분석하는 것도 노력할 만한 가치가 있을 것이다.

알렉사는 데이터 수집과 브라우징 행동에 대한 리포트로 잘 알려져 있다. 그리고 알렉사는 페이지 뷰, 반송률, 그리고 타임 온사이트time onsite 등을 포함한 비슷한 키워드와 다른 메트릭스와 함께 전 세계의 모든 웹페이지와 비교하여 웹페이지의 인기도를 알려주고 데이터를 수집하는 툴바를 파이어폭스와 인터넷 익스플로러에서 사용한다.

익스터널 리퓨터블 링크

익스터널 리퓨터블 링크External Reputable Link는 비중 있게 사용되는 표준 검색 엔진 중 하나로 이 엔진을 사용하면 웹사이트에 들어오는 외부 링크가 얼마나 되는지 알 수 있다. 관심이 있다면 구글에서 "links:www.yourdomain.com"을 입력하자. 그러면 여러분의 웹사이트에 링크되었던 모든 웹사이트를 볼 수 있을 것이다.

다시 구글로 돌아가기 원한다면 "site:www.yourdomain.com"를 입력하자. 그러면 구글이 전체 웹사이트나 블로그 사이트를 위해 색인을 달았던 모든 페이지를 확인할 수 있다. 이 방법을 이용하면, 불러온 페이지가 있을 경우 해당 페이지가 색인을 가지고 있는지 여부를 알 수 있다.

사이버 감시

위에서 언급했던 모든 도구들은 내가 사이버 감시라고 부르는 평판 관리에 사용된다. 물론 이런 도구들을 이용하여 브랜드도 모니터할 수 있다. 이런 도구에는 PPCpay-fer-click 모니터링을 위한 스파이푸닷컴Spyfu.com, 일반 구글 검색, 구글 유니버설 검색, 구글 블로그 검색, 구글 소셜 검색, 포럼 검색, 그리고 플리커 및 유튜브 검색 등이 있다.

경쟁 상대를 알자

경쟁 상대를 감시하고 모니터하는데 앞에서 언급했던 모든 도구들을 사용할 수 있다는 것은 대부분의 사람들이 생각하지 못했을 것이다. 하지만 정말로 사이버공간에서 경쟁 상대가 하는 모든 행동을 모니터할 수 있다. 그리고 동일한 도구를 사용하여 경쟁 상대가 어떤 소셜미디어 도구를 사용하는지, 페이스북, 블로그, 그리고 트위터 중 어디에서 고객과 소통하고 있는지, 그리고 경쟁 상대가 광고하는 곳이 어디인지 등을 매순간마다 알 수 있을 뿐만 아니라 구글 쇼핑 검색에서 경쟁 상대를 팔로우하여 트윗 및 블로그를 읽을 수도 있다.

마케팅 채널을 분석하자

적절한 키워드로 모든 도구를 설정했으면 종합적으로 살펴보지 말고 각 캠페인마다 정상적으로 모니터하고 있는지 확실히 살펴봐야 한다. 이런 방법을 사용하면, 각 캠페인과 각 활동에 대한 ROI와 특정 키워드를 모니터할 수 있다. 좋은 ROI가 있으면 좋지 않은 ROI가 있듯이 다양한 ROI가 생길 것이다. 이럴 경우 이전 장에서 언급했던 것처럼 가장 낮은 ROI를 가진 활동에 대한 실행 방법을 변경하거나 함께 중단해야 한다. 그리고 가장 좋은 ROI를 가진 활동으로 해당 자원을 할당하자.

이 방법이 효율적이라면, 거품을 내고lather, 헹구고rinse, 그리고 반복하자repeat. 이때, 효율적인 것을 완벽하게 유지해야 한다. 그리고 낮은 ROI를 가진 활동도 좋은 브랜드 관심 및 인지도를 이끌어 낼 수 있다는 사실뿐만 아니라 해당 분야에서 좋은 신뢰와 평판을 쌓을 수 있다는 사실도 기억하자.

참고: 나는 어떤 천재가 이런 놀랄 만한 용어, 거품을 내고, 헹구고, 그리고 반복하자를 만들었는지 알고 싶었다. 이 마케팅 메시지 덕분에 샴푸 판매가 두 배로 뛰었다. 혹시 책임을 맡고 있던 사람이 누구인지 알려 준다면, www.PaperModelsInc.com 상점에서 원하는 제품을 무료로 제공할 의양이 있다.

기대를 관리하자

고위 경영진의 요구와 여러분의 기대를 관리해야 한다. 소셜미디어가 놀라운 기술이긴 하지만, 시간이 걸린다는 단점이 있다. 신뢰는 사거나 누군가를 속여서 얻을 수 있는 것이 아니다. 신뢰란 얻어야 하는 것이다. 완벽한 성공이란 하룻밤 사이에 판단할 수 없는 것이다. 소셜미디어 마케팅은 모든 마케팅과 마찬가지로 전통적인 장기적인 마케팅 전략과 연결되어야 할 장기적인 전략이다. 소셜미디어는 엄청나게 효과적이며 대부분 무료로 사용할 수 있기 때문에 소셜미디어를 계속 사용한다면 언젠가 성공을 거둘 것이다.

속도를 내자

여러분은 열정을 간직한 채 절대로 포기해서는 안 된다. 그리고 매주 시간을 정해 웹을 둘러보며 현재 통용되고 있는 기술에 대해 알아 두어야 한다. 테크뉴스월드Tech News World에서 사설을 찾아 읽어보자. 참고로, 레나이 산미겔Renay San Miguel은 모든 최첨단 기술에 대해 매력적인 기사를 쓰고 있다. SocialMediaBible.com과 ExtremeDigitalMarketing.com을 통해 이 책에서 언급한 모든 내용을 담고 있는 입문서 동영상을 볼 수 있다.

theSocialMediaBible.com

ExtremeDigitalMarketing.com

소셜미디어 성공 계획의 가장 중요한 요소는 헌신이다!

피바디peabody 옥상 파티에 대한 참여와 수익 증가

배경

우리는 4월부터 7월까지 지속된 16곳의 호텔 옥상 파티에 대한 참여와 수익을 증대시켜야 했을 뿐만 아니라 젊은 고객층을 대상으로 삼고 싶었다. 소셜미디어는 짧은 시간 안에 모든 파티를 홍보할 수 있는 방법으로 가장 비용 효율이 높았다. 게다가 대상 고객들은 이 기술을 사용하기 시작했기 때문에 우리는 소셜미디어를 통해 시장을 두드릴 수 있는 효과적인 채널을 얻을 수 있었다.

전략

대상 고객이 활동하는 소셜네트워크에서 관심을 갖도록 만드는 것에 중점을 두었다. 그리고 매주 고객의 관심을 끌 수 있도록 콘텐츠를 에피소드로 구성했다. 우리는 페이스북과 트위터 등 두 개의 플랫폼을 사용했다. 페이스북을 통해 초대, 파티 정보, 사진, 그리고 동영상 등을 매주 게시했고 트위터를 통해 옥상 파티에 참석한 고객들을 위해 업데이트, 링크, 그리고 이야기 등을 실시간으로 방송했다. 그리고 옥상 파티와 관련된 모든 콘텐츠를 위해 해시태크#pbodyroof도 만들었다.

시행

우리는 페이스북 그룹인 피바디 멤피스 이벤트 앤드 루프톱 파티PeaBody Memphis Events and Rooftop Parties를 만들고 랜딩 페이지에 올해 가격과 음악 예정표를 게시했다. 그리고 2009년 4월부터 2주에 걸쳐 페이스북 광고를 통해 이 그룹을 소개했다. 사람들이 광고를 클릭하면 페이스북 그룹으로 들어오게 만들었고 16곳의 옥상 파티 이벤트를 개최하여 매주 각 파티의 초대장을 보냈다. 그리고 파티를 여는 동안 사진을 찍고 동영상을 녹화했고 다음 날 사진을 그룹에 게시했다. 우리는 친구들, 라디오 방송국 호스트, DJ, 그리고 밴드에 태그를 붙인 다음 태그를 붙인 사람들이 다시 친구들에게 태그를 붙이고 팬 및 청취자와 콘텐츠를 공유하도록 했다. 매달 옥상 파티에 대한 리캡 동영상recap video을 게시하여 그 달의 음악 스케줄을 알려주었다.

트위터에 올라오는 모든 게시물에 해시태그#pbodyroof를 포함시켰다. 그리고 마지막에 추가된 밴드 정보와 날씨 정보를 포함하여 파티에 대한 최신 정보를 게시했을 뿐만 아니라 파티에 대한 팔로어들의 질문에 대답했다. 그리고 트위픽을 사용하여 실시간으로 사진을 게시하기도 했다.

기회

봄과 여름 동안 멤피스에서 최고의 소셜 이벤트로써 피바디 옥상 파티를 개최할 수 있는 기회를 얻었다. 그리고 페이스북과 트위터를 통해 온라인에서 고객과 신뢰를 쌓을 수 있었다. 또한, 피바디 멤피스는 효과적인 소셜미디어 마케터로써 이 분야에서 신뢰를 얻을 수 있었을 뿐만 아니라 〈호텔스Hotels〉 매거진과 〈호스피탈리티 테크놀로지Hospitality Technology〉 등과 같은 업계지도 소개되었다.

결과

우리의 노력으로 참석률이 113퍼센트 증가했고, 음료 수입도 83퍼센트 증가했다. 사실 트위터를 이용하기 전에는 700명 정도가 옥상 파티에 참가할 것이라고 생각했다. 하지만 오늘만 1,700명 이상이 참가했으며 평균적으로 1,000명에서 1,200명 정도가 참가했다. 그리고 그룹 페이지 회원 수는 4월 800명으로 시작하여 7월 말까지 2,200명 이상 증가했다. 옥상 파티는 작년부터 성공적인 턴어라운드turnaround로써 지역 블로그에 소개되었다. 또한 지역 블로거들과 커뮤니티에 영향력을 행사하는 사람들은 보고 싶어 했던 배우들을 초대해 달라는 커뮤니티의 요청을 들어준 점에 대해 피바디를 칭찬했다. peabodymemphis.com, facebook.com/peabodyducks, 그리고 twitter.com/peabodymemphis 등 웹에서 피바디 멤피스를 찾을 수 있다.

그리고 페이스북 그룹은 "피바디 멤피스 이벤트 앤드 루프톱 파티" 이름으로 만들었다.

– 조나단 라이언스Jonathan Lyons, 피바디 멤피스의 마케팅 및 홍보 코디네이터

peabodymemphis.com

facebook.com/peabodyducks

twitter.com/peabodymemphis

전문가 의견

리쉬 찬드라Rishi Chandra, 구글 제품 관리 이사, www.google.com/apps/intl/en/business/index.html

리쉬 찬드라

구글 애플리케이션은 인터넷이나 클라우드에서 운영되는 비즈니스 애플리케이션입니다. GML, 구글 캘린더, 구글 토크 혹은 구글 블로그와 같은 구글의 유명한 프로그램에 대해 들어본 적이 있다면, 우리는 실질적으로 이러한 이용자 기술 및 패키지를 수집하여 기업체와 비즈니스가 실제적으로 사용할 수 있도록 일괄적으로 제공하는 일을 합니다. 예를 들어 여러분이 Gmail 프로그램을 사용하는 Gmail.com 주소를 대신해 자신의 회사 이메일 주소를 사용할 수 있고 회사 이메일 인프라에 접근할 수 있습니다...

말씀드린 것처럼 구글 애플리케이션에는 두 가지 핵심 구성 요소가 있습니다. 그 중에 하나는 Gmail, 문서도구Docs 및 캘린더Calendar를 포함하는 메시징 구성 요소입니다. 그리고 또 다른 구성 요소로는 구글 사이트Site, 구글 문서도구, 그리고 최근 발표한 Google Video for Business라고 불리는 새로운 프로그램이 있습니다. 어려웠던 점은 2~3주 전인 2008년 9월 이 서비스를 시작했다는 것입니다. 그리고 구글 일반 소비자 기술Google Consumer Technologies이란 핵심 요소를 얻게 되어 매우 기쁘게 생각합니다. 이 경우 비즈니스 환경에 유튜브를 이용할 수도 있습니다. 일반 이용자가 유튜브를 이용하는 것과 같이, 사내에서 직접 제작한 동영상 콘텐츠를 업로드할 수 있게 되었습니다.

우리는 기업 환경에서 몇 가지 사항들을 작업해 왔습니다. 도구가 사용하기 편하고 웹에서 사용할 수 있는 막강한 기능을 구비하고 있기 때문에 비즈니스 이용자들로부터 매우 긍정적인 평가를 받습니다. 비즈니스 이용자는 구글 호스팅이 가져다주는 모든 혜택을 받습니다. 도구는 브라우저에서 사용되기 때문에 하드웨어나 소프트웨어를 설치할 필요가 없고, 이용자들은 그 부분에 관해서는 안심할 수 있습니다. 동시에 기업 환경은 일반 이용자가 요구하는 것보다 특정 기능에 대한 높은 기대치를 가지고 있습니다. 특정 비즈니스 이용자를 위해 보다 강력한 제어, 보안과 기능이 필요합니다. 우리가 작업했던 동영상 프로그램을 예로 들 수 있습니다. 보다 높은 해상도를 제공하고, 실제적으로 정해진 사람들과 정보를 공유하여 보안을 강화하고, 그 정보에 접근할 수 있는 사람은 오직 그 소수의 특정 인물들만으로 한정될 것입니다. 또한 관리 기능이 있기 때문에 다른 프로그램을 이용할 때처럼 직접 프로그램을 관리할 수 있습니다. 그것이 클라우드 컴퓨팅의 주요 기능 중 하나로써, 그 핵심 요소는 정보를 한곳에 저장한다는 것입니다. 이 경우에는 그 장소가 어느 회사에 소속되어 있는지, 어느 접속 장치를 이용하는지, 혹은 그것이 컴퓨터이든 노트북이든 상관없이 대부분의 사람들이 어디에서라도 접속할 수 있는 인터넷이라는 것입니다.

언제라도 누구나 정보에 접근할 수 있다는 것이 이 서비스의 가장 큰 장점 중 하나입니다. 여러분이 지적한 대로, 또 다른 장점은 다양한 장소에 있는 많은 사람들과 협력하여 일할 수 있다는 것입니다. 이메일을 이용한 공동 작업에 대해 비즈니스 업체나 이용자들이 이야기하는 가장 큰 문제점은 작업이 지속적으로 이루어지지 않는다는 점입니다. 예를 들어 네댓 명의 작업자가 오늘 작업을 진행해야 할 경우, 모든 작업자는 관련 서류를 다운로드하고, 각자 작업을 마친 후에 다시 그 서류를 전송해야 합니다. 이제 최초 작업자는 변경된 부분을 통합해서 정리해야 하고, 만일 작업자들이 서로 다른 버전으로 작업을 했다면, 복잡하고 시간이 소요되는 추가 정리 작업이 필요합니다. 그러므로 우리는 작업자들이 의견을 교환하고, 실질적으로 정보를 공유하고 협력하여 일할 수 있는 효과적인 방법을 생각하게 되었습니다.

그것이 클라우드 컴퓨팅의 주요 기능 중 하나입니다. 그 프로그램은 실질적으로 위키와 같은 방식으로 운영됩니다. 누구나 문서 혹은 웹페이지로 작성되는 위키의 일부를 교정하고 간편하게 다양한 데이터를 첨부할 수도 있습니다. 프로젝트 팀이 있을 경우, 이용자는 구글 사이트에 있는 구글 캘린더에 해당 프로젝트 팀과 관련된 문서를 첨부할 수 있습니다. 그 프로젝트 팀과 동영상을 공유할 수도 있습니다. 다양한 종류의 풍부한 사회 정보 모두를 하나의 장소에 저장하고, 매우 손쉽게 사람들과 협력하여 작업을 진행할 수 있습니다...

이것은 오늘날 사람들이 웹페이지를 통해 의사소통을 하는 데 있어서 기념비적인 전환점으로 볼 수 있습니다. 대부분의 사람들이 웹페이지란 말을 들으면 겁부터 먹습니다. 웹페이지란 단어는 HTML과 그 복잡성을 연상시킵니다. 구글 사이트는 문서를 편집하는 것처럼 쉽게 웹페이지를 편집하게 합니다. 허용된 사람은 누구나 해당 사이트로 가서 바로 편집 작업을 실행할 수 있습니다. 글을 편집할 수 있고, 매우 빠르고 손쉽게 다양한 정보를 첨부하고 버튼 하나로 원하는 사람들과 관련 정보를 공유할 수도 있습니다. 이것이 구글 사이트의 진정한 철학입니다. 또한 이 프로그램은 정보를 사용하는 많은 공간들을 한 곳에 모읍니다. 특히 비즈니스 사용자를 염두에 두고 있다는 점에서 탁월합니다. 현재 사용되지 않는 특정 기술들이 있지만, 이 프로그램을 통해 협동 작업 능률이 효과적으로 향상되었습니다. 중요한 예가 바로 동영상입니다. 동영상으로 많은 사람들이 의사소통을 하지만, 이러한 현상이 비즈니스 업계로까지 이어지지는 않습니다. 다음의 이유가 있습니다.

첫째로 이러한 동영상을 사용하는 것이 간단하고 쉬운 것은 아닙니다. 구글은 보다 향상된 공동 작업을 위해 간편하게 사용할 수 있는 매우 강력한 사용자 인터페이스를 통해 상황을 바꿉니다. 하지만, 동시에 동영상은 복잡한 애플리케이션이기 때문에 대부분의 회사들은 소요되는 시간과 적합한 대역폭, 혹은 그 애플리케이션의 사용으로 실질적으로 얻는 이윤을 고려해야 합니다. 그래서 대부분의 비즈니스 업체에게 이에 따른 부담은 감당하기 어려울 수 있습니다. 그리고 이것이 바로 구글 애플리케이션이 경쟁력이 있는 부분입니다. 우리는 이런 탁월한 새로운 기술을 비용 면에서 효과적으로 대부분의 기업체에 제공할 수 있습니다...

이것은 이용자들에게 제공되는 저장 공간이 점점 줄어들고 있다는 점을 고려해볼 때 매우 놀랄 말한 일입니다. 비즈니스 업계에서는 줄어드는 저장 공간이 여전히 큰 문제로 남아 있습니다. 이러한 현상을 잘 보여주는 중요한 예 중의 하나로, Gmail.com에서는 7기가바이트의 이메일 저장 공간을 무료로 받을 수 있지만, 현재 대부분의 회사는 작업을 진행하기 위해 거액의 비용을 지불했지만, 여전히 직원에게 500메가바이트의 저장 공간만을 제공합니다. 그리고 이것이 구글 기술이 경쟁 구도를 변화시킬 수 있는 원인으로 작용합니다. 구글 애플리케이션의 첫 번째 버전과 함께 우리는 대부분의 기업체들이 이미 사용자들에게 제공하는 이메일 저장 공간에 비하면 깜짝 놀랄 수준인 25 기가바이트를 제공합니다. 그래서 우리는 더 나은 가격으로 더 많은 양의 저장 공간을 주고 새로운 사회적 기술을 실질적으로 통합한 더 많은 도구를 제공함으로써 최종 사용자들이 손쉽게 사용할 수 있도록 하여, 이 분야의 경쟁 구도를 바꾸었습니다.

www.theSocialMediaBible.com을 방문하면 리쉬 찬드라와 나눈 경영진 대화 전체를 듣거나 읽을 수 있다.

결론

통합된 전통적인 소셜미디어 전략을 개발하는 것은 어렵지 않다. 다만 모든 단계를 살피는데 시간이 약간 걸릴 뿐이다. 여기서 마케팅에 대해 생각하는 방법을 변화하는 일과 노력을 실행하는데 필요한 지원과 시간을 찾는 일이 가장 어려운 부분이라고 할 수 있다.

여전히 메시지에 중점을 두어야 하는데 이것이 여러분이 의사소통을 하는 이유다. 그리고 절대로 판매를 해서는 안 된다. 그렇지 않으면 비난을 받을 수도 있다. 이것은 마치 네트워크 이벤트에 참여하기 위해 걸어 들어가는 것과 같다. 예를 들어, 방에 3명 내지 5명의 사람들끼리 작은 그룹을 이루고 있다고 가정하자. 방 안에 있는 사람들은 모두 작은 와인 잔을 들고 이야기를 하고 있다. 여러분이 방 안을 걷다가 한 그룹에 끼어들어 자신이 이러이러한 것을 판매하고 있고 다음에 필요한 것이 있을 때 자신을 불러달라고 이야기를 한다면, 상대방을 모욕하는 행동일 것이다. 그리고 부적절한 행동이다. 여러분도 알고 있을 것이다.

온라인에서도 동일하게 적용된다. 처음에는 경청하고, 대화에 참여할 수 있는 적절한 화제가 있을 때, 자연스럽게 대화에 참여해야 한다. 그러면 여러분은 그룹의 일부로 대화에 참여할 수 있게 될 것이다. 듣고, 참여하고, 그리고 신뢰하자. 믿고, 성실하고, 그리고 정직하자. 거품을 내고, 헹구고, 그리고 반복하자. 그게 전부다!

다운로드 : 〈소셜미디어 바이블〉과 관련된 무료 다운로드를 받으려면 www.theSocialMeidaBile.com을 방문하고 책 뒷면 바코드 위에 있는 ISBN을 입력하면 된다. ISBN 978-1-118-26974-9

www.theSocialMeidaBile.com